U0529466

肖璞韬◎著

鐵流河山

[评话本]

民国时期的中国陆军装甲兵

中国社会科学出版社

图书在版编目（CIP）数据

铁流河山：民国时期的中国陆军装甲兵 / 肖璞韬著. — 北京：
中国社会科学出版社，2018.6
　ISBN 978-7-5203-1388-9

　Ⅰ. ①铁… Ⅱ. ①肖… Ⅲ. ①装甲兵部队－军队史－中国－
民国　Ⅳ. ①E296.51

中国版本图书馆CIP数据核字（2018）第093803号

出 版 人	赵剑英
责任编辑	郭晓娟
责任校对	王纪慧
责任印制	王　超

出　　版	中国社会科学出版社
社　　址	北京鼓楼西大街甲158号
邮　　编	100720
网　　址	http：//www.csspw.cn
发 行 部	010-84083685
门 市 部	010-84029450
经　　销	新华书店及其他书店
印　　刷	北京君升印刷有限公司
装　　订	廊坊市广阳区广增装订厂
版　　次	2018年6月第1版
印　　次	2018年6月第1次印刷
开　　本	787×1092　1/16
印　　张	30.75
字　　数	676千字
定　　价	69.00元

凡购买中国社会科学出版社图书，如有质量问题请与本社营销中心联系调换
电话：010-84083683
版权所有　侵权必究

序 一

今年已经是七七事变八十周年了，那场全民族的抗日战争，却似乎就在眼前。现在年轻人虽然和那场血与火的较量，好像挨不上边。但不得不说，从近些年挖掘的资料来看，年轻人对这场战争的研究，似乎已经超越了我们这些经历过的人，他们以更全面的资料和更广阔的视野，一直在重新审视这场全民族的抗日战争。

在这些年轻人之中，我的老徒弟肖璞韬，就是其中之一。头些天他来看我，我也半开玩笑地问他：璞韬啊，你今年准备出什么东西啊？

璞韬神秘一乐，从手机里给我翻了一张图片，让我看看。说实话，这张图片我也见过，是我的学生，旅日学者萨苏的成名之作——《国破山河在》的封面，一张日军拍摄的中国抗战照片。这一下我就明白了，璞韬已经完成他民国海陆空系列的最后一部——陆军演义，也就是您看到的这本书——《铁流河山》。

我明白，璞韬和萨苏关系挚厚，但看到这张图片，我还开玩笑呢：璞韬啊，你想用萨苏的封面，不怕他告你吗？

璞韬马上说道：当然不会！这张图片不算什么，师父，您再看看这张画！

说着，他又给我看了一幅画，这幅画我从未见过，却又那么震撼！只见画作之中的街口，无数的中国军人倒在地下，只剩下孤零零的一辆坦克，仍然义无反顾地朝着日军的阵地冲去！我越看越觉得，这幅画似乎和萨苏的那个封面是相对的，一正一反。璞韬然后跟我说，他做了无数的调查，最终在资料堆里找到了这场战役的中方记载，于是他就请人作画，予以补充，这将是本书的封面。

说起这些，我感慨万千！我这个老徒弟，这几年真是出息了！我记得从他大学刚刚毕业的时候，就兴致勃勃地告诉我，他要创作一系列的作品，以求让人们重新审视这场抗日战争。

说实话，当初我对他这个想法，非常鼓励，但多少觉得他有点自不量力。不夸张地讲，抗战的资料如此之多，你如何梳理？又如何找一个合适的切入点呢？而且研究抗战，并不是从九一八事变开始就行，至少民国的历史，你也要明白些吧？一个历史系大学生，虽然有些基本功，但如何驾驭得了这个时代的那么多故事？而且，虽然你可以以评书的方式讲述，但你的火候尚浅，是否能把两者有机地结合在一起呢？这都是问题。

可接下来几年，老徒弟肖璞韬的行动让我刮目相看，他以很快的速度，先后完成了《海魂国殇》《血色苍穹》，也就是系列丛书中的海军、空军两部，而他的评书水平和经验，也随着这两部评书的录制，有了显著的进步。但我仍然不置可否，因为老鼠拉木锨，大头儿在后头，海军、空军相对简单，最后一部陆军是最难的，能不能出彩，全在这了！

今日，此书终于完成了，我跟璞韬一聊，发现他的切入点跟往常一样出人意料。一般来讲，写一段历史，都要以人物为核心，就跟我的看家书目《乱世枭雄》类似。说实话，抗战打满十四年的将领也不是没有，经历"抗战八年"的将领更多，所以这类书的数量相当多。可璞韬却跳出这个思维，以当时的陆军机械化为线索，写出了这么一段历史。当然，重要人物在其中，也是有穿插的，从徐庭瑶到杜聿明，再到孙立人，他们的部队机械化的程度逐步提高，也都代表了当时中国最先进的军事力量。

这个思路看似在意料之外，实际也在情理之中。按璞韬的说法，这是想让大家看看前车之鉴，以做到以史为鉴，避免之后的重蹈覆辙。看看他书中所写，的确，民国时期的精英们，也一直在尽一切力量，试图把军队现代化、机械化，也积累了一定的经验，可因为急功近利，以及装备完全依赖进口等问题，所以表面情况看似进步了，可实质内核却一直不佳，蒋介石败退台湾，这也是因素之一。

用这一段历史对比新中国以后的陆军发展进程就会发现，新中国完全在走另一条路，武器国产化，自主研发，虽然速度看似较慢，但步伐稳健，经过几十年的发展，解放军已经从最初的小米加步枪，成长为世界上惹不起的陆军力量。应该说，这也是充分吸取了民国时期的教训。

璞韬跟我聊完这部《铁流河山》之后，我突然想到一个问题：璞韬，你说的这些经验教训，我是太清楚了！现在的人，大部分也知道，就连你这个年轻人都明白，那重新提起这些，有什么意义吗？

璞韬与听这话，立刻变得义正词严：师父，这些东西您知我知，能保证再往后三五十年，大家还清楚吗？人都是有忘性的，再过几十年，到我们的子孙后代，如何让他们明白历史的真相呢？难道凭那些花里胡哨的无脑抗战剧吗？所以我们必须趁着这个好时代，做出一系列的成果。我这个仅算是抛砖引玉吧！

好吧，的确如此。以后的年轻人不可限量啊！如今的璞韬，也已非昔日那个青涩的少年了，听他录的评书，也表出现出了独特的思维和风骨，当然，还尚需磨炼。在此，作为师父和引路人，希望他再接再厉吧！

单田芳
2017年8月于北京

序二　铁甲雄风犹可追

这是肖璞韬先生关于中国抗战的第三部评书体纪实作品，读来令人颇为唏嘘。

所谓"评书体纪实作品"，是读者对这一系列著作的评价——都有着传统评书艺术扣人心弦、朗朗上口的明显特征，但其中的历史内容又经得推敲，耐得咀嚼。历史的吸引力与评书的可读性是其两大特征。可以说，这是严肃历史文学与我国传统艺术形式相结合的一种认真尝试。而从读者的反馈来看，肖璞韬先生的这种尝试，结果无疑是相当良好的。

这部新书是围绕中国装甲部队的抗战展开的，而这一兵种在抗战中的作用，可能并不为大多数人所熟知。甚至有人会疑惑地问，在中国当时积贫积弱的情况下，我们还有铁甲火炮的装甲部队可用吗？

对于抗日战争中的我国军队而言，低劣的装备始终是影响战斗力的重要因素。无论是敌后战场的红色军队，还是正面战场的国民党军，无一不受到这一问题的困扰。但中国当时的确存在一支装甲兵部队，而且如凤凰涅槃般几经起落，一直战斗到抗日战争的胜利。

我曾和一位研究历史的朋友开玩笑："您知道中国共产党领导的第一支武装力量是什么兵种吗？"对方一愣，猜了步兵，后来又猜了骑兵、工兵……但真正的答案是装甲兵。1924年10月，在孙中山先生亲自关注下，由中国共产党人领导的大元帅府铁甲车队成立。这支由开国上将周士第指挥、拥有两列铁甲列车的战斗部队，是中国共产党领导武装中成立最早的，也是后来著名的叶挺独立团前身之一。而这支部队，也是中国装甲兵最早的部队之一。中国的装甲部队，无意中在历史上写下了不可磨灭的一页。

当抗日战争全面爆发，这支部队当年的指挥官周士第将军已经是八路军120师参谋长，率领部队在华北和日军纵横周旋。周士第将军的麾下当时已经没有装甲兵了，但当年曾保卫孙中山安全的装甲部队，经过爱国将领徐庭瑶、杜聿明等的积极推动，此时也已经拥有相当规模，并积极投入抗日战争之中。无论是在九一八事变后的锦州白旗堡，还是在此后的淞沪、南京战场上，都可以看到装甲兵的身影。无论是被视为异类的装甲列车，还是与世界同步的坦克部队，都曾经在战场上英勇杀敌，留下自己的光辉篇章。

但是，在一个整体落后的国度，连汽车都不能完整自造，装甲兵更只能是奢侈品和战场的点缀，而无法如工业强国那样形成大规模使用的基础。中国的装甲部队在抗战中取得过一次次的胜利，也成为日军的眼中钉、肉中刺，屡屡遭到集中打击，在江南战场、在昆仑关、在缅甸，中国装甲部队曾几次遭到重大损失，以至于难以为继，但凭借中国人坚忍不拔的精神，他们又一次次重建，继续投入战斗。1945年，缅北贵溪的战斗中，中国装甲兵打得日军装甲部队全军覆没，成为这支部队的收官之战。1949年10月1日的开国大典上，当年抗战远征军的装甲兵，国歌作者田汉先生的儿子田申，手持红旗，乘坐坦克驶过天安门，向新中国致敬，他们的身后，便是人民英雄纪念碑的基址。这无意中成为对抗战装甲兵的一种特殊纪念。他们的传奇，铭刻在了中国近代史的反侵略历程中。

可以说，中国装甲兵的抗战，是中国那场神圣卫国战争的一个侧面和缩影，而肖璞韬先生的这部作品，便是将这一侧面用独特的视角呈现给读者。在汗牛充栋的关于中国抗战的著作中，在装甲兵抗战史领域采用同样手法创作的作品尚属首部。我们期待着，我们的读者在阅读中能有更多新的喜悦和新的收获，也期待着肖璞韬先生新作品的问世。

萨苏

2017年10月15日

目 录

第一回	蒋介石中原恶战　徐庭瑶勾画妙策	001
第二回	徐庭瑶失策负伤　蒋介石聘请顾问	006
第三回	蒋介石暗抢装甲车　张学良布防锦州城	011
第四回	板仓繁狂傲赴前线　中山号大战饶阳河	016
第五回	板仓繁殒命饶阳河　项青山智激刘汉山	021
第六回	张学良和战不定　刘汉山大战日寇	026
第七回	日本人先发制人　刘汉山反戈一击	031
第八回	关东军空袭奏奇效　刘汉山饮恨大凌河	036
第九回	中日大战上海滩　一营死守虹江路	041
第十回	北平号力挫倭寇　日飞机奇袭车站	046
第十一回	日本人临阵换将　北平号负伤后撤	051
第十二回	北平号含泪撤退　战车队请缨参战	056
第十三回	两猛将双剑合璧　日战车进攻受挫	061
第十四回	夜袭队一炮双响　日本人兵临热河	066
第十五回	关东军进犯长城　关麟征怒闯军部	071
第十六回	关麟征激将张廷枢　杜聿明大战古北口	076
第十七回	杜聿明力破坦克车　关麟征遭遇骷髅队	081
第十八回	中央军突袭将军楼　关麟征血溅古北口	086
第十九回	戴安澜重创骷髅队　各部队激战长城线	091

第二十回	张学良解职出洋　吴征超奋战前线	096
第二十一回	骷髅队全军覆没　恶协定丧权辱国	101
第二十二回	蒋介石架空佛采尔　徐庭瑶筹建装甲兵	106
第二十三回	徐庭瑶检视装备　考察团出访德国	111
第二十四回	徐庭瑶法国吃瘪　胡献群力帮大忙	116
第二十五回	彭克定排挤他人　徐庭瑶归来主政	121
第二十六回	南京政府大演习　德国顾问显神威	126
第二十七回	演习练兵两不误　月祥扩建装甲团	131
第二十八回	杜聿明回归军校　蒋介石西安被扣	136
第二十九回	西安事变和平解决　贪污大案震惊军校	141
第三十回	连带责任彭克定离队　军售熄火徐庭瑶赴欧	146
第三十一回	订货转道意大利　上海开战"八一三"	151
第三十二回	郭恒建上海报到　战车排前沿突击	156
第三十三回	铁拳行动功败垂成　攻击汇山坦克遭擒	161
第三十四回	郭恒建受辱阵亡　郑绍炎阵前报号	166
第三十五回	战防炮出师不利　郑绍炎大战码头	171
第三十六回	袭敌阵连长阵亡　脱险境坦克归队	176
第三十七回	战车营再遭损失　装甲兵北上抗日	181
第三十八回	装甲兵遭遇误会　小日本坦克肆虐	186
第三十九回	李默庵维持阵地　战防炮痛击日寇	191
第四十回	郭定远转移湘潭　杜聿明撤离南京	196
第四十一回	李乾泰大战淳化　战车连支援汤水	201
第四十二回	装甲兵遭受重创　李乾泰反击淳化	206
第四十三回	李乾泰踹门失败　南京城陷入绝境	211
第四十四回	彭克仁单车突围　唐生智首都疯狂	216
第四十五回	战车连冲突挹江门　勇士兵殉国南京城	221
第四十六回	装甲兵扩编二百师　内外援补充好装备	226
第四十七回	杜聿明实验坦克　收容所战将聚会	231
第四十八回	脱险境猛将归队　调炮兵徐州会战	236
第四十九回	台儿庄恶战大捷　二百师出征兰封	241

第五十回	邱清泉改道兰封　战车营奇袭圈头	246
第五十一回	邱清泉迁怒龙慕韩　战车营巧袭王村敌	251
第五十二回	装甲兵突遭逆袭　失陈留兰封危急	256
第五十三回	失兰封千古笑柄　攻罗王坦克奋战	261
第五十四回	装甲兵强攻三义寨　王体乾失误受惩罚	266
第五十五回	兰封一役终败北　武汉会战获扩编	272
第五十六回	战南粤坦克覆灭　扩部队铁军诞生	277
第五十七回	胡宗南出手装甲兵　日本人攻陷昆仑关	282
第五十八回	杜聿明分兵派将　郑洞国苦战罗塘	287
第五十九回	罗塘地得而复失　郑洞国重整攻势	292
第六十回	杜聿明奇袭失败　邱清泉苦苦阻击	297
第六十一回	日少将恶贯满盈　昆仑关最后总攻	302
第六十二回	昆仑关得而复失　远征军组建完毕	307
第六十三回	英国人硬找麻烦　戴安澜兵出同古	312
第六十四回	远征军受援好华侨　骑兵团进兵皮尤河	317
第六十五回	骑兵团死守皮尤河　史迪威怒骂杜聿明	322
第六十六回	杜聿明布阵平满那　戴安澜大战同古城	327
第六十七回	杜聿明分兵救援　廖耀湘恶斗车站	332
第六十八回	骑兵团驰援解围　廖耀湘进退两难	337
第六十九回	远征军苦战突围　史迪威进言重庆	342
第七十回	史迪威力压杜聿明　廖耀湘阻击沙加耶	347
第七十一回	廖耀湘疲敝日军　杜聿明排兵布阵	352
第七十二回	孙立人增援仁安羌　刘放吾大战日军阵	357
第七十三回	孙立人智破日寇　仁安羌英军获救	362
第七十四回	孙立人固守西路　远征军来回奔波	367
第七十五回	英军再诳史迪威　日军截断滇缅路	372
第七十六回	装甲团阻敌失败　副营长布防畹町	377
第七十七回	日军大战余绪辉　林蔚引爆惠通桥	382
第七十八回	胡献群率部脱险境　杜聿明硬闯野人山	387
第七十九回	孙立人进入印度　史迪威纵横捭阖	392

第八十回	史迪威提供装备　驻印军改善伙食	397
第八十一回	驻印军奔赴兰姆伽　孙立人怒对史迪威	402
第八十二回	兰姆伽国军操练　蒋介石谈妥援助	407
第八十三回	史迪威欲筑中印路　驻印军再闯野人山	412
第八十四回	孙立人大闹指挥部　陈鸣人拖死日本人	417
第八十五回	正面对峙孙立人无奈何　围魏救赵刘放吾扑孟关	422
第八十六回	孙立人大胜敌军　廖耀湘强袭孟关	427
第八十七回	孙立人再走丛林　廖耀湘迂回侧翼	432
第八十八回	廖耀湘铁拳击左　孙立人奇兵出右	437
第八十九回	瓦鲁班坦克大战　坦克营缴获官印	442
第九十回	明信片扬威国内　坚布山大军受挫	447
第九十一回	孙立人再行迂回计　廖耀湘缴获苦味酸	452
第九十二回	赵振宇破解炸药　新坦克支援前线	457
第九十三回	谢尔曼力克坚布山　新一军兵指潘玉河	462
第九十四回	坦克营冒进受损　美上校空中指挥	467
第九十五回	驻印军克复孟拱　日本人陷入绝境	472
第九十六回	破八莫抗日迎胜利　搞内战老蒋败台湾	477
后　记	以史为鉴知差距	482

第一回 蒋介石中原恶战 徐庭瑶勾画妙策

民国中原甫定，铁流万里河山，抗日炮响淞沪地，刀锋闪耀昆仑关，沙场战犹酣。

远征缅甸浴血，誓将倭寇击残，厉兵秣马盟军处，十万青年奋钢拳，民族复安然。

中国领土面积广阔，所以在军种之中，陆军一直占有压倒性的多数。但可惜的是，从清朝以来，中国的陆军水准，便和世界脱节了。但自从进入近代之后，中国遭列强侵略，为了保家卫国，中国的陆军也在缓慢地进行现代化，也许现在来看，称之为近代化比较合适。从清朝后期的绿营兵到湘军、淮军，一直到袁世凯的小站练兵，中国的军队现代化才大概有了一个大致的样子。

但大家也知道，从"一战"到"二战"，也就是中国的民国时期，世界军事又有了一个飞速的发展。而此时的中国，虽然国力贫弱又经历了日本的侵略，但一批又一批的有志之士，一直在进行中国陆军的现代化。而那个时候的努力，为今天的中国人民解放军的现代化打下了基础，也提供了不少的借鉴。今天，我就给大家讲一讲，民国陆军现代化的先锋——装甲兵的故事。

咱们话说1930年5月下旬的一天，在郑州，一大群国民党军官在作战室开会，只见主位之上，蒋介石面沉似水，其他的将军们都是紧锁双眉，面对眼前的态势，那是一筹莫展！

怎么回事呢？原来，这个时期，正是中国历史上有名的中原大战！咱们说中华民国建立之后，军阀混战，其中袁世凯遗留下的北洋系，是其中的主要角色。后来孙中山先生为了打倒列强除军阀，在广州建立国民政府和黄埔军校，进行北伐战争，基本消灭了山海关以内的北洋军阀，只剩了盘踞东三省的奉系。而奉系首脑张作霖，因为实力急剧收缩，以及和日本人矛盾的加深，最终日本人制造皇姑屯事件，把张作霖炸死。而张作霖之子张学良，在继承奉系的家底之后，身负国耻家仇，毅然改旗易帜，服从南京国民政府，中国终于又在1928年底，彻底统一！

可问题又来了，因为北伐战争这一大通的变故，国民政府这边，也分化出了几大新的军头儿：蒋介石、冯玉祥、阎锡山、李宗仁，还有东北关外的张学良。尤其是头四位，北伐战争过后，大家的矛盾瞬间激化，其症结在于：第一，之前北洋军阀的地盘，如今咱们怎么分配？第二，战争状态结束，军队要重新编遣，谁能够多保留一些部队呢？

几方都想只占便宜不吃亏，那哪儿行？最后，实力相对弱小的桂系李宗仁最先不干了，跟蒋介石大打出手，可因为实力不济而战败。李宗仁战败，四大军头的天平出现了失衡，局势开始有利于蒋介石。而剩下的两家阎锡山和冯玉祥，不得已捐弃前嫌，联合跟蒋介石作战。

而咱们说呢，在剩下的这三家之中，军队战斗力最强的，非冯玉祥莫属，所以从战争一开始，蒋介石就处在不利的位置，尤其是陇海铁路，那更是双方争夺的重中之重，冯玉祥这次不仅派出了神出鬼没的骑兵，更动用了铁路线上的霸王——装甲列车！

这下，蒋介石部署在陇海路正面的部队损失不小，蒋介石气急败坏，亲自到郑州，召集前线的所有将领，要讨论讨论，到底怎么办？

大家伙儿沉默了半天，蒋介石更急了，脑门子上全是汗："各位，只要有主意，你们尽管说！今天务必要拿出个主意来才行！"

各位军长、师长又吭哧了半天，还是没人应答。说实话，装甲列车这东西，谁不知道它厉害啊！上面能放枪放炮，还浑身铁甲打不透。怎么对付它，大家伙儿还都没主意。

正在这时，有个人挺身而出："报告总司令！我倒是有个主意！"

蒋介石一听，当时喜出望外，关键时刻谁这么给我面子啊？所以赶紧往发言的一侧观瞧，只见此人，中等身材，一身笔挺的军服，白净面皮，一对阔目炯炯有神，通关鼻梁方海口，鼻梁子上还架着一副眼镜，显得三分文气。蒋介石一看，这人太熟了！此人乃是刚刚提拔的第一师代理师长，也是本书的书胆——徐庭瑶，字月祥，而且从学历上讲，徐庭瑶毕业于保定军校第三期步兵科，蒋介石呢，毕业于保定军校的前身保定陆军速成学堂，所以这样看，俩人还算是师兄弟。

徐庭瑶这一发言，蒋介石还挺重视："月祥啊！那你细说说，你想怎么对付冯玉祥的铁甲列车？"

徐庭瑶刚要开口，旁边蹦出一位捣乱的，谁呢？何应钦，蒋介石的军政部长。何应钦仗着资历老，先开腔了："徐庭瑶啊！我事先可跟你说了！铁路是咱们的生命线，如今咱们最大的优势，可就是通过铁路快速输送和投放兵力。如果你的主意是拆铁路的话，我劝你趁早就不

徐庭瑶，保定军校出身，刚开始，他也不熟悉装甲兵，但他知耻后勇，此后努力学习，终成中华民国装甲兵的创始人

要说了！"

　　这就是下马威啊！何应钦，军政部长，那是蒋介石军队系统里的二号人物，脸一耷拉，除了蒋介石以外，没人兜得起来。可徐庭瑶一点没慌："何部长，您且放宽心，我的主意绝对不在铁路上动手脚，而且肯定能解决问题！"

　　这话一出，所有人的眼睛全都瞪直了，既不拆铁路，又能解决问题，这得是何等妙计啊？所以大家全都盯着徐庭瑶，等待他的锦囊妙计。

　　徐庭瑶似乎成竹在胸，缓缓说道："总司令，我看咱们大可以用咱们的装甲列车来对付冯玉祥的装甲列车！"

　　这话一出，蒋介石只感觉两眼发黑，其余的将官，听闻此言，脑袋也悬点拍在桌子上。废话！用装甲列车来对付装甲列车，这招谁不知道啊？而且人家冯玉祥的装甲列车，和其他的装甲列车不一样啊！叫作中山二号。

　　话说当年，北伐战争后，蒋介石等政府首脑，特别举行了奉安大典，也就是把孙中山先生的遗体，从北平西山的碧云寺，迎奉回南京紫金山，蒋介石为此特别从德国进口了两列最先进的装甲列车，命名为中山一号和中山二号，作为奉安大典的主要角色。

　　可没想到，奉安大典的时候，几大军头还勠力同心，一年之后，就撕破了面皮，大打出手，阎锡山趁机就控制了中山二号，之后就借给了冯玉祥，称霸陇海路。

　　所以这么看，中山二号的纪念意义特别大，而且德国进口，战斗力很强。除了蒋介石手头的中山一号之外，别的都不是它的对手！中山一号现在防守南京老家，要是调过来，针尖对麦芒，闹不好两败俱伤！纪念意义最大的两个装甲列车毁于内战，这叫什么事啊？

　　所以蒋介石听完了，脑袋里"嗡"的一声，眼睛里直冒火，心里直恨这个徐庭瑶，你说你没主意也就罢了，怎么还给我出这么个馊主意啊？还不如没有呢！

　　其实不只蒋介石这么想，别的高级将官也差不多，这帮人有的替徐庭瑶担心，心说：月祥啊月祥，你把总司令得罪了，以后你怎么办啊？有的则是乐得看个笑话。

　　再看徐庭瑶，清清嗓子，继续说："各位，我的主意不是想两败俱伤，把中山一号调来，没有意义，而且咱们未必有绝对的把握。这打仗嘛，讲的是一个出其不意，攻其不备。必须出乎敌人的预料，让敌人想不到，咱们才能成功！"

　　蒋介石一听，放心了，哦！不是那最馊的主意啊！这还行。所以赶紧把脑门上的汗擦擦，等着徐庭瑶继续说。只听徐庭瑶继续说道："各位，这些天在前线，我跟中山二号交手过不止一次，我也观察过，中山二号火力挺强，装甲挺厚，打起来威风八面。但有一点，动力不足啊！那么大的装甲列车，只有一节机车头来发动。我是这么想的，咱们要是有两列装甲列车就行，哪怕没中山二号厉害都可以。咱们把两列装甲列车，再加上备用的机车头，都连到一起，带上几个大钩子，之后咱们就想办法，引诱中山二号出战。等它一出来，咱们两列装甲列车全速冲到它跟前，拿钩子搭住了，全力往回拉！量它的进口发动机再强，也比不过咱们的四个机车头加一块！到时候俘虏了中山二号，咱还怕什么呢？"

徐庭瑶说完，只听会议室掌声雷动："妙计！"

"真是妙计啊！"

蒋介石也激动坏了："月祥啊！你这真是妙计啊！我立刻下命令，给你调来两列。你看这个计划，谁执行最好？"

徐庭瑶一听，当场敬了一个军礼："总司令放心！既然是我的主意，我当身先士卒，亲自去执行！"

就这样，蒋介石即刻调来两列装甲列车，云贵号和长城号，徐庭瑶照此布置，只等冯玉祥所部出动中山二号，即可行事。

至于怎么诱敌出阵，这不难，蒋介石即刻命令前线，沿着铁路线开始进攻。说实话，蒋介石和冯玉祥的部队，可以说是各有千秋。冯玉祥的西北军，作战英勇，意志顽强，而且骑兵袭扰占着一绝。至于蒋介石的中央军，就有些像曾国藩的湘军，个人文化水平要高一些，但打起来的战术，有点结硬寨打呆仗的意思，但好在武器犀利。特别是蒋介石的德国大炮，那可不是玩具，所以一通炮击下来，"咚！咚！咚咚！轰轰轰！"冯玉祥的阵地当时就化为火海！紧接着，中央军的步兵跟上，向着西北军的阵地发起冲锋！

西北军那边呢，也不傻，赶紧组织反击，同时，中山二号发动，"轰隆隆，轰隆隆"，紧跟着也冲到阵前，开始扫射！

咱们说，中山二号的战斗力，也不是吹的，它一共有五节，第一节是炮车，一共有两门平射炮，中间一挺旋转的重机枪；第二节是防空车，有一门苏罗通高平两用机关炮，这东西既能防空打飞机，又能拉平了打，射速快，威力也不小；后面的第三节是指挥车，第四节是运兵车，驻车的官兵在这两节上，再架上几挺机枪，火力就进一步升级；只有最后一节是负责发动的机车，也是最薄弱的环节，但后面还有步兵掩护，再加上装甲特别厚，打起来简直无懈可击！西北军自己都挺美：蒋介石敢发动冲锋，我倒要看看，是你们这些步兵的皮肉硬，还是我的装甲列车硬！

所以装甲列车冲上来，连枪带炮一阵突突，蒋介石的中央军立马四散奔逃，也是，能活的话，谁想死啊？

再看中山二号上，西北军的将士挺高兴，尤其是装甲列车指挥官张吉士，他一高兴，还跟手下聊起来了："哈哈，闹了半天，蒋介石的部队不禁揍啊！"

"可不是！蒋介石除了进口的大炮之外，一无是处啊！再这么下去，费不了多大劲，咱就能把他们的主力歼灭！"

"对对对！"

正瞎聊呢，只听对面"轰隆隆"直响，张吉士还纳闷呢，怎么回事？对面怎么也有响动呢？张吉士赶紧指挥："张三！赶紧去看看，怎么回事？"

张三拿着望远镜，赶紧跑到第一节炮车的前头去看，之后就听张三跟前头喊："报告队长！蒋介石那边也动用了装甲列车！"

张吉士一听，什么？那边也用了装甲列车？难道是中山一号？于是他赶紧回应："张三！你赶紧再看看，蒋介石的装甲列车，跟咱们的一样不一样？"

"报告长官，不一样！"

"呼！"

张吉士舒了一大口气啊，不是中山一号，我就放心了，蒋介石那儿的装甲列车，我心里还是有数的，除了那个中山一号，剩下的都不是我的对手。可没想到，刚舒了一口气，就听张三火燎屁股一样的喊上了："队长不好了！对方在加速！呃！"

张吉士一听，怎么回事？

"张三！继续报告！赶紧说啊！"

怎么喊也没声，张吉士自己跑过去了，再一看，好！张三头部中了一弹，已经没气了，张吉士还琢磨呢，刚才张三报告，对方加速了，什么意思呢？张吉士拿着望远镜从观察窗往外看，这一看，好！蒋介石那边的装甲列车，速度越来越快，直向自己冲来！同时车上也冒着火花，看得出来，所有的机枪也在开火，估计张三就是被流弹打中的。

张吉士一看，当时懵了，这是什么意思？他也不明白，但张吉士知道，让对方冲过来，肯定没好事！仗着他在炮车之内，直接指挥："快快快！开炮！赶紧把那个装甲列车打趴下！"

"是！"

"咚咚咚！咚咚！"

这一顿大炮打下去，一颗直接击中的都没有，只有炮弹爆炸的部分弹片崩上了，可装甲列车的铁甲挺厚，这跟挠痒痒差不多！这也没办法，蒋介石那边的装甲列车，速度实在太快了，总在动，瞄不准啊！

再看蒋介石那边的装甲列车，如同风驰电掣一般，离着中山二号也就不到一千米了，车上的徐庭瑶兴高采烈："快！都把铁钩子弄好，准备行动！"

第二回　徐庭瑶失策负伤　蒋介石聘请顾问

徐庭瑶勾画妙计，打算把两列铁甲车，加上两个备用机车头连在一起，冲到跟前去，勾住中山二号，将其俘虏。这计划最开始真的挺顺利，对方的指挥官张吉士，根本不知道徐庭瑶想干什么，一看铁甲列车接近，只知道开炮拒敌。

可没想到，徐庭瑶的装甲列车太快，张吉士这边的炮兵根本算不准，所以一连十几炮，都放了空，没办法，张吉士赶紧下令："后退！快后退！"

中山二号往后就跑，可终究没有中央军的装甲列车速度快，双方的距离越来越近，眼看着只差五百米了，徐庭瑶挺高兴："快！都把铁钩子弄好，准备行动！列车长，赶紧减速！"

也是，再不减速该撞上了，所以列车长赶紧指挥队员开始搬刹车，"吱！吱！吱！"只见列车的轮子火星直冒，徐庭瑶和所有人都做好了准备，随时要甩钩子！

可没想到，正在这紧要关头，中央军的装甲列车就像中了几锤，"咚咚咚咚！"紧接着，一颗炮弹钻进了后面的车厢，"咚！"旁边的三四个士兵血肉横飞！列车一个急刹车，"吱！！！"停了。

徐庭瑶吓了一跳啊！刚才一个急刹车，眼镜都歪了，好悬没摔倒。他一看这情况，气急败坏："到底怎么回事？列车长！列车长呢？"

列车长赶紧过来："报告长官，我们遭到敌人的炮击，第一节机车已经被打坏了，我们正在想办法抢修！"

徐庭瑶一听，怎么可能呢？炮击？虽说我们是在列车上，但颠簸也难免啊！就我们这么快的速度，冯玉祥那边的重炮，还能瞄得准？可徐庭瑶再用眼睛一搭毁坏的机车头，再看看远去的中山二号，明白了！冯玉祥那边肯定是把高射炮拉平了打我们的！那炮射速快，瞄着差不多狂揍就行了。唉！可惜啊！我这回算是功亏一篑，逮不着中山二号了。

徐庭瑶正在这儿唉声叹气呢，只听有人报告："师长！师长！敌人又回来了！"

担任护灵任务的中山二号

第二回　徐庭瑶失策负伤　蒋介石聘请顾问

嗯？徐庭瑶再仔细看看，好么，还真是，中山二号又往这边过来了，估计是以为把中央军的装甲车打坏了呢，想来看看具体什么情况。徐庭瑶一看这情况，精神一振，赶紧问列车长："列车长，咱们损失如何？"

"报告师长，咱们除了第一节机车损毁之外，剩下的损失不大。"

"那剩下三节机车怎么样？"

"那些都没问题！"

"好！太好了！天助我也！我以为没戏了，这回看来，还行！快听我命令！"

徐庭瑶把心一横："所有人都听好了啊！一会儿等中山二号冲过来，一连立刻下去，冲上中山二号，杀死他们所有的乘员，至少，也要占领他们一节车厢！之后，列车长！"

"有！"

"你指挥所有的队员，把铁钩子搭上，然后打信号弹，请求步兵支援，咱们还按原计划行事！"

"明白！"

再看中山二号这边，队长张吉士刚开始吓死了，等把苏罗通高射炮放平了，连开几炮，蒋介石的装甲列车不动了，他才放心：总算撞不上了。不过张吉士也不明白，蒋介石那边要干什么呢？所以他再次发动中山二号，前来观看究竟。

徐庭瑶正等着这个机会呢，眼看着中山二号离着自己这边只有四百米了，而且还在缓慢前进，他算忍不住了，这一个冲锋就过去了，还等什么呢？

"冲啊！"

"哗！"

一个连的步兵蜂拥而上，就冲向中山二号！

再说张吉士这边，刚开始，他有点半信半疑，所以加了小心，机枪手都没离开位置，所以一看蜂拥而来的士兵，马上也开火了！

"哒哒哒！哒哒哒！"

徐庭瑶是保定军校步兵科出来的，能怕这个吗？赶紧指挥："快！扔手榴弹！机枪手掩护！"

"哒哒哒哒！嗖！嗖嗖！"

这一打，可热闹了，车上的机枪还行，瞄准对方的机枪位扫射，一时间压得西北军将士抬不起头。可手榴弹算扔疵了！扔歪的还好，扔到装甲列车上的，大部分全都撞在铁板上，弹回到自己的脚下！

"咚！咚咚！"

这回好，敌人没炸着，反而把自己人炸趴下好几个！徐庭瑶一看，急得是奔儿奔儿直蹦啊！嘿！我怎么忘了，这不是往人家阵地里扔手榴弹，进去就得。人家装甲列车上有钢板，碰上还得弹回来！所以徐庭瑶赶紧改口："快！往装甲列车底下扔！"

"嗖嗖嗖！咚！咚！"

这下行，弹不回来了，不过杀伤效果并不好。双方就这样战在一处！再说徐庭瑶，毕竟人家有装甲列车做掩护，自己的步兵徒步冲锋，损失不小，他急得是满头大汗啊！赶紧招呼自己这边的装甲列车："列车长呢？赶紧发动！甩钩子！请求步兵支援！"

列车长得令，赶紧再发动机车，就要行动！

咱们再说西北军张吉士这边呢，人家也不傻，一看，哟！蒋介石的装甲列车还能动，其中有诈！赶紧加速往后就跑！跑的时候还不忘开炮！

"咚！咚咚！"

徐庭瑶一看就急了："不能让他们跑了！追！"

"咚！"

话音刚落，一颗炮弹就在自己的身边炸开了，徐庭瑶眼前一黑，倒在了血泊之中！

再说蒋介石这边，他极为重视徐庭瑶的计策，所以就在前线没走，等着徐庭瑶的好消息！所以等装甲列车那边的信号弹一起，蒋介石即刻命令步兵出击。结果拼杀一阵回来，根本没看见中山二号的影子！

蒋介石就纳闷，嗯？徐庭瑶的计策失败了不成？赶紧找人就问："徐庭瑶呢？我要见他！"

正好这时候，前面抬来一个担架，蒋介石一喊，抬担架的人听见了，赶紧过来："总司令，我们徐师长在这呢！"

蒋介石一看，嗯？这哪儿是徐庭瑶呢？仔细辨认辨认，还真是！

只见徐庭瑶，现在惨透了！之前谋划计策的时候，笔挺的军装，一副小眼镜，英气勃发！现在可好，脸被熏得挺黑，眼镜也不知道哪儿去了，军服已经被血染红了！咱们书中代言，徐庭瑶在这一战中，身中五块弹片，好悬没把命丢了！

蒋介石一看，挺心疼："赶紧抬走吧！务必要好好医治！"

"是！"

担架下去了，军医自然去努力救治。您别看徐庭瑶这时候犯傻，那是当时中国人的普遍现象，对新式的兵器不了解。自受伤之后，徐庭瑶是痛定思痛，利用养伤的时间，好好研究新式兵器，最终成了国民党装甲兵之父。当然，这是后话，咱们暂且不提。

再说蒋介石，这一战可是个转折点啊！中原大战刚开始的时候，蒋介石对自己部队的战斗力，还比较有自信，觉得跟冯玉祥分个上下，问题不大。结果今天一看，不行啊！冯玉祥的部队挺厉害，骑兵在陇海线左右连续出击，弄得我相当被动。而我这呢，连一辆装甲列车都解决不了。再这么拼下去，就该我倒霉了！不行！我得想点外科手段！

咱们说蒋介石，他的军事水平争议挺大，有的说高，有的说低，但说句实际的，他离军事家的确差着一截。但同时，蒋介石的政治能力，要远胜于冯玉祥、阎锡山这一众人等，他的外科手段多了去了！

蒋介石看得很明白，阎锡山和冯玉祥两家联合，实际上中间的问题很多，阎老西抠儿啊！对自己的部队不错，对冯玉祥的部队，支援常常不到位，就算支援，也多是临时抱佛脚。蒋介石就抓住机会，利用俩人的矛盾，痛打阎锡山，瓦解冯玉祥。

具体怎么执行呢？咱们说阎锡山的部队，特点是善守不善攻，爱占小便宜，蒋介石就抓住机会，给阎锡山点甜头，让他们离开城市，然后就是劈头盖脸一顿胖揍。而冯玉祥的部队呢，战斗力强，但多出身于苦地方，冯玉祥又是典型的封建家长式管理，部下很多是敢怒不敢言，蒋介石就用高官厚禄收买他们，这回好，冯玉祥的部下纷纷叛变。同时，东三省的首脑张学良也发出通电，支持蒋介石，然后率兵入关，参加战斗，这一下，战争的趋势也日趋明朗。

等中原大战进入了尾声，蒋介石就开始考虑了，现在的中国，还是积贫积弱，强敌环伺，统一也只是表面的，分裂势力仍存。在这种情况下，想要保家卫国，就得把军队进行现代化，尤其是陆军，这是其中的大头儿啊！要不说句夸张点的话，阎锡山、冯玉祥他们再起来一次，我也一样被动！

可这事说起来容易具体做起来还真不简单！说句实话，现在，包括蒋介石在内，中国各大军头的军队，战斗力在世界上排不上号啊！即便有之前的保定军校、云南讲武堂等，乃至于后来的黄埔军校，给军队输送了一批又一批质量较高的军官，但是中国军队的现代化水平，也最多只能和西方"一战"之前的水平稍稍比一比。所以蒋介石后来"剿共"的时候，大家常听见的战术就是修碉堡、挖堑壕，可说句实话，即便是这些，咱们也比西方差不少，西方的堑壕，攻防兼备，战术手段多样，咱们的堑壕，就是挖一道，连纵深防御的功能都没有。

但大家也知道，因为第一次世界大战，很多新式兵器日趋成熟，什么远程大炮、坦克、飞机、航空母舰等，世界的军事水平进步了一大块儿，修碉堡、挖堑壕已经过时了，所以中国还得重新学！

怎么学呢？蒋介石的眼界比较开阔，所以在北伐战争末期的时候，就有所行动，尤其是当时，黄埔六期的学生面临毕业，蒋介石就命令，在其中选拔精锐，派遣到英法德美等西方国家，留学军事。

但凡事必有长线短线之分，派遣军事留学生，这是长线，优势是人才储备，可以让学生们成体系地学习西方军事。但这玩意，短期指不上啊！所以还得拿出马上能用的方法，这样等长线的学生回来，也能更加适应。

那短线怎么办呢？最有效的就是——请外国的军事顾问！

话说之前的北伐战争，国民政府这边就没少请苏联的军事顾问，最著名的就是苏联第一批的五大元帅之一，布柳赫尔，当时化名叫加仑将军，很有能耐。但蒋介石自1927年开始反共，就驱逐了这些苏联顾问。下一步，找谁来帮忙呢？德国！

有人问了，为什么是德国呢？其原因大致是因为，德国之前是分裂的，自1871年才统一，不过四十年的工夫，就能跟当时的世界霸主英国一决雌雄！虽说失败了，但蒋介石对德国的军事能力颇为佩服。而且当时德国的军工，世界知名，不说别的，北洋舰队最厉害的定远号、镇远号装甲舰，就是从德国进口的。再有，因为中国当时的国际地位低，英法等大国特别看不起中国；而德国因为"一战"失败，也是英法等国的压榨对象，双方同病相怜，所以蒋介石认为，要是从德国聘请退伍的名将来做军事顾问，不会有什么过多的政治条件，双方地位较为平等。

但说实话，蒋介石的这个想法，刚开始有点一厢情愿，当时执掌德国的是魏玛政府，因为"一战"失败，魏玛政府处处小心，就怕得罪英法列强，所以对蒋介石的提议并不感冒，至于派遣退伍的名将做军事顾问，也不考虑。但蒋介石肯下本儿，重金聘请，总算也收到了一些效果，"一战"中在德军参谋本部供职的鲍尔上校，答应来中国做顾问。

还别说，鲍尔一来，还真给蒋介石的部队注入了不少新鲜血液，而且两人商定，从德国定制一批军火，装备部队。而且鲍尔还特别跟蒋介石说了："蒋总司令，你想要提高部队的战斗力，现在就必须要建立一支模范部队，跟世界接轨！之后，再慢慢推广到其他的部队！"

蒋介石一听，挺合胃口："那么鲍尔上校，这支模范部队有什么要求呢？"

"要求嘛，就是人员的素质，要最高的！尤其是军官，他们要了解世界军事的最新变化！"

蒋介石一听，点点头："好吧！鲍尔上校，我看这样吧，负责我警卫的部队，88师，人员我心里有底，素质都挺高，把他们改编成步兵师，您看如何？另外，我们中央军校还有个教导总队，那儿的人，多是我们黄埔军校的优秀学生，最差的也是负责黄埔军校保卫的部队，他们整天跟这些军官一起交流，人员素质应该是部队中最高的，让他们适应炮兵、骑兵、辎重这些兵种，您看如何？"

鲍尔一听，连连点头："这个还可以！但是蒋总司令，除了这些之外，你还必须建立一支装甲模范部队！"

蒋介石一听："装甲模范部队？鲍尔上校，装甲列车行不行？"

"不行不行！我说的装甲部队，是拥有坦克的装甲机动部队！"

蒋介石一听，坦克？那玩意我上哪儿找去啊？只能进口。可说起进口来，我可千万别像张作霖一样，吃了坦克的暴亏啊！

第三回　蒋介石暗抢装甲车　张学良布防锦州城

蒋介石聘请德国顾问，要想办法把自己的部队现代化，提升战斗力。刚开始，来的德国顾问是鲍尔上校，他就提出，要蒋介石建立一支世界级的模范部队，和世界的先进水平接轨。除了步兵部队之外，鲍尔还特别提出："蒋总司令，你必须要建立一支拥有坦克的装甲机动部队！"

这下蒋介石可犯了难，坦克？那玩意我可没有，上哪儿弄去呢？只能进口。可进口的话，哪家合适呢？别再像张作霖一样，吃了坦克的暴亏啊！

书中代言，蒋介石说的是什么意思呢？张作霖和坦克又有什么关系呢？这还得给您说一下，中国第一支坦克部队，实际上就是张作霖建立的！"一战"末期，坦克出现，当时正是北洋军阀统治时期，各派军阀一看，坦克这东西厉害啊！都挺感兴趣，所以都引入了部分样车，以作实验。可当时的坦克很落后，而且性能不稳定，所以实验结果并不理想。除了能离开铁路满处跑之外，无论是火力还是防御力，还不如装甲列车呢！所以直系的冯国璋、吴佩孚，皖系的段祺瑞等，对坦克这种东西都没了兴趣。

可唯独奉系的张作霖，别看人家没受过多高的教育，可脑子灵活啊！他一看，坦克这东西的确没有装甲列车强，而且一辆两辆不顶用，但这玩意毕竟灵活，离开铁路，掩护步兵侧翼包抄，也能顶大用！

这时候正好是"一战"结束，各国都在甩卖军火，张作霖趁这个时候抄底，一口气买了36辆雷诺FT17型轻型坦克，简称雷诺式。就这样，张作霖就建立了奉军的战车大队，这也是中国第一支坦克部队！

但说句实话，这支坦克部队，在战场上的表现很一般，处子秀是在南口，张作霖联合吴佩孚一起，进攻叛变的冯玉祥所部，结果冯玉祥的部队，在苏联顾问的指导下，击毁坦克三辆。接下来，北伐战争，临颍战役，北伐军也一口气俘虏了四辆坦克；涿州战役，张作霖面对守城名将傅作义，硬攻三个月，无功而返，还搭上了三辆坦克。

张作霖的战车大队之所以连连吃瘪，固然跟当时的战术有关，但更重要的是，张作霖不懂坦克啊！他买的雷诺式，多是"一战"时期受过伤的，人家修吧修吧，就卖给财大气粗的张作霖了，有的坦克，轮子甚至是木质的，外头包一层钢皮，您说能好用得了吗？所以后来大家一提坦克，总感觉要吃亏上当啊！

可现在，德国顾问提出来了，蒋介石就得想办法啊！去哪儿进口呢？哎对了！我眼前可就有一批，不用再花钱了！

有人问了，蒋介石不是说没坦克吗？哪儿又冒出来了？原来，这个问题就出在了蒋介石的大舅哥——宋子文身上。咱们说，宋子文这一家子，在近代史上不可不提，宋子文的三个姐妹，宋霭龄、宋庆龄、宋美龄，分别嫁给了国民政府中的头牌人物，孔祥熙、孙中山、蒋介石，而宋子文呢，也有能耐，哈佛大学的硕士，哥伦比亚大学的博士，专攻经济学。再加上家里的关系，近水楼台先得月，当上了国民政府的财政部长。

按说呢，宋子文本来是政治经济圈的人，跟军界没什么关系，可是从孙中山、蒋介石的经历，他也看得出来，自己手头没有支军队，腰板就不硬气！所以他打算自己也拉起一支军队。可他一个外行人，谁也不给他这个部队番号。最后宋子文一看，我不叫军队行不行？我收税，总得想办法打击走私吧？打击走私，就得要警察，我就建立这么一支警察部队得了，只要他们的战斗力强，碰上正规军，见一个打一个，有这实力的话，叫不叫军队有什么关系？

反正宋子文把持着财政口，钱是不缺的，所以他就招兵买马，人都得挑素质高的，军官最好还得有留洋背景，至于武器嘛，都是进口的好枪好炮，机枪都得配备到班一级，比蒋介石的中央军都强！尤其值得注意的是，宋子文还从英国进口了18辆维克斯-卡登·洛伊德型超轻型坦克！

这情况呢，蒋介石没当回事，当然了，因为宋子文的背景，他也不敢当回事，所以就听之任之，现在一看，得了，反正宋子文那儿不缺钱，我就借用吧！

就这样，蒋介石一道命令下去，告诉宋子文，你的警察部队，不过是缉私用的，用得着坦克吗？即刻上缴中央！

宋子文一看呢，挺不乐意，但一想：算了，反正我这些坦克也不是最新型的，先给你用吧！我再买更好的！

就这样，蒋介石没收了

雷诺FT17型坦克。张作霖就是利用这个型号的坦克，建立了中国第一支装甲部队。但说句实话，张作霖实际上被坑了

18辆维克斯超轻型坦克，外加上把之前俘虏张作霖的四辆雷诺修一修，就组成了陆军教导第一师骑兵团战车队，交给军事顾问鲍尔上校加以训练，关于队长的人选呢，蒋介石特意选了黄埔六期的优秀学生，张杰英！

而之后不久呢，军事顾问鲍尔上校不幸病逝，由副手克里拜尔中校代理。可是克里拜尔水平比鲍尔要差一些，蒋介石不满意啊！赶紧再通过外交部走动关系，总算请到了一位德国名将，"一战"时的德军参谋本部作战处处长——佛采尔中将！

这个佛采尔中将，比鲍尔上校还要强，来了之后，直截了当地就跟蒋介石说："蒋总司令，你的模范部队规模太小！我建议扩大模范部队的规模，以便于加快你们的军队现代化进程！"

蒋介石一听，这有什么不好的？于是连连点头："好好好，佛采尔将军，那我就把87师，也编入模范部队的序列吧！"

"可以可以，另外我看到报告，你们的军校教育水平还需要提高。我这回带来了相关的专业顾问，希望蒋总司令把他们安排到军校中，提高你们的军官水平！"

蒋介石一听，好么，这个德国顾问的要求还不少，但毕竟人家是名将，说的也不无道理，所以蒋介石还是点头答应："这个没问题。请问佛采尔将军，您还有什么建议？"

"另外，你们的装甲部队，还要加强训练，我这回带来了我们德国的装甲兵战术的教授，皮尔纳先生，他将统筹你们装甲部队的训练！另外，你们还得继续购置和装甲兵相关的其他装备，尤其是修理、通信、运输等方面！"

蒋介石一听，心里有点不舒服：哎哟！装甲部队还不能停啊？这装甲部队虽说看着挺威武，但华而不实啊！买燃料花钱不说，我们这些日子净闹笑话了！之前组建的战车队，号称铁狮子！在南京巡逻的时候，震动不小，百姓都来看。可战车队也太不争气了，巡逻速度慢可以不说，而且还有半截抛锚的，弄得南京百姓哈哈大笑啊！说我们的铁狮子，根本就是铁牛！而且还编出顺口溜来了，说什么"铁牛，铁牛，一走三抛锚！"现在可好，光装甲部队的训练还不行，还得有其他装备，这是不是有点狮子大开口的意思啊？

蒋介石心里有事，所以有点走神。这佛采尔将军什么人啊？那是职业军人，最忌讳说半截话就走神的，所以他当时声音提高了八度："蒋总司令！不要把我的提议当作耳旁风！你要是不重视装甲部队，小心你们东北的事情再次重演！"

佛采尔将军一喊，蒋介石吓了一跳，心中有点不高兴，但再一听，说小心东北的事情重演，当时就紧张了！这倒不是指"九一八"，而是说之前的中东铁路事件。

原来，张学良在东北易帜之后，一跃而成了全国的第二号实权人物，当时张学良不过三十岁左右，春风得意啊！可年轻人嘛，一旦得意忘形，就该惹事了，而张学良呢，因为有权有势，捅的娄子自然是得捅到天上去！这回张学良惹的是苏联人，而导火索就是中东铁路。

其实中东铁路事件，张学良的本质可能没有错，就是想收回苏联在中东铁路的特权，但从具体的手段上，实在是太小瞧苏联人了。结果一打起来，苏联人集中重兵，飞机坦克一起上，直接给张学良打哗啦了，张学良的宝贝疙瘩，东北军战车大队，根本没来得及用，战斗就结束了。

所以这事一提起来，蒋介石还颇为顾虑，对啊！如果到时候打起仗来，我的装甲部队根本来不及用，不就糟了吗？好吧！那就听德国顾问的吧！

就这样，蒋介石马上按照佛采尔将军的建议，进行下面的部署，把重要的部队进行德国式的训练，尤其是战车队，蒋介石又投了不少资金。还别说，有钱好办事啊！不到一年的工夫，蒋介石的这点装甲部队，质量还真有点起色。

而就在这个时候，"九一八"事变发生了，东北军迅速退到山海关以内，蒋介石一看，大喜过望啊！这可是个契机，张学良因为"九一八"事变的不抵抗，背了不少的骂名，估计他得下野，以谢国人，到时候我就可以收编他的部队了！嘿嘿！

但东北军的部队，现在还剩多少呢？尤其是之前，让蒋介石直流口水的装甲部队，还有多少装甲列车？多少坦克呢？蒋介石心里得有个底，所以蒋介石马上着令手下的情报部门前去调查，这一调查可好，蒋介石是大跌眼镜啊！之前的26辆坦克，停在北大营，结果遭到了日军的洗劫，仅剩了两辆，装甲列车也少了两列，而其中一列，正是中原大战中让徐庭瑶受重伤的中山二号！蒋介石一看，完！这算完啊！坦克和中山二号都被劫走了，我算白惦记了！

不过几天之后，又一个日军情报反馈回来：我方装甲列车在饶阳河附近，遭遇支那装甲列车，双方进行炮战，我方板仓大队长玉碎。

蒋介石当时有点发懵：这什么意思？难道说装甲列车还在张学良手里？可有点奇怪啊，张学良"九一八"的时候不抵抗，现在怎么抵抗上了呢？

咱们书中代言，"九一八"的时候，张学良还真没抵抗，只不过国内和国际形势发生了变化，你别看日本不战而取得沈阳，其实形势并没有想象的那么差。黑龙江方面，有马占山、苏炳文；吉林有李杜、丁超等人，都是坚定的抵抗派。就算是日军控制最严的辽宁，东部控制通化23县的于芷山还在是否投降的问题上摇摆不定，西部以锦州为中心，辽西走廊的14县，和关内还连为一体，日军现在真有点四面楚歌之势！这还不说，当时的国际联盟也对日本发出了谴责，并施加了一定的压力。

这下张学良觉得有点底气了，所以马上命令，让部下大将荣臻和黄显声带兵出关，在锦州布防，随同出关的，还有两列装甲列车！

这下日本人一看，心里发虚啊！但日本人就这样，越发虚，他外表就越强硬。结果这回还硬对了，弄得张学良摸不着脉了，结果部队就在锦州没动地方，坐视日军进攻马占山！马占山奋起抵抗，可实力不济，不得已退守海伦。日军这回腾出手来了，直接向着东北军集结的重地——锦州，开始了攻击。

咱们说呢，日军现在已经疯狂到了极致，也对，偌大的东三省，真正能抵抗的老爷们儿不多啊！而且就算抵抗，多是马占山、李杜之流，没什么重武器了，结果日军的装甲列车连连发威，日军是得意忘形啊！尤其是日军的独立守备步兵第二大队，他们没等指挥部发布最后的攻击令，就先行出发了。

咱们说这个独立守备步兵第二大队呢，之前参与过进攻马占山和李杜的战役，大队长也被马占山所部的神枪手打伤，现在代理大队长的是板仓繁大尉，这家伙狂啊！上头刚传出可能要进军锦州的消息，这家伙就等不及了，马上就让南满洲铁道株式会社给他调来一辆装甲列车，他带着指挥部和一个小队的人马，坐火车就奔了锦州方向。当时有人还劝他："大队长，支那军队好几万，咱们这一个大队根本不行啊！何况您就带指挥部和一个小队，还是等咱们关东军主力到了再说吧！"

板仓繁一听，根本不放在眼里："八嘎！你滴，打击士气滴干活！我告诉你，支那兵，不禁打滴干活！尤其是张学良，他不敢打仗，我这一个小队，能顶他们两万人！我先到前线去侦察，我的第二大队马上就会出发，在主力过来之前，我们就要解决战斗滴干活！"

没辙，当时的日本人就那么狂。可往往因为狂，就得付出代价！

第四回　板仓繁狂傲赴前线
　　　　　中山号大战饶阳河

　　张学良关键时刻掉链子，本来日军在"九一八"之后，形势很差，甚至有四面楚歌之势，张学良呢，并没有趁机进攻，以图恢复东北，反而坐视日本人进攻马占山和东北义勇军。等日本人把这些主要的抵抗力量收拾得差不多了，腾出手来，就该进攻锦州了。

　　这时候的日本人，气焰已经嚣张到了极致，还没等关东军总参谋部下命令，独立守备步兵第二大队就等不及了，尤其是代理大队长板仓繁，他甚至都不带自己的主力部队，只带身边的一个小队和指挥部，就要往锦州前线跑。有明白人还劝他，他还骂："八嘎！你滴，打击士气滴干活！我现在去侦察，我的第二大队马上也会出发，在关东军主力来之前，我们就可以结束战斗滴干活！"

　　没辙啊，日本人在东三省的战事太顺利了，他们就有这底气。就这样，板仓繁只带着极少量的部队，坐着装甲列车，沿着北宁铁路线，就往锦州方向前进。等到1931年11月27日早上八点多，天降大雪，板仓繁的装甲列车到达了日军控制的最前沿，白旗堡车站。这时候列车长就报告："大尉阁下，咱们已经到达了最前沿，是否可以停车？"

　　板仓繁一摆手："不停！咱们继续前进滴干活！"

　　列车长一听："大尉阁下，万万不可！再往前可就会有支那游击队出没滴干活！"

　　板仓繁当时怒了，把桌子拍得啪啪山响："慌什么！一点支那游击队，就把你吓成这个样子了？你滴，太无能滴干活！而且现在下了大雪，我们只有前进到前面饶阳河车站，才能侦查支那军队动向滴干活！哈压库！"

　　"呃，大尉阁下，现在天气情况太差，我们可不可以放慢点速度，以防万一滴干活？"

　　"这个可以，但是不能停滴干活！"

　　列车长无奈，只能继续前进，速度也放慢到每小时三十公里。说句实话，板仓繁的信心也不是白来的，就当时中国的游击队，缺少重武器，拔个碉堡都费事，何况是铁路上的霸王——装甲列车呢？

就这样，板仓繁的列车慢慢接近了饶阳河车站，半个中国士兵的影子也没看见，板仓繁还挺美呢：哟西！支那军队就是胆小滴干活，在这个区域，竟然都不派侦察兵，是不是他们已经撤走滴干活呢？一会儿我们到了饶阳河车站，就派出侦察兵，到底看看支那军队撤到哪里滴干活？

正琢磨着呢，列车旁边"咚！咚！"两声巨响，日军的装甲列车当时被震得一晃悠。板仓繁猝不及防，悬点没从座位上摔下来。板仓繁惊魂方定，气得哇哇暴叫："八嘎！这到底是怎么回事滴干活！"

话音刚落，又是"咚！咚！"两声巨响，列车又一晃悠，板仓繁这回乐子大了，直接摔了一个仰壳，眼冒金星啊！这时候列车长也跑过来了："报告大尉阁下，我们遭遇支那装甲列车，正在反击滴干活！"

板仓繁这才醒过味儿来："哟西！支那人还是来了，那就让这帮不知天高地厚的支那人尝尝我们厉害滴干活！"

"哈伊！"

就这样，日本的装甲列车也开火了，双方就战在一处！

有人问了，中国方面不是不抵抗吗？怎么这会儿开始有血性了？其实这不奇怪，对于不抵抗政策，东北军各部都恨得牙根儿痒痒，可不得已，得执行命令。现在行了，部队已经都在锦州集结，而且最重要的是，张学良这回虽然下令，不得主动挑衅，但没说不许抵抗，出关的东北军士兵们心头就都憋着一股火，打算跟日本人身上出一出！

当然，当时的东北军和日军相比，无论在训练程度，还是武器上，都处在劣势，所以出关的几大将领，荣臻、黄显声、王以哲都认为，得谨慎为先，在布阵的时候，相当小心，出哨都得用装甲列车打头阵，后面才是步兵、骑兵，唯恐吃亏啊！

没想到，这个谨慎的布阵，还真起作用了，日军胆大包天，正好就碰上了今天负责出哨的中山二号装甲列车，指挥官叫刘汉山。

咱们说这个刘汉山，他早就把日本人恨得透透的了，今天巡查到饶阳河一看，好么！对面的铁道上，来了一列火车，刘汉山就有点纳闷：怎么回事？这是军列还是普通列车？仔细看看，这列火车只有六节。而且头一节车厢，似乎前头还顶出个大长炮管。刘汉山经验丰富啊！一看，好么！这么短，也不像普通列车，而且就形制来看，应该就是日本的装甲列车，挺好啊！踏破铁鞋无觅处，得来全不费工夫，正要找你算账，你就送上门儿了！

板仓装甲列车

017

所以刘汉山当即下令："快！开炮！"

"咚！咚！"

那是先发制人！板仓繁呢，也不是善茬子，也命令反击，双方就展开了激战！咱们说，装甲列车的装甲都挺厚，近距离的机枪不顶什么事，所以双方都是保持距离，互相开炮。

刚开始，双方互不相让，就看谁的射速快、火力猛了！可时间一长，分出高下了。咱们说，您别看中日双方用的都是装甲列车，但从设计的角度讲，不太一样，打个比方，那就是公狮子和母狮子的区别。在自然界中，母狮子负责捕猎，但都是对付食草动物；如果碰上食肉动物还争抢地盘，那还得看公狮子的，没办法，自然界就这么规定的。

而具体到装甲列车上呢？说白了，日本这种母狮子级别的装甲列车，主要是对付步兵，所以机枪多，炮只有两门。这也没辙啊，在亚洲，日本当年那是独一无二的工业国，它面对的对手，包括中国在内，都没什么重兵器，也加上日本缺乏资源，所以日本人就认着，这样能碾压步兵也就够了。

而中国的装甲列车呢，是从西方进口的，西方列强工业能力都强，装甲列车这东西，你有他也有，而且铁路沿线，都能布置碉堡，所以这些装甲列车，多考虑摧城拔寨和装甲列车之间的对战，所以火炮力量非常强，装甲也更厚！这列中山二号，经过张学良的改装和升级，现在已经拥有四个旋转炮塔，装备的是野战炮，射程远，打得准，威力强，就是射速稍差点，但今天刘汉山富裕啊！四个炮塔，用数量弥补射速，所以这时间一长，高下立判！

再看双方，对战已经进行了一个小时，板仓繁那边气得是奔儿奔儿直蹦啊 现在他的情况特别不利，因为设计的问题，两门大炮只有一门能开火。没辙啊！其实日本人也不笨，因为之前在中国东北，跟沙皇俄国还来了一场日俄战争，所以日本人也考虑了，将来我们要是和西方人作战，也得留个撒手锏啊！日本人一看，装甲列车上常用的大炮，都是口径75毫米左右的山炮和野炮，我来个狠的吧！所以日本人直接在打头的炮车上，安上了一门口径105毫米的重炮！目的很明显，装甲列车容易头碰头的交战，我就先发制人，用重炮对付你！然后剩下一门，就是75毫米的山炮，射速快，压制步兵非常有效。日本人就认为，我这个设置两面兼顾，肯定天下无敌！

可是日本人想得挺好，在具体设计的时候就出问题了，这门炮是固定向前的，除了能上下调整射击角度之外，左右基本上没法转。可偏偏今天，刘汉山的中山二号，是从平行的另一条铁道上来的，这回重炮根本没法瞄准啊！只剩了一门山炮可以还击。而且更缺德的是，日本人为了让重炮好瞄准，前方重炮的炮仓是开敞的，日军也知道这样不行，就放了点沙袋，可这玩意也不顶大用啊！刘汉山也知道日军的情况，所以四个旋转炮塔，有一个专门盯着日本人的重炮狂揍！

"咚！咚！轰轰！"

这回日本人可惨了！重炮位上的死伤尤其惨重，一个小时的交战中，炮位上已经倒了三拨人，而车厢里那一个小队的日本兵也没好哪儿去，列车的装甲被多处崩穿，弹片不时地飞进车厢！受伤的不少。而中山二号则好得多，因为山炮的威力稍差，所以打来打去，只有部分列车装甲钢板被打穿，但离弹片横飞还差得远！

战斗进行了两个多钟头，板仓繁气得嗷嗷直叫："八嘎！快点开炮滴干活！不能让支那人占了便宜！"

这时候列车长一看："大佐阁下，情况不妙啊！咱们的山炮只有二十多颗炮弹了。再打下去，就得吃亏滴干活！"

到了现在，板仓繁还不服输："八嘎！支那人的火力比咱们还猛，他们的炮弹也快用完滴干活！继续坚持！"

"哈伊！"

又对轰了五分钟，中山二号的炮击烈度仍然没减。板仓繁一看，这不是事儿啊！再这么下去，我们只能是输。八嘎！我们大日本帝国的军人，怎么能输给支那人呢？今天我必须想办法赢！

想到这，板仓繁马上把列车长拉着："你滴，不用开炮还击了，快快滴加速，一定要赶上支那装甲列车滴干活！别的事，你滴不用管！"

"哈伊！"

板仓繁下了命令，马上跑到后面车厢，把他带的那一个小队的日本兵叫上了："你们滴，立刻准备！一会儿接近支那列车，听我命令，你们要跳过去，杀死支那人，夺取列车滴干活！"

咱们说这个板仓繁，也真能蛮干，不管这个战术是不是可行，反正在他的眼里，日本人就不能输！这回算是要孤注一掷了。而日本兵呢，向来服从命令，板仓繁一下令，马上开始整备，受了伤的，站到机枪位，一会儿负责掩护，没受伤的日本兵马上开始准备。板仓繁等下完了命令，亲自来到指挥车的车门附近，观察情况。

只见日军的装甲列车开始加速，越来越快，"哐且哐且哐且"，直向中山二号冲去！

再看刘汉山这边呢，本来打得挺过瘾的，这一看，好！日军的装甲列车不要命地向自己冲过来，他也聪明啊！大概就明白怎么回事了，哟！小日本儿这是要跳过来夺车啊！千万不能让他们接近啊！所以他也下令："列车长，马上后退！加速！"

"是！"

就这样，双方一个跑，一个追，在铁路上就撒开欢儿了！这回可好，列车一晃荡，炮也瞄不准，双方只能跑了！就这样，双方跑了能有将近三公里，日本的装甲列车越追越近，眼看着离中国铁甲列车只剩了二百多米。板仓繁高兴啊，扶着列车的门往外观看，边看还边喊："哈压库！再快点！追上支那列车，咱们就胜利滴干活！"

正在这个节骨眼，日本的装甲列车突然一个急刹车！车轮是火星直冒啊！

"吱！！！"

这回不光板仓繁，所有准备的士兵全都站立不稳，摔成什么样的都有！鼻青脸肿都是轻的！板仓繁最惨啊！他离着车门近，悬点给甩出去。他是气急败坏，马上爬到观察

第四回　板仓繁狂傲赴前线　中山号大战饶阳河

019

车上，把列车长拖过来，一顿大嘴巴子："八嘎！为什么要急刹车！！！"

列车长还挺冤枉："大尉阁下，这真不能怪我，你看前面滴干活！"

板仓繁赶紧拿着望远镜，探身出车门，仔细观看。这一看可好，自己这边的铁轨，前面毁了挺长一截！亏得列车长反应快，不然列车就得脱轨，车毁人亡是少不了的！

有人问了，铁轨这是怎么坏的呢？咱们前文也说过，东北军出哨，装甲列车打头阵，但步兵和骑兵也是少不了的，毕竟他们机动灵活，可以搜索铁路周边几公里的位置。今天负责出哨的，是辽宁抗日义勇军第一路，项青山所部。

项青山这个人，出身绿林，说白了就是土匪，也叫胡子！不过别看是土匪，项青山的血性比很多军人都强，在东北抗日的义勇军中有一号，当年项青山和另一个绿林好汉，外号老北风的张海天，那是并称的，俩人曾经联手活捉大汉奸凌印清，当时就有顺口溜：青山老北风，成心把日抗。活捉凌司令，枪崩日本兵。

而项青山呢，打仗勇猛，但也秉承一点，只占便宜不吃亏。今天出哨，装甲列车跟人家打起来了，项青山一看，人家都是钢铁怪兽，就我们这点人，上去也没用。所以项青山就在远处拿着望远镜仔细看，看来看去，项青山发现了，中山二号和敌方的装甲列车，是在平行的两条铁道上。项青山一看，哼哼，这回妥了，我非让日本人知道我的厉害！

第五回　板仓繁殒命饶阳河　项青山智激刘汉山

项青山率部出哨，配合装甲列车中山二号侦察前沿情况。结果，中山二号和日本人的装甲列车打起来了，项青山急得直抖落手，他明白啊，人家俩都是铁甲怪兽，我这点步兵和骑兵上不去还好，上去就是填陷，说不定还帮了倒忙，还不如不动呢！

项青山打仗，向来是只占便宜不吃亏，趁着前线打仗，他拿着望远镜仔细观瞧，这一看明白了，两列装甲列车别看打得挺热闹，其实是在平行的两条铁轨上。项青山脑袋里坏水儿就冒上来了：嗯，装甲列车离不开铁轨，我把小日本这边的铁轨给扒了，他就肯定过不来啊！如果我们占便宜，那没话可说，用不着。万一咱吃点亏，小日本子肯定要追啊！要追，你就好不了！

所以项青山赶紧就让部下在远处把日本列车这条铁轨给扒了一节，嘿！还真扒对了，日本的装甲列车当时就是一个急刹车！还亏得列车长精明强干，不然还得倒霉啊！

再说日本方面的大队长板仓繁，刚开始还挺生气，扇了列车长一顿嘴巴子。列车长还挺委屈，铁轨断了，我不刹车，等什么呢？

板仓繁还不信，结果自己到了车厢门口，拿着望远镜一看，可不是嘛！还冤枉人家列车长了。板仓繁气得奔儿奔儿直蹦："八嘎！支那人，狡猾狡猾滴！"

板仓繁正骂着呢，只听远方的中山二号突然一冒烟，"咚！"板仓繁经验丰富，知道不好，这是炮弹滴干活，我得赶紧躲！

这时候再想躲，晚啦！人的速度怎么快得过大炮呢？结果，"轰！"的一下，炮弹正在板仓繁这节车厢的门口附近爆炸，板仓繁可惨了，直接被气浪震飞，"蹬蹬蹬蹬，咣！扑通！"后背正撞上后面的墙壁弹回来，就栽倒在地！

旁边的列车长和其余几个列车员也没好哪儿去，也被气浪掀了个跟头。这时候，带的那支小队，总算有人也到了观察车，这一看，整个傻了："大队长！"

"大尉阁下！"

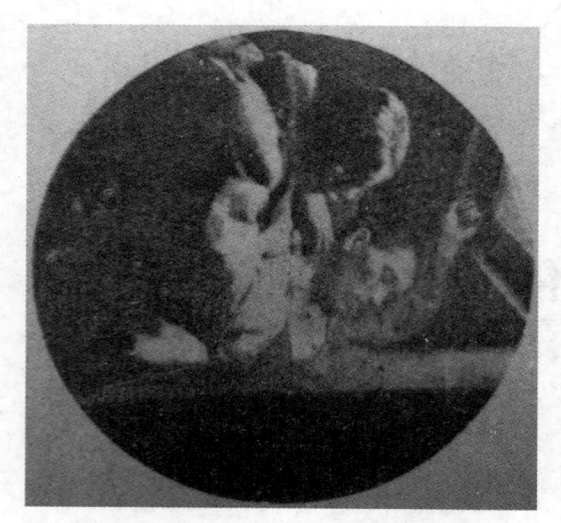

被东北军的中山二号打伤，正在重伤急救的板仓繁

几个人七手八脚赶紧把板仓繁扶起来，再看板仓繁，身上有好几处都在流血，最重的一处，在肚子的右侧，"咕嘟咕嘟"流血不止，日本兵装备还不错，有的人赶紧拿出绷带包扎。这时候，带队的小队长也到了："大尉阁下！大尉阁下！"

板仓繁没反应，现在他已经是三魂飞升、七魄缥缈，根本说不出话了。小队长急得直抖落手："这，这可怎么办滴干活啊！"

这时候，列车长也起来了，也被炸得满脸黑，也有几处擦伤，但问题不大，他一看："小队长阁下，大队长负伤，咱们也不是支那军的对手，最好撤滴干活！"

小队长一看，也的确没错，所以代替板仓繁下令："撤退！赶紧呼叫后面，准备抢救大队长滴干活！"

就这样，日军的装甲列车迅速后退，可没跑四五里地，板仓繁就因为流血过多，彻底玉碎了。而剩下的日军，乘着装甲列车，全速往沈阳撤退。

咱们再说刘汉山这边，打退了日军，他是兴高采烈啊！他也明白，刚才日军突然刹车，肯定是铁道出问题了，有人帮我啊！所以刘汉山赶紧放慢了速度，找到了项青山的部队。等刘汉山跟项青山见面，那是拱手称谢啊："哟！项大当家的，今天多谢您了！"

项青山也跳下马来一拱手："行！刘长官今天敢跟日本鬼子打这一仗，项某佩服！都说东北军没血性，刘长官也算让项某开了眼啦！"

"哎！身为军人，保家卫国，这是应该的！"

两个人携手揽腕，相谈甚欢。可说着说着，项青山话锋变了："我说刘长官，你这个装甲列车，威猛无比，连日本人都不是你们的对手，我看比我们这些绺子强多了。可东三省岌岌可危，我们尚敢剁日本人的脑袋，你们这些正规军人怎么连个屁都不放呢？"

刘汉山一听，脸红了："大当家的，这这这，其实我们兄弟也是有血性的，这东三省也是我们的家，日本人来了，我们能不想打吗？只不过上面有令，不能轻易挑衅，我们身为军人，必须服从命令，这也是迫不得已啊！"

项青山多坏啊！一听，哦！不是不想打，那我有招了！想到这，他清清嗓子："那刘长官，今天这仗，你们不想打也打了，那我想知道知道，你们回去怎么跟上眼皮交代呢？"

"这个大当家的放心，小日本子挑衅在先。上峰虽然有令，不许轻易挑衅，但并没说不许抵抗。"

"哦！原来如此，怪不得！我也听说，张学良将军那边也下令了，把他的司令部移师锦州，这是要打一仗的节奏啊！咱们东北老爷们，就等着这扬眉吐气的一天呢！既然如此，刘长官，你有没有把握，打一打前面的白旗堡车站，给咱们张学良将军探探虚实？"

刘汉山一听，倒抽一口冷气："这……大当家的，上峰没有命令，我私自行动，恐怕不妥吧！"

"有什么不妥的？既然张将军想跟日本鬼子一决雌雄，你身为部下，还想退缩不成？而且刘长官，我也告诉你，这两天，我们已经把总部退到了大虎山，张学良将军那边不仅什么也没说，黄显声将军还特意给我送了些枪，以示嘉奖，这就是默认啊！所以你要是说，你是追击敌人的话，也没问题。而且说实话，咱们这饶阳河车站，离沈阳不过八十多公里，你要是试探性地进攻一下白旗堡，也算是侦查了！如果小日本子防守松懈，咱们心里就有底了，只待主力一到，就能收复沈阳。如果小日本子挺厉害，咱们见好就收，告诉主力部队，让他们多加小心，这也算立功啊！你看怎么样？"

刘汉山还有点犹豫："大当家的此言甚是，只不过我身为军人，没有上面的明确命令，就贸然出击，我还是担心……"

"哎哟！刘长官您还担心什么啊？担心担责任？您大可放心。您如果进攻，这叫收复失地，就算失败了，也没什么丢人的。主力都没办到的事，您失败也正常。张学良将军要是因为这个处罚您，国人的吐沫星子都能把他淹死！您就放心吧！"

项青山这嘴皮子挺厉害，连讲道理带激将法，说得刘汉山热血上涌："好！大当家的说得在理！既然有机会，咱就不如试试！不过大当家的，我可有话得讲在当面！"

"刘长官请讲！"

"大当家的，我这装甲列车虽然厉害，机枪大炮都有，但限制也挺多，人少，而且离不开铁路，所以我要反攻，必须有人在两翼声援和掩护。如果进攻不利，要后撤的话，还得有人帮我们擦屁股，破坏铁轨，以防敌人追击。不知大当家的能不能帮这个忙？"

项青山一听，乐了："行！刘长官您就放心吧！这我们内行！"

就这样，刘汉山登上装甲列车，全速向白旗堡车站开去！

而咱们说的白旗堡车站呢，是日军的前沿哨，别看也是铁路沿线，交通要道，日军还挺托大，认为中国军队不值一提，所以只在这里驻有一个中队。这一个中队的日军，重武器充其量只有两挺重机枪和九个掷弹筒，还有几挺轻机枪，这火力对付步兵挺厉害，但碰上装甲列车可惨了！只见刘汉山的装甲列车直接闯入白旗堡车站，机枪大炮一起上，开始蹂躏日军！

"哒哒哒哒！咚！咚！"

"哎哟！啊！"

子弹无眼，日军是碰上就死、沾上就亡啊！日军那是猝不及防，只能纷纷后退，留守的中队长一点脾气也没有，只能跑到掩体里打电话："莫西莫西！支那军装甲列车到了白旗堡车站，我们需要支援滴干活！"

咱们再说日军这边，关东军司令本庄繁现在脑仁直疼，本来他认为张学良不敢抵抗，只是在锦州装装样子，而马占山他们虽然烦人，却只是疥癣之患，所以他就没当回事。可没想到刘汉山的装甲列车真敢打啊！而且出手不凡，直接击毙了独立守备第二大队的代理大队长板仓繁，气得他只喊："八嘎！张学良滴，太无理滴干活！竟然敢打死我们大日本皇军！板仓繁，你也太轻敌滴干活。"

正发着火，下面有人报告："报告司令官阁下，白旗堡车站来电话，张学良部的装甲列车，正在进攻滴干活！我方情况不利，需要增援滴干活！"

本庄繁一听，当时就蒙了：张学良部，竟然还敢继续进攻滴干活？太可恶了！所以他立马下令："独立混成第四旅团马上集结，乘两辆装甲列车，去北宁线歼灭敌人滴干活！"

咱们说本庄繁，他并不傻，他知道，独立混成第四旅团非常厉害，可以说是关东军的精锐，而且携带有重武器，按理说，把中国的装甲列车打趴下，不成问题。不过本庄繁还是很谨慎，让第四旅团集结后，马上又拿起电话："莫西莫西，给我接关东军航空队滴干活！"

咱们再说白旗堡车站这边，刘汉山已经打了一个多小时。咱们不得不说，当年日军的军事素质还是很强的，面对钢铁怪物一般的装甲列车，别看死伤不小，但不后退，反而集中火力，用重机枪和掷弹筒进行了几次打击。可日军的这点玩意儿，根本不值什么钱，连块装甲板也没打破，所以刘汉山他们仅有几个人受伤，火力没减。可刘汉山这儿呢，人数也不足，充其量一百多人，单兵素质要比日军低得多，也不敢下车接战，所以双方就围绕着装甲列车，展开了激烈的攻防战！刘汉山急得直冒火：嘿！没想到日本人还真厉害啊！我得想个别的办法。

正想到这，副官火燎屁股一样地跑过来了："队长！您快到观察车看看吧！不得了了！"

刘汉山一听，不敢怠慢，赶紧跑到观察车，顺着副官的手指，往天上观瞧，这一看，好么！天空中出现了一个黑点，越来越大，越来越大。刘汉山再揉揉眼睛，手搭凉棚仔细看看，坏了！这是飞机！

紧接着，刘汉山再往四面看看，只见日本兵也不往上冲了，纷纷退开，就把刘汉山的装甲列车晾在了当中！刘汉山一看，叫苦不迭啊："坏了！日本人这不是要轰炸吧！防空炮呢？咱不是有防空炮吗？那玩意打飞机好使！"

副官满脸是汗："报告队长，今天咱们出来，为了多装点弹药，就没挂防空炮那节车厢，挂的是弹药车。"

刘汉山一听，急得直拍大腿："妈了巴子的！关键时刻误事啊！打也打不得，那还等什么？等着挨炸啊？马上发动机车，快走！"

"是！"

中山二号赶紧发动，往后就退，这时候，日本飞机调整角度，开始投弹！

"吱！吱！吱！"

您还别说，当年的飞机，还不是特别先进，载弹量不大，轰炸也只是水平轰炸，命中率不高。可就这样，也给刘汉山吓得够呛啊！没辙啊，航空炸弹和掷弹筒完全不是一个概念，掷弹筒无非就是远距离的大号手榴弹，重量不到两斤。航空炸弹之中，就算小号的，也能有二三十公斤，威力极大啊！只要有一颗击中机车，刘汉山他们根本走不了！

"轰轰！轰！"

几颗炸弹一落地，刘汉山的心算落下了，全没炸中，不过即便这样，炸弹的碎片也把列车装甲崩出了好几个凹坑，列车也被气浪震得忽忽悠悠，刘汉山他们就这样，勉强撤退。半个小时后，日军的装甲列车也来了，准备追击，可他们发现，附近的铁路线早就被项青山所部给破坏了，追也追不成，只能收兵。

咱们再说刘汉山呢，这次试探，他也发现了，日军的战斗力太强了，想跟他们打仗，必须有充足的准备，还得小心加小心。所以刘汉山赶紧把情况往上汇报，希望能引起上层的重视，可没想到，东北军接下来的动作，让他目瞪口呆！

第六回 张学良和战不定
刘汉山大战日寇

刘汉山攻击白旗堡车站,他的装甲列车真厉害,连机枪带大炮,一度把日军打得抬不起头。可没辙啊,中国和日本当年的国力差距,可不是一辆装甲列车能弥补的。你能用装甲列车蹂躏人家的步兵,人家就能用飞机来炸你!

这回刘汉山算没辙了,只能撤退,后面项青山派人把铁道毁坏,日军也没能再追。

这一战下来,刘汉山算知道了日本人的厉害,要想打败他们,很难啊!所以他马上把自己的经历和想法,写成文件,往上报告,希望能引起包括张学良在内的东北军高层注意。

可没想到,报告递上去之后,杳无音信。不仅如此,整个在锦州的几万东北军,完全没有任何的动作,既没有布置防线,又没有囤积弹药,总之,完全没有要打的样子!而这个状态,足足持续了近一个月,整个锦州,除了东北裔明白的黄显声将军之外,没有任何的部队,对日本人开过一枪。而黄显声将军呢,部下多是警察和义勇军,这些人对抗拥有重武器的日军,也很难取得战果。而奇怪的是,此时的日军,也开始安静了下来,除了跟义勇军交交火之外,也不主动出击了。

这到底是怎么一回事呢?咱们书中代言,这时候中日两国的上层,都是各有想法。中国方面呢,主要在外交领域活动,想办法说服国际联盟的英国和法国,想办法在法理上打倒日本。而这个政策呢,也在一定意义上产生了效果,国联的口径开始同情中国。面对这个情况,日本在表面上,也似乎软了

黄显声将军,"九一八"事变之后,东北军的坚决抵抗派

一些。这时候，张学良和蒋介石就有点飘飘然了，他们也明白，当时中国的国力和军力，和日本相差甚远，这样能够不战而屈人之兵，收回东北，那是上上策啊！尤其是张学良，竟然自以为得计，完全不做备战的准备。

可没想到，日本人表面上是软了，实际上早就开始准备了。他们明白，攻下锦州，暂时不行，一方面是中国军队太多，另一方面就是国际上的谴责声太大，日本人有点撑不住，万一英法列强一声令下，禁运钢铁和石油，日本受不了啊！所以日本人软化态度，一方面摸一摸国际联盟的底，另一方面彻底清缴马占山等抵抗力量，并调集援军。

等到12月下旬，日本已经看明白了，国际联盟只是口头上谴责，但实际却根本不行动，他们心里也有底了。而且此时，蒋介石也因为背上了不抵抗的骂名，被李宗仁、陈济棠联合胡汉民、汪精卫等人，赶下了台。而张学良一看，得，蒋介石都下台了，我对现在国民党这些人可没信心。我要跟日本人真开战，他们也不支持我，我打什么啊？所以在日本备战的时候，张学良则开始调动主力部队，偷偷准备撤退，放弃锦州。

就在张学良偷偷摸摸准备撤退的时候，日本人开始行动了，日军这回计划兵分两路，北路从奉天走北宁线，南路从营口走营沟线，两路人马准备在沟帮子会师，之后越过大凌河，直扑锦州，把张学良的东北军包了饺子。

不过兵马未动，粮草先行，交通线也需要提前打扫打扫，以便于进军。所以日军在集结的时候，又派出了装甲列车，在两条铁路线上提前扫荡。不过这回日军也明白了，东北军的装甲列车可不是好惹的，所以他们也特别设定了战术。

且说12月23日，日军的装甲列车沿着营沟线，从营口开始，向着锦州方向，进行扫荡。正走到田庄台南边的魏家沟，日军的列车长就发现了，不好！铁路断了！不用说，这肯定是支那人恶行滴干活！不过铁路断了，列车也走不了，得修啊！所以列车长马上给附近的宪兵队发报，让他们抓壮丁来修铁路。

时间不大，壮丁抓来，有宪兵督着，壮丁抡开铁锹，刚要开始修路，只听得远处一声汽笛，"呜！哐且哐且哐且"，有一辆装甲列车迎面开到！来者非别，又是刘汉山的中山二号！

咱们说刘汉山，这些日子他开始负责营沟线的巡防，刘汉山很清楚啊，仅凭自己这一列装甲列车，难有作为，得找人帮忙啊！但其他的东北军，因为张学良的态度摇摆不定，根本不想打仗，就等着上面一道命令下来，就撒开两条腿，准备跑路。这让有着一身血性的刘汉山挺头疼，最后不得已，刘汉山只能求助项青山。项青山一听，连连点头："刘队长，咱们都是东北汉子，你要抗日，我肯定帮你。但我有话也得说到前头，我们这些绺子出身的，自由惯了，而且不善于跟日本人硬拼，所以放哨侦查，打打策应，那就交给我们。不过您要是想找人协同您作战，您还得另外找人啊！"

刘汉山也挺头疼："大当家的，现在咱们偌大的东北，有血性的男儿不好找啊！您说，我还能求谁帮忙呢？"

项青山一看，的确也没错，最后他想了半天："对！刘队长，我想起一人，您去求他，肯定有门儿！"

"谁啊？"

"黄显声将军！他也是我的上司，现在咱们这个东北的高层，就属他铁了心抗日，您去找他准没错！"

刘汉山一听，对啊！我怎么没想到呢？所以赶紧去找黄显声。黄显声一听，有人想抗日，能不高兴吗？我们东北多些这样的铁血汉子，至于发生"九一八"吗？所以当即拍板，把自己能调得动的部队主官全叫过来，黄显声说得很清楚："刘队长，你既然愿意抵抗，我自当帮忙。你之后跟日军交战，可以随时向我报告，我尽量给你调配部队支援。不过我也得强调，战场之上，情况瞬息万变，你和其他人，最好也能建立联系。大家都是抗日的，有什么不对，随时都互相支援，这才可以！省得情况变化太快，等我做出反应，黄花菜都凉了！"

刘汉山大喜，这算有底了！所以返回前线，今天呢，他跟几支部队都商量好了，大家把营沟线铁路破坏了一处，项青山负责放哨，等日本人一来，刘汉山为先锋，之后大家一起上，让日本人知道知道，马王爷到底几只眼！

所以，这下等于打了日本人一个猝不及防啊！刘汉山也挺狠，列车还在往前开，他就下了命令："机枪手！给我瞄着日本兵的堆儿里打！注意啊，别伤着咱们东北同胞！"

"是！"

"哒哒哒哒！"

这一梭子下去，督着修铁路的日本宪兵当时躺下好几个，剩下的也不傻，赶紧找地方躲藏。剩下的壮丁一看，赶紧一哄而散！

咱们再说日本这边，这还一列装甲列车呢，之前他们吃过中山二号的亏，一看情况不妙，赶紧动用列车前头的重炮，开始瞄准。

刘汉山呢，也知道日本人这门重炮的厉害，所以一个劲儿地加速，"哐且哐且哐且"，结果，"咚！咚！"这两炮又打偏了。日本人不服啊，再想瞄准，完了！咱们说，中山二号这次来，又跟日本人的装甲列车是在平行道上，日本人的重炮没法左右移动瞄准，所以一离近了就是死角，根本没法打。刘汉山一看，美！好小子！你就仗着你的重炮是不是？我就让你打不着！

等躲到重炮死角之后，刘汉山开始发威了，四门大炮，外加上好几挺机枪一起开火，"咚咚！哒哒哒哒！"

"咣咣，啪啪啪啪！"

日本人这回的情况，比上回还惨，上回起码还挂了一节轻炮车，有一门口径75毫米的山炮可以反击，今天连轻炮车都没挂，只有机枪可以反击。可对于皮糙肉厚的装甲列车来讲，机枪就跟挠痒痒差不多，所以今天日本人光挨揍了，也就是十五分钟的工夫，日本装甲列车的钢板就被炸坏好几块，日本人一看不好，赶紧后撤。

刘汉山一看，乐得直拍大腿，哈哈！这回的日本人还不如上回禁揍呢！你想跑啊？没门儿！反正我这边的铁道也没坏，我就追吧！最好能取得点战果。

想到这，刘汉山马上下令："炮别停，尽量减缓它的速度，叫机车也加大马力，保持距离，别让他们的重炮有机会开火！另外，通知附近的部队，一起进行追击！"

"是！"

"咚！咚咚！咚！"

中山二号连连开火，炮弹在日本的装甲列车和边上爆炸，把日本的装甲列车的钢板又炸坏好几块，炮弹的气浪把列车本身也给震得忽忽悠悠。车上的日本人也明白：我们滴，跟中山号对打滴不行，得用我们的新战术！

怎么个新战术呢？再看日本的装甲列车，一口气跑出了五六公里，中山二号也没停，刘汉山正追得起劲呢，突然副官叫他："队长！你看！"

刘汉山不明白啊，赶紧顺着副官的手指往前看，这一看不要紧，刘汉山是倒抽一口冷气啊！只见不远处，几百名日军列队站好，在他们的前面，赫然是七门山炮！刘汉山心知不好，好么！日本人在这等着我呢！

"赶紧……"

刘汉山想说"赶紧撤"，结果为时已晚，几十颗炮弹呼啸着砸到了中山二号附近，列车当时被震得忽悠一下，刘汉山和副官站立不稳，当时摔得东倒西歪。紧接着，日军炮击过后，马上进行下一个动作，一支骑兵从左面冲出，一支步兵从右面冲出，直接向着中山二号的后面，进行包抄！

咱们说，这是日军特别演练的战术，为了对付中山二号等几列在东北的装甲列车，日军这回可下了本钱，把旅团一级支援火力，四一式山炮搬出来七门，配给两个加强中队。这种四一式山炮，那是日本的主流支援火力之一，威力不小，而且射速也快，一分钟能打十发！走之前，关东军上层特别把这支特别部队的指挥官——原田游人叫过来，面授机宜。告诉他，一定要以山炮为核心，装甲列车先在前面扫荡，确认没有危险，两个中队和七门山炮再往前推进，这么步步为营。一旦碰上了中国的装甲列车，尤其是中山二号，日本的装甲列车能打则打，打不了就后退，诱敌深入，然后用山炮狠揍，打中国军队一个冷不防，之后步兵骑兵出动，破坏铁路。

不得不说，日军的这招确实厉害，只要把铁路一掐，装甲列车根本跑不了，只能乖乖当俘虏。不过好在刘汉山脑子快啊！别看被打了一个猝不及防，也摔得七荤八素的，但脑子没乱，等爬起来一观察，日军炮击过后，开始包抄，他明白了：赶紧跑吧！一刻也不能耽搁，不然铁路一断，我们谁也跑不了！

所以他连滚带爬地跑到机车这里："快！全速后退！"

下完令，他也跟着帮忙，就这样，中山二号全速后退，机枪手也开始掩护，就在日军破坏铁路之前，安全撤离！

咱们说这下，也出乎原田游人的意料之外，本来他认为着，七门山炮，没头没脸地一顿胖揍，这装甲列车肯定就给打坏了，跑不了的！嘿！没承想，人家问题不大，安全撤退，把原田游人气得直抽自己嘴巴。

再说刘汉山，一口气狂退二十多公里，惊魂方定，这时候前面也退下了几个溃兵，刘汉山停车一问，好么，田庄台车站失守！这也没辙，张学良就没想抵抗，布置的兵力极少，哪能顶得住日军的猛攻呢？这时候，后援部队也上来了，刘汉山赶紧安排他们布置防御，万一日军攻下田庄台车站，继续追怎么办？之后，刘汉山开始让部下检查中山二号。这一检查，刘汉山不由得啧啧称奇！

咱们前文说过，中山二号，那是蒋介石跟德国进口的，德国的武器，那是真结实！这列装甲列车也不例外，虽说挨了那么严重的炮击，但问题不大，主要的机件都没坏，装甲钢板给炸坏几块，但问题不大，自己这还有备用的。

所以刘汉山赶紧安排手下，进行修理，然后把支援部队的指挥官全叫来，开个碰头会。咱们说，支援上来的，一共有三支部队：第一支，骑兵第三旅十一营，营长陈三；第二支，第十九旅十营，营长王六；再有就是项青山的部队了。几个人一开碰头会，首先就明确了，我们绝不后退！

第七回　日本人先发制人　刘汉山反戈一击

刘汉山大战田庄台，结果让日军集中七门山炮，一顿猛轰，刘汉山不得已撤出车站，和后面的增援部队会合。咱们说这回来增援的部队不多，但都是敢于抗日的铁血汉子，有骑兵第三旅十一营，营长叫陈三；第十九旅十营，营长叫王六；再有就是项青山的部队了。

几个人碰面之后，赶紧开会，刘汉山单刀直入："大家都来了啊！既然来到这里，就说明大家是想抗日的，不过我可跟大家说明白了，日军的炮火极为猛烈，谁要是受不了，趁早回锦州去！"

陈三和王六一听不干了："我说刘队长，你这话说得可伤人啊！咱爷们儿从军卫国，就没想过怎么后退！"

"可不是，怕死我们就不来了。既然来了，我们就不走了！"

项青山一听，哈哈大笑："好！二位都是好汉，项某佩服！不过话说回来，抗日可不能只凭一腔热血，还得有具体的办法。这咱们可得好好计议一下。"

项青山这话，切中要害，几个指挥官在这就聊开了，陈三和王六热血沸腾啊："刘长官，现在没什么说的，我们谁也不想后退，既然前进到这，咱们不如就反攻田庄台车站，跟小日本子痛痛快快地干上一场！"

"我也这么看，我们是骑兵，冲锋陷阵最拿手！日本人有炮了不起啊？只要我们能近了身，绝对够小日本子喝一壶的！"

两个人说得热火朝天，但刘汉山和项青山眉头紧锁啊，两个人都是着着实实跟日本人交过手的，知道日本人的厉害。所以沉默良久，刘汉山先说话了："二位豪气冲天，我十分佩服，但不知二位是否跟日本人交过手？"

"这……没有。"

"我也没有……"

"二位啊，我不是驳你们的面子，你们的招真不行啊！就刚才我也看了，日本人的炮火极猛啊！亏得我这列车是德国钢板，才侥幸逃回来。如果咱们现在反攻田庄台，跟日本人硬拼，无异于以卵击石啊！"

"可不是，二位，刘长官说得对啊！日本人不仅有大炮，机枪也不少，而且就普通的鬼子，那枪法也不是吹的，咱们硬来，肯定没好儿啊！"

陈三和王六一听，也不干了："我说刘队长、项大当家的，你们不要长他人志气、灭自己的威风！小日本子也是人，子弹打上也得死！"

"可不是！咱们来之前，田庄台还在咱们手里，咱们一打，就丢城失地，这怎么跟国人交代啊！所以咱们务必反攻田庄台，把日本人赶出去，以谢国人！刘队长，你要是怕了，你就撤你的，反正咱们爷们儿不撤！"

最后刘汉山一看，没辙了，再说下去，自己该成怕死鬼了，最后只能答应："好吧！那二位既然不走，我就舍命陪君子！"

"哎！这才像我们知道的刘队长！"

刘汉山嘴上这么说，私下把项青山拽过来："大当家的，陈三和王六非得跟日本人来场硬的，我有种预感，这么干好不了啊！既然我们都在前面，您就别上去了，白往上填人没必要，您给我们当预备队吧，要是有个万一，您好给我们兜着。"

"行了，刘队长，您就放心吧！"

就这样，刘汉山把项青山送走，自己坐下来，跟陈三、王六商议商议，具体怎么动

东北军的中山二号装甲列车

手。咱们说陈三和王六，这俩并不傻，刚才说打，豪气万丈，但谁也知道不能蛮干。王六就说了："刘队长，说实话，日军的兵员素质高，武器也厉害，这我知道。所以我觉得，咱们要想打，就得偷袭，找机会打小日本一个冷不防！"

陈三一听，也随声附和："对对对！偷袭！刘队长，这活儿我们来吧！我们是骑兵，干这活儿最合适！"

刘汉山一看，行，俩人不傻，不蛮干就行啊！但再仔细考虑考虑："二位，你们说的偷袭，主意相当不错。但有一点，陈营长，你们的骑兵目标大啊！如果日本人有所防备，你们在机枪面前，就是活靶子！不如这么这么干，既然目标大，咱找个更大的吸引日本人注意，你们看怎么样？"

俩人一听，拍手叫绝："哟！刘队长，你的主意更妙啊！"

"对对对！咱们就这么干了！"

计划敲定，但什么时候行动呢？几个人再一凑，现在日本人刚进田庄台车站，精神正集中呢，咱们干脆等到拂晓，日本人正是困倦不堪的时候，一战定乾坤！

几个人计议已定，开始准备了，只等拂晓，开始进攻！

可没承想，还没等刘汉山这边动手，日本人先行动了。咱们说日本人，叫鬼子那不是白叫的，特别鬼啊！尤其是原田游人，这家伙向来谨慎，进入田庄台车站之后，原田游人总感觉不踏实，想进行侦查，可外面的铁道又被项青山给扒了，装甲列车没法出动，不得已，只能求助于航空队，让飞机侦查。

等到了第二天，天刚蒙蒙亮，日本人的飞机就出动了！您说装甲列车，那么大的个儿，看不见那是傻子，日本飞行员知道情况不妙，也没回基地，赶紧就在空中，来回给田庄台的日军做动作。

咱们说原田游人他们，那是关东军的班底，经验丰富，久经战阵，一看飞机就明白了，哟！支那部队还没走滴干活。没走，肯定没有好事滴干活！我们得先发制人！炮兵立即行动，准备进攻！哈压库！

所以日军悄悄行动，一个小队留守车站，剩下的主力，围绕着七门山炮，赶到了前沿！而咱们说刘汉山他们这呢，骑兵营先行出发，刘汉山的列车队，加上王六的步兵营，正在饱餐战饭，只等吃饱就开始行动，双方就看谁能抢先了！

还别说，这回真让日本人占了先手，日本人的军事训练很扎实，快速架好大炮，率先开火！

"咚！咚咚！咚！轰！轰！轰轰！"

中国军队这边猝不及防啊！刚把饭碗放下，脑袋上就挨了炮轰！当时是乱作一团啊！一时间，没来得及躲开的步兵被炸得血肉横飞！这还不说，日本人恨死了中山二号，所以装甲列车周边成了日军重点照顾的对象，仅仅五分钟，中山二号的周围，就有七八十颗炮弹爆炸，其中直接击中中山二号的，就有十几颗！

这下，所有人都被打傻了，刘汉山和王六魂儿都被吓飞了！王六也顾不得收拢部下了，直接俩鸭子加一鸭子——撒丫子了，只恨爹娘少生两条腿。刘汉山也没好哪儿去，跌跌撞撞跑到机车头，把上衣一甩，跟手下一起晃晃悠悠，给锅炉里填煤，中山二号一路飞奔，总算跑出了日本人的射程！刘汉山赶紧让部下停车，进行检修。

这时候项青山也赶过来了："刘队长，怎么样了？"

"嗨！别提了，小日本子的手比咱们快一步，给咱们这顿炮轰的啊！现在看情况，我的中山二号伤得不轻，再想作战，那是难上加难，能回得了锦州就不错。现在只能祈求陈三的骑兵营赶紧撤退吧！这仗没法打了！"

没想到话音刚落，后面有人喊："刘队长，咱们的中山二号没事！"

什么？此话一出，所有人都吃了一惊，尤其是刘汉山，刚才那顿炮击啊！直接命中列车的炮弹就不下十几颗，打中的弹片就更是无数了，怎么可能没事呢？

于是刘汉山赶紧过去，亲自检查。这一检查可好，别看中山二号被炸得挺惨，表面全是凹陷，跟麻子脸相似，可那是表面上的。咱还是那句话，德国的钢板质量真好！这一通乱炸，相当于只蹭破点皮，不伤筋不动骨，甚至连肉都没事！装甲钢板只有两块被击穿，稍微一换，就什么事都没了。

刘汉山当时就乐坏了："哈哈！闹了半天小日本的炮没什么了不起啊！唬牌的，把我吓得不轻，早知道这样，我跑什么啊？"

项青山一看，也乐了："我说刘队长，你也别恼，估计刚才小日本一顿乱轰，以为咱们都不行了，咱们这时候杀个回马枪，正好！"

"对对对！咱也回去出出气！"

俩人刚刚商议好，这时候王六带着残兵败将也回来集合了，王六这回可惨透了，一个营五百多人，这回只收集了不到一半，剩下的不是阵亡，就是跑散了。王六是气急败坏啊，这时候一看，刘汉山和项青山还挺高兴，他就不明白："刘队长、项大当家的，咱都打败仗了，你们有什么可高兴的啊？"

刘汉山一乐："王营长，你别急，我问问你，想不想杀日本人一个回马枪？"

"这……，我当然愿意了！但咱刚打了败仗，行吗？"

"没什么不行的，你带人在后面掩护我，我打头阵！打出问题来，我负全责！"

说实话，王六正憋着气呢，现在看刘汉山成竹在胸，那能有不乐意的？所以当即应允，但刚要出发，项青山突然说了："刘队长，我还有点疑虑啊！就我们跟日本人交手的经验，这支日本人，火力太强了，恐怕他们有后援啊！这样，我发电报给我的兄弟老北风张海天，让他在敌人的后面活动活动，扰乱敌人的后面。就算我多想了，做做声援也是好的，您看怎么样？"

刘汉山一听："那有什么不行的？抗日的人越多越好！"

就这样，刘汉山再度进军，中山二号打先锋，王六的人马随车行动，项青山的骑兵掩护左右两翼，气势汹汹地扑奔日军而来！

咱们说日军这边呢，这回是真没想到啊！原田游人本来认为万无一失，至少是把中山二号打跑了，回不来滴干活！所以就放松了警惕。等听到后面的响声由远而近，"哐且哐且哐且"，都慌了！再想反应，刘汉山的装甲列车已经杀到近前，原田游人当场傻眼：

"快！快拦住它滴干活！"

这玩意怎么拦得住啊？装甲列车，那堪比钢铁巨兽，大炮轰上去都不一定有事，何况日军这些轻武器！而且人家刘汉山，又是机枪又是大炮，车上的王六他们，也纷纷开枪助战，日军瞬间躺倒好几十，剩下的，连人带炮都乱作一团！这时候，项青山的骑兵也开始左右包抄，眼看要把原田游人这两个中队包了饺子！

咱们再说原田游人，他反应也算快，一看这情况，明白胜败在此一举，不然我不被打死，也得回去切腹，所以他马上做出反应："机枪滴，不用打火车，对付骑兵滴干活！所有的山炮，全都近距离射击，全力轰击火车滴干活！"

"哈伊！"

日军马上变阵，所有大炮再次瞄准了中山二号，这叫抵近射击啊！和一般砸上来的炮弹不一样，这样迎面打上来的炮弹，威力更大。而且即便威力仍然不足以打穿中山二号的钢板，它的冲击力，也极有可能造成火车脱轨，如果这样，刘汉山他们也得倒霉！

咱们说刘汉山呢，他当然也知道，让人家抵近射击，自己肯定好不了，可现在离得太近了，自己的旋转炮塔有个角度，瞄不准人家。可要是用机枪呢，人家山炮还有个护盾，能掩护后面的炮兵，一般的子弹和弹片还拿人家没脾气。日军这块儿，可不敢怠慢，马上装弹，就准备射击！

正在这千钧一发的关头，日军后面当时是一阵大乱！

"哗！噗！哎哟！咔嚓！啊！"

一支骑兵旋风一般地杀入重围，咱们书中代言，来者非别，正是陈三的骑兵营！咱们说，之前布置的时候，因为是突袭，所以天还没亮，陈三的骑兵营率先行动，悄悄向日军的后面包抄，目标就是跟刘汉山他们配合，一举端掉日本人这七门山炮。结果，日军提前行动，打乱了刘汉山的部署，但好在陈三的骑兵营已经出发，所以没受损失。

等日军这边一开战，炮声大作，把陈三也吓了一跳，马上派人去探探情况，这一看，好么，日军瞬间就击溃了刘汉山和王六所部，凯旋回田庄台车站。陈三没敢动，他也明白，自己要是敢往上冲，也好不了，所以他就悄悄地跟着日本人，等待机会。结果这时候，刘汉山杀回来了，陈三一看，我此时不杀，更待何时？

第八回　关东军空袭奏奇效　刘汉山饮恨大凌河

刘汉山反击日军，本来是胸有成竹，之前日军猛轰了他的中山二号七十多炮，其中直接命中的就有十几炮，剩下的弹片，更是命中无数，可最终一检查，什么事也没有！所以刘汉山就毫无顾忌，直接反身，冲进日军队列，机枪大炮一起上，结果把刚才袭击他们的日军，给冲了一个稀里哗啦！

可咱们说呢，日军毕竟也不是吃素的，一看这情况，指挥官原田游人赶紧下令，七门山炮直接瞄准列车，抵近射击！

这下可惨了，山炮离着列车距离太近，即便杀伤力不足，抵近射击的冲击力也有可能造成列车脱轨。刘汉山再想反击，有点糟糕了，炮塔里的大炮，因为角度问题，瞄不准人家的山炮，而且人家山炮有护盾，你用机枪扫射，人家还不怕。

眼看着中山二号要倒霉，救星到了！陈三的骑兵营，咱们说之前布置任务，陈三本来负责从后面偷袭日本人的大炮，结果日本人提前动手，计划改变，陈三就没动声色，继续跟着日本人寻找机会。这回机会到了，他能客气吗？赶紧率骑兵营赶到，一顿马刀，把日本人赶散，解了刘汉山的围。日军指挥官原田游人一看，这回彻底没辙了，只能是怨天尤人，最后被部下拖回了田庄台车站，七门山炮尽数被刘汉山他们缴获。

等战斗结束，大家可乐坏了，总算打胜了一场啊！看来小日本没什么了不起的。到了现在，刘汉山有点得意忘形了："各位，这打胜了一场，有什么可高兴的？现在田庄台的日军，刚被咱们打败，胆都吓破了，咱们要是收复田庄台，那才值得庆祝呢？谁敢跟我去？"

"我！"

"还有我！"

"哗！！！"

痛打落水狗，谁不愿意去？所以刘汉山也没犹豫，仍然以自己的装甲列车为先锋，进攻田庄台！咱们说田庄台呢？原田游人退下来，加上原有的一个小队，现在的兵力，只剩下一个中队挂零，可最重要的是，重武器全没了，只剩了点轻重机枪和掷弹筒，就凭这个，怎么能对付得了中山二号？所以中山二号冲进来之后，日军只能凭借碉堡沙包等，负隅顽抗。不过原田游人也不傻，赶紧打电话："莫西莫西，这里是田庄台车站滴干活，支那的装甲列车正在进攻，急需支援滴干活！"

咱们说这时候，日军的大部队其实已经调集好了，就是在进行最后的配置，看铁路线的扫荡结果，再行进军，所以报告一来，关东军上层马上调集第二师团的主力部队，从营口向田庄台方向进军，以作增援。不过关东军高层也明白，第二师团虽是主力部队，重武器就有好几种，对付个装甲列车不成问题，但毕竟要行军几个钟头，远水难解近渴，所以与此同时，关东军上层还派出了轰炸机中队，飞向了田庄台车站！

咱们再说刘汉山这边，战斗正进行得如火如荼，东北军虽说训练程度差，但士气爆棚，这在一定程度上，抵消了日本人的武器和训练优势，再加上有个铁甲怪物——中山二号的存在，原田游人越战越不利，最后只得退出田庄台车站，到外面找自己的装甲列车去了，就这样，田庄台车站被东北军收复，这也可以说是"九一八"事变之后，中国正规军为数极少的主动进攻之一。

咱们再说刘汉山他们，收复了田庄台，那是全军欢呼啊！可还没等高兴多长时间，就听有人说："哎？天上那是什么玩意？"

刘汉山一听，嗯？赶紧往天上观瞧，只见天上有几个小黑点，飘飘忽忽，正在往田

日军航拍的东北军中山二号装甲列车。可见中山二号虽然能够克制日军的装甲列车，但已经在日军的飞机控制下，如同瓮中之鳖

庄台这边飞来。刘汉山一看,哟!坏了!这不是日本人的飞机吧?

想到这,刘汉山也顾不得别的了,赶紧窜上中山二号:"快发动!快发动!"

紧接着,刘汉山窜到了第二节车厢,一看,放心了,这有中山二号唯一的防空武器,一门苏罗通高射炮。之前十一月份,刘汉山就因为没挂这节车厢,吃了日军飞机的亏,这回可长记性了,赶紧把队员叫过来:"快开火!别让日本人投弹!快!"

"砰砰砰砰!呜!"

就看中山二号开始行动起来,在铁轨上前后移动,高射炮也在不停地向空中怒吼!

咱们说,刘汉山估计得一点不错,那就是日本人的飞机,所以这个提前预判算救了命了!咱们说苏罗通高射炮,在"二战"之中,那是响当当的防空武器,有效射程两公里,就当时日军飞机的结构强度来说,可以说是碰上就得玩完啊!所以这么一打,日军飞机知道厉害,一时之间无法接近,只能在两千米以上的高度盘旋。

可是,车上这门苏罗通高射炮,本身非常厉害,就有一点,供弹用的是二十发的弹夹,这哪儿搂打啊?没两下就打了个精光,旁边的供弹手赶紧掰下弹夹,换新的。咱们说日军飞行员,那都是人精啊!中山二号连换了几个弹夹,他们看出破绽来了,中国兵的训练稍差,所以装弹夹的速度稍微会延迟那么几秒。所以四架日本飞机马上做出反应,组成菱形编队,等中山二号再换弹夹的工夫,稍稍降低高度,对着中山二号就炸开了!

"吱!吱!轰轰!吱!轰!"

这回中山二号可惨了,你别看有高射炮,但数量太少,至多只能控制一下敌人和自己的距离,有个威慑力,而且让敌人没法瞄准轰炸。但你有张良计,人家有过墙梯,日本人组菱形编队,这样可以最大程度地扩大轰炸覆盖面,而且装甲列车这玩意也缺德,只能沿着铁路线走,躲都躲不了,人家也不用特别瞄准,沿着铁路线扔炸弹就得了!所以人家这一路炸下来,中山二号的机车当时就挨了一颗炸弹!

"轰!"

列车的速度当时就减慢了。刘汉山一看不好,赶紧带着手下的人赶到机车头,这一看,好么!惨透了!列车上的几个队员被当场炸死,列车长也身负重伤。刘汉山现在也顾不得别的了,如果列车出了问题,这也就是自己的下场,所以他赶紧把随车的技师叫过来:"赶紧检查,看看锅炉有没有问题!"

"是!"

技师一检查,还好,装甲钢板算是全完蛋了,但好在锅炉还能用。刘汉山不敢怠慢啊,赶紧命令手下全速前进,退出战斗。日本人的飞机呢,倒也没再追。

咱们说,现在中山二号和刘汉山,可是大家的主心骨啊!除了他们之外,咱也没什么拿得出手的武器了,所以他们一跑,别人也不敢多待,纷纷撤出田庄台车站,退守到盘山一线,修理列车,并且构置阵地,准备继续防守。

咱们再说日本人这边,在南线打退了刘汉山,关东军司令本庄繁高兴!他马上给南线的主攻部队第二师团发电报:"你们滴,要继续进攻,彻底打垮支那部队,攻下锦州！"

第二师团，因为征兵地在日本仙台，所以被称为仙台师团，代号是"勇"，那是日军的主力，师团长多门二郎也是个战争狂，他一看上面的电报，哈哈大笑："哟西！司令官对我们信心十足滴干活，我们得立即进攻，争取三天之内攻下锦州滴干活！"

多门二郎正要布置部队进攻，突然有人来报告："师团长阁下，营口方面来电，支那军五万人正在集结，好像要攻击营口滴干活！"

多门二郎一听，当时就惊出一身冷汗！营口是他们的出发地，因为第二师团要快速攻下锦州，所以不少部队都是轻装前进，好多辎重还都在营口呢，这要是营口失守，那可不得了了！不过多门二郎还纳闷呢：支那军队有五万人？他们怎么过来滴干活？难道是坐船？不可能，支那的海军不行。难道是之前隐藏滴部队？也不对，现在除了张学良部在锦州，整个东北的抗日部队也没有五万人滴干活！

可多门二郎也没辙，要是为了攻下锦州，营口失守，他也得切腹，所以只能抽调一个精锐支队回援营口，这下，进攻兵力只剩了一半，刘汉山他们的压力就小多了。

有人问了，营口那边，哪儿来的那么多中国的军队呢？五万人，到底怎么过来的呢？咱们书中代言，营口一带，的确有中国军队活动，不过没有五万人，也就是不到三千人。咱们之前也说过，刘汉山他们进攻之前，项青山联系了一个人，老北风张海天，俩人之前一起杀鬼子、捉汉奸，那是过命的朋友。项青山的电报中写了，让张海天在营口一带弄出点动静来，张海天也明白，这两天日本人净从营口往外出兵了，肯定没好事啊！所以他就依令行事。

这老北风张海天，那也是胡子出身，精啊！他的兵力一共不到三千人，他就分两队，一队五百人，都是马队，他们绕着营口快速游走，声势造得越大越好，然后张海天集中主力，时不时地在各个城门口搞点袭击，这下可把日军打懵了，以为老北风这得五万人，吓得是魂不附体，赶紧求援。等日军援军回来，张海天早就捞够了便宜，撤退了。

咱们说，接下来的战局呢，要是张学良奋力为之，可能还好。这时日军的南北两线，进攻都不太顺利，南线日军沿营沟线进攻，结果被刘汉山、项青山等部队顶在盘山，一时间没了脾气。北线进攻也不顺，中国军队以沈瑞礼的装甲列车为核心，把日军堵在了大虎山，没法前进。同时马占山又组织部队，进行反攻，日军的战局瞬时间变得首尾不能相顾。

但张学良此时已经没了作战的信心，他不但没有增援，反而命令参谋长荣臻，以兵力过疲、损失过重为理由，让东北军从锦州全线撤退。这等于是釜底抽薪啊！瞬时间前线所有的努力，全都化为乌有。日军这回也学聪明了，东北军这边，不是装甲列车厉害吗？所以他们也不硬磕了，直接派飞机轰炸，刘汉山和沈瑞礼抵挡不住，只能撤退，不过他们还命令其他的部队毁坏铁道，阻止日军前进。可日军这边也预备好了，你拆，他修，然后日军的装甲列车长驱直入，开始蹂躏前线的义勇军，义勇军抵挡不住，最终也只能一溃千里。

日军这还不罢休，陆军以装甲列车开道，一路追击，然后还派遣飞机追炸溃散的义勇军，结果，中山二号过大凌河的时候，遭到日军飞机轰炸。到了现在，中山二号的高射炮弹已经打空了，只能白挨炸，这回可惨了！

"吱！吱吱！轰！轰！轰！"

中山二号被彻底摧毁在大凌河，刘汉山的车队损失过半，刘汉山勉强逃得性命。这时候有部下就劝刘汉山："刘队长，留得青山在，不怕没柴烧。中山二号虽然保不住了，但咱只要能撤进关内，早晚能有更好的装甲列车！到时候咱再来报这一箭之仇！"

刘汉山是长叹一声："唉！照这样下去，我看我是等不到这一天了。你们走吧！我就留在这片黑土地上，跟日本鬼子拼下去！什么时候你们回来，别忘了给我的坟头上上炷香！"

就这样，刘汉山就留在了东北，参加了义勇军，和日军继续作战，后来下落不明。

日军方面呢，进军顺利，1932年1月初，彻底攻下了锦州，紧接着反手收拾马占山和李杜，就这样，东北全境沦陷。

咱们这还得说一句，到了现在，日本人对当年发动"九一八"还是振振有词，说他们这个行为是"惩罚中国军阀的自卫行动"，可咱们说，日本人这个自卫的确是有意思，因为要自卫，所以在1895年占领了台湾；因为要自卫，所以就侵略了东北；因为要自卫，所以要吞掉中国；因为要自卫，所以要发起太平洋战争。总之，一切都是为了保卫自己。而且到了现在，这个思路在日本的右翼分子中，仍然很有市场，不过改了一个新名称，叫"积极和平主义"。

不过咱们说，这套奇葩的理论，自然骗不了中国人民。所以有爱国心的中国人开始反抗，当然，他们也许组织不了军事行动，但至少可以在经济层面打击日本人。所以这时候的焦点，开始转到了上海！

第九回　中日大战上海滩　一营死守虬江路

东北沦陷，中日双方的矛盾瞬间激化，很多的中国人奋起反抗。不过说实话，军事行动很难，这时候南京国民政府已经乱成了一锅粥，因为张学良的不抵抗，以及陈济棠、李宗仁、胡汉民等人的联合压迫，蒋介石被迫下野。但蒋介石毕竟树大根深，所以下野之后，政权方面谁也玩不转，很多职位只能权衡再三，找一个各方都能接受的人选。

国民政府乱成一锅粥，底下的人民没什么察觉，他们就认为着，小日本子不是东西，侵占了咱的东三省，咱就想办法报复他们。怎么报复呢？就是发起"杯葛运动"，抵制日货。这下可对日本人影响不小啊！话说当年，正好处在一场世界性的经济危机中，全世界的经济都很差，市场萎缩一点都受不了。

可到了这时候，日本人也没别的脾气了，本身就经济危机，而且因为"九一八"，日本受到了国际社会的谴责，压力挺大，他们也琢磨着，得转移矛盾的焦点。怎么转移呢？那就是在东北成立伪政权——满洲国，至于"国家元首"，日本人早就瞄好了目标，最好就是段祺瑞，所以"国家元首"的名号，跟段祺瑞当年的位号一致，叫执政。可段祺瑞还挺有气节，死也不当汉奸，日本人不得已，只能找替补，就是前清逊帝——溥仪。

可这么干，太明显了。不过俗话说，你想点火，又不想不让人注意，怎么办？那就在别处，点上一场更大的火！正好这时候，中国方面在上海发起杯葛运动，世界的目光都聚焦到了上海。而上海呢，又驻扎有日本的海军陆战队。咱们说日本海军，一直和陆军较劲，结果陆军"九一八"，占领了东北三省，海军方面也不干了，也要扩大在中国的权益。最后日本政府一看，干脆就让海军在上海弄出点事吧！我们也好借机成立"满洲国"。

就这样，女间谍川岛芳子唆使日本僧人在1932年1月18日，与中国三友实业社总厂的工人发生斗殴。当时的国人都恨死小日本了，这打起来能留情吗？所以工人们一顿暴揍下来，一死二伤。

日本人正等着这个机会呢，马上就开始扩大事端，紧接着就开始增兵，战事大有一触即发的感觉。

咱们说这个时候呢，负责守卫上海的是十九路军，这个十九路军的指挥官咱们耳熟能详，蒋光鼐和蔡廷锴。原来他们是广东方面的主力部队，创始人叫陈铭枢。而陈铭枢呢，对于蒋介石还有各方势力来说，都是个能接受的人选，所以就担任了京沪卫戍司令，而他手下的十九路军，就进驻上海，负责上海的防务。

咱们再说蒋光鼐和蔡廷锴，两个人都明白，日本人没憋好屁，所以一看日本人有所行动，也顶住上层主和的压力，严令部队进行准备。十九路军的将士们马上进行了布置，子弹炮弹都备好，在交通要道上也拉了铁丝网。等各部队把部署的情况汇报给蒋光鼐和蔡廷锴，俩人一听，很是满意。之后，蒋光鼐马上拿起电话："喂喂，是王队长吗？我是蒋光鼐。你们的两个重家伙，就在北站待命，听我指挥！"

十九路军的副总指挥蔡廷锴

等蒋光鼐撂下电话，蔡廷锴赶紧过来："总指挥，咱们这俩重家伙，可是撒手锏啊！现在就怕日本人得到情报，提前行动，咱就不好办了！"

蒋光鼐倒挺轻松："蔡军长，你就放心吧！咱们这俩重家伙，我心里有数，日本人肯定不知道。事到如今，咱们能拿得出手的，也只有这俩重家伙了，此时不用，更待何时呢？你也不必担心了，赶紧去视察阵地吧！"

"是！"

有人问了，蒋光鼐、蔡廷锴聊的重家伙是什么呢？咱们稍后就会讲到。

咱们再说日军方面，"九一八"事变后，东北军几乎就没打过什么漂亮仗，这完全助长了日军的嚣张气焰。尤其是日本海军，他们一看，嘿！陆军这帮土包子，都没受到什么像样的威胁，我们更没问题了！司令官海军少将盐泽幸一甚至宣称："一旦行动，我们滴，四个小时就占领上海闸北，三天解决战斗滴干活！"

就这样，狂妄自大的日军，在1932年1月28日晚间11点半对闸北的十九路军发起了夜袭！日军这回胸有成竹，你说他狂，他们也的确有办法，日本的海军陆战队把宝贝疙瘩——九辆M25轮式装甲车分配到部队，装甲车突前，步兵随后，对着十九路军的阵地，发起了全线进攻！

咱们说，日本人这么干，刚开始真把十九路军的将士们吓了一大跳，说实话，大部分人都没见过这东西，好么，铁皮汽车，上面还架着机枪，这怎么打啊？但大家伙儿也没别的办法，战争嘛，不是你死，就是我亡！就为了我能活着，我也得奋力抵抗。所以十九路军的将士们硬着头皮，集中火力，向着日本人的装甲车射击！

"突突突！哒哒哒！"

这一打起来，出乎双方的意料啊！说白了，这种M25型装甲车，那是银样镴枪头，中看不中用啊！在二百米外，状况还好，颇有点刀枪不入的意思，但进入了五十米距离，它的钢板就不行了，重机枪完全能打穿，所以一时之间，几乎每辆车内，都有乘员受伤，车速就开始减慢。但不管怎么样，M25的效果还是有的，日军的步兵部队伤亡减小不少，而且M25本身也有两挺重机枪，扫射起来，威力挺大，于是十九路军就和日军围绕着自己阵地和装甲车，展开了激烈的战斗！双方什么招都用上了，步枪、机枪、手榴弹、迫击炮等，打了个难解难分。

咱们再说日军这边，打成这样，真是丢脸啊！本来他们认为：虽然我们人数不多，仅有三千海军陆战队滴干活。但我们还有一些武装侨民，这些人比支那兵都强！而且就凭我们的装甲车，随随便便就能冲垮支那阵地，三个小时占领闸北，没有问题滴干活。结果三个小时过后，十九路军的阵地仍然稳稳当当的，日军的重火力也不太多，所以一时之间，是进退两难。

咱们再说司令官盐泽幸一少将，战斗打成这样，这家伙气急败坏啊："八嘎！支那人，太无礼滴干活！我们必须让支那人付出代价，马上让前线，迂回进攻滴干活！"

怎么迂回进攻呢？前线的日本海军陆战队马上做出反应，集中两辆装甲车，掩护步兵，向着中国军队的侧翼，虬江路转进。咱们说蒋光鼐和蔡廷锴，那都是久经战阵，经验丰富的人，所以早就着令驻守市区的一五六旅旅长翁照桓，务必留预备队，掩护侧翼，所以日军这一头，正好撞在了墙上，一五六旅一营的将士们奋起反击，这回日军的M25装甲车算是吃够了亏，根本不敢近身，只能在远处用重机枪扫射。装甲车不敢近身，日军步兵也没了脾气，只能继续跟司令官求援："莫西莫西，我们在虬江路遇到支那军队的激烈抵抗，需要支援滴干活！"

咱们再说盐泽幸一这边，他一听说迂回战术也受了阻，更是气得奔儿奔儿直蹦啊："八嘎！支那人，狡猾狡猾滴！命令前线，再派援军，务必突破支那阵地滴干活！"

"哈伊！"

电报发出，前线指挥官一看，又头疼了，怎么办？上职下派，没办法啊！只能再派一辆装甲车，由第三大队的大队长高桥一松少佐带领，加上一部分步兵，专门又带了一些掷弹筒，前去支援。这回日军可行了，三辆装甲车，六挺重机枪，外加上步兵的一些轻机枪，玩了命地扫射啊！

"突突突！哒哒哒！突突突！哒哒哒！"

日军步兵就跟在后面，拿着掷弹筒，看中国军队哪儿的火力强，"通通通！"就是几颗炮弹，这回十九路军的步兵可顶不住了，死伤不少。一营长一看不行，赶紧给旅部打电话："旅长，日本人的

十九路军的总指挥蒋光鼐

第九回 中日大战上海滩 一营死守虬江路

火力太猛了，兄弟们已经顶不住了！日本人有三辆装甲车，还有不少掷弹筒，兄弟们损失太大了，请您赶紧派援军啊！"

翁照桓一听，也没办法："一营长，你不要讲条件，务必把阵地给我守住，援军马上就到！如果阵地丢了，你给我提头来见！"

"是！"

翁照桓旅长撂下电话，心说：一营那边不容易啊！听这意思，日本人集中了三辆装甲车，兵力少不了啊！说实话，我手头现在的兵已经没多少了，我也缺援军啊！想到这，翁照桓旅长赶紧把自己最精锐的机枪连派过去，之后他也给蔡廷锴打了电话："军长，日本人的进攻太猛了，我们旅损失不小，需要援兵！"

蔡廷锴一听："知道了，翁旅长，现在日军主要进攻的方向是哪儿？"

"是虬江路，日军集中了三辆装甲车和大批的掷弹筒，兄弟们已经快顶不住了。我已经派出了最后的援军，不知道能顶多久，请您速派援兵！"

蔡廷锴听了之后，一点没慌："虬江路是吧？好！翁旅长，我马上派援兵，最近的援兵，二十分钟就到，你们务必顶住！"

翁照桓听了心里就纳闷：不可能啊！援军咱们还有，这我信。但闸北这一块儿，每支部队都在交战，谁能在二十分钟之内来支援我们呢？

再说一营长这边，已经损失过半，仅有的几个重机枪点，全都被打哑了，不仅人员损失大，机枪也坏得差不多了。可日军越逼越近，一营长一看，万般无奈，那就只能打近战了！所以一营长想到这，赶紧招呼："快！大家别打了，赶紧隐蔽，听我命令！"

这下，中国军队的阵地马上静默，日军一看，哦！估计支那兵顶不住，要跑滴干活，我们得追上去，杀光他们滴干活！

就这样，三辆装甲车一个加速，就冲进了中国军队的阵地，这一进来，带队的高桥少佐知道坏了，只见无数中国兵涌向装甲车："冲啊！"

"杀呀！"

"嗖！嗖！嗖！"

无数的手榴弹从四面八方扔向装甲车，高桥少佐一看，我的妈呀！我命休矣！

这就准备受死了，可没想到，"当当当当"，手榴弹直接弹开了，"咚咚咚咚"，倒把旁边冲过来的国军将士炸趴下不少。高桥少佐惊魂方定！一看这么个结果，乐了："哈哈！支那人，果然愚蠢滴干活，愚蠢的生物，就没有存在的必要，杀光滴干活！"

"哒哒哒哒！"

三辆装甲车的炮塔，开始转着圈地射击，国军将士顿时死伤一片！这时候，后面的日军步兵一看，哟西！装甲车果然厉害滴干活。所以他们也加速前进，就打算突入十九路军的阵地！

眼看着一营的阵地就要失守，情况却瞬间发生了逆转！只见一营的一个伤兵，用尽最后的力量，拔出了最后一颗手榴弹，用牙齿把拉绳咬开，可他已经没劲再扔了，只能随手一甩，手榴弹"咕噜咕噜"，直接滚到了最前面的装甲车下面。

"咚！"

这下可好，装甲车直接冒了黑烟，机枪也哑了。咱们再说高桥少佐，他可没想到这一下啊，看见前头的装甲车趴下了，他还纳闷呢，赶紧打开观察窗，往外观瞧：嗯？这是怎么回事滴干活？

这时候，又一支生力军杀到，几个中国士兵不由分说，直接冲到高桥少佐的坐车旁边，把机枪杵进观察窗，"哒哒哒哒"，就是一串子弹！

高桥少佐猝不及防啊！但他还算反应快的，赶紧一偏脑袋，没打中要害，但子弹在车中乱飞，高桥少佐和另一个成员，当时是身负重伤！另一辆车也没好哪儿去，也被这么伺候了一道，车里的成员死一个伤一个。咱们说，这就是翁照桓派来的机枪连啊！这帮人也给逼急了，干脆玩了这么个绝的！

这回日本人可知道厉害了，知道情况不妙，赶紧全速后退，跑到日本步兵的圈内，这才算脱离危险，有人赶紧把高桥少佐这些受伤的人抬下装甲车救去了。替补的人员赶紧上车，日本人还想再战，可没想到，这时候后面"呜！"一声长鸣，煞星杀到！

第十回　北平号力挫倭寇
　　　　日飞机奇袭车站

　　一营死守虬江路，那是死伤过半啊！最后一营长没辙了，唯一有威胁的重机枪都被打坏了，只能放敌人进来，近身搏斗。怎么搏斗呢？用手榴弹。不过一打起来还挺惨，中国军队对装甲车不了解，结果扔出去的手榴弹弹回来一些，把自己的人炸到了。最后还亏得一个伤兵，把手榴弹骨碌到了装甲车底下，这才炸毁一辆。紧接着，翁旅长的机枪连杀到，大家伙儿趁着日本人眼花，把机枪杵到装甲车的观察窗里。

　　"哒哒哒哒！"

　　这通开火啊！日军剩下的两辆装甲车，里面一共八个人，当时两死两伤，一半的人出了问题。日本人一看不好，赶紧倒车，退回自己步兵的保护下，倒着车，机枪还不停，"哒哒哒哒！"，结果，增援来的机枪连连长张金山和几个战士不幸牺牲。

　　咱们再说日本人这边，等装甲车退回几百米，回到街口，这时候有自己的步兵保护，安全无忧，医护兵赶紧过来抢救伤员，替补人员赶紧补位，进入装甲车。现在大队长高桥一松少佐负伤，就由中队长梅川一夫指挥。

　　咱们还别说，当年日本人的军事素质相当不错，别看在一营面前来回碰壁，损失不小，但真正死的不多，好多受了伤的，都能凭着武士道精神顶着，继续作战，所以日军战力并没减弱太多。日军现在也没别的办法，仍然准备用装甲车、机枪、掷弹筒的组合，继续进攻。可没想到，后面的铁轨上，"呜！"一声长鸣，一个庞然大物杀到！

　　咱们说，这时候正是夜间，日军的眼睛不太好使，好多人还琢磨呢，这玩意，什么东西滴干活？

　　只见这个庞然大物拿着探照灯往下一扫，所有的日军都眼花了，紧接着，"哒哒哒哒"，一串机枪子弹扫过来，日本人当时躺下一片！梅川一夫急得吱哇乱叫："八嘎！中了支那人的诡计，赶紧求援滴干活！"

　　咱们说，来的这个怪物不是别的，装甲列车！之前蒋光鼐和蔡廷锴口中的"重家伙",就是它!这边日军赶紧呼叫支援,等司令官盐泽幸一得到信儿,也蒙了:"纳尼?这里的支那军队怎么会有装甲列车滴干活呢?我没有得到情报啊!"

其实这个事,还真不是日军情报有误,而是蒋光鼐和蔡廷锴太鬼了。他们手头一共有两列装甲列车,这也是他们的撒手锏。其中一列,叫嘉兴号,这是之前北伐战争的时候,孙传芳的装甲列车,这一列比较落后,说白了就是拿普通列车加装钢板改的。结果上海一战,嘉兴号被北伐军俘虏,可这玩意,一是落后,二是损坏比较大,所以就废弃了。等到十九路军调防上海,蒋光鼐和蔡廷锴,俩人缺武器啊!这一看,这列装甲列车还能用,废了太可惜,所以他们就请铁路系统的朋友,来给进行修理,开战之前刚刚修好,小日本自然不知道。

而出马的这一列呢,叫北平号。咱们之前也说过,蒋介石也有装甲列车队,后来叫铁道炮队,司令叫蒋锄欧,老资格,曾经跟孙中山干过革命。他手下的装甲列车分布在各个主要铁路干线上,1月28日,北平号装甲列车正好出任务到上海,正赶上日本人准备进攻。车队的王队长一看,真要打起来,我们怎么办呢?所以他就给司令蒋锄欧打了个电话。蒋锄欧一听:"这样,上面的意思是,要和平解决,要是我给你下命令,你千万别在这管闲事,明天照常回来。至于出现什么万一,我也不知道,你自己看着办吧!"

说白了,蒋锄欧也算是装聋作哑了,所以王队长赶紧跟蒋光鼐和蔡廷锴取得了联系,因为北平号不归十九路军管,日本人自然查不到。结果正在战斗的节骨眼上,北平号杀到!这个北平号,当年隶属于张宗昌,那是白俄雇佣军监制的,算是国际先进水平了,比嘉兴号还厉害,那属于现役的主力,那能给日军留面子吗?所以一顿机枪下去,让日军吃尽了苦头!这还不说,车上的山炮也连连开火,猛轰日军其他的目标。

咱们再说日本人这边,一看这个大怪物,知道步兵没用,所以梅川一夫赶紧下令:"快快快!隐蔽滴干活!装甲车,快点高机动作战滴干活!"

再看两辆装甲车,赶紧开始撒欢,一个向左一个向右,飞奔而去,边跑边扫射,"哒哒哒!哒哒哒!",等跑得差不多了,再兜回圈子来,一个交叉跑到对面,继续扫射,这么来回往复,分散装甲列车的机枪火力,并且伺机造成杀伤。掷弹筒隐藏在掩体后面,也连连向装甲列车开炮。

这时候,刚才被日军压着打的一五六旅一营也看见了,咱们的援军到了!也开始组织

北平号装甲列车。它曾在上海的淞沪事变中大发神威,这也是当时中国唯一可以碾压日军的重武器

反击,梅川一夫一看,情知不妙:"八嘎!第一小队,赶紧占领街边的房屋,防守滴干活!"

"哈伊!"

就这样,双方又打作了一团!

可咱们说,一营那边的冲击好办,都是步兵,装甲列车这边也没吃亏。那装甲钢板多厚啊!就凭这几挺重机枪和掷弹筒,跟挠痒痒差不多,倒是日军的M25装甲车,自己中了好几弹,亏得这种装甲车,轮胎是实心橡胶的,不然早翻车了,即便这样,车里也出现了受伤的情况。急得指挥官赶紧给上面打电话:"支那装甲列车太厉害了,我们需要支援滴干活!"

就这样,日军被北平号装甲列车和一营来回蹂躏了两个钟头,两辆装甲车也先后被轰翻,日军整个被压得抬不起头来。这时候,援军总算到了,梅川一夫一看,一共是两个小队的步兵,加上一辆M25装甲车。梅川一夫一盘算,这肯定不够用啊!我该怎么打呢?

正琢磨着呢,旁边有人喊他:"中队长阁下,你看!"

梅川一夫从沙袋堆里探出头来,用望远镜观瞧,一看,哟!不远处的街上,又开过来两辆装甲车。哟!梅川一夫心头一动啊!这回够了,我们一共三辆装甲车,加上步兵,就能把这辆装甲列车夺过来滴干活!到时候我们有了这钢铁怪物,我看你们支那人还能怎么样滴干活!

想到这,梅川一夫赶紧让旗号兵给那两辆装甲车打旗语,告诉他们,要一起进攻北平号!还别说,这一打旗语,那两辆装甲车停住了,梅川一夫胸有成竹啊,把指挥刀拔出来:"杀给给!"

"哗!!!"

梅川一夫带头,日军这边从装甲车到步兵,潮水一般地冲向北平号!梅川一夫本来是胸有成竹,结果没承想,来的这两辆装甲车,不但没帮忙,反而一转机枪,对着冲锋的日军,"哒哒哒!哒哒哒!"那就是一阵扫射啊!日军是猝不及防,当时就躺下一片,就连胸有成竹的梅川一夫,也身中好几弹,倒在了血泊之中。这时候他才看清,来的这两辆装甲车,根本不是日军的,虽然有些相似,但具体型号和表面涂装都不一样!梅川一夫一下就明白了,支那人没有装甲车滴干活,不用问,这肯定是英国人和美国人的,闹了半天,他们也在帮支那人滴干活!想到这,他咬着牙还骂呢:"八嘎!英美也不是好东西滴干活!"

"啪!"

正骂着呢,一颗子弹打中梅川一夫的脑袋,这家伙当场玉碎。

有人问了,这是英美列强来帮咱们的吗?这告诉您,真不是,这两辆装甲车,是属于上海警察序列的。

这么说,可能不信的人更多,当年别说警察局,连中央军都不趁这好东西,区区上海警察哪儿来的装甲车呢?不过这的的确确是真的,原因也是有的。咱们说上海,当年是什么地方啊？号称东方巴黎，各国列强在这里都有租界。而且因为清末的太平天国运动，上海的外国侨民担心受害，所以在上海组成了武装商队，保卫自己，实际这就等于在中国的领土上驻兵。这个情况，清政府和后来的民国政府无力改变，就沿用了下来。后来，这支武装随着世界军事的进步，武器装备也在不断地升级。可咱们说，这些武器装备更新换代，老旧武器怎么办？拿轮船或者飞机运回本国，肯定是不值的。所以大家约定俗成，就地处理。中国当年内乱，要武器的地方多了去了，不愁销路。而上海警察呢，近水楼台先得月，跟租界的人打交道更多，自然能先得到消息。不久之前，租界里的外国武装正好淘汰一批装甲车，上海警察总队的人一看，这玩意虽然旧，但还能用啊！而且威力也不小，留着吧！

就这样，上海警察总队掏钱，就留下了这四辆装甲车，又加装了点钢板，把发动机修了修，就这么能用了。咱们说，上海警察跟十九路军，完全属于两个不同的系统，日军上哪儿弄情报去呢？所以这次突然出马，打了日军一个措手不及，剩下这点兵力几乎被打干净。日军仅剩的那辆装甲车也没好哪儿去，让上海警察的装甲车和北平号，来回用机枪蹂躏，"哒哒哒！哒哒哒！"几乎给打成了筛子。这时候，十九路军的战士，正好扔出一颗手榴弹，"轰！"正炸在日军的M25旁边，弹片四溅！其中一颗弹片，直接穿透装甲，击中了车长的脖颈。剩下的人一看不好："撤！快撤退滴干活！"

就这样，日军的装甲车全速撤离，步兵只有零星几个，勉强逃脱，剩下的大部分被歼灭。

等消息传到司令官盐泽幸一少将那儿，这家伙暴跳如雷啊："八嘎！可恶的支那人！我一定要让你们付出代价滴干活！快！命令能登吕号上的飞机出动，轰炸上海北站，无论如何，要把支那人的装甲列车炸毁滴干活！"

咱们说，能登吕号，是日本海军的水上飞机母舰，比航空母舰小，但同样是飞机平台，这时候已经是早上了，天气不错，于是三架水上飞机腾空而起，直扑上海北站。日军走之前，也得到了汉奸的情报，有一列装甲列车，正停在上海北站。所以三架飞机到了之后，不由分说，就是一通乱炸！

在上海北站防守的，主要是宪兵第六团，还有一部分警察，这些人一看飞机，我的娘啊！当时吓得是四处奔逃！没辙啊！他们也没见过这玩意，手头更没有可以防空的武器。而且咱们说，能登吕号上的飞机，都是水上侦察机，特点是飞机下头带着两个浮筒，可以在海面上起飞和降落。当时的国军不懂啊！以为那是俩大炸弹，这要扔下来，得炸死多少人啊！所以纷纷逃窜。日本人的飞机当时就开始肆无忌惮地扔炸弹！

"吱吱吱！轰轰！吱吱！轰轰！"

这一顿乱炸啊！当时上海北站就化为了一片火海！等炸得差不多了，日军的飞机再低飞看看，的确有一辆装甲列车的残骸，这下日本飞行员高兴坏了："哟西！我们这回，立大功滴干活！"

于是就驾机返航，临走，还把剩下的炸弹扔了，当时，上海最著名的商务印书馆和东方图书馆也被炸成一片火海！图书损失极多！

等水上飞机回去，日本飞行员马上把自己的优秀战绩上报，可没承想，到了下午，盐泽幸一司令官的回复是：马上把这次出击的飞行员一撸到底，送回预备役，以示惩戒！

飞行员都傻了，我们把中国的装甲列车给炸了，多大功劳啊！怎么还降我们的职呢？

咱们书中代言，这倒不是因为日本人炸了商务印书馆和东方图书馆，毁坏了中国古籍而内疚。而是因为他们一高兴，有几颗炸弹偏离了目标，扔到了列强的公共租界里。这西方列强能干吗？你这是侵犯我的权益啊！正好，今天几个国家的驻华总领事全都在租界里，要看看到底打成什么样？结果炸弹扔到了自己的眼前，他们能不急眼吗？所以他们马上向日本方面提出了抗议。盐泽幸一一看，得，这次开战，最怕的就是英美列强掺和进来，所以赶紧道歉，而且把此次行动的飞行员一撸到底。

咱们说，到了这时，让盐泽幸一头疼的，可不只这点。现在日军是全线不利。

第十一回 日本人临阵换将 北平号负伤后撤

日本飞机奇袭火车站，想把北平号炸毁。还别说，这招挺有效，北站被炸得挺惨，一列装甲列车被毁。日军飞行员一高兴，顺便把上海的商务印书馆和东方图书馆也给炸了。日本飞行员本以为回去之后，能立功受奖。结果司令官传令，让他们检讨，并且降职一等。

这也没辙啊！日本飞行员眼花，在炸商务印书馆和东方图书馆的时候，一不留神把炸弹扔到了公共租界，外国的领事马上提起抗议，那不撤职找谁去？

当然，除了这个，还有一个原因，盐泽幸一本来认为，北平号被炸毁，这算除去了自己的心头大患，可没想到，一下午的工夫，又有报告传来：北平号又出现在共和新路，我军攻击受挫！

有人问了，这是怎么回事呢？日军不是炸毁了一辆装甲列车吗？其实咱们说，炸毁的那一列并不是北平号，而是十九路军自己修理的嘉兴号。蒋光鼐和蔡廷锴本来想着：现在的战局，一列北平号暂且能应付。而且北平号毕竟是中央登记过的，万一上眼皮不干了，把北平号一撤回去，我们还能拿嘉兴号冒充一下，吓唬日本人。现在提早露出底牌，没什么好处。

可没想到日军来了个狠的，直接炸毁火车站，可叹嘉兴号没等立功，就先遭了暗算！

但咱们说，这个消息盐泽幸一不知道啊，他一听北平号还在，气得是咣咣直放屁，他以为飞行员

日本海军少将盐泽幸一。1932年的淞沪事变中，他是日方最初的指挥官，十九路军的抵抗曾经把他的大话戳破

骗他，惹了事还报功，所以嘴角一歪歪，飞行员就都倒霉了。

现在让盐泽幸一头疼的，绝不止这一件事，之前他过于托大，放出狂言：四个小时就能占领闸北，解决战斗，可八个小时过去了，日军却开始逐渐不利。没辙啊！他们以为十九路军也跟东北军一样，不战即溃，一打就哗啦。可真一打上，十九路军死战不退，现在日军的后劲倒开始不足了。这要再打下去，还真够盐泽幸一——呛啊！

这时候，上面的消息传来，英美驻上海的总领事开始活动了，要从中调停。没辙啊！这一仗打到现在，那是麻秆打狼，两头害怕。日本进攻上海之前，蒋介石刚刚结束下野，重掌大权，力量还不稳！这时候日本开战，而且在上海，离着南京太近。蒋介石也看得出来，日本人这次绝不是全力出击，万一加点劲，他们真就打到南京了！就凭中国现在的实力，着实难以抵挡，何况现在主要兵力还都在"剿共"，调动都费劲。所以蒋介石赶紧把首都，由南京搬到洛阳，以防万一，同时，蒋介石也通过关系，找到了英美驻上海的总领事，让他们出面调停。

英美这边，自然是想做这个和事佬，所以也给日本方面发了通报。这下也是正中盐泽幸一的下怀啊！支那人要停战，最好不过滴干活！

所以两方很快达成协议，从1月29日晚上八点开始，停战三天。就这样，中日双方打了不到二十四个小时，就先停火了。

不过您要是认为事情结束了，那可就大错特错了。日本人向来卑鄙，在没把他们彻底打服的情况下，双方能停战，日本人肯定在后面预备了更狠的后手。咱们说这次，日本人表面上停战，实际上赶紧从本土往上海增派加贺号、凤翔号两艘航空母舰，以及海军陆战队第四、第五大队，一共七千余人。到了2月1日，重兵云集，日本方面再三考虑，撤换了之前的司令官，由海军中将野村吉三郎担任新司令官，官阶升了一格啊！

咱们说这个野村吉三郎，他的手段要稍微谨慎一些，他一看，这几天停战，我们调了不少援军，支那人怎么样滴干活呢？尤其他们的装甲列车，跑哪儿去了滴干活呢？所以他决定，进行试探性的攻击。

打哪儿呢？自然是装甲列车最可能出现的地方——上海北站，以及之前最激烈的争夺点——闸北。于是，新来的生力军，海军陆战队第五大队马上上了前线，这帮人嗷嗷直叫，就向着预定地域发起了进攻！

咱们再说十九路军这边呢，蒋光鼐和蔡廷锴也没闲着啊！不到二十四小时的战斗，十九路军算把脸露足了！"九一八"的时候，有飞机、坦克的东北军不战而溃，一夜丢了北大营。而十九路军，连机枪、迫击炮都是奢侈品，他们仅凭血肉之躯，就打得日军没了脾气！所以上海市民个个都挑大拇指啊！之前，十九路军来上海的时候，缺衣少弹，军队还欠饷。这回好，上海滩的大佬杜月笙出面，发动上海市民，给十九路军募捐。当然了，飞机大炮是买不来，但至少十九路军的将士能吃饱穿暖，而且还能补充一部分弹药。说实话，现在最缺的就是手榴弹，对付日军坦克全凭这个呢！没辙啊，这时候哪儿还能买到正牌的手榴弹呢？上海市民就赶紧想办法赶制土造手榴弹，支援十九路军。

总之，这几天之内，十九路军得到了比较有效的补充。而之后呢，十九路军又开始加紧部署。咱们说，蒋光鼐和蔡廷锴都是经验丰富之辈，知道日本人是老鼠拉木锨——大头在后头！不备战，就等着找死吧！

可咱们说呢，三天的停战时间转瞬就到，日军那边还没有动静，蒋光鼐和蔡廷锴是摩拳擦掌啊！就恨不得直接把日军赶下海。可没辙啊！一方面日军防守得挺严，另一方面以蒋介石为首的上层，严令十九路军不得先挑衅，所以十九路军最终没能阻止敌人的援军到达，坐看日军再度发动进攻。

这回日军呢，出动的部队不多，但都是生力军。而且虽然是试探性进攻，但为了能试出中国军队的实力，日军还是特别加强了火力。打之前，机枪大炮一起掩护，"咚咚咚！哒哒哒哒！"

"杀给给！"

"哗！"

一部分日军就在火力的掩护下，杀向十九路军的阵地。十九路军的将士，马上奋起反击，双方就对峙在六三公园一线。但大家伙儿发现，日军的火力太猛了，自己完全被压得抬不起头来。没办法，前线的将士只能给总部打电话报告。

等蒋光鼐接到报告之后，很头疼啊！日军这次到底是真进攻？还是佯攻？说实话，如果是真进攻，我把我的预备队扔进去也算可以。但万一是佯攻呢？这么强的火力，增援部队上去也是白白受损失。怎么办呢？蒋光鼐考虑再三，对！与其坐以待毙，看着日军打自己，不如主动出击！

所以蒋光鼐马上吩咐副手蔡廷锴："老蔡啊！你马上把六十师和六十一师的所有预备队全调过来，马上在闸北地区集结，向日军发起进攻！"

蔡廷锴一听："总指挥，这么干，是不是过于冒险？"

"没什么冒险的！这回咱就用上撒手锏试试！"

紧接着，蒋光鼐一个电话打给了火车站："喂喂！是王队长吗？闸北地区日军进攻很猛，拜托你的北平号前去支援！"

"蒋总指挥，您就放心吧！"

等蒋光鼐撂下电话，副总指挥蔡廷锴在旁边有点不明白："总指挥，我有个问题！"

"嗯！但讲无妨！"

"我明白，您是想以北平号为核心，向日军全线反击。可咱们头两天不是接到南京方面的命令了吗？好像还是铁道炮队司令蒋锄欧亲自给你发的电报，让北平号迅速返回南京。这情况下，您还派他们出战，就算王队长乐意，上面的追查怎么办？"

蒋光鼐听了一乐："老蔡啊！你就放心吧！这个问题，我早跟王队长捏咕好了，之前我给南京方面回电了，京沪铁路被日军炸断，我们正在奋力抢修。等抢修好了，第一时间让北平号返回南京。结果蒋锄欧也没多问，估计这家伙也是顶着压力，装聋作哑，帮着咱呢！咱只要小心点，别让北平号损失了，我相信没事。"

蔡廷锴点点头："好吧！这话说得也对，说实话，咱们现在除了北平号之外，真没什么像样的火力支援。现在就看王队长他们的了！"

咱们再说北平号这边，王队长接到命令之后，马上发动，然后直扑前沿。这回可救了急了！前线十九路军正被压得抬不起头来，突然这么一个大盾牌开到，压力马上减轻！而且这大盾牌皮糙肉厚，日军前线那点炮火，根本奈何不了他！这还不说，大盾牌自带机枪，"哒哒哒！哒哒哒！"日军是碰上就死，沾上就亡啊！

十九路军的将士们一看，马上士气大振啊！防守的将士们嗷嗷直叫，向日军发起了反击！双方又是一阵恶战！

咱们说，这一下，还真出乎日军的意料！他们本来是佯攻，探探底。没想到中国军队来真的了，杀鸡用牛刀！所以一个小时多点的工夫，六三公园里的几十个日军全灭。

这下，北平号的王队长也乐坏了，马上命令手下："快！给我瞄准其他目标，咱用炮轰！给十九路军打掩护！哪儿有日军驻守，咱就轰哪儿！哪儿日军人多，咱就打哪儿！打！"

"咚咚咚咚！"

瞬时间，以北平号为核心的五公里范围内，日军的所有据点，几乎全都挨了炮轰！没辙啊！北平号比东北军的中山二号稍微弱点，不是德国钢板，但至少也是国产中的极品，主要火力是四门山炮，这要打起来，也是所向披靡！只可惜北平号没法离开铁路，不然的话，战果更大！

但就这样，也够日军一呛啊！本来打算揍十九路军的，结果被反揍一顿，这还不说，十九路军的预备队也进入攻击位置，如同潮水一般，冲向日军的阵地！日军不得已，退守少数据点，继续顽抗。就这样，十九路军几乎收复了整个闸北区！

咱们再说日军的新任司令官野村吉三郎，这家伙也被打了个猝不及防，连连感叹："关东军那边净捏软柿子了，怎么我们碰的是支那军的精锐？盐泽君和我，真是倒霉滴干活！"

野村吉三郎也没别的办法，你来之前，至少日军还占领闸北大部，你一来，连闸北都丢了，不切腹等什么？所以他赶紧组织反击。好在港口的日军刚下船，部队足够。野村吉三郎还挺谨慎，命令舰队的飞机反复出击，轰炸十九路军的重点目标。这下十九路军算彻底没了脾气，飞机这东西，你别看当时还落后，但十九路军的武器装备更惨！机枪打不着，手榴弹更扔不着，除非人家飞下来送死，否则只能眼看着人家轰炸！所以这一顿轰炸下来，十九路军也是毫无还手之力。尤其刚才耀武扬威的北平号，成了日军的轰炸重点，"吱吱！轰轰！吱！轰！"

炸弹连续在旁边爆炸，北平号因为没有防空火力，也是干挨炸！亏得王队长他们反应机敏，最终北平号在被炸毁一节车厢的情况下，退出战斗，死伤不多。

咱们再说王队长，这家伙气急败坏地退回火车站，准备让兄弟们好好修修，然后继续作战。可没想到，刚开始修，一辆汽车开到了火车站，上面下来了一个熟人。谁呢？十九路军副总指挥兼军长——蔡廷锴。蔡廷锴下了车，快步走到王队长跟前。王队长一看，吓了一跳，赶紧一个军礼："哟！副总指挥，您怎么来了？"

蔡廷锴看看北平号，眉头拧成一个疙瘩："王队长，北平号没事吧？"

"您放心，问题不大，这节就是运兵车，摘了就行，不影响行驶。"

"嗯！那就好啊！不过王队长，等修好之后，你赶紧撤吧！"

"啊？"王队长一听，吓了一跳，"副总指挥，这是什么意思？为什么让我撤？"

蔡廷锴口打咳声："王队长，这也是没办法的事。我们如今抗日，已然是忤逆了上眼皮的旨意，这要是追查下来，够我们一呛啊！王队长，我知道你是真心抗日，可为了我们，你再受了处分，这就更不值了！"

王队长还不服："副总指挥，您尽管放心，我们司令的脾气，我了解。对我这行动，他就是装聋作哑，实际上他恨不得自己驾车前来呢！您就放心吧！"

"不不不！王队长，您听我说！"

第十二回　北平号含泪撤退　战车队请缨参战

蔡廷锴力劝王队长，让他带着北平号撤退。王队长当然不干："副总指挥，您尽管放心，我们司令的脾气，我了解。对我这行动，他就是装聋作哑，实际上他恨不得自己驾车前来呢！您就放心吧！"

蔡廷锴摇摇头："王队长，话不能这么说。违抗上面的命令，毕竟过于冒险。而且北平号已经受伤，您要是为了这个丢官罢职，得不偿失啊！而且现在看，日军的飞机威胁太大啊！您再在上海作战，只能是越来越危险。北平号还有大用，不能就这么毁了。要不然这样，你先回南京待命，如果这一仗闹大了，咱们也能有飞机或者防空武器，您再回来不迟！"

这蔡廷锴掰开了揉碎了，把道理彻底讲透，王队长没了脾气："唉！副总指挥，您说的也对，这样，我走归走。我把炮给您留下！"

蔡廷锴一摆手："王队长，不必了，您的装甲列车丢了武器，上面追查下来，您也不好交代。而且说实话，您的炮，有您的装甲列车在，能发挥作用。如果真给了我们，也只能是日军的活靶子！您就回去吧，跟别人多说说咱们的处境，就是对我们最大的帮助了。"

就这样，王队长彻底没了办法，只能含泪撤退。此后，日军的飞机在天上开始不停地肆虐，此后，中国空军虽然赶到，并且奋力作战，但因为实力的差距，所以没能在上海上空有太大的建树。

咱们再来说淞沪战场，日军的空袭过后，自然又是大规模的地面进攻，因为日军的火力支援太厉害，十九路军的攻势没能继续，双方又围绕着闸北，展开新一轮的阵地战，无论是中日哪一方，想要前进一步，都要付出重大的代价。而这个时候，中日双方的上层又开始了新一轮的动作。

对于日本来讲，上海打成这样，着实太丢脸了！好在之前，日本政府这边意识到，单凭海军，难以占领上海，所以一直在调和陆海军之间的矛盾。咱们说日本海军这边呢，也没办法，毕竟疼不疼自己知道。所以只能放下身段，跟陆军联合，当然，条件就是上海这块儿，日本陆军也来分杯羹。就这样，最终由日本政府协调，日本第九师团、第十二师团的一个混成旅团，以及独立战车第二中队，这几支精锐先后集结，向上海进发。

而国民政府这边呢，也出了大事！因为坐看十九路军抗日而没有任何的动作，蒋介石挨了多少骂！最后蒋介石思虑再三，怎么也不能让日本人打下上海，不然的话，日本的大军随时在自己的鼻子尖下面，要打南京，分分钟的事！所以他回到了南京的浦口，听取前线情况的汇报。

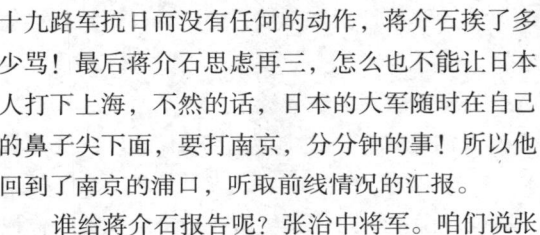

1932年的张治中

谁给蒋介石报告呢？张治中将军。咱们说张治中将军，字文白，保定军校毕业，曾担任黄埔军校第三期入伍生总队长，也是蒋介石的嫡系。和蒋介石等上层想要避战不同，自从上海一开打，张治中就特别关注战事发展，但因为没部队，也就没有参战。几天打下来，十九路军的表现，让张治中将军挑大拇指啊！表现的那是真不赖！不过张治中心里也嘀咕：照这样下去，十九路军后劲不足，早晚要吃亏啊！人家是地方部队，为了中央，打成这样。我们这些中央军呢？还不许支援，像话吗？所以这回蒋介石一来，张治中抓住了机会，等汇报完前线的战况，他就说了："校长，人家十九路军是为了咱们的南京，打成这样。咱们中央军要干看着，我看不妥！为今之计，咱们尽早参战，才是上策！"

蒋介石呢，此时已经打定了主意，其实就等人递话呢。这回张治中先给喂到了，蒋介石眨了眨眼睛："文白，现在战事激烈，派谁去合适呢？你也知道，这千军易得，一将难求啊！"

张治中一听，马上一挺胸脯："校长，如果别人都不愿意去，您看我如何！我保证不给中国军人丢脸！"

蒋介石就等这个呢，一听张治中主动请缨，马上一拍桌子："好！文白啊！很好！部队的事你不用担心，我给你想办法！"

张治中本来以为，蒋介石是说笑呢，没准给自己两支杂牌部队，进上海混混日子就得了。没想到几天之后，军政部的命令下来：着令第八十七师、八十八师，另附中央陆军军官学校教导总队一部，独立炮兵第一团山炮营，合编为第五军。军长张治中，部队集结之后，迅速开进上海，对日作战！

这下，把张治中都给吓着了！好么！八十七、八十八师，还有教导总队，那是蒋介石最精锐的部队啊！全副德械装备，德国教官训练。还有山炮营，那也是最先进的。这

第十二回　北平号含泪撤退　战车队请缨参战

可以说是全国部队的精华啊！

咱们这也说一句，蒋介石这一手，还颇有深意，一方面，他派遣自己最厉害的部队参战，以表抗日决心；另一方面，蒋介石也怕战事扩得太大，没法收拾。所以也严令周边的部队，绝不准进入上海。就这样，蒋介石在矛盾之中，也向抗日的大方向跨了一步。

咱们再说张治中，接令之后，他马上整顿部队，准备进军上海。可没想到这时候，卫兵进来了："张军长，有人找您！"

张治中一听，谁啊？等抬眼一看，当时懵了："宋……宋……宋院长！您找我？"

咱们书中代言，来的人是行政院副院长兼财政部部长，蒋介石的大舅子——宋子文！张治中特别纳闷啊！宋子文并非军界人士，这时候来找自己干什么呢？

等宋子文落座之后，面孔就板起来了："张军长！此次您带兵入沪，责任很重啊！您务必要力挫日寇，打出咱们中国军人的威风！"

"是，是，宋院长放心。张某身为军人，为国而战，定不负所托！"

"嗯！这才像话！张军长啊！今天我就开门见山了，你此去上海，我有一份大礼相送！"

张治中一听，哦，明白了！宋子文，那可以说是全国首富，估计是要给我钱。你说我都要打仗了，要那玩意干什么？所以赶紧推辞："不不不！宋院长，张某都是要上战场的人了，要钱也无用！"

此话一出，宋子文当时一脑袋黑线："谁说要给你钱了？张军长啊，我且问你，你的部队离上海最近的是哪一支？什么时候能进驻上海？"

"报告宋院长，最近的部队是驻南京的八十七师宋希濂旅，现在他们正在集结，大概需要三天，能到达前线！"

宋子文点点头："嗯！但张军长，这打仗如救火啊！慢一天，就得误多少事。我就直说了，张军长，我的税警总团就在上海周边，只要一道命令，一天之内就可以投入战斗！张军长此去，我的税警总团也希望出一把力！当然了，前线的情况嘛，归你指挥！"

哟！张治中才反应过来，宋子文这个忙帮得可太大了！谁不知道啊？宋子文辖下这支私人部队，虽说叫"税警总团"，但论装备和战斗力，比教导总队都不次！而且他们的位置还好，随时能投入战斗，可以给我们争取不少的时间啊！所以张治中赶紧站起来，"啪"一个军礼："宋院长，我一定不负所托，痛击日寇！"

宋子文走了，张治中可美坏了，马上起草命令：税警总团即刻改编为八十七师独立旅，赴上海参战！

可没想到，命令还没写好呢，卫兵又进来了："张军长，有人找您。"

张治中一听，是不是又有来帮忙的啊？所以赶紧说："有请！"

这时候门一开，进来一人，只见此人，身高一米八，长得挺结实，面润似铁，一身军服，大概三十岁上下，一看就是英勇善战之辈。张治中一看，认识，这也是蒋介石面前的红人，战车营营长——张杰英！

张治中不明白啊："杰英啊，你有什么事吗？"

张杰英憋得满脸通红:"张军长,我有事求您!"

"什么事?说吧!"

"张军长,是这样的,我听说这次,教导总队也要参战?"

"对啊!怎么了?"

"我们也想参战!"

张治中扑哧一声乐了:"好好好!杰英啊!你的心情我能理解,可咱们哪支部队参战,这都是军政部批的,你跟我这说,也没用啊!"

张杰英还挺坏:"张军长,话可不能那么说,我刚才看见了,宋院长来了,他的税警总团也要参战吧?为什么他们能去,我们不行?"

张治中一听,好么,你小子在这等着我呢!所以他把脸一绷:"杰英,税警总团不是军队,不归军政部管,好办得多啊!你们战车队都是宝贝疙瘩,都在军政部下面标名挂号的,不听命令怎么行?而且我也听说啊,你们的训练程度还不太好,战车经常抛锚。就这情况到了战场上,临时掉链子,那得耽误大事啊!"

张杰英一听,憋得满脸通红啊:"张军长,这真不是我们的问题,兄弟们训练都很努力,只不过我们都学了驾驶、射击,就是没人学机械啊!所以抛了锚,兄弟们也没办法。既然您担心我们掉链子,您看这样行不行?我们不要装甲车,只装备车载机枪参战!"

嗯?张治中一听,这倒新鲜,战车队为了参战,连战车都不要了。但他也明白,张杰英肯定是一心想参战,不然绝不会说这话!不过张治中转念一想,这战车队也不得了啊!人数虽然不多,充其量一个连,一百多人,但重机枪足有二十挺,顶上精锐部队一个团的重火力了!有他们参战,我们肯定是如虎添翼!所以张治中就说了:"好吧!那杰英啊!你的参战请求,我批准了!不过为了谨慎起见,你回去还是给军政部打一份报告,我也通过关系给你疏通疏通。咱们都是为了国家,何必拿着官盐当私盐卖呢!"

"是!"

就这样,张杰英也打了报告,军政部长何应钦刚开始不干,好么,刚组建的战车队,那都是宝贝疙瘩,哪儿能参战啊?可最后,张杰英提出了,我们不用装甲车,仅带着车载机枪,以步兵身份参战。这何应钦也犯了难,到底让不让他们去呢?正在两难的时候,张治中派人来疏通,咱们说,何应钦和张治中,那都是蒋介石的嫡系,不能不互相卖个面子。最后何应钦终于同意了,就这样,战车队编为战车队机枪连,由第五军军部直辖,也一起开进了上海!和十九路军一起,分成左右两翼,并肩作战!

咱们说这时候,日军的主力部队也到了,司令官又换为了第九师团师团长植田谦吉,这个植田谦吉,精通陆战,他一看现在的部署,气得鼻子都歪了:"八嘎!海军这帮笨蛋,除了会用舰炮之外,不会打仗滴干活!看我的吧!"

植田谦吉马上调整部署,打算来一个正面突破,两翼卷击。第九师团主力和海军陆战队一起,继续正面进攻。不过植田谦吉也知道,中国军队这边,闸北防守得挺严,所以他就把主要进攻方向放在了闸北北面的江湾。同时,他以久留米旅团为主力,进攻吴淞口,海军陆战队也积极备战,打算合围闸北,这两路日军直奔中国军队的侧翼而去!

植田谦吉特别嘱咐了:"你们滴,无论哪一路,都要全力以赴,不能让支那军队喘息滴干活!"

"哈伊!"

咱们且说日军的正面部队,第九师团这也算是日军之中的一支劲旅啊!而且这回不光是他们,植田谦吉特别把重见战车队也编在了这一路。

咱们说日军之中,战车也是宝贝,当时日军成规模的,只有两支战车队,队长分别叫百武俊吉、重见伊三雄,所以他们的部队分别就叫作百武战车队、重见战车队,日本方面此时拿出其中一支部队,放到上海战场,也可见日军的重视程度!

这个重见伊三雄呢,也特别狂!"我们的八九式轻战车,已经达到了世界先进水平,再加上雷诺式辅助,支那人,挡不住滴干活!"所以他自告奋勇,要当进攻部队的刀尖!等到日军进攻的时候,重见伊三雄一声令下,他的战车队一马当先,直扑江湾镇!

可没想到,等待他的却是当头一棒!

第十三回　两猛将双剑合璧
　　　　　日战车进攻受挫

　　日军再次增兵，并改变进攻路线，主力进攻江湾镇，打算从中国军队的侧翼下手。这一下还真抓住了中国军队的软肋，而且号称日本两大战车队之一的重见战车队也参与了战队。他们是一马当先，驾驶着坦克冲锋，日军步兵随后跟进。防守江湾镇的是十九路军的一部，缺乏重武器，所以恶战一场之后，被迫撤退，日军占领江湾镇。

　　江湾镇陷落，指挥官植田谦吉高兴坏了！哟西！支那人，还是不禁揍滴干活！所以马上下令，主力向八字桥方向进攻。重见伊三雄更是狂妄，直接跟部下说了："你们滴，一定要尽力滴干活，再有三天，打垮支那人，咱们就能回家滴干活！"

　　"哈伊！"

　　就这样，重见战车队的坦克一马当先，又冲向了八字桥。可没想到，这回惨了！只见坂田第三小队的五辆雷诺式一马当先，冲向中国军队的阵地，还没冲到一半，"咚！"一辆坦克当时就瘫了，从顶盖往外冒黑烟。坂田小队长一看："纳尼？这是怎么回事滴干活？"

　　话音还没落，"咚！"第二辆也瘫了，顶盖往外呼呼冒着黑烟。坂田小队长更疯了："八嘎！停车！这到底是怎么回事滴干活！"

　　剩下三辆雷诺式赶紧停车，后面跟着的步兵赶紧上前，帮着四处搜寻，看看这到底怎么回事啊！可没想到，正这个时候，侧面有人开火了！

　　"哒哒哒！哒哒哒！哒哒哒！"

　　子弹如同泼水一般，直往日军人堆里打！日军没想到啊！好么，这得是十几挺重机枪的火力，谁挡得住啊？所以日军留下一堆尸体，纷纷后退。哎，等他们一后退，这些重机枪的火力点集中到了坦克上，"哒哒哒！当当当！"打得日军的雷诺式火星直冒！紧接着，"骨碌碌！骨碌碌！"几颗手榴弹又滚到了日军的坦克底下，"轰！轰！轰！"又一辆坦克趴下了。

这回可把坂田小队长吓得够呛啊！好么，不到十分钟的工夫，一个小队五辆坦克，毁了三辆，再这么下去，不就玩完了？所以赶紧招呼一声："撤退！撤退滴干活！"

"轰隆隆！轰隆隆！"

剩下的两辆坦克赶紧撤退，其余的日军步兵一看，坦克都撤了，我们还在这干吗呢？等着挨打滴干活？所以也纷纷撤退。

咱们再说坂田小队长，等撤回阵地，惊魂方定啊！赶紧找队长去了："报告队长，我们进攻不顺利，五辆雷诺式，毁了三辆滴干活。"

嗯？重见伊三雄一听，也纳闷啊！赶紧把情报人员叫来："对面的支那部队，是哪一支滴干活？"

"报告队长阁下，就是之前一直作战的十九路军滴干活。"

重见伊三雄这下更不明白了，十九路军？我听说过，之前他们打装甲车都费劲滴干活，怎么这回，不费吹灰之力都打掉我三辆战车滴干活？

咱们书中代言，重见伊三雄对面的部队，主力还真是十九路军。但真正对付他们坦克的，却是战车队机枪营和独立旅第二团。

这是怎么回事呢？咱们说第五军进入上海之后，张治中特别跟蒋光鼐和蔡廷锴开了碰头会，蒋光鼐和蔡廷锴当然非常高兴，援军终于到了，而且还是精锐部队！但蒋光鼐和蔡廷锴也担心，自己不过是杂牌军，人家可是中央军的精锐，能听我们指挥吗？所以他们就提出来："张军长，你们来支援，我们非常感谢。只不过，咱们部队的番号不同，指挥系统也不同，这要交叉防守，有点麻烦啊！不如咱们还各自坚守防区，如果有难，再互相支援。您看怎么样？"

"对对对！张军长，您的部队您指挥起来得力，我们的部队，我们也用起来顺手。如果交叉防守，万一哪个命令传达错了部队，不是误大事嘛！"

咱们说张治中，那眼睫毛都是空的，能不知道蒋光鼐什么意思？所以他点头同意："好吧！二位言之有理，那咱们就如此调配，也方便。不过我也知道，二位的部队苦战多日，士兵损失不小。这样，我配给您两支最能打的精锐，完全听您调遣，您看如何？"

"哎哟！那我谢谢张军长了！"

张治中说的这两支精锐，一支就是战车队机枪营，另一支是独立旅第二团，团长叫孙立人！蒋光鼐和蔡廷锴呢，也听说了，日军要动用坦克，他们的重武器正顶用啊！所以就赶紧把他们布置到了八字桥一线。

抗日名将孙立人将军。在淞沪事变中，他就曾经率部参战，并表现出了极强的战斗力咱们说这个张杰英和孙立人,这俩人也是在来上海的路上刚认识的,岁数也差不多。可刚一见面,俩人就开始死不对眼。孙立人呢,长得挺帅,身高也行,当年那是中国篮球队的主力,清华大学和美国弗吉尼亚军校毕业的双料高才生,举手投足都具有绅士风度。而张杰英呢,身高差点,长得比较黑,留着胡子,跟孙立人面前一站,差得多,张杰英心说:这小子,整个一个小白脸子,教育程度挺高,到底也就是个抓走私的。打仗?他不行!

孙立人呢,那受过高等教育,一看张杰英,他心里也不舒服:这家伙,好么!长得跟黑炭似的,一点也看不出有文化。我也听说了,他是战车队的,那是纯技术兵种,就凭这块黑炭,能玩得转坦克?打死我也不信!

所以俩人就摽上劲了,来的路上没少呛呛。可张治中呢,心里还有底,这俩都不是简单的角色,把他们俩组合好了,那就是黑白双煞!就他们这点部队,能顶一个师!所以这次支援十九路军,偏偏就把他们俩配在一组。

咱们且说,这二位等把部队带到前线,士兵开始布置阵地,就继续呛呛。孙立人先说了:"我说张大黑炭,我问你点事,坦克的构造,你明白吗?"

张杰英一听就急了:"废话!我说孙大秀才,你也太瞧不起人了,爷爷就是战车队的,能不明白坦克?"

"行!你话说得挺硬,那咱们就比比!"

"行啊!比就比!比什么?"

"你看啊,我听说了,日军这次动用了坦克,咱们就看看,谁能把日本人的坦克打趴下。你看怎么样!"

"可以啊!孙大秀才,我倒要看看,你从美国学了点什么!"

于是俩人分头行动。咱们且说孙立人,人家博学多才啊!知道坦克的构造。要说坦克这东西,跟武术里的铁布衫差不多,刀枪不入啊!除非你有特殊的家伙什儿,比如反坦克炮之类的,不然难以应付。不过既然是铁布衫,那肯定有命门啊!而坦克的命门,往往就是它的底盘。没辙啊,坦克不能造得太重,既要加强火力和防御力,还得减轻重量,所以一般打不着的底盘就相对比较薄。孙立人呢,身处税警总团,富裕!除了之前被蒋介石抢走的维克斯轻装甲车,也就是给战车队的那批东西之外,什么也不缺。所以孙立人就开始大摆地雷阵,而且孙立人知识丰富,对地雷还加以改装,威力大大增强。

咱们说孙立人那布地雷,张杰英一看,直挑大拇指啊!行!这个孙大秀才还行,知道坦克的弱点。他这正看着呢,部下有人急了,大家伙儿都知道,我们跟孙立人打了赌,输了的话,这脸往哪儿搁?所以纷纷来找张杰英:"队长,人家摆地雷了,咱们怎么办?"

"是啊!咱不趁那好东西,可咱也不能输啊!要不咱管十九路军借点?"

张杰英一看:"慌什么慌什么?他有张良计,咱也有过墙梯,谁怕谁啊?地雷这东西,咱是不趁,估计十九路军也没有。不过我问你们,咱们现在最不缺的是什么?"

战士们一听:"队长,机枪啊!"

第十三回 两猛将双剑合璧 日战车进攻受挫

063

"嗯，除了机枪呢？"

"除了机枪……"，战士们往腰间一摸，乐了，"队长，咱手榴弹也不少啊！"

"对！咱们就用这个！日军坦克我也听说过，薄皮大馅，咱的手榴弹对付它们正合适！"

所以张杰英也做出了部署。结果等日军一来，先触了孙立人的地雷，两辆坦克直接报销，紧接着又遭到了张杰英所部的袭击，机枪营一顿机枪把日军的步兵赶散，然后就把几颗手榴弹骨碌到坦克下面，炸瘫一辆，两支队伍双双告捷。所以等这回孙立人和张杰英见面，感觉就不一样了，张杰英兴高采烈："行啊！孙团长，你这个地雷阵摆得真好！战果比我们多，我服了！"

孙立人也哈哈大笑："别别别，张营长，你也不差啊！说实话，我就指着地雷呢，没了地雷，我恐怕也没什么招了。你可好，没地雷，照样打坦克！手榴弹也能管用。我服！真服！心服口服外带佩服！咱们俩以后还得多亲多近，互相学习啊！"

两个人是握手言和。而这时候，有个传令兵来了："长官，您是孙团长和张营长吧？"

"对啊！"

"没错！"

"是这样的，我们旅长请您二位去一趟。"

俩人一听，那就去吧。所以赶紧到了十九路军一五六旅的旅部，见到了旅长翁照桓。咱们说翁照桓，他的部队一直是十九路军的刀尖，所以损失不小，尤其碰上日军的坦克，办法不多，这回一听，好么，来了俩中央军的高手，而且一看战果，相当不错，这才把他俩请来。翁照桓就开门见山了："二位，不瞒你们说，日军的装甲车和坦克太厉害，我们是非常头疼，每每打掉一辆，我们都得伤亡多少士兵。今天一看，你们打坦克很厉害啊！能不能给我们的战士传授一下呢？"

孙立人和张杰英一听，乐了："那没问题，咱们都是国军，传授经验，应该的！"

"没错！翁旅长，您既然看得起我们，我们肯定全力以赴！"

翁照桓一听，一拍桌子："好！那就好啊！咱们通力合作，一定要让小日本知道知道咱们的厉害！另外，我还有个事得拜托你们二位帮忙。"

"翁旅长有事请吩咐。"

"是这样的，上峰有令，要我们发动夜袭！不过你们也知道，我们十九路军的装备比较差，所以希望跟你们借几挺重机枪，还有重型迫击炮……"

咱们说，中国军队这边，聊得热火朝天，日军那边可难受啊！尤其是重见伊三雄，他的重见战车队，那是日军的宝贝，从成立开始，没吃过这暴亏啊！重见伊三雄不服输啊！马上再调来一个小队的雷诺式，联合坂田小队，一共七辆坦克，于当天下午，又向着中国军队的阵地发起了进攻！日军也摆好了阵势，坦克突前，步兵随后，用步枪和掷弹筒掩护，准备专门压制中国军队的重火力。

可没承想，这次更惨！咱们说，孙立人和张杰英，那都是行家，特意瞄着日军雷诺式的尺寸，挖了反坦克壕，坦克根本过不去，只能干挨揍！而且日军你有三八式和掷弹筒，我们这边更有马克沁和迫击炮，看谁火力更强！这一阵好打下来，日军的坦克一辆被毁，两辆重伤，日军步兵也损失不少，不得不撤退。

这次进攻失败，重见伊三雄气得更是奔儿奔儿直蹦："八嘎！支那人，狡猾狡猾滴！不过我还有撒手锏，明天一早，就让你们知道我厉害滴干活！"

有人问了，撒手锏是什么呢？这告诉您，是日军最新式的武器——八九式中型战车，也就是坦克。这种坦克，吸收了法国雷诺式，还有英国的维克斯C型坦克的优点，然后加以改良而成，又是日本国产，可谓是宝贝中的宝贝。之前重见伊三雄都没舍得用，今天一看，不得不用了，所以马上命令：八九式中战车小队，立刻进驻钱家湾，明天一早，进攻支那阵地滴干活！

第十四回　夜袭队一炮双响
　　　　　　 日本人兵临热河

　　日军进攻受挫，这对于战车队队长重见伊三雄来讲，绝对不能接受，说实话，从他们部队组建，也没吃过这暴亏！所以重见伊三雄一气之下，把手头最厉害的八九式中战车小队调过来了。

　　咱们说日军这种八九式中型战车，吸收了法国雷诺式，以及英国维克斯C型坦克的优点，并加以改进，光重量就达到13吨，快顶两个雷诺式了，火炮口径57毫米，威力强大；正面装甲17毫米，抵御一般的子弹不成问题。这也是当时日军最自豪的国货！一共有五辆。

　　重见伊三雄把八九式中战车小队调过来，总算心里有底了，马上下令："八九式中战车小队，马上进驻钱家湾前进基地，明天一早，进攻支那阵地滴干活！"

　　"哈伊！"

　　命令下完，重见伊三雄放心了，总算能睡个好觉了，等着明天支那人屁滚尿流滴干活！可没想到，刚到半夜，重见伊三雄就被副官摇醒了："队长！队长阁下！"

　　重见伊三雄迷迷瞪瞪："你滴，有什么事滴干活？"

　　"报告队长阁下，八九式中战车小队，遭到支那军夜袭，损失两辆滴干活！"

　　"纳尼？"

　　重见伊三雄一听，当时就醒了，马上披上大衣，赶往八九式中战车小队的集结地——钱家湾。只见当场的五辆八九式坦克，有两辆已经被烧焦了，惨不忍睹，另外三辆倒是问题不大。重见伊三雄一看，心疼得直蹦："怎么回事？支那人从哪里夜袭滴干活？"

　　小队长倒霉太郎没受伤，赶紧过来报告："队长阁下，我们这里防守严密，没有受到夜袭。"

　　重见伊三雄听了，火冒三丈，当时就给了倒霉太郎两个嘴巴："八嘎！没有受到夜袭，坦克怎么损失滴干活？"

"报告队长阁下，是这个样子滴，支那军奇袭咱们附近的目标，无意中向咱们这里开了一炮，就这样滴干活。"

"八嘎！你以为我白痴吗？支那人一炮，怎么可能打坏两辆坦克滴干活？"

咱们书中代言，这事还真就奇了！咱们前文也说过，十九路军向孙立人和张杰英借迫击炮和重机枪，准备夜袭。而借来的这两样武器，在夜袭中可发挥大作用了！马克沁机枪，威力极大，日军当时装备的机枪，没有一种是它的对手。而孙立人的迫击炮呢？那更厉害了！口径能达到150毫米，威力极强，那属于大杀器！除了射程近点，没别的劣势。十九路军的将士，就借着这两种大杀器的帮助，以及一腔热血，就向日军发起了夜袭。

还别说，这招还真狠！一口气端掉了日军的一个联队队部。等打完了，准备撤退，十九路军的奇袭队突然发现，哎，附近还有一处，灯火通明！我们没听说这有日军啊！有人拿望远镜看看，哎！那儿有不少日军的坦克！奇袭队的将士们一看，咬碎钢牙啊！之前没少在你们面前吃亏，今天我们要报仇！

夜袭队要继续进攻日军的坦克基地，可再一算弹药，不行了，一夜的作战下来，子弹没多少了，迫击炮弹只剩了一颗，这怎么打啊？闹不好没把敌人端了，自己全军覆没，这不值当的啊！最后，夜袭队的哥们兄弟一商议："兄弟们，现在再打无益，别把自己赔上。咱们赶紧回去报告，让上面多加小心为上。"

"可是队长，你看见敌人了，不给他来一下子，也亏得慌啊！"

第十四回　夜袭队一炮双响　日本人兵临热河

淞沪战场上的中国迫击炮兵。图中的特号迫击炮，应该就是此次奇袭用的同款，这一炮就改变了日本战车发展的进程

"也对！那这样，咱们就拿迫击炮给他来一下子！打成什么样，就是什么样！"

"好！我看行！"

就这样，夜袭队把一门重迫击炮拉到附近，"咚！"一炮下去，打完就撤！所以最终打成什么样？夜袭队并不知道。而咱们说呢？这一炮可巧了，正打在坦克附近的汽油桶堆里！咱们说八九式中战车小队，今天还挺辛苦，知道明天要进攻，所以夜里没闲着，连检修机器带加油，正在做准备。没想到这时候，一颗大炮弹从天而降，而且不偏不倚，正好打在了汽油桶附近。

"轰！哗！"

当时汽油桶堆发生了大爆炸，附近的两辆八九式中战车正在加油，这回也倒了血霉，直接被点燃，烧了个精光！

这就是日军遭受意外损失的原因啊！重见伊三雄听了，气得直撺蹦，但也无可奈何，只能继续布置进攻，以报一箭之仇！

咱们书中代言，十九路军这次奇袭，给日军造成了极大的影响！日军就因为这次意外损失，进行了深刻的总结，结论就是：汽油机的坦克，危险性太大，不如改用柴油机。

所以自此之后，日军的坦克全部改用了柴油机。咱们说"二战"之中，日军的坦克和其他强国比起来，可以说是一无是处，火力弱、装甲薄，整个一包子，一打就完！可唯独柴油机一项，也算是引领了世界的潮流。而这一切的一切，原因就是十九路军的一次夜袭，甚至十九路军自己，都不知道这次有什么战果。历史就是这么有意思。

咱们再回过头来说上海战场，接下来的时间，中日双方开始了消耗战，付出的代价都非常大，但无论如何，中国军队成功守住了阵地，日军的攻势越来越弱。刚开始日军挺狂，全线进攻，打着打着，后劲不足，改成了重点进攻；可是重点进攻也遭到了中国军队的重创，最后只能被迫终止进攻，向英美列强提出，"希望你们调停，我们想跟中国和谈"。

等这消息传到蒋介石耳朵里，蒋介石乐坏了！行！我的禁卫德械师打得不错啊！要不日本人也不会和谈。现在打成这样，多好！和为贵啊！那咱就谈吧！

可咱们说，日本人明着是要和谈，实际上，这根本不在计划之内，完全是缓兵之计。蒋介石心眼太实，跟日本人谈着是真用功，为此甚至拒绝了其他部队增援上海的请求，全让他们按兵不动，以表自己跟日本和谈的决心。后来的人研究到此，无不感叹，这时候蒋介石如果增兵，没准就把日本人全歼了！哪怕不增兵，让第五军和十九路军再努一把劲，情况可能也要好很多，没准日本人就真想和了。

咱们说，蒋介石这谈得挺用功，日本人那边调兵调得更用功。日本人可是吃够了亏，之前认为中国人不堪一击，一点点军队就能征服中国。这回可好，从海军陆战队开始，又填进去了一个师团加一个旅团，却完全不够用。所以日本人痛定思痛，不用添油战术了，直接调动十一师团和十四师团，投入上海。而且指挥官再次升格，大将白川义则成了前陆军大臣。

白川义则这家伙，很懂军事，把前线的情报一汇总，发现中国军队也是强弩之末。

所以他一方面继续麻痹蒋介石，另一方面调动部队，第九师团继续正面进攻，消耗十九路军和第五军，然后日军的援兵直接进入长江口，从浏河口一带登陆，直扑中国军队的侧后！这回中国军队可没辙了，十九路军和第五军血战多日，已经精疲力竭，所以纷纷溃散，日军没用几天就彻底占领了上海，1932年3月3日，日军宣布停战，"一·二八"淞沪抗战结束。

这一战，也算打出了中国军人的骨气，而且尤为可贵的是，这是中国近代史以来，少数几次战争过后，没割地赔款的情况之一，也基本恢复了战前的原状。但咱们也得说，这一战毕竟是败了，上海和周边遭受一次战火蹂躏不说，日本人也成功转移了国际矛盾的焦点，扶植了伪满洲国。所以咱们这一战虽有收获，但损失也不小。

咱们再多说一句，日本在这一战中，代价也够大的，死伤数千，但他们得向国内宣传啊！在天皇的庇佑之下，我们取得了伟大的胜利！于是在1932年4月29日，日军在上海的虹口公园举行阅兵，庆祝天长节，也就是天皇的生日。结果韩国的反日志士尹奉吉混在人群之中，给主宾席扔了一颗炸弹，结果日军司令、大将白川义则被炸成重伤，后来不治身亡；日本驻华公使重光葵被炸断一条腿；第九师团师团长植田谦吉被炸瞎了一只眼，日本天皇算是好好地过了回生日。

淞沪抗战之后呢，蒋介石的兴趣又转向了"剿共"，但日本可没闲着。这次的上海大战，日本虽说占的便宜不大，但至少成功掩护了伪满洲国的建立，而之后呢，就得自卫了。怎么自卫呢？那就得继续占领中国的土地。日本人早就瞄好了，热河省可不错！要是占据这里，进可以攻击华北，退可以在此周旋一阵。最重要的一点，现在山海关以外，义勇军还很活跃，经常给日军找麻烦，而究其原因，就是有关内的支援啊！虽说张学良抵抗不力，时时颓废，但他有一点随了张作霖，真敢下本啊！无论是谁，土匪也好，流氓也好，只要你肯抗日，我就给你枪炮！只要你把日本人和汉奸的脑袋捎到北平，我立时给你兑现成钱！日本人一看，这问题不解决，我们"满洲国"永无宁日啊！所以，占领热河，再把山海关一掐，你们的武器就运不进来了！就因为这种种原因，日本人的魔爪终于伸向了热河省。

刚开始呢，日本人还想扶植傀儡政权，这样他们压力小啊！跟国际社会可以说，这是你们中国内部要独立的，跟我没关系。而日本人也有了目标，就是驻守山海关一带的东北军旧将何柱国。可何柱国呢，毕竟是个中国人，他也学了老帅张作霖，明面上跟日本人拖，私下直接跟北平的张学良联系，看看如何是好！可张学良呢，还有点犹豫，自己几斤几两，他心里有数。他也明白，现在自己老家都丢了，就凭手下这点军队，想要击败日寇，根本没戏！唯一的指望，就是蒋介石的支援。可张学良也不甘心，当初跟蒋介石谈好了，北平这一带的地盘是我的，这要是让老蒋的部队进来，我不连最后这点地盘都没了？我几十万东北军何处安家？所以他是犹犹豫豫，举棋不定。

等到了1933年1月，日本人动手了！关东军等不及了，何柱国的态度时软时硬，捉摸不定，耗不起滴干活！所以日本人就以追击义勇军为借口，当然了，他们不说是义勇军，只说是土匪，炮轰山海关。何柱国所部虽然进行了抵抗，但终究不敌日军精锐，山海关失陷。紧接着，就以热河省有官员想独立为借口，兵分两路，就突入热河省！这回日军也做好了打硬仗的准备，派的都是主力部队。东线主力是第六师团，这也是后来南京大屠杀的罪魁祸首，兵锋直指冷口、喜峰口一带；西线主力是第八师团，直扑热河省府所在地——承德。日军有盘算：第六师团，战斗力在我们大日本帝国数一数二滴干活。第八师团比第六师团稍微差点，而且热河省主席汤玉麟，估计不会轻易投降，他们肯定有一场硬仗滴干活！

所以日军特别给第八师团这边，配了两支特别的部队，一支就是百武战车队，这是日本两大战车队之一，另一支就是在上海吃过亏的重见战车队。百武战车队，队长叫百武俊吉，在日军中，那是军神级别的人物，可谓是能征善战，日军对他们寄的希望挺高。而另一支特别部队，外号叫"骷髅队"，也称作"满洲暴风部队"，他们的军旗也很特殊，在日本的膏药旗中央，还画着一个白色的骷髅，人数虽然不多，一个小队左右，但个个是精锐，可以说是日军特种部队的雏形。

咱们说日军这边行动，张学良也没闲着，他知道，热河若是有失，事关重大！日军直接威胁平津地区，自己失去最后的地盘，只是早晚的事。所以他马上着令热河省主席汤玉麟，务必把日军顶住。同时，张学良也兵分两路，万福麟率部从冷口、喜峰口一带出关，顶住日军。而最精锐的张作相、王以哲所部，从古北口出关，增援承德。

张学良这个布阵，可谓和日军针锋相对，但他却过高地估计了自己的实力，战端一开，东北军立时全面失败！

第十五回　关东军进犯长城
关麟征怒闯军部

日本人入侵热河，张学良呢，自然不甘示弱，针锋相对地进行了布置。首先，命令热河省主席汤玉麟坚守承德，务必把日军顶住。然后派遣精锐部队，万福麟所部从冷口、喜峰口出关，顶住日军的第六师团；同时，张作相和王以哲所部从古北口出关，增援承德。

咱们说，张学良这个布置看似不错，跟日军针尖对麦芒，但他明显过高估计了自己的实力，所以一打起来，几天的工夫，热河省大部失陷，绝大部分的东北军精锐，全都被日军打得找不着北！这下张学良可害怕了，再这么下去，我这北平都难保啊！不得已，赶紧向蒋介石求援。

咱们说蒋介石呢，当然明白华北的重要性，之前他对张学良的暧昧态度，已经伤透了脑筋，所以一看张学良求援，蒋介石俩手乐得都拍不到一块儿了，这回能一石二鸟啊！我的中央军终于可以名正言顺地进入平津地区了，而且就照东北军现在的战绩，肯定能找个一朝之错，逼迫张学良下野，这样我的问题就都解决了！

所以蒋介石当即下令，调遣徐庭瑶的十七军，北上北平，在古北口集结待命。当然了，一个十七军肯定不够，蒋介石又调了西北军宋哲元的二十九军，进至喜峰口；晋绥军商震的三十二军，前往冷口；另外还有守城名将傅作义，率辖下所部，去往独石口，把住长城的各个关隘，一场长城抗战，一触即发！

咱们且说十七军这边，军长是徐庭瑶，本书的书胆。他近期过得可不赖！一般来说，蒋介石用人，喜欢"黄、保、浙"，也就是黄埔出身，保定出身，还有浙江老乡，徐庭瑶呢，占了前两项，虽然不是浙江人，但因为中原大战中为蒋介石拼命而负重伤，所以伤好之后，蒋介石特别把他提拔为十七军军长。徐庭瑶呢，也是唯蒋介石马首是瞻，什么事也不敢怠慢，得着命令之后，马上让部队集结。不过十七军还倒霉点，所属的三个师，分别在不同的位置上。二十五师离着比较近，驻扎在徐州一带，军长徐庭瑶顾不得别的了，赶

关麟征将军。长城抗战之中,他担任第二十五师的师长,堪称此战的急先锋

紧下令,二十五师赶紧拔营,坐火车赶往通州集结。之后徐庭瑶专门坐飞机,也飞往通州,扎下司令部,他要在前线看看具体情况。

这一看,好么!惨不忍睹啊!东北军几乎是一泻千里!日军的西线这边,热河省主席汤玉麟甚至不战而逃,第八师团的先锋,128个骑兵不战而下承德。东线这边,万福麟的几个精锐师,也被日军第六师团打得稀里哗啦!徐庭瑶一看,得,我们这回啊,别说什么积极行动了,能抢在日军之前,把古北口把住了,就算不错!哎呀!我的二十五师在哪儿呢?

徐庭瑶正着急呢,卫兵进来报告:"报告军长,二十五师师长关麟征、副师长杜聿明来到!"

"哟!快请进来!"

话音刚落,关麟征和杜聿明风尘仆仆地进了办公室,咱们说关麟征,陕西人,黄埔一期出身,是个大个儿,身材微微发福,扫帚眉,豹子眼,狮子鼻子,火盆嘴,一看就是员悍将,锋芒毕露!而副师长杜聿明呢,也是陕西人,黄埔一期,长得挺周正,国字脸,柳叶眉,丹凤眼,通关鼻梁方海口,但是和关麟征一比,明显偏瘦,性格也内敛得多,但同样能征善战。所以二十五师内部传说,这二位,就是师里面的胖瘦头陀。

只见两个人进了办公室,同时向着徐庭瑶一敬礼:"军长!"

"军长!"

徐庭瑶满脸堆笑啊:"好!好啊!刚念叨你们,你们就到了!部队集结得怎么样?"

关麟征上跨一步:"请军长放心!部队已经全部到位!请您指示!"

杜聿明也说:"军长,这一路过来,兄弟们消耗不大,只要您一声令下,我们随时可以跟鬼子拼命去!"

徐庭瑶点点头:"好!太好了!有你们俩在,我就放心啊!现在情况紧急,你们二位得马上出发,星夜去古北口集结!务必赶在日军之前,把关口把住!具体情况,我就不布置了,你们因地制宜就好,总之,一定要把日军给我挡在古北口以外!"

"是!"

"明白!"

俩人赶紧快步出了司令部,调集部队,星夜赶往古北口!

咱们说,此时的战局,已经相当危急!尤其是东线,万福麟的部队挨揍之后,一泻千里,直接放弃了喜峰口和冷口,好在二十九军和三十二军及时赶到,他们不约而同趁着日军立足未稳,向日军发起夜袭,一举夺回了关口,防线才勉强维持在长城一线。

而西线的战局，相对好一些。咱们说东北军，大部分表现不佳，这里面有主观原因，也就是勇气不足；但同样有客观原因，日军这回等于是现代化战争的一次演练，飞机掩护，骑兵、坦克互相配合，主力部队也尽量坐车和骑马，进行快速行军，穿插配合。而东北军呢，只凭两条腿，重武器还少，速度慢，火力弱，反应滞后，自然被打得稀里哗啦，几乎毫无还手之力。

不过东北军中，也不全是孬种，比如六十七军军长王以哲，他现在手下最可靠的部队，也就是"九一八"事变中，受过奇耻大辱的一〇七师。咱们说一〇七师的健儿们，发誓要报"九一八"之仇，所以咬着钢牙，在古北口外的长山峪痛痛快快地跟日军干了一仗！日军也不得不承认，这是中国军队自"九一八"之后，比较像样的一次抵抗。

不过这一仗的代价也挺大，一〇七师扛了三天，损失过半，重武器全丢了。不过他们给二十五师争取了时间，所以关麟征和杜聿明赶到的时候，古北口并没有丢失。关麟征和杜聿明一看，好么！整队的士兵正在往古北口以内撤退，这些士兵虽然受伤的不少，有的都互相搀扶，但队列比较整齐，并不是一支溃兵。他们就明白啊！这肯定是有人跟日军干了一仗，谁啊？杜聿明叫住其中一个军官，一打听，军官就说了："我们啊！是一〇七师的，这一仗，是我们王以哲军长指挥的。我们扛了日军整整三天啊！"

关麟征和杜聿明一听，连挑大拇指啊！行！都说东北军软，但也有好汉啊！估计要不是他们扛这三天，古北口也悬了。我们得见见这位王以哲军长！

所以关麟征和杜聿明马上让部队就地休整，毕竟士兵都是血肉之躯，一路长途奔波，疲惫至极。等把部队安顿好了，关麟征和杜聿明就赶往六十七军军部，要面见王以哲。可等两人赶到六十七军军部，跟门口卫兵一说："我是十七军二十五师师长关麟征。"

"在下是二十五师副师长杜聿明，我们要面见王以哲军长！"

士兵还挺为难："二位，真对不起，我们军长正在开会。请您们稍候片刻。"

俩人一听，得，人家有事，估计这是军情要务，那等会儿吧！可没想到，两个小时过去了，军部里面还没动静，关麟征性子急，脑袋上青筋直蹦，他心说：好么！王以哲这家伙，好大的派头啊！跟日本人干了一仗，就狂成这样，谁也不见。我们这是奉中央的命令，前来接防古北口的，你们这可好，美美滋滋，不知道在干些什么！要是日本人这时候来了，准打你们一个措手不及！

所以关麟征想到这，火往上撞，他正要动粗闯进军部。旁边杜聿明一看，明白了，肯定是关麟征等不及了。杜聿明这时候冷静得多，所以他拿手一拽关麟征："师长不可！咱们还是再等等吧！没准人家王军长确实有事！"

关麟征正一肚子火没处撒呢，直接朝杜聿明来了："老杜，别在这装好人了。都他妈这节骨眼了，再等，黄花菜都凉了！"

"哎！这是人家东北军的地盘，咱们还是不造次为好。"

"造次？造个屁！再这么下去，等日本人来了，都得傻眼。古北口要是丢了，咱们都得倒霉！你要是没种，你就跟这等着。我是等不下去了！"

说到这，关麟征也不管别人了，直接往军部里闯。旁边有卫兵，那能干吗？赶紧拿枪一拦："对不起，您现在不能进去！"

关麟征火往上撞，一看这情况，当时把枪掏出来了，往卫兵脑门上一指："你给我让开！"

"我……不让！"

"不让是吧！"

"砰！"

关麟征对着士兵的脑袋上就是一枪！当然了，这枪关麟征也往上偏了点，没想要他命，所以这一枪下去，给他帽子穿了俩眼儿。这士兵不知道啊，直接俩眼一翻，吓晕过去了。关麟征再一偏枪口，指指另一个士兵："你怎么着？"

"我，我让开。"

就这样，关麟征就闯进军部，杜聿明一看，得，那我就跟着吧，就这样，两人就一起进去了。当然了，军部里也有警卫连，警卫连听到枪声，赶紧拿着枪闯出来，结果一看，两个中央军的将领正在往军部里闯，而这俩人都挂着少将军衔，这咱惹不起！所以也就没动。

等关麟征到了会议室门口，他也不客气，直接推门就进，嘴里还喊着："王军长！听说您挺忙啊！我这特意……"

关麟征说着话，就愣住了，只见会议室里有两个人，一个认识，六十七军军长王以哲，另一个是个年轻人，岁数不超过三十岁，也挂着少将军衔，俩人什么话也不说，正在这大眼瞪小眼，怄气呢！就连关麟征闯进来，也没影响到这二位。

到底还是杜聿明机灵，一看这情况，我打个圆场吧！这么僵着不像话。所以他过来，给王以哲敬了一个军礼："王军长您好，我是十七军二十五师副师长杜聿明，这是我们师长关麟征，我们奉命前来防守古北口！"

这时候王以哲才算缓过神来了："哦哦，二位啊，欢迎。"

而那个年轻人呢，一听这话，乐了："好好好，王以哲，这回中央军来了，我们能撤了吧？"

"撤个屁！你先下去，我一会儿再收拾你！"

年轻人也不管王以哲了，直接摔门出去了。杜聿明一看，不明白啊，但也不好意思问。这时候王以哲喘了喘气："二位，不好意思让你们久等了，这是我们的家事，让你们见笑了。"

关麟征把胖脸一绷："王军长，既然这样，咱就不废话了！我们奉命前来，接防古北口，不知您这边有什么吩咐？"

王以哲一摆手："好！关师长，那就辛苦你们了。可惜我现在手头兵力不多，唯独一个一〇七师，还给打残了，现在必须撤退到后方修整，没法帮你们的忙了。"

杜聿明一听："哦，王军长，我们听说了，您在长山峪跟日本人大战一场。想必您们对日本人的战斗力有所了解。刚才那位，就是一〇七师的师长吧？要不，我们跟他谈谈，日军的具体战力如何，我们心里也好有个数。"

王以哲苦笑一声："不不不，那是——二师师长张廷枢，这孙子，甭理他！他就仗着他爹是我们张司令的叔叔，跟我这犯少爷性子呢！之前我们张司令把他调到我的部下，我就知道这家伙不顶用，所以真碰上日本人，我把我的底子一〇七师摆到前面，跟日本人硬拼，让他给我守好古北口就得了。可没想到这家伙，我的一〇七师打残了，要撤下去，他一枪没放，也非闹着一起撤，真是……唉！"

关麟征闻听此言，当时就火了："孬种！真是孬种啊！这偌大一个古北口，单凭我们一个师，甚难防守啊！这小子竟然还要不战而退，混账！王军长，这样，你把他交给我，我有办法对付他！"

"好吧！"

就这样，关麟征大步迈出来，找到张廷枢："张师长，您一没跟日本人交战，二没出现任何损失，凭什么撤退啊？"

张廷枢没当回事："你谁啊？我们东北军的家事，轮得到你跟我说话吗？"

"少废话！你们东北军也是国军，都要听国家的命令！现在国家的命令，要守住古北口，你凭什么撤退啊？你要撤退也行，拿来！"

"拿什么？"

"军政部的命令、委员长的手谕，只要拿出随便一个来，我就随你撤退。否则的话，我就要面见委员长！"

第十六回　关麟征激将张廷枢　杜聿明大战古北口

关麟征怒斥张廷枢，这话还说到点子上了："张廷枢，你要想撤，可以，军政部的命令、委员长的手谕，只要拿出随便一个来。否则的话，别怪我翻脸无情！"

关麟征这一顿雷烟火炮，还真把张廷枢打懵了，张廷枢摸不着脉啊，就有点害怕："你，你想怎样？"

"怎么样？我直接往上写个报告，如实报告你临阵脱逃的行径。我可实话告诉你，就凭我们一个二十五师，恐怕挡不了太长时间。到时候因为你的撤退，古北口失守，北平就悬了！要是北平一丢，就算你们张司令出面，也保不了你，你信不信？"

张廷枢一听，还真有点害怕，没辙啊，东北军不战而失东北，已经快被国人的吐沫星子淹死了，现在再随便后退，的确后果不堪设想，这要在东北军内部，可能还好说点，现在还有中央军的人在此，事情挑在明面上，的确没法收拾。没辙了，张廷枢考虑再三："好吧！您是关麟征师长吧？如果我不走，跟日本人打一仗，是不是就不属于临阵脱逃了？"

"对！只要你打，我就可以不写这份报告！"

"好吧！关师长，那我就先不走。但我也告诉你啊，日本人有多厉害，你们不清楚，我们很清楚，到时候技不如人，可不是我的问题！"

就这样，张廷枢走了。杜聿明过来了："师长，您这个激将法挺好，总算又留下一个师。刚才我在会议室仔细看了一下地图，古北口的地势不错，尤其是一线阵地，地势很高，易守难攻。不过问题是，谁来守这个一线阵地？如果让一一二师来守，他们的战斗力，咱都明白，估计挡不了多长时间。可如果咱们来守，一一二师不可靠啊！万一他们撤了咱们一跑了之，咱们也不好办啊！我看了，一线阵地的地势较高，二线阵地地势较低，如果一线阵地失守，日军以上示下，二线阵地撑不了多长时间。"

杜聿明，那是有名的智将，分析得头头是道。关麟征一听，可也是，所以赶紧跟杜聿明一起来到地图跟前，仔细分析："那老杜，你说怎么办才好？"

"师长，咱和日本人的差距，那是明摆着的，谁都明白。我只能出个没办法的办法，这样，咱把咱的二十五师和一一二师，全都一劈两半，一一二师的一个旅，在一线阵地的中央和左翼，继续巩固阵地。我带着七十五旅，布置在一线阵地的右翼。如果一一二师那边顶不住，我这一个旅也能挡一阵。您带着七十五旅，和一一二师的另一个旅，作为预备队，驻守二线阵地，一线有问题，后面马上补上，跟日军死争一线。这里崇山峻岭多，日军的火力发挥不出来。一一二师那边，咱们不用抱太多希望，能打最好，不行就看咱的了。咱们能扛几天扛几天，怎么也得扛到二师和八十三师来再说。"

杜聿明这个计划，说实话，关麟征并不满意，但看了半天，他也没别的办法。没辙啊，自己这次北上，可以说是轻装前来，大炮本来就不多，这次全没带。没了火力的支援，你不跟日军拼地形，还能拼什么？所以关麟征考虑再三，咬着牙说了："好吧！老杜啊，就按你的布置行动！"

就这样，二十五师和一一二师就在古北口外拉开了架势，等待日军前来。

咱们再说日军第八师团这边呢，遭遇了王以哲的意外抵抗，真吓了一跳。但他们狂啊！把一〇七师打退之后，他们还念叨呢：哟西！有勇气的支那人，估计这一仗全都打光了，之后，我们不会遭到任何抵抗滴干活！下面得争取一口气夺下古北口，之后进军北平滴干活！

就这样，日军休整一下之后，马上展开队列，继续向古北口进军，结果没承想，直接遭遇了迎头痛击！先头小队的日军伤亡过半。第八师团的师团长西义一明白，哟西，支那军队在这里布防，那我就让你们知道知道我厉害滴干活！

于是西义一当即派遣辖下的十六旅团，以及师团直属的炮兵部队，猛攻古北口的一线阵地！咱们说，日军这边，可谓装备精良，光大炮就集中了三十多门，这一顿猛轰啊！

"咚！咚！轰！轰！咚！轰！"

国军的一线阵地，当时就化为一片火海啊！紧接着，日军的步兵开始冲锋："杀给给！"

"哇！"

一群群的日军步兵，就往古北口一线阵地冲去！

咱们再说国军这边，比较惨的是东北军的一一二师，他们原本驻守的就是主阵地正面，所以挨得炮尤其多！本来在关麟征用激将法过后，张廷枢有所改观，之前击退日军先头小队的，就是他们。可这回一挨痛揍，马上就溃不成军！前线旅长赶紧给张廷枢打电话："喂喂，师长，日军火力太猛，我们顶不住了！"

杜聿明将军。长城抗战之中，他担任十七军二十五师的副师长，此后也成了中国装甲兵的主要指挥官

第十六回　关麟征激将张廷枢　杜聿明大战古北口

张廷枢一听这个，先问："咱们和日军打了没有？"

"打了！之前咱们打退过日军的先头部队，这回咱们连日军的影都没见着，光挨炮轰了！"

"行！打了就行啊！既然如此，部队要是实在顶不住，就撤吧！"

这命令传下，那还得了？一一二师的前线阵地当即失守，从军官到士兵，全都作鸟兽散，一共守了不到俩钟头，日军轻松占领了东北军的阵地，尤其是制高点将军楼。紧接着，大批的日军涌入一线阵地，将杜聿明的七十三旅团团包围！之后，日军开始把部分大炮运上将军楼，居高临下，开始轰击古北口的二线阵地！

咱们再说杜聿明这边，杜聿明这个骂啊！虽说之前做好了准备，一一二师不抗揍，但不管怎么说，前线一个旅，也有大几千人，起码也能顶个一天吧？杜聿明还算计呢，制高点将军楼，日军肯定要打一场硬仗，我手头得留一个团，到时候跟日军攻击将军楼，我这一个团就去增援，且够日军一呛呢！可现在，计划全都落空，日军占领将军楼，那是不费吹灰之力。这回该杜聿明倒霉了，日军以上示下，两路迂回，直接把阵地右翼的七十三旅包围了！

杜聿明也没别的办法，只能就地指挥防守。咱们说七十三旅，属于中央军序列，比较富裕，轻武器还算不错，步枪手榴弹都不少，轻重机枪也有，所以打起来，火力挺凶猛！

"啪啪啪！嗖！咚！咚！哒哒哒！"

一通扫射下来，日军倒了一片。日军不服，再次冲锋，还是没有冲垮七十三旅的防线。这时候日军的师团长西义一也到达了前线，一看这形势，他也有点诧异，正常来讲，碰上东北军的部队，即便是冲锋失败，也至少可以接近到五十米之内，甚至开始白刃战。可今天一看，完！连人家阵地的边都没摸着，日本兵就倒了一大片。所以西义一赶紧问副官："纳尼？支那军的抵抗怎么如此激烈？这是那支部队滴干活？"

"报告师团长阁下，我们刚刚击溃了支那军一一二师，现在这里应该是支那中央军二十五师在把守，我们正在全力进攻滴干活！"

"哟西！怪不得抵抗如此激烈。赶紧让炮兵和坦克支援，另外让骷髅队赶紧从后面发动奇袭滴干活！"

"咚！咚咚！轰轰！"

日军在将军楼上的大炮马上开火，又是一阵猛轰！可这一打，日军自己也懵了！要说，杜聿明的阵地，实在是有点缺德。一一二师的一个旅防守将军楼附近的主阵地，杜聿明应该把自己部队放在旁边的山头正面，这样有利于观察情况，一旦有问题，可以互相支援，随时补位。可杜聿明今天偏偏反其道行之，把主阵地放在对面山头的背面坡，正面只留小部分部队在正面，负责观察和袭扰。这么一弄，日军还挺头疼，大炮根本瞄不准啊！平常瞄准，差个一点点不要紧，炮弹直接杵到对方阵地上，也给弥补了。可这回，人家根本不给你正面，你也没法瞄准，而且山坡又是斜的，所以日军的炮弹，好多都沿着山梁滑下去了，根本炸不着！日军没辙，只能把没运上将军楼的大炮运过来，从正面扬着头轰击七十三旅的阵地，才算弥补了火力缺陷。

咱们说杜聿明，之所以这么布阵，也是没办法。现在凭我们的兵力，想歼灭日军，那是天方夜谭。所以最重要的，就是尽量使用拖字诀，跟日军消耗时间。但说实话，现在这仗打得憋屈啊！七十三旅整个已经被日军包围，和二线阵地的联系已经被完全切断，连电话都打不过去，杜聿明只能是硬着头皮跟这硬撑。

再说日军这边，他们也很难受，想跟七十三旅交战，完全都是仰攻，大炮瞄着费劲，士兵们往上冲着也费劲，打了足足一天，几次冲锋又告于失败。最后日军没辙了："快！让百武战车队过来，掩护步兵冲锋！"

"哈伊！"

不多久，日军军神百武俊吉来到，这家伙话不多，一看情况，明白了："你们滴，埋伏在我们战车的后面，我们在前，你们随我冲锋滴干活！"

就这样，百武战车队的一个小队五辆雷诺式，一字排开。先是等待炮兵的火力掩护，"咚！咚咚！轰轰！"，这一通炮击过后，坦克在前，步兵在后，日军成群结队，慢慢地接近了七十三旅的阵地。

咱们说杜聿明呢，您别看他没出过国，但脑袋不傻。而且他跟中央军校那边还有点联系，尤其跟战车队队长张杰英，关系不错。前面咱也说了，"一·二八"淞沪抗战的时候，蒋介石派出第五军参战，其他的部队一律原地待命。而第五军之中，却有两支不听话的部队。其一，宋子文的税警总团，这蒋介石没辙，一方面得卖大舅哥面子，另一方面税警总团不属于军政部直辖，换而言之，自己管不到。其二是战车营，但战车营可不一样，这是蒋介石的宝贝疙瘩，而且张杰英回来之后，因为人员和装备有损失，这跟原来的数量对不上了。张治中紧捂慢捂没给捂住，让蒋介石看出了蹊跷，最后派人一调查，明白了！好你个张杰英啊！我不让你们参战，你偏不听话是吧？那你就别干了！就这样，张杰英丢官罢职。

张杰英一看，没辙了，只能收拾行李，准备走人。这时候正好杜聿明回南京休假，顺便看看老朋友，这一看，怎么回事？张杰英怎么丢官罢职了？杜聿明不敢怠慢，赶紧再去找老朋友。张杰英看见杜聿明，眼泪都掉下来了："杜兄啊，这官我是没法当了！日本人挑事，咱们抵抗还有错，这叫什么世道啊？"

杜聿明一听，也只能安慰安慰老朋友。俩人聊来聊去，杜聿明最后就说了："张老弟啊！咱们哥们儿可没处够啊！而且我看你这支战车队，很有可能就是咱们将来的希望啊！我可听说啊，小日本也有这好东西，比咱们只强不次。将来咱们和日本，难免一战，本来我还想多跟你学学坦克和战车这东西，看来以后机会不多了啊！这样，你现在就教教我，怎么对付这种铁疙瘩，如果我将来碰上日本人，也好对付他们！"

张杰英一看，我这都要走了，别人都没把自己当回事，唯独杜聿明来看看，所以特别感动，杜聿明问什么，他是倾囊而赠："杜兄啊，就以我的经验来看，日本人的坦克分两种，一种就是法国的雷诺式，这种之前你在我那儿也见过。另一种是他们自己造的，比雷诺式还要厉害一点。但要说怎么对付，大同小异，坦克这东西，我觉得远没成熟，五十米之内，重机枪就能打透它的装甲，但杀伤力差点。但你要把它们打趴下，也容易，有地雷最好，没地雷就用手榴弹，炸它的底盘，保准叫小日本子有来无回！"

所以这回百武战车队一上，杜聿明一点没慌，马上做出应对："大家以我的枪声为号，重机枪给我瞄着坦克狠揍！轻机枪和迫击炮给我揍后面的日本步兵，神枪手负责捡漏。剩下的人都给我把手榴弹准备好了，咱们要让小日本子知道知道，这马王爷有几只眼！"

第十七回　杜聿明力破坦克车
　　　　　关麟征遭遇骷髅队

日军开始冲锋，这回日本人下了本儿了，先是大炮一顿猛轰，然后一个小队的五辆雷诺式坦克突前掩护，步兵在后，就慢慢接近了七十三旅的阵地。日本人就以为着，支那人，井底之蛙滴干活，我们的坦克一上，他们死定滴干活！

可咱们说，对面阵地的指挥官杜聿明，那可不是傻子，他跟之前的战车队队长张杰英关系不错，而且他还专门跟张杰英请教过怎么打坦克。所以面对日军坦克，杜聿明一点没慌，马上做好了准备。日军坦克缓慢地往前冲，国军阵地这边不过是稍微放放枪，偶尔能打得坦克装甲叮当作响。可等日本坦克冲到五十米之内，风云突变！

"哒哒哒！哒哒哒！咚！铛！"

国军的轻重机枪、迫击炮同时发威！而且，不少手榴弹，"骨碌碌，骨碌碌"，直接从国军阵地上往下滚，"轰！轰！轰轰！"

这下日军可惨了！因为国军这边没法测算距离，所以大多数手榴弹，要么没到坦克下面就炸了，要么越过了坦克爆炸，时机掌握不太好，这一通好打下来，日军的五辆坦克仅仅被炸毁一辆。

但即便是这样，日军也受不了啊！国军的马克沁重机枪，那可不是吃素的！有一些子弹直接击穿了日军坦克的装甲，驾驶舱内，子弹横飞啊！日军的驾驶员受伤的也有好几个。后面的步兵更惨了，手榴弹越过了坦克，可就专门炸他们步兵，而且国军的轻机枪专门瞄着坦克之间的空隙射击，蹂躏坦克之后的步兵。日本步兵一看不好，赶紧往坦克后面缩，这一缩可好，国军的迫击炮又迎头砸下来了！

就这样，日军这一波攻势，又损伤不小，连步兵带坦克，赶紧撤下来了。下面的师团长西义一看到这情况，气得奔儿奔儿直蹦啊："八嘎！支那人，狡猾狡猾滴！骷髅队呢？他们在哪里滴干活？"

话音刚落，就听七十三旅的主阵地背后，枪声大作！

日军骷髅队留影

"啪！啪！哒哒哒！咚！铛！哒哒哒！"

这下，把西义一和杜聿明都给打蒙了。西义一不明白啊，嗯？这也没到支那军的主阵地啊，怎么就发生了那么激烈的交火？看样子，没一个团也差不多啊！这回不知骷髅队能不能行？而杜聿明一看，哟！敌人抄到自己背后了，形势危急！可再仔细看看，后面的敌人好像不是跟自己交战，至少听到的武器的声响，比自己留下的那点袭扰部队厉害得多啊！不过杜聿明反应还挺快，不管怎么样，看来这情况对自己还相对有利，我得看看，后面到底是怎么回事！所以杜聿明把手下干将一四五团团长戴安澜叫来了："戴团长，现在咱们后面情况不明，你赶紧带着兄弟们去看看！"

"明白！"

戴安澜，黄埔三期，也是一员骁将，杜聿明的老伙计。此次布置防守，杜聿明把他放在了偏后的位置上，为的就是能多保存点实力，跟日军多耗些时间。不过，这种活儿，戴安澜就得主动点。所以戴安澜领命之后，赶紧带了手头最厉害的侦察先锋营，往山后搜寻。戴安澜带队，走了还没八里路，就看见山后正在展开一场大战！戴安澜看得清楚，一方是国军，数量不少，足有一个团左右，但被打得挺狼狈。而日军呢，人数不多，也就是五十多人，但是挺特殊，钢盔和肩章上都带有骷髅标记，而且个个都挺厉害，几乎是弹无虚发，每一枪下去，总有一个国军战士倒下。而最让戴安澜震惊的，莫过于这一小队日本人的军旗，那太特殊了！就是日本的膏药旗，不过红圈中间多了一个骷髅！戴安澜一看就明白了，得，这回碰上硬茬子了！

有人问了，这到底是怎么回事？杜聿明背后，到底是谁跟谁交战呢？那支日军的骷髅队，到底又是什么来历呢？这容我跟您详细地说一说。

日军的这支骷髅队，带有日本皇室背景，是北白川宫永久亲王亲自督建的精锐部队。咱们说这个北白川宫家，是日本天皇的一个重要侧枝，一共传了五代，其中最后一代被废，前四代之中，第二代北白川宫能久亲王，于1895年死在了侵略台湾的战场上；第四代，也就是骷髅队的创始人，北白川宫永久亲王，也在1940年死在了中国战场。这是后话，暂且不提。

且说这个时候，北白川宫永久亲王，那是侵华的急先锋，同时，他对日本军队的作战方式也有不满，想要进行改良。怎么改良呢？因为他在德国留学，学习军事，接触了西方的军事理论，他就认为着，可以建立一支人数不多但非常精锐的特种部队，作为大军的剃刀，先行对敌人强袭作战，扰乱对方士气，并且伺机摧毁对方的指挥核心，等大部队来了，就可以收玉米了。

但咱们说，北白川宫永久亲王这套说辞，日本军部并不感兴趣。这北白川宫永久亲王还挺拧，你们说不行，我做一个给你们看看滴干活！这北白川宫永久亲王影响挺大，所以就动用手头所有的资源，招募了一支五十人的小部队，队长叫池上秀雄。这五十个人，都是身经百战的老兵，战斗经验极其丰富！他们的兵器虽然还脱不开三八大盖，但北白川宫永久亲王特批他们，可以对枪进行改动，怎么好使怎么改，怎么习惯怎么改，随身武器怎么顺手怎么带。这特权可不得了啊！要是别的日本兵敢这么干，早上军事法庭了！除了这个之外，北白川宫永久亲王还特别给他们配备了钢盔和第一代的防弹衣，以及便于机动作战的汽车和马匹，整支部队要什么有什么！

之后，这支骷髅队在打击义勇军的行动中，表现相当突出，这帮人枪头子准啊！而且战斗经验非常丰富，打起来凶狠刁钻，西方的记者看完了，甚至称他们为"满洲暴风部队"！此次日军入侵热河，骷髅队随同第八师团行动，也的确起到了剃刀的作用！长山峪一战，王以哲的一〇七师死磕日军，最猛的一次反击，甚至打到了日军的旅团部附近，眼看就要把这个冒进的日军旅团部吃掉，结果骷髅队赶到！弹无虚发，一〇七师的战士们吃了大亏，反击失败，骷髅队首立功勋。

之后进攻古北口一一二师阵地，又是骷髅队，在关键时刻干掉了国军的机枪手，掩护日军攻下了将军楼。由此，骷髅队声名大噪，师团长西义一干脆就把骷髅队当了宝贝。这次杜聿明死战不退，西义一没辙了，正面进攻交给大炮和坦克，然后让骷髅队从山后迂回，想要一举击溃七十三旅！

要说呢，这个计划挺好，杜聿明背后留的那点部队，碰上一般的日军，打个袭扰、预个警，还算凑合。结果骷髅队一上，完了！一个都没跑了！杜聿明那边打得又正激烈，根本没注意到后面的情况。

要照这样下去，杜聿明他们还真悬了！可没承想这时候，关麟征带着一个团，也撞进了山后！正和骷髅队遭遇！

咱们说关麟征，他早就急了！一一二师前线的那个旅一触即溃，师长张廷枢不但不想着反击，连预备队一起，都给带走了！只留下杜聿明的七十三旅，跟日军硬拼。关麟征气得肉直颤啊！大骂张廷枢。不过现在也没法干别的，为了保存实力，跟日军多耗几天，关麟征连增援前线都不敢，只能暗气暗憋："妈的！黄杰！刘戡！你们那两个师跑哪儿去了？再这么下去，七十三旅就打光了，老杜也悬了！"

咱们说关麟征，虽然表面上跟杜聿明不太合，实际上心里还是互相敬重的，所以他眼看着杜聿明他们那挨炮轰，急得脑袋直冒汗。不过一天之后，好消息来了，保定那边，军长徐庭瑶发来电报：黄杰的第二师已经到了通州，预计一天以后，就能赶到古北口！关麟征一听，乐了，援军来了，我还怕什么？所以关麟征开始盘算怎么反击。要说呢，关麟征虽然脾气暴躁，用兵还是相对谨慎的，他手头一共就一个旅，下辖两个团。关麟征盘算好了，我留一个团，怎么也能顶一天，挨到援军到达，而剩下一个团，我就能布置反击了！

但关麟征也明白，我这一个团，想对日军发动逆袭，不太够用啊！对！这样，我从后山突击，跟老杜他们的七十三旅取得联系，他那边起码还有一个团的兵力，我们这一凑，就等于一个旅还多。之后呢，哪怕我们放弃右翼阵地都行，全力突袭制高点将军楼！那有敌人的一部分炮兵，刚才可把我们轰得够呛！这回我们一口气，把将军楼拿下，至少能摧毁敌人的一部分炮兵，我们后面的压力就能小得多！打好了，我们还能捞几门用。之后，我们就能凭借将军楼的地势，以上示下，再跟日军干一场！够这帮小鬼子喝一壶的！

关麟征计议已定，就带了一四九团出发，直接奔杜聿明所在阵地的后山，悄悄行进。可没承想，碰上了日军的骷髅队！咱们说日军的骷髅队，对山地作战一点不陌生，所以他们的反应更快，率先发现了一四九团。队长池上秀雄一看，纳尼？怎么这里还这么多支那部队呢？哦，他们是去支援滴干活。很对不起，有我们在，你们过不去滴干活！

于是，骷髅队的50人纷纷散开，紧接着就开始瞄准。

"啪！"

一四九团的探路尖兵当场阵亡！

"啪！啪！啪！"

又是几声步枪响过，几个国军将士应声栽倒。关麟征这时候离得还有些距离，但看得挺清楚，这一看，好么，对方个个都是神枪手，这是硬茬子啊！所以赶紧下令："快卧倒！"

"哗啦！"

一个团的人马就卧倒了。关麟征仔细再听听，自己这边一卧倒，对方那边就没了声响。哦！明白了，对方人数不多，要不然早就冲锋了！行，既然人数不多，那就好办了，我们以多为胜！关麟征想到这，马上下令："一连和二连，两路迂回，给我干掉这伙儿鬼子！"

"是！"

"明白！"

一连长和二连长马上带兵出发，关麟征就拿着望远镜，远远观瞧。一看可好，鬼子还是单发射击，枪声一响，准有一个战士倒下，有的战士害怕了，直往一起扎堆。这一扎堆可好，要么是机枪，要么是手榴弹或者掷弹筒，那跟长了眼睛一样，就打过来了，"突突突！咚！噔！"扎堆的战士谁也逃不了啊！就这样，也就是半个小时不到，两个连，谁也没活着回来。

关麟征一看，咬碎钢牙："妈的！小鬼子还挺厉害。三连呢？上！警卫连！一起给我上！"

咱们说，关麟征这回真下本了，他的警卫连，就是手枪连，人手一支二十响驳壳枪，拨上快慢机，完全能当冲锋枪使，尤其擅长山地和丛林战。关麟征平常都舍不得用，今天没辙了，也给拿出来了。

再看警卫连这边，他们的整体素质，要比一般的连队高一些，而且武器精良，他们匍匐前进，尽量减小目标，而且一旦日本人开火，他们马上一串子弹扫过去，再配合三连一起进攻，还真给骷髅队造成了点麻烦，时间不长，骷髅队三人死亡，两人受伤，但警卫连也牺牲十几个，整体局势还是被骷髅队压着打。

就在这危急关头，戴安澜带领侦察先锋营赶到，骷髅队光顾着正面的关麟征他们了，哪想到后面还抄来一个营啊？所以戴安澜他们一开火，骷髅队也猝不及防啊！

"啪！啪！哒哒哒！嗖！轰轰！"

连枪带手榴弹，这顿猛揍啊！骷髅队当即阵亡五人！

有人问了，骷髅队不是有防弹衣吗？怎么还会出现死伤呢？这跟您说，您别看骷髅队有第一代防弹衣，可当年的技术毕竟不那么过硬，穿了会比不穿要好，但死伤还是难免的。

这一腹背受敌，队长池上秀雄明白，这成硬拼了，这赔钱的买卖，我们不做滴干活，所以赶紧一声口哨，骷髅队紧急撤退！

等日本人撤走了，戴安澜赶紧过来，跟关麟征见面："师长，您怎么来了？"

"哎呀，戴团长，你听我说！"

第十八回　中央军突袭将军楼　关麟征血溅古北口

关麟征援救杜聿明，结果在山后遭遇了骷髅队，损失不小。最后好在戴安澜率兵接应，前后夹击，骷髅队退走，关麟征才转危为安。戴安澜赶紧过来，面见师长："师长，您怎么来了？"

关麟征也不客气："戴团长，老杜呢？"

"杜副师长正在前线！"

"行！那你在这，跟我的一四九团一起，把在后山，务必小心鬼子。我去找老杜！"

"是！"

就这样，关麟征带着警卫连，到了前沿，找到杜聿明。

现在的杜聿明，打得极苦啊！顶在最前面的一个团，已经伤亡过半。杜聿明还琢磨呢：我什么时候把一四五团顶上来呢？如果顶上来，我还能守多长时间呢？

正琢磨着呢，关麟征到了："老杜！现在情况如何？"

杜聿明听着声音挺熟，回头一看，一张胖脸，关麟征！杜聿明吓了一跳啊："师长！您怎么到这儿了？咱们不是计划好了，您在二线待命吗？"

关麟征一乐："老杜啊，你放心吧！后面来消息了，黄杰的第二师已经到了通州，最多再有一天，就能到古北口。既然援兵马上就到，我还有什么怕的？老杜啊，我看咱们的计划该变一变了！"

杜聿明一听："师长，你想怎么变？"

"老杜啊，我在二线阵地留了一个团，以防万一，剩下的人马，我想集合起来，袭击将军楼！"

"嗯？"杜聿明一听，当时就明白了，"师长，你这主意不错，把小日本的炮兵端掉，咱们重新占领制高点，小日本子就不好办了！"

"没错！咱们后援马上就到，没有后顾之忧，等打下将军楼，咱们以上示下，够小日本喝一壶的！"

"好嘞！就这么干！"

于是等再次击退了小鬼子的进攻，杜聿明马上开始招呼部队，向山后转移。咱们说，一四九团和戴安澜他们，早就等不及了，一看大部队来了："师长！副师长！"

"嗯，你们久等了，咱们即刻进攻将军楼！"

"是！"

咱们再说日本人这边，这次进攻失败之后，师团长西义一暴怒，马上把手下的旅团长叫来，扇了一顿嘴巴，然后下令："你滴！马上再次组织进攻！今天打不下这座山头，你就切腹滴干活！"

"哈伊！"

抗日名将戴安澜将军。长城抗战时期，他担任二十五师一四五团团长

旅团长没辙，赶紧组织部队，二十分钟之后，再度开始炮击，发起进攻！可这次进攻异常顺利，国军根本没抵抗，等打上阵地才发现，阵地上空空如也！前线的大队长感觉不对，赶紧往上汇报。咱们再说第八师团的师团长西义一，他一听，攻下了国军的阵地。哟西！这次还不错滴干活。可再仔细听听，上面根本没抵抗，甚至连活人都没了。西义一就觉得不对："支那人到底哪儿去了？逃跑了？不对，逃跑会非常狼狈滴干活，这明显是故意撤退。"

所以西义一想了想，下令："快！搜山滴干活！"

于是，日本兵撒开了，开始搜山。咱们说，古北口一带的山，植被还比较茂密，尤其三月中旬，树林刚刚返青，远处看不着，只能具体搜。可还没等日军搜完呢，制高点将军楼开始枪声大作！

"啪！啪！哒哒哒！哒哒哒！嗖！咚！"

西义一有点懵，怎么支那军跑到那边去了呢？而正在这个时候，两个骷髅队的伤兵来报告："报告师团长阁下！我们队长判断，支那军要袭击将军楼炮兵阵地滴干活！"

这回西义一算明白了，当即把望远镜一摔："八嘎！上当滴干活！赶紧救援将军楼！"

咱们再说将军楼这边，您别看是突袭，其实仗一点也不好打。在这个时期，日军的兵员素质很高，即便是个二线的辎重兵，也是几百颗子弹喂出来的，射击、刺杀、投弹这些基本功都挺过硬，而且地形是居高临下，有利于防守。即便没有大炮的支援，打起来也有章有法，丝毫不乱。而关麟征和杜聿明这边呢，一是兵员素质差，二是仰攻，三是没有得心应手的重武器，所以几次攻击，都宣告失败，部队整个被压在山坡上，动弹不得。

关麟征急得火烧火燎啊！娘的，怎么这么难打！最后关麟征没辙了，赶紧给警卫员下令："把王润波给我叫来！"

"是！"

时间不长，一四九团团长王润波匍匐着过来了："师长！"

"王团长，我现在把所有的机枪都集中给你，你继续带人给我冲！务必给我拿下将军楼，拿不下来，你提头来见！"

"明白！"

再看王润波团长，得令之后，赶紧蹲起来，准备招呼部队，这还没冒头呢，"啪！"旁边飞来一颗子弹，直接击中了王润波的头部，王润波当场殉国！

咱们说，王润波这时候，离着关麟征和杜聿明并不远，他这一死，把俩人吓了一跳！嗯？怎么回事？这还没冒头呢，怎么就让日本人打死了？再仔细看看，不对！子弹不是从山坡上打下来的，是侧面！

"啪！啪！啪！"

这又是几枪过来，几个战士应声栽倒。"嗖，咚！"这明显是掷弹筒，三个扎堆的被当场炸死。这回关麟征反应过来了，准是刚才那个骷髅队！咱们书中代言，刚才关麟征和戴安澜两面夹击，看似把骷髅队打退了，可实际上呢，人家只是不愿吃亏，不打了，可根本没走。当时骷髅队的队长池上秀雄也不明白，关麟征他们要干什么，所以就潜伏起来，看具体情况。等了一会儿，关麟征他们又回到后山，而且冲着将军楼的方向指指点点，池上秀雄这回算明白了，赶紧派遣之前受伤的两个队员，给师团部那边送信，自己则率队继续缠上关麟征和杜聿明所部，趁着他们最不利的时候，打黑枪！

咱们再说关麟征，知道骷髅队又来了，心头火起："他娘的！跟老子过不去了是吧？老杜呢？"

杜聿明也爬过来了："师长！"

"你带队继续打，我来收拾这帮骷髅小日本！"

杜聿明一听："师长，千万别冲动！您在这指挥全局，对付这帮骷髅小日本，我就足够了！"

"少废话！执行命令！一四九团的，跟我走！"

咱们且说关麟征，他想对付骷髅队，谈何容易啊？武器落后，人员素质低，地形也复杂，根本没戏。所以只能是随走随打，拿人往上填，只要有人阵亡，大家伙儿就冲着开枪的大概方向乱打一气。您说这能起多大作用啊？亏得骷髅队这时候还没有冲锋枪，重机枪也少，不然更惨！最后打了半天，关麟征他们自己损失了小一个连，只干掉一个小鬼子，大家是士气低落，都不想打了。

这时候副官过来了："师长，这仗没法打了！咱们还是撤吧！"

"撤个屁！你没看这帮小鬼子追着咱不放吗？继续给我打！"

话音刚落，就"嗵！"一声，关麟征身边的副官和警卫员，那都是身经百战的精锐，一听这声音，知道是掷弹筒。他们情知不妙，一起发力，把关麟征给扑倒了："师长小心！"

"师长小心！"

"轰！"

咱们说，骷髅队这边，早就注意到关麟征了，没辙啊，关麟征是个胖子，在瘦人群里特别显眼，虽说他的军服跟基层军官的差不多，但他老爱发号施令，所以池上秀雄就布置了："你们滴，瞄准那个胖子，给他一掷弹筒滴干活！"

"哈伊！"

咱们说，这下还打得真准！正好命中关麟征身边一米左右的位置。要是一般情况，关麟征必死无疑！这回亏得副官和警卫员机敏，把他摁在地下了。这下可好，保护关麟征的副官，以及两个警卫员，全部阵亡。关麟征呢，倒是没丧命，但也是身中五块弹片，鲜血把衣服都染红了！

这时候，其他的警卫员反应过来了："师长！"

"师长！"

过来是七手八脚，把关麟征刨出来了。关麟征现在神志挺清醒，疼得他是直咬牙啊："娘的！小鬼子真狠啊！今天不把他们干掉，我誓不为人！"

关麟征算是较上劲了，可旁边的官兵不干了，最后一营长过来了："各位兄弟，这仗没法打了！你们赶紧把师长架走，我给你们殿后！"

关麟征一听这话，当时一瞪眼："一营长！你敢动摇军心，我毙了你！"

一营长一乐："师长，您也不用毙我，今天估计我是走不成了，明年的今天，您别忘了给我上炷香。兄弟们，赶紧架走！"

于是，两个警卫员使足了劲，把关麟征架起来，颤颤巍巍地往后就走。一营长一看，放心了，赶紧再带着人，跟小鬼子的骷髅队周旋。可咱们说，骷髅队那多厉害啊！远了是枪，中距离是掷弹筒，近了有手榴弹，可谓弹无虚发！所以没二十分钟，一营长当场阵亡，剩下的士兵，不是阵亡，就是跑散。

咱们再说骷髅队这边，等解决完了一营，有人提醒池上秀雄："队长阁下，咱们刚才打的那个支那军官，似乎没死滴干活！"

"嗯，我滴，也看见了。不能饶了他，赶紧追滴干活！"

"哈伊！"

骷髅队这剩下的40个人撒脚就追！这帮人虽说地形也不太熟，但至少经过山地战的训练，跑起来比中国军队快得多！而关麟征他们这边呢，尤其惨！关麟征是个大胖子，两个警卫员扛着他都费劲，也只能是跟跟跄跄地慢跑，根本加不了速度。这哪儿行啊？日本人是越追越近！

"啪！"

随行的一个警卫员当场栽倒！

"啪！啪！"

又有两个随行的卫兵阵亡。有的人看着一害怕，直接"骨碌碌"，从山坡上滚下去了，生死不明！就这样，关麟征身边的人越打越少，大家伙儿都心急如焚：快！再快点！不然我们师长就完啦！

正琢磨着呢，就听前头又传来枪响，大伙儿一听，完了！小鬼子前面还有埋伏，我们算走不了了！这回连关麟征在内，大家干脆一闭眼，等死了！可枪声响过，哎，大家再四周看看，谁也没死，就是后面的小鬼子骷髅队，有两人倒下了。大家一看，哦，这不是埋伏，有接应！快走！

有人问了，谁来得那么及时呢？这告诉您，还是戴安澜带的一四五团侦察先锋营。咱们说杜聿明这边，战况仍然不行，这很明显啊！这仗就赢不了！所以几次冲锋失败，杜聿明就盘算了：现在这样，我们是上不上、下不下，打着太难受啊！日军的主力，应该也在向这里行军，再迟一些，我们肯定被重重包围，一个也走不了！而且就算我们运气好，能把将军楼拿下来，手头的兵力也所剩无几，跟日军拼不了多长时间。与其这样，我们不如撤吧！反正援军也到了，我们兵合一处，将打一家，固守古北口，这才是上上策。

所以杜聿明就开始布置撤退，这时候，下面的团长戴安澜就问了："副师长！师长之前的命令，是进攻将军楼。咱们要是就这么撤了，师长那边怎么交代啊？"

杜聿明一听："没办法，现在情况不妙，要有问题，我来兜着！对了，戴团长，你赶紧带人去接应一下师长，我这心里总有种不祥的感觉。"

"是！"

于是，戴安澜又带上了侦察先锋营，往山后出发。这戴安澜挺鬼，他知道小鬼子的骷髅队厉害，所以他来一个步步为营。部队以连为单位，先锋营营长聂新带人，先在前头探路搜索，一看安全，好，就地隐蔽，做出防守姿态，戴安澜再带人往前面搜索，这么来回滚进，虽然慢点，但好在有备无患，只要一看见小鬼子，马上就能开火！

就这样，戴安澜带着先锋侦察营，往前走了一阵，正好碰上关麟征他们往下退。戴安澜一看，此时不打，更待何时？所以赶紧下令："打！"

咱们说，当时的国军，虽说素质低下，但也不乏神枪手。尤其这个侦察先锋营，都选的精兵，所以两枪下去，两个小鬼子当时倒地。池上秀雄一看，哟！这是高手滴干活！所以赶紧让骷髅队隐蔽。双方谁也不敢轻易行动，就开始比拼内功！

第十九回 戴安澜重创骷髅队 各部队激战长城线

戴安澜率部救援，这回还真起作用了，成功掩护关麟征撤退。之后，戴安澜就带着先锋侦察营，跟小鬼子对峙上了，戴安澜也明白，不给这支骷髅队点颜色看看，我们想要安全撤退，势比登天！而且戴安澜还挺谨慎，跟日本人比拼内功，不轻易动。在这种情况下，谁先动，谁就可能挨打！

结果这么一对峙，戴安澜问题不大，反正我们的第一任务，先是掩护师长撤退，再忍会儿也不要紧。可骷髅队队长池上秀雄不行啊！他越看越起急：八嘎！我们打了那么多仗，也没打死几个支那大官，今天好不容易逮住一个，怎么能让他跑了滴干活呢？追！

所以他一招呼，三个掷弹筒小组同时进行迂回，戴安澜这边呢，看鬼子一动："打！"

"啪！啪！哒哒哒！"

戴安澜这边也开火了，两个鬼子头部中弹，被当场击毙，而鬼子那边也开炮了，"嗵！嗵！轰！轰！"最前面的几个位置被直接击中，里面的战士非死即伤。后面的战士一看，赶紧想上去抢救，戴安澜一看："都别动！趴下！"

结果话音刚落，"啪！"刚站起来的一个战士就被鬼子一枪撂倒！这下大家又都不敢动了。咱们说戴安澜这么干呢，看似有些冷血，可对骷髅队而言，也特别难受。因为在他们心中，中国军队战斗力弱不说，而且一打就乱，而一乱，往往就是他们最好的机会，今天碰上戴安澜这么一位不动如山的将军，他们还真不好办！

可池上秀雄呢，还不服输，继续进攻，结果又遭到了戴安澜的迎头痛击。所以双方就这么你来我往，打了一个小时左右，小鬼子不再主动进攻了。戴安澜这边呢，损失不小，最惨的二连，几乎已经给打光了，连戴安澜的胳膊，也被弹片击伤，鲜血直流啊。营长聂新一看，特别心疼："团长，您也撤吧！我带着兄弟们在这盯着就行！"

"少废话！小鬼子不撤，我撤什么？"

091

这时候,一个神枪手"啪"一枪,正好打中一个小鬼子的钢盔,刚一打上,他感觉不对了:"团长!有蹊跷!"

戴安澜和聂新一听,嗯?赶紧匍匐过来:"怎么回事?"

"团长你看,那个钢盔下面似乎没人!"

戴安澜一听,赶紧拿望远镜,仔细往神枪手指的方向看。还真是,神枪手的枪法真准,直接给钢盔的正中开了一个洞,可奇怪的是,钢盔就散落在一边,上面连点血迹都没有。戴安澜一看,果然有蹊跷!营长聂新一看:"团长,我去看看吧!"

"好吧!多加小心!"

于是聂新提着驳壳枪,慢慢往前移动,好不容易到了钢盔的附近,聂新左右看看,然后站起来招了招手。戴安澜一看,哦,没事!赶紧带人到了跟前。这一看,好么!小鬼子全没了!当然了,没的只是活人,小鬼子的十七具死尸歪得哪儿都是,而且统一都少了一根小手指。

戴安澜一看,心里有数了:"行!小鬼子走了,收兵!"

有人问了,戴安澜怎么断定的呢?原来,戴安澜知道,日本人特别重视己方的尸体,一旦阵亡,得想方设法把尸体弄回去,烧骨灰装坛子。当然了,战斗中也有个别情况,不允许把尸体带出来,那就砍下一根小手指,算把灵魂带走。

当然了,这么干也是迫不得已。咱们说这回的骷髅队,也是没辙了,虽说他们都是精兵,武器装备也好,但那也是俩肩膀扛一个脑袋,肉人一个,当年的防弹衣也不成熟,所以子弹打准了,也得死!也加上这回队长池上秀雄心太急了,不过也不奇怪,直接打死个师长级别的,这机会太少了!所以池上秀雄强令进攻,损失太大了,死了十七个,加上之前阵亡的,骷髅队的减员已经过半了,说实话,自部队成立以来,骷髅队就没吃

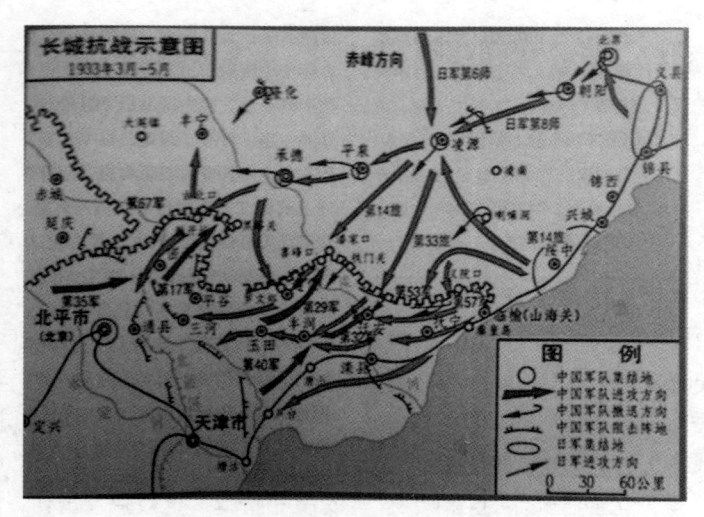

长城抗战示意图。可以看到国军方面只能分兵把住长城要隘,说白了,这还是当年的军队现代化太差

过这么暴的亏！不过没辙啊，再这么下去，骷髅队就该拼光了，池上秀雄只能更现实一点，率部撤退。戴安澜一看这情况，也赶紧撤了。

咱们再说杜聿明这边，杜聿明可急坏了，将军楼打不下来，下面的日军也在向自己的位置合拢，晚一点就撤不了了！正着急呢，终于看见两个警卫员，颤颤巍巍地把关麟征搀下来了，杜聿明一看，关麟征浑身是血，赶紧招呼："担架呢？来个担架！"

两个士兵赶紧抬来一副担架，警卫员把关麟征放上去，关麟征现在还有意识："老杜啊！"

杜聿明一听："师长，我在这呢！"

"老杜啊，我恐怕没法坚持了，部队接下来就交给你指挥，你无论如何得完成任务，把日本人挡在长城以外！还有，得把部队给我保住了，不然的话，我饶不了你！"

"好好，师长放心，我定当尽心竭力！"

有人把关麟征抬下去了，这时候，戴安澜也带人回来了："副师长！"

杜聿明一看："哟！戴团长，你受伤了？"

"没事，让小鬼子的掷弹筒咬了一口，问题不大！"

"好！没事就好！"

现在，部队到齐，杜聿明马上指挥部队："全体撤退！"

没辙啊！不退就让人家包饺子了！就这样，杜聿明趁着日本人的包围圈还没合拢，跳出来，撤往二线阵地，这好不容易有了喘息之机啊！杜聿明马上给二师师长黄杰发电报，让他迅速在古北口南边十里地外的南天门组织阵地，准备抵抗！

有人问了，怎么跑南天门去了？古北口这不打了吗？杜聿明现在也没辙啊！说实话，二线阵地的地势较低，处于不利位置，拖一拖敌人可以，想守，难上加难，人家制高点上有大炮，自己白挨轰！而古北口呢，虽然有关城，但那是冷兵器时代的城墙，想抵抗现代的大炮，势比登天！所以最好的情况，就是退到十里以外的南天门，这里地势更高，而且地形险峻，国军在这里跟日军对抗，尚有胜算。

就这样，杜聿明在二线阵地勉强跟日军又拖了一天，率军退入古北口。咱们说二师这边呢，已经都布置好了，而且师长黄杰，性子没有关麟征那么急，来之前，特别把重武器都带好了，所以杜聿明到了一看，真行！黄杰真有两下子，这南天门真是固若金汤啊！

这时候黄杰迎上来了："老杜啊！前线情况如何？"

杜聿明口打咳声，把情况一讲，黄杰也倒抽一口冷气："呀！没想到有那么厉害的小鬼子啊！我可得多加小心！"

"没错！不过黄师长细心，您把重武器都带好了，这就好办多了！我们之前就吃了这亏啊！下面您看看，我们二十五师，还能帮什么忙？"

黄杰再仔细看看，二十五师挺惨啊！就撤下来的人，算一算，只剩了一半，这其中受伤的还不少。黄杰看得直嘬牙花子："老杜啊，你们还是撤下去整补吧！部队要是打光了，徐军长可饶不了你！"

杜聿明一听，还真是，我们徐庭瑶军长虽说平常儒雅文气，但一瞪眼，也挺让人害怕，得了，反正二师这边都预备好了，八十三师也快到了，我们这点败兵就别添乱了。所以点点头，带着部队就准备撤退。这时候一四五团团长戴安澜、团附吴征超、侦察先锋营营长聂新，仨人过来了："副师长！"

"副师长！"

杜聿明一看："戴团长，怎么了？"

"副师长，我请求留下！"

"我也请求留下！"

"还有我！我也留下！"

杜聿明把脸一绷："你们这是干什么？执行命令！撤退！"

戴安澜不服啊："副师长，我们一定得留下！古北口已经失守了，南天门可是最后一道防线，多一个人，就多一分力啊！而且咱们也得说啊，虽说有东北军捣乱，但咱们在古北口，总共只守了三天，这事要是传出去，咱们二十五师的脸往哪儿搁？当然了，副师长，我也知道，咱们损失很严重，这不要紧啊，我们哥儿仨商量好了，我们带着侦察先锋营留守，这有二师的重武器掩护，我们一定能打出咱们二十五师的威风，叫小鬼子彻底尝尝咱们的厉害！"

吴征超和聂新也在旁边随声附和："对啊！副师长，虽说咱是奉命撤退，损失也大，但咱们要是都撤了，跟国人怎么交代啊？"

"可不是！副师长，您带着大队人马回去整补，我们留下就行！我们只要留下，咱们二十五师的大旗就在！"

杜聿明仔细琢磨琢磨，仨人说得的确在理，俗话说得好，有理走遍天下，无理寸步难行。最后杜聿明也没辙了，看看仨人："好吧！我答应你们，不过戴团长，你受伤了，还是别去了。吴征超！聂新！"

"在！"

"在！"

"你们俩带着侦察先锋营留守，一会儿去跟黄杰师长报到吧！另外，你们再看看，咱们师要是还有求战的，你们就带走，就当给你们补充人了。但记住啊，别都带走，给我留点种子！"

"是！"

"明白！"

这回吴征超和聂新俩人乐了，都说我们这个副师长足智多谋，但是太服从命令，今天一看，也不全对，其实他也不想窝窝囊囊的。这也没辙，谁让军令如山呢？所以俩人胡思乱想一阵，就去招呼人了。这一招呼可好，报名的足有五六百人！吴征超和聂新一看，这不能都带走啊！所以选了选，枪法差些的，一律筛下去，枪法比较好的，平均分成两组，一组留下，一组带走。就这样，侦察先锋营补充到了四百多人，杜聿明还特别下令，所有的机枪、迫击炮，全给先锋营留下。子弹，每个人就留一个弹夹，剩下的都交给先锋营，我们回去整补，子弹要多了也没用，不如留下打鬼子！

就这样，杜聿明带着二十五师撤了，吴征超和聂新带着先锋侦察营留在南天门，协助防守。

而接下来的日子里，中日双方又发生了变化。中国方面，蒋介石的命令下来，撤去张学良总指挥的职务，由何应钦接任。何应钦呢，虽然是个亲日派，但面对战事，他丝毫不敢放松，指挥现在到位的部队堵在长城各口，沿着险峻地形布防，意图挡住日军。

在此前后，中国军队表现英勇，除了古北口的徐庭瑶所部，冷口的商震所部，独石口的傅作义所部，等等，都成功地将日军挡住。尤其是宋哲元的二十九军，还打出一个喜峰口大捷，将来犯的一部日军，彻底赶出长城！当然了，日军并不认同，只说损失不到十人，伤了二十多人。不过大家也懂的，日军隐瞒伤亡数字的情况，简直太普遍了！

而日本方面呢，朝野一直对打下长城之后怎么办争论不休，包括天皇在内，一部分保守派认为，最好步步为营，既然打下了热河，就得先占住滴干活。至于长城以内的华北平原，还是等我们站稳脚跟，再进军滴干活！

可是以关东军为首的激进派并不那么认为，他们就觉得：长城一破，华北平原唾手可得，这里正好动用我们的战车部队，支那军队，不堪一击滴干活！

双方围绕着是否进军华北，争论不休。而在此时，中国军队的表现还挺给力，从3月12日开始，国军的主力部队都到位了，日军奋战了小一个月，进展极小，这样，保守派就占了上风。但这一点不意味着战斗的惨烈程度下降，即便是日本的保守派，他们的底线也是把长城攻下，进可以随时威胁华北平原，退也可以把长城的优势地形占住。所以这些天的战斗，一直没停，国军的武器装备差，只能是拿人往上垫，整连整营的打光，一点不奇怪。

咱们再说说张学良，张学良到了现在，被一撸到底，解职出洋，可以说是咎由自取。因为吸毒，他萎靡不振，丢失了那么大片的国土，张学良也知道有愧于国人，有愧于家乡父老。所以走的时候，什么也没说，只把手下的两个人叫来，交代一番。要知这二位是谁？咱们下回再说。

第二十回　张学良解职出洋　吴征超奋战前线

长城抗战，东北军表现很差，这责任，张学良绝对要担一大部分。主官萎靡不振，你指望部队能打成什么样？所以蒋介石命令下来，把张学良一撸到底，让他出国考察，实际上也是避避风头。

咱们说张学良呢，他很明白，事情到了今天，他无话可说，所以他没张扬，悄悄地溜走了。不过在走之前，张学良把手下的两个人，一个叫王景阳，一个叫李乾泰叫来了。有人问了，张学良手下，有名的人那么多，怎么叫这俩无名之辈来呢？咱们说，这俩不是别人，正是张学良最后的两个坦克车长。

咱们之前说过，"九一八"事变，奉军坦克大队剩余的二十六辆坦克，有二十四辆都被日本人给缴获了，只有两辆在北平，幸免于难。最后张学良一看，他们俩也没编制了，干脆就编入他的司令部，当作护卫，一出门，一辆坦克开道，中间是张学良的汽车，后面又是一辆坦克殿后，威风八面啊！现在，张学良把身边的人都安排得差不多了，就把他们俩叫来了："景阳，乾泰，我得走了。别人现在我都不担心，唯独你们俩啊！"

这王景阳和李乾泰还挺忠心："司令，您放心吧！我们没问题！"

"是啊，大不了隐姓埋名待几年，等您回来，我们还得追随您！"

张学良是长叹一声："唉！景阳，乾泰，我这一走，也不知道什么时候回来。而且你们也是我最好的坦克车长，让你们因为我隐姓埋名，岂不荒废了一身本事？这样，我马上写申请，让你们带着坦克去中央军的战车队。不为别的，哪怕多培养几个坦克手，也算给咱们东北军赎罪了！"

俩人一听，也的确是这样，所以含泪向张学良辞行。咱们说张学良这个时候，虽然已经什么都不是了，但私人关系还是管用的，而且蒋介石早就惦记了张学良的战车大队了，这时候一看，张学良主动把坦克交出来，高兴！好么，之前让小日本子占了便宜，绝大部分坦克都没了，现在张学良主动把最后两辆坦克交出来，也算个安慰奖吧！所以蒋介石马上批准了。

可等王景阳、李乾泰带着这最后的两辆雷诺式坦克到了中央军校的战车队，大家是笑掉大牙啊："嘿嘿！我们还以为东北军的坦克大队得多厉害啊！闹了半天就这德行啊？"

"可不是可不是，我记得北伐战争的时候，咱们就缴获过这种东西。现在一看，并无长进啊！哈哈哈哈！"

有人问了，怎么回事呢？咱们书中代言，当年张作霖虽然建立了这支坦克大队，但说实话，表现不怎么样，北伐军曾经俘虏过几辆，后来蒋介石建立战车队，就把这些战利品，也一并交给战车队，用作训练。刚开始，大家寄的希望挺高，因为这雷诺式跟从宋子文那弄来的维克斯战车一比，又高又大又威武，可训练的时候，维克斯小战车还可以，雷诺的故障率却高得出奇，等机械师拆开一看，好么，机器是旧的，有的轮子就是钢皮包的木头，这不出问题才见鬼呢！咱们说，张作霖也不懂这新式兵器，看着威武就买了，上当受骗在所难免。

到后来，战车队就懒得理这几辆雷诺式了，有的就放在那儿生锈，有的底盘也不要了，把炮塔拔下来，由学员们练习射击，总之，战车队的人对雷诺式就没个好看法。结果今天，大家伙儿一看，中看不中用的大家伙又来了啊！所以是冷嘲热讽。王景阳和李乾泰是暗气暗憋，你们别狂，别看我们这些坦克旧，咱比比技术啊！

且不说王景阳和李乾泰怎么跟中央军校的学员们拼技术，咱还返回头说长城战场。现在中国军队完全占据了有利的地势。日军方面呢，一方面是因为山地作战，部队展不开；而且日军两路作战，后援有点乏力，所以双方对峙了快一个月了，日军进展很小。最后日军一看，这样不行，我们至少得把长城夺下滴干活！

所以日军赶紧再次集中生力军，并且调集飞机掩护，寻找突破口。最终的突破口在哪儿呢？日军选择了商震所部防守的冷口！咱们说商震将军，跟日军在冷口顶了一个月，部队已经是筋疲力尽，所以面对日军的疯狂进攻，他显得有些有心无力，最终部队损伤过大，不得已退出冷口。而冷口失陷，意味着喜峰口也是腹背受敌，宋哲元不得已也率部后撤，喜峰口失陷。

东路日军大胜，西路日军也不甘寂寞，于是再次向南天门发起了进攻！咱们说，日军的眼光相当准，南天门，地势高，地形复杂，想在这占到便宜，必须夺下制高点，然后把大炮运上去，居高临下，这才能占便宜，否则的话，继续打消耗

骷髅队队长池上秀雄

战，自己也受不了！所以西路日军的主力第八师团，马上派部队，直接进攻南天门右侧的高地——八道楼子。日军也很明白，八道楼子易守难攻，而且部队展不开，要一鼓作气攻下来，还真费劲！第八师团师团长西义一琢磨了半天，又想到了堪称全日本最精锐的骷髅队！

　　咱们说骷髅队这边呢，之前跟二十五师干了一场，骷髅队损失过半。等队长池上秀雄把消息传回日本，北白川宫永久亲王心疼得直掉眼泪。我费那么大劲组建的精锐部队，怎么说损失就过半滴干活呢？所以他赶紧跟天皇申请，让骷髅队能随时挑选人员，补充整训。北白川宫家跟日本皇室的关系非常近，天皇没有不答应的理由。所以这一个多月以来，骷髅队队长池上秀雄满部队挑选精兵，而且就在古北口一带，进行专门的山地战训练，池上秀雄就琢磨着：我必须想办法再上前线，打出我们威风滴干活！

　　正这时候，师团长西义一来了：“池上君！”

　　池上秀雄一看：“师团长阁下！”

　　"池上君，现在第六师团那边进展顺利，咱们第八师团也不能落后啊！可你也明白，支那军据险而守，这让我们大日本帝国非常头疼滴干活！所以还得由你们骷髅队打先锋，一口气拿下八道楼子！只要拿下八道楼子，南天门就是咱们的囊中之物，下一步，咱们就可以攻陷北平滴干活！"

　　池上秀雄赶紧鞠躬：“哈伊！我们一定完成任务滴干活！”

　　而咱们说八道楼子的守军呢，正是二十五师留下的侦察先锋营，团附吴征超和营长聂新，已经在这坚守了一个多月了，这些日子，他们一直奋战不休，击退了小鬼子的多少次进攻，已经数不清了。好在何应钦挺重视这个方向，毕竟南天门一丢，北平就是人家的囊中之物，所以调了刚刚组建的独立炮兵第四团前来支援，独立炮兵第四团，那都是不错的山炮和重炮，再加上第二师的火炮，跟小鬼子打起来并不太吃亏。所以这一个月以来，八道楼子的给养和弹药就没断过。吴征超和聂新这些天，净寻找小鬼子的骷髅队了，可始终不见他们的踪影，俩人还琢磨呢：“副团长，这些天都没看见那些带骷髅的小鬼子了，会不会上次咱们把他们打残了，他们就怕了？”

　　“不会！这帮小鬼子，看得出来，那都是老兵油子，上次吃了亏，早晚来报复！咱们务必绷着根弦，小心吃亏！”

　　正聊着呢，旁边“啪”一声枪响，一个战士当即栽倒。吴征超一看，当时卧倒：“鬼子上来了！小心！”

　　这时候，聂新仔细看看阵亡的战士：“行！副团长，让您说准了，您看看这枪法，脑门子上，一枪毙命，估计小鬼子的骷髅队又来了！”

　　吴征超一听，乐了：“好！来得好啊！天堂有路你不走，地狱无门你自来投！今天就让你们知道知道我们中国人的厉害！聂营长！”

　　“有！”

　　“看看小鬼子的进攻方向，打信号弹，让他们尝尝大炮的滋味！”

　　“是！”

聂新营长马上把身子一伏，四处观瞧，其实看骷髅队从哪儿来，并不困难，就看看哪儿受伤的人少，阵亡的人多，再看看，阵亡的战士之中，一枪毙命的多，那就没错了！聂新就在阵地前沿仔细地看了一圈，正北方情况最严重，那儿中枪的战士，几乎没有受伤的，全都是脑门一枪，当场殉国。聂新心头火起啊，从腰里摸出信号枪，装上信号弹，对着正北方，"啪！咻！"

一颗红色的信号弹腾空而起。这就是十七军和独立炮兵第四团约定的信号，你的红色信号弹冲哪个方向，我们就来个火力覆盖！

咱们再说骷髅队这边，队长池上秀雄正带着队员往上摸，刚打得兴起，就看见一颗红色的信号弹，从国军的阵地打出来了。池上秀雄一看，知道肯定没好事，所以赶紧呼喊："散开！散开滴干活！"

"呼啦！"

骷髅队四散奔逃，协同进攻的第九中队不知道怎么回事，还纳闷儿呢："纳尼？为什么要跑滴干活？"

还没琢磨通呢，"轰！轰轰！轰轰！"炮兵团的炮弹就覆盖了这块地方，当时就是一片火海啊！第九中队被炸得血肉横飞，损失过半。

咱们再说池上秀雄，等这轮炮击过后，再点点人数，一共有十六人玉碎，五人重伤，好不容易刚恢复的队伍，这回又损失不少。咱们说，骷髅队的人虽然是精兵，反应也快，提前跑，但毕竟没炮弹跑得快啊！而且再精的精兵，也是俩肩膀扛一个脑袋，肉人一个，碰上炮弹也没戏！

这池上秀雄恼羞成怒，马上拿手一指刚才发信号弹的地方："冲那个地方打！不能叫支那人跑了滴干活！"

"哈伊！"

骷髅队马上分成小组，接近到阵地跟前，就要进攻！

咱们说聂新，他有点贪功了，打完了本来就能走，他没走，还想看看，炮击过后，消灭了多少小鬼子？其余的鬼子躲在哪儿？我再来一发信号弹！

可池上秀雄早就瞄上了这里，聂新再一冒头，骷髅队能饶他吗？

"啪！啪啪！啪！"

几枪直接打在了聂新的附近，三个战士当场身亡，聂新反应快点，听见枪声一闪，被打中了左肩，没要命。聂新再想走，走不了了，鬼子的掷弹筒开火了！

"嗵！轰！嗵嗵！轰轰！"

聂新和其他几个战士被当场炸死，国军的阵地出现了一个缺口，池上秀雄一看，机不可失，失不再来："杀给给！北京！进攻北京！"

"北京！北京！"

"哗！"

骷髅队和其他小鬼子，趁势就涌进了国军的战壕！国军将士一看，明白，这得短兵相接了，于是也纷纷抄起步枪刺刀，乃至于大刀，双方将士就绞在了一起！

第二十回　张学良解职出洋　吴征超奋战前线

099

这一白刃战，就看出差距了，侦察先锋营，虽然也是选拔的精锐，但那时候的中国人，能吃饱，那就算不错，营养什么的就不提了。所以中国兵，别看个儿得比日本兵平均高十厘米，体重却平均轻十公斤，完全不在一个重量级上啊！而且早期的日本兵，特别是关东军，训练极其艰苦，基本功比国军要好得多，这一打起来，国军三个人，甚至都拼不过日军一个人！

这时候，阵地的指挥官，一四五团副团长吴征超一看，知道情况不好，赶紧把传令兵叫来了："你即刻下山，叫援军上来！剩下的人，都跟我走！跟小鬼子拼了！"

"对！跟小鬼子拼了！"

"杀呀！"

"哗！"

剩下的所有将士，都跟着吴征超涌上前线！咱们说吴征超，他早就看清楚了，日本人涌进战壕之后的第一件事，就把军旗插上了。这军旗一共有两面，一面就是日本人第九中队的，另一面还是日本的膏药旗，就是中间多了一个骷髅，这是骷髅队的标志啊！有了这两面军旗，日本人的援军就知道缺口的方向。所以吴征超就咬了牙了：这回我说什么，也得把小鬼子的军旗给拔掉，不然的话，后患无穷！

所以他亲自带着手枪排，冲在第一线！咱们说，这个手枪排，也就是团里的警卫连二排，戴安澜撤退前，特别给吴征超留下的，那是人手一支最新式的驳壳枪！咱们说近战，最管用的并不是刺刀，而是冲锋枪。可在当时的中国战场，这种自动火力还特别的少，所以新式驳壳枪就成了宝贝，既能单发点射，又能打连发，打起来是所向披靡！吴征超就带着这支队伍，冲向了日军的军旗！

第二十一回　骷髅队全军覆没　恶协定丧权辱国

　　吴征超冲上前线，这也是没辙了，小鬼子已经涌进了自己阵地的战壕里，而且还插上了军旗，这玩意戳着，其他的日军部队就知道中国军队的阵地缺口在哪儿。所以吴征超下了狠心了，我们务必要把小日本的军旗拔掉！

　　所以吴征超身先士卒，带着手枪排，冲向了前线。刚开始，还很顺利，毕竟吴征超的手枪排，人手一支新式驳壳枪，既能单发，又能扫射，很占便宜。所以几个冲锋下来，吴征超就把日军第九中队的军旗拔了。吴征超还不服啊，不打败骷髅队，这就不算赢！所以吴征超再次带队，向骷髅队的军旗发起了冲击！

　　可这回就不容易了，侦察先锋营已经损失过半了，而吴征超手下的手枪排，人数更是只剩下三分之一，吴征超不服啊！带头发起冲击，手枪排的火力猛啊！就算只有十几把驳壳枪，这要拨上快慢机，打连发，火力也很可观！

　　"哒哒哒哒！哒哒哒哒！"

　　这一顿好打，面前的七八个鬼子当场毙命，吴征超一看："冲！快给我冲！"

　　刚往前一冲，好么！"突突突突！突突突突！"就挨了一串子弹！咱们说小鬼子这边，也注意到了，这边有一支中国部队，表现得特别猛，所以集中了几挺机枪，对着吴征超他们也开火了！

　　吴征超猝不及防啊！当时身中几枪，颓然倒地，手枪排剩下的人，也死伤殆尽。

　　咱们说吴征超这边不行了，其实骷髅队也没好哪儿去！之前突击的时候，他们冲在最前面，损失特别的大。尤其是之前，吴征超给守军的每个人都交代了："带骷髅盔的小鬼子，跟咱们有深仇大恨，把咱们师长给打伤了！谁要是碰上，千万不能留情！"

　　所以别的日军士兵往上一闯，两三个中国士兵围上来；而骷髅队队员一上，至少五六个就把他给包围了！咱们说骷髅队队员，一看这情况，一点不怕，他们练刺杀是家常便饭，一个拼八个都不成问题。所以个个把保险一关，上步拧身，准备突刺！

可没想到这时候,国军这边也不知道是谁,"砰"的就是一枪!骷髅队队员猝不及防啊!当场毙命,到死只憋出一句话来:"支那人,拼刺刀滴不地道!"

咱们书中代言,这也不是不地道,战争嘛,什么手段都得用。日本人呢,有步兵操典,现在研究者有的认为,他们拼刺刀的时候要退子弹,而有人认为不用。但总之一句话,他们白刃战的时候,肯定不开枪。而其中原因,也很实际,三八大盖的穿透力太强,子弹钢口也好,近距离开枪,一枪穿透,挨枪子的人,只要不打中要害,就问题不大。但是子弹穿过去之后,再打到后头的人,那个人就真倒霉了,子弹减速之后,在他的体内乱窜,至少是个重伤啊!可咱们说,白刃战,双方都绞在一团了,你知道敌人的后头是谁啊?如果是自己人,这个误伤可就太不值了。因此,日本人明令规定,白刃战的时候,不许搂扳机开枪!谁敢犯规,军法处置!所以再厉害的日本兵,就算是骷髅队,脑袋里也不明白,拼刺刀的时候怎么能开枪呢?

而中国军队这边呢,没这忌讳,一方面,咱们只剩人多了,只要能拼死一个日本人,几乎不惜代价。另一方面,中国的子弹,钢口差一些,打进日本人的身体里,根本穿不出来,子弹在身体里变形乱窜,伤害极大。所以很多士兵知道拼刺刀吃亏,就开始在这方面抖机灵,拼什么拼啊?我直接开枪吧!这招日本人不明白啊,所以吃了大亏,倒毙在这一手下的骷髅队队员,相当不少。

而队长池上秀雄呢,他也挺惨,死在他刺刀下的中国士兵,他也不记得多少个了,最后杀得手直抖,新涌上来的国军士兵还源源不断。有的士兵拎着大刀上来一看,哟!带骷髅的小鬼子,剁了他!

这家伙是下了绝情,抡刀就剁。要搁平常,池上秀雄上步闪身,一个突刺,这个中国士兵就算完了。可池上秀雄实在杀没劲了,脚底下直打晃,枪也握不稳了,没办法,只能硬着头皮,一边后退,一边举枪格挡。

"咔嚓!"

这一刀下去,池上秀雄的三八大盖当时被劈成两半,池上秀雄也吃不住劲,当时坐了个屁

骷髅队的最后留影,骨灰归国,长城就是他们的坟墓

敦，好在他反应还算快，这一刀没劈着他。中国士兵一看，哟！小鬼子趴下了！他接着抡刀要再砍，这时候池上秀雄把腰里的王八盒子掏出来了，"啪啪"两枪，中国士兵又倒下了。

池上秀雄这才缓过点劲来，站起身来，接着用王八盒子打。可咱们说，这枪弹容八发，没两下就打光了。池上秀雄现在也杀迷糊了，搂了几下扳机，一看没子弹了，他把枪一丢，把他的家传宝刀——"上船铭"拔出来了，准备继续杀人。哎，这时候池上秀雄余光一瞟，正好有个中国军官，似乎是身负重伤，正在往一边爬。池上秀雄一看："哟西！我就先拿你试试我宝刀滴干活！"

池上秀雄窜过来，举刀就要下绝情！咱们说，这个受伤的军官不是别人，正是团副吴征超，吴征超虽然身负重伤，流血过多，但还有意识。他想爬是爬不起来了，勉强把身体翻过来，这时候正看见一个带骷髅的小鬼子举刀过来，吴征超用尽最后的力气，把枪举起来，扣动扳机，"啪！"

这一枪真准，正好击中池上秀雄的心脏，池上秀雄也用尽最后的力气，把刀插进了吴征超的肚子，两个人是同归于尽！

咱们说，到了现在，不管是国军，还是日军，都已经拼到了极限，日军为了保护最后的军旗不倒下，一个个喊着："班栽！"发起了自杀式冲锋，国军将士也为了保卫自己的阵地，个个以命相搏，双方就在耗最后的精气神！可日军因为兵力展不开，第九中队一部分一部分地投入战斗，倒是不停地有生力军加入，那是越拼越多，侦察先锋营则越拼越少，眼看就要全军覆没。就在这时，一支生力军加入战群，二师的援军终于到了，咱们说二师师长黄杰，明白这短兵相接的仗不好打，所以特别把自己的警卫营抽调出来，增援八道楼子。黄杰的警卫营可不得了，长短家伙都有，所以他们一加入战团，情况瞬时逆转！

"哒哒哒！哒哒哒！啪！啪！"

这顿枪打得啊！日军最后的精神也崩溃了，最终退下去了，也不知道谁手快，把骷髅队的军旗给带走了。

咱们再说日军这边，这回攻击失败，师团长西义一气得直蹦，没辙啊，八道楼子地势险要，大部队展不开，要不他早就动用一个联队强攻了！最后等部队撤下来一看，好么！第九中队编吧编吧，连一个小队都不剩了。而骷髅队呢，除了军旗之外，一个人都没回来，全军覆没！西义一气得嗷嗷直叫："八嘎！没用的东西！继续给我进攻，拿不下南天门，你们全都切腹自尽滴干活！"

于是西义一指挥第八师团，再度向南天门发起全面的攻击！

而黄杰的第二师这边呢，虽说把八道楼子重新夺回来了，可情况仍然没有改观，日军的整体实力毕竟比国军强得多，所以黄杰苦撑五天，八道楼子还是失守了，第二师的伤亡也达到六千，实在支持不下去了，只能向军长徐庭瑶求援。徐庭瑶呢，没办法，只能把自己最后的撒手锏——八十三师派上前线！

咱们说这个八十三师，师长叫刘戡，黄埔一期，外号"一根筋"，特别听蒋介石的

第二十一回　骷髅队全军覆没　恶协定丧权辱国

103

话，所以他手下的八十三师，就得到了蒋介石的特别垂青。咱们说这个时候呢，蒋介石在德国顾问佛采尔的建议下，逐步让部队换装德械装备。但德械武器毕竟不多，所以蒋介石除了对自己的绝对嫡系部队特别大方之外，对别的部队都挺挑剔。刘戡呢，因为听话，所以部队还没调整呢，德械装备先换上了！毛瑟步枪、德制钢盔等，都有，和别的部队要是一比，那绝对是与众不同。刘戡呢，也投桃报李，在"围剿"红军的时候，特别卖力，结果在进攻大别山地区的时候，右眼中弹，成了独眼龙。等刘戡伤好之后，正好蒋介石要调中央军北上长城，抵抗日本人，刘戡又冲上了一线。而徐庭瑶呢，也知道蒋介石特别爱护八十三师，所以最开始没让他们上前线，一方面是尽量保全这支德械部队，另一方面也是准备留个撒手锏。今天逼得没办法了，只能扔出去了！

可咱们说呢，这时候八道楼子已经丢了，日军占领了制高点，有了炮火支援。即便是这样，八十三师也跟日军苦战了整整八天！日军的第八师团也打得筋疲力尽。可日军还有增援部队，再往上一压，刘戡也没辙了，部队损失惨重，整个南天门的所有阵地，也都已经被日军打成了焦土，最后不得不含泪撤退。至1933年5月初，长城的主要三口：喜峰口、冷口、古北口彻底失陷。

再之后呢，关东军还想继续进攻，可情况又不理想，北平以北，多是山地，中国军队依托这种地形，节节抗击。甚至之后增援来的肖之楚军长，率领辖下的二十六军，还包围了日军一部。肖之楚军长还挺有意思，这时候送信，让日军放下武器，举手投降。日军能信这个邪吗？最后不但没投降，还仗着武器犀利，冲出重围。但此时关东军这边也明白了，想要进攻北平，看来时机未到啊！所以天皇这边的保守派，又占了上风。最终，日本政府派出代表，跟国民政府和谈，签订了《塘沽停战协定》，默认了长城是国民政府与伪满洲国的"国界"，而且日军要求在长城以南100公里范围内，划设非武装区，国军不得进入这里。这个协定一签，日军这等于给之后的侵略打下了埋伏。

咱们说长城抗战结束，蒋介石又开始头疼了，好么！自己没少费力，派遣精锐部队过去，还特别依托有利地形，跟日本人拼这一场。结果呢，还是失败，之后我们该怎么办呢？难道眼睁睁地看着日本鬼子继续侵略吗？蒋介石没辙了，只能再次找到他的德国顾问佛采尔将军。佛采尔将军那是明白人啊，马上提出了建议："蒋委员长，长城抗战的失败，只能证明我们的军队现代化进程不够迅速。所以你必须加快速度，不仅要把武器升级，更要尽快让你的军官和士兵接受最新式的训练，这样才能跟日本人抗衡！"

蒋介石一听，得，又来了，还是老一套啊！

说实话，蒋介石现在对佛采尔将军有些看法了，要说呢，佛采尔将军忠于职守，而且作战经验非常丰富，蒋介石对这些都非常肯定。之前何应钦指挥长城抗战，至少在布阵上，还是有些章法的，弹性纵深防守，节节抵抗。虽说战役的结局没变，还是失败，但给小日本造成了不少麻烦，至少比张学良的一溃千里强上太多。据说，何应钦的部署，也在一定程度上参考了佛采尔将军的建议。

可佛采尔将军缺点也不少，特别古板，而且人事关系处理得相当不好。虽说佛采尔知道中国的特色，还特别加以注意，比如在武器上，佛采尔知道中国的工业基础落后，就算进口了德系的武器，也没法仿造，打没了就没了，补充不了，所以尽量选用了中国能仿制的武器，比如轻机枪；佛采尔就没引进大名鼎鼎的德制MG13机枪，而是根据中国军工厂的水平，统一成了捷克式轻机枪。至于火炮呢，也根据中国现状，引进了瑞典作品，构造精巧、利于机动的博福斯山炮。可在训练上呢，佛采尔完全一丝不苟，差一点，老头子就发飙。所以军校里的教官和学员，都不适应，没少跟蒋介石告状。一次两次无所谓，次数多了，蒋介石自然有看法，看来我不能完全听信佛采尔将军的，我还得选用自己的人，训练军队有好多的办法，得因地制宜！

第二十二回　蒋介石架空佛采尔　徐庭瑶筹建装甲兵

长城抗战结束，国民政府这边到底是失败了。蒋介石呢，痛定思痛，总不能看着日本人总这么欺负自己吧？所以蒋介石赶紧找德国顾问佛采尔将军，前去问策。佛采尔将军呢，看得很明白："蒋委员长，长城抗战的失败，只能证明我们的军队现代化进程不够迅速。所以你必须加快速度，不仅要把武器升级，更要尽快让你的军官和士兵接受最新式的训练，这样才能跟日本人抗衡！"

这话呢，按说没错，可说白了，这就得花钱啊！还得花大钱！而且蒋介石对佛采尔将军，有点不满意了，为什么呢？佛采尔这老头子非常固执，对军队的教育和训练，那是一丝不苟，要求极严。

按说呢，要求严是好事，但当时中国的军人，素质不高，即便是保定和黄埔军校出身的军官，很多思维也和佛采尔将军接不上轨，所以告状的声音不断。而且就之前的淞沪抗战，蒋介石也看出来了，自己即便把佛采尔训练的精锐，八十七师、八十八师投入淞沪战场，也无补于事，根本没法以一当十。蒋介石就动了心思：我不能光听佛采尔将军的，我还得选用自己人啊！中国就是中国，完全德国化也不行，还得因地制宜！

所以蒋介石表面上完全应允，而且继续大批量地向德国订购军火，可暗中呢，就开始选拔人员，想方架空佛采尔将军。咱们说，蒋介石，那可是个布局的高手，全方位地开始给佛采尔下套。海军方面呢，怎么发展也比不了日本，这就不用说了，蒋介石基本处于半忽略状态。空军方面呢，蒋介石派遣嫡系周至柔为笕桥航校校长，出国考察。当然了，说是考察，实际上就是想办法请意大利顾问来，冲淡德国顾问的色彩。陆军方面呢，保定系的将领正在壮年，黄埔系的新生力量源源不断，蒋介石不愁。

而对于德国顾问团呢？蒋介石更损，他直接盯上了德国国防军之父——汉斯·冯·塞克特将军。蒋介石还问佛采尔将军呢："佛采尔将军，我听说你们德国的国防军之父，塞克特将军很有水平，有这回事吗？"

咱们说佛采尔将军，那是典型的德国人，没心眼，还轴，他就据实回答："塞克特将军?他非常有水平,比我也要强得多!"

蒋介石一听,行!你承认比你强就行。所以他接着问:"那佛采尔将军,我有心想邀请塞克特将军来华做做访问,您训练的部队,我听听您同行的参考,这不更好吗?"

佛采尔不疑有他啊,他对自己的工作很自信:"可以可以!塞克特将军来看看,还可以给我作补充。"

其实哪儿是补充啊?蒋介石根本就是想换人了!

这些局,蒋介石布起来得心应手,但有一点蒋介石还担心,那就是辛辛苦苦建立起来的战车营。说实话,日本人在长城沿线的作战,大大刺激了蒋介石,蒋介石也知道,战车营以后必须扩大,争取扩充成装甲兵团,这样对日本作战才有底气。可战车营现在就是凑起来的,由德国顾问一手训练和培养,这玩意握在别人的手里,危险啊!我得找个合适的人,给我把住!可具体找谁呢?蒋介石还真拿不定主意。保定系的人,资历深,威望高,可没人懂战车和坦克,也都不热心。之前去欧美各国留学的军校学生里,学坦克战车这一行的倒是有,但这些人资历太浅,没法服众啊!

蒋介石正在这头疼呢,随手拿起桌子上一份报告书翻了翻,翻到最后,蒋介石眼前一亮,只见报告书上写着:

如今西方列强,已经在战略上形成陆海空立体作战的格局,在战场上,使用空军、炮兵、坦克等多种新式武器,体系化的协同步兵作战。建军现代化、机械化,已成为列强建军要旨。这一点上,日本也有一定的发展,我们必须迎头赶上,这样之后如果发生战争,才可能击败日本,获得胜利。

考虑到现实状况,我们需要培养各方面的人才,尤其是军队机械化的人才,特别紧缺。所以我们必须马上建立战车、通信、交辎等专科军校,培养相关人才,补充不足。并且要尽快建立一支以坦克、战车为主的装甲兵。

蒋介石看了看,连连点头啊!行!这份报告书挺有见地,说得不错啊!不过蒋介石也奇怪,这是谁啊,对坦克战车什么的那么热心?蒋介石把报告书合上,一看封面,一个熟悉的名字映入眼帘——徐庭瑶!

古北口前线十七军部分将领合影,前排左起黄杰、徐庭瑶、杜聿明,后排左起刘嘉树、郑洞国、邱清泉。值得注意的是,此战徐庭瑶没上前线,而是在后面仔细观察,据传徐庭瑶就在此时,细细地观察了日军的装甲兵,从而萌发了建立中国装甲兵的思想咱们说徐庭瑶，长城抗战，他是尽力而为，将日军顶在古北口，让日军吃尽了苦头，但同时，自己的损失也非常之大。徐庭瑶这个人爱琢磨，长城抗战结束后，他被委任为保定行营主任，说白了，就是在前线看摊守堆儿。反正一半时没有战争了，所以徐庭瑶就开始潜心研究，到底我们哪儿不如日军呢？为此，徐庭瑶还特别跟前线的几个师长关麟征、杜聿明、黄杰、刘戡都谈了话，而且还把前线表现不错的士兵叫来了解情况。而且还挺巧，前线跟骷髅队大战之后，在打扫战场的时候，有人捡到了骷髅队队员的一本日记，徐庭瑶特别找人翻译，这才把敌我双方的情况摸了个差不多。

徐庭瑶研究来研究去，发现问题了，日本人为什么长城抗战能打我们一个措手不及？原因是他们的部队机械化水平比我们高，部队行动迅速，我们还是凭着两条腿，就算我们能判断敌人的意图，也来不及反应！所以要想提高军队的整体水平，就必须想办法提高军队的整体素质，建立机械化的机动部队，这才能跟日本人周旋。

徐庭瑶再掐着指头一算，要说军队现代化，步兵方面，我们不乏带兵的将才，委员长也在搞德械师，这个管用，至于骷髅队那种厉害的战术，实际也没超出步兵的概念，肯定有人搞；炮兵呢，是保定军校和黄埔军校的老传统了，搞得人也不少；可唯独进攻时候的刀锋，也就是装甲兵、坦克战车之类的，没人搞啊！这东西可是以后的潮流，我们不能没有！

所以徐庭瑶打定主意，给蒋介石写了报告书，并且着重提出来了，我们一定要马上建立军校，并且发展坦克、战车之类的装甲兵。

咱们说蒋介石呢，正愁这方面没人帮忙呢，好么，送上一个热心的来，还是自己嫡系，这多好！所以蒋介石马上吩咐："快去告诉徐庭瑶，我要见他！"

蒋介石一声令下，谁敢怠慢？所以侍从室一个电话打到了保定，告诉徐庭瑶。

咱们再说徐庭瑶呢，他根本没想到，自己的报告书递上去，这么快就有了回复。徐庭瑶心中高兴啊！行！看来委员长真重视我的提议，我得好好准备。

等徐庭瑶见着蒋介石，蒋介石满脸堆笑："月祥啊！你们在长城抗战中表现不错，辛苦了！"

徐庭瑶"啪"一个军礼："委员长的命令，属下自当尽职尽责！"

问候几句过后，蒋介石该说真的了："月祥啊，你的报告我看了，写得非常好啊！不过说实话，咱们中国，这方面的人才太少啊！尤其是有资历的大将，多对这个不感兴趣。我看你的报告写得很好啊，你是不是有兴趣，在这方面发展发展呢？"

徐庭瑶一听就明白，既然是自己提出来的，委员长让自己统筹，这也合情合理。虽说自己现在就是军长，干这个，等于是从零开始，不仅东西得从头学起，自己之前的待遇，得丢个七七八八。但为了以后跟日本人交手不吃亏，徐庭瑶咬了咬牙："既然委员长信任我，我一定尽心竭力，建设好咱们的装甲兵！"

蒋介石一听，行！徐庭瑶还挺知趣，所以还是笑眯眯的："好！太好了！月祥啊！你不愧是国之栋梁！既然这样，我就委任你，管理装甲兵这块的事宜。不过呢，有句话我也得讲在当面。"

"委员长请讲！"

"你们长城抗战，那是打到了小日本的痛处，小日本现在处心积虑，要我处罚你们这些抗日的功臣。你也知道，就长城抗战的表现而言，咱们还不足以和小日本抗衡，所以只能忍。现在呢，处罚二十九军和晋绥军，肯定要引起全国人民的反弹。所以我明面上，也只能拿你做文章了。我会即刻撤去你十七军军长的职务，你就专心致志，搞你的装甲兵。你看看需要什么，怎么建立军校，我是全力支持啊！"

"是！属下服从军令！"

就这样，蒋介石即刻撤去徐庭瑶十七军军长职务，然后委任徐庭瑶组建交通兵、辎重兵学校筹建处。这明面上看着，那就是挂闲职，跟日本人也好交代，但实际上呢，这个闲职到底有没有实权，全都得看蒋介石是否感兴趣，如果感兴趣，这比一般的军职还厉害！

咱们再说徐庭瑶这边，上面命令他筹建交通兵、辎重兵军校，组建装甲兵，这摊子看着挺大，难以着手。但徐庭瑶看得很清楚，想办这些事，现在钱不是什么大问题，主要问题，一个在人，一个在武器，这俩条件齐全，班子就能先搭建起来。

人怎么办呢？现在从头开始，时间不够，只能是因陋就简，尽量凑合一下。不是没装甲兵编制吗？没关系，咱有交通兵团。当年北伐战争结束后，军队进行整编，那一堆装甲列车怎么办呢？单独让他们隶属于各集团军，显然不合适，反正他们也得在铁路沿线活动，蒋介石就干脆组建了交通兵团，让他们负责铁路线的安全。这些人开装甲列车出身，武器是重甲重炮，跟装甲兵类似，所以他们就成了一支主要力量。

另外呢，之前蒋介石也组建过一些战车队，比如之前参加过"一·二八"淞沪抗战的中央军校教导第一师战车队，后来又组建过交通兵第二团的战车营，这都是实验性质的，小打小闹，但他们至少都有一些操作战车的经验，所以这也算一支主力。

除此之外，徐庭瑶又破格在全国召集了一些机械、汽车方面的高手，这才算把人凑了一个七七八八，重新编组成了战车教导营，由此国民政府的装甲兵就成了一支独立的兵种，直属于军政部，不隶属于任何部队。

人凑差不多了，下面就该选负责人了，徐庭瑶特别选了三个人，第一个就是军政部陆军署交通司司长邱炜中将，没辙啊，现在的人员中，交通兵占一大块，邱炜的资历老、官职高，之前又是交通兵的上司，由他来管理，正合适。

第二个呢，就是德国顾问皮尔纳，这家伙是德国顾问团的成员，之前一直给教导第一师战车队教授装甲兵课程，水平不错，那是专业人士！

另外，徐庭瑶还考虑到，邱炜将军管理没问题，但技术方面不大灵光。而皮尔纳顾问呢，技术方面放心，但毕竟是德国人，教课的时候得要翻译，可当时中国的翻译呢，还没什么懂机械化部队的，所以只能勉强翻译，学员们的消化吸收都成问题，所以必须找个国内的行内人，这样也能和皮尔纳顾问相得益彰。

那找谁呢？还别说，徐庭瑶费尽心力，还真找到一个——彭克定。咱们说此时，第一批留学国外的人员，已经有学成归国的了，其中这个彭克定，毕业于柏林陆军大学参谋班，还专修过装甲机械化战术，既懂德语，又懂业务，这太合适了！所以徐庭瑶就以这三个人为核心，建立了一套班子，负责战车教导营的日常管理和训练。

有人问了，既然蒋介石钦点徐庭瑶，让他主持建军校和建立装甲兵的事宜，他怎么不亲自上阵呢？咱们说徐庭瑶，他并不是怕苦，而是另有打算。咱们说长城抗战之中，徐庭瑶虽然没带队顶在一线，但也多听说了日军坦克的情况，还特别让见过的士兵给他描述，甚至画图，日军坦克到底什么样？什么距离内，什么武器能对它造成伤害？

这些信息呢，虽说不太准，但也差不太多。徐庭瑶心里有数之后，又检查了一下现有的装备，一看咱们这些坦克和战车，徐庭瑶是大失所望。所谓工欲善其事，必先利其器，你没有好家伙什儿，就算有天大的本事也不行。所以想办法进口好装备，才是第一要务！

第二十三回　徐庭瑶检视装备　考察团出访德国

徐庭瑶筹建装甲兵，这首先需要人员和装备。人员方面呢，徐庭瑶心中有数，他把交通兵，以及之前实验性建立的战车营，再加上相关技师凑到一起。再以邱炜、皮尔纳、彭克定为核心，建立了一套班子。在这其中，邱炜负责管理，皮尔纳和彭克定负责技术，分工合作，相得益彰。

但装备方面，徐庭瑶可就头疼大了，之前长城抗战，他的十七军就遭遇了日军坦克，徐庭瑶虽然没见着，但特别找了打过坦克的官兵，让他们描述日军坦克到底有多厉害，怎么打能对它造成伤害。

当然，官兵们的描述可能有偏差，但徐庭瑶明白，有了这些大概感觉之后，我可以筛一筛我们自己的坦克，看看够不够格，哪怕勉强够格也好啊！

可等徐庭瑶一看自己这边的现有装备，当时头都大了！怎么回事呢？现有的武器装备，实在太差了！现在的战车教导营，主流装备有三样，第一样，就是宋子文买来，被蒋介石没收的维克斯战车，这也是当初战车队训练的主要装备。可咱们说，这玩意最多算个小号的装甲车，重量只有一吨半，火力也没有炮，仅有一挺马克沁机枪，平地之上扫射步兵还凑合，可别说坦克，就是人家步兵用机枪反击，这维克斯小战车都挡不住！

而且最惨的是，就这破玩意，现阶段还算不错的，能发动，机枪也不错，驾驶员和机枪手能在上面练练怎么配合作战。徐庭瑶看了就出汗：就这玩意，要是碰上日本的坦克，根本连人家的边都摸不着。而且不要说对打了，人家冲过来一撞，维克斯战车就得翻了！

剩下两样，徐庭瑶看了，差点没气晕过去，这还不如维克斯小战车呢！刚才还嫌维克斯战车火力太弱，有枪无炮，这两种型号倒是都有炮，一种就是雷诺式，虽说日本人在之前的淞沪一带，以及长城一带，也都用过雷诺式，型号和中国这批都一样，但日本人精啊！他们都是直接找到法国厂家，买的正品，而且日本人还专门让机械师、维修人员，去法国的厂家学习，等回来之后，再解剖几辆坦克，就把雷诺式吃透了，什么优点什么缺点，然后根据这个基础，再吸收一些别的经验，这才制作出了八九式战车。

而中国的可不行，这批雷诺式，本来就是张作霖买来的次品，让人家给蒙了。而且张作霖呢，没有那么远的眼光，坦克买来就用，坏了，就找人凑合对付。所以到头来，保养情况差，之前北伐的时候，缴获的几辆雷诺式，也就是炮勉强能用，引擎、轮轴、履带什么的，已经彻底坏了，现在战士们只能拿它们练习发炮，可能也就是刚从张学良那里来的两辆雷诺式稍好点，能开起来动一动，炮也能用。

最后一种，更惨！是从张宗昌手里缴获的坦克。张宗昌当年，看着张作霖买的雷诺式坦克不错，自己也从外国聘请技师制造。可这玩意更完蛋，根本就是唬牌的，什么东西是凑合的，速度跑不快，钢板也不够厚，连炮也打不准，上了战场，除了吓唬人之外，没什么实际用途。这玩意大家根本懒得用，就放在一旁生锈。

徐庭瑶看完现有装备之后，长叹一声，就这点破玩意怎么能行呢？所以赶紧上书蒋介石，提议要买新坦克，而且一定要买好的！不然的话，日本人来了，我们只有送死的份儿！

等蒋介石一看报告，自己也吓了一大跳！说实话，蒋介石已经想到了战车营的装备不行，但他觉得，即便不行，也问题不大，跟日本人交手，不至于一招就败。现在看，根本不是一招就败的问题，简直就是毫无还手之力！那没办法了！买吧！

维克斯轻型战车。这是从宋子文手里扣下的，也是中国装甲兵早期的主力装备，虽然简陋，但当时也就它可堪一用了

怎么买呢？蒋介石现在有两大钱袋子，一个是孔祥熙，一个是宋子文，而现在呢，蒋介石跟宋子文的关系有些紧张，原因无他，税警总团！

咱们前文说过，宋子文的税警总团曾经在淞沪抗战中大发神威，重创日军。宋子文挺满意啊，至少从表现看，自己这支不归军政部管的部队，比谁表现都好！那么下一步，我就得用这支部队打出威风，站住脚，军政两界都能走得通才行！

所以接下来，宋子文非常活跃，日本人进军热河，他一方面在国际上揭露日本的丑恶面目，另一方面命令辖下的税警总团开赴北平，也准备参加长城抗战。可咱们说，宋子文在金融界，那是名副其实的巨子，可要说玩政治，跟蒋介石比还嫩了点。蒋介石呢，看出宋子文的野心，运用各种手段，连行政命令，带半截腰撤梯子，就能没让税警总团赶赴前线。这还不说，蒋介石其实早就惦记上税警总团了，这部队，别看不是军队，比军队都强！

正好这时候，之前徐庭瑶十七军下面的第二师，也就是黄杰所部，因为在古北口损失过重，就跟蒋介石请求，要补充兵力。蒋介石一看，黄杰挺听话啊，而且徐庭瑶一走，十七军要重新部署，干脆给他点甜头吧！于是蒋介石下令，让黄杰接手税警总团，之前的干部一律降成副职，正职呢，从中央军校的教导总队里调。就这样，宋子文辛辛苦苦建立的税警总团，就被蒋介石给吞了，所以两人的关系恶化。

跟宋子文的关系恶化了，蒋介石现在就只有孔祥熙可用，所以蒋介石马上让孔祥熙准备，去欧洲买武器。可蒋介石也明白，孔祥熙不懂武器啊！所以赶紧再让侍从室打电话给徐庭瑶，此去欧美，随员都有谁呢？

等把单子拿到手里头，蒋介石一看，"嗡"，脑袋都大了！好么，随员足有二十二个人，交通部部长余飞鹏、铁甲炮队司令蒋锄欧、交通兵第一团团长华振麟、第二团团长斯立等，估计再加上随行的服务人员，得七八十人！蒋介石不明白啊，叫这些人出去干什么呢？看到最后，蒋介石明白了，徐庭瑶后面专门注了一段话：要建立装甲兵，不仅要有优秀的官兵，更要有合格的领导，我们缺课太久，需要去欧美开阔眼界，参观列强的相关军事院校、部队，以及工厂。把欧洲列强多少年来军队现代化的成果，尤其是如何建立和运用装甲兵，都尽量学到，吸取经验，为我所用。

蒋介石一看，我已经全权委派徐庭瑶了，他说的只要有道理，我就准！于是蒋介石大笔一挥，准许这些人员组团，去欧美进行考察。于是一行人组成"国民政府赴欧美交通军事考察团"，徐庭瑶就任团长，带人飞赴欧美。

要说呢，这其中别的国家，什么捷克、瑞典、苏联、美国等，都是走马观花，稍微仔细地考察考察他们的装甲兵训练方式和管理模式就行，主要目标有两个，一个是欧洲陆军的传统强国——法国，还有一个是中国当时最亲密的欧洲伙伴——德国。

这两者之中，徐庭瑶先带人去了德国，受到了当时德国总理希特勒的高规格会见。咱们说此时的德国，总统兴登堡去世，希特勒已经集总理总统于一身，自称元首，成了独裁者。而希特勒的下一步，就是摆脱欧洲凡尔赛体系的枷锁，走向战争之路。

可想战争也难，德国虽然在工业化水平方面不错，但缺乏资源，这就是绝对的硬伤，打仗就是烧钱、烧资源呢！为此，希特勒想尽了办法，其中最管用的一样，就是尽力跟中国拉关系。中国地大物博啊，什么矿产都有，就是工业化水平太低，没关系，咱们合作！你们要武器，好！我卖不说，还跟你扩大贸易。你要扩大我们德国的专家顾问团，可以！你要请我们的国防军之父塞克特将军去，那也没问题！总之，就是想尽一切办法，跟中国搞好关系，这背后其实是有条件的。

而本次徐庭瑶来呢，希特勒就打算明说了。为此，希特勒还给徐庭瑶预备了一份厚礼，于是在接见之中，希特勒特别跟徐庭瑶握了手："徐团长你好，咱们中德两国，那是多年的好朋友，所以我们一定要继续友好下去，双方互相帮助，互相解决问题。"

"对对对，元首说的是！所以我们此次来德国，也要跟您们进行多方面合作。咱们中德两国都被其他国家看不起，我们互相帮助，互相促进，这是有利于双方的选择！"

这都是客套话呗！说完了客套话，该亮真章了，希特勒满面堆笑："徐团长，我们德国近期在整合工业体系，很多的工厂都在合并。其中有一个汽车制造工厂，合并之后消失了，可他们的机器和图纸，都是比较先进的，我准备以优惠的价格卖给你们！"

徐庭瑶一听，哟！这行！当然，希特勒说话有水分，能这么把机器和图纸卖给我们，即便不是淘汰品，肯定也是不太先进的东西。不过话说回来，我们中国的工业基础太薄弱，就算人家淘汰的，放我们那，也算是先进的。而且从这里学起，也能让我们的技术工人吃透汽车的技术，将来造得了发动机、造得了大炮，还愁造不出坦克？

不过徐庭瑶也知道，世上没有免费的午餐，人家把这一套东西优惠卖给你，肯定是有条件的。到底是什么条件呢？徐庭瑶就试探性地说了："元首大人，您的好意，我代表我们委员长感谢您。咱们中德两国嘛，就要互相友好，互相帮助。不过我们也知道，德国的各方面水平，都比我们中国要高，所以德国要有需要我们的地方，我们一定尽力。就怕到时候我们有心无力啊！"

徐庭瑶这话很明显，我们愿意帮忙，可如果我们帮不了，就没办法了。可希特勒听完翻译，一点没恼火："徐团长，你说得很好啊！现在的情况就是，你们需要的，我们可以帮忙。我们需要的，你们也能行，这才叫国家友好。我希望徐团长能把我的条件，带回给你们蒋委员长。我希望你们中国，可以以最优惠的价格，向我们出售大豆、粮食，以及钨矿等产品，你们中国都有，到时候我会提供一份清单给你！"

徐庭瑶一听，就这些？没别的啦？他赶紧再问问翻译，翻译说了："徐团长您放心吧，元首没说别的，就这些话，我一点不差，全翻译了。"

徐庭瑶这才放心，这可太好了！不过他还有疑虑："元首阁下，多谢您了。但我还有担心，我们中国的工业化水平低，这点无须掩饰，所以还希望您能派一些汽车机械方面的能人，来帮助我们。"

希特勒是哈哈大笑："徐团长，你多虑了，这些问题，我早替你们想好了！咱们达成协议之后，第一年，我们德国派技师去你们中国，去教你们的人，而且看看你们能生产什么，然后大部分零件从我们德国生产，送到你们中国装配。然后你们中国，也可以派一些人，来我们德国学习。这样，到第三年，你们中国就能生产大部分的配件，只有核心零件，从我们德国进口。如果顺利，最多五年，你们中国就可以制造汽车了！"

哎哟，这话说得徐庭瑶心花怒放，要不是在正式场合上，他能乐得蹦起来！于是，这次会见圆满结束，接下来的时间里，徐庭瑶又带人在德国，签订了不少的军火订单，也参观了军校，观摩了装甲兵的训练。有人说，徐庭瑶他们这行，甚至遇到了后来的"二战"名将，闪电战的创始人，时任装甲兵司令部参谋长的海因茨·古德里安。当然，这只是一种说法，不过后来国军装甲兵团建立，兵团的编制，就是仿照古德里安的装甲师编成，这倒是真的。

咱们再说徐庭瑶他们，此次德国之行，大获成功，可没想到，等到了法国，却遭遇了意外的情况！

第二十四回　徐庭瑶法国吃瘪　胡献群力帮大忙

考察团出访德国，这次是大获成功啊！不仅团长徐庭瑶受到了希特勒的接见，而且还签订了不少军火订单，也参观了军校。希特勒甚至私下把一个汽车制造工厂的设备和图纸，许诺优惠卖给中国，并且让中国五年之内，能自己制造汽车。

当然咱们说，这个愿望并没能实现，刚开始，中国倒是按部就班地学，可因为抗战开始，一切都被打断了。

咱们再说徐庭瑶他们，此次德国之行，大为成功，该学的东西，该签的订单，全完成了，于是继续西行，转向法国。在法国，徐庭瑶他们有个更大的任务——买坦克！徐庭瑶是信心满满啊！法国是欧洲陆军的传统强国，装备肯定差不了！之前革命性的雷诺式坦克，就是他们生产的。现在他们的新型坦克，肯定能轻轻松松碾压日本，我们买了没错。

可没想到，到了法国一看，徐庭瑶是大跌眼镜。原来，法国这边，也是问题多多啊！因为之前的雷诺FT17的确非常经典，所以法国军队当时装备的也非常多，现在可好，正好赶上要更新换代，新坦克还没批量生产，旧坦克遍地都是，法国的军火商玩了命地给徐庭瑶推荐雷诺FT17。徐庭瑶一看，好么，我们还没吃够这种坦克的亏啊？再说了，小日本的新锐坦克八九式，水平也比FT17要强，我们要这玩意有什么用？

但徐庭瑶还不死心，他心说：法国那是陆军大国，坦克不会就只有这种雷诺式吧？所以徐庭瑶趁着考察团其他成员去考察的时候，他是托关系找门路，想要看看法国其他的坦克怎么样？

哎，还别说，当时中国在法国有军事方面的留学生，徐庭瑶一看，那就找他们帮忙吧！找谁呢？徐庭瑶早有准备，把当时在法国留学军事的学员名单拿出来，逐个过筛子，过来过去，徐庭瑶拿笔一圈，就是他了！

徐庭瑶看上的是谁呢？廖耀湘！他在法国留学的这些人中，算是佼佼者了，如今在法国圣希尔军校学习，主修机械化骑兵，其实就是坦克和装甲车这类的新型兵器，徐庭瑶一看，找他准没错！

所以趁着别人去考察，徐庭瑶特别把廖耀湘找来："耀湘啊，现在国家需要你，你务必要帮忙啊！"

廖耀湘一听，马上一个军礼："请徐将军放心，我一定完成任务！"

"现在咱们中国，急需建立一支装甲兵，现在我们需要的，那就是坦克。我现在就想知道，法国用的主力坦克，都是什么型号、什么数据，你务必给我弄到手！"

廖耀湘一听，挺犯难："徐将军，说实话，您要的这些，都是法国人的机密啊！不过呢，既然国家有需要，您也要求了，我尽力而为。"

咱们说廖耀湘，的确挺有能耐的，而且他是绝对的行家，有些数据，就凭看，也能看个大概其，所以费了几天的劲，总算把数据拿来了。徐庭瑶一看，如获至宝啊，马上让廖耀湘陪着，挑灯夜战，分析这些数据。

徐庭瑶仔细一看资料，行，法国还是有些好坦克。其中之一，叫作夏尔D1型，徐庭瑶一看，这坦克的火力跟日本的八九式中战车类似，都是口径47毫米的短管炮，而主装甲的厚度呢，能达到35毫米。而日本的八九式呢，徐庭瑶没有具体数据，大概打听到，它的主装甲不超过20毫米，这是完胜啊！所差点的呢，就是速度慢点，但这不是大问题啊！徐庭瑶一看就喜欢，赶紧问："这坦克不错，得卖到多少钱一辆啊？"

廖耀湘一听，直挠头："徐将军，这坦克人家法国人不卖！据说这类坦克法国人特别喜欢，所以自己的订单都没生产完，哪有富裕的让咱们买呢？"

"哦，原来如此。"

徐庭瑶再看看资料，下面是B1重型坦克，徐庭瑶一看就爱上了，这哪儿是坦克啊，根本就是只钢铁怪物！小日本的的八九式跟人家一比，根本就成了玩具。这坦克，装甲奇厚，能达到40毫米，而且有两门火炮，一门主炮，口径75毫米，另一门47毫米，赶上小日本八九式的主炮了，估计八九式要是遇上这种B1型坦克，绝对是毫无胜算！

徐庭瑶看完，差点蹦起来："哎，耀湘，我问问你，这种坦克法国人能卖吗？"

廖耀湘一看："将军，不是我打击你，这坦克法国人更不可能卖了。就我知道的，这型坦克还没成熟呢，只有几辆原型车，法国人自己都不满意，正留着自己测试呢。而且徐将军，关于这种坦克，我有话还得跟您讲在当面。"

"你说！"

第二十四回　徐庭瑶法国吃瘪　胡献群力帮大忙

胡献群，中国装甲兵创始人之一，曾在英国皇家桑德斯军校留学，修习装甲兵战术

"徐将军,我因为正好修习机械化骑兵,所以碰巧见过法国人在演练这种坦克。说实话,这玩意威力是不小,但操作起来非常费劲啊!这坦克里,能放四个人,这四个人,需要高度的协同,才能驾驭这辆坦克,差一点,这钢铁怪物就不听话。而且其中的车长和驾驶员,任务更是特别重!车长既要指挥战斗,又要操作副炮和机枪;驾驶员既要驾驶,又要操作主炮。这除非车长和驾驶员是三头六臂,或者特别特别厉害,不然的话,根本玩不转啊!而且这坦克在法国尚且如此,您如果买回中国,就凭咱们国内的教学,我估计也没人玩得转啊!"

徐庭瑶一听,还真是!那看来,我们在法国是买不着好坦克了,那怎么办呢?也不能空手回去啊?对,既然廖耀湘是行家,我不妨问问他。所以徐庭瑶喝了一口水,顿了顿:"耀湘啊,既然如你所说,我估计法国我是淘不着什么好货了。可是咱们建立装甲兵团的目标不能变啊!你学的是这些,给我们指条明路吧!现在在哪儿能买到好坦克?"

廖耀湘一听,也挺犯难,挠了挠脑袋,推了推眼镜,哎对!有主意了!

"徐将军,我觉得您现在可以上英国看看,英国在世界军火市场,那可是头几位的。而且坦克是英国发明的,据说制造厂家也不少,不愁淘不着好东西啊!"

徐庭瑶一听,也的确如此,在法国多待无益,反正也淘不着好坦克了,于是赶紧带着人赶赴到了英国。可等到了英国,再一打听情况,也是大跌眼镜啊!原来,此时的世界正是经济大萧条时期,英国也深受影响。而且和法国类似,英国和平主义盛行,大家都认为打不了仗了,所以第一个砍的就是军费。这么一来,英国的坦克装备也不怎么样,有好多跟宋子文当初买的一样,只是带机枪的维克斯轻型战车。徐庭瑶气得两眼冒金星啊!怎么可能呢?我必须找个内行人,帮我一起看看!

找谁呢?通过驻英国的使馆,徐庭瑶联系到了在英国皇家桑德斯军校留学的胡献群,咱们说,胡献群,字粹明,也是黄埔六期出身,现在在英国,学习装甲兵战术,也算是只潜力股。所以徐庭瑶找到胡献群:"粹明啊!现在咱们中国要建立装甲部队,急需一批好坦克啊!你在英国留学,英国有没有什么值得挑的好东西?"

胡献群一听,挠了挠头:"徐将军,说实话,受经济萧条的影响,现在英国正规军的东西不怎么样,但您要是急呢,我倒有个主意。"

"什么主意?你说!"

"徐将军,我在英国留学这段时间,也听说过,英国的维克斯公司,那是造坦克的大户。现在就是因为英国砍军费砍得厉害,所以要求维克斯公司降低成本。维克斯公司呢,因为好多都是新型坦克,设计费这块就降不了,所以双方相持不下。我呢,在维克斯公司有个朋友,咱们明天先接触一下,看看他肯不肯先卖给咱们一些?不过徐将军,我话可说在当面,您要想买好的,就得舍得花钱。您也明白,坦克这东西,属于精密武器,您要是砍价,闹不好人家就糊弄咱。"

徐庭瑶点点头:"行!粹明,这个你放心!为了咱们的装甲兵,我不惜重金!不过明天你得陪着我去,你负责给我把住质量关,我负责掏钱!"

"是!"

就这样，第二天，徐庭瑶照样派出考察团的其他成员到英国的军校去考察，自己呢，就和胡献群一起，溜到了维克斯公司。胡献群通过关系，找到了维克斯公司的一个副经理汤姆。这个汤姆一听，什么？中国人要买坦克？这是天大的笑话！他们懂什么叫坦克吗？正好我们缺钱，逮个傻帽大赚一笔吧！所以直接把徐庭瑶和胡献群带到了维克斯轻型战车的车间，就告诉他们："中国将军，这是我们英国最好的坦克！你们需要多少量，一律告诉我，我全部满足你们的要求！"

咱们说，徐庭瑶虽然不是学坦克的出身，但对中国当时的坦克装备，早就做了详尽的考察，他一看，这坦克我还不认识？之前我们战车营，绝大多数就这些破玩意，我能不知道它什么战斗力？哦，这英国佬肯定是把我们当大头了！以为能拿破烂对付我们，这可不行！

但徐庭瑶不会英语，赶紧就先跟胡献群交流："粹明啊，你告诉他，我们要好坦克！"

胡献群一听："徐将军，这我明白，可每种坦克都是有不同功能的，而不同功能的坦克，数据要求也不一样。您至少得给我个大体的范围吧？"

徐庭瑶一听，这倒也是，于是搜肠刮肚地想了半天："对！粹明啊，你看看这样行不行，我要的坦克，火力上必须要有炮，光机枪可不成，炮的威力越大越好！另外嘛，装甲方面，最好能达到20毫米，也就是两厘米；至于速度嘛，别给我慢于每小时20公里，你看这样行不行？"

嗯？胡献群一听，行啊！我以为我们这个徐将军跟别的高层一样，外行一个，除了指指点点、比比画画之外，什么都不懂。今天看来，可以啊！至少在坦克的要求上，能说出个一二三来了。不过他也奇怪，就我听说的，徐将军也没系统地学过坦克、战车什么的，这些精确的数据，哪儿来的呢？所以胡献群就问："徐将军，我多问一句啊，您说的这个数据，有什么依据没有？"

徐庭瑶也挺不好意思的："我这个啊，说实话，就是之前长城抗战的时候，我们吃过小日本坦克的亏啊！所以之后，我下了点功夫，跟大概懂点的人，再加上见过小日本坦克的人，大家一起聊、一起说，大概摸索出了点数据。我就这么觉得，小日本的坦克既然有这个水平，我们一定要比他们的强！至少不能输！咱们既然吃亏，就得知耻而后勇，不然的话，还等着小日本骑到咱们头上吗？"

徐庭瑶这话说完，胡献群暗挑大拇指啊！行！我们这个徐将军了不得，知耻后勇，有他在，我们的装甲兵肯定差不了！

接下来的事，也就没那么难了，有了坦克的具体标准，剩下的就是谈了。不过英国这个时候，也有规矩，只卖轻型坦克，至于十吨以上的中型坦克，乃至于重型坦克，肯定是不卖的，所以徐庭瑶和胡献群，只能在一大堆轻型坦克的型号中，仔细筛选。

还别说，这一淘，还真淘到宝了，徐庭瑶和胡献群不约而同地看上一辆坦克，维克斯MKE型坦克，因为官方重量六吨半，所以简称"维克斯六吨半"。咱们说这款维克斯六吨半，算是当时英国外销坦克之中的一款精品，它采取车身悬吊系统，能适应长距离行驶，速度也能达到每小时30公里；火力方面，有一门口径47毫米的主炮，以及一挺辅助机枪；而主装甲厚度呢，一般是13毫米，但可以加厚到17毫米，体量上，也能达到八吨。也就是说，主要数据和小日本的八九式中战车相差不多，就是个头稍微小一点。若是两者相碰，就看谁反应快了，总之，先下手的为强，后下手的遭殃！

徐庭瑶对这款坦克十分满意啊，于是一口气订了16辆，另外呢，还采购了一些用维克斯六吨半底盘制成的牵引车。没办法啊，来之前，炮兵那边也给了任务：你们买坦克归买坦克，也得想办法给我们炮兵买点牵引车啊！不然等打仗，这些重炮难道还指着人背走吗？

就这样，订单下好，徐庭瑶和维克斯公司皆大欢喜！徐庭瑶高兴啊！在维克斯公司的车间里遛来遛去，哎，他发现了一块新大陆，嗯？这款坦克颇有意思！

第二十五回　彭克定排挤他人　徐庭瑶归来主政

徐庭瑶远赴英国，前来选购坦克，最终在留英学习的胡献群帮助下，选购了一款维克斯六吨半坦克，这坦克说是六吨半，实际加强之后，重量能达到八吨，除了比日本最著名的八九式中战车小一号，主要数据一点也不输。

等协议签了，徐庭瑶很高兴啊！在维克斯公司的车间里来回直遛。这溜来溜去，哎，徐庭瑶发现了一款很特别的战车，样子有点像国内战车营训练的维克斯机枪战车，但很多地方又不一样，即便和其他类型的坦克相比，也很特殊。徐庭瑶看来看去，觉得很奇怪，就把胡献群叫过来："粹明啊，你来看看，这是什么坦克？"

胡献群过来，看了看生产的零部件和草图，鼻子哼了一声："哦，徐将军，您说这个啊？这个叫维克斯水陆坦克，我记得咱们国内，有维克斯机枪战车，这就是那玩意的改进型，机械性能和装甲比之前稍微好点，但火力也没什么加强，还是一挺重机枪。徐将军，咱没必要买这个，薄皮大馅的，帮不上忙！咱们不如再看看别的，来来来。"

胡献群伸手就拉徐庭瑶，准备走，没想到手刚拉上，还没等走，徐庭瑶往自己怀里反向一拽："粹明啊！你回来！"

胡献群猝不及防啊，腿都迈出去了，被人往回一拽，失去了平衡，悬点摔了个跟头。这胡献群还不明白呢，这什么意思啊？等回头一看，徐庭瑶盯着维克斯水陆两用坦克，眼睛都直了！胡献群一看："徐将军，咱们走吧，这玩意不值得看！"

没想到徐庭瑶一瞪眼："谁说的？回来！"

"哎！"

没辙啊，官大一级压死人，胡献群只能回来。徐庭瑶挠了挠脑袋，又推了推眼镜："粹明啊，你刚才说什么？这叫水陆两用坦克？"

"对啊！"

"那这玩意儿在陆地和水里都能用啊？"

"是啊,要不怎么叫水陆两用坦克呢?不过徐将军,咱们何必跟它费劲呢?这玩意,英国人自己都在实验阶段,还没成熟呢。"

徐庭瑶一听,脑袋摇晃得跟拨浪鼓似的:"不不不!粹明啊!我看这款坦克最好了!你想啊,日本人将来怎么进攻啊?南京和上海肯定是重点,这两块地方,水网密布,坦克虽然厉害,但很多地方它得绕弯。要有这种坦克,江南水网,那是随便平蹚啊!到时候攻敌之不守,给小日本的腰眼儿上来一下,也够他们受的!"

胡献群一听,哦!这么说的话,也的确合理,那就接着谈吧!于是经过谈判,徐庭瑶又订了16辆维克斯水陆两用战车。接下来呢,徐庭瑶又买了一些"哈雷"摩托车,咱们说徐庭瑶,他的眼光很毒,他明白,坦克这东西,非常厉害,能当拳头用。但你光有拳头不行,还得有眼睛,不然瞎打哪儿成呢?所以一定要建立机械化的搜索部队,能跟得上坦克一起跑,这样,搜索部队是眼睛,坦克部队是拳头,眼到拳到,这才厉害!

等把坦克的订单敲定,剩下的还有相关的弹药,以及下面的行程,徐庭瑶还没等忙活完呢,国内突然来了一封电报:军事考察团团长徐庭瑶即刻回国,剩下的成员继续行程。

徐庭瑶一看,不明白啊!怎么突然就叫我回去?难道出了什么大事?徐庭瑶是不敢多待啊,赶紧把手头的事收拾收拾,然后跟军事考察团的其他人打好招呼:"各位啊,国内有事,我得赶紧回去,坦克的事呢,我已经大概敲定了。现在还有点尾巴,我就委托咱们留英的军校学生胡献群,让他全权负责其他事宜,咱们各位也得给兜着点。拜托拜托!"

咱们说军事考察团的这些人,还都挺好说话:"行行行!徐团长,您就放心吧!"

"是啊,我们肯定能沟通好!您就放心回国吧!"

就这样,徐庭瑶登上了回国的飞机,等到了国内一看,果不其然,还真出大事了!

原来,徐庭瑶走之前,整合了国内现有的装甲部队,什么中央军校教导第一师战车队、交通兵第二团战车队等等,全都编在一起,组成战车营,统一训练、统一教学。为此,徐庭瑶还设立了一套负责班子,陆军署交通司司长邱炜将军,负责日常管理;德国顾问皮尔纳,负责日常教学;德国军校毕业生彭克定负责日常训练,三驾马车互相促进,又互相牵制。

刚开始呢,这个班子运

彭克定和妻子的照片。彭克定是中国装甲兵的创始人之一,对于装甲兵的初建功不可没。一般认为,此人私心很重,以至于最后被清出装甲兵序列,但不排除是政治斗争所致转良好，邱炜有威望、会协调；皮尔纳有技术；彭克定有能力，三个人相得益彰。可没想到，仅仅过了半年就出事了！邱炜将军在回乡探亲的时候，突发阑尾炎去世，三个支柱倒了一根，剩下两根就不稳当了。

咱们说剩下的两根支柱中，彭克定的野心不小，之前因为有邱炜将军在上面压着，他资历太浅，也不敢造次。现在邱炜将军一死，彭克定心眼可就活了：别看我资历差点，但我们这个装甲兵，算是个新型的兵种，大家都是新来的！我得想想办法，一定得把装甲部队控制在我的手心里！只要拿住了装甲兵，将来就前途无量啊！

怎么拿住装甲兵呢？彭克定还真有招，现在装甲部队太平静了，整天除了训练就是教学，我得搞出点事来！怎么搞呢？那就得创造个敌人。彭克定的目标是谁呢？就是德国顾问皮尔纳。咱们说德国顾问皮尔纳，理论和教学水平相当高，在德国，那是受到装甲兵之父海因茨·古德里安尊敬的人，但是他到了中国之后，多少有些水土不服，原因无他，一是性格，二是语言。

咱们说呢，皮尔纳是个典型的德国人，古板而教条，做事要求精确，最受不了的就是差不多。而在中国，精确的很少，差不多是常态，所以皮尔纳经常修理这些学员，上课一看谁打瞌睡，皮尔纳就马上过来，一拎学员的脖领子，然后就把他推到教室门外罚站！这手段，中国学员们谁见过？所以弄得大家人人自危。而语言上，皮尔纳吃亏就更大了，皮尔纳不会中文，而且讲课多用专业术语，而当时的中国学员，能粗通德语就算不错了，专业术语根本没戏。再加上翻译也不灵，所以大家是越听越乱，好多人甚至都认为，皮尔纳顾问没什么真才实学。

而彭克定呢，适时地跳出来，他德语熟练啊！所以他把皮尔纳上课讲的，在训练中，用浅显易懂的中文给学员们讲出来，这回学员们一听，连挑大拇指啊："高！咱们彭营长就是高！"

"可不是！比皮尔纳顾问强多了！"

其实哪儿跟哪儿啊？可没办法，当时就是那个状况，人的素质不够，只要野心家们一捣乱，已经布置好的现状都得变。所以时间一长，大家都开始自动地跟彭克定一条心，疏远皮尔纳顾问。而皮尔纳顾问呢，完全不明白中国的这套钩心斗角，整天还是认真教课，可不认真的学生越来越多，急得他是满嘴大泡。

等把学员们的心全都收住了，彭克定就开始执行自己的第二步计划，培植亲信。咱们说战车部队，在联络上多使用无线电，这也没办法啊，坦克和战车里面，视角有限，不可能看手势行动，而且你要是老探出坦克去指挥和比画，非挨敌人的枪子不可！所以大家的无线电口令必须统一，这样才有利于指挥。彭克定呢，是湖北云梦人，说话跟当时南京的官话不一样，他在训练的时候，故意用湖北话喊口令。

咱们说战车营的学院，来自全国各地，说话五花八门，但大多懂南京官话，今天一碰上湖北话，没多少人懂！所以一操练，是错误百出啊！彭克定借机发飙："你们这帮人，怎么连人话都听不懂啊？我宣布！以后的连长和排长，必须能听懂我的指令，否则撤职查办！"

第二十五回　彭克定排挤他人　徐庭瑶归来主政

咱们说，地方的方言，那是一两个月能学好的吗？而且这根本也就是彭克定的借口，所以没一个月，战车营的四个连，有三个连长，都换成了彭克定的同乡，只有一连连长郭恒建，因为小时候在湖北待过，湖北话能听个八九不离十，这才幸免被撤职。排长更是一水儿的湖北人。除了连排的干部之外，彭克定还把手伸向了营部的直属单位，一时间，几乎战车营的各个部门，全都被湖北人所把控。

这下大家算明白了，哦！彭克定，你这家伙玩我们呐？但现在说什么，为时已晚，主要部门已经全被彭克定的亲信掌握，再想翻天，门儿都没有！只能是暗气暗憋。有的人干脆消极抵抗，不好好学，不好好练，什么也不好好干了。这么一折腾，谁能好得了？所以整个战车教导营乌烟瘴气，混乱不堪啊！

咱们再说蒋介石呢，他建立装甲兵，要的就是来之能战、战之能胜的铁军，所以他经常派人来装甲兵这边视察，看看训练得到底怎么样？结果，那是大跌眼镜啊！战车教导营是越来越松懈，越来越混乱。蒋介石气得是奔儿奔儿直蹦啊，赶紧找人了解，战车营到底是怎么了？结果呢，好多学员异口同声，说是彭克定玩儿邪的，排挤我们。而彭克定呢，则一口咬定，我这是便于指挥，而且搬出一大堆理论知识，把调查员说得一愣一愣的。

这公说公有理，婆说婆有理，蒋介石也不明白，他最后一琢磨，干脆我还是把徐庭瑶叫回来吧！我叫你给我建立装甲兵，你得负责到底！所以蒋介石一封电报，把徐庭瑶叫回了国内。

等徐庭瑶回国之后，了解了一下情况，结果一看，这事还真不好处理。彭克定呢，虽说有培植亲信之嫌，但整体的工作还算努力，而且他一调整之后，战车营操练的时候，效率的确也上升了。除此之外，彭克定还主持编写了一系列的教材，什么《战车兵操典》《军队机械化》《车辆保养条例》等。当然了，彭克定的水平高不过皮尔纳顾问，但对于装甲兵的要求和操作，都解释得很清楚，很适合普通学员。最后徐庭瑶权衡再三，就问副官："闹事的时候，哪些学员闹得最欢？"

副官不敢怠慢，赶紧拟了一份名单，徐庭瑶直接在纸上画了画，找出五个带头的："去！写通报，开除这五个人！剩下的，给警告处分！"

"是！"

处理完闹事的学员，等到第二天，徐庭瑶当着学员们的面，把彭克定当场训斥了一顿，最后宣布："彭克定疏于团结，使得战车教导营的训练荒废，在此给予严重警告处分！下不为例！"

这样，各打五十大板，算是大概稳定了局面。咱们说徐庭瑶，人家有资历，又是委员长钦点的人，虽说专业知识差点，但很努力，这点大家有目共睹。所以彭克定也没脾气，捏着鼻子接受了处分。就这样，战车教导营的训练恢复了正常，接下来，徐庭瑶买来的坦克逐步到位，整个战车教导营的装备彻底升了级，这回大家伙儿也算提气了！

这一晃又是半年，到了1935年秋季，徐庭瑶费尽心血筹建的交通辎重兵学校，终于建成了，校址位于南京的丁家桥，徐庭瑶担任教育长，也就是学校的实际负责人。有人问了，校长是谁呢？没别人，蒋介石！

咱们单说这一天，徐庭瑶正坐在办公室里看文件，说实话，学校刚建立，要处理的杂事特别多。而这时候呢，副官开始敲门："报告！"

"进来！"

副官进来，徐庭瑶推了推眼镜："什么事？说吧！"

"报告教育长，委员长来电，近期要组织一场大型的演习，而且委员长特别要求，咱们的战车教导营务必参加！"

徐庭瑶听了一愣啊："哟！有这事？那有什么具体指示没有？"

"暂时没有，委员长的电报，是让咱们尽快集结战车教导营，具体指示，等两天后会发过来的。"

徐庭瑶一听，那就照办吧！反正战车教导营一直在训练，集结也容易。所以徐庭瑶马上通知所有的人，都做好准备，正在休假的，必须马上回来报到！

就这样，两天后，徐庭瑶接到了上面的具体指令，徐庭瑶仔细一读，当时倒抽一口冷气："呀！上面这是要有大动作啊！我得小心应对！"

第二十六回　南京政府大演习　德国顾问显神威

徐庭瑶接到命令，说上面有个大型演习。徐庭瑶刚开始还不明白，等具体接到指令之后，那是倒抽一口冷气啊！这可真是个大动作！原来，命令上清清楚楚地写着：即刻命令，第八十七师、中央军校教导总队，以及战车教导营，立即奔赴上海集结，合编为第一军，战车教导营的番号为独立战车第一营。另外，由第三十六师、第一混成旅合编为第五军，奔赴南京集结，准备演习！

当然，下面还有更详细的部署，这里就不一一细说了。再说徐庭瑶，看完这个命令之后，特别震惊啊！这回演习排场真够大的！动用的那都是绝对的精锐部队，我们委员长到底要干什么啊？

书中代言，蒋介石这次还真是有个大计划。咱们说这时候呢，蒋介石的德国顾问班子又出现了变化，之前的佛采尔将军很努力，但很多事情办得并不太理想，而且由于他的性格固执，蒋介石对他很不满意，所以就把佛采尔将军架空了。另外请了德国国防军之父，汉斯·冯·塞克特将军为顾问，当然了塞克特将军年岁太大了，所以具体事宜，就由他手下的干将，法肯豪森将军组成一个参谋班子来负责。

咱们说塞克特将军，实际在中国担任顾问的时间只有十个月，到1935年3月，就因为身体原因而离职，但他的很多政策，都让法肯豪森将军落实了，所以塞克特将军当年在中国的声望，也特别高！

有人问了，塞克特和法肯豪森，这俩德国顾问到底干了些什么呢？在军事工业方面，他们帮助中国打下了一定的基础，另外，也是收获最大的，就是帮助中国建立调整师，也就是后来俗称的德械师。到了1935年末，两期的二十个德械师，也调整得差不多了，至少从服装、步枪方面初具雏形。蒋介石就打算让他们来一场大演习，磨合一下，以便于之后的作战。蒋介石也很明白，日本人的战斗力很强，所以我们就要做一场针对性的演习，演习内容，实际上就是模仿日本人进攻，当时设想的是，万一日本人突袭，在我们没等反应的时候拿下上海，那我们该如何对抗？

所以，蒋介石把最精锐的教导总队和战车教导营，以及八十七师全都编入了攻方，也就是模拟的日军，这也主要测试他们的进攻能力。而以第三十六师为核心，组建的守方，也就是国军，主要测试他们的防守和机动能力。而对于装甲兵呢，蒋介石还另有想法，因为当时的德国顾问，特别看重装甲部队，所以大力推荐，让蒋介石尽快扩编战车教导营，争取像德国一样，建立装甲师。

可蒋介石呢，半信半疑，到底我们的战车营行不行啊？这一切都得试试看再说。现在军费紧张，如果不行，我何必多花那冤枉钱呢？

于是，经过紧锣密鼓的筹备，1935年12月，一场大演习就此开始，东军从上海出发，西军从南京出发，双方在句容一带，展开了激战！这一打起来，相当激烈啊！除了子弹炮弹不用真的之外，所有的战术动作都得真刀真枪地用！

咱们且说进攻部队的指挥官，就是"一·二八"淞沪抗战中，中国军队的主将张治中，他之前见识过日军的打法，所以也就仿照着来。只见一阵炮击过后，战车营一马当先，维克斯六吨半突前，其他战车打掩护，风驰电掣一般，就攻向守军的阵地！

再说守军这边，一看坦克冲上来，当时就乱了，说实话，大家伙儿虽说多少都看过战车营的操练，可那都是远远地看个热闹，真要是面对这个铁家伙的进攻，好多人都慌了神！那是四散奔逃！咱们说，阵地旁边还有裁判呢，这些人有的是军校的资深教官，有的是德国顾问，他们的任务就是判定这场演习的胜负和阵亡情况。这些人业务很熟啊，一看守军乱成这样，拿出大喇叭就嚷嚷："坦克都上来了，你们还跑？都阵亡了！"

得，这等于在足球场上，被人家红牌罚下了。

当然，也有那勇敢的，端着枪，对准坦克进行射击，有的还投掷手榴弹。结果裁判一看："不行！这么打没用，手榴弹投的位置不对，你们全阵亡了！"

得，又阵亡一批。就这样，三下五除二，没半个小时的工夫，战车营就打趴下守军的一个团。

咱们再说总指挥部里，蒋介石、何应钦、陈诚等高官，还有德国顾问法肯豪森等人，都拿着望远镜，仔细看着战场的情况。等蒋介石看完战车营的杰作之后，脸色就开始不好看了："什么？咱们的守军，怎么失败得那

第二十六回　南京政府大演习　德国顾问显神威

德国顾问团的重要成员——法肯豪森将军。一般认为，德国国防军之父——汉斯·冯·塞克特将军，是国民政府方面最大牌的德国顾问。但塞克特将军年事已高，很多工作都由副手法肯豪森将军完成，法肯豪森将军甚至策划过淞沪会战的具体战术

127

么快？"

何应钦在旁边呢，他赶紧过来："委员长，裁判就这么判的，要是真打起来，咱们不可能那么容易就让日本人吃掉。哎我说法肯豪森顾问，咱们的裁判，也太偏向战车营了吧？你确定这不是吹黑哨吗？"

法肯豪森一听，那是一阵苦笑："委员长、何部长，这的确是按照武器效能来判定的，您说的也没错，在实际的战斗中，守军不可能失败得那么快。但他们输也是肯定的，战车营干的，相当漂亮！"

何应钦还要争："那法肯豪森顾问，你也不能直接就这么判罚啊！如果人员死伤惨重，我们还能派援军，有了援军，不定谁输谁赢呢！"

"可就你们这种防守，再加上援军也不行！"

俩人就开始打嘴仗了，这时候徐庭瑶也在旁边呢，他一看，我赶紧过来打个圆场吧："委员长、何部长，我说两句啊。咱们这次的演习，其实就是想办法怎么对抗日本人，失败了，没关系，这又不是真打起来了。我建议，我们战车营退出阵地，恢复原状，攻守两方面暂停交火，总结一个小时，之后再重新进攻。您看如何？"

这话说出来，蒋介石跟何应钦的脸色稍微缓和了点，于是，一切推倒，重新来过，一个小时后，战车营又一马当先，向守军的前沿阵地发起进攻。咱们说守方这边呢，特别调整了一下部署，可仍然没什么用，四十分钟后，裁判判定，整个团又被战车营端掉了。

再推倒重来，守军这边挨了两次批，又加进了布置，直接在第一线，亮出了自己的王牌，战防炮排！这个排一共有两门德国造的战防炮，也就是反坦克炮。可最终结果也没好哪儿去，一个小时过后，裁判判定，整个团又被端掉，战车营损失了三辆坦克。

三次失败，蒋介石的脸色直接变成了铁青："怎么回事？我们的德械师，怎么也变得不堪一击了？这到底是为什么？娘希匹！你们这帮废物！"

蒋介石这一顿骂下来，除了法肯豪森顾问，以及徐庭瑶等少数人以外，剩下的人都被骂得狗血淋头！咱们再说何应钦，他是军政部部长，说实话，要是军队真的这么不堪一击，他首先得担责，这家伙一看自己要倒霉，眼珠转了转："委员长，我有两句话要说。"

"你说！"

"委员长，守方之所以失败，那是因为他们没碰上过坦克这种新式武器，大家都是井底的蛤蟆，没见过天有多大，所以乍一碰上坦克和战车，他们心里害怕，不知所措，这都情有可原。既然咱们是来演习的，那就是来找破解办法的。我现在请求让法肯豪森顾问去前线指挥，打垮战车营，给咱们的部队长长经验。您看怎么样？"

何应钦一说，徐庭瑶算听明白了，这招可真毒啊！如果我们何部长真的指令裁判吹黑哨，到时候德国顾问应对不了，那可就乱套了！到时候我们战车营夹在中间，哪边也讨不了好啊！可还没等徐庭瑶说话，法肯豪森一口气就答应了："没有问题！只不过我想问问，我能不能呼叫上级的炮火支援？"

何应钦一听："可以，但你最多只能呼叫到师一级。"

"那我可不可以还用那战防炮排？"

"可以！但你只能用这一个排！"

"那就OK，你们给我两个小时的时间来布置！"

就这样，法肯豪森走了，两个小时后，战火再起，彭克定的战车营再次呼啸着冲向守军先头团的阵地！双方是大打出手！结果半个小时之后，裁判结果出来，战车营全灭，守军先头团这边，一个营重残，两个营轻伤。

结果出来，何应钦气得奔儿奔儿直蹦啊："好你个德国顾问！我们认为你严谨仔细，闹了半天你们也作弊啊！之前大家费了那么大劲，都打不过战车营，你用两个小时就能打成这样？不是黑哨还能是什么？"

说句实话，对于这结果，不光何应钦跳着脚地骂，蒋介石也不信，就连负责组建装甲兵的徐庭瑶也奇怪：不应该啊！要是之前那堆维克斯机枪战车，有可能，那玩意多破，我心里有数。但我们这次动用了维克斯六吨半坦克，那玩意威力相当可以啊！怎么也败得那么快呢？

半个小时过后，法肯豪森顾问回到总指挥部，满脸堆笑："先生们，想不想去先头团阵地看看？"

大家谁不想看？尤其是何应钦和徐庭瑶，何应钦是憋足一口气：娘的！我倒要看看你有多大能耐，要是裁判团吹黑哨，我非让你下不来台！

徐庭瑶呢，他倒没想找德国顾问的晦气，他是抱着一颗学习的心，如果我们的战车营真那么容易就被打败，到底我们输在哪儿呢？

就这样，一行人乘车，直奔先头团的阵地，再一看，好么，先头团的阵地是焕然一新啊！只见战壕也加宽了，满处还都是铁丝网，而且整个团的布置，以战防炮为核心，整体感觉的确不一样。这时候，何应钦赶紧下令："把裁判团给我找来！"

一会儿的工夫，裁判团集合，一下子又来了二十多人，何应钦当场把中方裁判团的团长杨杰叫出来："杨将军，我且问你，这次的先头团，到底有没有守住阵地？"

咱们说杨杰，那是当年著名的军事家，陆军大学的教育长，相当权威。只见杨杰上前一步："报告委员长、何部长，此次先头团，成功守住了阵地，战车营全灭。德国顾问的部署，非常优秀，堪称完美！"

蒋介石一听，来精神了，我们的权威都说部署优秀，怎么优秀呢？于是他赶紧问："杨教育长，那你说说，德国顾问的部署，到底好在哪儿呢？"

"委员长请看！"

杨杰说着，就把蒋介石一行人带到了阵地上，只见战车营的坦克和战车，有的横七竖八地趴在阵地上，有的陷入了战壕内，有的在铁丝网前动弹不得，总之是狼狈不堪啊！杨杰就开始解释："德国顾问的阵地布置，是以战防炮为核心的，经我们判定，损失在战防炮下的坦克和战车很多。但德国顾问并不是单拿人填的，单拿人往上填，作用不大，就跟之前一样，也会失守。不过德国顾问高明就高明在，他还布置了几道埋伏，其中之一就是反坦克战壕。"

杨杰说着，带着大家到了反坦克战壕的旁边，大家伙儿一看，嘿！这反坦克战壕的确厉害，又宽又深，个小一点的坦克，栽进去就出不来。即便是个大一些的坦克，想过这战壕，也得减速，到时候就成了战防炮的活靶子！

大家在这看着，杨杰在这给大家解说，别人看得是津津有味，唯独何应钦不干了，他是来找茬的："哎！稍微等等！杨教育长，你说这反坦克战壕厉害，我承认，咱们这次是演习，无所谓，可以给守方挖战壕的时间。但如果真上了战场，没时间挖战壕，你怎么办？"

蒋介石在旁边一听，也对，战场情况瞬息万变，总不能像沙盘推演和今天演习似的，给你时间布置好了，我们再进攻。所以他也问："对！杨教育长，何部长说得有理啊！如果没有反坦克战壕，守方还有没有办法？"

杨杰一听，一点没慌："委员长放心！德国顾问这次布置的是三环套月的埋伏，反坦克战壕只是第一环，剩下的两环也非常厉害，我以我的名誉起誓，那也是非常巧妙，我是心服口服外带佩服！"

第二十七回 演习练兵两不误
月祥扩建装甲团

　　蒋介石参观阵地，总指挥部的一行人员，就在中方裁判团团长杨杰将军的指引下，分析德国顾问能取胜的原因。杨杰呢，重点讲了德国顾问的反坦克战壕，大家听得是连连点头。可这时候呢，何应钦也提出来了："杨教育长，咱们这是演习，有时间挖战壕。要是时间不够，那该怎么办？"

　　何应钦就想把杨杰给难住，可杨杰一点没慌："委员长、何部长，德国顾问这次是三环套月的埋伏，反坦克战壕只是其一。其余两招也相当有效，而且简便，您且来看，铁丝网！"

　　这话一说，总指挥部的人不屑一顾，说白了，铁丝网特别常见，有什么大不了的？尤其今天来的大多数军官，身经百战，对铁丝网太熟了，所以忍不住底下嘀咕："这玩意，挡一挡步兵还凑合，这能挡得住坦克？"

　　"对啊！而且这铁丝网也布置得太不讲究了，松松垮垮的，这怎么成？"

　　大家是议论纷纷。杨杰明白，这肯定是不信啊！所以他一举手："彭克定！"

　　独立战车营营长彭克定立即站出来："有！"

　　"我命令你驾驶坦克，撞向铁丝网，给大家做个演示！"

　　"是！"

　　只见战车营营长彭克定蹿上一辆维克斯六吨半，发动坦克之后，直向铁丝网撞过去了！只见奇迹发生了，只见彭克定的坦克撞上了铁丝网，一下停住了，挣扎了足足五六秒，才把铁丝网挣断。大家看得是目瞪口呆啊！杨杰在旁边乐呵呵地说道："大家看见了没有？这铁丝网别看松松垮垮的，阻挡坦克正好，但要是铁丝绷直，反而可能达不到效果，坦克一下就把铁丝给崩断了。当然了，我们也不是指望这铁丝网能彻底把敌人的坦克给拦住，它只要延误这五六秒，咱们的战防炮就管用了！"

　　这回，证据充分，何应钦还有点不服："哎，杨教育长，这招的确也不错。但我也

131

得说啊,这要是咱们的调整师,应该没有问题。但咱们还有很多装备落后的部队呢!保不齐日军就会拣软柿子捏,他们碰上坦克,又不趁战防炮,也没有铁丝网,这该如何是好呢?"

这时候包括蒋介石在内,大家伙儿一听,都明白,何应钦这是有点找茬了,明明有的东西,他偏问没有怎么办?这不是较劲吗?但蒋介石转念一想:也对,我们的德械师,现在还没调整完成,就算完成了,也就是二十个师左右,之后才能再增加。说实话,二十个师跟日本比起来,人数还是太少啊!而其余的地方不对,装备不行,训练不行,真要是和日军的坦克碰上,那就真完了!倒不如看看杨杰和德国顾问能给点什么提示。有一点,对于将来,这都是财富!所以蒋介石也跟着一块儿问:"对!杨教育长,咱们且抛开这次演习,如果咱们的地方部队,或者咱们的主力部队和日本人发生遭遇战,战壕和铁丝网什么的,都来不及,那该怎么办?"

其实这个问题,已经超出了演习范围,多少有点强人所难了。可没想到杨杰仍然没动声色:"来!大家来这里看看,就知道答案了。"

说着话,杨杰就把大家带到一辆坦克的前面,之后杨杰找了一根木棍,往坦克下面一胡噜,勾出好几颗手榴弹来。当然了,这都是道具,没法真炸。杨杰拿起一颗手榴弹:"大家看见没?我们判定这辆坦克被击毁的原因,就是这些手榴弹,坦克这东西,表面结实。但实际上也有弱点,就是它的底盘,还有履带。如果咱们的部队和日军的坦克真的发生遭遇战,什么也来不及准备,就得豁出去了,组织敢死队,把炸药包和手榴弹塞进坦克的底下,炸毁它的底盘和履带,这也叫有效杀伤,只不过那样代价就比较大了,这

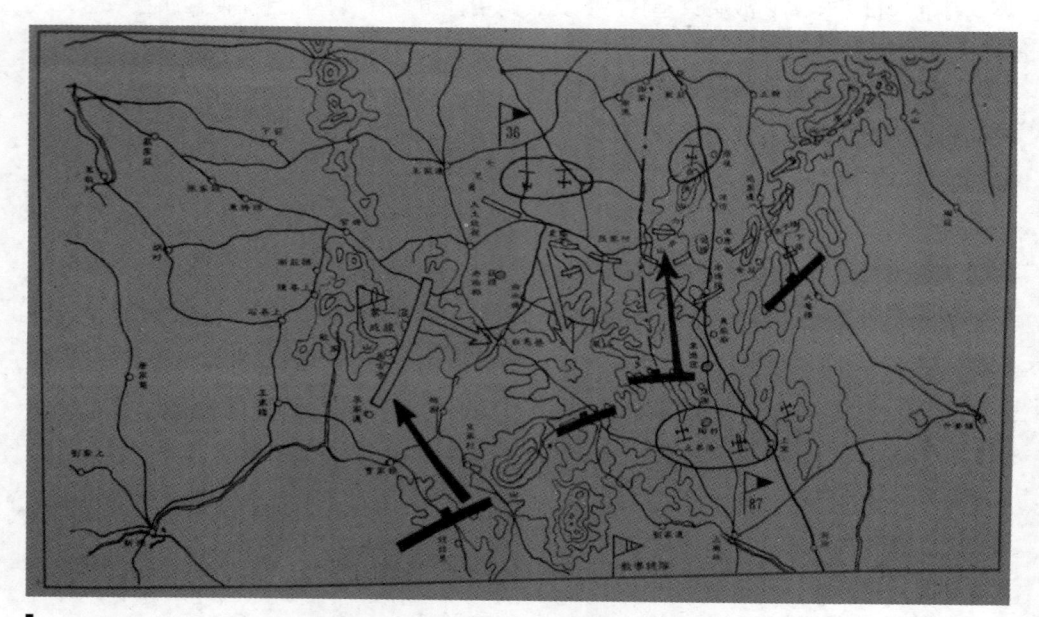

1935年演习,12月6日的决战示意图。图上有在上海失守后,阻敌于南京之外的计划,但因为淞沪会战损伤过重,这个计划最终流产

回守军的先头团，伤亡最重的一个营，主要就是损失在了这个环节上。我说得对不对？法肯豪森先生？"

德国顾问法肯豪森在旁边听着，也是连连点头："对对对！杨将军不愧是中国数一数二的军事家，说得一点都不错！蒋委员长，我觉得这些知识，咱们还要普及到别的部队，这样我们的整体素质才能够提高！"

这番话说完，大家是心服口服外带佩服，蒋介石看看左右："好！大家谁还有什么不明白的？赶紧提问！"

旁边各位是面面相觑啊！也是，人家掰开了揉碎了，都讲明白了，再说有问题，不是找茬吗？这回就连何应钦，也是默然不语。这时候人群中，又有一个人伸手："报告委员长！我有问题！"

蒋介石一听，这谁啊？杨教育长讲得那么明白，还有问题，是不是弱智啊？蒋介石回头一看，说话的不是别人，正是装甲兵的创始人徐庭瑶。蒋介石一看，不明白了，你能有什么问题啊？但也不能阻止人家说话。

"好吧！月祥啊！你有什么问题，尽管问吧！"

"是！杨教育长、法肯豪森先生，是这样的，您们用的战术，固然非常精妙，但我相信，日本人肯定也懂。将来战端一开，我们的装甲兵必定会是全军的刀锋，日本人到时候要是跟我们用这种战术，那我们该如何是好啊？"

这话一说，大家连连点头，这也没错，战争的双方之间，就是矛与盾的关系，我们也不能只会防守，不会进攻啊！

咱们再说法肯豪森，他一看徐庭瑶说这话，特别高兴："徐！你提的这个问题很好，这说明你很好学，观察得很仔细！我现在只能给你一个大概的答案，那就是需要你们的坦克和后面的步兵协同作战！当然了，具体的细节我不便在此透露，一会儿解散后，我会去你们攻方的指挥部，让你们练习协同作战，这是你们下一阶段的演练重点！"

"是！"

这时候蒋介石再看看左右："大家还有什么问题没有？"

"没有。"

"没了。"

"好！解散，明天继续演习！"

就这样，当天的演习结束，攻守双方都回到驻地休息，互相总结。等到第二天，攻守两方卷土重来！不过第二天，战事又开始升级，攻方守方全部出动，两个多师的兵力，就这么搅在一起，战作一团啊！不过因为头一天总结过了，所以第二天，两支部队的表现比之前都强！

打完了，回去再总结，就这样，攻守两方的部队进步明显，等到演习的最后一天，攻方连飞机都动用了，坦克在前，步兵在后，如潮水一般，就涌向了守方的阵地！打起来的时候，步兵守卫坦克，坦克掩护步兵，配合得十分默契！守方这边呢，根据几天总结的经验，反战车壕、铁丝网，都以最快的速度布置好，整个阵地以战防炮为核心，防守得非常严密，防空炮也都布置好了，上打飞机，下打坦克，也是应对自如。最终，守方成功守住了阵地，演习顺利结束！

这场演习，皆大欢喜啊！蒋介石手头的几支精锐部队，都得到了锻炼的机会，实战经验大增。可这次演习，唯独一个人不高兴！谁呢？徐庭瑶！

其实咱们说，战车队表现得已经相当不错了，多次受到法肯豪森顾问，乃至于蒋介石的表扬。而且这次演习的相关报告，也成了陆军大学的经典教材，很多人特别感兴趣，大家也都对这支战车部队另眼相看了。据说，守城名将傅作义，也特别托朋友要了一份，仔细研究。之后，傅作义因陋就简，把自己的汽车队集中，加上装甲，也成立了一支装甲汽车队。后来，分裂分子依靠日本人，成立了伪蒙政权，想要瓜分中国，傅作义先发制人，就以装甲汽车队为先锋，一举击溃这些伪军。

这都是后来的事了，还说现在，即便大家都对徐庭瑶的装甲兵另眼相看，可徐庭瑶呢，还是不满意，他来回盘算自己的战车营到底还有什么问题。结果算来算去，训练自然得提高，但关键问题，装备还是不行！当然了，不久之前刚到手的维克斯六吨半，以及维克斯水陆战车，表现都还不错，就是之前那些维克斯机枪战车，表现得着实低迷，没办法，毕竟是旧货，新式装备冲上去了，他们跟不上。所以徐庭瑶考虑再三，看来，我还得跟委员长那申请一些资金，至少把这些机枪战车更新了，不然的话，以后跟日本人打起来，非吃亏不可！跟自己人比划，输了不怕，到时候输给日本人，可就真误大事了！可要想更新装备，没别的，得花钱。我怎么跟委员长开口呢？

徐庭瑶正头疼呢，副官来报告："报告徐教育长，委员长要见您！"

徐庭瑶一听，哟！委员长要见我？正好，我看看委员长什么情况，要是他高兴，我就稍微提提装备的事，备不住他就能答应。可要多少钱合适呢？徐庭瑶心里来回打鼓。

等见到了蒋介石，蒋介石满脸堆笑啊："月祥啊！坐坐坐！"

徐庭瑶一看，受宠若惊，哟！今天这待遇与众不同啊！于是赶紧坐下，旁边有人递上茶水。徐庭瑶喝了两口，蒋介石乐呵呵地说道："月祥啊！你们战车营搞得不错啊！这次演习，表现得那是非常突出！"

徐庭瑶一听，赶紧站起来一个敬礼："谢委员长夸奖！"

蒋介石一摆手："哎！不必跟我这客套了。月祥啊，今天我叫你来，是有正事要说的！"

"请委员长明示！"

"月祥啊，是这样，我跟德国顾问商议了好多次，打算扩建你的战车营，组建成装甲兵团，统归管理咱们的新式兵器，什么坦克啊、战防炮啊、高射炮等，你觉得如何？"

徐庭瑶一听，吓了一跳，好么！闹了半天，除了随着步兵的大炮之外，剩下的高科技兵器全归我们了？说实话，徐庭瑶还有点犹豫："委员长，您的心意我明白，只不过这些高科技兵器，全归我们管理，我怕力不从心。"

"月祥啊！你不必有包袱，你们交辎学校的技术水平，在国内军校中首屈一指啊！你们要玩不转，别的军校也没戏。而且钱的方面，你尽管放心，到时候整编完了，你那儿缺什么，我给你补！另外，月祥，我得说一句了，你们的战车营务必得加强了。按照德国顾问的说法，他们一个战车营，起码要有六十多辆坦克和战车，咱们也许质量达不到，但数量不能少啊！万一打没了，还得有替补。所以这回你还得去趟欧洲，好好地挑选一下装备。打起仗来，你们是锥子的尖，是刀子的刃，锥尖不尖，刀刃不快，那怎么行？"

徐庭瑶一听，行，本来就是想要些钱，更新战车营，现在目的达到了不说，还多了不少责任。那就答应吧！

"请委员长放心！属下一定不负委员长的重托！"

有蒋介石的批条，钱下来得那是格外的快！下一步，徐庭瑶还得出国，想办法买好装备去！可一说走，徐庭瑶还有点肝颤，怎么回事呢？其实还是因为战车营营长彭克定。咱们前文也说过，战车营营长彭克定，有些能耐，但野心太大。想要他俯首听命，得有合适的人压着才行，不然非翻了天不可！而且，交辎学校这边还一大摊子事呢，如果走了，谁能来帮着管呢？

所以徐庭瑶考虑再三：对了！他肯定合适！

谁呢？之前长城抗战时的手下悍将——杜聿明！咱们说杜聿明此人，字光亭，黄埔一期出身，而且参加过长城抗战，可谓要能耐有能耐，要经验有经验，所差一点的，就是杜聿明并非学坦克出身，但这对于徐庭瑶来讲，并不是什么问题，之前的军官有多少是这个专业的？只要后天努力学，也能把基础补上。所以徐庭瑶赶紧给杜聿明写了一封信，千叮咛，万嘱咐，让他务必来战车教导营，协助自己！

咱们再说杜聿明这边呢，这两年，杜聿明过得可憋屈！长城抗战之后，中日双方签订塘沽停战协定，刚开始，日本人一个劲地施压，要蒋介石处置这次抗日的有功之臣，这目的很明确啊！削减你的抗日力量。蒋介石呢，虽然顶住压力，没自毁长城，但暗地之中，还得做出一些动作，让日本人看得过去。比如，第二师师长黄杰，撤去军职，负责税务稽查。当然了，这实际是不降反升，接管税警总团去了。但明面上，还得告诉日本人，我已经处置这些人！

而杜聿明呢，就没黄杰那么幸运了，直接被解除兵权，到中央军校高级班学习去了，正好这时候，也差不多毕业了。按照常规，接下来，杜聿明还得回原部队二十五师，担任原职，也就是副师长。杜聿明是长吁短叹！

第二十八回　杜聿明回归军校　蒋介石西安被扣

徐庭瑶要扩编部队，把之前的战车营扩编成装甲兵团，这也是德国人的思维，高科技兵器集中运用，攥成一个拳头，威力会成倍增长。可扩编战车营，那就意味着，要多买坦克，这回不仅是手头用的，连替补的都要买出来。

这是个好消息，可徐庭瑶又犯了难，身边没有什么太可心的人，要是自己再出国，就怕战车营营长彭克定翻了天！而且交辎学校内部，还有好多事情，没个硬人跟这顶着，还真不好办。

这一方面是必须出国，另一方面是还得看着国内，徐庭瑶无奈，就得找找能帮忙的人。找谁帮忙呢？他肯定合适！

徐庭瑶说的是谁呢？长城抗战时期的手下干将——杜聿明！咱们说杜聿明这两年惨透了！长城抗战之后，杜聿明被送到中央军校高级班学习，说是学习，实际上就是避避日本人的风头。等学了两年，杜聿明还得回二十五师，担任副师长。可一说回二十五师，杜聿明就头疼。二十五师师长，也是杜聿明的老搭档，叫关麟征。咱们前文也说过，关麟征英勇善战，但脾气很爆，跟杜聿明翻脸，那是家常便饭。所以杜聿明就犹豫，我到底回不回去呢？回去，还是整天当受气包去，说实话，是个男人，谁不想自己说了算呢？天天看别人的脸色，不好受啊！可要是不回去，我能去哪儿呢？

杜聿明正犹豫的时候，徐庭瑶的信到了，杜聿明看完，是喜出望外啊！好啊！老长官还想着我呢！说实话，我跟关麟征那儿受气不少，但跟老长官那儿，却没受什么气，找他去吧！就算官职低点，待得也舒心！

就这样，杜聿明马上打点行装，来找徐庭瑶。俩人见面，杜聿明兴奋得不得了啊："老长官！咱们这也有两年没见了，您好吗？"

徐庭瑶点点头："我挺好啊！光亭！我听说你这两年过得也不错啊！"

"嗨！什么不错啊！天天跟学校混日子。怎么？我听说老长官您这缺人？"

"可不是嘛！光亭啊！现在我受命，扩编一支装甲兵团，但你也明白，这东西属于新式兵器，我一个人搞起来太费劲，所以我需要帮手。光亭啊，你也知道，咱们十七军这些人里，好用的人也没几个，关麟征英勇善战，但脾气暴躁，弄这高科技兵器，他肯定没这耐心。黄杰和刘戡呢，领兵带队也行，但他们醉心于政治，不好好研究学术。所以我想了半天，只有你胆大心细，又善于指挥，这最合适啊！"

杜聿明一听，也乐了，嘿嘿，我们这老长官，平常不太爱说话，其实手下什么人，他心里全有数。所以杜聿明就答道："老长官，您既然这么看得起我，我不能不兜着。只不过这装甲兵，我在军校里，只是小小的听说过一点，没操作过啊！您看这样行不行？我先在您手下，当普通一兵，等技术手段练熟了，您再量才录用？"

徐庭瑶一看，行！杜聿明现在怎么说，也是个副师长，将军身份，但他不骄不躁，还能说出从普通一兵干起，先学技术，就我对他的了解，这不是说客套话。就冲着一句话，这人可用！所以徐庭瑶赶紧摆手："不不不！光亭啊，大可不必如此。你想啊，我来这之前，也是个外行，学这两年，也大概明白一些了，至少别人想蒙我，没戏。你还年轻，肯定没问题！而且我之所以叫你来，是有重要任务的！"

杜聿明一听，哟！还有重要任务？

"请长官明示！"

"现在是这样，咱们扩建装甲兵团，主要基础就是战车教导营，这也是以后作战的主力。可教导营里，有点人心不齐啊！现在教导营的营长，叫彭克定，这家伙德国留学出身，野心不小，他之前就在教导营里邀买人心，我好好地收拾了他一顿，算老实点了。

装甲兵团的主力装备之一——德国1号坦克，设计精妙，机枪火力还不错，南京保卫战中，它们全部参战，最终全部损失了

但眼下，我还得出国一趟，时间可能要几个月。现在我任命你为交辎学校学员队队长，你务必要边学习，边拢住人心，势必不能让彭克定胡闹！"

"是！"

就这样，徐庭瑶布好局，再次启程，赶往欧洲。而杜聿明呢，就负责留守和实际管理，还别说，杜聿明真有两下子，自己不是不会技术吗？没关系，我跟学员们一起听课，认真做笔记，认真学。每天早上操练，杜聿明准坐到头车上，带头沿着预定路线，跑上一圈。刚开始呢，杜聿明是看着学员操作，到了后来，自己独立操作！就这样，跟学员们打成一片。这还不说，这时候，很多去外国留学学员纷纷归队，杜聿明是仔细考察，量才录用，学的跟机械化部队相关的，全都报请徐庭瑶批准，然后把这些人招进交辎学校当教员。这批人质量很高，什么胡献群、廖耀湘、唐铁成等，要知识有知识，要能耐有能耐，交流还不成问题。所以这帮人一来，杜聿明的实力大涨，跟彭克定开始慢慢拉成平手。您看见没？这就是和谐的要诀，双方的实力差不多，能拉成平手，情况就稳定了。

交辎学校这边稳定了，徐庭瑶在外面更是如鱼得水啊！徐庭瑶这次又去了德国，在老顾问汉斯·冯·塞克特将军的帮助下，接上了线，想要再买坦克。徐庭瑶的思路很清晰，既然是按照你们德国的模式建立装甲部队，最好也有你们德国的装备，那才好用。可等跟工厂方面接上线之后，工厂总经理容克先生就说了："徐将军，我们现在只有这种1号坦克，可以卖给你们！"

徐庭瑶仔细一打量这种坦克，略有失望啊！要说1号坦克，德国产品，质量也有保障。可唯一的缺点，就是火力太弱啊！1号坦克上只有两挺机枪，没有炮，这样对付敌人的步兵没问题，可如果遇上碉堡工事，就不太好办了。徐庭瑶还抱点希望："容克先生，你们德国的货，质量上我很放心，可这个1号坦克火力太弱，你们有没有更好一点的产品？"

"这个？我们确实没有……"

容克说着，稍微有点犹豫，徐庭瑶算看出来了："容克先生，我明白，您可能有难言之隐，这样，您问问上面的意思，如果能卖我们更好的，我一定不惜重金！"

徐庭瑶走了之后，容克经理还真有点动心了，赶紧给希特勒打了报告。说实话，德国现在已经生产出了2号坦克，这是带大炮的。但说实话，论实力，和英法两国的坦克还有些差距，算是一个过渡品吧。所以容克有点动心了，要是能拿这过渡品换一大笔资金，不是更好吗？

可没想到，希特勒知道之后，马上回信，不行！原因就是，我们现在一定不能在英法面前露出真面目，否则我们日耳曼民族将无法振兴！所以决不能把2号坦克卖给中国！

得，容克经理吃了个闭门羹，只能就这么回复徐庭瑶："徐将军，我们现在最好的，也就是1号坦克，更好的坦克，我们还在进行改装试验，远没成熟。所以对不起，你的要求，我没法满足。但您如果要1号坦克的话，我们保证敞开供应！"

徐庭瑶一看，没辙，人家把话说到这份儿上，肯定没松口的余地了，所以只能买下了十五辆1号坦克，运回国实验。除此之外，徐庭瑶也知道，装甲团光坦克好也不行，你侦查也得到位，不然那就成了睁眼瞎！所以徐庭瑶还订了当时德国最负盛名的豪须式装甲车，也一并运回国内。

　　结果这一试，两种武器都颇受好评啊！从杜聿明这些外行，到彭克定这种内行，全都赞不绝口。豪须式装甲车，一般是侦察用的，四轮驱动，速度奇快，能跑到每小时90公里！同时车上还有一挺德国造机枪，这比国内任何一种重机枪都厉害，对付步兵，那跟收割机差不多了。最后大家意见统一，要不是这豪须装甲车的装甲薄点，只能挡一挡远距离的子弹，大家真恨不得拿它冲锋陷阵！可惜啊，只能这么大材小用，当侦察车了。

　　而1号坦克呢，你别看有枪无炮，攻坚能力弱点儿，但有两挺德国机枪，火力极猛！步兵再多也不怕，随扫随趴下。而且1号坦克设计得非常精巧，别看装甲不厚，但都带斜面，就为了防御子弹，子弹要是打得不太准，可能就直接滑飞了，一点伤害也没有。所以大家商议好了，当即报请军政部批准，就把这批1号坦克编入战斗序列，豪须装甲车划归搜索营。这下可好，战车第一连，用的是维克斯水陆两用战车，代号"龙连"，陆地水上无所不能，善于包抄。战车第二连，用的是维克斯六吨半战车，代号"虎连"，皮糙肉厚，善于攻坚。战车第三连，用的是德国1号坦克，代号"豹连"，动作灵敏，善于掩护和对付步兵。这回，一个战车营之内，龙虎豹就算凑齐了！

　　等情况反馈回来，徐庭瑶别提多高兴了！好！总算找到一款好产品！于是，徐庭瑶又下了大订单，一口气订购了120辆1号坦克。有人问了，怎么订了那么多呢？咱们书中代言，徐庭瑶有他的想法，一方面，这是要扩大装甲兵的规模。来之前，蒋介石就交代了，要把战车营扩编，所以要把装备买好，备用的也得一并买齐。而这1号坦克呢，综合性能强悍，而且又是德国制品，我们用德国人的装备，又是德国人给训练，肯定也能打出德国人的战果！

　　另一方面，徐庭瑶也盯上了德国的新式坦克，也就是当时的2号坦克，徐庭瑶都琢磨好了：我早就打听清楚了，你们有更好的，而且是带大炮的坦克。你们为什么不卖呢？没别的，肯定是为了保密起见，但就因为保密，它的水平肯定比维克斯六吨半要强啊！我相信，以德国的工业水平，制造出更好的坦克也不难，等你们有更好的，这坦克也不需要保密了。我们拿来对付小日本正好！

　　所以徐庭瑶干脆就在德国摆了肉头阵，磨吧！当然了，坦克的制造周期还是比较长的，何况徐庭瑶要的这批坦克，可是不少，想全部交货，得一年多。

　　徐庭瑶在等的这段时间里，也没闲着，想办法泡到德国的军校里，学习德国人建立装甲师的精髓。

　　正学着呢，到了1936年12月中旬，徐庭瑶突然接到一封国内的紧急电报：特委任徐庭瑶为讨逆军东路前敌总指挥，徐庭瑶即刻回南京听令，准备会同战车营，进攻西安！

　　等一看电报，徐庭瑶吓了一大跳啊！怎么回事？我怎么平白无故当上前敌总指挥了？而且内容也奇怪，进攻西安，为什么啊？哦，我明白了，听说陕北"赤匪"闹得挺厉害的。难不成"赤匪"太厉害，这回把西安给打下来了？

徐庭瑶也不敢多想，带着一脑袋问号，坐飞机回国。等回国之后才明白，闹了半天是张学良和杨虎城在西安，把蒋介石给扣押了！这件事史称：西安事变。

蒋介石被扣押之后，南京国民政府这边迅速分化成两派，一派以宋子文为首，力主和平解决。另一派以何应钦为首，力主武力解决。结果，两派之间，吵得不可开交，到最后，谁也没说服谁，干脆就各自开展行动。宋子文等人，赶紧施展外交手腕，想办法跟张学良和杨虎城谈判。而何应钦呢，人家是军政部长，算是二把手了，所以他立即组织军队，准备扑奔陕北，讨伐张学良和杨虎城！

而咱们说呢，这场战斗必须速战速决，可何应钦呢，并没有必胜的把握，看样子，张学良的东北军人多不禁揍，杨虎城的手下人少武器弱，可毕竟他们是以逸待劳，如果有个万一，还真不好办。所以何应钦就想起战车教导营了，战车教导营在大演习之中的表现，有目共睹啊！张学良和杨虎城，他们不可能对付得了坦克，这回我要叫他们好看！

第二十九回　西安事变和平解决　贪污大案震惊军校

西安事变，蒋介石被扣押，而这时候军界的二把手何应钦呢，力主武力解决！但他也明白，对付张学良和杨虎城，虽然胜面很大，但并没有必胜的把握。这一战，我们得想办法速战速决！所以何应钦的眼睛，就盯上了战车教导营。为了能让战车教导营听令，何应钦飞调徐庭瑶归来，任命他为讨逆军东路总指挥。

咱们说徐庭瑶呢，他在国外，对国内这点事不清楚，等他飞回国内，只能听何应钦白话了。何应钦就跟他哭诉："月祥啊！你可回来了！"

"何部长，到底出什么事了？怎么咱们还组织了一个讨逆军呢？"

"嗨！别提了！张学良、杨虎城这俩乱臣贼子，咱们"剿共"，他们非不干，不但跟'赤匪'勾勾搭搭，还把咱们委员长给扣了！"

"啊？有这等事？"

"可不是！现在是证据确凿啊！可咱们政府内部有些人，还幻想和平解决呢，可这张学良和杨虎城，整个俩土匪，你跟他们讲道理，那可能吗？"

徐庭瑶一听，可也是，但他还心有疑虑："何部长，照这么说，我马上率战车营进攻西安，没问题。可委员长现在还在人家手里，我怕投鼠忌器啊！"

"不不不，月祥啊，你不要有负担，说实话，他们要想害委员长，早就下手了。现在咱们就得趁着他们犹豫，一鼓作气，把他们打乱，然后进西安，救委员长！你的战车营，我已经给运到前线了，你即刻去指挥，有什么问题，我全权负责！"

"是！"

就这样，徐庭瑶马不停蹄，奔向了前线。还别说，坦克就是好用，碰上步兵，几乎就是碾压式的效果，无论是张学良的东北军，还是杨虎城的西北军，没人挡得住啊！所以几天之内，徐庭瑶的东路军先头部队，已经打下了华县，离西安只有不到一百公里了。

可没想到，就在此时，南京那边传来消息，西安事变和平解决，所有部队，立刻停止进攻！徐庭瑶当时就傻了，怎么回事？不是打吗？怎么又和平解决了？

咱们书中代言，西安事变之所以和平解决，这也是绝大多数人的选择，张学良和杨虎城方面，也就是想迫使蒋介石，停止内战，一致抗日，要说下黑手的心，他们还真没有。而共产党方面呢，也是这个态度，而且在其中，也出了不少的力。而国民政府这一边呢，一大批的人都支持和平解决，这一方面是关心蒋介石的安危，另一方面也是代价最小的解决办法，不然大打出手，双方拼个你死我活，这损失的是中国的国防力量，高兴的只有日本人。

咱们也多说一句，有关于何应钦在这次事件中的态度呢，有人分析，他就是想让张学良和杨虎城弄死蒋介石，自己取而代之。但有人也觉得不是，因为何应钦只在军界有些势力，那是日本士官系的首领，黄埔系的教官。如果蒋介石一死，他即便能掌控军队，政府层面，他也玩不转。但不管怎么样，西安事变和平解决，何应钦也没继续硬打，这也是万幸吧！

西安事变和平解决，这下一步的事情，那就是撤兵了，各归各位，该训练的训练，该整编的整编。徐庭瑶呢，也随着部队，缓缓撤回南京。等到了南京之后，徐庭瑶就赶紧回到了交辎学校，我走这些日子，学校弄得怎么样呢？结果等回学校一看，行，一切都井井有条，而且新招进来的教员们，什么胡献群、廖耀湘、唐铁成等，颇受学员们的好评啊！这些人以杜聿明为核心，都挺团结，学校运转良好。徐庭瑶也挺高兴：行！我这人算是选对了，杜聿明还挺有本事。我看我可以考虑退居二线啦！

徐庭瑶正在这感慨呢，办公室外面有人喊："报告！"

"进来！"

黄杰，徐庭瑶曾经的属下，后来跟复兴社搭上了关系

门一响，副官进来了："报告！"

"什么事啊？"

"报告教育长，浦口码头发生大火！咱们战车营的大部分汽油和材料被毁！"

"什么？"徐庭瑶大惊失色啊："怎么回事？这到底怎么回事？"

"报告教育长，战车教导营依次撤回南京时，因为船只紧张，所以咱们分队走的。虎连二排负责断后，押着咱们的汽油、器材一起过江回南京，据说是有人吸烟，结果不慎引发火灾，咱们损失惨重啊！"

徐庭瑶一听，气得直哼哼，这事肯定不那么简单。我们交辎学校，包括之前的战车营，第一节课早都讲过，看见汽油，绝对不准吸烟，哪怕你只是把烟拿起来，不点火，都是个记过处分！谁可能犯这低级错误啊？

谁都知道，现在中国没有汽油，这都是花外汇买的，那跟硬通货差不多！是不是有人在这上面下心思呢？所以徐庭瑶一拍桌子："那就先把二排排长抓起来！然后给我严查！"

"是！"

之后徐庭瑶也没闲着，自己也派出手下去查，这不查则已，一查，徐庭瑶的脑袋"嗡"了一声。怎么回事呢？这次的战车营领到的汽油，远比自己想的多得多！刚开始说要讨伐西安的时候，徐庭瑶不在，军政部长何应钦为了鼓动战车营参战，就宣布了："只要你们参战，我什么要求都答应！"

战车营这帮人一听，这还不好，结果就乱领物资，光汽油，每个连都领到了上千桶，这一桶为五加仑，所以合计一下，整个战车营竟然领到了二十多吨的汽油！徐庭瑶一琢磨，20吨汽油，这要是全烧了，别说一个浦口码头，烧了整个南京都差不多！

而这时候呢，派到浦口码头查探的人也回来了，浦口码头虽然有些地方被烧得挺惨，但离全毁还差得远呢！徐庭瑶一看，你瞅见没？这里有猫腻啊！到底是谁在搞鬼呢？

徐庭瑶正盘算呢，门外有人来了："报告！"

"进来！"

门一开，进来一个人，徐庭瑶推了推眼镜，仔细一打量，认识，此人是战车营龙连连长郭恒建。咱们说郭恒建，浙江人，小时候在湖北待过，湖北云梦一带的话他也懂，所以在彭克定揽权的时候，他幸免没被撤职。刚开始，郭恒建也是时时自危啊！就怕被彭克定抓着一朝之错，也给撤了职。可等了一阵，战车营里被压制的这些人，全都开始串联，郭恒建官职最高，又是委员长的老乡，所以成了首领。休息的时候，大家怕被彭克定的人盯上，经常分散出发，找个地方聚会。这些人就感叹啊："娘的！彭克定什么时候倒台啊？我已经等不及了！"

"可不是！现在看得出来，上面也在想办法，咱再忍忍，早晚有咱出头之日！郭连长，到时候您可是我们的主心骨啊！"

咱们说呢，这些人来头比较散，一连二连三连的人都有，这回浦口失火案，就是二连出的事，其中有人知道内幕啊！于是等回南京之后，这几个人就悄悄地找到了郭恒建："郭连长，出大事了！"

郭恒建是个老实人，他不知道啊："怎么回事？你们怎么火急火燎的？"

"嗨！郭连长，您是不知道啊！浦口码头失火了！"

"啊？有这等事？怎么咱们刚走，浦口码头就着火了？"

"哎哟！郭连长，您是不知道啊，这火就是二连连长汪文彦放的！"

"汪文彦？他放火干什么呢？"

"哎哟郭连长，您没听说啊？咱们之前，不是跟上眼皮那，领了好几千桶汽油吗？汪文彦这一把火，烧了能有五六十桶，然后他对外说了，咱们所有的汽油，全给烧了，您说这不有鬼吗？"

郭恒建一听，倒抽一口冷气："兄弟，这事你可看准了？"

"看得真真的！汪文彦特别把这些汽油堆在一起，拿着火柴跟那儿耍，我都数了，也就是五六十桶！"

"没错！我也看见了，而且之前，我还看见营部军需官方俊三、副官室的副官彭大钧也跟汪文彦那儿嘀嘀咕咕的，我看他们也有鬼！"

郭恒建一听，心里明白了："好！你们几位可看准了啊！我这就去揭发他们，到时候你们可得给我作证！"

"那没说的！我们看见的，肯定百供不离原词！这次这几个犯事的，全都是彭克定的铁杆，估计他在这里也不清楚，咱们争取这次，一举把他掀翻了！郭连长，我们全看你的了！"

咱们说郭恒建呢，肩负重任，他还没敢去找徐庭瑶，他一琢磨：之前彭克定犯了那么多事，我们徐庭瑶教育长不过给他来了个记过处分，他到底跟彭克定是不是一头的呢？我可看不准。不过我们这个新来的学生队队长杜聿明，那是个好人，而且他来之后，多少措施，都有点针对彭克定，我找他更保险。

就这样，郭恒建就找到了杜聿明，把这事跟杜聿明一说，杜聿明大惊："郭连长，这事你确不确定？"

"队长去调查就行了，我这有人证！"

"好吧！不过郭连长啊，这事你找我没用，你得找徐教育长去啊！"

"呃，我怕……"

"不用怕！徐教育长是好人，只要你有证据，什么都好说！"

"好嘞！"

就这样，郭恒建来找徐庭瑶，把事情一五一十地跟徐庭瑶说了。徐庭瑶一听，倒抽一口冷气啊！

"郭连长，此事你可确定？"

"徐教育长，千真万确！我们有人证！"

"好！你让所有的人证，把自己看见的具体情况都给我写一遍，然后按上手印，隔离审查！"

徐庭瑶此言一出，郭恒建当时懵了："徐教育长，这……"

徐庭瑶一笑："郭连长，你也别多心，我这也是保护他们。彭克定在战车营经营多年，你这些个兄弟，都知道了他的短处，就怕他暗中下手啊！我把他们隔离审查，明着是给彭克定面子，实际上就把他们保护起来了。"

郭恒建一看，后悔也晚了，得，就这么办吧！如果有问题，我算把我这几个兄弟给坑了！

不过咱们说，徐庭瑶办事，还是比较靠谱的，人证一来，明着隔离审查，暗着开始取证，你们不是说第二连连长汪文彦、营部军需官方俊三、副官室的副官彭大钧都有问题吗？他们还跟谁接触了？说不出名字也行，画影图形。再不行，身高体型你总说得出来吧？

等拿到了资料之后，徐庭瑶就派人在市场上摸，尤其是南京和上海一带。徐庭瑶很清楚啊，彭克定他们贪污汽油，肯定不是为了喝，也不是为了烧，那是为了卖钱啊！当年中国不产汽油，这玩意在市场上可是硬通货，一升汽油大概能卖到半块大洋左右，如果按照失踪的数目算一算，好家伙，十多万大洋，这是一笔巨款啊！他不可能一点消息都没有。

怎么调查呢？正好徐庭瑶的老部下黄杰，跟特务机构复兴社那边，关系挺深，徐庭瑶就拜托他，进行调查。黄杰呢，一看老长官发话，不敢不给面子，所以就撒下人马，四处调查。

咱们说，这事并不难，当时人均工资每个月也就是三块多大洋，十多万大洋，谁能掏得起呢？黄杰的人，就监控了各大银行，然后顺藤摸瓜，直接把汪文彦、方俊三和彭大钧这三块料给逮住了。这时候徐庭瑶一看，证据确凿，那还有什么说的？所以吩咐一声："给我带彭克定！"

咱们再说战车营营长彭克定呢，这两天他就觉着眼皮子跳，等布置任务的时候，第二连连长汪文彦、营部军需官方俊三、副官室的副官彭大钧也都找不着人了，彭克定就奇怪：嘿！这仨家伙，哪儿去了？这些天，我发现他们经常擅离职守，难不成他们在捣鬼？彭克定心里正没底的时候，有人叫他："彭营长，徐教育长有请！"

长官呼唤，彭克定不敢不去，所以就硬着头皮来到徐庭瑶办公室，彭克定一看，徐庭瑶面沉似水，就知道，今天是福不是祸，是祸躲不过！

第三十回　连带责任彭克定离队
　　　　　军售熄火徐庭瑶赴欧

彭克定面见徐庭瑶，他也知道情况不妙，可长官呼唤，你不去行吗？所以彭克定只能硬着头皮一敬礼："教育长！"

徐庭瑶面沉似水啊："彭克定！你可知罪！"

"呃，属下不知！"

"哦？你不知道？你到底是真不知道，还是装的？"

"属下真不知道。"

"好吧！那就让你知道知道！带人！"

时间不多久，下面有人把汪文彦、方俊三、彭大钧都给带来了，彭克定一看，哎哟！怪不得这仨不见了呢，闹了半天被调查了！彭克定心知不妙。徐庭瑶一看："彭克定，你贪污汽油三千桶，你想干什么？是家里炒菜缺调料？还是点天灯缺燃料？嗯？你说！"

"属下确实不知。"

"好！到了现在你还狡辩，行！来人！"

一连长郭恒建马上站出来："有！"

"把彭克定押走，送交军法处！"

"是！"

郭恒建和哥儿几个总算解恨了，把彭克定拿小麻绳一勒，带走了。怎么送去军法处，暂且不提，总之经过审讯，彭克定确实跟这起案子没多大关联，他也不知情，只不过犯事的这三位都是他的族亲，换而言之，彭克定如果没用他们，也不会有这案子。所以最终军法处裁定，汪文彦、方俊三、彭大钧该毙的毙，该关的关，彭克定呢，职务一撸到底，以示惩戒。不过彭克定，人家的确有能耐，在战车营没法待了，就蛰伏一阵，搭上了中央军校教导总队的队长桂永清，上那里高就了，从此，彭克定也就算离开了装甲兵序列，不过后来又折腾了一阵，最后呢，1962 年在台湾病逝，他的故事咱们暂且不提。

再说战车营这边，处理了彭克定，徐庭瑶再把营里的各级职务做了调整，最后，按照蒋介石的指令，以交辎学校的前两期学员为基础，成立了装甲兵团。这个团可有意思，一般来说，即便是加强团，团长的职务也就是上校，装甲兵团可好，团长是杜聿明少将。有人问了，徐庭瑶呢？徐庭瑶此时已经非常放心了，杜聿明年富力强，头脑清醒，带兵打仗比自己强得多啊！我除了资历之外，比杜聿明强的地方不多啊！我年岁也大了，再占着位置也没必要，不如我就潜心教育和后勤吧，给我们装甲兵培养人才！

就这样，1937 年 5 月，装甲兵团最终成立，这个装甲兵团可以说包揽了中国当时一半以上的最先进兵器，一共有一个战车营，一个搜索营，一个战防炮营，一个战防炮教导队，另外还有团直属的通信连、特务排、野战医院、汽车修理厂等。可以这么说吧，中国陆军之中，素质最高、装备最好的也就是装甲兵团了，除此之外，也就是桂永清的中央军校教导总队可以一比。

装甲兵团在这扩编，可徐庭瑶的头疼事一点也没少，现在，从训练到组织，都可以甩给杜聿明了，可具体的后勤还是问题，尤其是之前，徐庭瑶在德国订购的 120 辆 1 号坦克，定金都交了，要搁正常时间，早该到货了，可这回怎么就如同石沉大海，没消息了呢？这可关系到我们装甲兵团未来的装备啊！除了 1 号坦克之外，我还得看看德国最新式的坦克呢！所以徐庭瑶不敢怠慢，赶紧再坐飞机，奔了德国。结果等到了坦克工厂，再找到容克经理，容克经理说了："对不起徐将军，你们的订单，元首给搁置了，你们需要等等。"

等？怎么等啊？徐庭瑶心里火急火燎的。既然这样，那肯定是出问题了，赶紧找人问吧！找谁呢？孔祥熙！当时孔祥熙正好在德国，他人头也熟，找他准没错。于是徐庭瑶赶紧去找孔祥熙，正好这会儿孔祥熙正准备晚宴，一听徐庭瑶来了，挺高兴："哦！徐庭瑶将军，赶紧叫他来吧，我这还有几位朋友给他介绍介绍。"

徐庭瑶早等不及了，赶紧闯入孔祥熙的住处，只见孔祥熙满面堆笑："徐将军，来得早不如来得巧啊！我这正好晚宴，请坐吧！"

盘子和刀叉早都摆好了，徐庭瑶一看，既来之则安之吧！咱们孔总裁，要的就是排场，要是我当场折他的面子，恐怕我也没好。于是徐庭瑶落座，孔祥熙开始套近乎："月祥啊！你来得正好，我今天还

第三十回　连带责任彭克定离队　军售熄火徐庭瑶赴欧

蒋纬国，蒋介石的二公子。具体生父存疑，但他曾在德军的山地师中服役，这是的的确确的，他也因此学习到了西方先进的军事思想。因此抗战之后，蒋介石重点栽培他，掌握装甲兵

147

要给你介绍几个好朋友。这位你认识吗？"

孔祥熙手指之处，是一个年轻人，大概二十岁左右，眉清目秀，身穿一身德军少尉制服。徐庭瑶一看，这人再不认识，我这么多年就白混了，这不就是咱们委员长的儿子蒋纬国吗？我也听说了，他在德国军队中任职，颇有能耐。于是站起身来："纬国公子您好！"

蒋纬国也站起来，敬了一个军礼："徐将军好！"

孔祥熙点点头："嗯！月祥啊，不瞒你说，纬国现在在德国山地师服役，他对德军的机械化部队很有研究，等将来回了国，你可要多提拔提拔哟！"

"您放心！那没说的！"

接下来，孔祥熙的手指向第二位："月祥，这位你认识吗？"

徐庭瑶仔细看看，此人中等身高，岁数大约三十一二，穿着一身笔挺的海军制服，肩上是少校肩章。徐庭瑶不太认识："您是？"

"徐将军您好，我是海军少校林遵！"

接下来是第三位，这位三十五六岁，穿着一身西服。徐庭瑶看了更不认识了："您是？"

这位一乐："徐将军，咱们可是老熟人了！您不认识我？"

徐庭瑶越看越面生："这位先生，请恕在下眼拙，您是哪位呢？我记不起来了。"

"啊，也对，咱们虽然熟，但尚未谋面。我给您提个醒吧！《军用汽车学》，还有《注意！坦克！》这两篇文章，您看着还不错吧？"

哟！这回可给徐庭瑶提醒了："您！您就是耿光翟先生？"

"不错！正是在下！"

"哎哟！耿先生，咱们老闻名，就是没见过面。今天总算见着了，请受我一拜！"

耿光翟一看，赶紧用手相搀："别别别，徐将军，我怎么受得起啊？"

"哎，不服高人有罪！我一定要拜！"

这下把旁边的孔祥熙、蒋纬国和林遵都闹愣了，这是怎么回事呢？原来，耿光翟，原名耿耀张，字光翟，早年间是冯玉祥将军的部下，骑兵出身，也负责过装甲列车作战。北伐战争后，耿耀张去英国学习过坦克技术，1933年回国，先在杨虎城将军的陕西省机器局待了一阵。当时，中国最缺乏这种高级人才，所以在陕西省机器局待着的这段时间，耿耀张接到了无数单位的聘书啊！都请他来自己这。

当时呢，徐庭瑶也发了聘书，结果因为自己忙着出国考察，结果慢了，让防空学校校长黄镇球抢了先，他聘任耿耀张为防空学校汽车学教官兼汽车修理厂厂长，不过当时不知为什么，任职令上把耿耀张的字，写成了名，最后就成了"耿光翟"，耿耀张无所谓，就这么用下来了。

耿光翟进了防空学校之后，干得挺好，但徐庭瑶一听说，不干了，人家学坦克的，在我这更好，你黄镇球凭什么抢先？后来，徐庭瑶还专门去防空学校要人。校长黄镇球，那也是老革命，脑子灵，他一看，我们防空学校也得用汽车啊！要不防空炮怎么部署？

想跟我这挖墙脚啊，没门！

黄镇球来了个阴的，每次徐庭瑶来要人，就把耿光翟派去出差，徐庭瑶是怎么找也找不着，所以自然没法挖人。咱们说交辎学校这边，也是筹建之中，徐庭瑶空闲很少，哪儿能这么天天耗啊？最后就认输了："人我不要了，但耿光翟的文章咱们一起用行不行？"

黄镇球一看，这还行，也就同意了。于是，交辎学校的教材之中，就引用了不少耿光翟的研究，最厉害的两个，一个就是耿光翟的著作《军用汽车学》，再一个就是德国闪电战专家古德里安的《注意！坦克！》。咱们说，耿光翟留学的时候，跟古德里安有些交情，这篇《注意！坦克！》也是德军内部的资料，耿光翟从古德里安手里掏来，进行翻译，这也就成了交辎学校的经典教材，无数的学生因此受益，徐庭瑶看后，更是拍案叫绝。

本来耿光翟在防空学校干得好好的，结果真碰上一位来要人的，谁呢？兵工署署长俞大维。咱们说这个俞大维呢，天分极高，三年能在哈佛拿下博士学位，后来在柏林大学读书，是蒋介石这边着重聘请的专家。黄镇球资历虽然高，但挺怕他，人家兵工署，掌管所有的兵器，包括防空机枪和防空炮，所以真要一翻脸，你这防空学校连子弹都没有！

所以黄镇球不敢得罪，俞大维一要耿光翟，黄镇球只能乖乖交人。

有人问了，俞大维要耿光翟干什么呢？其实问题还在德国军售上，当时国民政府主要从德国进口武器，在1934年到1936年，情况较好，结果到了1937年，很多兵器的交货，全都卡壳了。蒋介石这边急得够呛，赶紧派专业人士去处理，俞大维呢，就是兵器方面的总负责人，找耿光翟是去当助手的。就这样，耿光翟去了德国，这才和徐庭瑶见着面。

这就是以往的经过啊，徐庭瑶早就想见耿光翟了，所以见着之后，亲热得不行！当然了，徐庭瑶也知道，孔祥熙叫自己来参加晚宴，肯定有事，所以聊了几句，回归座位。这时候，主菜上来，大家边吃边谈。孔祥熙先说了："各位啊，今天请你们来，是请各位出谋划策！如今咱们和德国的军火交易逐渐萎缩，可面对日本，咱们还要整军备战。下面该如何是好？"

徐庭瑶一听，怎么？跟德国的军火贸易出问题了，怪不得我的坦克老是不到货呢。正好海军少校林遵坐在徐庭瑶旁边，徐庭瑶就跟他嘀咕："林少校，这是真的吗？"

"可不是嘛！本来海军派我来德国，是来学潜艇技术的，而且海军也给了订单，要买五艘潜艇，结果现在也不交货了！"

"嗨！怎么会这样？"

咱们书中代言，1936年末，德国和日本已经签订了《反共产国际协定》，结成轴心国同盟，既然成了同盟，日本就拼了命地给德国施压，"咱们是盟友，中国是我的敌人，你凭什么帮我的敌人呢？"所以希特勒慢慢就疏远了中国，虽然中国当时也做出了努力，派出军事泰斗蒋百里，以及二公子蒋纬国去沟通，但情况也是慢慢恶化，总之，现在中德军售，几乎已经停滞。

具体怎么办呢？反正这次宴会没拿出方案来，只是蒋纬国公子表了决心：我一定协助蒋百里将军，尽力维护中德友好局面，把军火贸易以及相关来往维持住，想办法牵制日本人！

但说白了，这事没法保证，只能尽力而为，言外之意，徐庭瑶、林遵，包括耿光翟和俞大维，都得另想办法了，军火贸易不能在一棵树上吊死。

且不说林遵的海军那边，再说徐庭瑶，德国坦克泡了汤，他还得想办法，总不能坐以待毙啊！坦克买不回去，装甲兵将来怎么扩充？如果跟日本开战，我们的装甲兵除了手头的装备还行之外，剩下的都是旧的维克斯机枪战车，没炮不说，连子弹都挡不住，那怎么行？

徐庭瑶琢磨了半天，看来，我还得去英国。虽说德国给我们优惠，英国没有，那也就只能吃亏当牙疼了！少买点就少买点吧！至少也比没有强！

徐庭瑶想到这，刚要打发手下去买奔英国的机票，旁边过来一位："徐将军！等等！"

徐庭瑶回头一看，谁呢？耿光翟！

"耿先生，您有何指教啊？"

"哎别别别，徐将军，咱别来这个了。看样子，德国的军售是难上加难，我早就听说，您在德国订购了120辆坦克，估计也很困难了。您下面有什么想法？"

"嗨！还能有什么想法啊？不行我就去趟英国吧，照着维克斯六吨半挑吧！贵点就贵点。"

耿光翟一听，连连摆手："哎！徐将军，此言差矣！"

第三十一回　订货转道意大利
　　　　　　上海开战"八一三"

德国军售泡汤，徐庭瑶的120辆1号坦克自然也取不了货了。可这么下去怎么办？如果和日本开战，尚算可以的一线装备打光了，我们不能拿着连子弹都防不住的旧货，维克斯机枪战车上吧？

所以徐庭瑶心眼开始活动了，不行我还奔趟英国。徐庭瑶刚打算打发手下买机票，耿光翟把他叫住了："徐将军，看样子，您的坦克军售也泡汤了。那下面您有什么想法呢？"

徐庭瑶叹了口气："哎！不行我还去英国吧，照着维克斯六吨半挑。贵点总比没有强啊！"

耿光翟一听，连连摆手："哎！徐将军，此言差矣！不知您现在知不知道英国的具体状况？"

哎？徐庭瑶一听，耿光翟话里有话，赶紧接着问："耿先生，此话怎讲？"

"徐将军，您也知道，之前的欧战，英国、法国损失很大，所以现在国内，和平主义风气盛行，军队建设也就那么回事。就算您去英国，豁出大价钱，也只能拿到订货单，现货您就甭想了。至于坦克什么时候造出来，不知道！现在放眼世界，德国、日本已经勾搭成奸，扩军备战，随时准备发动新一次的世界大战，到时候就算造出来了，日本用海军把咱们的路一卡，坦克也回不去啊！所以咱们还得想办法，既然要买，咱们要么拿到现货，要么就得让对方尽快造出来。德国的坦克已经耽误咱们不少时间了，再耽误下去，黄花菜都凉了！"

耿光翟这一席话，说得徐庭瑶连连点头，对啊！造坦克总得有周期，日本人现在步步紧逼，时间耽误不得！不过耿光翟也算把徐庭瑶的主意打破了，具体怎么办？徐庭瑶也不清楚，干脆问吧！

"耿先生，您说的一点不错，可如今，我能上哪儿尽快买到坦克呢？难道远渡重洋去美国买吗？"

"不不不，去美国也差不多。如今放眼世界，急着扩军备战的还有一国，那就是意大利啊！所以我觉得，咱们不如去那看看，距离也近。"

没想到耿耀张此话一出，徐庭瑶的汗毛都炸起来了："什么？意大利货？我可不干！他们卖给咱的飞机，连螺旋桨都能飞掉了！我不能拿咱们士兵的性命开玩笑！"

咱们书中代言，徐庭瑶没说假话，1934年前后，在意大利的强力推荐下，蒋介石为了尽快加强空军，买了一批意大利飞机，结果等拿到手，发现上当了！当然，这其中有还不错的CR32式战斗机，可还有不少，都是意大利甩过来的尾货，差点在训练的时候直接把螺旋桨飞掉了。从此，意大利货就背上了中看不中用的名声，也难怪徐庭瑶有这反应。

可徐庭瑶说完呢，耿耀张没动声色："徐将军，您说的我全知道，只不过咱们现在也没别的选择了，不过您相信我，到时候咱们两个一起盯着意大利人造！我不信意大利的每样东西都那么差劲。而且咱们这是定制，给他们提要求，不合格的咱不要！到时候咱们俩一起盯着，您还怕什么？"

徐庭瑶一听，这倒可以，那就先看看吧！于是两人转道奔了意大利，结果意大利方面特别感兴趣！咱们说这个意大利，那是首鼠两端，前一阵看中德军火贸易做得那么厉害，而且连续不断，他们眼红啊！自己呢，推销了半天，向来都是一锤子买卖，买家用完了，恶名不断。意大利人正愁怎么推销自己的武器呢，哎，中国人

意大利的CV35坦克，也有说CV33的。它是国军装甲兵在抗战中期的重要装备，作用是替代已经无法进口的德国1号坦克。但这个意大利货明显又不靠谱，所以这又是场凯子军购

找上门了！再一打听，来买坦克的，太棒了！我们这有大批的存货！于是，意大利人赶紧派人游说，推出了自己的招牌坦克CV33。

可咱们说呢，耿光翟是专家，徐庭瑶也算半个行家里手，想三言两语蒙我们，没那么容易！俩人到人家库房里一看，就见这些CV33坦克，火力跟德国的1号坦克类似，也是两挺重机枪，形状呢，更像之前的旧式维克斯机枪战车。再对比对比数据，基本就是介于旧的维克斯战车和1号坦克之间的产品。

但就这样呢，也算能勉强用吧，至少比没有强。徐庭瑶就提出来了："你们这型号的坦克有多少？我们要的数量可不少啊！"

"有有有，你们要多少，我们都有！"

"好！有现货就行！我们要先测试！"

"可以可以，请跟我来。"

结果这一测试，徐庭瑶和耿光翟大跌眼镜啊！五十米的距离上，这CV33连步枪都扛不住，一打就透！这装甲不是跟没有一样吗？不合格！而且再仔细看看，意大利机枪的口径是8毫米，而中国常用的子弹，口径7.92毫米，您别看就差这么点，子弹不通用！这坦克要是买回去，准上当！

这回意大利人一看，没蒙出钱来，这俩中国人不傻啊！但他们又想挣这笔钱，怎么办呢？最后意大利人吐了口："你们有什么需求？尽管提出来，只要我们这CV33战车能承受，我们可以按照你们的要求定制！"

耿光翟一听："行！有这话就行！我们的要求就是，把你们各种型号的钢板拿出来，用你们步枪测试！我们中国有句成语，叫作自相矛盾。今天我就要以子之矛，攻子之盾。只要你们五十米开外，能抗住步枪的射击，就算合格！另外，把机枪的口径给我改成7.92毫米。"

意大利人一看："这个可以做到！那价格方面？"

"价格好说！"

就这样，经过测试，最终选定了CV33的钢板，机枪另行采购。徐庭瑶这回，一口气又订购了100辆。有人问了，钱怎么办呢？咱们书中代言，徐庭瑶他们此行，咱们说着简单，但实际上，一共用了十几天，最终才确定坦克的所有部分。而在此期间呢，负责对德事务的蒋百里先生反复努力，也没能成功，最终除了已经装船的军火之外，剩下的，希特勒一律都不卖了，订单取消。不过德国人还是很讲信用的，军火不给了，但已经交了的钱，全额退款。之后呢，孔祥熙命令商务参赞谭怀远，拿着之前买德国坦克的钱，去意大利找徐庭瑶，这买卖就算成了。

接下来，意大利方面就开始加班加点地制造这批坦克，徐庭瑶是心急如火啊！恨不得他明天就造完，可这也不现实啊！所以只能等。

这等来等去，国内又来电报了：命令徐庭瑶速速回南京述职，准备对日作战！

徐庭瑶一看，心头一惊，得！怕什么来什么，我们还没准备好呢，这就要开打了！现在也没办法，军令如山，只能回国。所以徐庭瑶就嘱咐耿光翟："耿先生，现在我必须

第三十一回　订货转道意大利　上海开战「八一三」

153

回国了，监督坦克制造的事，就只能靠你了，务必细心呐！"

耿光翟也明白："徐将军，您放心吧，我肯定尽心竭力！"

有人问了，这是怎么回事呢？七七事变爆发了，全国形势一片紧张！

咱们说，现在有人认为，七七事变，可以说是一场误判下的战争。因为之前呢，日本的对华政策主要有两派，一派是相对温和派，这些人以文官居多，他们就认为，对中国必须软硬兼施，最终结果，要落实在条约上，步步为营，一点点地蚕食中国。另一派就是强硬派，他们就觉得，中国那么弱，我们说灭就灭了，何必费那么大劲？

所以这帮强硬派，就硬来了一个"九一八"，结果张学良不战而走，东北三省沦亡！这下日本强硬派一看，你瞅瞅！支那人，废物滴干活！我们只要吓吓他们，就能达到目的！结果接下来，长城抗战，日军遭到了一定的挫折，强硬派算是老实点了。

可之后呢，塘沽停战协定一签，日本人要的利益一点没少。这回日本人算看明白了，哟西！我们下次就可以采取军事敲诈，吓唬吓唬你们，支那人就得乖乖听话，到时候我们要什么有什么。

结果等到了七七事变，有人在演习中开枪，日本人一看，哟西！又是敲诈的好时机啊！于是继续增兵，想要迫使中国答应不合理的条件。但是他们预计错了两点，第一，宋哲元不是张学良。第二，经过西安事变的蒋介石已经明白了，丢了东三省，就来了个西安事变，我再不抵抗下去，早晚得造成更大的兵变啊！西安事变算是和平解决了，要是再来一次，谁还能保证怎么样？所以蒋介石干脆拉开架子，不退了！所以日军这次讹诈就没成功，而干脆转变成了战争。

当然，这只是一种说法，但无论如何，七七事变开始，蒋介石做出了一系列的部署，调动了不少的部队北上，准备参加战斗，就连最宝贝的战车营，也出动了主力，以防万一。您说都调集战车营了，能不叫徐庭瑶回来吗？

徐庭瑶回国之后，自然是尽心竭力地帮助协调，可因为种种原因，日军方面，先下手一步，至1937年7月底，平津地区失守。接下来，日军的战略很明显，围绕平津地区展开，沿着津浦、平汉、平绥三条铁路推进，分别要对华东、华中和山西一带下手。

而作为中华民国首脑的蒋介石呢，虽说不是什么战略学泰斗，但他身边的高人也不少，对日军这个企图，也能大致判断出来。蒋介石明白啊！如果由着日军出手，我们被动接招，肯定不行。我们处处不如人，还让人家牵着鼻子走，这就离死不远了！所以我们也得想办法主动出招，让日本人跟着我们转，这才能抵消日本人的优势。

可怎么办呢？蒋介石办法并不多。而恰好在这时，1937年8月9日，日本海军陆战队上尉大山勇夫和一等兵斋藤要藏强闯虹桥机场。咱们说，虹桥机场当时是中国重要的前线机场，能容他们放肆吗？所以双方发生冲突，中国保安队一人死亡，大山勇夫和斋藤要藏也被当场击毙。日本人一看，哟西！又是一个讹诈的好机会，马上就向蒋介石提出抗议，要求中国撤出上海的保安队，拆除工事。同时，日本人也向上海增兵，摆出的态势就是：你滴，赶紧答应我们的要求，否则，我就揍你滴干活！

这时候，包括德国顾问法肯豪森在内，好多人都给蒋介石出主意："委员长，咱们不如就在上海开战吧！列强的租界都在上海，咱们打起来，他们不会不管的！"

"对！日本也怕得罪西方列强啊，所以咱们要在上海打，日本人也得缩手缩脚，咱们的劣势就减小了！"

"蒋先生，我也同意这点，日本人原本的侵略方向是自北向南，咱们不如主动出击，逼他们改动进攻方向，以空间换取时间，这至少比坐以待毙强得多！"

蒋介石一看，这只得如此，不然的话，也没有更好的办法，所以赶紧召开作战会议，命令最精锐的德械师部队，马上进入上海布防，然后全军的主力，从增援北平，开始向华东地区集中。而上海方面，日军刚开始没想到，一向软弱可欺的支那人，怎么敢动手滴干活呢？

结果就在国军进攻前，日军的确切情报到了，中国方面真要打了！所以他们当夜立即进行调动，抢占要道，准备防守，所以等到 8 月 13 日下午，双方发生交火，日军已经是严阵以待了！

紧接下来，8 月 14 日拂晓，国军全线进攻，日军这边，也立刻开火，双方就开始了战斗！咱们还得说，您别看驻上海的日本人海军陆战队人数不多，只有三千人，但日本毕竟是军国体制，全国人都接受军事训练，拿上枪就是士兵！所以日本人把当地的侨民全都动员了，拿起武器，就投入了战斗！而且日本的海军，装备极其精良，可以跟美国媲美，所以海军陆战队的装备也很好，装甲车就不少，日本人就以装甲车为核心，让国军吃尽了苦头。第一天的进攻下来，主攻部队 264 旅旅长黄梅兴阵亡。

咱们说国军的前线指挥，还是张治中，1932 年的时候也是在上海，他就跟日军交过手，这一天的进攻下来，他也看得明白，日军的装备比当初又厉害了。那怎么办呢？好办！你们不是仗着装甲车吗？现在我们也有！所以张治中马上向中央申请，调拨装甲兵团的战车营参战！

可咱们说，这时候还挺倒霉，战车营的主力，大部分全在保定呢，当时为了防止日军进攻，就把战车营的主力全调过去了。这回蒋介石改动计划，等于也给自己的部队来了个措手不及。现在火烧眉毛，先顾眼前吧！于是蒋介石一声令下，战车营又奔赴上海！

第三十二回　郭恒建上海报到
　　　　　战车排前沿突击

"八一三"上海开战，这回国军一反常态，主动进攻，想要逼迫日军，打乱他们的部署。但日军的士兵可不是白给的，而且后备力量充足，侨民拿起枪来就是兵！再加上装备精良，日本海军陆战队这边，以装甲车为核心，就展开了战斗，国军吃亏不小，总指挥张治中马上申请，咱们的战车营也上吧！

可咱们说，这事还挺倒霉，之前为了应付北线日军，战车营的主力集中在保定，现在只能火烧眉毛先顾眼前了，蒋介石一纸调令，让战车营回上海。当然，这得需要时间，蒋介石为了堵住眼前的窟窿，赶紧让徐庭瑶协调。徐庭瑶没办法，只能把在南京检修的五辆维克斯六吨半坦克，以及部分后备车辆，先行集中，让战车第一连连长郭恒建带队，去上海支援。

这兵随将令草随风，战车连这边赶紧调动，不过这可费劲了！毕竟这是出动坦克，还得先检查油料、炮弹、子弹等装备，然后再装上火车，运到上海，还得到预定位置卸下集结，可麻烦了！等郭恒建风尘仆仆地赶到前线指挥部，已经是8月17日早上了。

郭恒建不敢怠慢啊，赶紧进去报到："报告！战车第一连连长郭恒建率部报到！"

这时候张治中正跟参谋商议军情，一听郭恒建到了，喜出望外："谢天谢地！你们总算来了！快过来！"

"是！"

郭恒建走到地图前，张治中指着地图说道："郭连长，你立刻组织两辆坦克，去36师的阵地，半小时后行动，协同友军，一起攻击天宝路方面的日本海军陆战队司令部！"

郭恒建一听，有点嘀咕，说实话，他也不是没来过上海，日本海军陆战队的司令部，他虽然没进去过，但在外面也看了不止一次。日本海军陆战队的司令部，钢筋混凝土建筑，别说自己的坦克炮了，就是口径150毫米的重榴弹炮，都不一定有太大的作用，就凭我们的坦克和步兵，行吗？

张治中一看，郭恒建嘀咕，知道他肯定奇怪，所以开口说道："郭连长，不必犹豫，你的任务并不是攻下日本海军陆战队的司令部。"

"啊？不打下目标，要我们坦克干什么呢？"

"是这样，日军此次抵抗激烈，咱们必须想办法。所以指挥部在德国顾问的建议下，策划了这一次的行动，代号叫'铁拳'！就是组织突击队，分别攻击日军。你也明白，兵法这东西，虚则实之，实则虚之，所以我要动用你们的坦克，直接攻击日军的核心目标，海军陆战队司令部。你们可是咱们陆军的精华，坦克一出动，日本人肯定相信，这样突击队的压力就小了。但我也告诉你，即便是佯攻，你们也得全力以赴，把敌人打疼了，他们才能回援，听到没有！"

国军三十六师师长宋希濂。在淞沪会战开始阶段，装甲部队多配属他的辖下作战，损失很大

"是！"

于是郭恒建马上回归本队，拨出两辆坦克，赶往前沿。半个小时后，两辆维克斯六吨半坦克一马当先，"轰隆隆！轰隆隆！"就冲向日本海军陆战队的司令部！

咱们再说日本人这边，国军刚开始进攻，真把日本人吓了一跳，因为海军陆战队人数不多，三千而已，即便加上武装侨民，也到不了一万人，而中国方面，上来就是三个主力师，加上一个炮兵团，人数四万以上。但打着打着，日本人乐了：支那人，果然愚蠢滴干活，看似攻势挺猛，实际上根本没重点，干脆就是送死滴干活！

其实咱们说，这也是没办法，因为国军的本意是突袭，结果情报被汪精卫的机要秘书黄浚泄露，海军想要锁死长江，意图干掉长江以内的日本军舰，结果就没成功，上海的日本海军陆战队也做出了反应，突袭战打成了阵地战。换而言之，如果偷袭不成，该怎么办？咱们自己都不知道，您说怎么好？

这回，日军正在防守之时，听着声音不对啊，"轰隆隆！轰隆隆！"日军就奇怪：纳尼？支那人这是干什么滴干活？结果侦察兵借着拂晓的亮光仔细一看，坦克！支那人动用坦克滴干活！赶紧开火！

"砰砰！砰！哒哒哒！哒哒哒！咚！轰轰！"

日军这边，顿时枪炮声大作！子弹、迫击炮，一个劲地打向维克斯六吨半！还别说，维克斯六吨半，这坦克还是比较过硬的，装甲挺厚，所以日军的枪弹根本打不透！咱们再说国军装甲兵这边，两辆坦克分别是战一连第一排的排长朱崇钰和排附杨恩元指挥。

他们俩也是头次上战场,刚开始还有点紧张,结果劈头盖脸挨了日军一阵枪弹之后,俩人一看,没事!哎!这回心里有底了,于是继续指挥坦克往前开,同时看日军阵地,看哪边火力猛,自己也动用火炮和同轴机枪来几下,"哒哒哒,咚!"日军也是人,哪受得了这个啊?一看大炮瞄准自己,反正不逃就是死!

就这样,两辆坦克分工合作,打哑了日军三个机枪火力点,再往纵深行进,慢慢地靠近了日本海军陆战队司令部的大楼!大概行进了一百米左右,碰上了一道铁丝网,排长朱崇钰在观察窗里看得挺清楚,日军这道铁丝网,布置得很讲究,看着松松垮垮的,但三股拧成一股,挺结实,坦克根本冲不过去。在这种情况下,只能等步兵跟进了。于是朱崇钰和杨恩元分别指挥坦克,用火炮和同轴机枪,可着劲地收拾附近的日军步兵!

"哒哒哒!咚!咚!"

可就这样,打了十分多钟,后面的步兵根本没有跟上的迹象!排长朱崇钰就奇怪啊!哎?我们的步兵呢?朱崇钰等得有点不耐烦了,干脆掀开顶盖,往后看看,我们的步兵,到底哪儿去了?结果一看,朱崇钰大吃一惊,后面一片空地,自己的步兵连影子都见不着!

这怎么回事?朱崇钰不明白啊,他也打不下去了,说实话,单独的坦克作用很有限,要么是集群冲锋,要么有步兵掩护,这才能真正发挥威力,就跟个拳头一样,后面跟着胳膊才有劲。真要只有两辆孤零零的坦克,没什么太大作用,跟弹人家脑奔儿一样,吓一跳,但伤害并不大。现在朱崇钰他们就是这状况,光杆司令,这还打个屁啊?这时候日本人已经开始往前迂回了,朱崇钰一看不好,立刻下令:"后退!快速后退!"

于是驾驶员一挂倒挡,坦克赶紧倒着跑,炮和机枪还向着正面,这也是防止敌人袭击啊!结果朱崇钰一跑,旁边的杨恩元也待不住了,赶紧后撤,这一顿打下来,维克斯六吨半还可以,满身弹痕累累,但还好没子弹打透,问题不大。

等撤下来,朱崇钰可火了,跳出坦克,一把揪住了三十六师的一个士兵:"说!谁让你们退的?"

这个士兵还挺委屈:"没办法啊!日本人的火力太猛了,我们冲不上去啊!"

"少废话!我们在前头挡着,你们还有什么怕的?"

这时候,负责前沿指挥的先锋营王营长过来了:"干什么!干什么!你要干什么!"

朱崇钰一听,哦,来个当官的,正好!朱崇钰一把撒了士兵,把营长揪住了:"你负责指挥是吧?"

"对!"

"说!你们为什么后退?"

王营长哼了一声:"哼!敌人的火力那么猛,我不能让我的士兵白送死啊!倒是你们,不是挺牛的吗?怎么也退回来了?"

朱崇钰一听,火气更大了:"你还有脸说啊?我们冲到前头,碰上铁丝网了,不见你们的支援,那怎么办?你怕你的士兵白送死,我们怎么办?"

"嘿!你当年演习的时候,不是挺能欺负我们的吗?今天不是日本人的对手,还拿我们兄弟撒气是不是？"

俩人在前线就呛呛起来了，最后是越说越急，一排排长朱崇钰算是彻底压不住火了，揪住王营长的衣领，就要动手。这时候，很近的距离内，"啪！啪！"就是两声枪响，因为距离特别近，王营长和朱崇钰吓得都是一缩脖子，赶紧往枪响之处观看。这一看，好么，来的官更大，三十六师辖下的旅长陈瑞河，攻击日本海军陆战队司令部的前沿指挥就是他！

有人问了，陈瑞河怎么来的呢？这也不奇怪，进攻受挫，前沿的指挥官得赶紧来解决问题，结果正好碰上俩人要动手。这进攻不顺，陈瑞河也是一脑门子官司，一看自己人打架，他也懒得喊了，直接掏枪对空，"啪啪"就是两枪，王营长和朱崇钰这才不打了。

陈瑞河虎着脸走到两人跟前："干什么！你们有火不去冲日本人撒，自己人打什么？"

朱崇钰挺委屈："旅长！王营长他故意找茬！我们拼死拼活地冲在前面，他的兵不跟上，我们碰上铁丝网，一点办法也没有！还差点让日本人包围了，他这叫草菅人命！"

王营长也挺委屈："旅长，这真不怪我们，他们坦克一个劲地往前冲，是把前面的子弹给挡住了，但架不住日本人在楼上还架着机枪，那交叉火力，兄弟们根本过不去啊！"

陈瑞河看看："你们俩都别诉苦了！这次进攻失败，你们谁的责任都逃不了！王营长，我先说你！敌人是在楼上架着机枪，你的机枪是干什么吃的？揣到怀里等着下崽呢吗？他交叉火力，你也火力掩护啊！咱们演习的时候，你也不是不知道，就咱们这坦克碰上铁丝网，没步兵帮忙，根本不行！而且你的步兵不跟上，让坦克孤军奋战，他们浑身是铁，能捻几颗钉？"

陈瑞河这一顿雷烟火炮，骂得王营长没了脾气，朱崇钰心里好受点了，刚拿眼睛一瞪王营长，陈瑞河的火气冲他来了："你叫什么！"

"报告旅座，在下战一连一排排长朱崇钰！"

"朱崇钰！你也别冲别人发火，刚才进攻失败，你也逃不了责任！"

"啊？旅长，冤枉啊！我们孤军奋战，身陷敌阵，哪能有什么责任？难道说，努力作战也是罪过吗？"

"少跟我这嚼舌头根子！我就问你，前年演习的时候，你掩护八十七师冲锋，是用这速度吗？你既然知道，坦克不能没有掩护，往前冲的时候，你怎么就不顾忌一下身边的战友？"

"这……"

朱崇钰一听，当时就蒙了，还真是，刚才光顾着努力杀敌了，那是全速前进。之前我们演习的时候，的确得压住速度，我还真忘了。于是他也脸红了："旅长批评的是，我们立刻准备第二次进攻！"

"去吧！下次进攻，第一道铁丝网都打不破的话，你们俩提头来见！"

"是！"

"明白！"

于是，朱崇钰再度翻身上坦克，王营长也去集合战士，再次向日军阵地发起了冲击！这次进攻还比较顺利，朱崇钰的坦克压住速度，后面的步兵随同跟进，前头有机枪，坦克挡住，上头有机枪，就地还击！等到了铁丝网跟前，朱崇钰的两辆坦克压制日本人的火力点，步兵涌上来，把铁丝网剪断，接着，坦克再度突前，冲锋陷阵！

这第一道防线破了，后面的只会越来越难，一方面，坦克接近，日军肯定更紧张，射击烈度自然也就增加了。另一方面，前线失守，日军赶紧往回抽调军队，集中重兵器，所以日军这边是越打越多啊！现在坦克往上一冲，对面就是，"啪！啪！哒哒哒！咚！轰！哒哒哒！咚！轰！"

连掷弹筒、迫击炮全用上了！这玩意机动灵活，特别是掷弹筒，两个人就能拿着跑，吊着线打，隐蔽性很强。日本人也知道，这玩意对坦克效果不大，所以专门迂回着，往国军人堆里炸！

"嗵！嗵！轰！轰！"

冲锋的国军将士当时死伤不少，可再想还击，也没那么容易，自己的手榴弹够不着，人家也不冒头，枪也打不到，只能干挨炸。

步兵这样，坦克情况也不妙，带队的排长朱崇钰一看，我该如何是好？

第三十三回　铁拳行动功败垂成
　　　　　攻击汇山坦克遭擒

国军突破第一道防线，坦克功劳不小。这回，负责指挥的战一排排长朱崇钰特别压住了速度，掩护步兵前进，取得了成功。

可再往后打，没那么容易了，日军往回抽调援军，火力越来越猛。虽说日军的步枪机枪，乃至于迫击炮和掷弹筒，都难以击穿维克斯六吨半的装甲，但坦克也有薄弱环节。哪儿呢？观察窗。咱们说坦克，您可不能蒙着开，路况如何？前方什么情况？那都得通过观察窗侦查，不然你开到河里也不知道啊！所以这块就比较薄弱，日军经验丰富，就瞄着观察窗连连开火，而且时不常有士兵突击上来，要给你往底盘里塞点手雷、炸药包之类的，或者来个抵近射击，结果弄得两辆坦克手忙脚乱。

就这样，几次冲锋下来，再没能突破日军的第二道防线，战一排的排附杨恩元和上士胡祥云负了轻伤。而步兵这边呢，损失过半，先锋营的王营长也当场阵亡。部队是进退维谷，难受至极啊！

国军攻势一弱，日军这边兴致更高了，说实话，这是他们第一次在实战中见到国军的坦克，之前光听说了，什么情况不太清楚，最多只有远处照的几张模糊照片。这也没辙啊，战车营属于宝贝疙瘩，装备训练都要严格保密的。所以这回乍一开战，日军还有点紧张，结果一看，哟西！支那人步兵坦克协同，太差滴干活！既然这样，坦克也不可怕，我们这回加加劲，争取俘虏一辆滴干活！

日军这下斗志高涨，尤其是海军陆战队司令、大川内传七少将。他特别高兴啊：如果支那人这么不堪一击，我们大日本帝国联合舰队，就能不费吹灰之力直捣南京，比陆军那些土包子还快滴干活！

可没想到，他正想着美事呢，只见日军阵地一阵大乱，"哗！"再看阵地两侧，一股股的败兵涌到了司令部这边。大川内传七还奇怪呢，怎么回事？赶紧拿着望远镜再看看，东部战线和北部战线硝烟滚滚！

咱们前文也说过，战车队这边，不过是佯攻，吸引敌人的注意力，所以攻击不顺，也在预料之中。而在战车队和三十六师陷入苦战的时候，八十七、八十八两师，分别组织精锐突击队，发起了铁拳行动！这两路突击队可不得了，选的都是最精锐的士兵，每人手里都是步枪、驳壳枪、手榴弹、短刀，子弹敞开供应不说，每个组大到机枪、迫击炮、火焰喷射器，小到铁丝剪、炸药包等，应有尽有。走之前，大炮开路，他们跟进，就跟日军展开了贴身肉搏战！后来有人研究，这个战术的雏形，就是德军当年最时兴的小分队渗透战术，今天就给用上了！

这下打得日军魂飞魄散啊！日军的三八大盖虽然厉害，但近战的灵活性比较差，碰上能顶冲锋枪用的驳壳枪、迫击炮和手榴弹，特别吃亏！所以国军一鼓作气，打下了爱国女校、五洲公墓，以及日本海军俱乐部等要点，日军一时间狼狈不堪啊！两个中队长当场被打死，剩下的日军，纷纷向海军陆战队司令部退却！

但很可惜，铁拳行动还是没能完成全部的任务，如果按照张治中的设想，两支突击队一鼓作气，把日军从各个分散的要点上挤跑，最终会同三十六师的主力部队一起，攻下日本海军陆战队司令部，结束战斗。可实际行动中呢，还是出了问题。要说呢，这次的突击队，战术不错，装备也过硬，但也只是相对于国军自身来说的。和真正的德军渗透战术，还有差距，最多算是个简化版。再加上国军的炮火，比德军的也差得多，所以等把日军外围的据点清扫得差不多了，两支突击队也都损耗殆尽，八十八师突击队队长刘宏深少校也不幸阵亡。铁拳行动功败垂成！

陷入杨树浦河淤泥中的坦克，这也是日军俘获的第一辆国军坦克

不过咱们说，这个铁拳行动，可把日军吓坏了！尤其是海军陆战队司令大川内传七少将，之前他还信心满满，认为中国人不堪一击，结果一记铁拳下来，他算知道自己几斤几两了，赶紧求援吧！

"莫西莫西！我是海军陆战队司令大川内传七，我们需要支援滴干活！"

咱们说呢，日本海军在上海的最高指挥官，是第三舰队司令长谷川清中将，他一听不敢怠慢，赶紧命令他手下的两支日本海军陆战队，从日本本土登船，去上海增援。

咱们再说国军这边，铁拳战术打完，进攻并没有停止，因为大家都知道，这马蜂窝捅了，就不能停，必须尽快解决战斗，否则等日军的援军一到，事情就不好办了！于是等到晚上，国军将士发动夜战，到了8月19日凌晨，八十七师已经突破到了杨树浦租界区内，前锋部队更是打到了百老汇路。张治中大喜过望啊，马上制定计划，打算给日军来个中央贯突，把杨树浦码头到汇山码头一线，彻底打穿，将日军分割成两片。

可是想中央突破，可不容易啊，于是张治中又把战车营第一连连长郭恒建叫来了："郭连长，你即刻调集所有的坦克，掩护步兵，突击汇山码头，不得有误！"

郭恒建一听，跟吃了苦瓜差不多："司令，经过两天的作战，我们的坦克状态太差，需要先进行整备工作，而且之前作战的时候，敌人的火力太猛，步兵根本跟不上我们。这样强行突击，不是办法啊！"

咱们说张治中呢，你别看他有跟日本人作战的经验，但说实话，他对于坦克并不太了解，现在自己作为最高军事主官，制定了作战计划，底下的人还讲价钱，这还了得？所以张治中眼睛都红了："郭恒建！你不要找借口！怎么着？你们这些子弹都打不穿的坦克，比人都娇气？我看你就是贪生怕死！我告诉你，今天你们战车排要是攻进了汇山码头，那就一笔勾销。如果不行，我看你就是消极避战，到时候小心我军法伺候！"

郭恒建一听，鼻子都气歪了，好么！我们这个司令还真固执，他到底懂不懂坦克啊？我们的坦克，看着外面装甲挺厚，里面的机器的确就是娇气啊！而且我们这五辆坦克，本身就在检修当中，你就把我们硬拖出来，不出问题才见鬼呢！而且就我们坦克也没用啊，没有步兵掩护，我们能管什么用？

最后郭恒建越想越气，可军令如山啊！命令还得执行。所以赶紧回去，把坦克调集一下。结果，正常的只剩了三辆，之前出战的两辆，全都动弹不得，观察窗上的枪眼和身上的弹痕就不说了，这伤得不重，就是因为反复前后来回跑，坦克的发动机已经出问题了，急需回厂检修。可现在来不及了，郭恒建就留下人员，看守坦克，自带其余的三辆，开往了前线。

本来郭恒建想得挺好，我们这次三辆坦克，布成品字阵，既能互相掩护，又能扩大防守面积，后面能跟上的步兵也更多，我们进攻无忧。可一到进攻的时候，大跌眼镜啊！前线指挥官说了："我们进攻，要兵分两路，你也把坦克拆成两路，跟我们一起行进！"

郭恒建一听："长官，没必要，咱们一路进攻就行，我们三辆坦克一起配合，没有问题！"

"少废话！前线你负责还是我负责啊？给我把坦克分成两组，否则我就以抗命处置你！"

得，郭恒建成了受气的小媳妇，只能捏着鼻子，把坦克分成两路，分别随同步兵进攻。结果这下可惨了，单辆坦克的那一路，没走多远就遭到了日军的猛烈打击！

"啪！啪！哒哒哒！咚！噌！"

这下步兵可被吓惨了，纷纷是东躲西藏，有不少干脆往坦克后面一缩，躲避子弹。可这也不管用，日军经验丰富，马上从两侧迂回，架好了机枪，用交叉火力扫射！

"哒哒哒！哒哒哒！咚！噌！"

这还不说，日军还动用迫击炮和掷弹筒！咱们前文也说了，这些火力，可能对于坦克来讲，不算什么，但对于步兵来讲，太可怕了！坦克虽然奋力反击，但无奈能力有限，维克斯六吨半虽然厉害，但武装仅有一门短管火炮和一挺同轴机枪，想对付两路移动的步兵，还真困难。

所以这一阵打下来，国军的步兵全跑了。最后，维克斯六吨半的坦克手一看，得，我们再待着也没用了，撤吧！于是，坦克掉头就想跑。结果忙中出错，现在，坦克的观察窗成了重点攻击对象，坦克手根本没法观察，所以一个不慎，得，开到了杨树浦河的浅滩之中，陷进了淤泥里，动弹不得！

这回日军乐坏了，哟西！支那坦克，这回逃不了滴干活！有几个心急的日本兵，马上上前，就要对里面的坦克兵下手。维克斯六吨半里面的坦克兵一看，要么让你弄死，我也太丢脸了！但此时步兵离着太近，大炮没用，干脆就用同轴机枪，"哒哒哒！哒哒哒哒！"

几串子弹扫过去，日本兵当时倒地。剩下的日本人一看，你这坦克，都成瓮中之鳖滴干活了，我们能怕你吗？把你子弹耗干净，你们就得乖乖当俘虏滴干活！于是日军变换战术，这边顶个钢盔，那边扔点东西，引得坦克机枪来回扫射！

咱们再说坦克之中，维克斯六吨半里面，一共有三个坦克手，一个驾驶员，一个车长兼射手，一个装填手，哥仨刚开始还挺沉稳：反正也跑不了了，杀一个够本，杀俩赚一个！小日本的坦克怎么没来？我们再干掉他辆坦克，就更完美了！

可是，小日本一变换战术，哥仨也感觉不妙啊："娘的，我看小日本现在就是耗咱们子弹呢！"

"可不是！咱们也动不了，这明显是等咱们没子弹了，他们要上来收现成的啊！"

"对对对，这可怎么办？"

这车长还挺有主意："哥几个，咱们这样你们看行不行？现在咱们的坦克，已经跑不了了，咱们尽量保住性命吧！之前杜团长不是也跟咱们说了吗？咱们的坦克是宝贝，人也是宝贝，尽量避免不必要的损失。"

驾驶员一听："车长，您说的倒是没错，可咱们毕竟放弃了坦克，到时候回去，要是因为这个被军法从事，咱们不亏了吗？"

车长一瞪眼："小子哎！你以为咱们死了就好了吗？你看看步兵都跑哪儿去了？不用

说，他们回去，肯定也得把责任赖在咱们身上，咱们死了算白死！可你们也看见了，这仗的问题在谁？在步兵那些外行啊！咱们郭连长原本计划得不错，全让他们给否了！他们也巴不得咱们都死干净了，没法分辩呢！不如咱们想办法逃回去，让大家都知道知道，这到底是怎么回事！"

"对！车长说得对！"

"是啊！可咱们怎么逃呢？"

"你们俩都给我把手枪预备好，听我命令就行！"

车长说到这，直接给同轴机枪换了个新弹夹，任凭日本人怎么挑逗，不打了。这时候日本人一看，哟西！坦克滴，没子弹滴干活，我们上去，能抓活的，还能俘虏坦克，这是大功滴干活！

于是，日军中队长招呼一声，几十个日军越出掩体，冲向坦克！没想到，离着坦克只剩三十米的工夫，坦克又开火了！

"哒哒哒哒！哒哒哒哒哒！"

这串子弹可打过瘾了！当场日军被撂倒十几个，剩下的一看，阿布那一（危险）！扭头就跑！这时候车长一看；"兄弟们！走！"

驾驶员和装弹手马上把坦克顶盖掀开，三个人跃出坦克，跑了！

这下日军可没想到啊！当时就蒙了，直到三个人趁着夜色跑远了，几个日本兵才仗着胆子接近坦克，看看似乎没威胁了，日本人还用火焰喷射器烧了一个过儿，直到确定彻底没危险了，才把这辆维克斯六吨半缴获。之后，日本人大肆宣扬，这毕竟是他们在作战中，缴获的第一辆中国坦克。后来据说这辆坦克在修整之后，被送到了上海江湾路建立的日本人神社和招魂社中，向日军和侨民公开展示。

这是这一路的状况，而另一路呢，更惨！

第三十四回 郭恒建受辱阵亡
　　　　　　郑绍炎阵前报号

　　战一连连长郭恒建，奉命协同步兵，进攻汇山码头。本来郭恒建计划得挺好，三辆坦克品字形排布，互相能掩护和支援，也能保护更多的步兵一起进攻。结果，这个计划生生让前线指挥官打断，指挥官非让郭恒建兵分两路，协同两路步兵，一起进攻。

　　结果可想而知，力量分散，其中一路，一辆坦克掩护步兵行进，结果步兵让日本人打跑了，坦克也陷进了淤泥中，亏得车长机警，三个坦克手才逃出重围，但坦克被日军俘虏。

　　而另一路呢，更惨，虽说是两辆坦克，但郭恒建自己这辆是指挥型，看着虽然和别的坦克没什么不一样，实际上炮是假的，只有机枪。它最大的作用就是携带电台，进行指挥和支援，而不是作战，所以别看这一路是两辆坦克，实际上战斗力差不太多。

　　不过不管怎么说，有坦克，日军还是害怕，现在的日军，虽然有情报，做了相应的准备，但能对付坦克的重武器不太多，所以刚开始，郭恒建的两辆坦克一路碾压过去，还挺顺利，但还是那句话，越往后，日本人的火力越集中，也就越难打！所以往前推进了没有三百米，两辆坦克已经是弹痕累累。

　　咱们再说头辆坦克上的车长朱崇钰，之前参加战斗的就是他，这回他是发着狠，要报之前的仇。可没想到，坦克的同轴机枪打着打着，"咔咔"直响，再搂机子，也打不出子弹来了。朱崇钰一看，坏了！这可怎么办呢？结果这一犹豫的工夫，不知从哪儿飞进坦克里一颗子弹，"啪！"直接击中了朱崇钰的脸！这回朱崇钰可惨了，面颊被直接贯穿，槽牙还给打碎好几颗！当时是血流满面！

　　咱们说，坦克之中，车长的任务最重，既要开火，又要搜索敌人，他一受伤，影响特别大！下面的装弹手一看，赶紧抢过无线电："报告连长！报告连长！我们排长受伤了！"

　　咱们再说郭恒建，他得指挥坦克，专长就是无线电联络，他一听："什么？朱崇钰怎

道路上行驶的维克斯六吨半。这也是抗战初期，国军的主战坦克，性能在外销坦克之中还算可以

么样了？"

这时候朱崇钰吐了口血，一把把无线电抢回来："连长，我问题不大，死不了。就是同轴机枪坏了！"

郭恒建一听，朱崇钰说话都不利索了，知道情况肯定不好，所以赶紧下令："朱崇钰，你别动了，原地待命，等步兵上来再说，我掩护你！"

"是！"

于是两辆坦克互相掩护，近了，郭恒建就用机枪扫，远了，朱崇钰就拿炮轰，两辆坦克，一枪一炮，一近一远，也算配合默契！而坦克之中，驾驶员和供弹手分工合作，用身上的急救药品和纱布，先给朱崇钰做了紧急处理，以利再战。

可没承想，两辆坦克越打越孤单，根本看不见步兵的影子！这怎么回事？郭恒建急得满头大汗。这时候就听无线电里头，朱崇钰在说："连长，咱们撤吧！步兵那帮人肯定是跑了！上次就是，这帮人不管咱们的死活啊！"

郭恒建一听："不要胡说！步兵的兄弟们不会跑的，肯定是这一路日军火力太猛，他们在迂回前进！咱们得继续坚持！"

其实，郭恒建也明白，说这话，也是骗自己的，只能是勉强支撑了。就这样，一连撑了两个小时，步兵那边还是见不到人影，甚至附近连冲日军还击的枪声都没了，两辆坦克的弹药也消耗得差不多了！怎么办？郭恒建一看，再待下去，也没用了，撤吧！于是一声令下，坦克就开始往回开。

可没想到，坦克进攻的时候没人搭理，往后一退，真有人要管了！后面的街口，正好有国军的警戒哨，他们一看坦克退回来了，马上往上一闯："停车！快停车！"

第三十四回　郭恒建受辱阵亡　郑绍炎阵前报号

其实哨兵想拦坦克，根本没戏，分分钟碾到履带底下。但怎么说也是友军，郭恒建不能那么干，所以赶紧把仓盖打开，往外喊话："干什么？为什么让我停车？"

"上峰有令，战车部队贪生怕死，不许撤退！"

什么？郭恒建一听就火了："我们贪生怕死？呸！我们在前线盯了两个小时，你们步兵去哪儿了？快闪开，我们要回去补给！"

哨兵也拧上了："不行！上峰有令，我得执行命令！"

"嘿！进攻的时候不见你们，跑的时候比谁都快！我们回来还带拦着的，这什么道理？"

"少废话！上峰有令，不许你们后退！"

郭恒建气得鼻子都歪了，敢情这位是犟眼子，只知道执行命令。

"那把你们上峰叫来，我倒要问问，他想干什么？调我们战车营参战，弹药打干净了都不管补充，反了他了！"

"不行！上峰有令，就是不许你们的坦克过去！"

郭恒建的火彻底压不住了，身上一使劲，"噌"地窜出坦克，上来就抽了哨兵一个嘴巴，然后掏枪就顶到哨兵脑门子上了："他妈的！我两辆坦克放在这，不后退行了吧？我要找你上司评评理！看看你是不是胡说八道！"

之后，郭恒建往后面的国军阵地就跑，想要找前线指挥官理论理论。可咱们说呢，这是战场，没法让你这么任性！日本人早把中国的坦克恨透了！现在他们就拿坦克没辙，看着干生气，现在坦克里蹦出一位来，他们马上就做出反应了，狙击手瞄准郭恒建，"砰"就是一枪，郭恒建当场壮烈牺牲！

这下，国军阵地整个乱成一团啊！到了现在，精锐的突击队损失没了，坦克也消耗得差不多了，空军的规模太小，最多也就是敲敲边鼓，国军陆军进攻乏术，这一天的攻势又泡汤了。

消息传来，前沿总指挥张治中头疼得一晚上没睡，好不容易挨到第二天拂晓，战事仍没有进展，张治中急得脑袋嗡嗡直响。正这时候，指挥部又来了一位："报告总指挥！战车营第二连连长，郑绍炎报到！"

张治中一听，大喜过望啊！

"哎哟！你们可算来了！郑连长，你们的坦克整备好没有？"

"请总指挥放心，我们的战车营已经全都准备好了，听闻前线紧急，我特别带了最能打的五辆维克斯六吨半坦克，前来支援！"

"好！太好了！郑连长，我们正要进攻汇山码头和日本海军码头，但是遭到敌人的猛烈袭击，战况不利。之前你的同事，表现可不太好啊！连他自己都阵亡了。现在你要接替他的位置，立即进攻，给我拿下这两处要点！"

"明白！"

咱们说，郑绍炎可是个悍将，一听打仗，比吃蜜都甜！而且他一听说，之前的同事阵亡，这不用说啊，肯定是郭恒建。好你个小鬼子，竟然把他都打死了，今天我就叫你们一并了账！

于是，郑绍炎马上带着五辆坦克到了前沿，再次按照前线的要求，兵分两路，继续向汇山码头突击！这回架势可不一样了，郑绍炎这五辆维克斯六吨半，都是保养过的，所有部件都是最佳状态，而且战士们早就等不及了，之前给调到北方，战士们就等着打仗呢，所以每天都擦炮膛，擦得直泛光！所以这一打起来，那是所向披靡！

咱们且说公平路这一线，一共是两辆坦克，负责掩护步兵突击，拿下日本海军码头！这次进展还比较顺利，一方面，两辆坦克都是战斗型，有枪有炮，火力强劲，掩护的面也大。另一方面，就在前一天晚上，三十六师师长宋希濂把营以上的干部，全都叫到一起，一顿痛批。怎么回事呢？其实就是因为装甲兵团的事。咱们说装甲兵团，你别看前沿的将士不懂他们的价值，国民党高层还是懂的，等前线传来消息，进攻不利，战车营损失不小，军委会这边心疼坏了！我们的宝贝疙瘩，可不能这么损失啊！所以军委会这边马上下文，训斥前线的将领，让他们务必跟坦克配合好，这才能摧城拔寨。

前线将领之中呢，宋希濂成了众矢之的，战车营主要现在是配合他们作战的，损失惨重，也是他的部下造成的。所以宋希濂挨了骂，就把营以上的军官叫来，也一顿痛批！让他们也务必调整战术，跟装甲兵团配合好，否则军法从事！

上司发火，下面自然就乖得多了，所以进攻时双方配合起来，一口气突破了日军的两道防线。这时候，前线负责指挥的是营长熊新民，等打完第二道防线之后，他赶紧招呼坦克里的士兵："停下！停下！"

咱们说这两辆坦克之中呢，负责人是战车营二连的副连长李景阳，他当年是张学良的部下，东北战车大队最后两个车长之一，因为技术过硬，所以被任命为战车营第二连副连长。他一听有自己人招呼，赶紧打开坦克的仓盖，探出脑袋："熊营长，什么事？"

"放心吧，没事，我就想问问，你们的弹药和燃料怎么样？"

王景阳一听，也是，连续作战几个小时了，坦克的情况怎么样？弹药还剩多少？是得看看了，不然一会儿再来一仗，弹药是不是够用都不知道，那怎么行呢？于是他翻身下了坦克："熊营长想的还真周到啊！待我们检查一下啊！兄弟们！检查！"

这时候，驾驶员和弹药手都下来了，开始检查。王景阳没动，他就跟熊新民聊上了，毕竟下一步怎么打，自己决定不了，还得执行人家步兵的命令。

"熊营长，咱们这下一步，该怎么打了？"

熊新民一乐："行啦，王副连长，您就放心吧！现在咱们进展不错，往日本海军码头的路，已经基本打通，前头我已经派了先头排，有消息，他们会随时报告的。"

"哎！那就好。还别说，这趟还挺顺利，我就是想不通啊！同样有坦克，昨天你们怎么那么费劲呢？我听说我们郭恒建连长都阵亡了，还有辆坦克被日本人俘虏，到底怎么搞的？"

"哎呀！王副连长，这事也怪我们，咱之前也就一起演习了那么一次，咱们还是对手，所以不懂怎么配合啊！这回上面已经严厉批评我们了，我们也彻底地进行了反省，以后您还得多指教！"

王景阳一听，心里这个乐啊，好么！打之前，我就听下面的人抱怨过，步兵这边，本事不大，脾气不小，弄得我们都挺窝火！现在看，成顺毛驴了。我和这个熊营长，军衔一样，都是少校，论官职，我比他低。这回可好，看他这毕恭毕敬的，好像我是长官，他是下属。哈哈，看来上面有人就是好啊！

这正聊着呢，其他的坦克手来报告："报告副连长，检查完毕，坦克机械无故障，弹药方面，炮弹和子弹，大概都消耗了六成多一点，还能支撑一阵。"

"知道了！回去准备吧！"

这时候，旁边的熊新民一听，他心说：看来刚才那通战斗，坦克消耗不小啊！他再看看坦克，那真是满身的弹痕，感觉挺恐怖。熊新民转念一想：我们长官之前特别嘱咐过，战车营，那是委员长的宝贝疙瘩，决不允许出现不必要的损失。反正现在看，先头排还没回来报信，前线情况应该还好。干脆让他们歇歇吧！我听说，战车营这支部队，是从北方赶来的，那是马不停蹄，刚才看这个王副连长，眼睛都红了，估计就是这几天熬的。干脆我拍拍马屁吧，这也是给委员长面子。

所以熊新民赶紧说："哎，王副连长，我看这样吧，现在前线状况应该还行。你们的坦克，消耗不小，就先歇歇吧！我先组织部队上前沿看看，没事，我们就拿下了！有事，再来叫你们，行不？"

王景阳一听："哟！熊营长，这能行？"

"这有什么不行的？咱们有钢使在刀刃上，我们这也是先去探探日军的底，你们先在附近隐蔽起来，休息会儿。通讯员！"

"有！"

"你留下，记住王副连长他们的坦克在哪儿，然后到前线找我！"

"是！"

就这样，熊新民率队走了，王景阳呢，也乐得休息会儿，说实话，这些天马不停蹄地赶来，又是整备弹药，又是保养机器，累死了！于是两组人马，把坦克隐藏到附近的空屋中，还做了伪装。王景阳呢，挺放心，就让手下人轮流值班，看看什么时候，前线需要支援。然后呢，就沉沉地睡了过去。没想到这一觉，就引来了一场塌天大祸！

第三十五回　战防炮出师不利
郑绍炎大战码头

　　战车营二次进攻，这次情况比较顺利，因为来的这五辆坦克，都是检修好了的，状态不错。郑绍炎按照前线布置，兵分两路，一路是两辆，协同步兵进攻日本海军码头。这一路比较顺利，连续打下日军的两道防线，直逼码头。

　　而这时候呢，负责推进的步兵营长熊新民，打算拍拍装甲兵的马屁，不管怎么说，他们是委员长的心头肉啊！不能得罪。于是熊新民提出："你们先在这歇歇，我看前线的情况，如果需要，叫你们支援。如果问题不大，我们就给拿下了！"

　　装甲兵这边呢，主官是战车营二连副连长王景阳，他也乐得歇会儿，说实话，这几天马不停蹄地从北方赶来，累坏了！正好附近空置的房子挺多，王景阳就指挥着，把坦克开进空房之中作为隐蔽，然后休息会儿。而熊新民的通讯员呢，记下了王景阳的具体位置，然后回去报到了！

　　再说前线，日军损失惨重，可谓是强弩之末了，熊新民的一个营已经扑到了日本海军码头，把日军团团包围。眼看着就要把他们全歼，这时候，风云突变！

　　只见黄浦江上，开来了好几艘军舰，都挂着日本的太阳旗，这些军舰调整炮口，对着国军阵地"咚咚咚！"就是几炮！咱们说，海军的大炮，口径出奇的大，威力也比陆军的大炮强！尤其日本海军，当年在世界上，那是数得上号的，大舰巨炮相当厉害！所以几炮下来，冲锋的国军损失惨重。熊新民一看不好，赶紧指挥部队隐蔽，他心里很清楚，军舰你再厉害，也跑不到陆地上来，我们先忍一忍。

　　可没想到，日本海军的军舰不仅开炮，而且还掩护着后面，来了不少船，日本人的援军到了！咱们说这支日本援军，人数不少，那可是生力军，武器充足，不仅如此，还有六辆坦克和装甲车！熊新民一看，当场傻眼，完！全完啊！为今之计，只有把那两辆维克斯六吨半叫上来，才能一战！

　　想到这，熊新民赶紧招呼："通讯员！通讯员！"

171

叫了几声还不见人来，熊新民回头一找，得，通讯员已经倒在了血泊之中。熊新民气得暴跳如雷啊！现在没辙了，坦克具体在哪儿，只有通讯员知道，自己只知道个大概位置，找也白找！最后熊新民急得奔儿奔儿直蹦啊！再没有援兵，我们就真完蛋了！

正着急呢，旁边有人凑过来："营长！援兵到了！"

熊新民一听，哟！援兵！

"是不是坦克过来支援了？"

"不是！是战防炮一排！"

熊新民一听，这也行，战防炮，全名叫作战车防御炮，那是坦克的克星，也归装甲兵团管辖，有了他们，我们就不怕了！所以熊新民赶紧下令："快去告诉他们！在咱们的后一个路口布防，我们把日本人的坦克引过去！"

"是！"

又抵抗了大概十分钟，熊新民估计差不多了，赶紧带部队往回就跑。日本人这边，那可是生力军啊！一看熊新民他们撤退，马上嗷嗷直叫："八嘎！不能让支那人逃跑滴干活！追！"

于是坦克一马当先，开始追击！边追边用机枪扫射！

"哒哒哒！哒哒哒！"

可没想到，刚过一个路口，只听对面"咣咣咣"就是几炮，射速还挺快，而且打得

▌操作德国战防炮的中国士兵。德制PAK37战防炮，在抗战初期，可谓日军装甲部队的克星

奇狠！瞬间，日军第一辆坦克中了四炮，直接被打成重伤，驾驶员当场阵亡。但挺可惜，装甲兵团这也是第一次参加实战，战士们有些沉不住气，日军坦克刚在街角一冒头，他们就开火了，不然，等日军坦克再过来一些，就更好了！

可就这样，日军明白啊！阿布那一！支那人有好武器滴干活！干脆就不往前冲了。这下，战局就僵在了路口，熊新民算是擦了一把汗啊！这回算是把战局稳住了，要不然打个完败，虽说是因为日军的援兵到了，但自己肯定也逃不了责任。

可没想到，熊新民正美着呢，日军坦克从侧面的路口迂回过来了！二话不说，"咚咚咚"几炮过来，战防炮排这边猝不及防啊！两门战防炮当时就被打坏一门，炮手、弹药手、后勤人员整个乱成一团啊！战防炮排排长也急了，指着熊新民的鼻子就骂："他妈的！旁边都能走坦克，你怎么不告诉我！"

熊新民还挺委屈："这这这，我也不知道啊！"

"不知道就先做侦查，下次再遇上这种情况，连侦查都不做，我们不管了！"

说完就撇下熊新民，拉着另一门战防炮跑了。

有人问了，明明是在上海，中国的领土，怎么中国人打仗不知所措，日本人却处处明白呢？咱们书中代言，日本对中国，那可是下了相当大的功夫，各种角度的研究，为此不惜采取任何手段。所以日本的浪人和便衣队，早把路给探好了，军用地图比中国人自己的还精确，而中国人呢，傻实诚，国际规定不许在上海驻军，我们就不去，军用地图又没法下发到基层，所以基层官兵打起仗来，经常迷糊。此等犯傻之事，今天当引以为戒啊！

咱们再说熊新民这边，战防炮排跑了，他是一点脾气都没了，只能引兵撤退，留下断后的一个排全军覆没，这一路算是失败了。两辆坦克得着信之后，也没法打了，只能撤退。这一路完蛋了。

而另一路呢，更惨！三辆坦克在排长张启元的指挥下，呈品字形排开，掩护步兵，冲击日本海军陆战队的左翼，一开始，这就遭遇了日军的激烈抵抗，但好在日军缺乏对付坦克的重武器，所以攻击相对顺利，日军也明白，一般的枪炮，拿中国的坦克没辙，干脆也组织了敢死队，分批向中国的坦克发起冲锋！但都没能成功。最终国军一鼓作气，突破了日军的六道防线。结果，在途经西华德路口的时候，意外出现了，一个日本兵从二楼一跃而下，"扑通！"直接跳在了张启元的指挥坦克上，这家伙二话不说，掏出手枪，对准坦克的观察窗，"砰砰砰砰！"就是几枪！

张启元猝不及防啊！坦克的视野本来就狭窄，他哪儿想到日本人突然蹿到坦克上啊！也亏得他反应快，看到不好，赶紧偏头，所以命没丢，但眼部受重伤，再想打是没戏了。这会儿，坦克上捣乱的日本人，已经被机枪扫下来了，可问题来了，张启元负责指挥，他眼睛都看不见了，怎么指挥呢？

正这时候，坦克的仓盖被打开了，外面有人喊：张排长！你们怎么样！

张启元也看不清，但听出来了，喊话的人，正是连长郑绍炎！咱们说郑绍炎，本来这一战，他就负责和步兵的联络，之前，排长朱崇钰抱怨多次了，步兵跟咱们协同不好。

173

郑绍炎呢，干脆自己就随着前沿的步兵一起行进，联络他们协同作战。这活儿还比较轻松，看机会下命令就行，至少不用坐在坦克上，耗神耗力地指挥作战了。

结果日本兵一跳下来，郑绍炎也是吓了一跳，等反应过来，赶紧招呼："机枪射击！干掉那个日本人！"

"哒哒哒哒！"

一串子弹过去，把日本人扫趴下了，郑绍炎担心啊，赶紧上坦克，开盖观察情况。再说张启元，他一听是郑绍炎，放心了："连长，我们没什么事，就是我看不见了。"

郑绍炎一看，的确，张启元满脸是血，没法再坚持了，作为车长，要的就是观察搜索，没眼睛不行啊！所以他一把拉住张启元的手："张排长，出来吧！我替你！"

说罢，不由分说，直接把张启元拎出坦克，交给后面的步兵，紧接着，郑绍炎坐进坦克："快！开车！继续进攻！"

"是！"

旁边的驾驶员和弹药手没事，所以坦克继续往前推进。再往前打，麻烦了，前面是个三岔口，里面都有日军防守，你要单进攻一路，剩下两路日军的机枪正好打出来，组成交叉火力，坦克过得去，步兵全活不了！郑绍炎一看这情况，也没得说了，不能光顾着我们的火力集中啊，分头进攻吧！

于是郑绍炎马上用电台发布命令："兄弟们注意！阵形分开，咱们各打一路，务必掩护步兵的兄弟们！"

"是！"

就这样，三辆坦克分开，沿着三道街巷，继续进攻！咱们单说郑绍炎，他的坦克属于指挥型的，装甲一样，但有枪没炮，里面是负责指挥的大功率电台，虽说也有炮管，那是唬人的，而且指挥型坦克是坦克队列的核心，怎么进攻，怎么行进，都得它负责，没炮管，一下就让人家认出来，那就糟了。

就这样，郑绍炎一路突破，带着队伍就接近了汇山码头，这越往前越艰难，日军的机枪火力越来越厉害！

"啪！啪！哒哒哒！哒哒哒！"

郑绍炎的坦克被打得弹痕累累啊！好在日军这时也没什么对付坦克的重武器，所以郑绍炎的坦克暂且没事。咱们再说郑绍炎，这时候在观察窗里看看，得，前面又是日军的一道战壕，坦克就怕这个，日军的战壕挖得挺深，坦克陷进去就糟了！所以郑绍炎没急着进攻，反正马上就打到汇山码头了，先缓缓力气也好，于是他就把坦克开到隐蔽的地方，等着其余两辆坦克前来。三辆坦克同心合力，这道战壕也不难突破，要是单凭自己，还真有点含糊。

可没想到，其余两辆坦克是左等也不来，右等也不来，郑绍炎急得心头冒火，赶紧奔上坦克，拿无线电台呼叫："喂喂！喂喂！"

没反应。这也没辙，当时的坦克，是用无线电超短波通信，优点是很清楚，很方便，但问题是，只要中间有障碍物阻挡，就联络不了。上海这一战，多属于巷战，楼房什么的多了去了，所以联络不上也正常。这回郑绍炎可急坏了，他一看，剩下两辆坦克不知道什么时候能来，等他们得等到什么时候啊？不行，我就硬来吧！

　　好在这时候，后面跟着战车营的补给连，那儿有两辆辅助装甲车，虽说火力什么的，也就是一挺机枪，而且装甲也薄，这总比没有强啊！郑绍炎没辙了，直接找到了补给连的张连长："张连长，现在情况紧急，敌人也是强弩之末，你立刻把你手头的辅助装甲车给我，咱们再努一把力，彻底把日本人打趴下！"

　　张连长一听："行！郑连长，我的手下归你调遣！"

　　"好！跟我上！"

　　郑绍炎翻上坦克，又发动了，"轰隆隆！轰隆隆！"那是一马当先，又扑向敌人的战壕！咱们说对面，日本人阵地上，只剩了海军陆战队的大渊小队，小队长大渊重夫现在是一点脾气也没有，自己这里，已经是汇山码头之前的最后一道防线了。说实话，这一仗，谁也没想到，中国人一动手，就这么狠，连坦克都拿出来了，他们缺乏重武器，可如今也没别的办法了，阵地失守，就意味着战死，或者自己切腹，不管怎么样，都活不了！所以大渊重夫横下一条心："组织敢死队，立即向支那战车发起反冲锋！"

　　"哈伊！"

　　于是大渊小队分成小组，头上绑着布带，抱着炸药包，就冲向郑绍炎的维克斯六吨半！郑绍炎一看，我能让你们干掉吗？所以马上拿电台招呼一声："快！组成交叉火力！"

　　"是！"

　　"是！"

　　郑绍炎的坦克，加上后面两辆辅助装甲车，三挺机枪，立刻组成交叉火力，这还真厉害，几乎没有死角，冲上来的日本人是碰上就死，沾上就亡啊！

　　"哒哒哒！哒哒哒！"

　　"哎哟！啊！呃！"

　　但就这样，日本人仍然如潮水一般地涌上来，有的连炸药包都没拿着，也拼了命地往坦克上爬，抄着三八大盖，就要砸维克斯六吨半上的同轴机枪。日本人很明白啊，对付冲锋的步兵，枪比炮厉害，我用暴力，把你的枪砸坏，你也不行滴干活！

　　当然了，这种企图没一个能实现得了，爬上坦克的日本人，全都被机枪扫下来了，可这样一来，郑绍炎也含糊了：我该如何是好？

第三十五回　战防炮出师不利　郑绍炎大战码头

第三十六回　袭敌阵连长阵亡
　　脱险境坦克归队

郑绍炎率部冲击汇山码头，结果打乱了，其他两辆坦克不知所踪，似乎是迷路了。到了现在，只剩了郑绍炎自己这辆指挥坦克。可眼前就是汇山码头了，战斗不能就此为止，所以郑绍炎赶紧招呼了后面的补给连，调动两辆辅助装甲车，一起进攻！

而咱们说日本人这边呢，也是强弩之末，守卫汇山码头之前最后一道防线的，是海军陆战队大渊小队，他们也是陷入了绝境，只能组织敢死队，疯狂地发起反冲击，有炸药包的，就想办法炸坦克，没炸药包的，就想办法用枪托砸坏坦克的机枪，总之什么方法都用上了。

而国军这边呢，郑绍炎的坦克和其他两辆装甲车，组成交叉火力，专门杀伤步兵！所以日军的敢死队战术无一成功。

但这也把郑绍炎打含糊了：日本人真是不要命了！我这现在还好，可眼看着要冲到战壕了，到时候日本人要是埋伏在战壕里，我的机枪顾不了下面，非吃亏不可！怎么办呢？哎？郑绍炎放眼望去，只见前面战壕的边沿上，零零落落地堆着不少沙袋，这本来是日军防守用的，可郑绍炎看了呢，眼前一亮，对！我不如这么干！

郑绍炎想到这，马上用电台通知："掩护我！咱们到前面组成交叉火力，掩护步兵兄弟们前进！"

"是！"

郑绍炎说罢，马上在车里下令："左转五度，全速前进！"

"是！"

驾驶员看不见啊，只能以令而行，接下来，坦克全速前进，"咣！"正好撞在了沙袋堆里，驾驶员吓了一跳："连长！咱们撞到东西了！"

"撞到就对了！弹药手，马上给我换弹夹！"

"是！"

"哒哒哒！哒哒哒！哒哒哒哒！"

郑绍炎是玩了命地扫射啊！后面的辅助装甲车，也一起掩护，这回日本人难受了，想炸坦克，没戏，自己堆的沙袋正好把郑绍炎的坦克护住，只要往上一冒头，就是机枪眼，只能挨揍！再想往侧面上，更没戏，辅助装甲车早就形成了交叉火力，也是压得日军抬不起头！而后面的国军步兵呢，一看坦克这么有效，那是心花怒放，也纷纷跟进，前锋已经跳进了日军的战壕，跟日军展开了肉搏战！

眼看着日军的大渊小队就要全军覆没，这时候，风云突变！只见从汇山码头一线，开来了无数的部队，打头的，正是日本海军的M25装甲车，足足有五辆！后面还跟着无数的日军步兵！

只见日军的M25开到阵地跟前，十挺机枪一起开火，"哒哒哒！哒哒哒！"国军部队当时就被击溃了，还活着的，赶紧撒丫子往回跑，就恨父母少生两条腿。您看见没，这其实也就是中日军队的一个大区别，日军遇到突袭，即便惊慌，还能做出正确的反应。而当时的国军，即便是精锐，也很难做到。

再说郑绍炎这边，步兵溃散，日军的装甲车就开始围攻郑绍炎的维克斯六吨半！

"哒哒哒！当当当！哒哒哒！当当当！"

当时，维克斯六吨半就被打得火花四溅啊！郑绍炎一看，完！全完啊！自己这要是一般坦克，还能拼一拼，毕竟日军的M25有枪无炮，火力装甲，自己都能占优，可偏偏自己的座驾是指挥型坦克，没炮，那还打什么？所以赶紧下令："快！倒车！"

"是！"

驾驶员赶紧后退，想仗着自己皮糙肉厚，不怕子弹，就要闯出重围。可为时已晚，这时候，日军的重兵器上来了，他们之前就听说了，支那滴，出动战车滴干活！所以一线部队特别带着反坦克速射炮，所以还没等郑绍炎他们跑出多远

进攻日军阵地的中国坦克。事后证明，这是摆拍照，摄影记者为《朝日新闻》的滨野嘉夫，而画中的坦克，正是战车营二连连长郑绍炎的坐车，郑绍炎此时已经阵亡

去，日本人就开火了！

"砰砰砰！"

咱们说这炮射速快，穿透力强，专门克制坦克和装甲车，所以瞬时之间，郑绍炎的维克斯六吨半中了五炮，郑绍炎和弹药手、驾驶员当场牺牲。后面两辆辅助装甲车一看，明白自己更不是对手，仗着跑得快，逃之夭夭！日军步兵过来，就把击毁的维克斯六吨半给俘虏了，等里里外外一搜索，他们发现，坦克里面除了遗体之外，还有不少的女人用品，什么小梳子、小镜子、化妆品之类的。日本人还奇怪呢：纳尼？支那人靠这个开战车滴干活？

等仔细再搜搜，从郑绍炎兜里翻出一封家书，这才明白，原来，连长郑绍炎新婚刚刚两个月，本来还应该在家里多甜蜜一阵，结果七七事变之后，郑绍炎被迫归队，之后就带着战车营的主力，先奔保定，再奔南京，最后至上海投入战斗。在南京的时候呢，郑绍炎心疼娇妻，所以趁着战车营集结的时候，抽时间去洋行买了点礼物，算作给妻子的补偿吧！再写了一封家书，打算一起寄回老家。结果还没等寄，部队开拨，郑绍炎就随身带着了，他琢磨着，等战斗间歇，赶紧找邮局寄走。可没想到，这第一战，郑绍炎就阵亡了。这些内容，大都记载在家书里，就连日军看完了，也是唏嘘不已。

郑绍炎牺牲，部队溃退，战车营乱作一团，战车营营长胡献群彻底忍不了了，胡献群是个暴脾气，本来他坐镇南京指挥就行了，可他不放心啊，非到上海前线来看看。团长杜聿明呢，也担心装甲兵团的表现，所以俩人一同来到前线。最后这一瞅，真来对了！撤下来的坦克全都是伤痕累累，赶紧点计损失吧，这一算，好么！最能打的维克斯六吨半，损失几乎一半，其中两辆坦克被敌人俘虏，两个连长阵亡，四辆坦克受伤，除此之外，还失踪两辆，也就是之前跟随郑绍炎一起进攻的两辆。

杜聿明和胡献群就奇怪啊，坦克那么大的东西，怎么说消失就消失呢？到底怎么回事呢？找！我活要见人，死要见尸！

结果等到晚上，失踪的两辆坦克总算归队了，胡献群大怒啊！直接把两个车长揪到跟前，劈手就是俩嘴巴："你们怎么回事？怎么关键时刻失踪了？你们知不知道，因为你们擅离职守，你们连长牺牲了！"

杜聿明一看，胡献群情绪失控了，赶紧过来阻止："哎！老胡！别这样，咱们气归气，弄清楚事情最重要！你们俩说说，到底怎么回事？失踪这么长时间，去哪儿了？"

两个车长面面相觑啊，还挺委屈："团长、营长，我们也不想这样啊！"

"是啊！我们是被奸人所害啊！"

两个车长这才讲述了他们的经过。原来，之前经过三岔路口的时候，郑绍炎下令分路进攻，三辆坦克分开，结果只有郑绍炎那一路是大路，剩下两条越走越窄，最后步兵追过去，坦克走不了了，只能退回原地，俩车长一商议，这怎么办呢？不如咱们就沿着连长走的那条路追过去，跟连长会合。

想到这，两辆坦克就集合在一起，往前就追。结果只追了一个路口，就有人拦住坦克的去路："停一下！停一下！"

坦克都有观察孔，看得见，所以车长一看："停！"

"吱！"

两辆坦克停住，为首的车长从仓盖里探出头来："兄弟，你有什么事？"

再看面前这人，五短身材，一脸奸笑："哎，我问问，你们是不是在找另一辆坦克？"

"嗯？你知道？"

"哎！可不是嘛！我是战地救护团的，之前那位长官说了，他要继续进攻日本鬼子，怕你们迷路，所以留我在这等着，给您们指路！"

车长一听，放心了："哦！原来如此，那就麻烦兄弟带路了！"

"好嘞！"

这个人一翻身，就坐在了头辆坦克的上面，顺着观察窗喊话："咱们先左拐！哎对！向左！"

于是，坦克就在他的指挥下，往左行驶，可又走了两个路口，两个车长越看越不对，这里不像是交战的地方啊！可说实话，现在到底走到哪儿了，他们心里也没数。

咱们书中代言，您别看这一战是在上海，中国的领土上，由国民政府主动打响的，咱们是主场作战，可实际上，咱们一点主场之利都没有！日本人在上海经营已久啊，研究得特别透，上海地图什么样，怎么分兵布防，早就有多种预案，甚至为了后来进攻方便，日本人不惜采取犯规的战术。

据说在淞沪抗战之前，日本人在上海的各个路口贴人丹广告，就是一个日本小人，带着两撇胡子，而这广告之中就有讲究，胡子下垂，就代表是死胡同，此路不通，而胡子尖上翘，就代表往前有路口。所以即便是新来的士兵，看这个，也等于有地图了。

而相对的，中国军队傻实诚，条约规定，中国不许在上海驻军，我就真不去，所以除了军用地图之外，很多军官对上海的地形并不特别熟悉，而且这些军用地图，很多还没法下发到基层，所以很多官兵打起仗来都是晕头转向，哪条街道跟哪条街道挨着，都不知道。您说能不出问题吗？

不过前车的车长还算机警，一看，情况不对啊，别说带我们去找连长了，现在枪声都越来越远，这到底是要干什么？所以车长赶紧下令："快！停车！"

"是！"

"吱！"

坦克刹车停住，车长掀开顶盖，想要问问，到底怎么回事？再一看，好么！带路的那位逃之夭夭了！车长感觉不对，赶紧缩进车里："快！全速后退！"

"是！"

"轰隆隆！轰隆隆！"

两辆坦克全速后退，退到了路口，说实话，现在已经迷路了，到底该怎么办呢？两个车长和驾驶员、弹药手，全都是一筹莫展。而这时候呢，旁边来了几个学生模样的人，一看两辆坦克上，画着国军旗帜，赶紧过来："你们怎么了？"

车长口打咳声："嗨！我们让人给骗了，给我们带到这来，那个人就不见了！"

这几个学生一听:"坏了!你们准是碰上汉奸了!据说日本人这两天,收买了不少汉奸,净给咱们的人指瞎道儿,有的给带迷糊了算,有的都给带到日本人的包围圈了!"

车长一听,哟!这可太悬了,差点让人带沟里去!这可怎么办呢?

这时候,学生们也看出来了,这两辆坦克明显是迷路了啊,为首的一个就说了:"各位,请相信我们,我们是战地服务团的,你们的集结地在哪儿,我们来指路!"

"我们要回江湾指挥所。"

"妥了!"

为首的学生当时爬上坦克,往上一坐,正好堵在同轴机枪的前面。车长不明白啊:"哎!小兄弟,你这是干什么?"

"没什么?你们放心吧,咱是中国人,不做亏心事。我指挥你们走,如果我有什么不对的行动,这样,你们当时可以打死我!"

"哎哎哎,咱们不用!"

"就这样吧!走!调头!"

就这样,这几个学生爬上坦克,带路往回走,这时候,日本的援军已经到了,形势一片大乱,还别说,这几个学生挺厉害,脑子里都画着地图,见硬就躲,最后虽然晚了点,但平安抵达江湾报到。

这就是以往的经过啊!杜聿明一听,感慨万分:"原来是这样,好吧!好在你们都回来了,你们准备准备,带着坦克后撤吧!"

胡献群也不骂了:"对对对,赶紧收拾收拾,走吧!"

"那咱们下一步的行动?"

"你们就别管了,我这就往上报告,看看军委会的意思。"

"是!"

就这样,杜聿明和胡献群点计损失,往上报告,结果蒋介石一看,心疼得可以啊!好么,装甲兵团花了那么多钱,结果刚打几天啊,就损失这么大。蒋介石犹豫再三,要不要我把装甲兵团撤回来呢?再打下去,损失肯定更大。可现在的情报显示,日军也增兵了,如果我把装甲兵团调回来,其他的部队就该倒霉了。这该如何是好啊?

蒋介石来回犹豫,最后干脆下了一道命令:装甲兵团,尤其是战车营,务要坚持战斗,如坦克出现问题,即刻撤退至南翔整修待命。

这也没办法,蒋介石太矛盾了,所以干脆下了这么一道命令。

而咱们再说日军这边呢,一味地防守挨打,绝不是他们的性格,之前是没辙了,现在援军一到,他们美了:哟西,现在该看我们滴干活!之前支那坦克厉害,现在我得叫他们付出代价滴干活!

第三十七回　战车营再遭损失　装甲兵北上抗日

淞沪开战仅仅几天，战车营的主力配备维克斯六吨半就损失了一半左右，蒋介石特别心疼啊！这每损失一辆，就是钱哪！不过为了战局考虑，蒋介石没敢轻易下令让装甲兵团全撤，只是下令，出问题的一律后撤，剩下的坚持作战。

蒋介石的本意呢，是想减少损失，可没想到，仅仅一天过后，桌上又来了一份报告：战车营的维克斯六吨半坦克，在对日的作战中，两辆受伤，另有一辆被日军俘获！蒋介石大惊失色，这到底是怎么回事呢？马上给杜聿明打电话，结果一问才知道，这次的情况既是意外，又不是意外。

这怎么说呢？原来，蒋介石下令之后，杜聿明很清楚，这是要减小损失啊！所以他特别把战车营集中到后面，统一使用，哪儿需要支援，就派到哪儿，但绝不多留，打完就走，避免损失。所以一时间神出鬼没，日军完全摸不清动向。

但此时的日军，可不是前几天挨打的时候了，人家援军到了，对付坦克的重武器也到了，所以援军的总指挥松井石根，特别发下命令：有谁能打趴下支那战车，重赏滴干活！

您说有这道命令，日本人能不努力吗？结果呢，其中一路日军在渗透作战的时候，还真发现了一辆中国坦克，这时候，日本人这边一共是两个小队，两个小队长佐藤菊雄和丸田吉昌正在行进，突然听见侦察兵报告："队长阁下！前面发现支那战车滴干活！"

俩小队长当时就吓了一跳啊！说实话，他们这两个小队，还真没有对付坦克的重武器，可俩小队长还挺不服：这回，该我们立功滴干活，怎么能让给别人呢？

所以小队长佐藤菊雄就问侦察兵："前面的支那战车，在干什么滴干活？"

"报告队长阁下，前面的支那坦克并不是在作战，似乎是在休息滴干活！"

这一听，佐藤菊雄和丸田吉昌放心了，哟西，这回该着我们立功滴干活！于是马上率队冲锋！结果真就打了国军一个猝不及防啊！

咱们说这回参战的这辆维克斯六吨半，车长是第二连副连长王景阳，这家伙是当年东北军战车大队的老人儿，后来张学良因为热河抗战不战而逃，备受国人谴责，不得不出国考察，而王景阳和兄弟李乾泰，这是张学良最后的俩坦克车长，就来投奔中央了，后来在交辎学校任职，最终当上了第二连和第三连的副连长。但这俩人因为出身不正，备受歧视，所以谁要是尊敬他们，他们特别高兴。

今天呢，王景阳奉命出击，协助步兵的兄弟们，击退了日军的一次进攻。本来按照既定命令，王景阳需要立刻撤退，避免损失，旁边的步兵给他们拦住了："哎我说兄弟，你们这么着急干什么？"

"对啊！歇会儿，歇会儿！我们还得请教你们呢，日本坦克来了，我们怎么对付啊？"

王景阳一听，哦，有人尊敬我，劲头上来了："行吧！那我就给你们讲点精华啊！要说这坦克嘛，你别看它浑身都是铁甲，也不是没有弱点的……"

正讲着呢，"哒哒哒！哒哒哒！嗵嗵！轰轰！"一阵机枪加上迫击炮，当头就砸过来了！王景阳、弹药手、驾驶员，以及旁边的几个步兵兄弟，那是猝不及防，当场就都阵亡了，日军这边是欢呼雀跃啊！马上过来，就把坦克给俘虏了。

这就是以往的经过啊！等蒋介石知道了消息，心疼坏了！再这么下去，我的战车营用不了几天，就得打个精光啊！于是蒋介石赶紧下令，战车营全员撤至更远一点的南翔待命，没有命令，不许随便出击！

得，这回就等于彻底远离了前线，所以自此至淞沪会战结束，战车营仅仅在9月29日和10月11日，掩护步兵兄弟进行了作战，除此之外，再无记录。

不过即便战车营基本上退出了战斗，装甲兵团的其他单位，尤其是战防炮部队，仍然进行了顽强的作战，战车营虽然没法自由行动，杜聿明仍然派出了部分人员，到前线去帮忙对付坦克，共计毁伤日军坦克近30辆。就这样，国军和松井石根的两个主力师团，在上海又顶了一个月之久，松井石根久战不下，不得已，再向国内求援，要求增兵！要不我们就真打不动滴干活！

日本高层这边没了办法，只能把原计划用在华北的三个师团，加一个旅团，投入上海。这下国军可彻底顶不住了。主动进攻的时候，国军用的是三个德械师，兵力占优，结果击溃了日军大多数次要据点。等松井石根增援之后，国军的二线部队也很快到位了，这些部队里，能征善战的也很多，什么胡宗南的第一军、罗卓英的十八军、俞济时的七十四

晋绥军的装甲汽车。因为傅作义曾经用这种装备虐掉了伪蒙军，所以阎锡山也对装甲汽车情有独钟，但跟日本人一交手就完蛋了

军等，这都是后来的王牌部队，大家一起，仍然可以把日军打得胆战心惊，比如罗店，就生生地被中日两军打成了一座血肉磨坊！后来国军这边说"一寸山河一寸血"，也许当时的中国可能没法全达到，但在罗店一地，说"一寸山河一寸血"，那是绰绰有余的。

可您想想，日军毕竟占有着空中水上的各种优势，国军空军虽然奋力作战，但手大捂不过天来，而且后期因为飞机损失太重，也没法组织有效的防御了；海军呢，干脆在江阴要塞，没法出港；陆军方面，日本人的重炮、坦克，都是国军的几倍，国军顶到最后，已经是强弩之末了。这时候日军的生力军一来，自然不是对手。而国军之后的增援部队，勇则勇矣，都有一腔热血，但无奈武器装备相差太大，所以步步溃退。

蒋介石对此头疼不已啊！本身部队已经损失很大了，尤其是对付日军坦克的主力——战防炮部队，不但越打越少，而且北方的阎锡山那儿还来了消息，希望抽调一部分战防炮过去支援。蒋介石一看，这可怎么办好呢？蒋介石有心不借，自己这还不够用呢！可再一琢磨，千万还别不借，一方面，现在自己就怕落下消极抗战的名声，另一方面，山西一线也不只有阎锡山的晋军，也有自己的中央军，晋军好不了，自己的中央军也完蛋啊！所以蒋介石考虑再三，马上给杜聿明挂了电话："光亭啊！你速派战防炮一个营，乘火车去北方，支援山西战场！"

"是！"

上峰有命，杜聿明自然不敢怠慢，赶紧抽调部队，向北增援！

说到这有人问了，淞沪会战异常激烈，中国北方情况如何呢？咱们这也得说一说了，日军在卢沟桥事变之后，占领了平津地区，之后并没有停歇，兵分三路，沿铁路线继续进攻，打算继续蚕食鲸吞中国的领土。后来，因为蒋介石的淞沪会战，打乱了日军的部署，有两路都受到了影响。而没受影响的呢，正是从平绥线往东，直奔山西的那一路。

为什么要打山西呢？很简单，山西盛产煤和铁，也是现在有名的能源基地，日本国土狭小，想增强持久作战的能力，就非有这么个能源基地做底子不可！所以这一路日军拼得很凶，先跟国军的汤恩伯等部，在南口大战一场，紧接着，不顾伤亡，稍作调整，就继续扑向山西！咱们说日本人这回，真是下大了本钱，打先锋的是独立混成第一旅团，这也是日本陆军中，唯一一支旅团级别的多兵种机械化部队，旅团长酒井镐次，这个旅团之中，光坦克和装甲车，就有近七十辆，沿公路进攻特别有效。

而阎锡山呢，日本人已经打到他的家门口了，他自然不会客气，于是命令部下，沿长城防线布防，利用山西一带的山地，跟日本人对着死磕。同时，中央军干将卫立煌也率领一部分中央军前来支援，同时，共产党所领导的红军，也改编为18集团军，进入了山西战场。

咱们说会战刚开始呢，阎锡山还有些把握，这山西是我的地盘，天时地利人和我都有，怕什么呢？说实话，这份信心也不是天上掉下来的，一方面阎锡山经营山西多年，手下都跟他是一条心，日军敢打我们的家乡，我们保家卫国，岂有不出力的道理乎？何况，我们还有中央军一同作战。

另一方面，山西煤铁资源丰富，所以阎锡山的晋军，从武器装备上，比中央军都不次，手枪步枪冲锋枪，手雷山炮掷弹筒，这些都能自己制造。虽说在内战时期，晋军的战斗力显得差些，但那是在进攻上，防守可不差！阎锡山手下最著名的守城名将，就是傅作义，当年面对张作霖的奉军，大炮加坦克，守卫涿州三个月不失。现在日军，也无非就是这些东西而已，我们有经验！

同时，山西的地形，山地比较多，利于防守，阎锡山还专门让兵工厂制造了一些奇门兵器"滚山雷"，这东西跟古代的铁滑车相似，居高临下，守军拉了导火索一端，滚山雷就滚入敌阵中爆炸，坦克怎么样？碰上这个也不行！

除了这些原因之外，阎锡山最放心的，就是手下有一支装甲汽车队。就在一年前，日本人支持伪蒙军，又出顾问又出枪，图谋分裂中国，让蒋介石首尾难顾，结果，傅作义利用手头有限的装甲汽车队，打了一次闪电战，砍瓜切菜一般，把伪蒙军打了个落花流水，分裂中国的企图自然烟消云散。之后呢，阎锡山一看，装甲汽车，这东西好用！所以不惜重金，也建立了这么一支装甲汽车队。阎锡山就认为着，当年的奉军和后来的伪蒙军，都是你们日本顾问、日本武器，到头来没什么大不了的，我怕你们干什么？

结果，打起来完全不是那么回事！日本作为军国主义国家，全民的军事素质都很高，知识层次也不低，跟伪蒙军那些乌合之众，以及缺乏训练的东北军比，那是天壤之别！所以虽说晋军和中央军英勇抵抗，八路军在侧后一个劲地扰乱日军的补给线，但总体战况还是很不乐观，天镇、大同、广灵、平型关、代县等战略要点不断丢失。而且阎锡山的尖刀，装甲汽车队，跟日军的坦克装甲车一碰，那是毫无还手之力！这也没办法，毕竟这东西不是专业装备，就是普通汽车披上钢板，架上机枪，那是秃子当和尚，将就材料，碰上日本人专门的坦克装甲车，自然要倒霉。

到了现在，阎锡山算知道厉害了，一个劲地向蒋介石求援，一方面要援兵，另一方面阎锡山要专门对付日军坦克的战防炮！

就这样，杜聿明选派了战防炮教导队第三营，于是整个营携带八门战防炮，登上了北上的火车，前往山西会战的主阵地——忻口。可没想到，刚到忻口，战防炮还没从车上卸下来，有人就来了："您是战防炮营的吗？"

战防炮营营长郭定远一听："是啊！您是哪位？"

"哎哟！你们可算到了！赶紧把武器带上，跟我们走吧！"

郭定远一听都愣了："您哪位啊？我们现在得先去前敌指挥部报到。"

"来不及了！日本人的坦克一天得来好几趟，我们是一点脾气也没有啊！赶紧跟我们走！"

这人说完，举手一招呼，后面又过来几个人，赶紧从火车上往下卸战防炮。这回郭定远真急了："哎我说兄弟！没你们这样的，咱们是军人，得服从命令！这上面还没给我派任务，你们就硬抢，这要传到上面去，你让我们怎么交代？"

郭定远耐心讲道理，可这哥们就是不听，还指挥人卸战防炮，郭定远一看，好好说没用了，当时掏出枪来，顶到这人脑门子上了："别动！"

这人当时就傻了："哎，好，我不动。"

"你到底是什么人？有什么困难？都给我说清楚，我自然帮你想办法。你要是还这样一意孤行，小心我翻脸无情！"

第三十八回　装甲兵遭遇误会
　　　　　　小日本坦克肆虐

　　杜聿明派出装甲兵团战防炮教导队第三营，北上山西，参加第二战区的抗日作战。结果火车刚到了忻口阵地附近，战防炮第三营就遇到了一件蹊跷事，来了一帮人，为首的一个不由分说，一听说这是战防炮营，马上就招呼人从火车上卸装备。

　　战防炮第三营的营长叫郭定远，他一看，这叫什么事啊？我们还没报到，就上你们那去，小心得军法从事啊！但怎么说，这个人都不听，最后郭定远来硬的，直接拿枪顶在了这人的脑门上："你到底是什么人？有什么困难？都给我说清楚，我自然帮你想办法。你要是还这样一意孤行，小心我翻脸无情！"

　　"哎哎，别开枪，我说。我们是李默庵将军的部下，日本人的装甲车已经在我们的阵地前头肆虐好几天了，最多的时候能来几十辆，我们打也打不动，拿炮轰也没多少效果，兄弟们的死伤太多了！今天早上听我们将军说，你们战防炮营马上就到，所以我就来火车站了。"

　　郭定远一听，哦，原来是这么回事，人家也是急的，情有可原，所以赶紧把枪收了："兄弟，你的心情我能理解。但我们呢，还得去指挥部报到，具体怎么分派，我说了不算，你说了不算，得指挥部说了算。但你们呢，也的确着急，咱们就两便吧！我让兄弟们带着兵器，去指挥部报到，我随你走一趟怎么样？"

　　"啊？你不带大炮能行？"

　　"行！打坦克和装甲车，有好几种方法呢！战防炮只是一种，我还有别的招儿呢，我先去给你们支几招儿用着，起码能稳定战线。之后我也尽量向上面要求，把战防炮搁在你们这里几门。你看行不行？"

　　"行！太好了！"

　　郭定远赶紧把手头的事安排安排，然后就跟着来人，去了他们的阵地上，见着了指挥官李默庵。咱们说这个李默庵，黄埔一期出身，跟杜聿明同期，俩人关系还挺好，所以杜聿明在调战防炮第三营北上的时候,特别跟老朋友通了个气,俩人电话里就聊开了:"默庵兄,你们北线情况,听说不妙啊!"

"可不是!日本人的坦克真厉害!咱们兄弟吃亏吃大了!怎么着?光亭,我听闻你也高升了,装甲兵团团长,专门玩装甲车战防炮之类的玩意儿,据说手头的装备,比小日本的还厉害!是不是?"

"嗨!那都是外人捧的,不必当真。"

"不对不对!那可不对!光亭啊,我跟你讲,外面有传言,自然不是空穴来风。怎么着?听说你们在上海那边,也是苦战,今天怎么得闲给我打电话呢?是不是有什么事啊?"

杜聿明听了一乐:"嗨!默庵兄,果然瞒不住你。兄弟的确有事相求,希望你帮我兜着点!"

"说吧!咱们兄弟谁跟谁啊?"

"是这样的,委员长考虑北线吃紧,特别让我调了一个战防炮营去增援。"

"哟!这好事啊!那我帮你点儿什么呢?"

"默庵兄,你也知道,我手头的兵器虽然厉害,但太过于单一。就这战防炮,射速快,穿透力强,单对付坦克、装甲车,那没问题,但如果碰上日本人的步兵蜂拥而至,我们就没辙了!所以到时候,还希望你帮着协调协调,务必派人在旁边保护啊!"

"没问题!你们装甲兵团,那是委员长的心尖子,不保护好哪儿行呢?"

就这样,俩人约定好了。而之后,北线战况逐步恶化,尤其是到了忻口阵地,当时,中央阵地是敌人的攻击重点,所以一开始,日军就拿出了全力。而国军这边呢,也知道事关重大,忻口一丢,太原也就完蛋了。所以大家在中央阵地展开了激烈的抵抗,日军血战几天,都没能前进一步。

咱们说日本人,人家也不傻,尤其战术方面,那是非常精的,正面打不动,我就从侧翼动手滴干活!左右侧翼,从哪儿动手呢?日军选择了左路,原因无他,这里地形平坦,有利于坦克和装甲车的发挥,所以日军就在此组织了坦克和装甲车,进行猛攻!

而咱们说呢,日军的左路,就是国军的右翼,右翼阵地防守的主力,正是李默庵的十四军,李默庵呢,能征善战,也是黄埔一期中的佼佼者,但说实话,对付坦克的办法不太多,只能组织敢死队,在近

抗日将领李默庵,黄埔一期出身,号称又文又武李默庵,太原会战时曾经英勇奋战

距离用炸药包、手榴弹，或者重机枪扫射，才能勉强把日军坦克逼退，损失挺大，成果较差，李默庵天天看着日军坦克在自己这肆虐，急得脑仁疼，现在自己这就是仗着人多，但如果这么下去，日军突破阵地，也是早晚的事。这可怎么办？哎，李默庵突然想起来了，老朋友杜聿明的战防炮营马上就到，反正是老朋友的，先借来用用吧！

于是，李默庵就派手下去截住战防炮营，可没想到，杜聿明并没提前交代，才发生了这场误会。不过，营长郭定远也听说过李默庵，知道他跟杜团长有交情，所以挺尊敬："李军长！属下战防炮营营长郭定远！我听说您有困难，但无奈军令如山，我们必须去指挥部报到，请您原谅！有什么问题，您尽管跟我说，我一定帮您解决！"

李默庵一听，点点头："好！我理解，身为国军，必须遵守军令，就算是我跟光亭有交情，也得往后排。那么郭营长，我得问问你了，这几天日本人的坦克装甲车跟我们这来回肆虐，咱的将士死伤惨重啊！你们装甲兵团，应该有不少对付坦克和装甲车的办法，能不能教教我们？"

郭定远点点头："是！属下自当知无不言，言无不尽！不过李军长，我能看看咱们的武器都有什么吗？手榴弹、炸药什么都行！"

"好！请！"

说话间，李默庵就把郭定远带到了补给营，这里掌管着前线的弹药辎重。郭定远就在这挑开了，李默庵还说呢："郭营长啊，我这虽说也属于中央军的序列，但武器装备和那些德械调整师，差的还挺多。所以挺难为你，因陋就简，务必得给我们想办法啊！要不然等上面把你们再调过来，黄花菜都凉了！"

没想到郭定远一乐："不会的不会的！李军长啊，我看你这有好多好玩意儿啊！比如说这些！"

郭定远用手一指，李默庵一看，鼻子差点没气歪了，这不就是些手榴弹、炸药包吗？我们之前用过，没效果啊！但李默庵也没发火，人家怎么说，也算是专业人士，总得讲出个一二三吧？于是就问："郭营长，这些怎么打坦克呢？之前我的将士们，也用过，结果手榴弹扔到坦克上，都弹开了，就算在附近炸的，也没什么效果。炸药包也是，咱们的战士付出了重大的伤亡，好不容易把炸药包放到日本坦克上，结果一炸，人家最多受点伤，这都不灵啊！"

"哈哈哈哈哈！"

郭定远一阵大笑，把李默庵差点笑蒙了：这人什么意思？要完我没词儿了，想词儿呢吗？

等笑完了，郭定远咳嗽两声，缓缓说道："李军长，咱们的战士英勇，这我承认，只不过咱们炸的都不是地方啊！坦克浑身铁甲，就咱们这土制炸药包和手榴弹，炸到他的装甲上，的确难以奏效，在这种情况下，战防炮和平射炮就是坦克的克星！"

李默庵一听，气得直哼哼，你这不等于什么也没说嘛！炸药包和手榴弹不管用，我们知道！你得说点不知道的啊！

郭定远这时候话没停，继续说："我打个比方，坦克现在就相当于练了铁布衫的人，咱们的武器打在他身上，必然不管用。除非咱们能掀开坦克的盖子，炸里面，但日本人不会给咱们这机会的。不过咱也得说，这铁布衫必然有罩门，坦克的罩门呢，就在它的底盘和履带上！底盘，也是坦克装甲最薄的地方，炸药包肯定没问题，手榴弹嘛，威力稍差，咱们也可以三个捆成一组用，也行！如果底盘炸不了，咱们就炸履带！履带的连接处很薄，只要炸断，坦克就前进不了，只能当活靶子！"

李默庵一听："哟！这招能行？"

"当然可以！李军长，同样的东西，咱们只要改改用法，马上就不一样。另外，我看咱们这还有汽油，组织敢死队的时候，也可以带上，直接浇在坦克上点火！坦克这东西是铁的，导热性能好，一旦点火，那就跟烤箱一样！小日本也是俩肩膀扛一个脑袋，他也是人！所以不想死就得出来，到时候咱们就有机会了，要么俘虏，要么就能往坦克里面扔手榴弹了，那更厉害！"

这一席话说完，李默庵乐得俩手都拍不到一块儿了："厉害！光亭真行，手下能人不少啊！改日我得跟他商量商量，让你到我这来当个团长！"

当然了，这是开玩笑的，不过郭定远这么一布置，日本人的好日子就到头了！等到第二天，日本人又派来三辆坦克，之前日本人已经在这交过火了，知道李默庵所部英勇，部队数量也多，自己虽然有三十多辆坦克装甲车，但质量参差不齐，硬冲，难保周全。所以日本人改变了战术，开始骚扰。反正你拿战车没辙，我们过来，你们就得全军出动滴干活。等把你们消耗得差不多了，我们所有坦克一上，就把你们打垮滴干活！

日本人就出于这个心，这天派出三辆九五式轻型战车，大摇大摆地往前冲。李默庵的部下呢，马上就组织敢死队，进行反冲锋！日本人那边一看，哟西！支那人，就知道送死滴干活，杀给给！

"哒哒哒！哒哒哒！咚！咚咚！"

连枪带炮，就开火了！日军本来心里有底，自己这种坦克，是最新式的九五式轻型战车，装甲虽然比之前的八九式中战车要薄，但挡挡子弹还是没问题的，而且九五式的火炮先进，防护机枪也有两挺，根本不怕步兵，何况国军这边的敢死队，冲锋也很不专业，日军的战车更不怕了！

没想到这回，情况完全不一样，国军没有像之前一样，早早地把手榴弹和炸药包扔过来，然后就当活靶子。而是低着头散开，一个劲地向前冲，等冲到近前，一束束的手榴弹直接扔到了履带边上！

"轰！轰轰！"

这通炸啊！日军坦克驾驶员听着都慌：怎么回事？怎么支那人开始炸履带了？昨天还不这样呢，他们跟谁学到这些滴干活？

正琢磨着呢，几片弹片飞进车内，"哎哟！啊！"有成员受伤！最惨的还是为首的那辆坦克，他挨的集束手榴弹最多，两条履带都被炸断了，动弹不得！国军这边一看，嘿！还真有效，让我们逮住一辆，炸了它！

"对！炸了它！"

"哗！"

敢死队士气大振，几个战士抱着炸药包就扑了上来！为首的那辆九五式轻战车也动不了了，只能玩了命地扫射，打算负隅顽抗，后面两辆坦克一看，也赶紧边扫射边冲，打算前来解救，没想到，刚往前开了一点，后面又有敢死队扑向他们，"嗖嗖嗖！轰轰轰！"，一串串的集束手榴弹都扔到了他们的履带附近。这两辆坦克一看，阿布那一！太危险了，赶紧躲滴干活！

他们一躲，就开远了，这时候另外几支敢死队也冲了上来，这两辆坦克也自顾不暇了，这时候，第一波敢死队已经冲到了坏坦克跟前，这辆九五式轻战车还挺猛，两挺重机枪来回扫射，他们也知道，现在炸药包的威胁最大，所以专门打拿炸药包的敢死队员。

这时候，敢死队队长带着几个队员，已经到了坦克的射击死角，队长就喊："炸药包！拿炸药包来！"

几个敢死队队员你看我，我看你，谁也没有，带炸药包的敢死队员全部阵亡！敢死队队长气急败坏："他娘的！小鬼子小鬼子，真他妈鬼！给我上汽油！今天我要活烤小鬼子！"

第三十九回　李默庵维持阵地
　　　　　　　战防炮痛击日寇

　　日军再次用三辆坦克对李默庵部所在的右翼阵地进行骚扰，他们本以为没问题，这几天来，中国军队的表现颇为外行，他们几乎是予取予求，日本人就琢磨：我们滴，要不是坦克和装甲车不多，早就一鼓作气，把这里的支那军队干掉滴干活！

　　可没想到，这次一来，情况不一样了，国军虽然还用敢死队迎战，但敢死队已经完全沉得住气了，而且扔出集束手榴弹，专门炸坦克的履带。这一顿攻击下来，还真把一辆日军的九五式轻战车给炸瘫了，动弹不得。剩下两辆想过来抢救，也被别的敢死队缠住，集束手榴弹成堆地扔向坦克履带附近，他们俩是自顾不暇！

　　再说国军敢死队这边，几个敢死队员已经冲到了坦克的射击死角，队长一看："拿炸药包来！端了它！"

　　几个敢死队员面面相觑，怎么了？没炸药包！日本人知道炸药包的厉害，所以机枪专门打带着炸药包的敢死队员，所以炸药包一个也没过来。敢死队队长一看，心头火起："他娘的！小鬼子小鬼子，真他妈鬼！这可怎么办？"

　　他一眼看去，正好有两个敢死队员带着汽油桶，他想起来了：对了！我们军长说了，汽油烧坦克，也行！今天我就来个活烤小鬼子吧！

　　想到这，敢死队队长赶紧招呼："快！泼汽油！"

　　敢死队员赶紧打开桶盖，直接就泼到了坦克上，然后大家闪开，一颗手榴弹过去，"咚！呼呼！"

　　火当时就腾起来了！咱们说这坦克，即便是焊接的，也不是全无缝隙，而且钢铁的导热性能特别好，这么一烤，里面的驾驶员当时就受不了了，掀盖想跑，可旁边的敢死队员早都准备好了，这边一开盖，马上几颗手榴弹就扔过去了，"嗖嗖，嘣！轰！"正好有两颗扔到坦克里，爆炸了！这回是内外开花，这辆九五式轻型战车当场报废。剩下两辆一看，我的娘哎！再待会儿，我们也得一个下场！赶紧跑吧！回去告诉师团长，支那军队，改战术滴干活！

于是两辆坦克掉头就跑，李默庵一看，也没追，赶紧点计损失，敢死队死了五个，伤了十三，击毁日军坦克一辆，打死乘员三人，这就不善啊！大家是欢呼雀跃！可是李默庵呢，一点没高兴，今天只是开始，日军绝不会善罢甘休的！所以李默庵赶紧向上报告，请求调拨战防炮来支援。没想到第二天一早，战防炮营营长郭定远就带人来了："李军长！我来报到了！"

"哟！你们来得好快啊！昨天咱们才见了面，今天你们就带着武器到了！你们的八门战防炮全到了？"

"没有，卫立煌总指挥扣下了一个连和四门战防炮，命令我带着剩下的四门，前来支援右翼阵地！"

李默庵一听，有点失落，嘿！我们这个卫总指挥，怎么还带打折扣的啊？

其实咱们说，卫立煌也是没辙了，他对忻口这块的局势，看得十分明白，战防炮部队到之前，他就开始盘算了：右翼阵地的地形较为平坦，利于敌人坦克的突破，中央阵地久攻不下，敌人肯定得想办法迂回，右翼阵地就成了敌人坦克装甲车扫荡的重点！所以卫立煌早计划好了，战防炮营一到，部署的重点，就是右翼阵地的李默庵部。但同时，为了谨慎起见，卫立煌没敢把八门战防炮全都派出去。你知道日本人用什么战术？八门全投进去，一旦有个万一，那就都完蛋了，必须得留着后手。

而且德国的战防炮做得特别好，用于防空也不是不行，而当时国军的空中，也是个大问题，全国在抗战开始的时候，只有三百来架飞机，数量特别少，主力又都投入了淞沪会战，实际能在山西战场的，不过是三十六架飞机，型号还比较老，而相对的，日军那边足足有一百九十架飞机。国军空军虽然奋力作战，飞行员陈其光甚至击毙了日军航

日军的百武重装甲车队。队长百武俊吉，跟重见伊三雄并列，可谓是日军装甲兵的军神，结果他就在山西战场，殒命在了国军的战防炮之下

空队的四大天王之一，驱逐王三轮宽，但这对整体战局影响不大，国军的脑袋顶上，经常有日军飞机前来轰炸，卫立煌已经拼凑了无数的武器进行防空作战，甚至包括打坦克的战防炮，这也实属无奈之举。

咱们再说李默庵这边，抱怨归抱怨，但四门战防炮一来，比没有要强得多啊！而且之前日本人吃了亏，随时都可能来报复，所以李默庵赶紧进行了部署："郭营长啊，那麻烦你们即刻去我们的第一线大白水村布防，那是日军进攻的必经之路！"

"明白！"

就这样，郭定远就带着部队，奔赴了前线，等到了一线的大白水村，当时就傻了眼！怎么回事呢？这儿的条件也太简陋了！这里的第十师，以大白水村为中心，设置了阵地，这个大白水村，说白了，已经不剩什么了，只有一道寨墙还算坚固。郭定远一看，因陋就简吧！总不能把战防炮就这么光天化日之下地放着吧？于是，郭定远跟第十师的兄弟们商量好了，在寨墙上凿了一些炮眼，然后把战防炮隐蔽起来，就等着日本人来了！

咱们说，中午时分，日本人总算来了！这回日本人真准备报复了！特别调来了两个战车中队，一共三十多辆坦克和装甲车，也就是第一混成旅团一半的家底！紧接着，三中队的八九式中战车冲锋，二中队的九二式重装甲车从侧翼包抄，后面跟着日军步兵，气势汹汹地就朝着大白水村阵地扑来！

咱们说，这个局面，国军已经面对了多次，还是照常发起敢死队进攻，但无奈敌人的火力着实太猛，坦克和装甲车采取交叉火力，国军的敢死队还没接近，就全部阵亡！这也没辙，日军这次真是下了狠心，派出的都是最厉害的装备，以及一批批的精兵猛将！第三中队，主力装备，八九式中战车，这是日军当时装甲最厚，也是性能最稳定的坦克。中队长林田贡大尉，也是日军战车队中出了名的猛将！

而九二式重装甲车呢，也是日军引以为傲的产品，本身就是想代替骑兵用的，擅长包抄穿插，火力是一轻一重两挺机枪，也很可观，而中队长百武俊吉大尉，也是鼎鼎大名！当年日军一共就两个战车队，重见伊三雄、百武俊吉，就是队长，可谓元老之中的元老。而当年热河战役，百武战车队大放异彩，一路的突击和穿插，打得东北军溃不成军，热河战役日军获胜，百武俊吉功不可没，所以他也是日军装甲兵中的军神，所以日军这个组合，猛将加军神，这明显是要一次性解决战斗啊！

再说国军这边，敢死队战术失效，其他人也一时之间没了脾气，赶紧后撤，继续抵抗，可无奈日军这回的攻势实在太猛，节节抵抗，节节败退，就这样，日军的战车队逐步扫清外围的障碍，接近了大白水村的核心阵地！

"哒哒哒！轰！轰！哒哒哒！"

日军的枪炮一直都打到了寨墙上，战防炮营的兄弟们看得清清的："小鬼子这回太猖狂了，让他们尝尝咱的厉害！"

"对！让他们知道知道马王爷几只眼！"

兄弟们把炮眼捅开，然后就要开炮反击！这时候旁边有人一声大喊："住手！谁也不许开炮！"

大伙儿听了一愣，谁啊？战防炮营营长郭定远！郭定远现在满脸怒容："没我的命令，谁他妈也不许开炮！谁要是不听，军法处置！"

大伙儿一听，得，官大一级压死人，我们营长在淞沪战场，也不是个孬种啊！今天怎么看见日军坦克，还不许开炮了？

大伙儿正在这纳闷，就听郭定远下令："炮手都给我预备好，谁也不许开火！咱们是什么？是精锐！谁也不许瞎打！都给我准备好，观察手快去观察，随时报告日军坦克装甲车的方位，务必小心！"

"是！"

大家一听，哦，原来如此，也都憋着劲，做了准备。咱们说郭定远，他经验丰富啊，一看这情况，对方有三十多辆坦克装甲车，要是提早暴露，自己这四门战防炮，还不够人家吃的呢！所以，就得抓住战机，一鼓作气，一击致命！

"日本正面坦克一千米！"

"日本左翼坦克八百米！"

"日本右翼坦克八百米！"

郭定远一听，把手一举："两门战防炮负责正面，剩下两门分别瞄准左右翼，看我手势，准备！"

大伙儿一听，都摩拳擦掌，准备好了。

"日本正面坦克八百米！"

郭定远还没动，大伙儿憋得脸都红了，弹药手摩拳擦掌，锐气都憋足了！

"日本正面坦克五百米！"

"开火！"

郭定远一声令下，四门战防炮疯狂怒吼，"砰砰砰砰！砰砰砰！"一连串的炮弹就歇在了日军战车群里！

这下可把日军的战车群打蒙了！日军那边，刚开始没拿这道寨墙当回事，就认为着：墙里面可能有些支那士兵，到二百米之内，我们得留神滴干活！省得碰上支那敢死队，我们出现不该有滴损失滴干活！

可没想到，墙后面不是敢死队，而是坦克的克星，战防炮！五百米的距离，正好是战防炮的有效射程，炮弹如同雨点一般打过来，"轰！轰！轰！"日军的坦克和装甲车接连地爆炸和冒烟，不到两分钟的工夫，日军的坦克装甲车就趴下了七辆！剩下的一看，阿布那一！赶紧后队变前队，撒丫子就跑，只恨爹娘少生两条腿！而就在日军撤退的途中，战防炮营又干掉两辆，那是大获全胜啊！大家伙儿高兴坏了："日本人完蛋啦！"

"战防炮果然厉害！"

"哗！"

大家是兴高采烈啊！

再说日军这边，那是垂头丧气啊，明明胜利在望，瞬时间就被打回了原形！等跑回去一点计，好么，两个中队一共出动了十五辆八九式中战车，以及十五辆九二式重装甲车，结果这一轮打击下来，八九式中战车少了四辆，九二式重装甲车少了五辆，剩下还有几辆负了伤，勉强开回来。这帮队员看见惨状之后，吓得直哆嗦，我们该怎么向林田中队长，还有百武中队长交代滴干活！

可大家害怕了半天，没人开骂，出了奇的安静。这帮人还奇怪呢：无论是林田中队长，还是百武中队长，脾气暴躁滴干活，损失一辆坦克，他们都得骂个不停，怎么今天不说话滴干活？

这帮人仔细一找，两个中队长全都不见了，再细细一找，好么！俩中队长的坐车也都没回来，一并被国军的战防炮击毁在了阵地前！两个人谁也没活了。值得一提的是，百武俊吉之死，日军之中颇为叹息，因为以他的资历，之后的发展不得了！跟百武俊吉同名的重见伊三雄，这家伙在1944年已经当上了战车第三旅团的旅团长，少将军衔，后来被击毙在菲律宾，特晋中将。很多人说，如果百武俊吉不死，估计后面也能跟重见伊三雄比肩。可没办法，侵略者永远都是要进坟墓的，无论他的本事高低！

咱们再说这俩战车中队，连中队长都阵亡了，消息传来，旅团长酒井镐次大怒啊！八嘎！我滴无敌战车队，怎么会这么容易就被打垮？我要支那人付出代价滴干活！

于是酒井镐次一声令下，调动飞机和重炮，对着大白水村，就是一通猛轰！而咱们说战防炮营呢，得胜之后，并没走，因为他们知道，日军早晚要来，可没想到，日军没动用步兵和坦克，而是报复性地猛轰一顿！这下也是损失惨重，三门战防炮被毁，人员损失过半。不过好在之后，日军也没敢再这么大批量地出动坦克，进行集团性攻击，再加上卫立煌调派的援军赶到，忻口右翼阵地还能勉强维持，战防炮营也随着忻口阵地的国军一起，继续与日军作战！日军在这里无论怎么猛攻，都没能前进一步。

可没想到，这时候，另一个消息的传来，致使忻口阵地全面崩溃！这是什么消息呢？咱们下回再说。

第三十九回　李默庵维持阵地　战防炮痛击日寇

第四十回　郭定远转移湘潭
　　　　　杜聿明撤离南京

忻口大战，日军吃尽了苦头，中央阵地屡攻不下，想要用战车部队从右翼阵地包抄，结果又遭到了战防炮营的当头一棒，吃了大亏！此后，日军也只能硬来了，于是中日两军在忻口恶战不休，损失都不小，第九军军长郝梦龄、第五十四师师长刘家麒、独立第五旅旅长姜廷贞等战将牺牲，日军也没能再前进一步。

可就在忻口恶战之时，另一路日军趁着国军防备不力，一举突破了娘子关，这样，太原已无险可守，忻口这边再打下去，只能让人家前后夹攻，包了饺子。于是阎锡山和卫立煌赶紧布置撤退，本来他们还想在太原抵抗一阵，可日军进展神速，虽有守城名将傅作义，太原城还是没抵抗几天，即告失陷。

太原会战结束，等部队撤退一阵，稳住阵脚，战防炮营营长郭定远就赶紧联系团长杜聿明，我们得归队啊！是回南京，还是回上海呢？总得有个消息吧？

结果电报发出去，不一会儿，电话打回来了。郭定远一接，对方正是团长杜聿明，只听杜聿明的声音特别疲惫："郭营长啊，你们那边怎么样了？"

"报告团长，我们营损失不小，现在尚存五门战防炮，一个连的建制较为完整，剩下两个连，损失过半。"

杜聿明一听："哦，还行，这样吧，你们坐车去湖南的湘潭集结。"

"湘潭？"郭定远一听就愣了，"团长，我们还能再战，请求回上海南京一线，继续作战！"

"不必说了！去湘潭吧，具体情况，到时候面谈！"

撂下电话，郭定远就纳闷，团长那边到底怎么了？

咱们书中代言啊，太原会战失利，淞沪那边的战争也已经进行到了尾声，国军精锐再度失败，不得已向后退守，日军全面占领上海。蒋介石此时呢，还想强努一把，照着1935年大演习的样子，派部队在句容地区阻击日军，可现在，撤退一片混乱，说是大溃败也不为过。

而在之前，国民政府为了预防上海失利，早做了准备，花重金造了两条国防线，吴福线、锡澄线，这回也没起作用，就连交接都成了问题，除了江阴要塞等个别点进行了抵抗之外，剩下的，不是找不着钥匙，就是被日军从水路直接打穿。当年这两道防线，号称东方马其诺防线，这还真一样，根本没起到作用。所以南京失陷，不过是时间的问题。

现在这个情况，要是不守南京，也不奇怪，可偏偏蒋介石不想背弃守南京这个黑锅，最后唐生智冒头了："南京是咱们的首都，有总理的陵墓，岂有不战而降的道理？"

蒋介石一听，太好了！你行你上吧！于是他把所有的责任全推给了唐生智，自己带着精锐，往后撤退。可南京既然要守，也不能没有部队啊！于是蒋介石马上下令，把精锐的教导总队、八十七师、八十八师、三十六师，还有七十四军等部队都留下，准备进行南京保卫战。可咱们说实话，到了现在，这些部队也就只有番号还算精锐了，整个部队已经换血多次，精锐全打光了，现在的状态，大部分跟新兵差不多。

可就这情况，蒋介石还得做做姿态，不能让人家看出来想逃啊！怎么办呢？他就想到了自己的宝贝——装甲兵团。于是他就找到了军政部长何应钦，当即下令："你即刻去找杜聿明，让他把战车第三连留下，另外，再留下一个战防炮排，不得有误！"

"是！"

何应钦呢，明白蒋介石心思，赶紧去找杜聿明："光亭啊！委员长已经下令，由唐生智守卫南京，你即刻留下战三连，以及战防炮一个排。剩下的，按照预定计划，分两路撤退至湖南湘潭待命！"

杜聿明一听，那是丈二和尚摸不着头脑："何部长，这道命令，似乎有不合理之处。没错，我的战三连的确是咱们最新式的德式坦克，但有枪无炮，对付步兵还行，碰上日军的坦克，非吃亏不可！而且江南水网密布，这些坦克行动不便。我看不如把战一连和战二连留下。维克斯水陆战车，火力虽

第四十回　郭定远转移湘潭　杜聿明撤离南京

维克斯水陆两用坦克，按说这种坦克更适应江南水乡的作战。可实际这种坦克基本没有用上，杜聿明曾想将其投入南京战场，打不过可以渡江撤退，但最终还是被否决了

然弱点，但能下水，如果战事不顺，可以渡江突围。维克斯六吨半呢，战斗力不逊于日本坦克，至少能打对攻战。如果情况不好，集中起来突围也可以……"

杜聿明这正分析着呢，何应钦当时就火儿了："杜聿明！你给我闭嘴！这是委员长的命令，你无权改动！你现在不要想撤退，委员长的命令是死守！死守！你再提撤退，我就要军法处置！"

有人也许奇怪，杜聿明的分析不是不对，为什么蒋介石跟何应钦丝毫不给他申辩的余地呢？咱们书中代言，杜聿明身为战将，是合格的，但对于搞政治那点心思，他不太明白，当时蒋介石虽然已经决定逃跑，但还得悄悄进行，要是明目张胆，撒丫子就跑，肯定得引起恐慌，到时候民众和军队抢火车，谁也跑不了。所以为了自己撤退，蒋介石必须稳住民心，维持现状。也正是因此，蒋介石把名号最响的部队都留下，安抚民心。而在这个时候，蒋介石还得琢磨：这些步兵部队，至少番号在那儿，在战线崩溃以前，民众应该看不太出来，民心尚可稳定。可这些高科技武器，那是一眼就能看得见的。要是都撤走，那可就捂不住了！所以蒋介石思考再三，决定把战车第三连留下。战三连，一水儿的德制1号坦克，代号豹连，之前一直防守南京，没敢轻动，这次干脆不动了，给人的感觉，好像蒋介石胸有成竹，一切照旧。

杜聿明呢，一听命令无可辩驳，也没了脾气，办事不由东，累死也无功，那就这么干吧！杜聿明捏着鼻子，把战三连留下了，紧接着，就开始布置撤退。可撤退又是个大问题，火车不够！而且绝大部分都是客车车皮。这玩意，步兵还相对好办，一百人的车皮，我塞进二百多人也不是不行，但装甲兵团就麻烦了，器材太多！

要说呢，杜聿明这还好点，他主要负责团直属部队、搜索营、战防炮营。人嘛，好办，挤一挤就行。杜聿明就头疼战防炮，这东西现在证明，那是对付日军坦克的不二神器，又是花了大笔的外汇买的，要损失了，那是天大的浪费啊！好在天无绝人之路，杜聿明正头疼呢，旁边过来一位："光亭啊！你在这干什么呢？"

杜聿明一听，这人说话怎么那么耳熟啊？回头一看："哟！蔡教官，您怎么在这呢？"

来人是谁呢？此人叫蔡培元，保定军校三期炮科毕业，在黄埔军校的时候，他是教官，杜聿明是学生。蔡培元呢，脾气随和，跟谁都合得来，而且作战之中，也挺有两下子。要说淞沪会战之中，也就是他的炮二旅表现最好，手头一水儿瑞典进口、德国技术的博福斯山炮，那是神出鬼没，日本人在哪儿集中，他就带队过去，冷不防就给日本人头上扔一顿铁西瓜，而且打完就走，绝不多待，所以日本人想报仇都找不着人！现在有学者考证，蔡培元的炮二旅甚至直接把日本军舰上的皇室成员伏见宫博义大佐打成重伤，只不过当时的国军一方没有意识到。但总之，这支部队在淞沪战场上大发神威，蒋介石也拿他们当宝贝，所以南京这场必败之战，就没让炮二旅上，而是安排他们优先撤走。蔡培元呢，看着自己这悠悠闲闲，别的部队为了撤走，已经打破脑袋了，自己有点于心不忍。可也没辙，自己这边大部分是运器材的平板车，运人也不合适。正在这时候呢，碰上杜聿明了。蔡培元跟杜聿明关系不错，这才问候一声。

杜聿明一看是蔡培元，明白！这回有救了！赶紧说吧："蔡教官救命啊！"

蔡培元一看就明白，杜聿明肯定是因为撤退的事头疼，他也挺为难："光亭啊！我也想救你的命，可是你看看，我手下全都是运器材的平板车，运不了人啊！"

杜聿明一听，有平板车，这就好！我要的就是平板车！

"蔡教官啊！那您可就真救了我的命了，我的人不怕，现在就是战防炮运不走，这东西对付小日本的坦克厉害，可车厢塞不进去。拜托您帮帮忙，给我匀点地方，帮我们撤走吧！"

蔡培元一听："哦？你这全是战防炮吗？"

"可不是！人都好办，就是器材难办。"

"那妥了！兄弟们！给挤点地方出来！"

就这样，杜聿明有惊无险地撤走了。而相对的，战车营胡献群那边就倒霉多了，根本没见着平板车，只有客车，而且一点空间也没有。这怎么办啊？胡献群急得奔儿奔儿直蹦啊！现在眼瞧着日本人就要打进南京了，我们再撤不走就糟了！最后胡献群急了："妈的！兄弟们！跟我上！"

再看胡献群，指挥手头的维克斯六吨半，直接开上了铁道，只等下一列火车！等下一列火车一到，轰隆隆，轰隆隆，司机正开着呢，往前一看，这什么东西？哎哟我的妈呀！司机吓了一跳啊，这不是坦克吗？我再不停，非死不可！赶紧停吧！

"吱！"

火车就刹住了，这时候，胡献群带着维克斯水陆两用战车，从两侧围上来了："娘的！都给我下车！"

火车上也是溃散的部队，他们也急着逃命，这一看："我们凭什么下车啊？"

"可不是！老子就不下，你们能怎么着？"

胡献群冷笑一声，抄起驳壳枪，对天"哒哒哒"，就是一梭子："不下？你们是想成筛子，还是想当碎肉？我随你们选！瞄准！"

说话间，坦克上的枪炮就瞄准了，咱们说这列火车上，还有个团长，他一看，得，不下还真不行，咱们不是个儿啊！我们下车跑，也许还跑得了，如果真来硬的，我们谁也别想活啊！得，下车！

就这样，火车上的人都下来了，给战车营腾空了。可就这也不行，车厢那么窄，坦克上不去啊！最后胡献群气急了："来人！把火车给拆了！"

"是！"

大家伙儿也急了，逃命要紧啊！赶紧动手，把火车的车皮给拆了，只留底盘，然后想办法把坦克开上去，这才算脱离险境，而此时的日军，先头部队已经开始进攻南京的外围阵地了！

咱们再来说南京方面，部署决定之后，豹连连长赵鹄振马上整理装备，他马上按照南京卫戍司令唐生智的命令，把14辆坦克分开布置，等待命令。

12月4日下午，赵鹄振正在连部待命，电话响了，赵鹄振接起来一听："喂喂，是战车连吗？我是唐生智，现在日军进攻淳化镇，情势危急！你部立刻派一个坦克排，前去支援！"

"是！"

赵鹄振是摩拳擦掌啊！之前淞沪会战，委员长硬拦着，只让我们守南京，不让我们上战场，今天总算该我们了！于是赵鹄振一招手："李乾泰！"

"在！"

李乾泰是豹连的副连长，也是之前东北战车大队的老人，北伐战争后，东北军的战车大队还有26辆坦克，结果"九一八"事变，被日军端了24辆，仅剩了王景阳和李乾泰这两辆，当时他们正跟着张学良在北平，所以幸免于难。后来，张学良下野，就把他们打发到了交辎学校这边，归顺了中央。两个人本事还不错，王景阳当上了第二连的副连长，李乾泰是第三连的副连长，结果王景阳在淞沪抗战中，遭遇日军奇袭，不幸阵亡，李乾泰就咬着牙，打算为兄弟报仇雪恨！今天机会终于到了，他嗷一声蹦出来："连长！"

"哈哈！乾泰啊，我就知道你等不及了，今天你带着第一排，去淳化镇增援，好好让小日本尝尝咱们坦克的厉害！"

第四十一回　李乾泰大战淳化
　　　　　战车连支援汤水

南京保卫战开始，战三连按照之前的布置，准备行事。12月6日，日军开始攻击淳化镇，唐生智明白，日军士气正旺，我们的部队没点主心骨，肯定顶不住，所以立即打电话，要求支援。

战三连连长赵鹄振呢，马上派出手下干将，副连长李乾泰，带领一个排，前去支援！李乾泰，东北战车大队的老人儿，恨日本人恨得牙根痒痒！当即带领一个排出发！

不过咱们说，李乾泰别看急于求战，他也不是傻子，坦克作战之前，要求还挺多，你不能说听着敌人在哪儿，你冲过去就算完，你得先做侦察，看看哪个地形有利于自己。而且李乾泰赶到的时候，天色开始黑了，这时候作战，非常不利啊！你连路都看不清，万一掉到水里，不是白损失了吗？

所以李乾泰没着急，离着淳化镇还有十五公里，看看附近有村镇，就不走了，马上派出侦察兵，驾驶摩托车，前去侦察，这也是要跟前线部队接头，不然前线友军不知道你来，也不行。

咱们说，在淳化镇防守的，正是七十四军五十一师，师长王耀武，那也是一员骁将，他一听说，哟！有坦克来支援我们，太好了！不过王耀武也很冷静，跟侦察兵也说了："你们啊，千万别来我们的阵地上，敌人正面的攻势很猛，光炮火就把我们的阵地翻了好几个儿了，你们来了也是白损失！"

"啊？王师长，那怎么支援你们呢？我们副连长等着回话呢！"

"这样，你们先隐蔽好了，等日本人来了，你们在他们的侧翼砸颗钉子，那对我们才是最好的支援！去吧！"

咱们说，王耀武这话，一方面的确是从实际出发，另一方面他心里也有数，这些坦克都是委员长的心头肉，万一来点不该有的损失，追究下来，委员长非得剥了我的皮！所以只能这么安排。

铁流河山——民国时期的中国陆军装甲兵

国军步兵和1号坦克协同作战。难得的一张照片，因为在抗战初期，国军的步坦协同战术，不说一塌糊涂也差不多

　　结果这么安排，还就起作用了，第二天一早，日军的先头部队三十六联队开始大举进攻，"咚咚！轰轰轰！""杀给给！""哗！"日军一顿炮击过后，又开始冲锋。淳化镇的五十一师自然不肯相让，立刻投入战斗，死拼日寇。正在这时候，从日军的侧翼窜出来四辆1号坦克，紧接着，八挺重机枪就开火了！

　　"哒哒哒！哒哒哒！哒哒哒！"

　　这通扫啊！日军猝不及防，当时倒了一大片！整个进攻队形被拦腰截断！有的士兵反应快，一看不好，赶紧卧倒开枪！

　　"啪！啪啪！哒哒哒！"

　　瞬时间，歪把子加三八大盖，对着1号坦克也是一阵痛打！日军本来以为，我好不了，你们这些坦克滴也好不了！日军这点把握也不是白来的，说实话，日军的歪把子机枪挺烂，但三八大盖，穿透力相当出色，在"二战"各国的主战步枪之中首屈一指。这次冲锋，打了日军一个措手不及没错，但相对的，不少散兵游勇，也离着坦克不到五十米了。这距离上开火，日本人就认为着：我们的八九式中战车都受不了，何况你这小战车滴干活！

　　结果这"啪啪"一开火，日本人更懵了，面前的小战车，不但没受影响，蹦跶得更欢了！

　　"哒哒哒！哒哒哒！"

　　机枪扫过的地方，几乎没人活命！火力比国军常用的死神机枪，马克沁还猛！这下日本人不明白了，这个战车，到底是什么怪物滴干活？

咱们书中代言，您别看这个1号坦克是德国最原始的坦克，但真有其过人之处！首先就是装甲，德国的钢板，那是出了名的硬！当年北洋水师的两大铁甲舰，定远号和镇远号，就是德国制造，日本人用最烈性的黄色炸药，让定远号挨了一千多炮，仍然没沉，德国货的皮实程度可见一斑！1号坦克也一样，装甲虽然不那么厚，但钢口好，而且1号坦克采取了坡面装甲，装甲有一定的角度，子弹要是没有直接击中，有可能就划飞了，而且三八大盖的设计速度并不快，所以对1号坦克的影响不大。而且1号坦克的机枪也很恐怖，MG13式，它的改进型叫MG34，再改一版，就是"二战"中最负盛名的通用机枪MG42，这家伙在诺曼底登陆的时候，让盟军部队吃尽了苦头！

咱们说，MG13虽然只能算是原型枪，和后来的MG42相差不少，但在东方战场，还是属于见谁揍谁的神器！而且今天，战一排的四辆坦克齐出，互相掩护，有的专门收拾远处的大部队，有的专门用单发，收拾近处的散兵游勇。日军此时仅有步兵，哪儿是对手？所以十分钟后，日军扔下一百多具尸体，狼狈而逃！淳化镇阵地，算是转危为安。而副连长李乾泰呢，也没追，赶紧指挥着把坦克开回来，找到了王耀武："王师长，属下是战车营豹连副连长李乾泰，我们来晚了，请您恕罪！"

王耀武乐了："不晚！不晚啊！是我让你们埋伏在远处的。你们的坦克宝贵，咱们有钢使在刀刃上，何必在阵地上白挨日军的炮呢？"

"谢王师长理解！那我们下一步？"

"下一步，你们还是找个地方先眯着，老战术，等日军上来，你们再给他们拦腰截断！"

"是！"

就这样，李乾泰继续带队，撤出战场，找地方修整去了。

咱们再说日军这边，突遭打击，这纯属过于托大。因为淞沪战后，国军一路败退，日军追击的时候，如入无人之境，只有少数几个要点，才会遭到抵抗，而且国军一个劲地死守，哪儿有主动出击的？没想到就着了坦克的道。所以三十六联队赶紧停手，之后打电话："莫西莫西！我们遭遇支那战车滴干活，需要支援！"

日军大部队这边呢，说实话，战车队损失不小，就算没受伤的，机械疲劳也很厉害，所以调拨半天，也没能调战车上前线，而是调拨了一些反坦克的速射炮，去了南京前线。咱们说日军的速射炮，质量相当不错，而且这东西是专业反坦克的。日军心里有底了，于是第二次向淳化镇进攻。这次还是老样子，一阵炮击过后，"杀给给！"日军再度发起冲锋！

李乾泰呢，自"九一八"之后，就跟日本人有解不开的仇疙瘩，一看前线危急，马上下令："快！发动坦克，前去支援！"

"是！"

"轰隆隆！轰隆隆！"四辆1号坦克排好队形，冲着日军的后腰眼，打过去了。可没想到，日军这次早就准备好了，几门速射炮已经就位，一看见中国坦克出现，日本人马上就忍不住了："杀给给！"

"砰砰砰！砰砰！"

咱们说，日军这边是没沉住气，太恨中国坦克了！所以直接开火，要是再沉一沉，等1号坦克再往里开一开，那么四辆坦克，一辆也别想跑！就几炮下来，1号坦克当时就被打趴下一辆，副连长李乾泰一看，哟！坏了！日军这是有备而来啊！看这火力，肯定是速射炮，再往前冲，我们就死得连渣也没了！撤！

于是，剩下三辆1号坦克，马上撤出战斗。咱们说淳化镇阵地这块儿，王耀武在望远镜里也看见了，四辆坦克被打趴下一辆，他心里就一紧：坏了！委员长非扒了我的皮不可！再看看，好在剩下三辆脱离战斗，没事，他才舒了一口气。王耀武一点手，赶紧把副官叫来了："赶紧派个传令兵去，找到装甲兵那边，跟他们说，先在后面休整，不到危急时刻，不必出来！"

"是！"

王耀武本打算发电报给军委会，不管怎么说，坦克在他这边损失一辆，如果不及时请罪，到时候一纠责任，这叫知情不报啊！起码得受点牵连。可现在实在来不及了，日军大举进攻，王耀武自顾不暇。

咱们且说李乾泰这边，战一排败北，他急得直咬牙："哎！我怎么就没注意到，日本人把速射炮都搬上来了！啊呀不好！如果这一路日本人有了速射炮，那别的部队肯定也有了！我得报告连长，让他们多加小心！"

想到这，李乾泰把剩下三辆坦克稳定住，赶紧用电台联系连部："喂喂！连长！我是李乾泰！喂喂！"

怎么联络，那边都没声音，急得李乾泰直拍大腿："哎呀！连长去哪儿了？"

咱们书中代言，豹连连长赵鹄振，这时候也没闲着，甚至已经忙到没时间开电台了！怎么回事呢？咱们说，日军的进攻部队不止一路，另一路日军，以第九联队为先锋，从侧翼攻到了汤水镇附近。咱们说南京这边呢，总指挥官唐生智对这个情况，也是有所预料的，没辙，南京现在就是个死地，任何情况都要考虑到。可唐生智也没脾气，虽然有预料，也在这一线预备了部队，可这些部队的战斗骨干已经打光，剩下的都是补充来的士兵，没经验、缺装备，虽有一腔热血，凭这个能顶多长时间呢？所以时间不大，日军攻下汤水镇，直逼麒麟门！

唐生智呢，也没脾气了，敌人来了，那就打吧！于是派遣三十六师的一个步兵团，以及战车豹连的二排、三排、战防炮排等，全部奔赴麒麟门，争取在固守的攻势，击退日军，夺回汤水镇！

咱们说这个时候，赵鹄振也挺明白，国军的步兵部队，士气太低，就拿三十六师来说吧，本来是精锐，战斗骨干打光，现在派来的是补充团，说句不好听的，比抓来的壮丁强点有限，所以他就主动找到了团长李牧良："李团长，现在情况危急，上面命令咱们收复汤水镇。我来打前锋，您带着部队务必跟好我们，别跟丢了！"

李牧良一听，自然高兴啊："好！赵连长，辛苦你们了！"

赵鹄振说完，赶紧组织部队，先把战二排排长张铁叫来了："老张，这回你打前锋，咱们是豹连，迅猛如豹，能不能把日本人咬死，可就看你的牙口了！"

"连长您放心吧！战二排，跟我出发！"

于是，战二排出击，四辆坦克排成菱形阵，"轰隆隆！轰隆隆！"就向着日军冲去！还别说，这又让日军猝不及防了，八挺重机枪，子弹打起来跟泼水一样！日军是连连后退。这一次反击，相当有效，一口气打出十几里地，三十六师补充团就抢占了一处高地。这下日军可不干了，第九联队的联队长佐藤太郎暴跳如雷："八嘎！我们怎么能输给支那人滴干活！马上组织反击，干掉支那人！"

这时候旁边有人过来了："等等！联队长阁下，你不要着急滴干活！支那人的战车非常厉害，不要随便拿士兵的生命，冒险滴干活！"

佐藤太郎一看，谁呢？协助作战的独立轻装甲车第八中队队长福田林治！

"福田君，那就请你的装甲车，赶紧上滴干活！速战速决，我们要第一个杀进南京城！"

"联队长阁下，要想让我对付支那战车，还得这么这么办滴干活！"

"可以！快去办滴干活！"

咱们再说国军这边，打下这一处高地之后，日军连续组织了几次反击，都被彻底击退，没辙啊！国军占据了有利地形，而且火力输出的核心，就是这四辆1号坦克，八挺德制重机枪，简直是人挡杀人，佛挡杀佛！张铁呢，带着四辆1号坦克打得正起劲儿呢，突然看前方暴土扬尘，五辆日军装甲车杀到阵前！张铁一看，热血沸腾啊！总算找着你们了！

书中代言，中日两边打了三个多月了，说实话，并没有正规的坦克大战，这也跟双方的战术有关。日军很典型，就是把战车拆分成小队，掩护步兵冲锋用。而国军呢，虽然采用德式编制，把坦克集中起来，但在用的时候，因为来回拆分，也没一次形成闪电战规模的，到最后也成了掩护步兵作战的工具。两者都是进攻用，而对上的防守者，往往都是速射炮和战防炮，所以中日双方的装甲兵很少碰面也就不奇怪了。

今天挺好，日军的五辆装甲车上阵，国军这边也恰是四辆1号坦克，张铁一看："这回我非得干掉小日本几辆装甲车，显显我们的威风！"

第四十二回　装甲兵遭受重创　李乾泰反击淳化

赵鹄振率部反击汤水镇，特别派出战二排打先锋，结果战斗比较顺利，突进十几里地，打下一座高地。而日军这边也暴跳如雷，派出五辆装甲车，对抗战二排的1号坦克！

咱们且说战二排排长张铁，这家伙一看日本装甲车，热血沸腾啊！我总算找到你们了！之前德国教官教我们的就是以坦克对坦克，可老也见不着你们，今天让你们尝尝我的厉害！想到这，张铁赶紧后退一步，找到摩托侦察兵："你们两辆车，一辆一会儿跟我们推进，一辆去告诉三十六师那边的步兵兄弟们，我们去去就回。如果有问题，赶紧呼叫咱们赵连长！"

"是！"

"走！"

"轰隆隆！轰隆隆！嘎嘎嘎！"

四辆1号坦克再次排成菱形队形，就向日军那边冲去！"哒哒哒！哒哒哒！"几串子弹把日军步兵打得左右溃散，把中间的装甲车暴露出来了，于是双方就展开了对攻战！不过这个对攻战，可不光是停到那儿互相射击，而是边打边撞！

其实这也是无奈之举，人家西方的坦克大战，都是互相开炮决一胜负，可偏偏今天中日之间的坦克和装甲车，都是有枪无炮，这么打得打到哪辈子去？而且日军此次派来的是九四式轻装甲车，日本人自己都称为豆战车，就是说跟小豆丁差不多，而1号坦克呢，在当时坦克的序列中，也轻得不像话，但比日本的豆战车还是强不少，所以张铁一看，打太费劲，我干脆把他们撞翻就得了！所以这次是1号坦克主动进攻。

不过日本驾驶员也不傻，他们明白，被撞上，我们没好滴干活，所以来回直躲。可躲也不顶用啊！一旦近距离射击，九四式轻装甲车更吃亏！火力只有一挺轻机枪，比1号坦克差远了！所以几个回合下来，日军这边的装甲车虽然没被撞着，但已经堪堪不敌，车内乘员已经有人受伤,最后日军这边倒挺整齐,赶紧调转车头,跑了!

王铁一看,嗯?想跑?没那么容易!我非把你们打趴下几辆不可!哪里走!于是率部就追,可这一追,坏了!日军那边不是对手也是确实,但日军根本没指着这几辆轻装甲车能怎么样,他们的作用就是诱敌,然后卖个破绽就跑。王铁一追,上当了!只见日军的轻装甲车跑着跑着散开了,正面留下的只有几个可怕的炮口!

王铁一看,知道不好,当时学的时候,他们就知道,日军的九四式速射炮,那是坦克的克星!赶紧躲吧!想到这,王铁赶紧在电台里喊:"撤!快撤!"

再想撤,已然来不及了!"砰砰砰!"日军当时就是一轮齐射!一辆1号坦克车毁人亡,还一辆被打穿了几个洞,着火了。紧接着,还没等王铁他们转过身来,"嗵嗵嗵!轰轰轰!"

日军的迫击炮和掷弹筒,如同雨点一样砸了过来!不过这回日军的攻击挺特殊,因为说实话,除非能凑巧打中坦克的观察孔,不然就一般的迫击炮和掷弹筒,肯定对付不了坦克。不过日军的攻击,不是为了瞄准了打,而是铺开面狂轰。而目标呢,也不是打穿坦克装甲,而想崩坏坦克的最薄弱点——履带。

这招还真挺奏效,本身重伤的那辆坦克当即中招,履带被打断,一时间动弹不得,

第四十二回　装甲兵遭受重创　李乾泰反击淳化

在淳化镇附近被击毙的《朝日新闻》著名记者浜野嘉夫。此张照片中,他正蹲在被击毁的中国坦克上炫耀(很有可能是郑绍炎的坐车),此后不久,他就被国军装甲兵击毙,这就算是报仇吧

紧接着，日军的速射炮继续开火，"砰砰砰"，这辆坦克也被打坏，只剩下张铁带着另一辆坦克逃之夭夭！

坦克一逃，步兵阵地更没法守了，本身这就是补充团，都是新兵，没什么战斗经验，日军从天上到地下，从飞机到坦克一阵猛攻，阵地当即崩溃，三十六师的补充团损失过半，就撤回麒麟门。日军继续进攻，这回豹连连长赵鹄振一看不好，赶紧把剩余的坦克全都调上前线，这才勉强稳定了战线。而在这期间，连部的电话线一直没架起来，所以李乾泰那边肯定找不着人。

咱们再返回头说淳化镇那边，李乾泰之后受到了特殊的优待，五十一师师长王耀武，特别让他们后撤休整。可这休整还不到一天，战线又开始紧张了！咱们说，南京保卫战开始的这几天，国军表现还是不错的，战场之上，处处张扬着血性，大家以残兵败将，愣是遏制了日军的快速奔袭。可日军呢，之前是得意忘形，而遭到当头一棒之后，开始认真了，各种重兵器都开始调到前线。其中，淳化镇方面，12月7日，速射炮到位，给了豹连战一排一次打击，紧接着8日拂晓，日军的九四式轻装甲车和飞机也到位了，日军就此继续发起猛攻！结果一上午的工夫，前线三〇一团阵地崩溃，代理团长纪鸿儒身负重伤！

而咱们说呢，此时的五十一师，阵地已经被日本人来回蹂躏，残破不堪，而且日军分头进攻，五十一师是处处着火，顾此失彼。现在后面的上方镇也已经遭到了日军的突袭，王耀武正在此督战。这时候消息传来，淳化镇失守，他紧咬钢牙啊："赶紧命令三〇五团反击，务必要夺回淳化镇！"

这时候副官一听："师长，三〇五团是咱们最后的预备队了，打出来咱们可就没牌了！"

"他娘的，都到这时候了，能顶一时是一时吧！告诉张灵甫，拿不回淳化镇，提头来见！"

"是！"

"回来！你顺便再去找趟坦克排，让他们一起进攻！"

副官听了就哆嗦："师长，坦克部队可是委员长的心头肉啊，现在已经损失一辆了，要是再损失……"

王耀武一瞪眼："这时候就别计较这个了！这仗要是打败了，不管是不是委员长的心头肉，咱们都得下头报到去！"

"是！"

就这样，副官下去通知了，三〇五团团长张灵甫，人家没什么说的，自己部队的事，必须服从命令，而且他本身就是员骁将，不怕恶仗。而豹连的副连长李乾泰呢，也没有退缩的意思，他早就抱定决心了：当年沈阳北大营，我没机会抵抗，结果东三省丢了。如今，南京危险，这淳化镇，就是我的北大营！不管别人怎么决定，我绝不后退一步！

而在这休整的一天里，李乾泰除了让队员保养坦克之外，也没闲着，派出侦察兵骑着摩托，联络王耀武，想要主动请战。可是因为打乱了，而且王耀武也转移到上方镇督战，几拨侦察兵都在途中遭遇不测，所以就没联系上。这会儿，五十一师的副官来了，李乾泰一听，马上表态："好！我们服从命令！不就是收复淳化镇吗？我们坦克排包打前敌！王师长还有什么交代没有？"

"这……没了，王师长就是说，能多顶一时是一时！"

"行了！那妥了！我们马上行动！"

说完，李乾泰马上发动，带着最后的三辆1号坦克绝尘而去！三辆坦克不由分说，一头撞进了淳化镇里，这回日军可是措手不及啊！哪儿想到国军会这么快反攻，而且还动用坦克？一时间乱成一团！不过日军的确训练有素，马上反应过来，纷纷据守在残垣断壁之中，对抗国军的1号坦克。还别说，这招挺管用，1号坦克虽然机枪凌厉，但苦于有枪无炮，对付工事力不从心。所以战事一时间打成了僵局。

而正在这个时候，远处"嗵！嗵！"几声炮响，紧接着，几个工事就飞上了天！日本人的军事素质挺高，一看，哟！这毁坏情况，是平射炮滴干活！

正琢磨着呢，又是"嗵！嗵！"几炮，这炮打得是又刁又狠，几个顽抗的日军工事又被打炸了，日军一看，吓得魂儿都飞了："阿布那一！支那大战车来了滴干活！"

"卡索！这东西有枪有炮，我们怎么对付滴干活！"

有些胆小的，掉头就跑，就这样，日军的前线崩溃，1号坦克长驱直入，就杀进淳化镇！咱们再说坦克排这边呢，副连长李乾泰刚开始也纳闷：哟！这炮肯定不是一般的山炮或者掷弹筒，是平射炮啊！难道是我们的战防炮部队到了？又或者是什么别的兵器？算了，不管了！看样子，这炮是帮我们的，此时不打，还待何时？继续给我冲！

咱们书中代言，李乾泰琢磨的对吗？对一半，这炮的确是帮他们的，只不过，还真不是战防炮。咱们说现在的国军，真的已经是到了绝境，武器完全乱了，弹药补给也是捉襟见肘。张灵甫团本来在后面驻扎，这正好有两门苏罗通高射炮，张灵甫一看，现在我们团要反攻，正好缺乏重兵器，高射炮也是炮啊！我们借来用用吧！

所以张灵甫就给带来了，刚到淳化镇外头，张灵甫就看见里面在激战。张灵甫是暗挑大拇指啊：好！装甲兵团不愧是委员长的心尖子，就这份勇劲，配得上他们的装备。我在这等什么呢？赶紧助战吧！

想到这，张灵甫赶紧命令部队，从两翼包抄，同时命人操作苏罗通高射炮，开炮助战！咱们说这苏罗通高射炮，瑞士生产，实际也是德国莱茵金属公司设计的，精度很高，威力不小，多用于防空作战，不过用来平射，打地面目标，也没问题！所以一通打击下来，日军当时都吓疯了，以为这是新型的坦克，有枪有炮，没法对付啊！就连先锋36联队的联队长胁坂，都不得不躲到房屋里，暂避一时。

而咱们说此时，三〇五团的战士们也杀到了，他们在坦克的掩护下，奋力冲杀，日本人已经吓破了胆，所以时间不大，国军部队就收复淳化镇！

咱们说这个时候，如果李乾泰带着三辆1号坦克，就停在淳化镇，也无可厚非，本身给他们的命令，就是收复淳化镇。可李乾泰琢磨好了，等日本人刚一撤，他也打开坦克仓盖，把侦察兵叫过来："你去告诉张灵甫团长，让他好好加固阵地，我们给他再多争取点时间！大家跟我走！"

说话间，三辆1号坦克再度发动，跑到大路上，尾随着撤退的日军，撅着屁股就追！咱们说这1号坦克，速度不快，但追步兵绰绰有余，所以这一阵痛打！

"哒哒哒！哒哒哒！"

打得日军是哭爹叫娘！正往前追着，哎，李乾泰就发现，前头似乎有辆汽车，汽车似乎被乱兵阻挡，跑不动了。李乾泰一看：好！现在前面已经没我们的人了，这肯定是敌人啊！而且能坐得起汽车的，不是鬼子头儿，就是汉奸头儿，今天我叫你们一并了账！

"兄弟们！揍那辆汽车！"

"哒哒哒！哒哒哒！"

六挺机枪跟个火笼子一样，当时就把那辆汽车罩住了！汽车当时就被打得跟筛子一样！李乾泰还不放心，把坦克开近一点，又扫了一梭子，看看汽车里满处是血，也不动了，这才扬长而去，继续追杀日军！

咱们书中代言，这辆汽车里是什么人呢？还真不是鬼子和汉奸的高官，而是一群日本记者。咱们说日本记者，在日军侵略的征途中，也起了很重要的作用。如果论职业素质，这些人很值得敬佩，深入前线，拍出了一系列真实的照片，即便到了现在，这些资料在研究抗战史的时候，也非常宝贵。但同样的，他们的照片，也成了军国主义宣扬战争的利器。而今天这辆车里，恰巧坐的就是这么几个头牌的记者，名头最大的，叫滨野嘉夫，隶属于日本朝日新闻社，之前在淞沪抗战之中，他就拍摄到了不少珍贵的照片，其中就包括国军装甲兵的几次悲情突击，在他的相机之下，一辆孤零零的维克斯六吨半，旁边没有任何的掩护，单独冲向了日本海军陆战队的阵地，最终被击毁，悲情和悲壮都体现无疑。所以某种情况下说，滨野嘉夫也算跟国军装甲兵有点渊源的，今天这个渊源到头了！滨野嘉夫拍摄了国军装甲兵，也被国军的装甲兵当场打死。

滨野嘉夫死了，有人可急坏了！谁呢？日军第十八旅团的旅团长井出宣时！井出宣时特别紧张啊：八嘎！我该如何是好？

第四十三回 李乾泰踹门失败 南京城陷入绝境

李乾泰奋勇反击，把日军赶出淳化镇之后，继续追击！其实他根本不必这么干，只不过李乾泰是东北人，恨日本人入骨，而且这也是为了给张灵甫的三〇五团固守淳化镇争取时间。结果这一追，算是逮了条大鱼，干掉了日本朝日新闻的头牌记者——滨野嘉夫。

结果滨野嘉夫一死，急坏了一个人，谁呢？日军第十八旅团的旅团长井出宣时，咱们书中代言，井出宣时的旅团部，实际上就设在附近，而滨野嘉夫坐的车，其实就是井出宣时的座驾！井出宣时呢，这次被任命为进攻南京的先锋，这对于井出宣时来讲，那是无上的荣光啊！所以井出宣时抱定了决心：我一定要第一个攻进南京，立下不世功勋滴干活！

而且第十八旅团所在的第九师团，装备和战斗力也都相当的不错，井出宣时的信心不是白来的。而且井出宣时和朝日新闻的著名记者滨野嘉夫，关系也不错，所以为此，他特别把滨野嘉夫请来，让他拍摄自己部队第一个攻入南京的神迹！

日本的记者，地位还是挺高的，更何况是名记，所以井出宣时特别把自己的座驾让出来给滨野嘉夫用。可没想到，刚在旅团部送朋友上车，开出去还没十分钟，汽车就遭到了国军装甲兵的袭击，汽车当时被揍毁，看样子滨野嘉夫他们十死无生！井出宣时看得冷汗直冒啊：阿布那一！太危险滴干活！要是我在上面，肯定就倒霉滴干活！

可没想到，三辆1号坦克打完汽车之后，根本没停，而是径直朝着井出宣时他们这个旅团部来了！井出宣时一看：纳尼？支那战车难道知道我在这，准备来个踹门行动吗？卡索！早知道支那军队还有这能耐，我也就不把旅团部设这么近滴干活！

现在说什么也晚了，再不跑就真完蛋了，井出宣时干脆喊出了最后一个命令：“速射炮！快来支援滴干活！"

喊完之后，撒丫子就跑，旁边的参谋、干事，也来不及收拾了，马上四散奔逃！

可咱们说，实际上李乾泰他们，根本不知道这还有个日军旅团部，他们就是为了给张灵甫所部争取时间,连侦察兵都没带,完全是蒙着打的,再加上日军的旅团部,就设在民房之中,不显眼。不然估计以李乾泰的秉性,还有他对日军的怒火,要是知道这有个旅团部,肯定就不是踹门了,而是斩首行动!

再说井出宣时,撒丫子跑出一里地,一看坦克没追着他,放心了,赶紧收容人马,再一看,参谋团成员,有三个不知所踪,狼狈至极啊!井出宣时赶紧说:"八嘎!支那战车,可恶滴干活!你们立刻把电话搬过来,重建旅团部,然后报告支那战车的位置,一定要把他们干掉滴干活!"

"哈伊!"

参谋团去忙活了,井出宣时抄起望远镜,赶紧四处观瞧,找坦克的位置,结果左看右看:"八嘎!支那战车,狡猾狡猾滴!太可恶滴干活!"

有人问了,怎么回事呢?原来,李乾泰带着坦克群,开始突击之后,他也在寻找目标:我这会儿说什么,也得给日本人点颜色看看,让他们知道知道,我们中国人,尤其是东北人,有多厉害!因为坦克之内,视野有限,所以李乾泰并没有发现日军旅团部,而是发现了更远的日军炮兵部队!那玩意儿,成堆的山炮,一眼就看得见。李乾泰心中大喜啊:日军能在中国耍威风,炮兵是他们的支柱,今天我就毁了这一堆祸害!

想到这,李乾泰指挥三辆坦克,就扑向日军的炮兵队列!而日军炮兵这边,也是猝不及防,正常行军呢,突然就有坦克朝自己冲来,怎么办?只能反击,只不过行动太过仓促,炮能尽快瞄准,可是炮的助锄没法卡在地上,所以打起来特别别扭,"轰!"一炮,炮身自己就退出多远去,炮兵还得重新瞄准。而且人家坦克也不老实,左冲右突,根本打不中啊!就算是弹片崩个一两下,问题也不大。而此时,李乾泰他们的机枪可开了荤了,"哒哒哒!哒哒哒!"打得这叫一个过瘾啊!亏得山炮有防护盾,那玩意儿是钢的,能挡子弹,不然真就被全歼了!不过即便是这样,德国造机枪的火力特别猛,山炮防护盾被打得火星四溅,有的甚至被打漏了,日军的炮兵也有受伤的。而相对的,李乾

被日军击毁的1号坦克上了新闻,日军宣称,是为著名记者滨野嘉夫报仇

泰这三辆坦克是越战越勇，尤其是李乾泰，杀到现在，他眼睛都红了！那是一马当先，眼看就要杀到近前！

"砰砰砰！"

几声炮响过后，刚才还生龙活虎的李乾泰，和他的座驾一起，就被打成了一团废铁！其余两辆坦克的车长一看，当时心就凉了，不用说，这肯定是日军的速射炮啊！赶紧跑吧！再不跑命就没了！

没辙，这就是天生的克星，不跑来硬的，只有吃亏的份儿。所以剩下两辆1号坦克掉头就跑，结果跑半截，又被干掉一辆，最后，出击的三辆坦克，仅有排长钱绍江这辆带伤返回淳化镇。张灵甫一看，直嘬牙花子，这可如何是好啊？到现在，钱绍江也挺抱歉："对不起张团长，我们败了！现在我们这队，只剩我这一辆坦克了，我得回去，向连长报告。"

张灵甫一听，没辙了，这情况，你不能再要求人家了，只能一拍胸脯："兄弟，别说了，你赶紧回南京吧！这交给我们了！"

就这样，淳化镇方向，最后一辆坦克撤离，返回南京。等连长赵鹄振知道情况之后，那是连声叹气啊！说实话，汤山这一线，情况也十分不妙，除了之前被击毁的两辆1号坦克之外，剩下的还有几辆受伤，总之，战况十分紧急。而且连续作战，子弹也快打光了，赵鹄振之前跟司令部请求，要求补给，结果司令部回答："我们早就派人去了，还没到吗？现在战斗打乱了，你们自己找吧！"

这一句话，弄得赵鹄振没辙了，赶紧派出一辆坦克去接应，可就这么不知所踪了，现在淳化镇再败，赵鹄振算是彻底没了信心。这时候，赵鹄振心里就开始打算盘了，嗯！现在只能这样了。想到这，赵鹄振把二排长郭尚岩、三排长蒋启元，以及连部侦察班长何嘉兆叫在一起："哥儿几个，这仗没法打了！为了避免损失，我先到下关一带去看看，争取弄到几条渡船，到时候咱们好撤退。你们看如何？"

这仨手下一听："连长，上面下的令是坚守，咱们却准备撤退，这不好吧？"

"对啊，连长，现在战士们还憋着最后一口气，能坚持作战，要是一说撤退，战士们毫无战心，肯定就败了啊！"

赵鹄振一听，点点头："是啊！我就是担心咱们的战士一知道，影响作战，这不才和你们说嘛！我现在也看出来了，上头指挥不行，下头士气太低，这南京保卫战非输不可啊！就到了现在，咱们上眼皮还是一个劲地坚守，连后路都不留，一旦失败，肯定乱套了，谁都撤不了。我这也是未雨绸缪，咱们坦克宝贵，还得要大船才能运走，不提前准备怎么行？"

三人一听："连长说的也有理，那就这样吧！"

"是啊，您也是为咱们兄弟着想，你找着船就赶紧回来吧，咱们现在谁也不能少！"

"行嘞！兄弟们稍等，我去去就回！绍江！跟我走！"

就这样，赵鹄振跟一排长钱绍江一起，驾着坦克奔了下关，从此再无音讯。有人说他的胆儿被吓破了，他俩根本就是逃了，后来怕军法处置，再也不敢抛头露面，就隐身

第四十三回 李乾泰踹门失败 南京城陷入绝境

到了民间。有人说他们的确是为兄弟们着想,但不幸遭遇了日军的轰炸,壮烈牺牲。总之,这个人是没了。而在南京保卫战中,情况不明的官兵,又何止赵鹄振一个人?

再说战车营豹连这边,这回是三个人共同指挥,大家在麒麟门一带再打一阵,自己的弹药告罄了,实在难以支撑,再这么打下去,只能开着坦克去碾压日军了,可那就成了活靶子,不能这么办啊!现在如何是好呢?侦察班班长何嘉兆脑子快,他是负责侦察,也是豹连的眼睛和大脑,他一想:"对了各位!咱们丁家桥的交辎学校里,还应该有些补给。大家忘了吗?咱们每次训练的时候,都从那里领取油料和弹药。这回撤退那么仓促,那里肯定搬不空!"

哎对啊!大伙这才如梦方醒,那就撤吧!不过既然要转移,自然得请示。向谁请示呢?战炮分队队长刘介辉。咱们说,之前南京保卫战的时候,装甲兵团除了留下坦克营的豹连以外,还留下了一个战防炮排,负责人就是刘介辉中校。当时战防炮可是稀缺玩意儿,对付日军的坦克战车,那是专长,所以卫戍长官唐生智就把他留在身边,随时调遣。同时,因为大家都是装甲兵团的,刘介辉官职又高点,是中校,所以唐生智就让他兼带联系战车连。

到了现在,刘介辉也是一脑门子官司,战防炮排是来回跑,哪儿出现日军坦克,就支援哪边,累得呼哧带喘,弹药也消耗得差不多了。刘介辉也头疼呢,我去哪儿补充弹药呢?正头疼呢,战车连这边报告,说交辎学校里可能有弹药,刘介辉也高兴啊:"好!你们先回学校吧!顺便也帮我搜罗搜罗弹药!"

"好嘞!"

就这样,战车连赶紧返回丁家桥的交辎学校,一看,还真不错,因为撤退太过于仓促,有些仓库的锁都没来得及打开,大家溜门撬锁,搜罗了一下弹药,虽然补给不满,但燃眉之急算是解除了。接下来怎么办呢?两个排长郭尚岩、蒋启元,加上侦察班长何嘉兆,仨人又合议了一下,下面该怎么办呢?仨人争论了一会儿,最后决定,先在交辎学校待一阵,一则要检修一下坦克;二则答应了刘介辉,得让他们来拿炮弹;三则他们还想等等连长赵鹄振的消息,看看撤退的船只,到底准备好没有?

就这样,等来等去,大概有半天时间,一个人一脚踹开学校的校门,大家一听,当时一阵骚动:"哟!连长回来了!"

"不对不对,肯定是刘介辉长官的人!"

结果大家伙儿往校门口一看,都不是,而是之前被连长赵鹄振派去接应补给的车长彭克仁。只见彭克仁进了校门,一看自己人在呢,当时把手枪一扔,两眼一翻,晕过去了。二排长蒋启元一看:"哟!克仁!这是怎么了?"

赶紧过来掐人中,灌凉水,彭克仁这才渐渐苏醒,只见彭克仁老泪纵横:"不好了二排长!日本人马上就要打进城了!咱们快跑吧!"

"什么?"

所有人一听,真是晴天霹雳啊!到底怎么回事呢?原来此时,日军已经攻破了五十一师的防线,突破淳化镇和上方镇,之前七十四军五十一师在这里奋力抵抗,可终究不是对手。当时呢，彭克仁打听到，本该给他们的弹药，可能因为电话和命令错乱了，竟然往淳化镇、上方镇附近送了，所以彭克仁驾着坦克一通猛追。而等追到上方镇附近的时候，彭克仁就感觉不对啊！我这还没到上方镇呢，怎么看着全是小日本人的衣服呢？

还没等彭克仁醒过味儿来，前面大概一公里左右，已经出现了一队日本兵，彭克仁一看，得，怕什么来什么，为今之计，只能先把他们打趴下，然后再走，不然如果被他们尾随到了南京城下，更糟糕！

而咱们说，一公里左右，双方都已经看见了，机枪打起来也太远，所以彭克仁当时命令驾驶员黄佛印："冲！干掉日本人！"

"是！"

"轰隆隆！轰隆隆！嘎嘎嘎！"

坦克就开始前进，奔着日本人就去了。日本人那边呢，还挺有武士道精神，看见坦克不但不退，为首的小队长还拔出战刀："杀给给！"

"哗！"

十几个日本人也奔坦克冲了过去，边跑边开枪，"啪！啪啪！"

再说彭克仁这边，德国坦克，钢板特别硬，这点子弹跟毛毛雨差不多，而且1号坦克的坡面装甲也挺有特色，子弹没直接命中，就划飞了，伤害更小。可没想到，坦克刚开出一百米，"嘎嘎嘎"，停了！彭克仁一看就慌了，这到底是怎么回事！

第四十四回 彭克仁单车突围
唐生智首都疯狂

彭克仁遭遇日本兵，本来想驾着坦克冲上去，干掉他们，然后转身撤退，可屋漏偏逢连夜雨，长时间的作战不保养，就连德国坦克也受不了，最终就在他们刚刚开始冲的时候，坦克熄火了。彭克仁一看就慌了："怎么回事？"

驾驶员黄佛印也挺头疼："车长，似乎是熄火了！"

"赶紧启动啊！"

"是！"

"嘎嘎嘎！嘎嘎嘎！"

黄佛印连续启动两次，也没动弹，急得是满头大汗："车长，似乎是机械故障了，想要跑的话，我得下去检修。"

可现在这情况，敌人都到眼前了，哪能下去检修啊？彭克仁突然心生一计："你别动了，看我的吧！"

说到这，俩人就不动了，等着日本人往上冲。咱们再说日本人这边，一看中国坦克不动了，高兴！以为是自己枪法如神，把驾驶员打死了，一帮人嗷嗷叫着扑上来围着坦克来回看，仔细一看，真不动了，高兴了，小队长还说呢："高桥君，你是小队里枪法最好的，是不是你打死支那人滴干活？"

"我滴不知道，咱们得打开战车，具体看看滴干活！"

他们这聊开了，有的士兵摩拳擦掌，就要翻上坦克，掀开顶盖，看看大日本皇军的英勇战绩。咱们说坦克之中的彭克仁，就等着这一下呢，瞬时间转动炮塔，"哒哒哒！哒哒哒！"，一串子弹下来，日本人刚才还狂得没边呢，瞬时间就被打成了筛子！

彭克仁这个乐啊！马上准备让黄佛印下去检修坦克，结果没承想，这一串子弹捅了马蜂窝，附近的日军纷纷像扇子面儿似地围拢过来，对着坦克就开火了！

"啪啪！突突突！嗵锵！"

步枪、机枪、掷弹筒全上了，好在没有速射炮，不然彭克仁他们就真完了。到了现在，彭克仁想跑也跑不了，只能操纵机枪，大战围拢过来的日本鬼子。驾驶员黄佛印也不闲着，坦克反正已经驾驶不了了，他就充当弹药手。这回可打过瘾了！德制机枪跟割草机一样，敢靠近的日本人没有能活命的，纷纷被打死在地。就这样，十分钟不到，加上最开始那一组，彭克仁、黄佛印已经手刃了四十多个鬼子，剩下的鬼子纷纷找掩体躲藏，一时之间不敢冒头了。彭克仁是杀得兴起啊。可黄佛印哭丧着脸："头儿！这是咱们最后两匣子子弹了，下面咱们怎么办？"

彭克仁一听，心头一凉，看来最后的时刻就要到了！不过他也有心理准备："小黄，现在咱们还有两条路，你觉得怎么办好？"

"头儿，哪两条路？"

"等打完两梭子，咱们手头就只有驳壳枪了，到时候我捅开坦克顶盖，咱们冲出去。要么，咱们就正面跟鬼子拼了！杀他一个够本，杀他俩还赚一个！要么，咱们就跑，真跑了，算咱们运气好，跑不了，那就只能算咱们倒霉了！你说怎么办？"

"这……，头儿，咱们还是跑吧！说实话，咱们手头两支驳壳枪，也杀不了几个日本人。如今上方镇、淳化镇已经丢了，咱们要是有命跑回去，也好通知其他战友，让他们加紧防守，日本人马上就到了！您看如何？"

"行！反正拼也是死，看看咱们俩的运气吧！到时候，咱们要是有一个不幸中弹，另一个千万别管，跑了最重要！"

"明白！"

俩人跟里头聊着，机枪也就不开火了，这时候日本人纷纷冒出头来，一看，哦！明白，没子弹了！那我们就捡便宜滴干活！

于是，日军派出尖兵，先试探试探，一看，坦克彻底不开火了，大部队就冒出头来，慢慢往坦克这边接近，彭克仁死死盯着，一看，最前面的日军尖兵，离坦克也就是三十米了，他使劲一搂扳机，"哒哒哒！哒哒哒！"，这一串子弹当时把日军打蒙了，啊？我们上当了！支那战车还有子弹滴干活！

"快跑滴干活！"

日军士兵纷纷四散奔逃，跑慢了的，全都做了枪下之鬼！等把子弹扫完，彭克仁马上一推坦克顶盖，和黄佛印冒出头来，两把驳壳枪也扫开了！

"砰砰砰！砰砰！"

南京保卫战的最高指挥官唐生智。说句实话，南京之战最后的溃散，他指挥不力，要负很大责任

第四十四回 彭克仁单车突围 唐生智首都疯狂

驳壳枪当年在中国，约等于冲锋枪，近距离火力压制的效果特别好，等两人把子弹打空，扭头就跑！等日军反应过来，俩人早就跑出了一百多米！

日军那边急了："不能让支那人跑了滴干活！"

"开枪！开枪滴干活！"

"啪！啪！突突突！"

一顿痛打下来，黄佛印不幸中弹身亡，但之前俩人早就约定好了，彭克仁根本没回头，还是一个劲儿地飞奔，一直狂奔了三十里，这才跑回南京城！等进了城之后，彭克仁拉住人就说："日本人快打进来了！赶紧组织防守！快组织防守啊！"

可现在战斗整个打乱了，没人听他的。彭克仁一看，我下一步怎么办呢？对，别的地方我不熟，先回交辎学校吧！那儿应该还有点武器。我的手枪打空了，想突围都难！有枪，我心里才有底。就这样，彭克仁跑回了交辎学校，一看，哟！亲人都在啊！这一高兴，晕过去了。

等大伙儿把彭克仁救醒之后，听彭克仁一说战事发展，大家都明白了，现在这仗，真是打不下去了。怎么办？想办法撤吧！于是俩排长郭尚岩、蒋启元，加上侦察班长何嘉兆，仨人又开始商议。

"兄弟，你说现在该怎么办？"

"还能怎么办？三十六计走为上啊！看样子，日军还没全包围南京城，咱们现在撤还来得及，再晚点就难说了啊！"

"是！撤归撤，问题是怎么撤啊？"

"这样吧！我们侦察班还有摩托，我先派人去下关，看看有没有渡船，如果有，那就妥了。如果没有，咱们没准就得开着坦克强行突围了！"

"这说的容易啊，咱们的1号坦克，把油料加满了，也就能开150公里，那能跑多远啊！说白了，没有船，就得有火车。我说何班长，你可是咱们坦克连的眼睛，要不然再派一组人，去找找，有没有火车？"

仨人正在这聊呢，这时候，"噔！"一声，交辎学校的门被踹开了！大家伙儿当时心里一惊，难道日本人的动作那么快吗？说话间，大家还在坦克里的，马上就位，在坦克外的，全把手枪掏出来了，准备战斗！哎，这仔细一看，不是日本人，全都是国军，这些人相当精锐，人人都带着钢盔，军服笔挺，而且手中的步枪、冲锋枪都擦得闪亮！大家就纳闷，战斗打到现在，每个人都灰头土脸的，哪儿还有这么利落的国军啊？再仔细看看，好么，这些国军战士，众星捧月一般，拥簇出来一位高级军官，只见此人中等身高，身着将校呢军装，配着上将军衔，白面皮，瓜子脸，大耳朵，还有两撇小黑胡，还戴着一副眼镜。众人一看，都认识，这就是南京卫戍总司令唐生智，也就是南京各部队的顶头上司！而这些精锐的士兵，是司令的卫队，难怪别人都苦哈哈的，他们还这么精神。不过大伙儿也挺奇怪，总司令到这来干什么呢？

只见唐生智瞪着眼睛，看看大家伙儿："你们是战车连吧！你们的指挥官在哪儿？"

三排长蒋启元一看，往前一步："报告司令，我们连长赵鹄振失踪，我是三排长蒋启元，现在战车连暂时由标下来指挥！"

唐生智一撇嘴："呸！懦夫！他肯定是跑了！他叫赵鹄振是吧？这笔账我先记下了，之后早晚得算！"

蒋启元一看，没脾气，人家是上将司令，自己是上尉排长，人家嘴大，自己嘴小，分辩不得啊。只能勉强赔着笑脸："不知司令来交辎学校，有什么要布置的命令吗？"

"哼哼！我是听刘介辉说的，你们不坚守阵地，都来交辎学校了，干什么啊？"

"报告司令，我们的子弹全都打光了，可战况混乱，补给也不到，部下被迫来学校，收集弹药！"

唐生智听了一瞪眼："住口！你这分明是狡辩！哪儿有坦克的子弹全打光的道理？来人！把他给我抓起来！军法处置！"

卫队之中过来两人，直接就把蒋启元的枪给下了，拧胳膊给捆上了。旁边二排长郭尚岩一看："司令不可！刚才蒋排长说的都是实话，我们的确是没子弹了，所以特来补充！"

这话一说，唐生智看看："你是什么人？"

"标下二排长郭尚岩！"

"哦！又是一个排长！你们连长没了，总有副连长吧？怎么还轮到你们说话了！叫你们副连长来见我！"

"报告司令，我们副连长李乾泰牺牲了。"

唐生智听到这，脸色稍有缓和："好吧！你们既然说你们是来补给的，侍卫长！"

"有！"

"你马上查查，战车连是不是没子弹了！要是真没有，还则罢了，要是骗人，二排长、三排长，你们俩都得死！"

"是！"

现在新子弹刚刚开箱，连包裹的油纸都没撕，也好查。侍卫长赶紧带人上前，仔细查看，查来查去，只拎出两个半空的弹匣来："报告司令，战车连仅剩的九辆坦克，只有这些子弹了！"

唐生智一看，真没骗人，于是一挥手："放了！"

蒋启元这才得到自由。蒋启元起来，活动活动肩膀："总司令！不知您前来找我们，有什么命令吗？"

唐生智点点头："当然有！你们立刻给我拨出一辆坦克，我要坐着去视察！"

大家一听，当时慌了！好么，虽说日军还没进城，但飞机轰炸，那是家常便饭，万一……

唐生智一看，大家没说话，当时一瞪眼："怎么着？不执行命令是不是？"

"不是不是，我们只是担心总司令的安全。"

"不用担心！我早说过！我们要与南京城共存亡，我自己也一样！你们立即拨一辆坦克出来，带我去视察，其余的坦克，就在这集结吧，随时听我命令！"

"是！"

就这样，唐生智征用了一辆坦克，直接奔赴战事最激烈的光华门督战，光华门的守卫部队一看，哦！总司令跟我们共存亡，兄弟们，那还怕什么！就这样，士气也有一定的恢复。不过有些南京市民看着唐生智坐坦克，在战火中来回驰骋，也嘀咕："好么！这家伙，真拿日本人的子弹不当回事啊，简直就是首都疯子！"

"哎！疯子也好，别人都跑了，起码还有个有血性的人！"

可说实话，此时的南京城，大势已去，外围阵线纷纷失守，中日两军围绕着南京城防，雨花台、光华门等地，开始了激烈的争夺战。国军奋力抵抗，战车连也不闲着，在上峰的命令下，左冲右突，处处救火，可无奈手大捂不过天来，整个南京城，在日军眼中，俨然就是瓮中之鳖。战至12月11日夜里，唐生智总算接到了蒋介石的最高指示：如情势不能久持时，可相机撤退，以图整理而期反攻之要旨也！

这就是最高命令，能撤了！可唐生智仍然在犹豫，直到三个小时之后，唐生智才召集两个副司令罗卓英和刘兴等人商议撤退，而等唐生智召开师长以上级高级会议，已经是12月12日凌晨五点了，这时候说弃守南京，大家是猝不及防啊！而且唐生智下的命令非常暧昧，书面规定，八十七师、八十八师、七十四军、教导总队这几支劲旅，要想办法突围。但同时，唐生智也口头指示这几支部队，如不能全部突围，也可以在有轮船的时候，想办法过长江集结。

这下就乱了！有后门可以走，谁愿意硬着头皮跟日军死磕啊？所以大家纷纷涌向下关，想要渡江撤退，秩序一片大乱！值得注意的是，南京保卫战，国军阵亡九个将军，七个牺牲在12月12日，两个牺牲在12月13日，可以说，他们的牺牲，跟唐生智暧昧的命令有很大关系！

咱们且说战车连这边，现在能动的，仅剩下九辆坦克，本来按照命令中的渡江序列，他们是第二梯队，可撤退命令一下来，谁还想多待啊？所以大家纷纷发动坦克，跑向挹江门，想要提前到达下关待命。

可没想到，等到了挹江门傻眼了！挹江门堆满了残兵败将，而守卫挹江门的士兵，却又荷枪实弹，为首的军官已经放出话来："谁敢硬闯挹江门，我叫他枪下做鬼！"

第四十五回　战车连冲突挹江门
　　　　　　　勇士兵殉国南京城

　　南京大撤退，最终演变成了一场大混乱，原因呢，和唐生智暧昧的命令很有关系。就拿战车连来说吧，等他们奉命撤到挹江门一带，准备往下关走的时候，守卫挹江门的士兵竟然不放行，而且为首的军官放话出来："唐生智长官没有命令，你们谁也不许撤退！有谁敢硬闯挹江门，我叫他枪下做鬼！"

　　有人也许奇怪，唐生智不已经下令撤退了吗？怎么这里还不放行呢？没办法，因为局势混乱，唐生智的撤退命令没传达到挹江门这，所以守卫的三十六师无论如何就是不让大部队过去！有的士兵想占小便宜，就往上涌。三十六师的士兵真不给面子，当场开枪，"啪！啪！"当头两个闹事的被当场击毙。

　　可这一开火，更乱了，想突围的部队人潮涌动，三十六师这边一看："妈的！你们还来劲了是吧？机枪准备！"

　　"哗啦哗啦哗啦！"

　　顿时几挺机枪都架好了，枪栓拉开，只等守卫军官一声令下，就要射击！这时候溃兵一看，别闹了，再闹，人家那可是机枪，咱们命都保不住了！

　　溃兵这刚消停点，有人发现了，现在连坦克部队都到了，咱还怕机枪吗？所以有人就来撺掇战车连这边："哎我说兄弟，你们是战车连的吗？"

　　咱们说，战车连这边，为首的是二排长郭尚岩，他急得是五内俱焚啊！现在要出不去，可怎么办好啊？可前头到底怎么了，他也不清楚。正心急的时候，有人问他，他就回答呗："是啊！我是二排长郭尚岩。前头到底怎么回事？"

　　"嗨！前头啊，好像是三十六师的，他就是不让咱们兄弟过去！你说上面有命令，可以撤退，这日本人也不知道什么时候就打来了，这些人还来硬的，这不是草菅人命嘛！"

　　郭尚岩一听，也急得直蹦："妈的！三十六师怎么就了不起啊！了不起，你跟日本人磕去，拦住咱们兄弟，算什么本事？"

"可不是嘛！你看，前头机枪都架好了，这摆明了是跟咱们兄弟过不去啊！我说郭排长，现在兄弟们可就靠你们了！"

"哦？此话怎讲？"

"你看啊！我们都是肉人，碰上子弹肯定吃亏！三十六师那帮混蛋就吃准了我们这一点。你们的坦克厉害啊！铜皮铁骨，不怕子弹，一点问题都没有！你如果能带着兄弟们冲出去，你就是兄弟们的救世主啊！"

"对对对！郭排长！啊不，郭大爷，我们可就靠您了！"

旁边还有帮腔的，郭尚岩一听，血气上涌，说白了他也是逃命心切，干脆一挥手："你们闪退一旁！看我的！"

"好嘞！兄弟们闪闪！救兵到了！"

"轰隆隆！轰隆隆！嘎嘎嘎！"

人群闪开一条胡同，头前的四辆坦克就缓缓开到挹江门之前。咱们再说三十六师这边，机枪一架，人群的骚动减少了，他们刚松一口气，就听人群中声音不对，再仔细看看，好么！坦克就开过来了。为首的军官赶紧喊："你们干什么！站住！站住！"

"嘎嘎嘎！"

坦克停住了，郭尚岩从坦克里冒出头来："兄弟们，现在咱们唐生智司令已经下令，让咱们撤退了，你们为什么还不让过！"

为首的军官还挺横："你们说唐司令有命令，我们没接到啊！我怎么知道你们是不是临阵退缩！我可告诉你们啊，临阵退缩者，军法处置！"

"兄弟，咱明人不说暗话，如果唐司令没命令，怎么这么多人都要撤退啊？当然，您可能因为

战死于南京司法院大楼外的中国装甲兵遗体和1号坦克。他们是最悲壮、也是最勇猛的战士，南京陷落之时，他们拒绝撤退，奋战至牺牲。可惜没有找到他们的名字，在此只能以张三李四代替

混乱，或是种种原因，没接到命令，这不奇怪，我猜一会儿命令就到。可现在事情紧急啊，您就高高手，不看僧面看佛面，不看鱼情看水情，放我们出去行不行？"

郭尚岩这话说得挺软，但三十六师那边根本不接招："少废话！老子就是不放，你能怎么样？"

郭尚岩眼眉一立："我能怎么样？你看好了！"

郭尚岩说完，缩回坦克里，只见这辆1号坦克的机枪一动，"哒哒哒！哒哒哒！"两串子弹直接把挹江门城门的楼角打哗啦了，这时候守军就乱了，紧接着郭尚岩的坦克一马当先，就往城门里冲！咱们说城门里，堆着沙袋，但这也是仓促堆起来的，挡挡步兵还算凑合，挡坦克，一点戏也没有！所以四辆坦克带头，大家就蜂拥而出！期间也惨透了，人太多，自相践踏者不断！而后来的三排长蒋启元一看，我们可不能落后，于是也发动坦克，开向下关码头，期间据说也碾压到了伤兵，但现在大家都乱套了，没人顾及得了。

等到了下关，大家只有一个心思，找船逃命！但下关的大部分船只，都被唐生智收缴，大家只能自己想办法。侦察班长何嘉兆脑子快，他赶紧驾驶摩托，到处找船，还真不错，找着了一条警察所的小木船，俩排长郭尚岩、蒋启元一看，也顾不得别人了，直接把船占领，三个指挥官带着亲随先跑了。其余的人一看，这个骂啊！

"妈的！当官的跑得真快！"

"可不是！咱们兄弟还有坦克呢，怎么办？"

到了现在，只能试试了，有人动作也快，拦下了一些木帆船，这些木帆船本来是由小轮船拖着走的，到了现在，大家也顾不上别的了，赶紧把船连起来，试试连环船能不能禁得住坦克吧！

结果这一试，真不行，这1号坦克，一辆就五吨多，何况现在手头一共九辆坦克，几艘小破船怎么禁得住？大家不死心，一连试了三回，都以失败告终。最后大伙儿一看，只能放弃了，但是我们人撤了，坦克不能便宜鬼子！怎么办呢？有人还真有主意："大家伙儿谁有手榴弹？咱们把手榴弹装在发动机下面，设好了机关，鬼子缴获了坦克，肯定得测试啊！他一踩油门，咱的手榴弹直接引燃油箱，就叫小鬼子上西天！"

"哎！好主意！"

大家伙儿赶紧行动，把机枪什么的零件，全都扔进长江，然后把发动机上都装了手榴弹。正当大家伙儿正行动着呢，有两个人不干了，谁呢？豹连三排的战士张三、李四，俩人一看："各位，咱们这么干，太可惜了！好好的坦克，怎么能这么炸了呢？不如回去，跟鬼子拼了！"

其余的人一听："去你的吧！咱这都奉命撤退了，怕什么？要拼你们去，我们哥们可还想活呢！"

"好！拼就拼！那你们把武器集中集中，都给我们！"

张三、李四说做就做，直接上坦克里面掏子弹。大家伙儿一看，你们俩还真想打啊？赶紧过来劝："哎哎兄弟，你们俩省省吧！现在回去，那是有去无回，死定了！咱们

第四十五回 战车连冲突挹江门 勇士兵殉国南京城

223

留得青山在，不怕没柴烧，跟这死了有什么意义啊？"

没想到张三、李四一听，都哭了。李四就说了："各位啊，我家可就在南京，现在家要没了，我还活个什么劲啊？就算我活着，将来家人朋友一问，南京失陷的时候，你们干什么去了？我该怎么回答啊？"

张三也说："对！我虽然不是南京人，可我老婆是南京的，我是南京的女婿，现在这座城市要完了，我岂能独活！我们誓与南京共存亡！"

大家伙儿一看，得，到这时候了，劝也没法劝，那就帮忙吧！于是大家伙儿先没上船，有人来收集机枪子弹，有人收集汽油，有人开始收集配枪子弹。反正要撤退了，留着这些用处不大，留给张三、李四也好！于是时间不大，油加满，机枪子弹也配齐了，有人又交给张三、李四各两把驳壳枪："兄弟！我们服你们俩！如今兄弟们没别的能帮了，东西给你们配齐，也希望你们能逃出生天！"

"可不是！张三、李四，这是兄弟们给你们凑的盘缠，十块大洋，不多，但够你们用的。希望你们能脱险，记住了啊，咱们装甲兵团，在湖南湘潭集结，一定得来啊！"

张三、李四把东西接过，点点头："好的兄弟们，咱们有缘再见！走！"

张三、李四发动坦克，这最后一辆1号坦克掉头，冲进了南京城！您说这能好得了吗？最终，到了12月12日傍晚时分，这最后一辆1号坦克在国民政府司法院大楼前，弹尽粮绝，被日军俘虏，张三、李四全部阵亡！后来，日军为此特别拍摄了照片，以示炫耀。

至此，南京保卫战已宣告失败！而到了第二天，12月13日，日军彻底攻占南京城，有些日军奔到了下关，射杀残兵，而且收缴了剩余的1号坦克。咱们说日本人可不傻，他们才不上来就踩油门呢，先得仔仔细细检查一遍，所以豹连兄弟们最后一道埋伏，根本就没成，最后，剩余的坦克全部被日军俘虏。

而咱们说，南京的失陷，仅仅是噩梦的开始，此后，日军开始了南京大屠杀，南京军民遇难数字，至少达到了三十万人。

按下日军在南京的地狱狂欢且不说，咱们再说国军这边，下一步，政府机关全都迁移到了武汉，而日军不会停止脚步的，所以利用这个时期，整军备战，保卫武汉，这才是正解。可一般的步兵部队，相对好说，至少当时的中国，步枪、子弹，这都能自产，即便质量差点，但拿上能用。可很多高科技兵种，什么炮兵、装甲兵，这就不行了，先是淞沪会战，之后又是南京保卫战，器材损失的特别严重。你步兵拿把枪，甚至抄把大刀都能上战场，可炮兵和装甲兵呢？肯定不行！所以这些情况，把装甲兵团团长杜聿明急得脑仁直疼。

而没想到的是，到了1938年1月初，一个老熟人来看杜聿明，谁呢？老长官徐庭瑶。杜聿明一看，喜出望外："哟！老长官，您来啦！赶紧坐！来人呐，赶紧上茶！"

徐庭瑶也不客气，坐下之后，喝了几口茶，看看杜聿明："光亭啊！最近如何？"

"嗨！我最近还能如何？凑合混呗！"

"哎！你可不能这么说，你的装甲兵团，是委员长的宝贝，你得加油干呐！不然让别的部队怎么看啊？人家一说，委员长的宝贝都不好好干，我们凭什么卖命啊？那不就糟了嘛！"

杜聿明一阵苦笑啊："老长官，不瞒您说，现在我已经干不下去了！淞沪、南京，咱们辛辛苦苦培养的精英们，损失了一半多。现在我这，连训练都没法保证，您说下面这些学员，质量能好哪儿去？我看再打一仗，我这个装甲兵团就得打没了！"

杜聿明是一个劲儿地倒苦水，徐庭瑶不但没跟着苦，还嘿嘿直乐。杜聿明一看，丈二和尚摸不着头脑，怎么回事？我们老长官是来看我笑话的？不应该啊！他不是这种人。徐庭瑶呢，等笑过一阵，从怀里掏出两份文件："光亭啊，我就不逗你了，我知道你现在的状况不妙，所以我特别给你带了好消息过来！你看看这两份文件！"

杜聿明一听，哟！看来上面有命令啊，怪不得我说什么，老长官似乎心里有底呢！杜聿明翻开第一份文件，上面写得清清楚楚：即刻将交辎学校拆分，并将其中的坦克、摩托化部队等学科抽出，单独成立陆军机械化学校，学校为全公费性质，并且向社会公开招生。学校校长蒋介石，教育长徐庭瑶。

杜聿明一看："哟！老长官，您速度够快的啊！这就可以重建学校啦！"

"是啊！光亭啊，之前我就有预案，而且这回，我特别说服委员长，向社会公开招生。你也知道，现在国内各大高校都在往西南迁徙，这家里有钱的还好，家里没钱的学生，岂不是要失学？这其中，我猜一定有学机械化的高手。咱们面向社会招生，而且全公费，不用学生家出一分钱，而且每个月还有补助，我猜用不了多久，咱们的学校就得人满为患，你的装甲兵团，也就不愁人才了！"

杜聿明一听，如梦方醒："老长官高见！光亭服了！有人，咱们的抗战肯定能行！"

"对！这就对了！光亭啊，你再看看第二份文件。"

杜聿明赶紧拿出第二份文件，可看着看着，眉头就拧成一个疙瘩，这该如何是好！

第四十五回　战车连冲突挹江门　勇士兵殉国南京城

第四十六回　装甲兵扩编二百师　内外援补充好装备

装甲兵团湘潭集结，这时候，老长官徐庭瑶来看望团长杜聿明，俩人聊着，徐庭瑶特别拿出两份文件，给杜聿明看。杜聿明看了第一份，喜出望外，下面，军委会要重建交辎学校，而且全公费，向社会招生，特别招收那些因为战乱而失学的机械高手，这样也就可以补充装甲兵团的人员损失，以及培养后备力量。

杜聿明看了这份文件，挺高兴。可看了第二份，眉头当时拧成一个疙瘩。怎么回事呢？第二份文件说得明白：装甲兵团即刻升级为二〇〇师，下辖两个战车团、一个机械化步兵团、一个战防炮团、一个步兵炮团、一个搜索营，以及师直属部队等。师长由交辎学校教育长徐庭瑶兼任，副师长杜聿明。

杜聿明一看，鼻子差点没气歪了："老长官，这……"

"这什么这？光亭啊，这可是委员长对你的栽培！委员长知道，淞沪和南京，装甲兵团打得够惨的，每次出现，都能震慑日寇。但因为咱们的步兵坦克协同做得不好，所以没发挥太大的作用。这回的整编方案，是借鉴苏联经验来的，咱们有直属的步兵，一起训练，这样就不愁步坦协同了！当然了，你是黄埔一期，委员长对你虽然放心，但觉得你资历稍微差点，所以先委任我当师长，你是副师长。但你负责全盘工作，等你适应了，我即刻退出，你不用担心！"

杜聿明一听，一阵的苦笑："老长官，我倒不是担心这个。您是我的老长官，就一辈子是我的长官，指挥我，天经地义！不过我是觉得，校长这有点画饼充饥啊！"

"哦？怎么讲？"

"老长官您看啊，我们这个装甲兵团，已经打残了。团里的战防炮，本来倒是能有一个团的量，但打到现在，也就剩了一半，弹药损失更多，连训练都保证不了，怎么重新弄一个团？至于坦克，更惨了！除了维克斯水陆两用战车没事，德国1号坦克，一辆都没剩；主力的维克斯六吨半坦克，损失过半，再加上机械损耗，算一算，连原来一半的实力都到不了！至于步兵炮，我们更是一门都没有！就这些东西，还扩充成一个师，不是更完蛋了吗？就差让战士们抄根烧火棍上战场了！"

徐庭瑶点点头："哦，光亭啊，你还在担心这个啊？我看大可不必。我可听说了啊，咱们跟苏联人已经谈好了，苏联人要支援咱们不少装备，其中就包括坦克、速射炮什么的。另外，我的老朋友耿耀张，也正在从意大利返回，据说他也带回来不少坦克，这还不够你用的吗？"

"哟！有这事？老长官您怎么不早跟我说啊！"

"光亭啊，你也别怨我，自从和日本人开战之后，这些武器运输就是最高机密。不往下传达，是为了避免日本人得到，小日本的情报水平，这不用我多说吧！好在这些东西马上就到，我也不用瞒你了，你马上组织人吧，装备应该这几天就到。而且委员长对你也有命令啊，除非特殊调遣，否则咱们的二〇〇师不得参战，这些日子你把兵给我练好！另外，如果扩编成师，我猜你的人员也不够使的，我特别给你物色了几位，最出色的两个，一个叫邱清泉，一个叫廖耀湘，廖耀湘还在咱们交辎学校当过教官，你还有印象吧？他们应该过几天就来报到！"

"多谢老长官栽培！"

咱们书中代言，此时的这批苏联坦克，可救了大急了！1937年后期，正是中国最难受的时候，英法各国都实行绥靖政策，"日本人爱侵略中国，我们不反对；只要不打到我

国军的T26坦克。苏联援助的重要装备，此辆已经有了青天白日涂装。T26坦克，如今一般评价为轻型坦克，而对于当年的国军，这是绝对的钢铁巨兽

第四十六回　装甲兵扩编二百师　内外援补充好装备

227

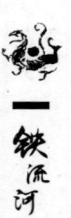

们头上就行，而且你日本人要是跟我们表示表示诚意，我们还就不卖给中国武器"！而德国呢，虽然之前跟中国的军火贸易做得不错，但因为和日本是联盟关系，所以在中日开战之后，德国也撕破脸了。不过德国人做得还是相对比较爷们儿的，之前签订的军火贸易，只要中国继续付款或者拿钨矿抵偿，还能生效。至于威力比较大的1号坦克、潜艇什么的，德国不卖了，但钱款如数退还。不仅如此，希特勒还强令赴中国的德国军事顾问团，马上回国，倒是顾问团团长法肯豪斯比较敬业，愣是顶住压力，帮着中国打完了淞沪会战。

但无论如何，此时中国军事力量已经跌到了极点，抗战前辛辛苦苦训练的军队，直接打残。后来有人比喻，如果说抗战刚开始，中国是以准近代化的军队，对抗日本的近代化军队，那么南京之后，日本的状况没变，而中国军队，则比中世纪强不了太多了。

这话虽然有点夸张，但大概说的差不多。但好在此时，近乎中世纪的国军，还有少量的高技术武器作为支撑，而提供者就是苏联。在中国最困难的时候，也就只有苏联伸出了援助的手，本来因为蒋介石的反共，当年中苏关系很差，但在这个时候，苏联和国民政府签订了中苏互不侵犯协议，然后把不少的武器送到了中国，并且还派遣了援华航空队。现在有人批评此时的苏联，援助中国是为了自己，而且卖的武器又贵又不先进。这情况可能是有的，但总之，中国此时在别处已经买不着军火了，仅有苏联一家，即使再贵也得买啊！而且苏联买过来的武器，即便不是最好的，也绝非垃圾，里面颇有一些经典武器，比如空军的伊15、伊16，陆军的T26坦克等。

咱们书说简短，几天之后，装备真就到了！大量的坦克从火车上往下卸，大家一看，哟！怎么苏联坦克那么眼熟啊？是不是咱们见过啊？可再看看，又不太像，有那眼尖的喊了："哎我说各位！这坦克怎么那么像维克斯六吨半啊？"

哎！大伙儿一看，还真是，同样是一炮一枪，外形也有相像之处，所以大伙儿心里有数了，看来苏制坦克不难操作啊！这时候呢，从火车上跳下一个人，只见此人金发碧眼，个子挺高，一身苏联军服，这个人过来，操着一口别扭的中文："你们好，你们的指挥官是谁？"

杜聿明一看，哦，这肯定是苏联方面的联络人，那我过去打个招呼吧！

"你好，我是中国装甲部队的负责人，杜聿明！"

"你好，我是彼得·德米特里耶维奇·别洛夫少校，你们的坦克兵顾问组长，以后你们的训练，归我负责！"

这一长串名字，杜聿明听得挺头疼，但好在之前在黄埔军校，也有苏联人，他大概能摸到规律，知道称呼此人别洛夫就行了。所以杜聿明赶紧过去握手："别洛夫少校！欢迎您，以后咱们得在一起共事了，希望我们中国的装甲兵，不会比你们苏联的差！"

"应该不会！我来之前听说，你们驾驶过维克斯六吨半，我们的T26坦克，跟维克斯六吨半有相似之处，相信你们会适应得挺快！"

说着话，这时候已经有人等不及了，直接钻上坦克，开始发动了。杜聿明一看就慌了："停！给我停下！现在卸货，不是训练时间，想开几圈，回去再说！"

可没想到，别洛夫少校还挺开明："没关系！杜，让他们开几圈也好，先适应适应，我也看看如何！"

还别说，等开下一圈来，几个坦克兵蹦出坦克，乐得奔儿奔儿直蹦啊："长官！这苏联坦克动力十足啊！别看现在火力和装甲没测试，就冲这一点，我敢说，肯定水平在维克斯六吨半之上啊！这回咱们发了！"

又等了几天，耿耀张带着意大利菲亚特 CV33 战车也到了，杜聿明呢，没跟耿耀张见过面，但多闻其名，今天一见，非常热情啊："耿教授您好！"

耿耀张一看："哎哟哟！杜长官怎么能这么叫我呢？"

"为什么不行？我们交辎学校用的教材，就有您的一本，我们凭着这本教材，又教出了多少学生，叫您一声教授，实至名归！我自己也是这么学出来的，所以您也是我的老师！"

"哎！不敢不敢！"

把坦克卸到集结地之后，耿耀张就想走，杜聿明一看："耿教授万里归国，学生请您吃个饭总行吧！"

"哎！不用客气，不用客气！我还有事！"

"您有事也等等，您累了这么长时间，给我们补充了这么好的装备，我们怎么能没点表示呢？虽然现在是国难时期，条件不好，但请您吃顿便饭还是没问题的。今天咱也不折腾，我就让团部食堂多给加俩菜，您随着我们一起吃，怎么样？过两天，我的老长官徐庭瑶还得过来，您和他怎么也得见上一面！"

耿耀张一看，得，人家诚心实意邀请，那就恭敬不如从命了！于是晚上，食堂给杜聿明他们备了四菜一汤，还有几两酒，俩人就边吃边聊，杜聿明就先说了："耿教授，我可听了些传闻，据说这批意大利坦克来得可不容易啊！小日本人净在那儿捣乱了。"

耿耀张点点头："没错，我记得就在组装的时候，还真碰上个日本人。这家伙对我大呼小叫，非得让菲亚特厂把我轰出去不可！好在咱们跟意大利的关系还不错，人家对我挺客气，没把我赶出去。后来我才听说，这个日本人是日本派去的军事考察团成员，据说是去考察重型轰炸机，还有坦克的。"

"哟！这日本人也够阴的呀！"

"这叫阴？阴的还在后头呢！这件事之后也就三天，你猜怎么了？菲亚特厂的经理找到我，让我停止监督生产，去度假，而且他们出钱！后来我一打听才知道，小日本给经理使钱了！这意大利人见钱眼开，所以才这么干的！"

"嘿！小日本还真是无所不用其极啊！那耿教授肯定没上当啊！"

"杜长官，这你放心，我耿耀张拿的是国家的钱，就得尽职尽责！而且说白了，意大利货，本身质量就差一些，当时要不是德国订单拿不下来，咱才不买他们的呢！这再有点问题，岂不是拿咱们战士的命来冒险？"

俩人正聊着呢，外头有人敲门，"咚咚咚"，杜聿明一听："进来！"

只见外面进来一位，五短身材，长得挺壮实，杜聿明一看，赶紧介绍："耿教授，我给您介绍介绍，这是我们的战车营营长胡献群，字粹明，英国皇家桑德斯军校的高才生，哦，对，之后不久，估计他就得升官了！"

耿耀张一看，挺热情："哟！胡长官您好！"

胡献群呢，明显表情不自然："耿教授您好，哎，团长，能出来一下吗？"

杜聿明一看，有情况啊！赶紧打个招呼："耿教授您稍等等，我这有点事要处理。"

说完，杜聿明到了外面，仔细看看，胡献群气色不正，他就奇怪："粹明啊，怎么了？"

"团长，您赶紧来看看吧！这意大利CV33战车，有问题！"

"什么？"

杜聿明赶紧跟胡献群跑到了战车跟前，只见有几辆战车已经被开膛了，杜聿明看看，没看出什么大问题："粹明，到底怎么回事？"

"团长，这些坦克是旧货！"

"什么？"杜聿明当时吃了一惊，"耿教授亲自监督制造的，怎么会是旧货？"

"团长，我也不知道，不过您看看！"

胡献群指着一边大概有十几辆战车说道："那些我们都检修过，都是新的，可剩下的四十辆都是旧的，您看看，齿轮磨损得多厉害啊！而且这战车没有无线电，指挥上也是个问题。"

杜聿明仔细看看，还真是，对比一下就知道，明显多数战车的齿轮和机械都有磨损，而且钢板也不是全新的，只不过刷了一层新漆而已。杜聿明心里也结了个疙瘩："粹明，这些战车还能用吗？"

"这个……凑合用也不是不行，好在咱们摧城拔寨的主力是苏联给的T26，那玩意儿不错。意大利小战车，也就是打个掩护，清扫一下步兵。只不过咱们之后保养，可就得小心了，这玩意儿本身就是皮薄还娇气，旧的肯定得加个更字！"

这时候，耿耀张不知道什么时候，也到了这边，他一看坦克里面的情况，气得一蹦三尺高啊："他妈的！我上当了！可恶的意大利人，我要找他们玩命！"

第四十七回　杜聿明实验坦克　收容所战将聚会

耿耀张押送意大利CV33战车回国，本身是件高兴的事，为此，装甲团团长杜聿明还特别请耿耀张吃饭。可没承想，里面吃着饭，外面胡献群带人一检测，这批意大利小战车，只有少量是全新的，剩下的大部分，全都是旧的二手货！

等耿耀张自己一看，气得一蹦三尺高啊："他妈的！我上当了！可恶的意大利人，我要找他们玩命！"

怎么回事呢？咱们书中代言，耿耀张对这些小战车绝对精心，这款菲亚特CV33战车，原本机枪口径是8毫米，而国内重机枪的口径是7.9毫米，意大利人就想蒙混过关，可这事到了耿耀张这，没门儿！别看口径差一毫米，子弹没法通用！买别的机枪也得配齐！至于机械方面，耿耀张更是内行，意大利人想蒙混都不行！

可是问题出在哪儿了呢？还是日本人。之前日本人想动用外交手段，把耿耀张轰出去，可墨索里尼不干啊！这人给我们钱，给我们下订单，现在人家刚下了定金，还没把钱交齐，我们至少得把钱挣了啊！

日本人一看，这招不成，就暗地里几次给菲亚特工厂的经理使钱，让他糊弄耿耀张，不然这批战车买回去，也是对日本作战用的，倒霉的是日本人。可是耿耀张软硬不吃，反正我得盯紧了，想在我这玩猫腻，没门儿！

眼看着这批菲亚特战车组装好了，就要运回中国，日本人赶紧再行动，游说意大利军界高官："你们滴可以看看，中国人制作的战车，比你们自己制作的还要优秀。你们不如把这批好的战车，自己扣下，给中国人二手货滴干活！"

意大利人呢，见钱眼开，一看，也不错！而且日本人还给我们钱呢！于是当场答应。耿耀张呢，盯完了装船，任务完成，当天晚上使馆还有事，耿耀张还得参加。就趁这么个工夫，意大利人赶紧过来，一通鼓捣，把大部分战车换成旧的，当然，为了蒙耿耀张，最外面这一批战车没换，还是新的。按说，这是违约啊！可当时，耿耀张手大捂不过天来，谁能想到，都装船了，还带换的？所以就吃了这么个哑巴亏！

不过咱们书中代言，日本人鼓捣了这么一通，自己也没捞着好，日本人这次来，除了考察意大利坦克之外，最重要的任务，就是进口重型轰炸机，因为当时日本常用的轰炸机96式陆上攻击机，航程长，速度比较快，就是载弹量小，太让人头疼。所以在他们的新式轰炸机出来之前，他们打算在意大利买点好飞机，回去代用一阵。结果，日本人让意大利人耍小聪明，涮了耿耀张，自己也被意大利人的小聪明给涮了。买回去一堆轰炸机，代号意式重爆，这玩意虽说全金属，但金属蒙皮比烟囱皮还薄，一打就完蛋！结果就这批意式重爆，给中国空军带来了一大堆的军功章不说，还让日本人自己损失了陆军头号试飞员藤田雄藏，以及日本陆军航空兵团兵器部部长渡边广太郎。当然，这跟陆军和装甲兵无关，这里不提了。

再说耿耀张这边，知道上当了，耿耀张两眼一黑，气得七窍生烟，发誓要去找意大利人理论。杜聿明一看，这也不现实啊："耿教授别急，我刚才跟粹明商议过了，机器问题，咱们可以通过保养，延长它们的寿命。这样，明天咱们再测试一下钢板和火力，如果没问题，那也就这样了，您看怎么样！"

"不行！即便这样，我也得找意大利人理论理论，他们这叫骗人！"

杜聿明紧说好话，算把耿耀张安抚住了，等到第二天测试，装甲兵用中正式步枪，在五十米外的距离，对着菲亚特小战车"啪啪啪"就是三枪！再仔细一看，哎，还真行！子弹打上基本就是个白印，有的地方差点，打破了，但子弹"吧嗒"就掉了。杜聿明一看："耿教授，这回您放心了吧？意大利小战车能防住步枪，而我们对它的定位，也是配合T26，清扫步兵，有这实力就够了！"

耿耀张一看，这才放心点。不过咱们书中代言，即便通过了这次测试，等上了战场，这种菲亚特CV33仍然吃亏不小，因为"二战"时期，大部分发达国家步兵都配备了两种子弹，一种是普通子弹，CV33扛这个没问题。另一种是钢芯穿甲弹，CV33碰上这个就惨了！不过相对的，日本人的薄皮战车也怕钢芯穿甲弹，只不过可惜，当时的国军，也就是普通子弹勉强能量产，这种钢芯穿甲弹，只有少数机枪手能有一些，所以对付日军战车，效果就很有限。

可这情况，当时杜聿明不清楚啊，他虽然努力学习，但无奈中国的发展程度不高，很多西方人认为理所当然的事，中国人并不清楚。

咱们再说杜聿明这边，除了两批坦克和战车之外，还接收了不少别的兵器，包括苏制的反坦克速射炮、步兵炮，德制卡车、搜索装甲车等，一时

抗日将领邱清泉，也是第五军时期有名的悍将

间又恢复了兵强马壮的态势。紧接着，杜聿明奉命，开始了部队整编，原来的装甲兵团一次性扩充成了二〇〇师。

团扩充成师，杜聿明的工作更多了，而老长官徐庭瑶呢，虽然还尽量帮上一手，但他还得负责交辎学校的重建，为了尽快让杜聿明掌控全局，他特别几次申请，就让杜聿明升任二〇〇师师长，最后蒋介石终于同意了。就此，中国第一支，也是世界第四支装甲师正式成立！

新官上任，杜聿明是更加努力，他除了组织训练之外，还特别贴出布告，设置收容所，收容之前南京保卫战的豹连成员。杜聿明很清楚，这些人，别看是败军之将，但经验丰富，而且南京城，本来就不是能打胜的仗，所以只要活着，那就是万幸。只要回来，我们万分欢迎，还得委以重任！

不过奇怪的是，即便设置了收容所，之前的战士也没人回来。而且奇怪的是，老长官徐庭瑶给介绍的副手，始终没来报到，杜聿明是百思不得其解啊！

到了1938年2月上旬，杜聿明刚布置完训练，正要回办公室。途经收容所，突然看见一阵骚动，似乎有人在打架！等杜聿明走近了一看，一个人被摁着，送进了禁闭室。杜聿明不明白啊，赶紧过来："干什么呢？为什么打架？"

这时候有人过来："报告师长！这有人捣乱？"

"捣乱？什么人啊？"

"呃，据他说，是咱们豹连的兄弟。"

"那你们为什么打人家？我不是告诉你们了吗？只要是从南京回来的，查明没有投敌迹象，一律回归部队，不许刁难。你们为什么违抗命令？"

"不是我们违反命令，师长，这俩人穿着便装，一看就不像好人！而且到我们这，口气还挺大，说是战防炮部队指挥官刘介辉，要证件也没证件，我们觉得有诈，就先关起来了！"

杜聿明眼睛一瞪："你们这帮人！怎么不知道变通啊？你们是没经过南京保卫战，战乱的时候，证件遗失很正常。为了混过日本人的封锁线，换身衣服也很正常，你们干什么这么对人家？"

"啊是是是，我们错了！师长，我们立刻开始审查！"

这杜聿明再一琢磨：嗯？刘介辉？我怎么听着耳熟啊？对！他是战防炮教导队的，南京保卫战留下的战防炮，就是他负责的。他怎么说，也是个少校军衔，我还是去看看吧！

结果进门一看，可不是嘛！刘介辉瘦得都脱了相了："团长！"

这时候旁边有人"咣"就给了刘介辉一脚："一看你就有问题，这是我们师长！"

杜聿明一摆手："别打了，从南京走的时候，我就是团长，他没认错！介辉啊，欢迎你们回来！"

刘介辉一听，眼泪直往下掉："团长，哦不，师长，我们兄弟太惨了！十多辆1号坦克，还有几门战防炮，全都损失了。我们好不容易逃过长江，还挨了自己人的枪子，大

233

家都被打散了！我们是混在民间，跟民众换了几身衣服，这才逃回来的！"

"行了，介辉啊，什么也别说了，赶紧换身衣服，洗个澡，好好吃一顿，之后还有你用武的地方呢！咱们的装甲兵团，已经扩成了二〇〇师，你之后还带你的战防炮，这回咱们部队扩大了，一定得给小鬼子点颜色看看！"

"是！不过师长，我有个要求！"

"什么要求？"

"我想带坦克部队！"

"哦？为什么啊？"

"南京一战，太窝囊了！我发誓，以后我要死，也得死在冲锋的路上！"

"好！我答应你，休息去吧！"

杜聿明刚把刘介辉安排了，这边又推进一个："进去！"

杜聿明一看，今天怎么回事啊？怎么又进来一个？可人到了自己跟前，也不能不看看，这一看，哎？这人怎么有点眼熟呢？我记得姓彭，名字跟之前的早期战车部队的指挥官彭克定有点像。

正琢磨着呢，这人一把抱住了杜聿明的大腿："团长！救命啊！"

"这是怎么回事？"

"报告师长，这人刚来的，说是咱们豹连的兄弟。按您的要求，我们先进行审查，可这家伙说的话太不靠谱了！一说就是自己在南京的时候，单车出击，干掉上百的鬼子！这一听就是胡说八道啊！就算是咱们的兄弟，也有冒功领赏的嫌疑。何况要照他说的，杀鬼子都那么容易，南京城还能丢吗？"

杜聿明一听，也奇怪："行了行了，这人我担保，应该是咱们的兄弟，我来问问吧！"

于是，杜聿明把彭克仁带到另一间屋里："小彭啊，你到底怎么回事？"

"没怎么回事啊！我就是实话实说，他们非说我撒谎！"

"你到底怎么回事？跟我说说。"

"嗨！团长，他们揪的那件事，就是我在南京的时候，有一次奉命去找补给，结果在南京城外碰上大队的日本人了，当时我们一辆坦克，干脆就跟日本人干起来了！我算了算，我们干掉的鬼子，没一百也差不多。"

"哦？这事有人能证明吗？"

"有啊！我的驾驶员黄佛印，啊，不过他在突围的时候殉国了。"

"还有别人吗？"

"这……没了。"

杜聿明一听，眉头也拧成一个疙瘩："小彭啊，现在说这些都没用，赶紧下去休息去吧，以后也不要提了！咱们现在已经整编成二〇〇师了，之后咱们训练新兵的时候，你要带头！"

彭克仁多明白啊，一看就知道，杜聿明不信，他也没辙，现在找不到别人能证明了，只能长吁短叹，走了。

等把彭克仁送走，杜聿明刚说想歇会儿，这时候有人敲门："报告！"

"进来！"

卫兵进来了："报告师长！有人找您！"

"谁啊？"

"额，有俩人，看着挺眼生，一个是农民装扮，长得挺结实，自报家门，姓邱。另一个是头陀打扮，戴着副眼镜，自报家门，姓廖。"

杜聿明一听，嘿！怪事天天有，今天特别多啊！我这是军队，怎么连农民和头陀都来找我了？哎等等！杜聿明转念一想：这俩人，一个姓邱，一个姓廖，怎么有点怪怪的？哎对了！老长官给我找的帮手，一个叫邱清泉，一个叫廖耀湘，会不会是他们俩呢？

想到这，杜聿明不敢怠慢，整理整理军装："我去办公室等他们，赶紧有请！"

时间不大，这俩人走进杜聿明的办公室，杜聿明仔细看了看，农民装扮的不熟悉，但头陀可看着有点眼熟，什么时候见过来着？这俩人对着杜聿明看了看，农民打扮的先说话了："您是杜长官吧？"

"是啊！您可是邱清泉将军？"

"对！哎呀！杜长官，我们可找到你了！"

戴眼镜的头陀也补充："太好了！杜长官，我是廖耀湘啊！之前我也在交辎学校当过教官，您不记得了？"

说着话，俩人也掉眼泪了，杜聿明也高兴："哎呀！老廖！是你啊！我就觉得眼熟！来来！邱将军你也请坐！来人啊！上茶！"

等茶水上来，杜聿明再看看俩人的装束，这也太特别了，一个农民，一个头陀，怎么看怎么别扭。杜聿明心里就奇怪："我说二位，你们怎么是这个装束啊？"

邱清泉一听，口打咳声："杜长官，您听我说！"

第四十八回　脱险境猛将归队　调炮兵徐州会战

两个怪人要找杜聿明，杜聿明就奇怪啊，这俩一个农民，一个头陀，找我干什么呢？可这俩人一报姓氏，一个姓邱，一个姓廖。杜聿明心里一动啊：对了！老长官给我找的俩帮手，一个可就叫邱清泉，一个叫廖耀湘，到现在他们还没来报到呢，是不是他们呢？

这一见面，果然是！杜聿明高兴坏了，赶紧招呼两位休息。可看着这二位，杜聿明还想乐，好么！早听说过，这俩不是一般人啊！都在中央军校的教导总队供职，那可是全国最厉害的部队啊！而且我还听说，这二位都有留学背景，怎么今天这么狼狈呢？所以杜聿明就问："我说二位，你们怎么弄成现在这样呢？"

邱清泉口打咳声："杜长官，您是不知道，我们教导总队在南京，整个都打散了，兄弟们伤亡惨重。我本来想自杀殉国的，可您也知道，留得青山在，不怕没柴烧啊！何况徐庭瑶将军之前对我有恩，淞沪会战的时候就跟我说了，如果过得不顺，可以来您这。我这想着，死也就白死了，不如想办法逃出生天，留得有用之身，跟鬼子报仇啊！可没想到，我也太点儿背，化妆成农民，刚逃出南京，就被日本人当壮丁给抓了。好在他们没发现我的身份，我他妈给鬼子当了十几天的壮丁，这才逃到武汉。之后，徐庭瑶将军特别安排人在武汉接待我，让我来这，我这不才来的吗？"

"哦！原来如此啊！邱将军，你受苦了！哎，老廖啊，你怎么还当上头陀了呢？"

廖耀湘一听："嗨！杜长官，您别拿我开玩笑了。我和邱将军都是教导总队的，可部队打散了，我也只能找地方躲着。好在栖霞山栖霞寺的老方丈跟我有交情，就收留我了。而且我看日本人也挺敬重老方丈的，也没仔细搜。我就这么躲了半个月，方丈又给我扮成了行者，我才勉强混到武汉，结果到了武汉之后，我就碰上邱兄了，我们这才来报到。杜师长，请您原谅！"

杜聿明赶紧摆手："哎，二位啊，我因为命令所限，没能参战，但南京保卫战有多惨烈，我还是略知一二的！二位兄弟能从南京跑出来，就已经不容易了，我岂敢多说什么？既然今天咱们哥们聚到一起，也算是托了校长的福，咱们哥们以后也要多亲多近。我听说老邱啊，你是黄埔二期工兵科出身，还在德国柏林陆军大学留过学？"

"对！师长说得不错！"

"嗯！老廖我就熟了，法国圣西尔军校的高才生，学习机械化骑兵。你们二位都是不可多得的栋梁之材啊！我也就不客套了，咱们二〇〇师，现在要求的就是全机械化，攻如猛虎，动如脱兔，守如磐石，从今天开始，就把你们的才华，全都展现出来吧！"

抗日将领廖耀湘，法国圣西尔军校毕业，修习机械化骑兵，在第五军之中，算是个绝对的内行了

"是！"

"明白！"

就这样，杜聿明任命邱清泉为副师长，廖耀湘为参谋长，一行人开始操练起来。咱们说，这二〇〇师，别的部队什么搜索营、通信营等，都还相对好说，在之前的战斗中，他们损失稍小。新建炮兵团也好办，直接从别的炮兵部队抽调就行。战防炮团呢，虽说损失也过了半，但好在之前一直重点训练，而且在装甲兵团时期，实际上他们就有一个教导队，外加一个营，算起来，就是一个多团的人马，人多精英多，所以恢复起来也不太难，无非就是在练习德制战防炮的基础上，接着学习苏制速射炮，这俩原理都差不多，所以学起来并不算难。

唯独就是战车团，以及机械化步兵团这边，挺困难。之前是战车营，损失过半之后，硬又扩成两个团，情况可想而知。而机械化步兵团呢，也不是像普通步兵一样，摸摸脑袋就一个，得要求素质稍微高一些的，至少能学习相关的战术，尤其是步兵和坦克协同，更是重中之重。好在原战车营长胡献群精通业务，邱清泉和廖耀湘也都非等闲之辈，相对来讲，可能杜聿明倒算是个外行了，大家一起合力，杜聿明亲自带头，学习驾驶、搜索、射击、修理等，大家学得热火朝天，二〇〇师的战斗力慢慢开始提升。

杜聿明特别高兴啊！把二〇〇师的情况写成报告，汇报给军委会。蒋介石看了特别高兴啊！亲自下令：二〇〇师继续训练，直至真正能形成战斗力为止，没有我的命令，谁也不许调动！

这就是信任啊！可没想到，刚过了一个月，1938年3月24日，军委会特别下令，即刻调集二〇〇师战防炮团，以及搜索营、步兵炮营，前往徐州，赴第五战区司令部报到。战车团和机械化步兵团，以及其他部队，继续训练。

命令一下，杜聿明就明白，校长那肯定是遇到解不开的事了，不然也不至于这么快

第四十八回 脱险境猛将归队 调炮兵徐州会战

237

就调我们的部队上战场。所以杜聿明不敢怠慢，赶紧把战防炮团团长冯尔骏、搜索营营长肖平波、步兵炮营营长邵一之叫来了："尔骏！平波！一之！下面可就要看你们的了！切不可丢了咱们二〇〇师的脸！"

"请师长放心！我们战防炮团定不负所托，一定能完成任务！"

"师长放心吧！我们搜索营也不会丢脸的！"

"嗯！好！尔骏呐，你们我很放心，从淞沪过来，打了多少次了，战绩都还不错。我只嘱咐你们一点，到了徐州，我听说杂牌部队居多，你们是反坦克的主力，肯定免不了被放在最激烈的战场，到时候没有咱们自己的步兵保护，你们一定要多加小心！跟其他部队搞好关系！"

"是！请师长放心！"

"好，一之啊，你们是步兵炮营，怎么配合步兵作战，心里头有数吧？"

"请师长放心！我们自有计较！"

"好！到时候见机行事，既要多打日本人，又要减小损失！嗯，平波啊！我倒是不太放心你啊！"

肖平波不明白啊："师长，我们有什么不放心的？我们搜索营不是一直做得不错嘛！而且现在，我们又补充了好几辆德国造装甲搜索车，最厉害的连速射炮都有，碰上小日本的坦克都不怕，您还有什么不放心的？"

杜聿明一阵苦笑："我最不放心的就是你这句话！记住了！你们搜索营绝对不是正面冲突的主力，德国的装备固然好，但问题也很明显，一方面怕日本的速射炮，另一方面就是自己的速度太快，如果打红了眼，一口气冲进敌阵，步兵可跟不上啊！所以你们看准了，侦察是你的本行，穿插迂回可以多做，正面对抗务必要小心！"

"请师长放心！我们一定遵守命令！"

就这样，战防炮团、搜索营、步兵炮营就先后出发，咱们且说战防炮团和步兵炮营这边，他们是一组，这一路折腾，把火炮装上火车，一路奔波，直奔徐州，等到了徐州，已经是3月26日。咱们说这徐州，是第五战区的指挥部，司令官李宗仁，李宗仁现在急得牙直疼，一看这两支部队到了，赶紧喝了两口水，稳定稳定心神："兄弟们，你们总算到了！"

冯尔骏和邵一之赶紧敬礼："参见司令官！"

"哎！不必客气，你们都带来了什么武器啊？"

冯尔骏赶紧一敬礼："报告司令官！我们战防炮团带来了德制和苏制反坦克炮，共计54门！"

"嚯！不少啊！那步兵炮营呢？"

邵一之一看，也不甘示弱："报告司令官！我们炮兵营带来了步兵炮18门！"

"嗯！也可以！看来台儿庄这场大战，乃至于整个徐州会战，我们有把握了！"

有人问了，此时的徐州一带，到底打成什么样了呢？咱们书中代言，日本人在打下南京之后，本打算做个长期休整，现在也没办法了，日本国土面积狭小，资源少，每打一仗，就是很大的消耗，何况华北、华东两方面动手之后，伤亡也十分大，而且这时候的中国，虽然土地沦陷，但很多人并不甘做亡国奴，大家纷纷组织游击队，有共产党领导的，有属于国军的，甚至干脆就是地方组织，这些人人数不少，而且神出鬼没，经常打日军一个冷不防，日军虽然损失兵力并不大，但拖得够呛，而且物资损失不小。

这种情况下，日本军部本打算先暂停进攻，一方面补充兵力，恢复一下战斗力，另一方面可以清剿各地的游击队。话说，真要这么干，国军还真就糟了！现在国军的实力，比日军差太多了，要想跟日军决一胜负，只能用持久战的方法，拖！只要日军越进攻，自己就陷得越深，如果日军趁着国军也消耗过大的时候，消化沦陷区，站稳脚跟，那后面的仗就难打了！

可没想到，日军这边出现个坏事包！谁呢？华北方面军司令寺内寿一！咱们说寺内寿一，现在是急得奔儿奔儿直蹦，他的华北方面军，别看先是七七事变拿下平津，之后又拿下了整个河北省，沿着黄河跟国军对峙，似乎战功辉煌，可这一切也抵不过华中方面军。

咱们前文也说了，日本的华中方面军在淞沪会战之后，一口气打下南京，这可是国民政府的首都，日本人一直认为，打下南京，支那就得投降滴干活！所以此次行动后，华中方面军，瞬时间脸就露到天上了！

可没想到，南京失陷，国民政府坚决不投降，寺内寿一一看，不投降才好呢，投降了就没我什么事滴干活！所以他赶紧劝说华中方面军司令官畑俊六：你们滴，别看攻陷南京，实际上也已经被包围滴干活，想要没事，就配合我们，打通津浦铁路，咱们也能相互支援滴干活！

其实寺内寿一的小九九很明显，津浦铁路，核心是徐州，这还连通着陇海铁路，国军在这部有重兵，只要把他们消灭，我的功劳大大滴干活！最终，寺内寿一劝服了畑俊六，两方面部队协同进攻，勉强抽调出部队，兵分三路，配属了大量的炮兵、战车等重兵器，就杀向徐州！

而咱们说徐州方面呢，是国军第五战区，司令官李宗仁，他手下的军队，人数是不少，能有五六十万，但说实话，是一堆杂八凑，杂牌军队居多。面对日军进攻，李宗仁也不能坐以待毙，只能接架相还。

具体怎么打呢？李宗仁看准了，三路日军特色不一，南线的华中派遣军，指派了十三师团，沿津浦铁路的南线进攻，这一路地形复杂，而且兴致不太高，所以李宗仁就派遣子弟兵，桂军刘士毅部、东北军于学忠部、西北军张自忠部先后阻击，结果战术很成功，三路军队轮番上阵，阻击袭扰并用，最终用地形和血性化解了日军武器的优势，这一路日军可以说是无功而返。

而北线两路呢，则是进攻重点，东路的第五师团，从青岛到潍坊，然后沿着潍坊到台儿庄的公路进攻，西路第十师团，沿着津浦铁路，准备南下徐州进攻，两路军队准备会师台儿庄，然后一举拿下徐州，结束战斗。

这两路之中，第五师团，也就是板垣师团，是国军的老对手了，他的第五师团几次被国军和八路军好好修理，所以他深知中国人的厉害，打起来又刁又滑，稳步推进。李宗仁在这一路派出了西北军最能守的庞炳勋部和最能打的张自忠部，这俩当年也是一对冤家，曾有过节，但此次配合默契，庞炳勋主守，张自忠主攻，外加上从青岛退出来的海军陆战队沈鸿烈所部，地方部队刘震东所部来回骚扰，板垣师团就生生被堵在临沂，怎么打也前进不了一步。

而另一路的第十师团，也称矶谷师团，明显不知道中国人的厉害，一路猛扑，兵锋直指台儿庄。李宗仁就下定决心，干脆围歼这一路。所以他特别派遣最能守的第二集团军，也就是孙连仲所部，在台儿庄严阵以待。不过李宗仁也明白，日军的炮兵和坦克特别厉害，想取胜，就得先克制他们，现在是万事俱备，只欠东风，只要我们的炮兵一到，就有日本人的好看了！所以等冯尔骏和邵一之等炮兵部队一到，李宗仁大喜啊！这回我要让日本人知道我们的厉害！

第四十九回　台儿庄恶战大捷
　　　　　　　二百师出征兰封

　　日军兵分三路，进攻徐州，说句不好听的，日军此时兵力也并不充足，是努着劲儿来的，所以并没有按照往常大兵力长驱直入的方式进攻，而是更偏重兵器配属。所以这三路，看似只有三个师团，可实际上，火力配比特别高，每一路都配置了大量的大炮和战车。

　　李宗仁呢，早就部署好了，分别堵截南线的十三师团，以及东北方向的第五师团，而西北方向沿津浦铁路的第十师团，则是气势汹汹，长驱直入。这一路呢，李宗仁实在没有更好的选择了，只能把川军顶到前头，结果川军虽然极为努力，但挡不住日军疯狂的炮火，滕县只守了两天，便告失陷，师长王铭章殉国。

　　等李宗仁得到消息之后，他就明白了，此次战斗，没有强大的炮兵根本不行，所以趁着蒋介石视察，李宗仁拼命要求炮兵，蒋介石这才下令，把大部分厉害的炮兵都调过来，其中就包括二〇〇师的战防炮团和步兵炮营。

　　再说李宗仁等这一部分炮兵到位，心里彻底有底了，因为他们是最慢的一拨，但要说对付坦克，还非他们不可！所以李宗仁高兴坏了，即刻下令："邵团长，你即刻带着你的炮兵营，在运河一线布阵，随时准备支援台儿庄！"

　　"是！"

　　邵一之领命下去了。李宗仁紧接着一转脸："冯团长，这回得委屈你了，你的战防炮团要拆开使用，分别布置到防守部队和反击部队当中。"

　　冯尔骏二话没说，马上一敬礼："请司令放心，我们战防炮团遵守命令！哎对了，司令，我们的搜索营也到了，我想他们机动灵活，也能杀伤日本人。他们怎么布置呢？"

　　"嗯？"李宗仁听了就是一愣，"冯团长，我还想问问你呢，你们搜索营一直没来报到，到底怎么回事？"

　　"啊？我们也不知道啊，搜索营比我们先出发的，他们没来吗？"

"坏了！别是遇上什么问题了！赶紧找！"

冯尔骏马上命人把电台支上，赶紧联系。还真不错，二〇〇师作为军委会的建设重点，这些特种营还都有电台，不一会儿，搜索营的肖平波营长回电报：二十集团军军长汤恩伯，已向司令部申请，调用我们搜索营作为战略预备队前锋。

冯尔骏赶紧把电报拿给李宗仁，李宗仁一看，这个骂啊："他娘的汤恩伯！乱弹琴！他什么时候向我申请过？这就私自调用部队，反了他了！发报员呢？马上给汤恩伯回电，让他务必给我把仗打好了，否则，委员长也保不了他！"

"是！"

咱们书中代言，李宗仁和汤恩伯之间，有不小的过节，一般人认为，汤恩伯借助是蒋介石嫡系的身份，经常不听调遣。可有人也说，汤恩伯刚开始也是奋力抗日的，尤其南口一战，狠狠地修理了板垣师团，但此后，汤恩伯就开始保存实力，甚至不听指挥。但总之，这一次，李宗仁碍着蒋介石的面子，另外也指望着兵力最多的汤恩伯所部，担任战略预备队，所以就先这样了。

咱们再说冯尔骏这边，部队被掰开了，以连为建制，糅在了各支部队当中，这回有日本人的好看了！之前在滕县战役中，因为川军部队缺乏反坦克武器，只能靠敢死队，所以日军的战车可谓肆无忌惮，甚至顶到城墙下开火。这回，日本人仍然照常，八辆战车和十几辆卡车，运着先头部队一路猪突狼奔，直奔台儿庄。没想到刚走到半截，"砰砰砰砰！"，几声炮响过后，先导战车就被打成了废铁，日本人一看："阿布那一！到底怎么回事滴干活！"

"砰砰砰砰！"

最后一辆战车也报销了，这回日本人大概明白了："支那战防炮滴干活！赶紧撤退滴干活！"

想撤，哪儿有这么便宜的事？突前殿后的战车全被击毁了，前后一堵，谁跑得了？一时间乱成一团！接下来，战防炮部队连连发威，先后点爆了五辆战车和四辆汽车，一起来的步兵也给炸死不少。最后日本指挥官一看："八嘎！赶紧反击滴干活！既然有这个实力，肯定是支那战防炮部队主力滴干活！把他们灭掉，让他们知道知道，我们大日本皇军有多厉害滴干活！"

"哈伊！杀给给！"

可等日本人找准位置冲上来，国

战防炮教导队队长冯尔骏，曾经参加过徐州会战，带着他的战防炮部队，痛击过快速行进的日军战车

军战防炮早跑了，说实话，今天来的其实只有一个排的两门炮，不然他们就得被全包圆了！

咱们说，这一支部队，看似没多大意义，其实他们就是台儿庄先遣队的先头部队，打的就是个速度，要以雷霆闪电之势，在国军反应之前，楔上颗钉子。结果这回，战车部队被打残，钉子尖锛了，所以先遣队赶紧向上求援。

再说日军这边，突击受挫的消息先报到了支队长濑谷启手中，日军不可能整个师团全部突击啊，所以师团长矶谷廉介就命令手下三十三旅团，配属重兵器，组成主力的濑谷支队，向前突击，这回受挫的就是他们。濑谷启一看：八嘎！你们怎么能这么胆小滴？碰上支那几门战防炮，就后退滴干活！你们马上进攻台儿庄，否则切腹滴干活！

当然，濑谷启骂归骂，他也知道，国军的德制战防炮的确厉害，打日军坦克就跟撕纸一样简单，所以马上再调装甲车和炮兵各一个独立中队，前去支援！这回先头部队加了小心，可就这也不行，国军部队忽左忽右地偷袭，闹得日军是疲惫不堪，好不容易才在3月20日凌晨，抵达台儿庄一带。

接下来的战斗，就成了消耗战，日军猛攻，孙连仲所部死守，双方就围绕着台儿庄展开了旷日持久的激烈战斗，国军调集所有的炮兵一起协同，步兵炮对着日军步兵狂轰滥炸，战防炮专门瞄着日军战车开火，据说，这时候国军的火力和濑谷支队相比，一点不弱，还能占点优势。

而接下来，就是为时半个多月的拉锯战，孙连仲部死守不退，国军炮兵给力，同时后面汤恩伯的预备兵团也压上了，不仅切断了日军的补给线，更是在二〇〇师搜索营的引导下，突击至日军侧后，一举将第十师团包围！最终，日军损失了一万多人，打了一个彻彻底底的败仗，随同而来的日军中国驻屯军临时战车队，一共三十辆战车、装甲车，也被国军的战防炮和钢芯弹照单全收！

台儿庄大捷，全国振奋，蒋介石也来了兴致，马上再调集二十万部队，增援徐州，打算携胜利之威，在徐州跟日军决一死战！这时候，大部分部队都气势如虹，一时间，增援部队兴高采烈，急着往徐州行军。没得到命令的部队，唉声叹气，感叹命运不济，只能在办公室里堆沙盘过瘾了。

咱们且说二〇〇师这边，因为师部和战车团、机械化步兵团等主力部队，还都在训练，不能轻动，杜聿明也没办法，只能让参谋把沙盘堆好，把近来的情报全都拿来，然后带着邱清泉和廖耀湘一起分析。刚开始，把沙盘一摆，三个人信心满满，可越看仨人越奇怪，怎么日军这回的动向，这么不合常理呢？

按照正常来讲，日军一旦吃了亏，别管大小，肯定要变本加厉地报复，而这次，倒是一反常态地沉默，仅仅是在周边跟国军碰了几次而已，双方的损失都不大。这是什么路数呢？杜聿明和邱清泉正琢磨着呢，突然廖耀湘一拍桌子："坏了！这回大祸临头了！"

杜聿明有点不明白啊："耀湘，怎么叫大祸临头了呢？"

"师长，副师长，你们来看！"

廖耀湘说着，拿起一根木棍，把日军和国军相碰的位置一连，杜聿明和邱清泉当时是目瞪口呆！怎么回事呢？把这些线一连就会发现，国军的处境极为不妙啊！东边是大海，日军又从南北两侧进军，隐隐有把徐州地区的国军包饺子的态势！

廖耀湘画完接着说："师长，副师长，当着明人，咱不说暗话。我在法国学的是机械化骑兵，说白了就是机械化作战。徐州地区，一马平川，极为适宜机械化行军，所以在这交战，日军的便宜占大了！上次日军就是利用机械化优势，长驱直入。亏得咱们李长官布置得好，截住其余两路，干掉一路冒进的，这才取得了台儿庄大捷。"

邱清泉一听，点点头："对啊！现在校长的意思，就是再复制一回台儿庄大捷。"、

杜聿明也同意："是啊！只要日军长驱直入，咱们就有机会！"

廖耀湘一扶眼镜："如果日本人根本不想长驱直入了呢？你们看，现在这个态势，东边是大海，南北都是日军，日军只要从西路再堵上个塞子，切断陇海线，咱们自己的补给就没了！上次日军失败，实际上也是补给被咱们给断了，这回明显，他们是要反其道而行之啊！而且你们看，如果日军的包围圈形成，他们又有坦克，又有飞机，咱们的几十万大军怎么跑？"

杜聿明、邱清泉一听，当时是浑身冷汗啊："哟！坏了！那这么说，徐州危矣！"

"是啊！不止徐州，咱们在徐州的几十万大军，也得全军覆没，老廖啊，你说这该如何是好呢？"

廖耀湘一摊手："说实话，战场情况瞬息万变，我也不知道前方具体什么情况。反正如果是我的话，我必须卡住这里！"

杜聿明和邱清泉一起看去，只见这个地名是——归德！邱清泉点点头："老廖啊，说得好！归德这个枢纽太重要了，只要归德不丢，咱们的部队就能快速沿着陇海铁路线撤退，如果顺利的话，用不了三四天，咱们的部队就能全部转移！"

"是啊！可现在说起来容易，做起来难啊！咱们蒋校长，是出了名的倔！现在心气那么高，能不能想到这，是个大问题。如果他赶紧醒悟，还尚算来得及。不过即便咱们速度快，如果日军也反应过来，派部队快速穿插，拿下归德，咱们的部队能撤出多少，也不好说，但好在不会被全歼。除非……"

杜聿明一拍桌子："除非咱们能在外线先发制人，打乱日军的部署！对不对！"

"对！师长，这应该也就是最稳妥的办法了！"

"好！那这样，我马上把咱们刚才聊的整理一下，发给校长，看看校长能不能马上醒悟了！另外，我还会给老长官发报，让他也加把劲，咱们能尽多大力，就尽多大力吧！"

说到这，杜聿明赶紧把情况整理一下，发报上去。其实咱们多说一句，民国时期，不乏军事高手啊！这个局势，不光二〇〇师这边分析出来了，还有一些军界高手，也是英雄所见略同，他们一起上书，蒋介石一看，也吓得一身冷汗。为了避免徐州的几十万部队全被日本人干掉，他也采取了行动。

且说二〇〇师这边，两天过后，军政部命令下来："即刻抽调二〇〇师的坦克一个营，以及一部分附属部队，与其他部队组成突击军第一纵队，奔赴归德，准备行动！"

杜聿明、邱清泉和廖耀湘一看，乐得两只手都拍不到一块儿了！好啊！看来委员长采纳咱们的意见了！杜聿明即刻下令："好！部队即刻集结，从各部队抽调精锐，我要亲自带队出发！"

　　大伙儿一听，不过抽调一个坦克营，还有一些别的附属部队，满打满算，一个团都到不了，用得着师长亲自上吗？麾下骁将胡献群先说了："师长不必担心，不过调用一部分部队而已，杀鸡焉用牛刀啊！我是团长，带队就足够了！"

　　"哎！那怎么行？老胡啊，咱们共事那么久，你的本事我明白。可军政部下令，咱们部队最大只派个团长，这消息传出去，知道的行，不知道的，肯定说咱们是故意怠慢命令！咱们机械化师，是全军的宝贝，本身其他部队对咱们就有微词，这回岂能给他们留下把柄？"

　　廖耀湘一听，也劝："师长，胡团长说得有理，此次咱们大部队没动，您何必带着一支小部队冲在前面呢？二〇〇师是您一手带起来的，您不能走！您要是怕上面有什么说辞，我是参谋长，我去更合适，而且我学的是机械化部队，带队正好！"

　　这时候，旁边又站起一位："师长！参谋长！你们谁也别争了，这趟我去，最合适！"

第五十回　邱清泉改道兰封　战车营奇袭圈头

台儿庄大捷之后，蒋介石脑袋一热，想要在徐州布下重兵，挟台儿庄大捷的威风，跟日军决战。可日军的行动出乎意料，有点不温不火。蒋介石这时候反应过来了，不好！日本人不会是想把徐州一带的部队包围了吧？那我得先发制人！所以蒋介石赶紧再集合集合手头的兵力，派往归德一带，在那里先发制人，至少，把撤退的咽喉给掌握住！这其中，就包括他最心爱的二〇〇师。不过鉴于二〇〇师还在更换装备和训练，所以仅调了一个坦克营，还有一部分附属部队，一共不到一个团。

这些部队谁带着出征呢？为这个，二〇〇师这边争吵不休。团长胡献群、师长杜聿明、参谋长廖耀湘都争抢这个带队位置，可没想到，旁边站出一位："各位，你们谁也别争了！我去，比你们谁都合适！"

大家伙一看，谁呢？副师长邱清泉，邱清泉大步过来："各位！你们看我说得对不对！胡团长，你是咱们团技术骨干，坦克的事离不开你！咱们一共两个坦克团，一共调一个营走，大部分还都在。胡团长，你得顾着大部分人的情况啊！师长，您更是了，全师之长，哪儿能轻易行动？要是这次动用三个团以上，您带队，那没问题。一共就不到一个团的人马，胡团长说得对，杀鸡焉用牛刀啊！至于参谋长，您是全师的战术专家，您去了，咱们师里的战术演练都成问题。现在看看，就我这副师长多余，而且这衔还不低，所以我不能白吃饭啊！带队作战，我肯定得打头阵，你们说是不是？"

其实邱清泉这话，根本就是自谦，这些日子的相处，大家都看出来了，整个二〇〇师的几大支柱，杜聿明比较均衡，能文能武；老资格胡献群，属于技术高手，打起仗来也没问题；参谋长廖耀湘呢，是学术范，讲起战术头头是道，却又不是纸上谈兵；而邱清泉呢，典型的猛字当头！就算在训练之中，也是火爆脾气，谁演练不到位，当时揪过来就一个大耳帖子！这脾气秉性，要是打仗之中，往往能顶用。最后杜聿明想想，也对！那就让邱清泉去吧！此去肯定是一场恶战，跟日本人硬碰硬，自然咱的人也是越硬越好。而且杜聿明也看得出来，邱清泉一直憋着一口气，想要报南京的仇。得，那就让他去吧！

"好吧！邱副师长，那这次就由你来带队。这可是咱们二〇〇师的初次亮相，务必要打出咱们的威名！"

"遵命！"

就这样，邱清泉点兵准备出发，这时候又凑过来一位："副师长！这次您带我去行不行？您想报南京的仇，我也想！"

邱清泉一看，谁呢？刘介辉！咱们前文也说过，刘介辉在南京保卫战的时候，是指挥战防炮的，结果南京失陷，他跑出南京，回归部队，悬点让自己人给打一顿。从此他就下定决心了，我要当，就当坦克部队的指挥官，要死，也得死在冲锋的路上！

对于刘介辉的经历呢，邱清泉也知道，所以点点头："好！刘介辉营长，那你就负责坦克部队的调配，想报仇，可以，我得看看你有没有那手段！"

"是！"

就这样，二〇〇师的这一支部队坐上火车，奔赴归德，可没想到，火车还没到归德呢，就转向了。邱清泉看得奇怪啊，赶紧问列车长，结果列车长说了："刚接到军委会命令，咱们奔兰封一线，据说是战况有变！"

有人问了，到底怎么回事呢？咱们书中代言，蒋介石和高级军官们猜得一点没错，日军的确在布一个特大的阵，而基本方向，国军这边已经猜到了，但执行的时候，日军却出现了点问题。怎么回事呢？咱们说华北方面军这边，司令官寺内寿一和第一军军长香月清司有矛盾，尤其在此次布下口袋阵的时候，寺内寿一要求，第一军必须拨出主力部队，快速穿插，占领归德，这样把口袋扎紧，国军就将无路可逃！

可对于香月清司来讲，他和寺内寿一的角色不同，寺内寿一是指挥的，所有部队在他眼中，只有数量和位置，但什么实际情况，他也不清楚。香月清司呢，是第一军军长，实际带兵的，下辖几个师团，部队什么情况，他了如指掌。话说现在，第一军整个在河北、山东、山西一线，被彻底拖住了，中国的地方太大了，几个师团摆开，也只能占领大城市，而且还要面临各地游击队骚扰，什么共产党、国民党、地方武装，等等，第一军根本抽不开身。可没辙啊，官大一级压死人，香月清司最后只能遵

兰封会战日军的最高指挥官寺内寿一，但他的战术却被视为蛮干，他和一线带兵的香月清司有宿怨，这也就导致了土肥原师团在兰封会战中的白折腾

第五十回 邱清泉改道兰封 战车营奇袭圈头

247

命，抽调出第十四师团，由中国通土肥原贤二带领，从山东西部过黄河，杀奔河南！

有人问了，为什么不从河北走呢？原因无他，当年的黄河水流湍急，河北这一块，不太好过，尤其是十四师团属于主力部队，配属的重装备太多，河北一带，尤其是南部，那是游击队的天下，现在是急行军，出点事就耽误了。好在山东西部被日军控制，这里方便。等十四师团渡过黄河之后，杀向的第一站，并不是归德，而是兰封！等寺内寿一知道消息，当时就急了："香月清司！我让你立刻占领归德，你怎么去兰封滴干活！你这是抗命！赶紧让十四师团去归德，要不你就切腹滴干活！"

可香月清司呢，对这个命令直接抵制了，反而给土肥原贤二下令：立刻占领兰封，不得有误！至于归德，下面再说滴干活！

有人问了，这俩人较什么劲呢？很简单，寺内寿一是从战略的角度考虑，现在时间宝贵，必须马上在归德把口扎紧，战略任务才算达到，包围圈才算形成，至于补给和死人，那是另一回事了。而香月清司呢，则是从实际出发，去归德容易，但我这满满一个主力师团，也需要补给啊！现在一通急行军，我们已经消耗不少了，再得不到补给，我们就得被先拖垮，到了归德也得完蛋滴干活！上次在台儿庄，你就这么瞎指挥，所以才失败了，这次我不能失败滴干活！所以他就下令，占领兰封，兰封附近有渡口，在这可以接到补给，得到补给，这才能战斗滴干活！

就这样，第十四师团狂攻兰封，日军的包围圈刹时出现了一个大豁口！蒋介石一看，机不可失，失不再来啊！再等等，豁口就真的合上了！所以李宗仁那边，马上下令，全军大撤退！然后蒋介石调集手头剩余的部队，一部分固守归德，主力到兰封缠住土肥原的十四师团，说什么也要把这个缺口给保住了！这也就是二〇〇师突击部队转道奔兰封的原因啊！

且说邱清泉，他带着部队在5月17日总算赶到了兰封附近的柴楼阵地，期间是一路狂奔啊，甚至把菲亚特战车和维克斯六吨半各给跑废一辆，邱清泉着急啊！只能留下人修，然后带队继续急行军，总算没误了时辰。邱清泉一看，得，我们已经到兰封附近了，接下来干什么呢？请示一下吧！于是，邱清泉下令，全队就地调整保养装备，然后他就发电报，请示总指挥官薛岳。不一会儿，薛岳回复：即刻协助八十八师，进攻圈头方面的日军。

邱清泉一看，圈头？在哪儿呢？现在我刚到这，有点蒙头，算了，先找到八十八师再说吧！没承想，邱清泉刚撂下电报，旁边就有人喊："哎！你们是二〇〇师吗？"

邱清泉一看，来人不俗啊，身着将官服装，还跟着不少随从，所以赶紧过来搭话："你好！我是二〇〇师副师长邱清泉，此次二〇〇师的行动，由我全权指挥！"

"哎哟！亲人啊！我总算把你们盼过来了！"

说话的是谁呢？八十八师的新师长龙慕韩。原来，此次任务中，八十八师负责守卫仪封地区，这是兰封的门户。大家本来认为着，八十八师乃是当年的德械师，肯定能守几天，结果没承想，日军十四师团，这回是志在必得，大炮轰起来没个完！然后战车配合步兵一起冲锋，八十八师根本顶不住啊！一白天的工夫，仪封地区的周边阵地连连失陷，龙慕韩急得满脑门子是汗：可恶啊！照这么下去，仪封守不住的！能撤赶紧撤吧！

龙慕韩就跟总指挥官薛岳请示，薛岳一听，什么？你想撤？没门！你们八十八师不是德械师吗？半年多以前，还能主动跟日军拼个你死我活，现在怎么成怂包了？不行！仪封必须得守！还得守住！如果日军攻势太猛，你就不能坐以待毙，要发起反击！

龙慕韩一看，更头疼了！是！我们八十八师原来是德械师，可部队全部损失在淞沪和南京了，现在战斗骨干不足两成，绝大部分都是新兵，武器也没补全，这叫什么鬼啊？还让我们主动反击，我们凭什么反击啊？

好在这时候，薛岳又发了封电报，二〇〇师的坦克部队，也随同八十八师一起行动，龙慕韩就把希望全寄托在二〇〇师身上了，他们有坦克，不怕子弹，我们就凭这个反击吧！所以龙慕韩碰上邱清泉，真跟碰上亲人似的啊！龙慕韩一阵地诉苦："我说邱副师长，我们八十八师伤亡不小，上面还强令我们反击，现在只能靠你了！务必帮帮兄弟的忙啊！"

邱清泉一听，当时来劲了，这家伙是员骁将，提起打仗来，比吃蜜都甜！

"好嘞！龙师长切莫慌张，反击这事，交给我们了！我且问你，哪块阵地刚被日军攻陷？"

"呃，圈头阵地刚刚失陷不足一个钟头！"

"好嘞！龙师长，咱们就从圈头下手，趁着日军立足未稳，来个夜袭，肯定奏效！"

"哎！邱副师长，现在全看你的了！"

"行！夜袭这事我包了！但你也别歇着，赶紧派个向导给我。另外，我们坦克部队虽然厉害，但目标明显，善攻不善防，打下阵地之后，得交给步兵驻守才行。你让部队配合好，咱们肯定行！"

"好！我让二六二旅配合你们！"

邱清泉看看左右，直接蹦上坦克，一拍顶盖："兄弟们！开饭！准备准备开工啦！晚上八点进攻！"

就这样，二〇〇师突击纵队饱餐战饭，邱清泉选派了三辆菲亚特CV33战车，以及五辆维克斯六吨半，全都交由第一连连长朱崇钰率领。朱崇钰，这可是老人儿了，淞沪会战的时候，他就是排长，也是战斗骨干，邱清泉对他挺放心："朱连长，你可听好了！这是咱们二〇〇师的第一战，务必给我打出威风来！"

"放心吧副师长！打不下来圈头，我就把我的头拿下来！出发！"

就这样，晚上八点，三辆CV33突前，五辆维克斯六吨半在第二线，排成楔形纵队，如同钢铁洪流一般，就向圈头卷了过去！这战术非常经典，三辆小战车负责搜索和扫荡步兵，如果发现敌方的战斗集群，就交给主力坦克维克斯六吨半解决，步兵就是机枪交叉火力，如果有碉堡，自然用炮解决。

结果这一个突袭，真打了日军一个冷不防啊！外阵地仓促开火，结果几个碉堡全都暴露了，维克斯六吨半集中火力，"咚咚咚咚！轰轰轰！"

碉堡当时被掀了，日军死伤不少。紧接着，装甲集群继续突击，内阵地更惨，日军在此之前，都没见着国军坦克，以为国军的坦克打光了，所以战壕挖得都挺窄，维克斯

第五十回　邱清泉改道兰封　战车营奇袭圈头

249

六吨半说过就过，根本挡不住啊！剩下的日军一看不好，赶紧四散奔逃！

　　按说呢，按照西方的闪电战，装甲部队打到这，就算基本完成任务，后面就由装甲掷弹兵和步兵上来，把阵地占住，行动就完美无瑕了。可没想到，坦克部队打下阵地之后，迟迟不见步兵跟上。也别说在一线作战的老连长朱崇钰了，就连后面负责总指挥的邱清泉，看得都是一头雾水，这到底是怎么回事呢？

第五十一回　邱清泉迁怒龙慕韩
　　　　　战车营巧袭王村敌

　　战车营奉命奇袭圈头，这一战属于对日军的逆袭，虽说对手是精锐的十四师团，但他们也没想到国军还有坦克，所以战斗很顺利，半个小时不到，日军的碉堡就被掀了个底儿掉，剩下的日军一看不好，仓皇逃命，这支坦克部队就轻松占领了圈头！

　　按说，这时候应该有步兵部队过来接手，就算完事，可没想到，怎么等也不见步兵部队的踪影！后面指挥的邱清泉急得跳着脚地骂啊："他妈的龙慕韩！说好的支援呢？哪儿去了？老子辛辛苦苦，给他打下阵地，他不来接手，这要丢了算谁的！赶紧给我联系！让他们赶紧派人！"

　　"是！"

　　邱清泉也带着参谋干事，这些人赶紧架电台，联系八十八师，几分钟之后，龙慕韩回电：二六二旅已火速赶来，请稍等片刻！

　　一看这电报，邱清泉怒火稍微降了点："好吧！咱们就等等！告诉朱崇钰，坚守阵地，援军马上就到！"

　　"是！"

　　指挥部马上用电台联系朱崇钰，朱崇钰一听，得，那就这样吧！说实话，坦克守阵地并不容易，虽说铜皮铁骨，不怕一般的子弹，但碰上钢芯弹，菲亚特小战车就先不行了，而日军的速射炮也不是吃素的，那玩意更厉害！怎么受呢？朱崇钰只能命令菲亚特小战车用机枪封锁战壕，维克斯六吨半呢，分为两队，一队把住村口，等待援军，另外三辆结成一起，以防万一！

　　可这等啊等啊，援军就是不来！期间日军反应过来了，也潜入村中，进行小规模的反击，他们也不明着来，就从战壕里暗着走，这又是黑天，看不太清。这明枪易躲，暗箭难防，这回坦克部队可苦了！只要战壕里稍微有点动静，就得一梭子扫过去！这子弹能搂打吗？即便坦克轮流上阵，坚守到了晚上十一点，大家的子弹都打得差不多了，朱崇钰一看，再难坚持了，好在日军这次没动用速射炮，不过再这么下去，子弹打得差不多了，一个不留神，日本人就得拿着炸药包扑上来！太危险了！所以他赶紧请示："副师长，我们的子弹打得差不多了，赶紧撤吧！"

邱清泉一看，没别的办法了，子弹打光了再不撤，更危险！所以万般无奈："撤吧！"

就这样，朱崇钰他们发动坦克，"轰隆隆，轰隆隆"，败退回来，邱清泉也没骂他们，毕竟问题不在他们，邱清泉气得奔儿奔儿直蹦："妈的龙慕韩，援军马上到，马上哪儿去了？"

等来等去，等到夜里三点，二六二旅才在师长龙慕韩的带领下，刚刚赶到。邱清泉一听就急了："龙慕韩，你什么意思？你这援兵火速赶到，怎么现在才到！"

龙慕韩一看，赶紧认错吧："邱副师长，真对不起！我也不是故意的，原本我是命令二六二旅来支援你们，可他们老不行动，我就赶过去看。这到了那儿才知道，二十七军军长桂永清根本没跟我说，就把二六二旅挪作他用，我是紧赶慢赶，才把部队追回来！你也知道，桂永清这个人不地道啊！我们原属七十一军，他非让我们听他的控制，还瞎指挥，破坏咱们的计划，简直太可恶了！"

邱清泉听得挺烦："龙慕韩，你别跟我说这没用，找借口没有意义！你就说，圈头你还打不打？"

"打！可我们八十八师，别看之前是德械师，可现在空有个名号，绝大部分是新兵，而且武器不齐。所以还得拜托您给我们打先锋！"

"好吧！"

兰封战役中被击毁的维克斯六吨半。这也是维克斯六吨半在中国战场的最后几战，此后，剩余的维克斯六吨半转入军校，一线主战坦克统一换成了T26

就这样，拂晓七点，第二波攻击开始，三辆CV33、两辆维克斯六吨半排好队形，掩护着一个营的步兵，又向圈头阵地扑去！可这次就不容易了，日本人在战术调配方面可不傻，国军的CV33往上一上，日军的九二式重机枪马上集中火力，就是一阵的钢芯弹！

咱们之前说过CV33，典型的坑人产品，咱们是不得不买，不然更没得用。这玩意装甲太薄，根本抵不住钢芯弹，所以几阵狂扫下来，三辆CV33都被打趴窝了，里面的人员非死即伤。后面的邱清泉可不是傻子，赶紧用电台联系:"喂喂!维克斯六吨半别看着了,赶紧顶到前面去!用炮狠狠给我揍火力点!"

"是!"

维克斯六吨半里面有电台,所以好联系,两辆维克斯六吨半领命,赶紧冲向前方,用自己的厚装甲,挡住钢芯弹,然后开始瞄准,"咚!咚!轰轰!"日军的两个机枪阵地当时被打哑了。

邱清泉一看,高兴:"好!再打!再打两轮,就准备往里冲!"

"砰砰!轰轰!"

炮又响了,不过这次冒烟的,不是日军的火力点,而是维克斯六吨半!邱清泉一看:"坏了!日本人的速射炮!赶紧撤!"

维克斯六吨半一听,也不管CV33怎么样了,仗着自己皮糙肉厚,挨两炮没事,调头就准备跑。可日军的速射炮,那绝对不是吃素的,射速快、火力猛,维克斯六吨半调头的工夫,"砰砰砰砰!"又是十几炮打出去了,两辆维克斯六吨半被打得伤痕累累,当场就不动了。后面的步兵一看,早都溃散了。邱清泉一看,心疼啊!赶紧电台呼叫:"赶紧跑!别管坦克了!快跑!"

可喊了半天,也不见人跑出来,不用说,里头全阵亡了。邱清泉大怒啊:"剩余的坦克听命!赶紧上前,务必要把损失的坦克给拖回来!"

"是!"

剩下几辆坦克和CV33,是舍生忘死,赶紧上前,把损坏的维克斯六吨半和CV33拖回来了。邱清泉是气急败坏啊,把耳机一摔,揪住龙慕韩的脖领子:"妈的龙慕韩!仗打成这样,你要负主要责任!"

龙慕韩也不服啊:"邱清泉,别跟我废话,这咱们都看得见,是你打不下来,我凭什么负责任!"

"你要是昨天晚上到了,早就没这事了,现在害得我们损失这么大,我跟你没完!"

"没完别找我,我也不想啊!你找桂永清去!"

俩人越说越火,就快撕巴起来了。这时候两边的副官过来:"副师长!电报!"

"师长!电报!"

俩人一听,对视一眼:"一会儿再他妈收拾你!"

然后接过电报,结果一看,俩人都一皱眉,怎么回事呢?总指挥官程潜还有薛岳同时下令,日军的主攻方向不在圈头一线,所以二〇〇师突击纵队和八十八师立即后撤,至兰封附近的古寨集结,准备作战。

上级命令一下,也别打了,邱清泉和龙慕韩都不痛快,只能按命令撤退到古寨,这离兰封只有6公里了,这的总指挥官,就是二十七军的军长桂永清。不过,单在古寨建阵地挨打,是没意义的,所以指挥官老虎仔薛岳马上下令,以攻代守,这才能保证不被日军的大炮来回蹂躏。而攻击的前锋呢,肯定就是二〇〇师的战车营了!

咱们再说邱清泉,这家伙一提打仗,比吃蜜都甜,但说句实话,坦克进攻,问题很大，没有步兵协同，就是白搭。所以为此，邱清泉特别找到了这一线的指挥官桂永清："桂军长，我们进攻可以，但我们必须有步兵协同！请您准许！"

桂永清一听，眯着眼点点头："没问题！邱副师长说得在理，步兵战车协同，乃是机械化作战的要诀！你放心吧，我马上去安排！"

"哎等等！桂军长，八十八师师长龙慕韩，我看是草包一个！我绝不跟他并肩作战，请您另派部队！"

"放心吧！我派四十六师跟你们协同，去吧！"

"是！"

邱清泉从指挥部出来，跟吃了副顺气丸似的，那个痛快啊！他还琢磨呢：桂军长多好说话啊！而且人家曾经是教导总队的总队长，要资历有资历，要知识有知识。哼，龙慕韩啊龙慕韩，你自己草包还说别人，真是混账！

于是，战车营再度出击，方向是哪儿呢？其实没有大方向，十四师团打到现在，已经有些筋疲力尽了，所以战车营的任务，就是趁着十四师团喘息的时候，占领尽量多的村庄，给下一次的防守增加空间和弹性。

怎么打呢？这次战车营的指挥官是营长刘介辉，他先把四十六师一起作战的李团长叫过来："李团长，前面情况如何？"

"哦，前面啊，大概有三个村庄，里面都有不少的日本人。其中最厉害的应该是这里，王村，这里据说有一个中队的日本人，咱们要想打，还真费点劲。说句实话，你别看我们这一个团，想要硬来，也不一定占便宜，何况这还有两个村呢！所以我建议，咱们先打两个弱一点的村子，逐个击破。"

刘介辉一听："李团长，你也知道，日本人不傻啊，咱们打弱的，他就得用强的反击，日本人的情况咱们也清楚，的确厉害。所以要我说，咱们还是先啃硬骨头！先把王村啃下来，也让小鬼子心惊胆战一阵！"

李团长一听就慌了："刘营长，你疯了不成！小鬼子一个中队，你怎么啃？就算你的坦克战车都是铜皮铁骨，我们是肉人，一旦进村打起来，我们可没法替你们挡小鬼子的炸药包啊！"

"没事！李团长，这个我自有妙计，你派人如此这般、这般如此就行！"

"哎！我看行！"

俩人商议完毕，开始行动。再说日军这边，王村的这股部队，是五十九联队第三大队十二中队，另外还配属了一个机关枪小队，一共二百人左右。他们正在村里巡逻呢，突然，一阵炮弹打了过来！

"咚咚！轰轰！"

房子给打塌了好几间，日军出现了死伤。中队长山本二缺一看："八嘎！哪儿来的炮？"

侦察兵赶紧行动，拿着望远镜满处看："报告中队长，炮火就来自那个土坡后面！"

土坡？山本二缺一愣，这地方一马平川的，哪儿来的土坡啊？再仔细拿望远镜看看，哎，还真多了个土坡，哪儿来的呢？不知道！反正炮火就在后面无疑！这山本二缺一盘算，支那军队，缺乏炮兵滴干活！一般进攻部队，支柱火力就是迫击炮。这一旦动用远程火炮，肯定是要大规模进攻滴干活！估计我这个小村子，可能要守不住了。不过与其等死，不如突破上去，干掉支那炮兵，这是一个大功劳滴干活！

所以山本二缺马上集合部队，突击出去！想要一举端掉国军的炮兵，可没想到，等冲到近前，从土坡后面直接迂回出了好几辆坦克和战车，咱们说，刚才开的炮，根本不是炮兵，而是坦克炮！而这个土坡呢，则是步兵兄弟掩人耳目弄出来的，就为了遮住坦克！等坦克和战车冲出来，那还有什么说的？顿时机枪就开始扫射！

"哒哒哒！哒哒哒！"

这一马平川的，步兵根本不行啊！所以倒下无数，中队长山本二缺也为他这次二缺的行动付出了代价，当场阵亡。最后，仅有最后面的十几个人腿比较快，跑回李村，没死。紧接着，刘介辉马上指挥："大家别停，立刻进攻，不能给鬼子喘息的时间！CV33，你们以最快的速度冲过去！拿下王村！"

"是！"

三辆CV33风驰电掣一般，就跑到了王村，日本人惊魂未定，干脆就被赶出了王村。接下来，步兵过来，刘介辉让李团长带一个营留守，自己带着战车队和其余两个营，继续进攻。咱们书说简短，这王村就不费吹灰之力，剩下两个村，刘村和张村，日本人一共不到二百人，又没有速射炮，那还不简单？所以没两个钟头，两个村子分别被拿下。

这阵儿，天有点黑了，刘介辉整顿装备，这一看，嘿！消耗真不小，尤其是汽油，现在也就是够回去的量，刘介辉一瞅："兄弟们，准备走吧！"

"是！"

于是大家钻进坦克和战车，开始发动！而这时候呢，随着一起来的步兵营长一看："兄弟们！列队！"

他们也排队了，刘介辉一看，不对啊！我们走了，你们得留守在这啊！所以赶紧掀开坦克顶盖："兄弟们！你们要干什么？"

"我们，得跟你们一起走啊！"

刘介辉一听就乐了："我们走，你们别走啊！你们得驻守在这儿！"

带队的营长一听就急了："妈的！你们走了，留我们在这挨枪子，凭什么啊？你这是刁难人！"

刘介辉一阵苦笑啊，欧洲打仗向来这样，怎么咱们的人一点都不知道呢？这还是桂永清将军的部下呢，屁都不懂啊！所以赶紧跳下来跟他解释，哪儿想到，大祸就在眼前。

第五十二回　装甲兵突遭逆袭　失陈留兰封危急

刘介辉一通突袭，分别打下了古寨附近的几个村庄，按说这就不善啊！之后呢，刘介辉打算把协同的步兵留下，自己返回。可没想到，他们刚发动坦克，步兵也集合了。刘介辉一看，赶紧下来："兄弟们，你们走什么？你们得留在这驻守！"

带队的营长一听就急了："妈的！你们走了，留我们在这挨枪子，凭什么啊？你这是刁难人！"

刘介辉一阵苦笑啊，欧洲打仗向来这样，怎么咱们的人一点都不知道呢？这还是桂永清将军的部下呢，屁都不懂啊！他干脆把嘴一撇："别跟我嚼舌头根子！说我刁难人，不信你就发电报问问，看看你们要是私自撤退，会有什么后果！"

"这……"

对面的营长当时是张口结舌。可咱们说，这是战场，而且部队集合的时候，俩指挥官争执，那可是相当危险的！而此时，日军的尖兵也已经摸到了附近，他们正搞不清怎么回事呢，突然一看，哟西！两个支那军官在说话滴干活，看我的！

"突突突突！"

一梭子机枪打过去，步兵营营长当场阵亡，刘杰辉也身负重伤！其余的士兵是乱作一团！您看看，战场之上，不能有丝毫大意，否则准倒霉！

这时候，好在老连长朱崇钰还算冷静，他一看这情况，马上缩进坦克之中，免得受伤，然后就开始用电台招呼："兄弟们，赶紧掩护！把营长抢回来！CV33，立即掩护步兵兄弟突围！剩下的维克斯六吨半，跟我殿后！"

于是，大家排成阵形，CV33突前，掩护着步兵逃出村子，剩下的维克斯六吨半，一律正面向后，倒退着走。没辙啊，坦克的罩门就在后面和底盘，这两块儿装甲最薄，为了避免万一，把正面留给敌人，相对好点。就这样，部队开始撤退！而此时，日军也开始全线反击，刚刚收复的几个村子，全都失陷了。

再说朱崇钰，带着人赶紧撤回古寨，再找邱清泉，找不到了！朱崇钰一看，这怎么回事？副师长是不是还有什么情况？赶紧联系吧！想到这，他赶紧吩咐一下："兄弟们！支电台！另外，赶紧给营长包扎！"

"是！"

就这样，电台支起来，朱崇钰赶紧联系，把战况和刘介辉受伤的情况都汇报了，时间不大，电报回来了：

日军已全线进攻，我已带着剩余的坦克、装甲车返回兰封。古寨防务，一律交给步兵部队。刘介辉营长受伤，本部队交由一连长朱崇钰代理。现在，日军的前锋已经逼近了马集，我军部队正在全力防守，你部应立刻迂回至敌人侧面，进行强袭作战！

邱清泉

咱们说，邱清泉还是很明白的，坦克、装甲车这类兵器，属于进攻时候的铁拳，防守的时候，并不那么好用。所以邱清泉宁可跟敌人对攻，也绝不给人当活靶子！朱崇钰一看，赶紧领命，赶紧派侦察部队，用摩托车把刘介辉送到兰封，先行治伤，然后自己带队，马不停蹄，赶往马集。

且说朱崇钰，一路狂奔至马集南边一公里的地方，遭遇了日军的步兵，这帮人似乎也没想到国军的坦克能冲到这，当时有点慌乱。不过日军的素质相当不错，短暂的混乱

二〇〇师的CV35战车排

过后，日军组成队形，开始向国军坦克射击。朱崇钰一乐，这招，对付步兵还行，但我们这是坦克啊！你当我们纸做的不成？

"兄弟们！别浪费时间，排成横列，一鼓作气碾过去，然后马上纵深攻击，务必要打日军一个措手不及啊！"

"是！"

"明白！"

维克斯六吨半有电台，联系挺方便，接令之后，八辆维克斯六吨半一字排开，然后朱崇钰的坐车上竖起一面令旗，命令CV33随后，这一个坦克集团就向日军扑去！

可没想到，坦克一发动，日军散了，随后迎面而来的，则是一顿大炮！

"咚咚！轰轰轰！砰砰！"

这顿炮火，还真把坦克集团轰得够呛！好几辆CV33都出了问题。朱崇钰也气坏了："妈的！没想到小日本还留了一手！升令旗，让CV33自行检查，剩下的维克斯六吨半，马上给我对着日军炮火的方向齐射两轮！然后马上集合，给我端了日本人的炮兵阵地！"

"是！"

"明白！"

"咚咚咚！轰轰！"

咱们说维克斯六吨半，这也属于炮战车，还击没有问题，所以一轮齐射下来，当时日军那边就出现了火光，似乎有损失。可朱崇钰呢，听完自己还击的炮声，感觉不对啊！

"一二三四五六七，哎，怎么还有没开炮的？"

朱崇钰仔细一瞪摸，好么！有一辆维克斯六吨半的炮塔上，被打了好几个洞。朱崇钰看了心里一凉，好么！这情况，一般的步兵炮，哪怕是山炮，都打不成这样，不用说，这肯定是小日本的速射炮啊！想到这，他赶紧联系："三排长！三排长！你怎么样？"

只听电台里回复："连长，小心！对方有速射炮！"

"我知道！三排长，你还好吗？"

这时候就听是弹药手的声音："连长！现在我们状况不妙啊！驾驶员死了，排长重伤，您想想办法啊！"

"好！一排长！你带一辆坦克，想办法把三排长的坦克拖走，其余人掩护！"

"是！"

就这样，有人抢救之下，三排长的坦克被拖走了，朱崇钰也不敢再打了，人家有速射炮，刚才是距离太远，乱打的，我们要是离近了，又没有步兵的掩护，不是活靶子嘛！所以立刻撤退到马集修整。

朱崇钰本来打算，到了马集之后，赶紧整备车辆，然后联系副师长邱清泉，看看下一步怎么办才好？日军的炮兵阵地这么靠前，绝对不正常！可这情况下，根本来不及联系，日军三个联队已经开始包围马集，朱崇钰本来想正面突围，结果坦克一出去，当时就被人打坏一辆！最后朱崇钰一看，彻底打不过了，只能毁坏所有受伤车辆，带着其他人马，勉强突围而出！

这好不容易跑出马集，朱崇钰惊魂未定啊，一个劲地跑，等看到前面有自己人的旗帜了，朱崇钰才放下心来："唉！可算脱险了！"

可没想到，前面阵地的友军，这时候开始行动了，眼看着军旗一动，人员哗啦哗啦往后就跑，朱崇钰看得直发愣啊！这是怎么回事？哦！他们肯定把我们当日本坦克了！没这事啊！朱崇钰赶紧就在后面追，追着还探出身体喊："兄弟们别跑！我们也是国军！别跑啊！"

好么！对面的国军也不知是听不见，还是不信，总之没停，直接跑没影儿了。朱崇钰是哭笑不得啊！好在这里的阵地都布置好了，电话线都接好了，朱崇钰一看，我就借这打个电话吧！想到这，朱崇钰马上让兄弟们警戒，然后自己找到电话，联络指挥部。

好不容易电话打通了，朱崇钰就开始汇报："副师长！我是朱崇钰啊！日本人太狠了！马集这边是日军的炮兵阵地，看样子，日军应该有大动作！"

邱清泉一听："是吗！那你们要是打下来，肯定是重创日军啊！你们进攻的情况如何？"

"这……我们没打下来！"

邱清泉一听，鼻子都气歪了："妈的！你们坦克部队，本来就是铁拳，防守差点，进攻是强项啊！对方又是炮兵，你们怎么就打不下来？"

"请副师长恕罪，对方之前有所预料，所以里面有速射炮，我们没有步兵掩护，结果吃了大亏啊！副师长，现在不能说别的了，马集失守，我们已经退到了兰封的外围阵地，咱们有部队私自退却，阵地都放弃了！敌人要是继续进攻，兰封危急啊！我现在率部队在阵地上死守，给咱们争取时间，请副师长立刻派人支援！"

邱清泉一听，也别多说了，这场兰封会战，打到现在，怎一个乱字了得！我都打不明白，何况是一个代营长朱崇钰。再说了，朱崇钰是老人儿了，论装甲兵的资历，比我还老，他绝不是动辄退却的懦夫，这么说，看来是撞到敌人的主力上了。所以邱清泉眼眉一立："朱崇钰！你没打下来敌人的炮兵阵地，这事大罪一件！现在你马上给我守好兰封的外围阵地，我马上联系兄弟部队去接管，大概要一两个小时，要在这期间阵地失守，小心我二罪归一，要你的脑袋！"

"是！"

就这样，朱崇钰准备率部死守，可没想到，两个小时过去，直到兄弟部队过来接管阵地，日军也没往兰封继续进军。等朱崇钰回到兰封一汇报，邱清泉也纳闷啊！怎么回事？马集和兰封近在咫尺啊！怎么日军不打了？可没想到这时候，副官敲门："报告副师长！紧急军情！"

"说吧！怎么回事？"

"报告副师长，陈留口失守！"

邱清泉听了，心中一惊啊！马上在地图上开始找："陈留口，陈留口，在这呢！"

邱清泉拿笔一圈，再仔细看看，当时就把笔扔地下了："原来如此！日本人的算盘是这么回事！"

有人问了，到底怎么回事呢？原来，兰封会战打到现在，其乱无比，但好在第一目标，掩护徐州地区的主力撤退，已经顺利完成。接下来呢，蒋介石希望，能够把十四师团干掉，解一解心头之恨！所以蒋介石即刻下令，兰封地区的指挥官程潜薛岳立刻变阵，所有部队集结起来，准备围歼土肥原师团。

咱们说土肥原师团呢，此时也正是处在旋涡之中，日军围绕他们，也开始变阵了！之前咱们说过，寺内寿一让土肥原师团火速赶到归德，扎紧包围圈，结果第一军军长香月清司坚决抵制，他觉得寺内寿一是蛮干，我一个十四师团，配属了大量的重武器，没了补给，这不是瞎闹嘛？所以土肥原师团奔了兰封，被国军缠住，这也就使得日军的包围圈破了，徐州地区的国军大部分脱逃。

这回寺内寿一不干了！徐州会战打到现在，日军伤亡数字已经达到了六万人，可始终没对国军的主力有致命性打击，这日本人能干吗？尤其是好大喜功的寺内寿一，这成绩拿回日本，没法交代啊！寺内寿一跳着脚地骂："八嘎！香月清司！都是你搞的鬼，要不然，我们早就能歼灭支那军队滴干活！"

可现在，说这个也没用，还得想想办法，能不能回本。寺内寿一再仔细看看，哎，兰封地区，国军为了围歼土肥原师团，动用了不少部队，人数起码十万以上，把他们干掉，总比什么都捞不着强！所以寺内寿一马上变阵，让土肥原师团牢牢吸住周围的国军部队，然后自己调集其他的日军，在外围包抄。

而土肥原师团呢，此时也是强弩之末，物资消耗殆尽，想要吸住国军，就得获得补给，要不自己的坦克和大炮全都没用了！所以老奸巨猾的土肥原贤二虚晃一枪，兵分三路，先派出一个联队，拖住追击的国军；然后第二支部队突击马集，这离兰封不到十里地，给人一副要强攻兰封的样子，这支部队相当精锐，朱崇钰他们碰上的就是这一支部队，他们的重武器相当多，所以失败在所难免。而在攻打马集的同时，土肥原调动轻装部队，直接奔了黄河边上的渡口——陈留口！

这下，国军上当了，当时日军的实力也强，所以国军打起来顾左顾不了右，顾前顾不了后，最后让日军攻下了陈留口。邱清泉呢，心也细，他早就发现黄河对岸，似乎有日军小部队的行动，但干什么，还是看不出来。这时候明白了，这是要支援十四师团啊！十四师团打到现在，也看得出来，进攻的势头越来越缓，这要是俩部队在陈留口会合，十四师团得到支援，就活了！那是大事不好！

第五十三回　失兰封千古笑柄
　　　　　　　攻罗王坦克奋战

　　陈留口失守，邱清泉总算看出了日军的路数，这是要支援十四师团啊！十四师团一旦得到补给，那就活了！现在我们的部队布置分散，土肥原要再对兰封城动手，兰封城和我们这些部队都危险啊！

　　邱清泉想到这，马上给兰封方面的指挥官桂永清打电话，报告了情况。然后就开始下令："朱崇钰！"

　　"有！"

　　"你带着坦克部队和侦察营即刻撤退！"

　　"是！即刻撤退，啊？"

　　朱崇钰听了，心里就一翻个儿，怎么回事？我听错了？我们邱副师长以凶悍著称，怎么这回也闹着要撤退啊？

　　"副师长，咱们真的要撤退？"

　　邱清泉点点头："撤吧！你们打了这么长时间的仗，净挨步兵的坑了！现在损失那么大，而且下面是守城战了，日军那边，不管是十四师团，还是增援部队，我猜他们一线都配着战防炮，你们上去就是送死啊！你就带队回去吧！好好整备，我跟杜师长商量一下，另调部队在外围出战！"

　　"是！"

　　朱崇钰没辙，带队走了。而兰封方面，情况就更糟了，十四师团在陈留口得到了补给，立时变得生龙活虎，马上就对着兰封一个反击。兰封这边呢，桂永清自知难以抵挡，干脆就把锅甩给了八十八师师长龙慕韩，自己先撤了。龙慕韩呢，更不是对手了，你一个军都挡不住，何况是一个八十八师？而且也不是之前的德械师了。不过龙慕韩也真胆大，没联系上桂永清和其他上层，就私自撤退，兰封失陷。

　　兰封失陷，蒋介石暴怒啊！好么！十几个军一起上，反而被一个三四万人的十四师

261

团吊打，损失惨重，丢城失地，简直是千古笑柄啊！所以蒋介石马上给桂永清打了电话，一顿痛骂，而且下了军令状："龙慕韩私自撤退，即刻押送回来，军法处置！桂永清，你要是拿不下兰封，也得跟龙慕韩一个下场！"

桂永清没辙，只能收集部队，加上胡宗南的援军，一起围攻兰封城！进攻战谁是主力呢？肯定是二〇〇师的部队。桂永清还特别找到了邱清泉："我说邱老弟啊！这次进攻必须拜托你了，咱们俩可是一根绳上的蚂蚱！"

邱清泉一听，不明白啊："桂军长，我怎么跟您是一根绳上的蚂蚱呢？"

"邱老弟你想啊，之前你们坦克部队在古寨那会儿，所向披靡。我是真心实意给你们庆功，报告了委员长，可没想到，报功没几天，兰封就丢了。估计委员长对你，也得有看法，以为你假报战功。这回你给我帮帮忙，咱们一起努力，拿下兰封，否则，我倒霉，你也好不了啊！"

邱清泉一听，这个骂啊！好么！我以为桂永清是什么好人呢，闹了半天也这样！现在也没别的办法了，打吧！

怎么打呢？现在二〇〇师的援军已经到位了，杜聿明听说兰封战事不利，特别调遣了最新锐的苏制T26坦克六辆，前来支援。没辙啊，现在杜聿明手头的人马都在训练，就这六辆坦克，也是硬挤出来的。

下面怎么打呢？国军已无退路，干脆主动发起进攻。这下出乎土肥原的意料之外，国军快速连破兰封周边的据点，一路逼近了兰封的门户——罗王寨！日军十四师团在这一带布下了重兵，没辙啊！罗王寨不仅是兰封的门户，附近还有一个重要的车站——罗

▎二〇〇师的T26和CV35

王车站，这是陇海线的枢纽，如果这丢了，国军援军就能源源不断地到达。所以日军也是拼命顽抗，国军的几次进攻都被打回来了，情况报到指挥官桂永清手中，桂永清浑身出汗啊！妈的，之前丢了兰封，我勉强把罪名按到了龙慕韩身上，但委员长已经对我很不满了！现在攻势不错，但如果停顿下来，我非倒霉不可啊！赶紧想辙吧！所以桂永清抄起电话："喂喂，是邱副师长吗？我们在罗王车站进攻不顺，请你赶紧来支援！"

咱们再说邱清泉这边，接到桂永清的电话，气就不打一处来，好么！桂永清这家伙真能巧使唤人，之前这话跟我说得很清楚了，我们俩是一根绳上的蚂蚱，凭什么啊？我邱清泉打仗，什么时候后退过？得了，跟这家伙生不起气。我这仗，务必得打好！不然，我还得防备桂永清的黑手。

想到这，邱清泉把一排长王增耀叫来了："增耀啊！你马上带你们排，前去支援罗王车站一线，这一仗，务必把罗王车站给我打下来！"

"是！"

就这样，王增耀带着三辆T26，开到了一线。咱们且说战斗一线这边，七十八师的四六八团已经进攻罗王车站不下五次，没一次成功的，损失惨重啊。这回一听说，哟！有坦克支援，哎哟，可算碰上亲人了！一个军官模样的人赶紧过来，拍着坦克嚎啊："哎哟！救星您可算到了！"

排长王增耀一看，赶紧跳下坦克："您好，二〇〇师坦克排前来报到！您是？"

"我是四六八团团长李日基！"

"太好了！"

王增耀"奔儿"就从坦克上蹦下来了："李团长，现在前线什么情况？您得给我介绍一下！"

"没问题！"

李日基拿出地图，把他们现在所知道的情况，包括日本人的碉堡设在哪儿，都说了。王增耀听完点点头："那你们进攻的时候，没见着日军的速射炮吗？"

"速射炮？那倒没有。"

"没有就妥了！"王增耀蹦上坦克："行嘞！兄弟们！出发！给日本人点颜色看看！"

李团长一看就慌了："兄弟们，你们不再等等了？就你们这几辆坦克，我怕不够日本人吃的，你们后面应该还有大部队吧？等等一起出发吧！"

"没有了，我们这一个排，就三辆坦克，看我们的吧！李团长，您马上让一个营跟着我们，千万别掉队，等着收玉米吧！"

李日基一听，鼻子都气歪了，好么！闹了半天，就你们这三辆坦克啊，等着吧，还收玉米，你们都得倒霉！

就这样，坦克发动，"轰隆隆！轰隆隆！"三辆坦克排成品字形，就向日军的阵地扑去！咱们再说日军这边，击退国军数次进攻，他们心里也稳定点了：支那人就是不行，连点像样的炮火都没有，就靠步兵冲锋，真是找死滴干活！

可没想到，冲锋号声再一响，上来的不是蜂拥而至的步兵，而是几声炮响，"咚咚！

轰轰！"三个火力点当时被打哑，紧接着，三辆坦克，呼啸而至！日本人一看，阿布那一！太危险了！快点干掉他们滴干活！

"突突突！突突突！"

日本人赶紧用重机枪扫射，可说实话，面对T26，日本人的九二式重机枪，还真派不上什么用场。再说负责指挥的日军大队长山本次郎，急得直拍大腿："可恶！之前把支那坦克打得够呛，以为他们没了，没想到还有！我们没带速射炮，这该怎么办滴干活？哎对了，这么办，应该可以滴干活！"

再说王增耀他们这一组人马，在三辆坦克之中，心里这个痛快啊！眼看着日军四散奔逃，机枪打在坦克上，跟挠痒痒差不多。可走着走着，突然有2号坦克报告："排长，注意啊！我的右方有个火力点很奇怪，我两炮都没打掉，似乎不是碉堡，而是活动的机枪！"

同时，3号坦克报告："排长，我这也是，有两个机枪火力点来回游荡，情况不明！"

王增耀一听，嗯？怎么回事？再往前看看，哎，除了一些移动火力点之外，剩下的日本人纷纷躲起来了，隐身在战壕之中。王增耀一瞅，这什么情况啊？哦！我明白了！行了，既然如此，我们就满足一下日本人的愿望，叫他们知道知道马王爷的第三只眼！

想到这，王增耀喊道："兄弟们，卖个破绽，把炮都转过去，让鬼子看看，咱们后面有什么！"

咱们说其他两辆坦克的驾驶员，熟悉T26的时间也有几个月了，排长这话一听就懂，所以当即把大炮转向后面，对着移动火力点，一顿狂轰。

"咚咚！轰轰轰！"

咱们再说日本人，一看这情况，大喜啊！大队长马上一抡指挥刀："杀给给！"

"哗！"

几十个日本敢死队，头戴膏药绷带，抱着炸药包就冲向了国军的T26，咱们说，之前日本人对国军用的坦克进行了很多的研究，尤其是主力维克斯六吨半，他们明白，维克斯六吨半有一门炮，还有一挺同轴机枪，我们只要躲开这个火力，把炸药包塞到战车底下，肯定就行滴干活！所以日军就派出好几个机枪小组，迂回到T26的侧后方，一方面吸引坦克的炮火，另一方面要切断后头步兵的掩护。

可没想到，这回国军的坦克，炮是转过去了，机枪声骤响！

"哒哒哒！哒哒哒！"

冲锋的几十个日军敢死队无一生还，这下，日军大队长山本次郎不明白了，支那坦克，什么时候后面也有机枪滴干活？

咱们书中代言，T26可不是照搬维克斯六吨半，而是在之前的基础上，有所改良，其中，武装这一块儿，除了炮的威力加强之外，又多加了一挺机枪，这挺机枪就跟辫子一样，拖在炮塔后头，一般时候根本看不出来。咱们说，日本人其实也有这种设计，只不过他们没想到，国军坦克也有！

等T26后面的机枪扫完，正面的大炮和同轴机枪又转过来了，连枪带炮，火力增强！

"咚咚！哒哒哒哒！"

几个日本人堆当即中炮，狼狈不堪！山本次郎一看，实在没办法了，只能呼叫："哈压库！快呼叫炮群开火，轰掉支那战车！"

"哈伊！莫西莫西！"

"轰轰轰轰！"

日军的重炮又是一阵的狂轰！T26当时被震得七扭八歪！可等硝烟散去，T26什么事也没有！继续机枪加大跑！咱们书中代言，日军的山炮，大多属于覆盖性的火力，打到这一片就行，而对坦克呢，只要不是直接命中，问题不大！

这时候，国军后来的步兵也跟上了，一看日军炮击过后，自己的坦克什么事也没有，那是嗷嗷直叫啊！胆气倍增，纷纷冲上去，跟日军展开了肉搏战！咱们说，日本人虽然拼刺不弱，但人数较少，就怕打这种消耗战，何况国军还有坦克在这戳着？所以打了一阵，不支败走。罗王车站被彻底收复！

消息传来，桂永清乐得奔儿奔儿直蹦啊！这回可算能跟委员长交代了！就连一向不苟言笑的邱清泉，脸上也乐开了花，特别把王增耀叫到面前，当面表扬："好！增耀啊！你指挥得力，这仗打胜，收复罗王车站，你的功劳可不小啊！"

王增耀一敬礼："没说的！这也是托副师长的福，T26也没掉链子，我怎么敢贪天之功呢？"

"哎！别这么说，有功就是有功！你赶紧总结一下，看看有什么经验，我让你给全师介绍推广！"

俩人正跟这聊着呢，有人进来了："报告副师长，电报！"

邱清泉拿过来一看，是总指挥官薛岳的，上面写得清楚：速派坦克一排，协同胡宗南的十七军团，夺回三义寨！

邱清泉不敢怠慢啊，看了一眼地图："嗯，三义寨？这呢！那增耀啊，你还得赶紧跑一趟，完成这项任务，促使我军完全合围土肥原师团，不得有误！"

王增耀刚要接令，这时候旁边蹦出一位："等等！"

此人声若洪钟啊！邱清泉一看，谁呢？二排长王体乾。王体乾现在有点眼红啊！之前王增耀打这仗，他也听说了，他有点嫉妒啊：好么！好差事让王增耀撞上了，之前朱连长他们为什么打那么惨呢？我都听说了，日军预备了速射炮，这玩意厉害啊！那是坦克的克星。现在估计日军以为我们没坦克了，所以上的是纯步兵，坦克碾压步兵这有什么说的，只要不是蠢货，谁都行！这回我也打一场，不能让王增耀把风头全抢了！

所以想到这，王体乾主动报号。邱清泉一看，这不错，手下主动请战，这还有什么说的？所以马上传令作战！

第五十四回　装甲兵强攻三义寨
　　　　　　　王体乾失误受惩罚

　　国军收复罗王车站，二〇〇师的坦克排功劳不小，邱清泉可乐坏了，这算是二〇〇师成立之后，第一场比较提气的胜仗！但打胜了也有问题，大家都知道你厉害，所以都来求助，要求坦克排帮自己攻坚。可大家也都知道，装甲兵是委员长的宝贝，属于战区指挥部直辖，所以瞬时间，求助的电报就涌向了总指挥部。

　　可坦克就那么多，帮谁不帮谁呢？这就得看谁关系硬了，最终呢，黄埔一期，也是最得蒋介石宠爱的胡宗南得手了，他的任务是，攻下三义寨，切断兰封日军和陈留口的联系，换而言之，也就是切断补给线。

　　咱们说邱清泉呢，这家伙是个职业军人，只知道遵守命令打仗，所以听到指令，就要调坦克排前去。本身邱清泉呢，想调王增耀这一排去，王增耀打了胜仗，士气正高。可另一个排长王体乾一看，不干了，他一琢磨：王增耀为什么打了胜仗啊？还不是因为日军没有速射炮？这情况我也行！风头不能全让他给抢了！所以自己站出来，主动请战。

　　邱清泉一看，部下主动请战，这还不高兴："体乾啊，你没问题吗？"

　　"请副师长放心！我一定能让小日本，知道知道咱们的厉害！"

　　就这样，王体乾带着另一排的三辆T26出发了，等见到了胡宗南，胡宗南可高兴坏了："哎呀！你们可算到了！你是？"

　　"报告胡司令，我是二〇〇师装甲团排长王体乾。"

　　"哦，王排长啊！现在日军死守，咱们大炮不够，只能靠你们了！说实话，咱们现在离三义寨还有点距离，中间有大王庄、小王庄，咱们都得想办法打下来，你们有什么要求吗？"

　　"报告胡司令，我们没别的要求，日军的防守就像层纸，我们一打就破！就是得拜托您派足够的步兵协助我们，我们负责强攻，等打下阵地，必须由您的部队过来占领。"

　　"行！这我保证，你放心！"

就这样，三辆坦克发动了，"轰隆隆！轰隆隆！咚咚！轰轰！嘎嘎嘎！"

一阵炮击过后，三辆坦克品字形排开，就向日军阵地扑去！咱们说刚开始，的确，三辆T26所向披靡！大王庄小王庄，全都不在话下，走马破关，半天的工夫，全都打下。王体乾一看，美！嘿嘿！这回行了，他王增耀算个什么！我比他强！照这么看，下面的三义寨也不算什么！看我一鼓作气，就把日军赶出三义寨！

于是，经过简单的检修，三辆T26又排好阵势，向着三义寨冲去！日军刚开始，拼命反击！步枪机枪掷弹筒迫击炮，全都不绝于耳！

"砰砰！突突突突！嗵铛！"

王体乾一看，哼哼！行，日军就这点本事了，你这点轻武器，对付步兵还凑合，碰上我们的T26，比挠痒痒差不多！看来日军也就这点脓水了，兄弟们冲啊！

"轰隆隆！轰隆隆！"

三辆T26开始加速，可没想到，就在这时候，日军对面"砰砰砰"就是几炮，为首的一辆T26当时就被打出几个洞，开始冒烟！王体乾看了，心中一惊啊！怎么回事？这火力是日军的速射炮啊！坏了！怎么碰上这玩意了？

这时候，受伤的那辆T26里面，人员已经出现了死伤，但好在驾驶员没死，坦克还能动，驾驶员可劲呼救："排长！我们不行了，咱们撤吧！"

王体乾一看，也好，撤吧！等撤回去之后，派出尖兵，摸一摸敌人的速射炮在什么

| 被日军俘获的T26

第五十四回　装甲兵强攻三义寨　王体乾失误受惩罚

267

位置，然后让咱们的野炮和山炮，来个火力覆盖。速射炮射程有限，只能干挨揍。等炮兵清除了速射炮，我们再冲不迟！

王体乾想到这，立即下令：撤退！

于是三辆坦克纷纷掉头，准备撤退！可没想到，等坦克掉回头来，刚刚起步，开了不到一公里，王体乾突然大吼一声："停止撤退！掉头，继续进攻！"

其余两辆坦克的驾驶员一听，当时就愣了，我们排长怎么搞的，不是说撤退吗？怎么又继续进攻了？

有人问了，王体乾怎么想的呢？原来，王体乾琢磨着：看来，敌人有速射炮，这是肯定的，不过看样子，只有一门，而且炮弹不多啊！要不也不会只打了一梭子就停了。我之前向胡宗南司令打过包票了，日军的防守就跟层纸一样，这要是败回去，也没面子啊！这且不说，等我们回去了，咱们前线部队也没几门山炮，打了也没多大用。所以看样子，自己的事，还得自己解决啊！

想到这，王体乾当即下令，三辆坦克一起掉头，然后他就从电台里问："3号坦克回话！"

3号坦克就是刚才受伤的那一辆，里面驾驶员一听："排长！"

"刚才的炮从哪儿打过来的，你测算一下！"

"报告排长，刚才敌人的炮火是从十点钟方向打来的，距离大概两公里！"

"好！太好了！你们的伤亡如何？"

"报告排长，车长阵亡炮手重伤，我和机枪手问题不大。"

"好！机枪手立刻补位，对着敌人的炮位开炮！马上！"

"是！"

机枪手遵命，立刻补位，三辆坦克调整炮口，对着3号坦克报告的位置，就是一顿猛轰！

"轰！轰！轰轰！"

三轮齐射过后，王体乾估计差不多了，他是相当有信心啊！要说这T26跟之前的维克斯六吨半相比，强上不少，特别是火炮，T26换成了长管火炮，射程更远，精度也更好。所以这三轮齐射，王体乾就认为行了，日本人的速射炮肯定早给炸得稀巴烂。于是他再大吼一声："冲啊！"

"轰隆隆！轰隆隆！"

三辆T26呼啸怒吼着继续前进，用装甲弹开日军的子弹，可没想到，离着日军阵地还有五百多米，速射炮又响了！

"砰砰砰砰！轰！"

这下可好，本身受伤的3号坦克再次被击中，大火"呼！"就把坦克吞噬了！王体乾一看，娘的，怎么回事？刚才应该把速射炮打毁了啊！再仔细看看，哦，明白了，敌人换了个位置，现在在11点钟方向，距离大概1.5公里。于是他赶紧喊："2号坦克！咱们立即分别移动,向11点钟方向开炮,距离两公里!"

2号坦克明显迟疑了一下:"排长,是移动射击吗?"

"对!移动射击!"

"是!"

咱们书中代言,在"二战"时期,几乎所有的坦克都不会移动射击,当然,这不是不行,像今天一样,逼急了也可以,但基本上都歪到姥姥家去了。结果"咚咚咚"这几炮下来,炮弹满处乱飞,根本没见到什么效果,好在都打在日军阵地上,日军伤亡了好几个人。

且说王体乾,他这招是病急乱投医,一打起来,他也后悔了:我怎么出了这么一个馊主意呢?要不,现在撤吧!损失一辆坦克,尚不至于什么,要是全损失了,邱副师长非弄死我不可!

可没想到,屋漏偏逢连夜雨,王体乾正琢磨呢,只听他这辆坦克"嘎嘎嘎"几声,速度慢下来了,王体乾一听,坏了!不用说,坦克熄火了!咱们书中代言,T26在"二战"初期,算是一种不错的轻型坦克了,各方面都比维克斯六吨半有所加强,只不过可惜,在发动机制造方面,苏联当年还有点问题,所以T26在作战之中,容易熄火!大家本身就都加着小心,可没想到,偏偏这时候,犯毛病了!

这要是不太激烈的情况下,问题不大,赶紧招呼步兵上来帮忙,然后车长、驾驶员等几个人赶紧下了坦克,重新发动就行。可问题现在是战场,而对面可就有要命的速射炮!所以王体乾心知不妙,只能大吼一声:"跑!"

说罢,推开仓盖,赶紧窜出坦克,驾驶员第二个跑了,此时,日军的速射炮岂能放过这么好的机会?"砰砰砰砰!",几炮就轰了过来,1号坦克当即起火,可叹机枪手和供弹手没能逃脱,就丧命于此!

咱们再说2号坦克,此时他们也终于发现了战机!日军说白了,就只有一门速射炮,他们就是靠不停地变换位置,让国军坦克无处可寻。而这回,为了能干掉国军的1号坦克,日军的速射炮也暴露了位置,于是2号坦克当即停下,开始瞄准!

"轰!轰!"

这两炮准了,日军的速射炮当即被炸毁。2号车长,少尉排附孙文希一看,乐得直拍大腿:"好!太好了!咱们赶紧去看看排长那怎么样!"

没想到这刚一启动,日军的报复又来了!

"突突突!嗵铛!"

连机枪带掷弹筒,全打出来了!按说呢,这点火力对于T26来说,根本不算什么,可今天偏巧赶上了寸劲儿,一颗弹片,正好打中了坦克履带的连接点,这是坦克最薄弱的地方,这一下,"啪!"得,履带断了,坦克当时动弹不得!

孙文希少尉不知道,但坦克当时不能动了,他也一愣,呀!情况不妙啊!

这时候日军的步兵一看,哟西!我们的速射炮,完成任务滴干活,这下支那坦克两辆被毁，一辆动不了，我们就可以抓俘虏滴干活！于是日军嗷嗷直叫："杀给给！"

"哗！"

日军的敢死队一拥而上，就要包围2号坦克。孙文希少尉一看，能服输吗？别看现在大炮用不上，机枪还行，于是他马上让机枪手来回射击，自己操作炮位，看哪儿有问题，就一顿开火！

"哒哒哒！哒哒哒！轰轰！"

这通狠打啊！暂时压制了日军的进攻势头，可孙文希一看，这样下去也不是事啊！得赶紧修好坦克才行，于是他把仓盖一打："驾驶员！供弹手！赶紧去把履带修好！"

"是！"

驾驶员和供弹手拿着备用零件跳出去了，可日军那边也马上做出反应，别看不应冲锋了，枪没停，而且在抗战初期，中国面对的，都是日军最精锐的老兵，军事素质相当高，"啪啪啪"几枪下来，驾驶员和供弹手纷纷倒地，这时候，日军采取小队的方式，开始往T26的边上渗透，这下可苦了车长孙文希，车内机枪只有两挺，位置还相对固定，这要是让日军接近了，往坦克里扔两颗手雷，谁也别想活啊！

孙文希正着急呢，就听坦克之外，"哒哒哒！哒哒哒！"几声枪响，紧接着就听排长王体乾喊道："还等什么呢！赶紧出来！"

孙文希一看，也没脾气了，再不走，就真走不了了，所以干脆抄起驳壳枪，带着机枪手跳出坦克，抬起受伤的驾驶员和供弹手，往回就跑。边跑还边招呼后头的步兵："快开枪！掩护我们！"

"快点开枪啊！"

"快冲锋！帮我们把坦克抢回来！"

现在后头这些步兵，要说血性，他们是有的，所以防御战往往能打得不错。可进攻战，招数就不多了，最重要的是，武器太差，机枪少，大炮支援更少。谁都知道，自己就是一个肉人，只要有选择，为什么跟子弹硬碰啊？所以现在的进攻战，大家全看着坦克部队呢！坦克部队要是攻坚顺利，他们上去痛打落水狗，那没问题。可现在坦克全灭，步兵的胆气就先灭了一半，一听装甲兵招呼，好在前沿的营长没吓破胆，把手枪一举，代替军令："兄弟们！上去救人！冲啊！"

"哗！"

这冲击力就差多了。而对面的日军嗷嗷直叫啊，这次能俘虏支那新型战车，这是大功一件滴干活！所以嗷嗷向前冲。国军的冲锋没个两三下，就被日军打退，坦克自然是被俘虏了，但好在装甲兵的兄弟们，大部分被救回，仅有副排长孙文希少尉被日军的冷枪打死，剩下的全部脱险。

等消息传回来，邱清泉可气坏了，他一把薅住排长王体乾的脖领子，上来就是俩嘴巴："王体乾！你他妈这仗是怎么打的？三辆坦克全部损失，你还有脸回来见我？"

王体乾也特别自责："副师长，这回指挥不力，是我的责任！"

"你的责任？你的责任能顶个屁用！是能把坦克给我抢回来？还是能给我从苏联再要几辆坦克回来？我就问问你，这仗你怎么打的？明明知道日本人有速射炮，为什么不想办法，还要强攻！"

"我……"

"没话说了吧？来人呐！"

旁边卫兵往前一站："有！"

"把王体乾给我关禁闭，明天，送交军法处！"

第五十五回　兰封一役终败北
　　　　　　武汉会战获扩编

　　装甲兵强攻三义寨，结果遭到了重创，三辆新锐的T26全部损失。副师长邱清泉一听，心疼得直哆嗦，马上把负责指挥的排长王体乾找来，一顿臭骂。

　　王体乾呢，自知罪孽深重，到最后也不说话了，任凭邱清泉臭骂。最后邱清泉骂得差不多了："来人呐！"

　　旁边卫兵往前一站："有！"

　　"把王体乾给我关禁闭，明天送交军法处！"

　　"是！"

　　王体乾就这么倒霉地被关了禁闭。等到第二天一早，就听禁闭室里一声枪响，大家伙儿都吓了一跳，等有人踹门进去一看，好么！王体乾用自己的手枪自杀身亡。等邱清泉得到信儿了，一点没心疼，反而咬着牙说道："妈的！算便宜他了！大家都给我记好了！碰到问题不可怕，谁要是再向王体乾一样蛮干，我也饶不了他！咱们二〇〇师，是国家花了大笔的外汇建设的，你们的每一样东西，都是国家的血汗，谁要是敢浪费，我一样捏死他！快！把王增耀给我叫来，说什么这回，也得把三义寨给我打下来！"

　　可接下来的战局，就相当不妙了，即便王增耀率领剩下的三辆T26开到前线，战事仍然没有什么转机。日军已经摸到了，这一线有支那战车滴干活！所以他们又调了几门速射炮过来，王增耀几次进攻，都没什么太好的办法。虽说曾经掩护部队，一度冲进三义寨，但那也是昙花一现，被日军赶了出来。而且更可怕的是，在国军进攻受阻的情况下，日军也开始了一个更大的布局。

　　咱们说日军这边，华北方面军司令寺内寿一，因为没能在徐州会战中歼灭国军主力，大为恼火，所以在土肥原师团被吸住的时候，他调集日军主力，在外围反包围，打算再捞点战果出来。现在，日军外围的增援部队，已经基本到位，兰封一带的国军反而被装进了包围圈。这时候怎么办？蒋介石考虑再三，只能三十六计走为上了，所以下令，兰封一线的国军，进行总撤退。

可单撤退还不行，河南一带，平原不少，利于日军的机械化行军，如果任由日军从这通过，那么大批量的日军重兵器，将顺利抵达武汉一线，到时候武汉危险啊！所以这时候，蒋介石做出了一个很残酷的决定——以水代兵，炸开花园口大堤，用黄河之水阻止日军前进。

这一手，在军事上，的确产生了效果，湍急的黄河水，让东部很多地区变成了黄泛区，日军也有一些装备和人员被水流卷走，此后，这条路一时间也就成了日军难以逾越的天堑。但同时，花园口决堤，也给这一地区的人民造成了极大的苦难，几十万人死在洪水之中，还有上百万人流离失所。

咱们且说，掘开花园口大堤之后，国军方面马上开始准备武汉会战，这一战的意义，中日双方都很明白，对于日本来讲，武汉不仅仅是国民政府的临时住所，更是九省通衢，中国的腹心地带。如今，经历了几次会战，战事已经在向日本人害怕的方向——持久战转变，现在日本只能孤注一掷，把武汉地区的所有国军全吃掉，再占领湖北、湖南、江西、安徽等省份，把国军打出华中，这才能取得他们口中大东亚圣战的胜利。

而对于国军来讲，武汉会战也是事关重大，如果让日军拿下这四个省，就意味着国军丢失了东北、华北、华东、华中，那还叫什么中国？就算能够苟延残喘，对日军也起不到什么效果了，日军在占领区，以战养战，国军只会越打越虚。所以，华中四省千万丢不得！蒋介石为此，精锐尽出，不管是中央军、东北军、西北军、川军、桂军，除了敌后的八路军、新四军他没法控制之外，剩下的，几乎都投入武汉会战了！

而对于杜聿明的二〇〇师来讲，他们也是士气极高啊！一方面，训练了好几个月，官兵们对于T26和CV33等主力战车的情况，摸得比较熟了，而且此前，邱清泉率部参加了兰封会战，别看打得磕磕绊绊，至少也积累了一些经验，坦克该怎么使，战车该怎么用，步兵该怎么掩护等，毕竟现在，二〇〇师有坦克战车，也有步兵、炮兵，几乎就是一整个作战体系。所以杜聿明信心满满啊！日军装备好，我们知道，甚至说我们一个师，只能顶日军一个联队，我们二〇〇师可不一样，至少能顶日军一个旅团！所以在武汉会战的筹备期，杜聿明主动写信请战。没想到，几天之后，回复还没来，老长官徐庭瑶倒先来了。杜聿明一看："哟！老长官，您怎么来了？"

花园口决堤之后的惨状，洪水自然挡住了日军的进攻部队，但也使得无数的民众流离失所

第五十五回 兰封一役终败北 武汉会战获扩编

"光亭啊！我听说你们二〇〇师现在训练得不错哟，怎么样，师长一职当得还顺利吗？"

"谢老长官关心！我们这没问题，您给选的邱清泉、廖耀湘，都不是等闲之辈。现在我们全师已经筹备好了，就等着在武汉，给小日本来个大惊喜！"

"哎，光亭啊，你们不要着急。咱们装甲兵，那是关键时刻的刀刃，不能用在一般的战场，委员长对你们，另有委派！"

"哦？请老长官明示。"

"军委会下令，你们暂时不必参战，继续扩编部队，番号为新十一军！"

"嗯？"

这下，杜聿明当即愣在当场。这时候，办公室外面开始有人砸门，"咣咣！咣咣！"

"师长开门！我们有话要说！"

"师长开门吧！"

杜聿明现在也是机械式的，把门开了，只见门外，涌进来不少士兵。咱们书中代言，二〇〇师的士兵一直在训练，非常努力，也练得很苦。但最近呢，有些风言风语传来了。怎么回事呢？原来，作为委员长的宝贝，二〇〇师有个特权。当年的中国，条件很差，国军将士，一般一天只能吃两顿饭，尤其是作战期间，能吃上就不错，绝对不管饱。而二〇〇师呢，则在委员长的命令之下，一天能吃三顿饭，虽说伙食也没什么太多的改善，但这就比别人强多了，属于特权啊！

而且，二〇〇师地处湖南湘潭，属于后方，经常有打残的部队撤回来整编，一吃饭，就看出差距了，人家就两顿，二〇〇师三顿，有人就不服啊，偶尔就会冒出两句："嘿！二〇〇师不愧是委员长的宝贝，一天能吃三顿饭啊！"

"可不是！苦仗累仗都是咱们爷们儿在前头打，饿得眼睛都绿了，他们可好，不用打仗，天天就拿着好装备训练，一天还三顿饭！"

"是啊！哪有这么欺负人的！要不是委员长的宝贝，老子早就跟他们急了！"

这些风言风语呢，二〇〇师的将士们多少听见一些，心里别扭啊！是我们不想打仗吗？我们是军人，得听命令啊！所以这次武汉会战开始筹备，大家都憋着一口气，心里说话：我们这次，务必得打几个漂亮仗！不然的话，我们都对不起一天三顿的饭！更何况我们还占着国军顶尖的装备呢！

徐庭瑶来访呢，大家都看见了，老兵都知道，这是咱们的教育长、老长官啊！他来了，肯定有消息！所以大家伙儿不约而同，都堵到了师部门口。刚开始卫兵还轰他们："去去去！干什么干什么！该训练训练，该休息休息，干吗堵这啊！"

有的老兵挺有经验："兄弟，你也是二〇〇师的人，你就不想知道知道，咱们去哪儿打仗吗？"

"是啊！咱们这么一天三顿的吃，光长膘了，你就不想知道知道，咱们长这一身的膘，要揍的是哪一部分的小鬼子？是东京的？还是大阪的？"

说实话，卫兵心里也痒痒，最后动心了："哎，哥几个，你们去听可以，但人数不能太多，悄悄地啊！千万别打扰咱们师长和教育长的谈话，差不多就回来啊，不然我也得担责任！"

"没说的！咱哥们儿谁跟谁啊！"

就这样，大家选出十个老兵，进去打探情况，大家都把耳朵贴在门上，准备听听什么消息，这一听，好么！打仗没咱的份！大家都忍不住了，开始拍门。

徐庭瑶根本没想到啊，这里说话，外面竟然有人偷听，心里也有点火，但一看，进来这些人都认识，都是自己之前带过的学员。这帮人进来就说："教育长，您说的我们都听见了，我们就想问问，为什么不让我们参战！"

"就是！国家危难之时，我们身为委员长的宝贝，还在这白吃三顿饭长膘，跟谁也说不过去啊！"

徐庭瑶一看，气消了三分，没辙啊，碰上这主动请战的部下，总比临阵怯战的强！想到这，徐庭瑶心里虽然暗喜，我们培养出来的装甲兵，不是废物！但还得摆出一副威严的表情，他一拍桌子，"啪！"

"不许胡说！现在军委会正在加紧调遣和部署，那都是有安排的！身为军人不能违抗命令！"

这时候，还有人不满："教育长，虽说如此，但别人都上阵了，留着我们休息，不但不出力，还能扩编，这叫别人怎么看我们啊！"

"怎么看，你们且不要管！你们记住了，你们是咱们中国最顶尖的军事力量，这好钢要用在刀刃上！现在日军锐气正盛，拼命进攻，你们二〇〇师再厉害，也是支进攻部队，正面迎击敌人进攻，不是白白消耗嘛！你们等着吧，有仗不怕打的！等前线把日军消耗得差不多，你们再一举而上，正是时候。所以，赶紧去训练！平时多训练，战时才能少流血！我等着你们最后的反击！"

大伙一听，哦！原来如此啊！纷纷散去，徐庭瑶把门关上，转回来跟杜聿明接着说："光亭啊！刚才我说的听明白了吧？"

"听明白了！"

"那就去准备吧！你们现在可以备战，但仍然要以扩军的任务为主，准备吧！现在上面还在参考扩编之后，由谁担任新十一军军长，我给你盯着点。既然使用咱们二〇〇师的老底子扩编，我尽量保举你担任军长！"

"谢老长官栽培！"

就这样，二〇〇师即刻准备扩编，武汉会战也就开始了，中日双方打得天昏地暗，二〇〇师奉命，基本置身事外，只有在最危急的时刻，蒋介石才派遣二〇〇师的炮兵部队进入主战场作战。并且派了两个坦克营北上到河南一带，阻击大别山一线的日军，剩下的基本没动。杜聿明正等得心焦，10月20日，军委会总算下令，即刻调二〇〇师一个装甲团，赴平江参战。

消息传来，二〇〇师群情振奋啊！杜聿明马上把老伙计胡献群叫来："老胡啊！现在看你的了，你是咱们装甲部队最有经验的老人儿，此去务必完成任务，阻止日军推进！"

"师长您放心吧！我定当竭尽全力，也尽量保全咱的坦克！"

就这样，二〇〇师的装甲团出发了，在平江一线屡挫日寇，功劳不小。但很可惜，二〇〇师的装甲团，只取得了部分战术性的胜利，对日军的整体推进，有一定的延迟效果，但总体来讲，并没什么决定作用。

实话实说，武汉会战，国军表现得相当顽强，对日军层层消耗，并且利用气候、地形，想尽一切办法包围武汉。但国家实力毕竟有差距，日军虽然人数少，但技术兵器，什么大炮、坦克、军舰、飞机等，都要胜过国军，这些在现代战争中，都是至关重要的因素。国军当时已无别的办法，只能凭借血勇之气，与日军以死相拼。最终，国军动用了110万大军，伤亡达到了40万，日军参战的40万人，伤亡也达到了近20万，双方都拼到了筋疲力尽，此时的日本本土，也就仅剩了一个近卫师团，所以有人感叹，当年的中国空军要是足够强悍，直接派一个突击军，空投到日本本土，日本估计就得直接投降。最终，日军派出最后的援军，在华南动手，成功占领广州，从南线又进逼武汉，武汉最终失守。

第五十六回　战南粤坦克覆灭　扩部队铁军诞生

　　武汉会战，可以说是中日之间，都倾尽国力的一场大战，最终，国军在战术上失利，武汉失守，一直当宝贝用的二〇〇师，也没能起到太大的作用。不过好在，湖南、江西、安徽等大部分地区，还在国军手中，日军也没能歼灭国军主力。而且，在武汉暂留的各种工业设备、技术人员等，也都撤到了四川，等于在战略上，日军并没有达到目的。对此，蒋介石算是松了一口气，不过刚刚松了这口气，蒋介石的心马上又紧起来了，怎么回事呢？前线传回的情报，日军在大肆宣扬：我们滴，击毁支那坦克五十余辆，获得了前所未有的重大胜利！支那一天天的衰落下去，我们大日本帝国，已经取得胜利滴干活！

　　当然了，这情报蒋介石一看就知道是假的，那为什么还担心呢？原来，他就怕二〇〇师受损失啊，从苏联援助来的T26特别宝贵，之前派出一个团，足有30辆坦克，如果出了事，那得心疼死！所以蒋介石心里有点没底，赶紧一个电话，打到了二〇〇师的师部："光亭！我问你，你们的装甲团损失了多少？"

　　杜聿明一听，校长打电话，那是受宠若惊，赶紧回答："托校长洪福，此次武汉会战，我们的装甲团在南北两线，一共损失四辆坦克，还有八辆坦克在战斗中受伤，但都抢救回来了，经过修理，都已无大碍！"

　　"哦！"

　　蒋介石这回放心了，不是我的二〇〇师就好。不过也怪了，不是我的二〇〇师，哪儿还能出现大批量的坦克损失呢？哦？难道是……要是那样，嘿嘿，那是正合我意啊！

　　有人问了，蒋介石琢磨到谁身上了？咱们书中代言，蒋介石琢磨，这回的损失很有可能出现在广东。之前呢，蒋介石中原争霸，其中一个敌人，就是广东的陈济棠。当年的陈济棠，那也是了不得的！据有广东这块地盘，也守着著名的贸易港口——广州，实力相当强啊！当年为了跟蒋介石争霸，陈济棠痛下血本，加强陆军建设，筹建海军和空军，弄得都相当不错，海军、空军，一度都不次于蒋介石，陆军方面，除了大规模的买枪买炮之外，还建立了一支战车大队，号称"南粤战车大队"。装备的主力呢，也就是水旱通用的维克斯水陆两用战车，还有一批装甲汽车，训练方面，陈济棠还特别花重金，聘用了之前中央军校战车教导队的队长张杰英。

张杰英这个人，前文咱说过，个不高，黑脸，车轴汉子，长得挺结实，还老和孙立人开玩笑，被称为"张大黑炭"，别看他没接受过坦克方面的正规教育，但毕竟是带过兵的，有一定的经验。当年"一·二八"淞沪抗战，张杰英和孙立人联手，阻击了日军战车部队的进攻，功劳不小。但可惜，蒋介石根本不让战车队参战，张杰英是打了个擦边球，几乎用违反命令的方式，以步兵机枪队的身份参战。战后，蒋介石大发雷霆，把张杰英撤职查办，张杰英为此而声名鹊起，人家一说，为什么被撤职啊？因为抗战被撤职！这种人，当年不愁没饭吃，所以陈济棠就高调聘用了他。

可是呢，这支主力军，在陈济棠和蒋介石争霸的时候，没起到什么决定性作用，反而在蒋介石的政治攻势面前，土崩瓦解，全都归了蒋介石指挥，海军、空军直接打散，编入中央序列。对于陆军呢，谁都知道坦克和装甲车的厉害，虽说粤军这种水陆两用坦克只有机枪，也没法扛住重武器的进攻，但对付普通步兵，还是绰绰有余的。所以自归顺中央之后，粤军大将余汉谋就想方设法，保住这支战车大队。他为了解除蒋介石的疑心，特别聘用了带有中央背景的德国留学生曹绍恩担任大队长，教官呢，也聘用了交辎学校的一期学员刘炽。这回蒋介石总算稍微放心点了，这支南粤战车大队，就保留在了粤军的战斗序列之中。余汉谋对他们是特别的喜欢，不到关键时刻，绝对不用。

这次呢，日军进攻广东，余汉谋的兵力捉襟见肘，一部分部队都抽调到武汉，跟日军死拼去了，老家空虚，所以余汉谋只能联合海军老将陈策，死守广州的正面。结果日军碰了两碰，知道不好，绕了个弯，从大亚湾登陆，直接抄余汉谋的侧翼。余汉谋一看，大惊失色啊！赶紧下令反击！怎么反击呢？那就是动用手头所有的预备队，先在增城一带，抵御住日军的进攻，然后余汉谋率领大部队，全体转向，跟日军决战。现在兵力上捉襟见肘，没办法，余汉谋只能动用他的战车大队，配属前线的一八六师，进行防御。

咱们说，这个战车大队，虽然大队长是曹绍恩，他书读得不少，但缺乏战斗经验，所以所有的战斗，都由教官刘炽直接指挥。刘炽呢，听到命令，不敢怠慢，赶

南粤战车大队的负责人刘炽

紧带队奔赴前线，可等到前线，得联系一八六师啊！自己怎么说，也是在人家的指挥下，敌人什么样，从哪儿进攻，数量有多少？得跟我们说说啊！可刘炽一联系，当时气得是奔儿奔儿直蹦啊！怎么回事呢？刘炽一问，一八六师参谋直接回答："你说的这些，我们也不知道，现在就是蒙着眼睛打仗，只能随机应变。你们的任务是，立刻赶往增城的第一线，进行协防。"

好么！蒙眼战，这怎么打啊？刘炽没辙，只能继续前进，争取把部队，带到作战一线再说。可就在行军途中，他们还是让日军的飞机发现了。其实这也难怪，十几辆坦克，十几辆装甲车，这得多大队伍啊！日军看见之后，也担心这支部队赶到前线，会很难对付，所以马上出动轰炸机，炸断了前面的一座桥，没了桥，坦克装甲车根本过不去。

刘炽他们发现这情况后，没办法，赶紧再跟前线联系，没想到前线一八六师的人回复："啊？桥断了，那你们就就地防御吧！我们这已经要顶不住了，修桥我们也没东西，日军马上就到，你们有坦克，不怕子弹，日军把桥炸断了，也给你们创造了条件，你们一定要把日军顶在河对岸，不能让他们过河！"

这叫什么命令啊？现在的战车队，一共就一百多人，除了坦克，连战壕都没有。刘炽只能就地布防，把装甲比较薄的装甲车隐藏到树林中，然后把六辆坦克布置在第一线，剩下六辆布置在第二线，坦克就作为碉堡，进行防御，火力嘛，只用随身携带的轻机枪、步枪、手榴弹等。至于坦克、装甲车上的重机枪，还有一门机关炮，就拆下来，刘炽指挥人挖了条战壕，把所有的重武器都放在里面，作为第三道防线。

其实，这也是给逼急了，要不是条件就这样，谁能拿坦克这么用啊？

结果，日军步兵根本没上，一会儿的工夫，几架轰炸机杀到，"轰轰轰轰！"这一通轰炸，十二辆坦克被炸得七扭八歪，树林里的装甲车全军覆没。就到了这样，刘炽还不服呢："赶紧！机枪机关炮就别留着下崽儿了！给我打！一定要把小鬼子的飞机给我揍下来！"

"是！"

"哒哒哒！哒哒哒！砰砰砰！哒哒哒！"

咱们说，这机枪、机关炮虽然火力凶猛，对付步兵没问题，但毕竟不是对空的家伙什儿，示示威还行，人家只要不超低空飞行，威胁并不大。结果这一打，把自己也给暴露了，人家飞机过来，"吱！吱！轰！轰！"刘炽这边，当时血肉横飞，损失过半，就连刘炽自己，也几乎被活埋。

等人家飞机走了，部下把刘炽从土里头刨出来，刘炽一看，实在没法打了，只能撤。再组织人一看坦克和装甲车，现在，只有一辆坦克还能动，其余的都完蛋了，更倒霉的是，现在还没器材能修。这时候，日军的步兵和战车，已经开始渡河，准备进攻。刘炽一看，只能下令，最后一辆能动的坦克，赶紧突围，其余人等，破坏其余坦克、装甲车的发动机和轮胎，然后撤退。

最终，那一辆坦克勉强突围成功，被国军的其他部队接收，后来运回了徐庭瑶的机械化学校，当作教练车。剩下的坦克、装甲车，全都被日军俘虏。日本人高兴坏了，他们现在就缺乏水陆两用坦克，将来在太平洋上开战，这东西还挺有用呢！所以他们大肆宣扬战果，这就是蒋介石看到这个情报的原因。

蒋介石刚开始，还以为是自己的宝贝二〇〇师出问题了呢，再一问，没事，他也就放心了，嘿嘿，要是南粤战车大队的事，那活该！反正这些地方军阀，现在越惨越好，将来对我有利啊！

就这样，这件事一带而过，整个1938年至1939年，二〇〇师都在做大调整，队伍进进出出。最终，在1939年秋天，调整终于完成，二〇〇师扩编成新十一军，又转变为第五军，军长一职，经过徐庭瑶过渡之后，正式交给了杜聿明。这个第五军，也就是后来国民党的王牌军之一，整个军，那叫一个阔！全军下辖三个师，还有装甲团、汽车团、骑兵团、炮兵团，军直属的单位，除了常见的工兵营、通信营、辎重营、特务营等等，还有高射机枪连、战防炮营、工厂等，人员足有五万多，装备那全是一等一的！堪称当年国军中最精锐的部队！

当年的第五军，到底装备多厉害呢？当然，跟欧美的部队相比，差不少，但水平也能顶上一半了。咱们就以每个军都有的骑兵团为例，当年国军的骑兵团，那真的多是真真正正的骑兵团，人人骑马带枪。可第五军的骑兵团，下面五个连，第一连干脆是装甲车，第二三连，都是摩托车，第四连还是个重兵器连，六门德国造战防炮，只有第五连，才是骑马的大兵。

至于主力部队呢？二〇〇师是老底子，虽说由机械化师又改回了步兵师，但战斗力仍在，不用太担忧，杜聿明就把它交给自己的老部下，黄埔三期戴安澜。戴安澜从长城抗战开始，就跟日军反复交战，经验丰富，能力很强。

另外呢，还有荣誉第一师，这支部队比较特殊，都是由战斗负伤后，从后方医院养好的老兵组成，他们原来都是从属于不同的部队，而因为抗战需要，他们的老部队转战各地，有的相隔千里，就当年的情况，想要回老部队，挺困难。所以上面就把他们统一编成一个师，这个师，老兵油子极多，战斗力挺强，就是有点桀骜不驯，于是杜聿明就让新调来的副军长郑洞国亲自带队。郑洞国，黄埔一期，能力出众，资历也挺老，大家伙儿都服。

可杜聿明唯独担心的，就是新编二十二师，这支部队是新组建的。当年，老部队打残了，要扩编，新兵占好大一部分。即便是委员长的心肝宝贝第五军，也不可能全给你派老部队，所以，这个新二十二师，就是典型的新部队，小伙子们士气高昂，但缺乏战斗经验。杜聿明一看，没辙了，只能找到原来的副师长邱清泉和参谋长廖耀湘："清泉！耀湘！新编二十二师就得交给你们了，你们务必要把这支部队，给我带好！不能丢了咱们第五军的脸！现在多训练，打仗的时候就会少流血！"

"请师长放心！我们定当竭尽全力！"

"是啊！师长，用不了几个月，二十二师一定不会比二〇〇师弱！"

"唉！其实挺对不起你们哥俩的，之前我是师长，你们哥俩儿就是副师长和参谋长，你们的能耐，大家有目共睹，现在我当了军长，你们只能是新编师的师长和副师长，等于没动啊！任务还又重了。"

邱清泉一听，毫不在意："军长，您不必再说了，咱们抗战，连命都豁出去了，计较官职有什么意义？不如把眼前的仗打好再说！"

廖耀湘也是一乐："军长，现在谁都知道，咱们这支部队中，新兵是最难练的，您把他们交给我们哥俩，这也说明，您是最信得过我们的，我们一定不辜负您的期望。咱们第五军，绝对短时间就能成一支抗日铁军！"

步兵部队安排完了，现在杜聿明最头疼的，还是他的安身立命之本——装甲团。现在的装甲团，可以说是问题多多！

第五十七回　胡宗南出手装甲兵　日本人攻陷昆仑关

第五军诞生，这是国军当年最精锐的部队，全军下辖三个步兵师。一个装甲团，一个汽车团，一个炮团、一个骑兵团，此外，还有不少的附属部队，一支部队之中，兵种之全面，可谓前所未有！

对于杜聿明来讲，三个步兵师，他都有安排，二〇〇师是老底子，不用担心；荣一师，都是一帮老兵油子，经验丰富，由副军长郑洞国兼任师长，镇住他们也绰绰有余；新编二十二师，是新部队，杜聿明就派出手下干将邱清泉、廖耀湘带队，也不用太发愁。话说，杜聿明现在最担心的，还是他的安身立命之本——装甲团！

怎么回事呢？现在装甲团，人员不齐，而且面临一个战术的大调整。刚开始组建装甲兵团的时候，是仿照德国的模式，走闪电战的路子，几十辆坦克分进合击，用以撕破敌人的阵线。可是呢，经过这一阵的作战，从上面的徐庭瑶、杜聿明，到直接指挥战斗的胡献群，乃至于底下的连长一级，都知道，这战术看似很好，但实际行不通啊！人家德国要求的是，先干掉对方的机场和附属设施，然后大炮发威，几百辆坦克一起上，分割敌人的主力，彻底将敌人打蒙，然后步兵跟上协同，开始围歼敌军，扩大战果。

可对于国军呢，一来没有制空权，二来坦克、大炮不能自产，充其量就那么点儿，三来步兵配合不力，想闪电战，也闪不起来，现在只能是回归原始，从最基础的练，就是步坦协同、步炮协同等。这么练，效果不错，大家还都能懂，而且加上这也是日本人的常用战术，大家都感同身受，打算以其人之道，还治其人之身！

但一训练，杜聿明就头疼，怎么回事呢？现在装甲团人员不全啊！之前武汉会战，杜聿明派出副师长邱清泉，带领三营长刘介辉和四营长郭彦，前往助战。等战斗结束后，邱清泉回来了，可郭彦和刘介辉的两个营竟然没回来！杜聿明就不明白，赶紧发电报，叫郭彦和刘介辉赶紧带着两个营归队，毕竟这也是大小五十多辆坦克啊！能占到装甲团的一半装备，可没想到，杜聿明联系到最后，对面竟然把电台关了！

而几天之后，三营长刘介辉回来了："军长！"

杜聿明是怒发冲冠啊："刘介辉！你还知道我是你的长官啊？你的部队呢？"

"我，啊，我这个，部队去西安了，委员长说，另有所用。"

"另有所用？怎么你这个营长都知道，我这个军长反而不知道？说！今天不说，我跟你没完！"

"唉！军长您就不要打听了，反正部队暂时回不来了，您要不问问委员长，该怎么办？"

"少废话！我现在说你呢！你当官的把部队丢了，算什么样子！你要是抗日打光了，我什么也不说。现在你说吧，让我怎么处置你？"

"任凭军长处置！"

"好！那我就把你送交军法处！"

做了这个决定，杜聿明也是丈二和尚摸不着头脑，刘介辉这是什么意思？王八吃秤砣，他铁了心不跟我说实话啊！到底怎么回事？刘介辉也算是装甲团的老人儿了，早年是带准备营的，装甲兵资历比我还老。今天他是犯什么病了？

两周之后，军法处的结果下来，刘介辉无罪，放出来另有任用。而且同时到的，还有一份蒋介石的手令：即刻委任第五军装甲团四营营长郭彦为副团长，他辖下的两个装甲营驻西安，暂由军政部直辖。

第五十七回　胡宗南出手装甲兵　日本人攻陷昆仑关

▌攻占广西南宁的日军部队。日军此战的目的，是要截断中国西南的对外交通线

283

这下杜聿明彻底不明白了，到底委员长什么意思呢？咱们书中代言，武汉会战之时，这两个装甲营在长江以北打得不错，结果受到了一个人的觊觎。谁呢？十七兵团司令胡宗南！胡宗南，黄埔一期，这也是蒋介石最重视的黄埔一期生，也是黄埔生之中，第一个集团军司令。这家伙，兰封会战的时候，就见识到了装甲部队的威力，一直想培养一支自己的装甲兵。可说实话，胡宗南只对二〇〇师的战斗力青睐有加，别的地方派系，有的也有装甲兵，可不是缺乏装备，就是训练不佳，所以胡宗南考虑再三，决定通过跟蒋介石的关系，从二〇〇师分出一部分装甲兵，归属自己。

可胡宗南也不是不学无术之人，他深知，自己要想有一支装甲部队，得有内行管理，谁呢？结果正巧，有个贵人送上门来了！谁呢？原来中央军校战车教导营的营长，彭克定！前文咱们说过，彭克定是装甲兵的绝对元老，曾经在柏林大学进修过，有能耐。不过这家伙，在教导营里面，任用同乡和亲戚，一时间只手遮天，除了徐庭瑶，没人能管得了他。可惜彭克定虽有能耐，却让自己的亲戚给坑了，西安事变之后，他们暗中倒卖重要的战略物资——汽油，结果事情败露，彭克定也吃了瓜落儿，给撤职查办。后来，彭克定任了一些二线职务，始终不太得志，后来，彭克定正好在西安当官，听说西北的绝对实力派胡宗南对装甲兵有兴趣，所以干脆自告奋勇，跟胡宗南说了："胡司令，您不是想要一支装甲兵吗？我能帮您！"

"哦？你怎么帮我？"

"胡司令，我之前就是装甲兵系统的高层，因为被陷害，所以离开了。但我的关系仍在装甲兵里面，有不少骨干都是我的学生。您只要能从委员长那儿得到调令，我就能想办法把他们管住！"

所以就这样，胡宗南私自把刘介辉的第三营和郭彦的第四营给扣了，许以高官厚禄。郭彦呢，比较识时务，一看，老长官在此，人家又亏不了我，我干吗不跟着人家干呢？他就没走。刘介辉呢，知道这情况没法说，但又不得不给杜聿明一个交代，不管怎么说，人家是自己的直接领导，县官不如现管啊！可没想到，杜聿明上来，就是一通雷烟火炮，刘介辉就成了倒霉蛋儿。

至于蒋介石那边呢，胡宗南也好糊弄，他跟蒋介石坚决表示，要拿装甲兵来反共。而蒋介石呢，巴不得能把苏联援助用在这上呢，所以就一打马虎眼，默认了。

杜聿明呢，虽知其中肯定有情况，但不敢深问。杜聿明为人，英勇善战，精明强干，指挥布局都很有一手，可缺陷就是太听话！领导的命令，不管有没有问题，一律执行！有人认为，这也是他后来悲剧的原因。

咱们闲言少叙，书归正文，经过一阵的训练，第五军的战斗力恢复得不错，甚至还举行了一次演习，专门演练步坦协同、步炮协同等战术，演练得相当不错，尤其是新二十二师，虽然大多是新兵，表现也相当不错，蒋介石特别满意。

可没想到，就在这个节骨眼儿上，1939年12月20日，军委会下令，第五军火速进军南宁，务必要全速前进，阻止日军攻陷南宁的企图！

杜聿明一看，也没别的，上面命令，咱们就准备吧！杜聿明也知道，军委会这么下令，肯定事在紧急，全军也五万多人呢，想要全部调动起来，时间短不了，所以杜聿明当即把二〇〇师六〇〇团的团长邵一之叫来："一之啊！现在事情紧急，你即刻带队，马上出发，让汽车兵团协助你，务必第一时间赶到战场，顶住日寇，给咱们全军争取时间！"

"军长您放心吧！"

就这样，邵一之率先出发，杜聿明调动全军，随后跟上，这一趟时间短不了，坦克、重炮等兵器，都需要运输，不过好在，此时的第五军已经能基本采取机械化行军，进入战场之前，不用两条腿跑了，所以整体速度并不慢。

有人问了，南宁这里怎么了？日军琢磨什么呢？为什么打这里呢？咱们书中代言，武汉会战结束之后，日军逼迫国民政府投降的计划失败，由此陷入了持久战，这是日本人最不想看到的局面，日本国土狭小，资源缺乏，就怕耗。可到了这一步，日本人还是不认输，强行再度发动进攻，结果，关东军招惹苏联，让人家在诺门坎修理了一顿。中国派遣军强攻长沙，结果日本人让薛岳也是一顿胖揍，哪条线也没得着好儿。

而日本人呢，不愧是个会思考的民族，这时候，他们就得想了，怎么打呢？我们怕耗，就得先把支那人耗死滴干活！

怎么耗呢？日军定下决策，攻陷防城港和南宁。当时，中国很多军事物资都没法自产，只能靠外部支援。而南大门广州，已经失守，物资走不了这；苏联通兰州，也有一条运输线，日本人很自信，凭外交手段，就能让苏联断绝援助；再剩下的，就是滇缅公路、滇越铁路、桂越铁路，这三条交通线，在日军的眼中，交点就在广西，如果攻陷广西，就能直接切断桂越铁路，修建飞机场之后，又能用飞机炸断剩下两条运输线，中国就彻底被困住了！而且从广西动手，又能威胁中国的大后方，一石多鸟啊！所以，日军这次再度增兵，战斗主力，就是刚刚恢复战斗力的第五师团。

第五师团这个老对手，已经在中国战场上被修理过多次，但对日本来说，这也是战功最为卓著的部队，如今老师团长板垣征四郎，已经升级成了陆军大臣和驻华派遣军参谋长，如今的第五师团就交给了今村均中将，这家伙用兵也有一手，钻了小诸葛白崇禧的一个空档。当时小诸葛白崇禧认为，日军不可能进攻广西，就算是进攻，也是从广州一线走。所以此时的桂军，主力北上抗战，二线部队防守广州方向，广西中西部只留了三线部队和民团防守。这能挡得住日军吗？日军直接从海上登陆，一阵狂突，逼近南宁，情势已不可挽回，白崇禧这时候，已经顾不得中不中央军了，只能玩命调部队往回救援，而且向蒋介石请求："委员长，如今广西危急，我们桂军的兵力不够，希望您能派部队，一起帮我们反击日寇！"

蒋介石一听，高兴啊！说实话，他早想往广西派兵了，只要中央军进去，以后你们也就别想凭着广西的地盘，跟我抗衡了！所以蒋介石满面堆笑啊："好！健生啊，抗战大业嘛！地无分南北，人无分老幼，都应该守土抗战。我的中央军，你可以随意调用！"

"那多谢委员长了！我首先就得要第五军，现在南宁危急，放眼国内，只有他们，能以最快的速度赶到广西，也只有他们，能跟日寇正面过招。望委员长恩准！"

蒋介石一听，心疼啊！我的第五军刚刚练好，就得上战场。何况白崇禧老谋深算，我的第五军到了他手里,不得当傻小子使唤啊!可现在没辙啊,刚才说了的话,怎么能不算呢?所以蒋介石一甩袖子:"好吧!你即刻起草命令,让第五军迅速出发吧!"

命令就是这么下的,第五军这边,从军长杜聿明开始,立即行动,先头团在邵一之的带领下,全团乘火车和汽车,火速赶往南宁。这回从听到命令,到组织部队从湖南湘潭出发,到达南宁附近,仅用了四天,这已然算神速了!可就这么快,还是慢了一点,邵一之这个团到了南宁郊外,南宁已经失守!这不说,城内的部队纷纷溃退,追击的日本人长驱直入,直接就把邵一之他们给包围了!

邵一之能服吗?即刻率部和日军展开了恶战,但可惜,人数太少,而且因为要火速赶来,没带什么重武器,所以一阵抵抗下来,六〇〇团死伤三分之二,邵一之阵亡。日军随后就攻陷了战略要地——昆仑关!

咱们书中代言,昆仑关,那真是一夫当关万夫莫开,也是国军前去南宁的必经之路,守住了这里,南宁就没有问题,所以日军在此也布下了二十一联队和不少重武器,主力,还是回归南宁。没办法,日军兵力不足,又要防守南宁,还要防守防城港一带的登陆点,处处紧张啊!而日军兵力分散,也正是国军的机会,以第五军为首的数支国军劲旅,也已经开赴广西,打算跟日军决一死战!

第五十八回 杜聿明分兵派将 郑洞国苦战罗塘

　　日军攻陷昆仑关，这地方相当不错，正好卡住了国军进攻的要道，换而言之，只要昆仑关不失，南宁问题就不大。当然，国军也能想办法走小路，绕过昆仑关，直奔南宁，但这就意味着补给线断绝，大炮、坦克什么的全都没有，那能行吗？这绝对是兵家大忌！所以这个战术刚一进脑子里，白崇禧就给否了，所以要打，只能是硬碰硬。

　　就这样，第五军和第九十九军，以及部分附属部队，编为三十八集团军，由老资格徐庭瑶指挥，再加上粤军第六十六军、桂军三十六军等数支部队，一共十多万人，就一起开赴昆仑关一线。战前，白崇禧直接把杜聿明和郑洞国叫到指挥部："二位，我就不跟你们客套了。现在部队别看来的不少，多是能敲敲边鼓的角色，真正能打主力的，也就是你们了！你们第五军，现在是全军的骄傲，希望你们不要辱没了名声，咱们好钢用在刀刃上，一定要一举拿下昆仑关，收复南宁！"

　　"请长官放心！我们第五军一定要让日本人知道知道，什么叫马王爷三只眼！"

　　表决心好表，具体怎么打呢？杜聿明回到军部，把几个师长叫来，先招呼大家一起，在远处用望远镜观看了昆仑关一带的情况，然后大家回到军部，一起分析分析，到底要怎么打？要说进攻，装甲团和炮兵团自然没说的，他们一个是突击主力，一个是火力支柱，必须上。所以杜聿明稍加嘱咐，装甲团团长胡献群、炮兵团团长朱茂榛就下去准备了。

　　下面，就是步兵的进攻序列了，昆仑关地形复杂，三个师根本展不开，所以大家伙儿都知道，主攻，只能有一个！所以一开会，大家就吵吵上了。二〇〇师师长戴安澜最先发话："军长，咱们第五军，二〇〇师是老底子，硬骨头自然得我们先啃！要不然让别人一看，还以为咱们第五军内部护犊子呢！"

　　旁边邱清泉一听就不干了："行啦！小戴你少扯淡！二〇〇师就因为是老底子，所以得在关键时刻用！军长，先前这难打的仗，还是让我们新二十二师来吧！我们这帮士兵，急需要战斗经验！"

一说战斗经验，旁边副军长郑洞国冷笑一声："行了！老邱啊！你也少说两句，要说战斗经验，数你们新二十二师最差，你还是省省力气，敲敲边鼓就好，这样既长经验，又损失小点。战斗经验是要慢慢积累的，别想一口吃个胖子！军长，我说第一波进攻，还是我们荣一师来吧！我们这都是老兵，身经百战，经验丰富！咱们下面是仰攻，攻击很困难，经验可是决定性因素！"

咱们说，这老几位，平常关系不错，但一说起打仗来，当时是脸红脖子粗，跟打架差不多！但打完了架，大家还是好哥们儿，所以这时候谁都不留情面。咱们说杜聿明呢，他就怕上面干涉，就在自己的范围内，他也算是多谋善断的。他考虑再三："各位！别吵了！听我说！"

杜聿明威望挺高，所以大家不吵了，就听他说。杜聿明咳嗽两声："各位啊，昆仑关可不那么好打，之前我也看过，日军的碉堡修得非常的科学，而且我看其中，应该还有不少的暗堡，咱们打起来，肯定难度不小啊！现在这样，荣一师为先锋，协同装甲团、炮兵团，先把外围阵地给我啃下来！"

"是！"

郑洞国领命下去了，杜聿明看看："戴安澜！"

"在！"

"老戴啊，昆仑关的情况你也见了，外线阵地只是开始，日军最主要的防御点，就是第二层的罗塘、界首两个高地，还有最里面的昆仑关主阵地。你们就作为预备队，荣一师打残了，你们就得立即补上，不得有误！"

"明白！"

戴安澜也领命下去了。最后，杜聿明一看邱清泉："老邱啊！你带着新二十二师，穿插到昆仑关后方，协同友军部队一起，给我切断南宁至昆仑关的公路！"

"哎！啊？"

邱清泉以为自己听错了："怎么？军长，不让我们参加攻击了？是不是不信任我们新二十二师的战斗力？"

杜聿明摇摇头："哎！老邱啊，别泄气，咱们哥们儿之间，还说什么信不信任的吗？我这么安排，自然有原因。昆仑关的地形你也看了，易守难攻，但有一个问题，昆仑关

昆仑关，自古就是兵家必争之地，位于南宁以北，国军要是自北向南收复南宁，首先得打开这条通道

本身的承载量有限。我估计，上面最多也就是日军一个联队。但如果咱们打起来，日军必然会迅速救援昆仑关。你来看，南宁和昆仑关之间，就这么一条公路，想大规模行军，别的地方也走不了。你要是能把这里给掐断，敌人的援军和补给过不来，咱们的难度就会小得多。相反，若是这条路畅通，敌人始终能保持兵力和锐气，咱们这仗，恐怕就悬了！你明白了吗？"

邱清泉一听，这回明白了："是！军长，我保证完成任务！"

就这样，第五军的战斗展开，装甲团团长胡献群，按照先前的计划，给每个团，都分配了一个坦克连作为掩护，荣一师从四面八方就开始了进攻。郑洞国精通兵法，他也看出来了，昆仑关虽然险峻，但上面能摆的人马有限，想要进攻，就得三面发动，打得敌人首尾不能相顾，所以顿时，昆仑关四面，喊杀声震天！

"冲啊！杀啊！"

"轰隆隆，嘎嘎嘎！咚噔！"

"咚咚！轰轰！"

日军是猝不及防啊！当时阵地纷纷失守，有的还想顽抗，可荣一师的老兵油子可不好对付，经验丰富，枪法好，而且擅长隐蔽，一看不好，往坦克后面一躲，你就打不着了。等他们找准位置，日本人就跑不了了！再加上咱们人数也多，好几个打一个，日本人能是个儿吗？有的日本人一看不好，赶紧躲入碉堡里，想要继续顽抗，可这更惨！碉堡也随即遭到了重炮的洗礼！

咱们说这次，虽然是第五军主攻，但后面还有不少的支援部队，尤其这次，蒋介石下了血本，愣是把手头最金贵的德式重炮，给拉来了一半，两个营一共12门。但由于交通和补给不便，只能一个营一个营地投入战斗！但这也了不得啊！德制重炮，口径150毫米，一炮下去，就算你是钢筋混凝土的工事，也能给掀个底儿朝天！里面的日本兵不被炸死，就被活埋！日本人虽然也有炮火进行还击，但数量少，而且射程近，打几炮就得赶紧跑，不然就得让国军重炮掀了！所以打来打去，日军不是对手，还活着的日本兵，赶紧扭头就跑！

这一天的工夫，进攻相当顺利，昆仑关外围阵地，什么仙女山、老毛岭、马鞍山、411高地等，几乎全被拿下。等前线消息传来，集团军司令徐庭瑶可高兴坏了！第五军的基础部队，也算是他带出来的，他们既是上下级，又是师生，看见学生们表现出色，老师能不高兴吗？所以徐庭瑶当即在集团军里下令，调出一批进口肉罐头来，由副军长郑洞国亲自押送到前线，犒劳第五军！

这可是无上的荣光啊！当年的国军，吃饭是个大问题，尤其是作战时期，一天两顿，能有菜就算是优待，实在不行，盐水泡饭也不罕见。至于进口肉罐头呢，只有在补给充足的时期，才能分配少量，给军官们解解馋，几天都匀不到一罐，一次性给一批，荣一师的兄弟们全高兴坏了！

这时候郑洞国眉头紧锁啊："大家听我说一句！今天大家表现得相当不错，但现在罗塘高地近在眼前，每一分钟都是宝贵的！只要打下罗塘高地，昆仑关就近在咫尺，大

第五十八回　杜聿明分兵派将　郑洞国苦战罗塘

家有没有信心再来次进攻,一举拿下罗塘?咱们第五军的待遇,从来都是第一位的,这不!上面给咱们也发了罐头,咱们要对得起这批罐头对不对!"

"对!"

"拿下罗塘!"

"哗!"

荣一师士气爆棚啊!赶紧组织部队,对日军的二线防御核心——罗塘阵地,发起了冲锋!这次打得仍然不错,一鼓作气,拿下罗塘,郑洞国呢,也话付前言,给大家分了罐头。等吃着罐头,大家心里都乐开花了,不住地嘀咕:"哎我说兄弟,咱们已经打到二线了,估计明天就能拿下昆仑关吧?"

"可不是!但咱们得做好准备啊,行百里者半九十,最后这点,小日本肯定要顽抗,咱们得务必小心!"

"哎!我说王大哥,你太多心了,小日本现在就是强弩之末,眼看着就不行了!我估计,至多明天一天,拿下昆仑关,后天,咱们就能杀奔南宁了!"

总之,说什么的都有。当夜无话,负责值班的士兵,守好岗位。第二天拂晓,荣一师第二团再度发起了进攻,目标就是昆仑关主阵地前的两个小山头,同兴堡和石桥高地。这回,士兵们根本没把这俩小山头放在眼里,也不用坦克了,就再度发起了进攻:"冲啊!杀呀!咚!噌!"

士兵们自信满满,可想不到的是,就在这俩小山包上,荣一师第二团遭到了敌人的猛烈进攻!日本人的子弹跟泼水一样!

"哒哒哒!突突突!哒哒哒!啪!啪啪!"

机枪也组成了交叉火力,打得第二团苦不堪言啊!

咱们书中代言,之前一天,为什么进展那么快呢?咱们说句实话,日军的兵力不足,这是最重要的因素。跟杜聿明估计的差不多,日军因为兵力不足,昆仑关上的日军数量并不多,连一个联队都不到,一共就是两个大队,加上部分重武器部队,统共两千多人,需要防守三线阵地,所以分布到具体位置上,人并不多,而除了昆仑关、界首、罗塘三个主要阵地之外,日本兵的火力支柱,就是歪把子加掷弹筒,另外就是几门大炮在远方支援,所以国军在最开始进攻的时候,占尽了优势!至于攻陷罗塘阵地,也是郑洞国反应快。当时,日军刚刚摸透了国军的进攻方向,他们认为:支那人打了一天,早已经筋疲力尽滴干活,他们滴,需要休息,我就趁这个机会,派部队增援罗塘高地,跟他们死战滴干活!

结果,郑洞国并没有停止,而是让荣一师攒足了最后的锐气,一举攻陷了罗塘高地,剩下的日军,只能集中在昆仑关主阵地,以及之前的同兴堡、石桥等山头上。这批日军,占有地利不说,火力也十分强劲,十几挺重机枪、四门步兵炮、三门山炮、三门迫击炮,以及数不清的歪把子和掷弹筒,所以一打起来,马上组成数道交叉火力,头顶上还有炮弹落下。

"突突突!哒哒哒!啪啪!咚!噌!"

日军这回也是拼命了，荣一师第二团无论是硬冲，还是渗透，都打不进去，反而损失惨重，不得已而败退下来。而这时候呢，副军长郑洞国正在罗塘高地上，他一看情况，直嘬牙花子："妈的！闹了半天日军的主力在这呢！让第二团先撤下来，炮兵呢？给我开炮！狠狠地砸！"

"是！"

于是，电报发出，荣一师第二团暂时撤退，紧接着就是一阵的炮击，这回，山炮、重炮全用上了！

"咚！咚咚咚！轰轰！"

一阵炮击过后，荣一师第二团又嗷嗷叫着往前冲，可没想到，日军的火力仍然没减弱多少，仍然炽烈，结果第二团的进攻又失败了。郑洞国气得奔儿奔儿直蹦："赶紧！让前线撤下来，接着轰！"

"轰轰轰轰！"

一阵炮火之后，再攻，还是不行，一而再，再而三，不但没攻上去，还让日军察觉到了，罗塘阵地上，可能有国军指挥部，日军就腾出手来，给了罗塘阵地一轮齐射，郑洞国险些被炸起的土给活埋了！到了现在，郑洞国气得不行，但他也看出来了，日军防守严密，不少地方都是暗堡，自己这块看不太清。而同兴堡的距离呢，又离着国军的炮兵阵地挺远，炮兵看不见，只能乱打，实际伤害不大。可要想改进，很难，现在第五军勉强算把步炮协同练出个草样，能不互相添乱了。可要让步兵指挥炮兵，还没那个能耐，除非有大炮能近距离射击，这才能摧毁敌人的火力点。郑洞国心里苦苦思索，该怎么办呢？对！这么干肯定行。

郑洞国想罢，一个电话打给杜聿明："军长！我要求支援！"

第五十九回　罗塘地得而复失　郑洞国重整攻势

郑洞国苦战罗塘，的确是不容易，现在日军已经集中了兵力，组成交叉火力，而且最可恶的是，很多地堡都是暗堡，炮兵看不见，只能乱打一气，实际效果甚微。而作为进攻部队的荣一师第二团，也在这种反复冲击下，损失惨重。

前线指挥的副军长郑洞国看得很清楚，这情况下，再硬来，就等于送死了，而且这么远的距离，大炮也打不准了，必须定点清除。怎么办呢？郑洞国一个电话打给军长杜聿明："军长！我们这进攻不利，需要支援！"

杜聿明一听："好！老郑啊，要不要二〇〇师上去？"

"二〇〇师倒不用，您让装甲团，赶紧给我派一个连的坦克过来！"

"好！"

杜聿明赶紧一个电话打给胡献群："老胡啊！赶紧派一个连去支援前线，记住了啊，步坦协同一定做好！大家都要减小损失！"

"行嘞！军长您放心吧！"

时间不大，装甲团第二营第六连的三辆T26到位，连长席殿庚上尉赶紧来找前线的副军长郑洞国："副军长！装甲团第六连上尉连长席殿庚，前来报到！"

"哦！你们坦克部队来啦！现在你们一共来了几辆坦克啊？"

"报告副军长，我们一共来了三辆坦克！"

"嗯？"

郑洞国听了就是一愣啊："嗯？怎么回事？我可听说，你们一个连应该至少有十辆坦克，怎么就来了这么点？"

"报告副军长，昆仑关下的这条公路，就这么窄，如果坦克多了，反而行动不便，要是进攻的话，我们三辆足矣！"

郑洞国一听，心里这个骂啊！好你个胡献群啊！命令都敢给我打折扣，三辆坦克，

昆仑关战斗中的第五军步兵

这行吗？不过郑洞国再拿望远镜看看，的确，从后面通向昆仑关，就是华山一条道，没别的地方可走，三辆坦克，品字形一摆，也的确是满满当当。得，那就这么先试试吧！

想到这，郑洞国点点头："好！席殿庚上尉，你即刻带领步兵，前去摧毁敌人的阵地，不得有误！"

"是！"

郑洞国转身把副官叫过来："告诉前线，让第二团撤下来，由第三团协同坦克继续攻击！"

"是！"

就这样，前线换了战术，二团撤下，紧接着坦克出阵，三团士兵隐在坦克之后，又冲向了对方的阵地！还别说，这招真管用，日军狠命还击，"突突突！哒哒哒！当当当！"子弹扫到坦克的装甲上，比挠痒痒差不多，而且一开火，反而暴露了自己的位置，坦克一转炮管，"咚！轰！"，日军的火力点当时就飞上了天！然后荣一师的将士们一拥而上，打扫残敌。这叫近距离定点清除，比大炮在远处轰管用多了！

就这样，一路走，一路打扫，一个小时的工夫，愣是把同兴堡上面的日军火力点清除了一半以上，郑洞国一看，大喜过望："好！太好了！照这样下去，天黑之前，我们就能拿下昆仑关了！"

再说日军这边，他们也是心急如焚，国军这款苏制T26坦克，在轻型坦克之中，算是比较好的了，至少防御日军的重机枪，那是没问题的，可日军现在，火力支柱也就是九二式重机枪了，虽然有炮，但坦克在行进中，打不准，就算有点弹片打在坦克上，伤

第五十九回　罗塘地得而复失　郑洞国重整攻势

293

害也不大。现在守备部队就是缺对付坦克的速射炮，这回把负责指挥的大队长森本宅二给急得够呛："八嘎！援军怎么还不来滴干活！再这么下去，我们可要撑不住滴干活！"

正着急呢，就看天空中几个黑点，正在迅速接近，等接近了一看，日军是欢呼雀跃啊！怎么回事呢？日军的飞机到了！咱们说这次来的，是日军的九五式水上飞机，数量一共六架，这飞机性能不错，但仅限于没碰上国军战斗机的时候，今天就是这情况，这六架飞机是耀武扬威！一看下面的公路上，国军密密麻麻地在行进，又有坦克，又有士兵，它就飞过来，一通狂轰滥炸！

"吱吱！轰轰！"

这回，不光公路中间的军队被炸，连郑洞国所在的罗塘高地上，都挨了一颗炸弹，泥土溅了郑洞国一身，好不狼狈！等郑洞国挣扎着站起来，拿望远镜往下一看："呼！"

长出一口气，为什么呢？日军这次的轰炸，情况并不理想，当年的轰炸，叫水平轰炸，精度不高，所以日军这一顿炸下来，仅有打头的一辆T26被炸毁，后面步兵纷纷躲闪，死伤也不多，有些还不服呢，端着捷克造对天上就是一梭子，"哒哒哒！哒哒哒！"但这种射击，聊胜于无，但好在说明，损失不大。

就这结果，连日军飞行员自己都不满意："八嘎！我们这个结果，太差滴干活！"

他们仗着国军没带防空武器，干脆一掉头，回来了，采取俯冲态势，"哒哒哒！哒哒哒！"拿着防空机枪扫开了！这下国军将士们真是猝不及防啊，飞机都跑了，谁也没想到它掉头又回来了，结果一顿机枪下来，又出现了死伤，连剩下的两辆T26也受了伤。T26虽然不怕机枪，但仅限于步兵的，航空机枪的威力，比步兵机枪厉害不说，飞机的速度快，所以子弹的威力更大，坦克呢，顶部装甲也相对弱点，所以这一顿扫下来，两辆坦克的顶部装甲被打出了好几个洞，里面的人也出现了死伤。

好在飞机的子弹不多，肆虐一阵之后，只能撤退。郑洞国一看，赶紧点计损失。这一看，三团的情况还好，损失不严重，把伤兵往后一送就算行。但T26的情况，郑洞国有点吃不准了，赶紧支电台联系胡献群："喂喂！是老胡吗？我们前线遭到飞机的袭击，三辆坦克，一辆损毁，两辆受伤。我即刻让他们回去，你再给我派新的！"

那边胡献群一听呢，心疼得直哆嗦啊！他就怕坦克损失，这东西特别珍贵，我们自己造不了，就得跟苏联买。苏联人可不傻，虽说给我们批了不少贷款，军火也敞开供应，可实际根本不给钱，就是折成军火给我们，价格比国际市场上高得多啊！但现在也没辙，别的国家对日本侵略中国，要么是事不关己高高挂起，要么是被日本封锁了交通线，运不过来，总之只有苏联给，就是上当也得买。在这种情况下，能少损失点，那就是万幸。

但现在打仗，损失无可避免，胡献群也明白，这情况下不强攻，郑洞国算是够给面子的了，所以赶紧把七连连长张启元叫来了："张启元！"

"有！"

"你赶紧带四辆坦克，前去增援！注意，要小心敌人的飞机！"

"是！"

就这样，前线的两辆坦克，把坏坦克拖走，准备等待新坦克增援。可没想到这时候，风云突变！日军突然一反常态，开始主动进攻，两辆轻装甲车开道，组成交叉火力，"哒哒哒！哒哒哒！"，而旁边的草丛里，日军也不断往出涌！

"杀给给！"

"啪！啪！嗵！嗵！"

这下，第三团猝不及防啊，本来我们进攻呢，怎么日军突然反击了呢？这时候，罗塘阵地上的郑洞国也看出不对了："坏了！日军这肯定是得着援军了！坏了坏了，我们军长已经派了邱清泉，带着新二十二师去掐断公路线，现在有援军过来。难道他们那儿有什么不测？"

现在郑洞国也顾不得想别的了，赶紧下令："快！让三团撤回来，让二团也给我站住！在罗塘阵地布防！一定要把这股日军给我挡住！"

可这谈何容易啊？日军那边攻势正猛，势不可当。而且罗塘高地还有个大问题，之前日军占着的时候，枪眼就是开向国军进攻一侧的，而另一侧，只有门，根本没开好枪眼。郑洞国这次又有点轻敌，认为着，我们占尽优势，日军还敢反击？不可能！所以就没让后续部队上来，修整碉堡。

没想到日军真开始反攻，郑洞国就有点乱了，日军还有装甲车开道，自己这边碉堡也不好用，重武器什么的，离得还挺老远，所以没法挡啊！没办法，郑洞国只能指挥部队抵抗一阵，就撤下罗塘高地。就这样，二线的罗塘高地得而复失。至于坦克部队，根本就没用上。

到现在，郑洞国自知罪责深重，赶紧回到军部，一见杜聿明，当时把枪掏出来，放到桌上了："军长！罗塘高地得而复失，这是我的责任！您把我军法从事吧！"

咱们说，杜聿明和郑洞国，当年都是黄埔一期的同学，互相都挺了解。杜聿明知道，郑洞国绝对不是草包，丢失阵地，肯定事出有因。所以赶紧过来抚慰："哎！桂庭，不要这样！胜败乃兵家常事，又岂能一概而论呢？我现在就想知道，之前你的进攻一直很顺，为什么突然遭到逆袭了呢？"

"报告军长，我们的进攻本来很顺，结果突然遭到敌机的轰炸，坦克部队出现了问题。我就让受伤的坦克回去了，我也跟胡团长说了，让他派新的过来，继续攻击。可没想到，就在这个节骨眼上，日军突然发起反击！火力非常强，还有两辆装甲车做掩护。我也失误了，罗塘高地上，我就没让士兵去修碉堡，结果抵抗不力，这才失守。"

杜聿明听了，眉头一皱："嗯？桂庭啊，你说什么？日军出动了装甲车？"

"对！我看的没错，两辆装甲车，后面似乎还有一辆装甲汽车。"

"嗯？咱们之前观察的时候，没发现日军有这玩意啊？难道，有援军？"

"对！军长，我也这么想。"

杜聿明想到这，赶紧把电话摇了几圈，然后一下打到了新二十二师那边，就听新二十二师那边，炮声震耳欲聋，明显正在激战！杜聿明赶紧就问："老邱啊！你们那情况如何？"

第五十九回 罗塘地得而复失 郑洞国重整攻势

295

"请军长放心！我和耀湘都跟这盯着呢，敌人一个也放不过去！有问题你唯我是问！"

"好！太好了！你们有什么困难没有？"

"放心吧军长，什么困难都没有！"

杜聿明也明白，邱清泉能打，提起打仗，比吃蜜都甜，他既然有把握，估计问题不大，就把电话撂下了。

"桂庭啊，你也听见了，新二十二师那边正在阻击敌人增援，看样子还问题不大。小日本这股援军不知道是哪儿来的，但不会再有了，你回去赶紧组织人马。继续作战！"

"是！"

有人也许奇怪，既然邱清泉他们把要道给掐住了，日本人怎么还能得到援军呢？咱们书中代言，日本人这回，打了一个小小的时间差。在国军刚开始发动进攻的时候，负责防守昆仑关的大队长森本宅二就向后方的联队长报告了情况。

咱们说，昆仑关这两个大队，隶属于第五师团第九旅团二十一联队，联队长叫三木吉之助，这家伙抖了个激灵，他一方面按规程，把情况往上汇报，另一方面就指令手下最后一个大队立即出发，支援前线。就这样，等师团长今村均下令，让各部都抽调部队救援昆仑关的时候，三木吉之助派遣的大队早就出发了！这支大队，都是生力军，有不少重武器，还是集体乘车出发，所以速度相当快，在邱清泉带领新二十二师到之前，就钻过去了。等其余的部队赶到，就全被邱清泉给挡住了，再没过去。

这就是日军这支援军的来由啊！前线负责指挥的大队长森本宅二一看，哟西！援军到了滴干活！所以他自信满满，没让休息，直接让这支生力军反击国军，郑洞国因此吃了败仗。这回郑洞国痛定思痛，马上组织部队，再度进攻！

可这回就难了，罗塘高地，易守难攻，而且碉堡都修在半山腰上，大炮轰不着，坦克也开不上去，只能拿步兵一点点渗透。这回可就太费劲了！不管怎么打，罗塘高地岿然不动不说，日军甚至发起了反冲锋，一度攻上了国军手中的昆仑关外围阵地，好在接手这一块儿的二〇〇师加了小心，一顿枪炮把敌人赶跑了。

就这样，一天下来，国军以极大的代价，才夺取了昆仑关二线阵地的一个小山包，山包之上，几乎打成了血岭，国军、日军的死尸遍地都是。郑洞国一看，心疼得直抖落手："哎呀！这可如何是好？"

第六十回　杜聿明奇袭失败　邱清泉苦苦阻击

郑洞国再攻罗塘，这回可费劲了，日军早就做好了准备，而且罗塘高地，易守难攻，大炮轰不准，坦克开不上去，只能凭步兵渗透。最终，中日两军在不停地冲锋和反冲锋中，结束了一天，国军以极大的代价，拿下了昆仑关二线阵地的一个小山包。郑洞国看着前线，心疼得直抖落手。可没办法啊，战争就是这样。接下来，郑洞国又攻了两天，仍然收效甚微。

咱们说郑洞国着急，军长杜聿明更着急，他也特别坐车赶到前线观察情况，他一看，这么打不行啊！敌人的碉堡从山上到山下，立体交叉，光拿人往上填，这不是白白牺牲吗？于是他赶紧把二〇〇师师长戴安澜叫来了："老戴啊！荣一师损失不轻，我得让他们休整一下。现在看你的了，咱们的老底子，务必不能让人家小看了！"

"军长，我明白！"

"好，你去找老胡，让他派两个连的坦克过来，一起行动！"

戴安澜一听，吓了一跳啊："啥？俩连的坦克，胡团长还不心疼死！"

"心疼不心疼，先以战局为先吧！就说是我的命令！老戴啊，你来看，照着火力的烈度讲，敌人的主力，应该就在罗塘、同兴堡一线，一会儿我让老郑的荣一师撤下来歇会儿，顺便用预备队上界首高地，进行柔性攻击，作为牵制。然后你亲自带队，如此这般，这般如此，一定要打日军一个措手不及！"

"是！"

等命令下到胡献群那儿，胡献群一听都傻了："什么？不是说好了，每次进攻，我只派一个连吗？怎么突然要俩连了？哦？军长的意思？我明白了！坚决执行命令！"

胡献群到现在也急了，昆仑关久攻不下，他也得担责任，所以他一转身："王占元！席殿庚！"

"在！"

"在！"

"你们俩带领所部全部出动！"

"是！"

这下，准备停当，四辆T26掩护着步兵，直扑罗塘阵地，日军一看，赶紧用机枪扫射！

"突突突！哒哒哒！轰！"

这回可好，只要看见哪儿有日军的机枪，T26直接一炮！而且T26用的是长身管火炮，穿透力强，精度高，几乎是一炮一个准！一时间，罗塘高地脚下的日军碉堡，纷纷被毁。二〇〇师的将士呢，身为机械化师的老底子，步坦协同相当不错，一看坦克占了上风，纷纷往上冲："冲啊！杀啊！"

直接就占领了最下面的阵地，然后往高地上渗透，边走边侦察，引诱对方的机枪开火，只要敌方机枪一响，坦克"咚咚"就是两炮！就这样，配合默契，二〇〇师的将士们慢慢就渗透到了半山腰上。

日军能干吗？纷纷拿着歪把子、掷弹筒，组成游动火力点，定点打，不是容易挨坦克的揍吗？日本人干脆游动着走，和国军周旋，双方就战在一处，难解难分。

而另一边，郑洞国的荣一师一团，也用类似的战术，在三辆坦克的掩护下，向界首高地发起了进攻，双方也打得不善。

杜聿明呢，此时在军部里看得正高兴："好！好极了！老郑、老戴果然有两下子！来人呐！告诉老戴，该见真章了！主攻部队给我上！"

"是！"

后面一个电话打过去，戴安澜点点头："好！六〇〇团，出击！"

只见后阵尘土飞扬，七辆坦克排开阵势，掩护步兵，直取昆仑关主阵地。咱们说，这一招，可谓是一步险棋，昆仑关下的公路，的确直通昆仑关，甚至南宁。但问题是，沿途正好被旁边的高地俯瞰，尤其是界首、罗塘两块高地。但杜聿明心中有数，日军就那么多，我们又反复消耗，现在又把他们吸在罗塘和界首，昆仑关肯定空虚啊！干脆我们一鼓作气，直接突袭，大功可成啊！

杜聿明计划得不错，可没想到，七辆坦克冲到昆仑关跟前，就遭到了猛烈的炮击！

"砰砰砰！砰砰砰！"

这顿打啊！全都是反坦克速射炮。七辆坦克之中，当即两辆被彻底打废、四辆重伤，

准备进军昆仑关的第五军装甲集团T26坦克群

连长席殿庚也当场殉国！步兵进攻也受阻了，昆仑关上，还冲下一股日军，跟国军在公路上展开了肉搏战，顿时公路之上，人喊马嘶，乱成一团！剩下一辆坦克一看不好，赶紧掉头，跑到后面，呼叫指挥部："喂喂！指挥部！我们在昆仑关前遭到重大打击，两辆坦克被毁，四辆重伤，我们需要支援！"

有人问了，到底是怎么回事呢？咱们书中代言，这问题，就出在之前日军的援军上了，之前他们打了个时间差，抢在新二十二师掐断公路之前，支援过去了，其中就包括四门速射炮。大队长森本宅二那是大喜过望啊！真把这四门速射炮当宝贝。可设置在哪儿呢？森本宅二别出心裁，把四门速射炮设置在昆仑关的反斜面。也就是说，是昆仑关的南面坡，国军从北、东、西三面进攻，南面没事，而且因为在山顶的后面，因为角度问题，国军的大炮也轰不着，相当安全。而日军又怎么有兵力，能发动肉搏战呢？咱们说，日军此时，又来了一支援兵！

有人也许奇怪，邱清泉他们不是把公路掐断了吗？怎么还有援军呢？这告诉您，在昆仑关被围之后，师团长今村均下大了力气，集中兵力，想要救援。但比较倒霉的是，因为今村均的狂妄自大，第九旅团的另一个联队，杀向了200公里开外的中越边境，就现在往回跑，也需要几天。所以今村均只能卓令手下二十一旅团旅团长中村正雄，亲自带兵救援。可新二十二师并不好惹，他们炸断桥梁，沿河阻击，把这一路日军死死堵在昆仑关以南的五塘地区，几天都没前进一步。

最后中村正雄无奈，只能派遣其中一支大队，放弃所有的重装备，就拿着三八大盖、歪把子、掷弹筒，钻入山林，去昆仑关。自己带着其他的部队，携带重装备，跟新二十二师大战，誓要打通这条公路。

咱们说，这招挺管用，新二十二师现在孤军奋战，后援还没到，只能集中力量封锁公路，就让这股一千多日军，从山林地区进入了昆仑关，昆仑关的守备力量再度增强。不过这么干，也有副作用，这一千多日军，放弃了重装备不说，自己仅携带了一天份的弹药和粮食，本来昆仑关上的补给线就给掐了，他们一来，人数倒是多了，补给压力又上来了，这也是他们为什么要玩肉搏战的原因，他们子弹也紧缺啊！

总之，奇袭失败，杜聿明为此大动肝火："可恶的小日本！我就不信你们能撒豆成兵，子弹也多得打不完！告诉前线，给我轮番进攻，彻夜不停！我倒要看看小日本是不是铁打的！这回我就是锛了牙，也得把昆仑关啃下来！另外，让邱清泉给我小心点，加强公路以外的防御，不能让放一个小日本过来！"

"是！"

接下来的几天，中日双方又围绕昆仑关，展开了激烈的战斗，无论是主攻的荣一师、二〇〇师，还是阻击援军的新二十二师，伤亡都十分惨重，打到第六天，日军已经被压缩在罗塘、界首、同兴堡、昆仑关四处高地之上，可国军死活也就打不下这几处。山上山下，早已打得死尸遍地，据说有人想喝口溪水，捧起来一看，都是红的！全都是血，没水！

对此，杜聿明头疼不已，偏巧在这个时候，副官来了："报告！"

第六十回 杜聿明奇袭失败 邱清泉苦苦阻击

299

"什么事？"

"委员长和白司令的电报！"

杜聿明拿出来一看，脸当时变色不说，当时一顺手，把手枪拿出来了，然后手握手枪，开始在自己的脑袋上比画。有人问了，什么情况能把杜聿明逼成这样啊？原来，蒋介石那封电报太要命了！之前第一天，第五军进展相当顺利，连克昆仑关外围阵地，还攻陷了二线的主阵地之一，罗塘。蒋介石大喜过望啊！哈哈！不愧是我最宝贝的部队，果然出手不同凡响啊！看来日本人也是纸老虎，别看比我们凶，就是仗着装备好。碰上我的第五军，这还比他们的装备稍次点呢，就原形毕露了！要这样，我们这战都能收复广西了！到时候我的中央军就能名正言顺地进入李宗仁的地盘了！嘿嘿！

可没想到，接下来的几天，进展极小，甚至连罗塘都丢了。蒋介石是气急败坏啊！他就认为着，前线部队肯定有人不听话了！所以特别发了封电报，大意是：昆仑关一战，为何至今裹足不前？难道有人畏敌如虎不成？现在我下令，前方各部队，如果有不积极进攻，或者完不成任务，一律以畏惧敌人的罪名论处，随时就地军法处置！

这封电报就发到了白崇禧手中，白崇禧也没辙啊！就又发了一封抚慰杜聿明的电报，里面注明：委员长发火了，我知道你们现在已经很努力了，可战局攸关，你所部务必尽快击破昆仑关之敌，否则我也保不了你啊！

杜聿明看了电报，心情复杂啊！委员长说让处置战斗不力的军官，可现在前线无时无刻不在浴血奋战，战斗最不力的就是我啊！难道我要把脑袋切下来，给委员长送去吗？

杜聿明正在这拿着手枪瞎比画呢，突然副官敲门："报告军长！天大的好消息！"

杜聿明当时一愣："什么好消息？"

"邱师长那儿送来的，您看看！"

杜聿明拿起来一看，上面写得清楚：我部退至八塘死守，在战斗中，荣一师的侦察兵以步枪重伤敌旅团长中村正雄，估计这家伙也活不成了！

击毙敌酋，这可是大喜事啊！杜聿明当时精神头就上来了："好！太好了！我们的机会来了！"

有人问了，新二十二师那边怎么样了呢？他们是阻击部队，身为敌人援军主帅的中村正雄，怎么又会被荣一师的侦察兵干掉呢？

咱们书中代言，新二十二师现在损失可不小，他们沿公路布防，节节抵抗增援的日军。咱们说，邱清泉和廖耀湘，这俩也非等闲之辈。尤其是邱清泉，脾气暴躁，擅长硬碰硬。可实际上，邱清泉的硬碰硬，也不是蛮干，自己的部队有多大脓水，他心里还是有数的。所以他集中兵力扼守公路，阻击了大部分的日军，但因为疏漏了山林之间，才放走了一个大队的日军。

不过，情况在国军的九十二师赶到之后，好了很多。九十二师，装备自然不如天子门生的新二十二师，但防守山林，还是够用的。当时，昆仑关以南的道路，是古代传送塘报的驿站，十里一塘，到了九塘，就离昆仑关近在咫尺了。双方激战五天，日军步步往前突围，国军步步死守，从五塘打到八塘，有时候，日军一天也就能前进一两公里，但这个代价非常大，新二十二师的官兵死伤惨重。这时候，副师长廖耀湘一看："师长，不行咱们求援吧！"

邱清泉一瞪眼："求援？向谁求援？九十二师？他们过来，还不够添乱的呢！不用！"

"哎！师长，您也别说不用。不行咱们向荣一师求援吧！"

"荣一师？副军长那边也难受着呢，我听说几天的攻击不利，他们已经被二〇〇师换下来了，可想而知，伤亡小不了。咱还向人家求援，可能吗？"

"嗨！师长，您也别不抱希望，我就是让他们援助两个连就行，到公路两边左右骚扰，捞一把就走。荣一师都是老兵油子，经验丰富，料想损失不会很大，而且能有效地迟滞敌人的进攻，分散他们的注意力，您觉得怎么样？"

邱清泉一想，也好，几天下来，自己也吃够了日军大炮的亏！要是能掏一把，万一掏他个炮兵阵地，那不就赚了吗？

想到这，邱清泉用电台，联系了郑洞国的荣一师。郑洞国还真给面子，知道新二十二师处境艰难，所以一口应允，调了两个连来支援。副师长廖耀湘就把他们分成若干个小组，深入到敌人侧面，发动袭击。这回啊，才逮着中村争雄这条大鱼！

第六十一回　日少将恶贯满盈
　　　　　　　昆仑关最后总攻

　　邱清泉拼命阻击，敌人的援军始终没能到达昆仑关，但相对的，邱清泉的新二十二师损失不小。为此，副师长廖耀湘特别提议，想从郑洞国的荣一师，借点部队来骚扰日军。郑洞国挺给面子，你要俩连，我就给俩连。廖耀湘就把他们分成若干个小组，对日军进行奇袭！

　　这奇袭也好办，由每个小组自行制定计划，时间地点全都看情况而定，总之要诀就是，务必牵扯日军精力，只许占便宜，不许吃亏。所以这些小组，就围着日军的队列转悠开了。偏巧这时候，二十一旅团的旅团长中村正雄来到了最前沿。

　　咱们书中代言，中村正雄其实一直在前线没走，师团长强令进攻，他也没辙。中村正雄深知昆仑关的重要，就怕前沿日军出工不出力，所以一直坐镇前线，指挥战斗，时不常地还得去战斗一线看看。当然，指挥官出现在前线，就意味着危险会随处降临，就在前几天，七塘一线进攻迟缓，中村正雄不顾劝阻，亲赴一线督战，结果不知道哪儿飞来一颗流弹，啪！正好击中了中村正雄的头部！

　　当时把旁边的参谋卫兵吓死了，赶紧抢救，再一看，这颗子弹真巧，直接穿透腮帮子，把牙都打碎好几颗！旁边参谋赶紧扶住他："旅团长，您滴，得去医院！来人，送旅团长去医院滴干活！"

　　"八嘎！"

　　中村正雄一听就火了，这家伙一晃脑袋："你滴，不要胡说八道！我滴伤势，不重滴干活！赶紧来人给我包扎，我还要去前线滴干活！"

　　没辙，中村正雄向来说一不二，别人反驳不得，只能略加包扎，中村正雄到了一线，抡着指挥刀，指挥步兵冲锋，日军前线部队，为此大受振奋。

　　等日军攻下七塘之后，继续又往八塘挺进。此时的中村正雄，还是那么任性，之前有流弹给他提了个醒，他仍然不当回事，就在一线不退。不仅如此，他还特别站在显眼的位置上，尽量让每个士兵都看见自己。不过中村正雄这么干，心中还是有数的，所以他的位置，是在一线战场的后面一点，他明白：支那人，缺乏远程火炮滴干活，他们打不到我。而且我们的三八式步枪，射程六百米以上滴干活，支那步枪只有四百米，他们想打我，自己先死滴干活！

可咱们说，中村正雄的想法，在正常情况下，没有问题。可当年抗战，中国和日本的差距很大，所以为此，中国军队想尽了一切办法，制造了不少日军意料之外的情况。这次就是，国军战线离中村正雄还有距离，可潜伏的奇袭组就不一定了！

正好这时候，荣一师的一个五人奇袭组就潜伏到了附近的林子之中，他们几个一看，哟！鬼子！看衣服的状况，应该是个官儿啊！上头可说过，打死一个鬼子官儿，哪怕是小队长，也能顶上五个一般的鬼子，这老鬼子，怎么比小队长要强吧？干了他！

想到这，五个士兵一对眼色，心里有了数，立即匍匐着，组成战斗队形，两人趴在后面一点，手持步枪，准备远距离掩护，两个往前一点，掏出驳壳枪和手榴弹，准备近距离保护。中间枪法最好的小王，担任狙击手，他把步枪的标尺打开，开始瞄准。这一瞄，四百米多一点，正好卡着步枪的最远射程，就是他吧！再近了就被发现了。这距离，打头有点悬，肚子目标大，应该行！

"砰！"

这一枪下去，中村正雄腹部中弹，颓然倒地！旁边的参谋一看："旅团长阁下！来人！来人滴干活！"

手下人赶紧把中村正雄抬下去进行抢救。这时候，汽车开过来，众人把中村正雄抬上汽车，这时候中村正雄还有意识，临上车之前还交代呢："指挥官，由四十二联队坂田元一大佐代理，务必要到昆仑关滴干活，取得我们大日本帝国滴最终胜利！"

交代完，中村正雄就晕过去了，日军官兵赶紧把他抬到了附近的村子里，进行紧急手术，结果等军医打开腹部一看，当时就流汗了，中村正雄的伤也太重了！肠子穿了七八个孔，子弹还嵌在里面。军医当时就哆嗦了：这肯定是中国毛瑟步枪的子弹，看来我们旅团长要完蛋滴干活！

咱们书中代言，当年的中日两国，步枪走的是完全不同的两条路线。日本的三八式步枪，优势在于射程远，后坐力小，经过几百发子弹的训练，士兵的枪法就不错，所以日军在开始阶段，神枪手不少。而且三八大盖枪长，适合拼刺，白刃战也就是日军的一大特色。但三八大盖的缺点在于，穿透力太强，真要是打中了谁，可能就直接穿透了，伤害并不太重。

昆仑关战役中被击毙的日军旅团长中村正雄

比如太原会战中的李仙洲将军，在阵地上被日军狙击手偷袭，一枪在胸口上打了个对穿，自己还没什么反应，直到副官提醒："哎！将军您中弹了！"，这才反应过来，然后送后方急救，问题不大。

而国军用枪呢，是中正式步枪，也就是仿制的德国毛瑟1924年式步枪，射程近，枪也短，和三八大盖比，都吃亏，但这枪最大的优点，就是劲儿大，杀伤力特强。但可惜的是，因为中国工业缺乏，这枪虽然能自产，但无法全面配发，好多人还拿着落后的老套筒、汉阳造。当然，第五军作为天子门生，人手一把没问题，但因为子弹紧张，所以士兵练习的少，神枪手也就少。但好在，这枪的口径大，子弹威力强，只要一枪打中敌人的头胸腹，子弹在身体里翻滚，马上就能让他失去战斗力，而且如果老兵来用，那也是一种可怕的武器！

今天中村正雄就倒霉在这把枪上了，子弹一翻滚，肠子破损特别厉害，失血很多，军医根本没把握，只能硬着头皮给做手术，先把子弹取了，然后再想办法缝合。可还没动针呢，院子里"咚！咚！"就是两枚炮弹！军医一听，当时就把镊子和针给扔了，赶紧躲在床下！旁边的参谋一看："你滴！不许躲！赶紧做手术滴干活！"

"哈伊！"

军医赶紧探身出来，没想到这时候，又是"咚咚"两炮！这回军医吓得直接跑出去了，日本参谋一看，大为光火，赶紧招呼旁边的士兵："你们滴！赶紧出去看看，怎么回事滴干活！你们滴，去找军医，一定要找回来滴干活！"

咱们书中代言，这又是另一组奇袭队的杰作，这组人带着迫击炮四处游荡，正好到了村子附近，这几个人一瞄，好么！村子里有汽车，而且其中一所房子里，还有军官进进出出。他们一琢磨：哦！这房子里肯定有大官！我们过去有危险，就用迫击炮给他来两下吧！

国军当年，大炮坦克，都难以自产，好枪子弹，也都很紧张，唯独两样武器，基本能满足需求，一个是手榴弹，另一个就是迫击炮，这也就成了国军近战的火力支柱，就连日军都承认，国军的迫击炮，水平在日军之上。所以几炮打得又刁又狠，结果给炸出来一个军医，又炸出来一帮子日本兵，这组奇袭队更感觉有意思了，于是就用步枪和迫击炮跟敌人周旋开了。当然，造成的杀伤不多，但牵扯了日军的注意力，中村正雄的手术，因为他们的骚扰，足足四五个小时之后才做完，最后，手术是做完了，中村正雄的血也流干了，就这么毙命在中国！

而随着中村正雄的毙命，昆仑关的日军也到了末日，这些天，日军想尽了各种办法增援，甚至不惜让步兵放弃重装备钻山林，去昆仑关增援。日本的空中力量也想尽办法，给昆仑关进行空投，以弥补弹药和粮食的消耗。可国军这边，之前吃了飞机的亏，从徐庭瑶、杜聿明，到基层的每一个士兵，恨日本飞机恨得牙根痒痒，吃亏之后，徐庭瑶特别把后面的几门防空炮调到了前线，结果日本飞机一飞过来，就遭到了攻击，投也投不准了，只有小部分落在了昆仑关上，大部分还都便宜了国军。所以昆仑关上的日军，已耗到了极限，指挥官甚至让非战斗部队把竹子削尖，准备当长矛作战。

日军耗到了极限，杜聿明这也头疼到了极点，怎么回事呢？原来他得到情报，现在除了邱清泉他们阻击的部队之外，日军又有两个联队的兵力，接近了昆仑关，这么一凑，日军的援军已经超过了一个旅团，他们要一到，现在取得的战果马上就得丢！这该怎么办？最后杜聿明一咬牙："来人呐！"

"在！"

"赶紧把邱清泉他们叫回来，让新二十二师主攻！现在就他们损失小了。阻击任务就交给旁边的九十九军和新到的六十六军，让他们务必再给我挡一天。另外，让炮兵团选一门最好的炮，给我顶到一线，使劲给我轰！反坦克连也给我顶到前线，协同进攻。就算给我驾到步兵的肩膀上，也得给我瞄准了开火！另外，电告委员长，我们要求空军支援！"

等邱清泉接到信之后，也有点龇牙花子，说实话，他的部队也损失过半了，这还得奉命担任主攻，可见局势之紧张。但现在也没辙啊，杜聿明这么做，肯定是有全盘考虑的，所以趁着日军进攻的间隙，逐步跟友军部队做了交接。然后邱清泉把廖耀湘叫来："老廖啊！现在情况十万火急，部队一时之间不可能全撤出来，现在有两个团已经完成了交接，你带着先走。我把部队凑齐了再走！"

廖耀湘一听，也知道事在紧急："好吧！老邱啊，你也要小心！"

"你放心吧！"

廖耀湘带队走了，邱清泉相当敬业，赶紧把新二十二师的其余部队撤出来，但他又担心友军部队作战不利，邱清泉又把荣一师的奇袭队留下，牵扯日军的精力。好不容易都布置完了，邱清泉这才坐上汽车，赶紧撤退。可没想到，你派奇袭队，日军也这么干！正好一支奇袭队潜伏到了山林之中，离着邱清泉不远，他们一看，哟西！汽车，肯定是支那高官滴干活！

而这时候，邱清泉他们正好发动车辆，刚一走，日军这边"啪！"就是一枪，正中轮胎，"吱！咚！"车当时就撞到了旁边的树上。旁边的人一看："呀！师长！"

"师长！"

大家赶紧把邱清泉从车里搬出来，这一看，好么！邱清泉满脸是血，大家伙儿都吓坏了。这时候，六十四团团长熊笑三站出来了："各位，师长受伤，现在部队听我指挥！警卫连！"

"有！"

"你们以最快的速度，护送师长去后方医院，不得有误！"

"是！"

"好！其他部队跟我走，咱们去支援前线！"

"明白！"

就这样，邱清泉送后方急救。邱清泉体格子壮啊！而且当时车刚刚启动，速度不快，所以这一撞之下，邱清泉仅仅是轻微脑震荡，晕过去了，此外，就是嘴唇给抢破了，弄得满脸满身都是血，看着吓人，实际问题不大，经过治疗，就脱离了危险。

再说战场，杜聿明这回是下死了决心，让新二十二师加入战团之后，情况慢慢好转，当然，这也不只是生力军的加入，也更是杜聿明的非常规操作的结果。杜聿明特别把炮兵前置，就放在阵地前面，用最精锐的炮手压阵，看见哪儿有机枪的火舌，开炮就轰！这几乎就是冒着敌人的炮火开炮啊！而且，步兵也把战防炮给拽上，防弹盾太重，就扔了，直接把炮拉到一千米之内的距离，对着敌人的碉堡"砰砰砰"就是几炮！这下可厉害，别看战防炮口径不大，但穿透力强，对付坦克的装甲绰绰有余，对付碉堡，也没问题，所以一顿好打下来，日军的碉堡连连被毁，罗塘、界首、同兴堡三个阵地先后被国军攻占！

杜聿明一看，高兴："兄弟们！再加把劲，今天一定要攻下昆仑关！"

第六十二回 昆仑关得而复失 远征军组建完毕

杜聿明发起总攻，命令损失相对较小的新二十二师加入战团，而且把炮兵搬到阵前，打算最后一举进攻，拿下昆仑关。这招还真起作用了！一方面，国军兵力增加，另一方面，炮兵这回是精确打击，山炮放在两公里之内，战防炮甚至推到五百米左右的距离，直瞄射击，坦克也开近到阵地跟前，支援作战！一时间，日军的碉堡连连被破。

日军现在，完全是强弩之末了，子弹粮食都消耗殆尽，之前引以为傲的几门速射炮，也被国军的飞机炸毁。现在就靠碉堡这撑着一口气。碉堡被破，日军最后一口气也散了，一时间，罗塘、界首、同兴堡三个阵地先后被国军攻占，日军被最后压缩到了昆仑关主阵地上。可现在，他们已经无力再战。最后残存的这点日军考虑再三，干脆钻入山林，逃之夭夭！

就这样，历经十余天的昆仑关战役，最终在1940年初，以国军的胜利而告终，只不过这个胜利太惨烈了，日军此战，死伤超过五千人，二十一旅团，自旅团长中村正雄以下，军官伤亡了百分之八十五。而国军，损失更是日军的两倍以上！大概在一万四千多人。但无论如何，这是抗战以来，国军首度在进攻的态势下，取得的胜利，所以此战被后人称作"昆仑关大捷"！

昆仑关战役结束之后，之前威风无比的第五军，大伤元气，蒋介石心疼坏了，赶紧把第五军调回后方休养，可没想到，第五军走后，风云突变，昆仑关再度丢失！

怎么回事呢？咱们说，昆仑关一战，最丢脸的就是第五师团的师团长今村均，这家伙颜面扫地啊！本来按照命令，他应该撤回南宁，再做打算。可这家伙，根本不退，反而在七塘、八塘地区，跟国军卯上了！摆出一副要重新拿下昆仑关的架势！

可是，如今，第五师团已经再次被打残了，上级二十一军军长安藤利吉也不能见死不救啊！要是一个师团被彻底全歼，这笑话可就大了！最后安藤利吉咬着牙，从广东又调来了最后的援军，十八师团和近卫旅团。咱们书中代言，十八师团，也是日军最常规的甲种师团之一,后来在缅甸防守的主力,也是中国驻印军的好对手。而近卫旅团的上级,就是近卫师团,天皇的御林军。如今日军把天皇的御林军都抽出来一半投入战斗,可想日军的兵力不足啊!

但这一手,恰恰打中了白崇禧的软肋。白崇禧外号"小诸葛",知兵善战,对局势的把控也非常准,此次,他已经算到了,日军应该没有额外的兵力当援军了,所以即便第五军撤走,他仍然积极准备对南宁的攻势,几支最能打的部队,沿着公路,反复冲击日军的阵线。可没想到,日军挖肉补疮,把在广东的部队调来,而且采取迂回战术,从侧翼袭击国军。这下国军可倒霉了!侧翼负责防守的,是叶肇的六十六军,战斗力不太强,结果让日军一顿痛打,损失惨重,国军的补给线又被日军切断。战争就是打补给,补给一断,这仗就打不了了!所以白崇禧不得不含泪,指挥部队撤退,就这样,桂南会战,虽然有铁血昆仑关,仍然还是以国军的失利而告终。为此,上至集团军司令徐庭瑶、叶肇,下至作战的各个师长,许多人都被撤职查办,不过以第五军为首,也有不少部队因为英勇奋战,立功受奖。

桂南会战,日军占领了广西的一部分,直接威胁到了国军的大后方,不过有意思的是,日军在1940年初,在此站稳了脚跟,而到了1940年末,日军却撤出广西,任凭国军收复南宁等地。这是怎么回事呢?咱们书中代言,1939年,"二战"的欧洲战场也开战了,纳粹德国以不可思议的速度横扫西欧,至1940年6月,法国投降,成立了傀儡维希

昆仑关大捷胜利欢呼的中国第五军官兵

政府。日军趁此机会，跟维希法国达成协议，进占越南。咱们说，日军这次大战的本来目的就是切断中国对外的交通线，现在等于直接把滇越、桂越铁路给掐断了，而且从这轰炸滇缅公路，也更加舒服。而且越南北部，不但说是这两条铁路线的所在之处，而且经过法国人的经营，比广西强多了！广西地势凶险，附近还随时有游击队出没，而且比较贫瘠，十万日军扔在这，光后勤补给，日军就受不了！这也就是日军撤退的原因之一！但从日军登陆广西到撤退，日军死伤达到了两万，因为水土不服倒下的，也有一万人，损失不小。可事情却用了一个不可思议的手段全部解决，所以后来日军内部有人大骂：我们死伤三万将士，最后却用别的方式解决问题，闹了半天，这三万人白损失了！我们大日本帝国，本身就缺乏人口和资源，这种白损失，实在是太可恶滴干活！

所以后来有人评价日军：战术不错，战略不行。桂南会战，就是最好的注脚。

再说第五军这边，部队打得厉害，接下来的时间，主要就是休整和调整，对此，蒋介石根据部署，有具体的指示。首先，装甲兵团扩编，但说白了，坦克还是原来那些，苏联虽然又给了少量补充，但实际数量并没怎么变。变化，就是番号，之前随同第五军行动的胡献群所部，编成装甲兵第一团，还归杜聿明第五军指挥。之前调去西北没回来的两个营，编成第二团，就归了胡宗南，实际负责人，就是原来装甲兵的元老，也是被徐庭瑶开除的彭克定，后来，胡宗南还为了拍马屁，特别把蒋介石的二公子蒋纬国调进团里。

而第五军的步兵部队呢，二〇〇师和新二十二师保持不变，但需要补充新兵，继续训练，之前的荣一师伤亡最惨，调走另作他用，但蒋介石也不能削弱第五军的战力，所以另从后方调了第九十六师，师长叫余韶，他们加入第五军，这也算满编了。整个第五军，仍然驻扎在广西全州的周边，监视日军的动向。

而指挥官方面呢，杜聿明仍然是军长，邱清泉伤愈归队之后，被蒋介石调回重庆，没辙啊！现在日军在战略上，虽然已经兵力极度分散，但在战术上，还硬得像茅坑里的石头，死命想往重庆攻，委员长急需战将啊！所以邱清泉被调走了，杜聿明又通过个人关系，邀请了陆军大学教官罗又伦担任参谋长，整个第五军下辖装甲兵团、炮兵团、骑兵团，以及新二十二师、二〇〇师、九十六师等部队，又是兵强马壮！

而之后呢，杜聿明接到了一个特殊的任命状，军委会任命他为"中缅印马军事考察团"成员，赴重庆集合，准备出国考察，这下弄得杜聿明摸不着头脑，我是个战将，考察叫我去干什么？而且现在战局不利，我哪儿有闲心考察啊？

可这是军委会的命令，也就是委员长的首肯，那就去吧！于是杜聿明把部队交代交代，动身去了重庆。这去了一聊才知道，上面在准备大动作啊！要联合英军，保卫滇缅公路！

咱们书中代言，当时的国际情形非常微妙，中国抗战，得不到国际的认同，国际上的绥靖主义盛行，就认为着，牺牲中国的利益，日本就跟我们和平相处，何乐而不为呢？所以，中国抗战的最初年头，十分的孤立，英国首鼠两端，法国自顾不暇，美国高高挂起，也就只有苏联，提供了少量的援助。

第六十二回　昆仑关得而复失　远征军组建完毕

这其中，数英国最阴，他们的殖民地缅甸，控制着中国其中一条对外线路——滇缅公路，所以英国就拿滇缅公路跟日本人讨价还价。你要威胁我，我就开通滇缅公路，给中国运军火和物资；你要跟我好，我就关闭滇缅公路。所以一开始，滇缅公路的运输量很不稳定。

但时间进入了1940年，情况开始有所变化，随着法国的投降，日军从广西撤退，占领越南北部。这下对国军是个利好消息，收复了失地，但对于英国，可不是什么好情况。日军占领越南北部之后，强压着泰国，签订了"友好协定"，能利用泰国所有的军事设施。当时泰国也没辙，综观亚洲，很多都是英法美的殖民地，只有日本、中国、泰国还是主权国家。日本最强，自不必说，中国虽弱，但瘦死的骆驼比马大，日军侵略，我们还能誓死抵抗，以空间换时间。泰国不行啊！国小兵弱，只能乖乖签了协议，就这样，日军随时威胁着英国的殖民地——马来半岛和缅甸，就差动手了。

这下英国知道不好了，赶紧求援吧！谁能援助自己呢？法国投降了，美国的殖民地在菲律宾，远水难解近渴，看来，也就只有相邻的中国能帮这个忙了！所以英国驻华大使向蒋介石求助，要求支援。蒋介石极其重视啊！当时的英国，毕竟握着世界的话语权，如果我们取得了他们的信任，就能在世界上争取主动，所以这个忙，我们砸锅卖铁也得帮！

但去缅甸作战，毕竟不同于中国国内，所以蒋介石先派遣部分军官，组成考察团，去实地探访一下情况。而既然要在英军面前表现表现，就得派最精锐的部队，这非第五军莫属啊！所以蒋介石钦点杜聿明，参加考察团。

杜聿明呢，也不辱使命，这趟过去，好好地考察了缅甸一带的地理，和陆军大学的侯腾将军一起，写出了一份"中英缅甸共同防御草案"，算是给将来入缅作战写了一份指南。随后，到了1941年12月7日，珍珠港事件爆发，日军迅速横扫东南亚，不管是美国占领的菲律宾，还是英国人占领的马来半岛，甚至于东方要塞新加坡，都被日军迅速横扫，这下一步，肯定就是缅甸和印度了！此时，印度驻华武官丹尼斯特别向蒋介石请求援军，蒋介石呢，为了取得盟友信任，特别抽掉了最能打的三支劲旅，组成中国远征军。这三支部队之中，第五军又有坦克，还有独立编组的炮兵团，实力最强；第六军就差一些，但装备也不错，而且这几年之间，和日军正面厮杀过数场，也算是能攻善守；相对来讲，第六十六军是新组建的，下面两个师都是新兵，战斗力一般，但第三个师可不得了，那就是鼎鼎大名的新三十八师，师长孙立人！

咱们多说一句，孙立人这个师可不得了，前身就是宋子文的税警总团，他们也跟装甲兵有着特殊的关系。宋子文别看不懂军事，但知人善任，他手下不少将领，都是美国名牌军校的毕业生，而且在武器上，宋子文也特别舍得下本，装甲兵最开始的一批装备——维克斯机枪战车，其实就是宋子文买给税警总团用的，结果被蒋介石给扣了，分给了中央军校战车教导营，也就是装甲兵的前身。就这么支部队，谁不动心啊？最后，蒋介石找个借口，解除了宋子文的兵权，让手下爱将黄杰统帅税警总团。淞沪一战，税警总团表现还不错，但也被彻底打残，最后残部几经流落，才在此时，重新编组一个师，由孙立人带队。孙立人,毕业于美国弗吉尼亚军事学院指挥系,属于上马能打仗,下马能教书的强人,副师长齐学启,毕业于美国诺维奇军事学校,也是个文武全才,再加上税警总团虽然残了,但骨干仍在,孙立人练兵又很有一套,所以新三十八师的战斗力,一点不弱于第五军,杜聿明跟孙立人一聊,马上就另眼相看!

可咱们说,到了这时候,英国人仍然是极度傲慢,认为着我们大英帝国,那是世界第一,一个小小的日本,能怎么样?而且因为中国和缅甸接壤,所以比起日本人的攻打,他们就怕国军浑水摸鱼,在缅甸搞出什么事,所以即便国军这边已经准备好,英国缅甸方面的司令亚历山大将军,竟然拒绝援助!

再说中国远征军这边,主力杜聿明将军一听,英国人拒绝援助,只能勉强摇摇头。再看看英军的部署,他是长叹一声:"唉!这真叫阎王叫你三更死,谁能留你到五更啊?英国人这次,真是必死无疑!"

第六十三回　英国人硬找麻烦　戴安澜兵出同古

为了给盟友帮忙，取得国际信任，蒋介石准备组建远征军，入缅甸帮着英军作战。蒋介石盘算着，我们这回作战，既能取得国际信任，又能保卫最后一条运输大动脉——滇缅公路，一举两得，所以这仗必须得打！

蒋介石连自己都不顾了，勉强调集了最能打的三支部队：第五军、第六军、六十六军，大概十万人左右，组建了中国远征军。

可没想到，这时候，英军竟然拒绝帮助！其实英国人一直在打自己的算盘，以小人之心度君子之腹。因为中缅接壤，所以英国人特别怕中国染指他们的殖民地。在英国人看来，如果让日本人夺走，我们将来打胜，他们还得还。如果让中国人占住了，那是我们的盟友，我们不能明面上翻脸吧？就会吃暗亏啊！

另外，英国人也没拿日本人当回事，他就认为着，我们大英帝国，世界第一，日本算个什么？结果就轻敌了，都没好好布置迎战。而且，当时的大英帝国，海军厉害，空军也不错，陆军嘛，本土还可以，但殖民地军队，往往老爷兵，欺负欺负当地人还行，打仗根本不灵！所以日军一个突击，英国人立时四散奔逃！

而且日本人早就跟当地宣传了：英国人是你们敌人滴干活，我们是来打英国人滴干活，也就是你们的朋友，帮助你们独立滴干活！

当时缅甸，颇有一些人信这话，英国人在缅甸压榨得厉害，当地人早就怒了，这会儿有机会，干脆就给日军帮忙。英军是一溃再溃，亏得部队装备不错，机械化程度高，逃跑正好用，这才没被日军全歼。

英国的亚历山大将军，被日军打得稀里哗啦，这时候没辙了，才临时抱佛脚，请求中国出兵。蒋介石早就等好了，一声令下，待命的十万中国远征军，立刻进入缅甸，迎战日军！

不过咱们书中说的容易，这场征途，真的是困苦不堪啊！运输方面，滇缅公路当年情况很差，国军的机械化程度低，只有第五军有个汽车兵团，根本不够用。所以杜聿明马上打报告，让上面跟英军联系，希望提供汽车和汽油，好把我们全运到缅甸啊！

结果，没一会儿的工夫，电话打回来了，是指挥部参谋王楚英："报告杜军长，上面回复，说英军也没有多余的汽车和汽油，上面让咱们自己想办法！"

杜聿明一听，鼻子都气歪了！好么！英国人能没有汽车和汽油吗？这些天我一直收听着日本电台呢，人家的情报显示，战斗节节胜利，但始终没全歼英军主力。为什么啊？肯定是你们全坐着汽车逃跑呢！好么！这要分我们一点，可就不一样了，可人家就是不给，有辙吗？再说汽油，我听着日军缴获的汽油，都够他们几个师团用的了，这还不算英军撤退的时候烧的。宁可留给敌人，也不给盟友，有这么干的吗？这简直就是个猪队友啊！还有，我们这回这个上眼皮，也真够一呛，一点也不帮着我们说话，史迪威也就罢了，罗卓英都不帮忙，这回有我们受的！

有人问了，指挥部是怎么回事呢？原来，此次入缅作战，蒋介石为了体现盟军的概念，特别把兵权交给了一个美国人，史迪威，他当总指挥。另外派了高级将领罗卓英，作为副总指挥。可是呢，史迪威本人，在此前只担任过非作战部队的军事主官，也做过作战部队的情报工作，可唯独没在战斗一线指挥过军队。为什么他能统帅国军呢？两个原因，第一，他跟美国陆军总参谋长马歇尔关系甚好，另外，他能说一口流利的中文。所以马歇尔将军亲自点将，让史迪威担任美国远征军司令，协调美英中三国军队作战。

但很可惜，马歇尔将军这次看走了眼，史迪威的能力确有限，而且极为看不起国军。他就认定了一点，缅甸这一战，没有英军打不成！所以事事处处顺着英军的意思来。

第六十三回 英国人硬找麻烦 戴安澜兵出同古

中国远征军入缅作战

至于国军这边的副总指挥罗卓英呢，他是陈诚的嫡系，十八军土木系出身，也是国军高层之中少数真会打仗的将领之一，在之前抗战的诸多战役之中，什么罗店战役，长沙会战，上高会战等，表现不错，所以，蒋介石特别让他辅佐史迪威，给国军做做协调。可没想到罗卓英挺滑头，他一看，史迪威不好对付，整个一个倔老头！得，干脆我也就别硬来了。所以罗卓英干脆不管了，只要是你史迪威的决定，那就是是是，好好好。反正打胜了我没功，打败了我也不用担责。

就这么一个指挥部，国军这边什么要求，都没人帮忙，您说多让人头疼？好在下面还有个具体负责的参谋团，以团长林蔚为首，这些人还比较负责。尤其是两个高参，一个叫华振麟，通信兵的鼻祖；一个叫斯立，辎重兵的领导。早期国军搞高技术兵种的时候，什么装甲兵、交通兵、辎重兵不分家，所以大家都在一个锅里搅过马勺，在老长官徐庭瑶将军的关照之下，他们俩帮了大忙了！分期分批，尽量快地把部队运到了缅甸境内！

但士兵挤挤行，器材可不行，尤其是装甲兵团这边，主力坦克T26，重量能有九吨，自己这边没有合适的车，只能一点点拆散了运，最后，只有最烂的CV33装甲车，还有补充的一部分法国雷诺式轻型坦克，比较快地运到了缅甸。可说白了，没有T26，杜聿明也感觉不舒服啊！所以赶紧嘱咐装甲团团长胡献群，务必亲自压阵。为了这些杂事，杜聿明也是操碎了心。

杜聿明在布置这些事的时候，一刻也不敢停，他得第一时间赶到缅甸布置部队，所以他就在车上用电台联络各部队。可滇缅公路的路程长不说，路况也差，都是简易公路，堪称九曲十八弯，司机一个不小心，车就翻了，杜聿明一个没注意，直接从车上摔出去了！旁边有人看着呢："哎呀！军长！"

"军长小心啊！"

众人赶紧使劲，把杜聿明扶起来，这一看，杜聿明满脸鲜血！大伙儿这一动不要紧，杜聿明嘴里又喷出一口血，手也抬起来了。大伙儿一看，全吓坏了："军长！您不用交代什么，我们明白！您安心养伤就行！"

"是啊！军长，您别说话，省得加重伤势。军医呢？军医！送军长去医院！"

没想到，杜聿明一口鲜血之后，直接骂出来了："少废话！我没事！叫军医过来，给我上点药就行。你们赶紧归队！"

大伙儿一听，乐了，行！军长还能骂人，说明问题不大！这时候军医上来了，仔细一检查："行！没事，大家伙儿放心吧！军长没事，就是脸上这些伤口，皮肉伤，处理处理就行！"

大伙儿一听，这才放心归队，继续行军。留下军医，给杜聿明处理伤口。这一处理，军医咧嘴了，怎么回事呢？刚才摔出去的时候，杜聿明脸先着地，所以搓出了好几道口子，军医有点不托底："军长，您还是回后方医院看看吧！我怕……"

"怕什么？你处理不了？"

"我，我是能处理，但咱们到了缅甸，天气湿热，我怕伤口好得慢。"

"那没事！你给我处理好点就行！执行命令！"

"是！那我给您包上点，勤换着药！"

军医只能咬着牙给处理了，再一看，好么！杜聿明满头满脸缠的都是纱布，整个成了个穿军服的木乃伊，最后杜聿明自己一看都乐了："好么！我成什么了我？"

按下杜聿明这边紧急运兵不说，远征军这边谁的动作最快呢？自然是第五军的骑兵团和二〇〇师。二〇〇师是汽车兵团运载的第一批部队，也是第五军的老底子，战斗力是国军中一等一的，即便碰上同数量级的日军，也不落下风。骑兵团呢，也是全机械化行军，自然速度快。

杜聿明心中有数，英军根本靠不住，想要打仗，得靠自己！之前杜聿明写计划的时候就设计过，日军第一步进攻，不是缅泰交界的毛淡棉，就是南部港口重镇仰光。所以英军必须把两个主力师集中在这两处，英国的海军厉害，还可以两处支援，这样，就能顶住日军的第一波攻势。随后，国军和美军立刻进入缅甸，填充各个要地，并且作为预备队，向日军反扑，这样，基本就赢了。

可英军呢，根本没把杜聿明的建议当回事，只当是中国想要抢夺他们的缅甸，所以就瞎部署一气，日军一打毛淡棉、二占仰光，全让杜聿明料准了。可英军呢，因为部署问题，根本没抵抗多久，就全部溃退。亏得他们部队机械化程度高，撤退也快，不然就被全歼了。

也就因此，杜聿明就向史迪威的联军总指挥部提出，我们不等英军了，自己来！我让行动最快的二〇〇师和骑兵团先顶到同古一线。日军现在占领了仰光，可谓势如破竹，按照以往的判断，他们肯定要孤军深入。这股敌军，士气旺盛，数量也不知道有多少，所以只能先稳定局势，在同古跟他们碰一碰！迟滞敌人的进攻，给远征军主力集结，争取点时间，顺便摸一摸底，看看敌军到底有多少，情况如何？然后，远征军主力趁着这个时间，在平满那地区集结，准备跟他们死磕一场！

可这个计划呢，史迪威一看，脑袋摇晃得跟拨浪鼓一样："不行不行！这怎么可以？杜聿明自不量力，就凭你们中国人的装备，怎么挡得住日本人呢？平满那会战我同意，但这仗，还得靠英国人的飞机大炮和坦克来打！中国人，至多负责掩护，以及维持治安！你们，赶紧给我联系英军的亚历山大将军！"

史迪威心高气傲，他说话都冒酸水。可现实状况，让他也没辙，史迪威看得起英军，可怎么也联系不上，其实这也不奇怪，包括亚历山大将军在内，整体的英军都在逃命，电台根本没时间支起来。最后史迪威也急了："好吧！那就同意杜的请求，让他们务必给我坚持到所有军队就位。否则，我唯他是问！"

什么都不知道，就让守到全军到达，时间也不明确，这叫什么命令啊？杜聿明也没办法，为了全局，他只能强令二〇〇师，赶紧赶赴同古，务必把日军拖住，给主力部队争取时间！另外，骑兵团作为附属部队，辅助守卫同古。二〇〇师师长戴安澜接令之后，不敢怠慢，赶紧带队赶赴同古。这刚一到同古城下，好么！从城里当时窜出一支部队！再看这支部队，坦克、装甲车、汽车等，应有尽有，旁边还有骑兵！

第六十三回 英国人硬找麻烦 戴安澜兵出同古

315

戴安澜吓了一跳啊，好么！日军速度好快啊！没想到同古已经被占领了，我们少不了是一场攻城战啊！所以戴安澜赶紧招呼："兄弟们！准备战斗！"

二〇〇师身经百战啊，立马枪栓响成一片，师属炮兵也赶紧把仅有的几门炮拆下，开始组装备战！可没想到，这时候，对方那支部队一点没打算交战，反而撒丫子就跑！戴安澜都看傻了，这什么意思？日本人可没这么不禁揍啊！再仔细看看，对方这支部队，也就是五百人左右，大部分都是亚洲面孔，只不过瘦得跟猴子相似，而其中还有一些人，是白人，从服装上看，应该是军官。戴安澜更不明白了：咋回事？日本人还有欧洲雇佣军？难道这是德国人？而且，日本人别看个矮，都挺结实，说车轴汉子也差不多。哪儿有这么瘦的，比我们国军战士还瘦，就像当地吃不饱的民众一样。哎？等等！这难不成是英军！

戴安澜想到这，赶紧下令："快！赶紧喊！告诉他们，咱们是国军，不是日军！"

"明白！"

几个嗓门大的士兵，拿着喇叭就喊开了："对面的英军！请不要惊慌！我们是国军！"

"我们是中华民国的国军啊！"

没想到，这些人丝毫不停，一溜烟下来，早已逃之夭夭！

第六十四回　远征军受援好华侨
　　　　　　骑兵团进兵皮尤河

　　戴安澜兵进同古，结果就在同古城下，碰上了一支军队。戴安澜吓了一跳，赶紧命令，准备战斗！可没想到，这支部队毫无战意，只顾着撤退。戴安澜再仔细看看，这批人之中，多是瘦得跟猴子一样的亚洲面孔，还有些白人。戴安澜琢磨了半天，他们，莫不是守卫同古的英军部队？
　　咱们书中代言，戴安澜还真没猜错，这就是英军的一部队，负责防守同古城。咱们说，当年的英军，情况可不一样，其中最优秀的，应该是英国皇家海军和英国皇家空军。海军方面，大英帝国就靠海上航线活着，航海那是传统，而且称霸海洋上百年，现在虽有衰退，但雄风还有。英国皇家空军呢，挂着皇家的名号，而且他们的主力，就布置在英国本土，迎战德国空军，表现非常不错，其实他们也没选择，退后一步是家园！这群伦敦上空的鹰，力挫了希特勒的海狮计划，包围了英伦三岛，功劳不小！
　　而英国本土的陆军呢，战斗力也还行。只不过殖民地的军队，就参差不齐了，尤其是东南亚一带，基层多是从当地征召的土著士兵，军官是白人，但那也是只会欺负殖民地民众的老爷兵，一打就哗啦！这回前线失利，驻守同古这部分英军，也是惊弓之鸟。戴安澜他们一来，就当是日本人，所以逃之夭夭！戴安澜赶紧让人喊，也喊不住。
　　没办法，戴安澜只能下令："大家赶紧进城！英军若留下什么东西，赶紧接管！所有部队，加紧修筑防御工事！"
　　"是！"
　　"明白！"
　　就这样，戴安澜赶紧带人进了城，同古城不大，最大的建筑就是英军的指挥部，还挂着英国国旗呢，自然是不难找。戴安澜就以这里为师部，布置部队干活。咱们说戴安澜呢，进了英军指挥部一看，哟！难得啊！里面挂着一幅同古周边的地形图，估计是英军撤退太急，没带走，正好！我们能用！

不过戴安澜再看看，当时是一头大汗！怎么回事呢？这幅地图是英缅双语的，上面一个汉字都没有！戴安澜别看能耐不小，但英语水平不高，看着还挺费劲。他看的心焦，就把副官叫来："赶紧去街上，给我找个明白人，翻译一下地图！"

"是！"

结果副官在街上找了一圈，回来了："报告师长！街上找不着人！"

戴安澜一听就愣了："怎么可能？咱们在街上不看见不少人吗？"

"是啊！但我上街之后，这些人见着我就躲，都缩回房子里去了，怎么敲门也不开。咱也不能踹门进去啊！"

戴安澜一听，也对，之前我们也三令五申，到了缅甸，不许扰民，这是纪律。但戴安澜转念一想：对！东南亚华侨的数量不少，这些人肯定懂当地语言，也懂汉语，找他们肯定没错！

所以戴安澜赶紧吩咐："去！找找当地的华侨，这肯定行！"

"明白！"

这招管用，时间不大，一个华侨被带到了师部，戴安澜一看，自己现在是求着人家啊！所以赶紧过来："您好！我是中华民国国民革命军第五军二〇〇师师长戴安澜，请问您贵姓？"

"啊，免贵姓黄，我是城里开杂货铺的。"

"哦！您是华侨？"

"是啊，我爸爸是广东人。"

中国远征军二〇〇师骑兵团的新装备——美制"怀特"M3A1装甲侦察车。值得注意的是，这不是美军给的，而是英军扔了，国军捡的

"那您对汉字还熟悉吗？"

"这您放心！我没问题！"

"太好了！那得拜托您帮我们看看这份地图，帮我们标注一下各处的地名！"

"行！"

这个华侨黄先生还挺热情，赶紧帮着标注地图。戴安澜不敢怠慢，赶紧把自己带的茶叶拿出来，沏茶伺候。这边干了大概两个钟头，总算差不多了，黄先生也喘口气，戴安澜赶紧过来："黄先生，我这还有一事不明，还拜托您帮我解答！"

"哎，戴师长您说！"

"我们进同古的时候，看见不少当地人，可他们一看我们，纷纷躲避，连人都找不出来。请问这是为什么？"

黄先生一听，长叹一声啊："唉！戴将军你们有所不知啊！日本人这两年在缅甸可是下足了功夫！有多少缅甸人都被他们忽悠了，都当日本人是救世主呢！"

此言一出，戴安澜心头一惊："哟！这是怎么回事？黄先生您给我们详细讲讲！"

黄先生喝了口水，是侃侃而谈。原来，日本人要入侵东南亚，可是下足了功夫，当年的东南亚，局势复杂，也就是泰国有比较独立的主权，剩下的，全都是英法美各国的殖民地。日本人在来之前，就派出特工，跟当地人联络感情，他们说得很好听："你们滴，都是被压迫滴人民，英法美这些西洋鬼子不是东西！就会压迫你们滴干活！我们大日本帝国，是亚洲的解放者，我们要帮助你们，赶走殖民者，维护你们国家独立滴干活！"

咱们说当年的东南亚，虽然多是殖民地，但精英阶层，谁没有一颗爱国心？谁不想反抗殖民者啊？而且英法美列强，在当地的手段，也的确是简单粗暴，坑蒙拐骗，压榨欺负，什么坏事都干！谁敢反抗，当场就杀！所以殖民地的民众，都恨得他们牙根痒痒！现在既然有外援，那就用呗！所以就都被忽悠了。而且东南亚民众，信息闭塞，也没法打听打听，日本人到底是什么货色，就偏听偏信了。所以，日本人在太平洋战争初期，横扫英美殖民地，也是有这个原因的，多少当地人给日本人帮忙呢！

您说这样，缅甸的当地人能帮着远征军吗？只有当地的华侨，有不少跟国内还有联系，他们知道日本人是怎么回事。可跟缅甸人一说，他们打死也不信，而且一旦有人告密，马上就有日本的特务上门来暗杀。所以到了最后，这些华侨干脆闭口不言。谣言嘛，就只能继续流传了。今天，黄先生也算是见着家乡人了，干脆一吐为快，把知道的情况全说了，最后还劝道："戴师长，我可得提醒你，以后有事，您就找我们这些华侨吧！咱们同是中华血脉，大家还能帮衬一把！至于缅甸当地人，您多留神吧！但我也得请您手下留情。缅甸人，其实可纯朴了，就是被日本人忽悠了。如果有一天，您逮住给日本人帮忙的缅甸人，尽量手下留情吧！拜托拜托！"

戴安澜一听，也知道情况复杂，所以点点头："好吧！黄先生，看您的面子，我尽量不杀人。另外，黄先生，我看您对缅甸的情况还比较熟悉，能不能给我们当个联络员？您放心，我们付您工资！"

黄先生一听，乐了："哎！戴将军这就见外了，咱们都是中华儿女，也都是为了抗日，这有什么钱不钱的？何况，日本人闹腾了这些日子，我的杂货铺也干不下去了，在您这，也算能赏我口饭吃！"

"哎哟！那就多谢黄先生了！副官！"

"有！"

"带黄先生下去休息！饮食起居，以师部的标准对待！"

"是！"

这事安排完了，戴安澜继续安排防御作战。这时候，骑兵团团长林承熙来了："戴师长！好消息啊！"

"哟！林团长，怎么回事？"

"我们团发现了一个英军的基地，正好那儿还有一个人，我们发现了好多东西啊！您猜怎么着？还有英国人欠咱们的20多辆装甲侦察车！"

"呀！有这好事？"

"可不是！还有大量汽油呢！不过戴师长，我想跟您商议个事。这批美国造装甲侦察车，本来就是美国人要给咱的，被英国人给扣了，我想直接装备到我们骑兵团。您看如何？当然了，我这也不是有私心。您也知道，我们骑兵团的编制，不太适合防御作战，不如您就把我们放出去，我们机动灵活，日本人绝对摸不清我们的套路，这样您的压力也能减轻，您看怎么样？"

戴安澜一听，可也是，骑兵团自建立开始，就是装甲兵团的搜索营，虽然有装甲车，但毕竟那玩意目标太大，让他们参与防御作战，无异于活靶子。不如让他们机动灵活起来，倒让小鬼子摸不着脉。所以想了想："好吧！听人劝，吃饱饭。林团长，我同意你的建议！不过，你要知道，防御作战也很艰苦。这样，装甲车你全拿走，汽油你也敞开用，我不干涉。不过你的重兵器连嘛，得给我留下一半，协助防御！"

"行！那没问题！"

就这样，林承熙马上把部队重新编组。咱们书中代言，第五军骑兵团，装备可是相当不错，第一连是德国造装甲车，质量过硬，从1936年用到现在，除去战损的，仍然存有一半多。第二连和第三连，都是摩托车，第四连是重兵器连，第五连才是骑马连，这回好，把骑马连整个给更新了，全机械化了，而且美国造的装甲车，质量也非常不错，甚至比装甲团的CV33都强！不过，为了后续行军顺利，骑兵团还是叫来辎重兵，把换下来的马驮上汽油，往后面送，争取加快大部队的行军时间。接下来，骑兵团继续前插。

因为有了地图的帮助，林承熙心里有数，前头就是皮尤河了，那是从仰光到同古的必经之路，那有一座大桥，如果日军还没到，依托那里防守和侦察，绝对是个好主意！所以林承熙把副团长黄行宪叫来了："老黄啊！现在我这边的美国侦察车，还需要整备一下，就得劳烦你，带着两个摩托连，先去皮尤河一线看看，如果日军还没占领大桥，那咱们就在南岸布置阵地。你们先去，我随后就到！"

"哎，团长，咱还有什么劳不劳烦的啊？你们就放心吧，我先去看看，咱们保持联络！"

就这样，两个连的兵力迅速南进至皮尤河大桥，仔细一搜索，日军还真没到！副团长黄行宪一看，高兴！

"快！跟团长联系！日本人还没来，我们立即在皮尤河大桥布防，请指示！"

一会儿的工夫，林承熙回电，立即布防，另外，把皮尤河大桥安放炸药，随时准备战斗！

就这样，骑兵团在此开始部署，可一等好几天，日军也没来！这时候，团长林承熙带队也到了，他们都纳闷，日军怎么还没到呢？

咱们书中代言，此时的日军正矛盾呢！原来，英军虽然主力溃退，但仍有残部在仰光周边，日军为了清扫他们，花了不少的时间。但总体来讲，情况也是过于顺利了。此次缅甸方面，日军的指挥官是饭田祥二郎，他手下的十五军，一共下辖四个师团，其中只有十八师团是老资格，剩下的三十一师团、三十三师团和五十六师团，都是新兵。刚开始，日军的兵力不足，只有十八师团和五十五师团到达了一线，饭田祥二郎一看，先来个试探性进攻吧！看看情况如何。

结果，异常顺利，只可惜没能成建制的歼灭英军主力。面对如此顺利的局势，饭田祥二郎倒犹豫了，他就琢磨着：英军这么跑了，是不是有什么大计划滴干活？

他心里没底，所以就命令第十八师团和五十六师团就地补充，还在路上的三十一师团、三十三师团加速前进，奔赴缅甸。只有这俩师团都到了，饭田祥二郎心中才有底。好在无论毛淡棉还是仰光，英军都遗弃了不少物资，从面包牛奶，到机枪坦克，应有尽有，足够日军补给了。

可咱们说，此时的日军，战线已经拉得太长了，路线之上有什么问题，难以避免。这次，三十一师团、三十三师团没能准时到位，而前线的五十五师团，就已经忍不住了。五十五师团是新兵，又刚打胜仗，士气特别高，师团长竹内宽急得不行：我们得想办法打仗啊！我们司令，太保守滴干活，我干脆继续行军吧！只要打了胜仗，什么都好说滴干活！

第六十五回　骑兵团死守皮尤河
　　　　　　史迪威怒骂杜聿明

　　日军司令官饭田祥二郎，面对过于顺利的战局，开始犹豫了。当然，他犹豫也不是没有原因的，毕竟这两仗也没逮住英军主力。可下面的部队着急啊！尤其是预定到达的援军三十三师团、五十六师团，也没准时到位。之前打胜仗的十八、五十五两个师团就开始蠢蠢欲动了。

　　尤其是五十五师团，这是新组建的，师团长竹内宽心高气傲，他就不明白：我们司令在等什么？英军这么不禁揍，就应该乘胜追击滴干活！

　　最后，竹内宽等不及了，赶紧发动五十五师团，长驱直入，开始对英军进行追击。反正对日本来说，下级违抗上级命令还挺常见，一般取得了较好战果，指挥官也就不追究了。这也就是竹内宽的底牌啊！所以五十五师团的先头部队立即向北，直奔皮尤河！

　　咱们前文说过，第五军骑兵团早就在这儿准备好了，士兵全都潜伏在阵地上，副团长黄行宪负责指挥，他一看，嚯！来的这股日军还真够阔的！一共十辆大卡车，上面满载士兵，还有一辆吉普车，问题是，前头连个装甲车都没有，就是全速前进。黄行宪一看，这机会能放过吗？立刻拿起步枪，瞄准第一辆车上的司机，看看距离，已经到了二〇〇米之内，"啪！"就是一枪！司机当即中枪身亡！

　　这就是信号啊！瞬时间，"啪啪！哒哒哒！哒哒哒！"枪声响成一片，十几挺轻重机枪，加上上千把步枪一齐开火，紧接着，两辆美国造装甲车冲过皮尤河大桥，从两翼包抄。咱们说，美制M3A1式装甲侦察车，三面都有移动重机枪，所以无论哪个方向，都至少能有两挺重机枪开火。美制重机枪，威力也强，这打上去得了吗？瞬时间，日军卡车备受蹂躏，火光冲天！

　　这通打击下来，谁能逃得了？二十分钟左右，日本人这一个中队，180人全军覆没。大家伙儿一看，高兴："嘿！小日本，叫你瞧不起人！"

　　"可不是！小日本，这回知道疼了吧？"

"哎我说哥们儿，人家才不知道疼呢！都死了，还能知道疼吗？"

大家伙儿说说笑笑，开始打扫战场。机枪、子弹、手雷什么的，自然都集中使用。不过，有人在一辆吉普车上发现了一具日军军官的尸体，从他手中找到一个皮包。底下人一看，赶紧拿给副团长黄行宪。黄行宪抽出文件一看，大惊失色："哟！"

原来，文件全是日语的，黄行宪虽然不懂，但上面好在有不少汉字，所以黄行宪大概看了个七七八八，他明白了，对面的敌人是日军的第五十五师团，而且还有一本日记，最后一页的内容大概是：英国人外强中干，无论是十八师团进攻毛淡棉，还是我们师团进攻仰光，都表现得太差了！根本不像我们一直听到的大英帝国。如果照这么下去，我们的进攻将畅通无阻，我们大日本帝国，马上就能进军中东，跟德国盟友会师，到时候全亚洲就都是我们大日本帝国的天下，我们的亚洲共荣圈，也将从梦想变为现实！

黄行宪看完，一撇嘴："呸！小日本，国不大，野心还不小！今天怎么样？你写完这点，就把命丧了。还想亚洲共荣圈，我现在就让你的梦想破灭！"

不过看完日记之后，黄行宪赶紧找到团长林承熙："团长，你看看，这是刚缴获的敌人文件！"

林承熙一看："老黄啊！你这回立大功了！这样，东西是你缴获的，你赶紧送到同古，让戴师长他们赶紧看看，肯定对咱们有帮助，知己知彼，才能百战不殆！"

没想到，黄行宪脑袋晃得跟拨浪鼓似的："不不不！团长，还是你去吧！你懂点日语，我屁都不懂，虽说日语中有汉字，但我也听说过，好些意思不一样，所以为了保险起见，还是您去吧！咱们团我来指挥。看样子，小日本这次是机械化行军，我正好给他们上一课，让他们知道知道，什么叫正规的机械化部队！"

林承熙一听，可也是，所以就带着几个参谋，拿着文件走了。黄行宪在此，继续指挥战斗。再说日本人这边，先头的中队全军覆没，后面的部队能不知道吗？每支部队，都得在固定时间段内用电台联系，前头失联了，后面的联队长自然得派侦察兵去看看情况。这一看，好么！全军覆没！所以赶紧回去汇报。联队长一听，连拍桌子："八嘎！英国人，狡猾狡猾滴！竟敢偷袭我大日本皇军，实在太无礼

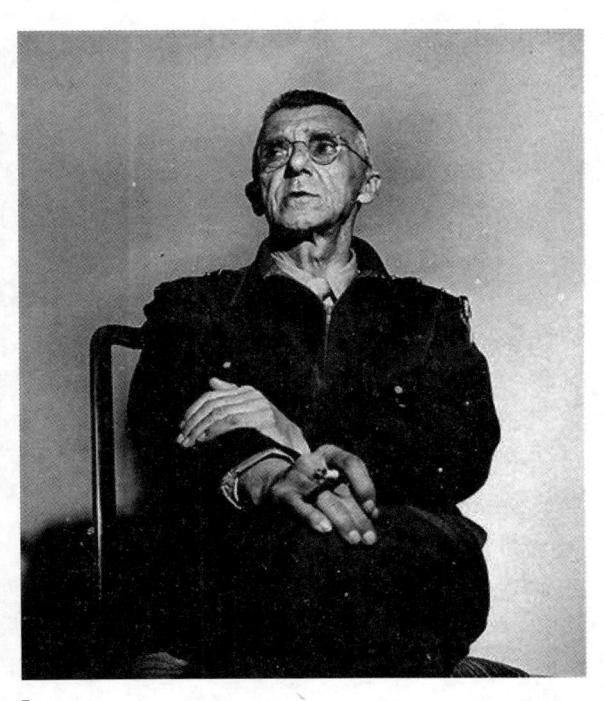

盟军总指挥史迪威。但说句实话，他就没把中国远征军放在眼里

第六十五回　骑兵团死守皮尤河　史迪威怒骂杜聿明

滴干活！明天，派一个大队，去皮尤河大桥看看，我就不信，英国人滴，被我们在仰光打成那样，现在还有战斗力滴干活！"

于是，第二天上午，先是三辆装甲车开路，后面有不少汽车，人数不少，就浩浩荡荡地前进至皮尤河南岸。

日本人这回可小心了，在皮尤河南岸可着劲地搜索，可怎么搜都没发现。最后日本人放心了，三辆装甲车打头，卡车排成纵队，开始过桥！咱们说，皮尤河大桥，长度足有200米，眼看着第一辆装甲车快到桥头了，后面的卡车也有七辆跟上，估计是想作为先头部队，过桥搜索。结果就在这节骨眼上，"轰！"大桥炸了！桥上的日军装甲车和卡车，当即就掉进了湍急的皮尤河中！

随后，对岸的机枪玩了命地扫射！

"哒哒哒！哒哒哒！"

日军不服啊！赶紧用歪把子和九二式重机枪进行还击！可美国造重机枪，本身性能就比日本人强，而且骑兵团这边的机枪，都架在装甲车上，骑兵团的装甲车来回奔驰射击，打中都很难，就算打中了，美国钢板也挺好，九二式打上，"当当当"几声，根本穿不透！相对来讲，日本人的机枪倒成了定点，旁边就是肉人，所以也被扫倒不少。剩下的日本人一看不好，赶紧撤退。

等消息传到联队长那，联队长山本五郎气得奔儿奔儿直蹦啊："八嘎！英国人有那么厉害吗？之前怎么一打就跑？"

这时候有报信的："报告联队长阁下，对面的我们看得挺清楚，应该是支那人！"

"纳尼？支那人滴干活？你确定不是缅甸人？"

"联队长阁下，我确定一定以及肯定滴干活，他们的旗子，是青天白日旗，跟英国人的不一样滴干活！"

"嗖嘎！支那人参战滴干活！不过支那人是低等民族，连英国人都不如。赶紧叫炮兵过来，轰死他们，叫他们死得连渣都没有滴干活！"

日军这边，还带有炮兵，一般一个联队所属的，有四门山炮、四门步兵炮，这回全都给搬到了前线，"咚咚咚咚！"一顿炮轰！国军这边当时有两辆装甲车被炸翻了。咱们说，装甲车毕竟不如坦克，重心高、装甲薄，而且顶部是开敞式的，所以受伤比较严重。黄行宪一看，心疼得直哆嗦，这装甲车虽然不是白来的，但数量有限，这么使怎么行？所以赶紧下令："快快快！装甲车后撤！作为预备队，没有我的命令，就在后面待命！其余人，给我打！"

"砰！砰！哒哒哒！"

摩托化步兵，早就放弃了摩托车，进入阵地用枪抵抗，当然了，比不了人家的大炮。话说，骑兵团的最大问题，就是缺乏大炮，有个重兵器连，六门战防炮，射程不够不说，还被扣下一半。所以黄行宪不敢用，好在骑兵团的阵地已经修了好几天，挺坚固，所以一顿炮轰下来，问题不大。

等炮击一阵之后，联队长山本五郎看看，差不多了，于是一挥手："工兵中队，赶紧架桥滴干活！上！"

工兵中队赶紧聚到桥头，准备架桥，这时候，骑兵团的枪又响了，"哒哒哒！砰！砰！哒哒哒！"

工兵中队猝不及防，被打死好几个，赶紧撤回。山本五郎一看："八嘎！支那人怎么还没死光滴干活？快开炮！"

"轰轰轰轰！"

又是一阵炮，可等日军工兵再上，骑兵团的火力仍然炽烈，日军怎么轰，都没法前进一步。最后山本五郎急得直拍大腿："八嘎！支那人太可恶滴干活！告诉师团长，让飞机过来轰炸滴干活！"

"哈伊！"

于是，一个小时过后，几架日军轰炸机飞到，"轰轰轰！"一阵猛炸！咱们说现在，英军的空中力量，已经在日军的偷袭下损失殆尽，偌大的缅甸，只有陈纳德的飞虎队偶尔能来打次游击，效果还不错。可飞虎队的P40，航程有限，根本顾不到同古那么远，所以日军的飞机随便肆虐，炸弹扔完是机枪，一阵狠打之后，飞机撤退。日军再次进攻，还是没讨到什么便宜，时间就这么耽搁下来了。

咱们再说团长林承熙这边，他拿着日军的情报，找到了戴安澜。戴安澜一看，高兴："好！原来日军一共才两个师团，这就不怕了。赶紧汇报给杜聿明将军还有史迪威司令！"

正说着，这时候听师部外头有人大笑："哈哈哈！是谁要汇报？汇报什么？"

戴安澜和林承熙一听，赶紧往外看，这一看，好么！进来的恰恰是一个金发碧眼，戴着眼镜的外国人，这个外国人身后，还跟着个将军，跟个受气小媳妇似的，这人戴安澜认识，这不是我们军长杜聿明吗？哦，那不用说，能把我们军长管成这样的，肯定是史迪威了！不过没想到的是，他的中文还真不错啊！

心里想着，戴安澜身上不敢急慢，赶紧敬礼："史迪威司令！"

史迪威也是满面堆笑："你就是戴安澜师长吧？很会带兵嘛！虽说比我们美国和英国还差些，但在中国人中，也算是人杰了！我刚才带着杜将军在外面看了看，工事修得很不错嘛！是不是啊？杜将军？"

杜聿明现在就像个受气的小媳妇："是，是，戴师长干得不错，但比您还差不少。老戴啊，你不是有什么要汇报吗？现在史迪威司令在这，你就汇报吧！"

戴安澜看了特别奇怪，我们杜军长跟我们面前威风八面，天不怕地不怕，怎么现在像个受气小媳妇似的？咱们书中代言，其实杜聿明也是没办法了，之前杜聿明跟史迪威曾经大吵了一架。原因无他，就是英国人不肯提供支援，杜聿明就开始发牢骚："咱们英国盟友也太不像话了！现在我们进展那么慢，全都是他们搞的鬼！他们跟我说，没这没那，闹了半天什么都有！日本人的广播里都说了，而且我们在同古，缴获了英国人没来得及带走的汽油，我们费了半天劲，才运回来一小部分，就这些，我们的部队才全都运进了缅甸，这简直是成事不足败事有余！"

杜聿明发牢骚，本以为史迪威会一碗水端平，就算不跟英军大发雷霆，也得好好协调。没想到他火大，史迪威更火大："杜聿明！你好大的胆子！竟然敢质疑英国人的用兵！你知不知道，英国人跟我们美国人差不多，比你们中国人强上一万倍！你知不知道，什么叫作疑兵之计？这是你们中国《三国演义》中的谋略，日本人就是靠这个来迷惑我们，我们怎么能上当？再说了，你们拿的汽油，经过英国人同意了吗？"

"这……英国人已经撤出了同古，没来得及处理，我们就用了，这也符合常理啊？"

史迪威冷笑一声："常理？那是你们中国的常理，在我手下，就得按美国规矩办！英国人撤离同古，没来得及销毁剩余物资，这是他们的错，我会批评他们的。倒是你们，按照规矩，你们接手同古，就应该继续销毁剩余物资，怎么能挪作己用？你们这么大的错，我要通报批评！现在，你的二〇〇师也到同古不少日子了，好在日军没攻过来，现在你陪我去视察，看看二〇〇师有没有浪费时间？而且我要督促着，销毁剩余物资！"

这通雷烟火炮，把杜聿明砸得不知所措，赶紧拿眼睛看副司令长官罗卓英，毕竟罗卓英是联合指挥部的副司令，也是国军的主心骨。可没想到，罗卓英把眼一斜，是丝毫不理！

第六十六回 杜聿明布阵平满那 戴安澜大战同古城

　　杜聿明发牢骚，这也难怪，英国人也太气人了，剩余物资宁可做战利品，便宜了日本人，也不肯给盟友国军来用。这叫什么盟友啊？

　　可没想到，史迪威听完牢骚，反而把杜聿明骂了一顿："英国人撤离同古，没来得及销毁剩余物资，这是他们的错，我会批评他们的。倒是你们，按照规矩，你们接手同古，就应该继续销毁剩余物资，怎么能挪作己用？你们这么大的错，我要通报批评！现在，你的二〇〇师也到同古不少日子了，好在日军没攻过来，现在你陪我去视察，看看二〇〇师有没有浪费时间？而且我要督促着，销毁剩余物资！"

　　这通雷烟火炮，把杜聿明砸得不知所措，赶紧拿眼睛看副司令长官罗卓英，毕竟罗卓英是联合指挥部的副司令，也是国军的主心骨。可没想到，罗卓英把眼一斜，没搭这茬。咱们书中代言，罗卓英并不是个草包，在国内的对日作战中，表现不错。可到了联合指挥部，见着史迪威，罗卓英才知道什么叫倔老头，只要你有别的意见，史迪威根本不听，还得骂："中国人不会打仗！你懂什么叫制空权吗？你懂什么叫海权论吗？你知道步坦协同怎么打吗？所以说，你不行！"

　　没辙，罗卓英虽然学过军事，但和美国人的理论水平差不少，就算学过，也是书本上的，没演练过，所以说不赢史迪威。罗卓英多滑啊，一琢磨：反正蒋委员长也说了，坚决服从史迪威的安排，我还得瑟什么啊？我要是有什么反对意见，仗打赢了，也没我们的功劳，仗打输了，我们就得背黑锅。干脆他说了算吧！我就管签字！所以罗卓英干脆明哲保身了，多余的态也不表，你说一加一等于三，我也说对！

　　您说这情况下，他还能帮杜聿明的忙吗？最后，杜聿明憋了一肚子气，只能退出来，请示蒋介石，蒋介石呢，对于美国盟友，感情是特别的好，马上指示：一切听从史迪威将军的安排，不得有误！

　　得！这回杜聿明就彻底成了受气的小媳妇，史迪威要视察，他也不敢提意见了，所

第一次远征军的中方最高指挥官罗卓英。应该说，罗卓英本人并非酒囊饭袋，但在第一次入缅之时，他的表现着实不佳

以跟着就来到了同古，来找戴安澜。戴安澜不知道什么情况，就觉得军长有点奇怪，他也没当回事，所以就拿出情报："报告史迪威将军！报告军长！我们刚得到的情报，日军方面，现在一共是两个师团，其中，第五十五师团，已经有前进的迹象，刚跟我们骑兵团交过火。另外，还有十八师团，正在从毛淡棉往这里赶！"

史迪威中文不错，写日记都足够，所以听得挺明白："Yes！太好了！原来当面的日军才有两个师团啊，这我就不怕了！我们也刚刚联系上英军，他们正在曼德勒、普罗美一线集结。既然如此，杜聿明！"

"在！"

"你马上联系你的中国人，让他们全都到同古来，把日军给我顶住！然后我联系英军，英国人的坦克从侧翼一迂回，就能收复仰光，前后夹击，把日军干掉！"

"是！"

现在杜聿明不听也不行了，赶紧联系手下各部。现在说实话，运输线还是紧张，杜聿明只能拣重要的来，第五军全军三个师都得上，另外还有孙立人的新三十八师，四个师加在一起，能有五六万人，杜聿明感觉着，应该能抵挡日军两个师团了。

而在杜聿明调兵的同时，皮尤河那边分出胜负来了！咱们说，第五军骑兵团虽然装备精良，但缺乏炮兵，以及制空权，这都是硬伤！日军用重炮和飞机，反复蹂躏骑兵团的阵地，骑兵团又誓死抵抗了一天多，损失越来越大，最惨的是，负责指挥的副团长黄行宪，也在日军的空袭中阵亡。前线参谋赶紧把电报打到同古："喂喂，是戴安澜师长吗？我们是骑兵团啊！我们副团长阵亡了，我们也损失惨重啊！我们请求支援！"

这时候，骑兵团团长林承熙还在同古呢，他一听急了："戴师长，前线军情十万火急，请您准我去前线，指挥作战！"

戴安澜一听："好吧！林团长，你即刻去前线，收集部队，不用再打了，放他们过来，我倒要会会他们！"

"啊？师长，不打啦？"

"哎！硬守阵地，本就不是你们骑兵团的长项，我也听军长说了，英国人靠不住，咱就得靠自己！所以，损失少点是点吧！"

"是！"

于是，林承熙赶往前线，指挥骑兵团撤退，就这样，日军把桥重新架好，就扑向同古！这回，五十五师团师团长竹内宽可火大了：八嘎！我们之前从来没这么憋屈过，打下一座大桥，得用两天。支那人，这回我叫你们知道我厉害滴干活！

日军这一路，猪突狼奔，就进到了同古城的外围阵地鄂克春，国军早就在这里挖好工事，严阵以待了。竹内宽当然不傻，不可能让步兵直接往上蹚，所以赶紧扎好指挥部，用电话呼叫："莫西莫西！支那人的阵地就在前面，快点来飞机轰炸滴干活！"

"哈伊！"

半个小时的工夫，飞机飞到，"吱吱！轰轰轰轰！"一顿轰炸过后，国军阵地几乎被翻了个儿，表面的所有建筑，都被炸得七扭八歪，随后竹内宽再一个电话："重炮联队吗？赶紧给我轰滴干活！"

"咚咚咚咚！"

又是一阵的狂轰，大概一个小时过后，竹内宽看看差不多了，于是拔出指挥刀："杀给给！"

"哗！"

三辆装甲车打头，后面就是势不可当的日军士兵，嗷嗷叫着往上就冲。眼看离着第一道战壕只有二百米了，国军仍然没有抵抗。竹内宽拿着望远镜，高兴："哟西！支那人果然不堪一击，一顿轰炸加上炮击，不炸死也都跑了滴干活！"

没想到，再进一步，竹内宽是瞠目结舌！之间国军阵地上，当时支起了军旗，随后，"砰砰砰！砰砰砰！"几声炮响，三辆装甲车当即被冒烟被毁。装甲车一毁，后面步枪、迫击炮连连开火，机枪也组成交叉火力，"哒哒哒！哒哒哒！"一顿扫射，火力强度肯定在团级以上，日军跟割麦子似的倒下一片！

竹内宽吓得当时望远镜都掉了，赶紧招呼："阿布那一！撤退！撤退滴干活！哈压库！"

前线日军赶紧退下来，竹内宽赶紧继续炮击、轰炸，再让部队冲，可仍然效果不大。而侧翼又几次出现骑兵团的踪迹，现在的骑兵团可阔了，美国造装甲车还有不少，干脆开着就从侧翼杀过来了，那是神出鬼没，一旦出现，三挺重机枪一起开火，日军是猝不及防啊！想反击，三八大盖虽然穿透力强，但仍然穿不透美制装甲车，只能挨揍。林承熙也坏，反正是为了牵扯日军的注意力，他就专门袭击步兵部队，消耗敌人的有生力量，甚至有一次，杀到了师团部附近，吓得竹内宽心惊肉跳。而且五十五师团，指挥官是预备役的高手，但兵多是招募的新兵，新兵的特点，就是刚开始的时候猛，嗷嗷直叫，但几次挫折之后，锐气受挫，没有老兵的韧劲，仗也就越来越难打了。竹内宽为此急得哇哇直叫，一筹莫展。一连四天，一点进展都没有。

有人问了，戴安澜怎么守得那么好呢？咱们书中代言，戴安澜这次可是真用心了，缅甸生产柚木，而柚木的集散地就是同古。日军来之前，无论是收购柚木的英国人，还是伐木的缅甸人，全跑光了，所以有大批的柚木，全都囤积在同古一带。这种木材质量很好，细致绵密，软中带硬，硬中带软，戴安澜一眼就看上了，马上发动人找，看看是谁家的？

结果找了半天，人早跑没影了，戴安澜一看，得！那就这样吧！先征用，等找到主人，再补给人家钱吧！就这样，戴安澜征用了这大批的柚木，加上建筑材料，就建起了工事，这工事质量很好，防枪防炮都没问题，戴安澜前线的部队，就仗着这么好的工事，跟日军强顶了四天。

再说竹内宽这边，这几天急得嘴里起泡，这可怎么办滴干活？这时候，副官报告："报告师团长阁下，司令来了滴干活！"

竹内宽一听，哟！司令来了！看来是对我非常不满啊！所以赶紧出来迎接："司令官阁下！"

这时候，司令官饭田祥二郎虎着脸："你滴！怎么还没打下同古？"

"抱歉司令官阁下！同古防守的是支那人，支那人，狡猾狡猾滴！不知用了什么鬼办法，我们无论是轰炸，还是炮击，都没有效果滴干活！"

"八嘎！"

"啪啪！"

饭田祥二郎反手就给了竹内宽俩嘴巴，竹内宽当时被打愣了，赶紧一鞠躬："哈伊！"

"八嘎！既然你知道支那人狡猾狡猾滴，为什么还要强攻，损失我们大日本皇军滴干活！现在我教教你怎么打仗！出来！"

这时候，旁边站出来一个人，身穿着日式军服。竹内宽一看，太认识了，此人就是日军在缅甸重点收买的一个对象。

"你滴！赶紧说说，怎么才能打下同古？"

"太君您看！"

此人说着话，从地图上指出来了："太君，同古虽然城小，但城池坚固，中国人如果加了小心，的确有难度。不过，太君们可以看看这里！"

随后手指一处，正是同古城西北的机场。

"各位太君，这里是克永冈机场，也是平满那、曼德勒等地通往同古的必经要道，中国人之所以能跟太君对抗，肯定是因为后面的运输线畅通。把他们的运输线一掐，他们肯定死定了！"

"八嘎！"

竹内宽当时蹦出来了："你滴！胡说八道滴干活！这里过去，全都是山林，途中极其容易迷路，怎么去机场？"

"请太君放心，我们有人路熟，可以给您带路！您帮助我们缅甸独立，我们也一定为您尽心！"

就这样，日军派出一个大队，在此人的带路之下，披荆斩棘，直扑同古城西北的克永冈机场。这回可真掏到了国军的腰眼儿上，克永冈机场因为在同古的后面，同古吃紧，戴安澜自然没放过多的兵力，只有一个营的士兵，另外就是工兵团，他们负责在这里接洽补给。这回日军掏到眼前，那是猝不及防！结果一阵交战之后，工兵团团长李树正负伤，部队损失不小，不得已，残部退回同古城。

消息传来，戴安澜气得眼睛冒火啊："妈的！日本人怎么可能打到这？赶紧告诉前线，给我退回同古城！务必死守，给后续部队争取时间！"

"是！"

于是，二〇〇师全军退守，依托城垣，跟日军的五十五师团展开了决战。日军刚开始还真顺利，一阵重炮下来，轰塌了一段城墙，然后日军就如潮水一般，涌入了城中，成功打下了桥头堡。可接下来，日军就难办了！二〇〇师将士也如猛兽一般，手持各种武器，冲到近前！

"冲啊！"

"杀呀！灭了小鬼子！"

"哗！"

双方就这样展开了近战！二〇〇师的将士，有不少之前昆仑关战役的老兵，这帮人士气高昂，谁怕小鬼子啊？所以玩命反击，双方开始了逐屋争夺的巷战。不过也怪了，国军虽然进攻猛烈，但每到日军快被赶出城的时候，二〇〇师的攻势就接不上了。日军随即增兵，再占领几座房屋，双方又开始了巷战。

其实咱们说，这也正是戴安澜的聪明之处，日军比国军强在哪儿？自然是火力支援和制空权优势，如果日军在城外，我们在城内，日军随便轰、随便炸，我们只能挨着。时间长了，钢筋混凝土的工事也扛不住。与其这样，不如把日军的一部分放进城里，我们来巷战，反正我们已经被围住了，日军四面进攻，打到城里，日军的火力优势也没法发挥。我的二〇〇师有一万多人，就是拼光了，也能把你这个师团拼个差不多！我就不信你日本人也不知道疼！

第六十七回 杜聿明分兵救援
　　　　　　　　廖耀湘恶斗车站

　　戴安澜大战同古城，这回他的战术很明确，反正我们已经被围住了，不如就放一部分日本人进城，咱们来巷战。这样，日军的火力优势没法充分发挥，我们就多一分胜算！我们二〇〇师有一万多人，你们日军一个师团有两万多人，巷战之中，刀剑无眼，我就不信，把我们二〇〇师拼光了，也重创不了你们！

　　当然，巷战也是极其危险的，因为双方都是短兵相接，谁都难保伤亡！所以戴安澜在战前，为了振奋士气，特别把给家里的家书展示给各位将士，将士们一看，那是热血沸腾啊！原来家书上写得清楚：

　　我此次奉命，固守同古，因为上面大计未定，后方联络过远，敌军行动又快，现在只能孤军奋战，以报国家的养育之恩！为国战死，对于军人来讲，是无上的荣耀，我戴安澜身为军人，也愿马革裹尸！

　　戴安澜把家书传给将士们看之后，下了最后一道令：只要没有上面的命令，我们就必须坚守到底！只要还有一兵一卒，就不许放弃！如本师长战死，就由副师长代之，副师长战死，参谋长代之，参谋长战死，就由幸存的团长代之！从我以下，无论是谁，敢后退者，杀无赦！

　　其实这道令也是多余，二〇〇师都是身经百战的底子，经验丰富，所以就拼死跟日军展开了巷战，双方就在城角巷战了足足三天，连毒气都用上了，可日军还是一点进展都没有。

　　按下戴安澜在这死守不说，杜聿明那也头疼，原来，这些天以来，战局又出现了变化！现在远征军的部署，已经基本就位。第五军的其他部队，新二十二师、九十六师，包括装甲团、炮兵团，都已经到了平满那附近，离同古已经不远了。另一个主力，孙立人的新三十八师,也一并到了。其余的部队,除了一个九十三师,布置在缅甸泰国边境以作防备,其余的部队也都纷纷就位。按照计划,他们先后在同古缠住日军,然后英军的装甲部队从侧翼一抄,日军就得完蛋!

可如今,情况大变,日军第十五军其余的三十三师团、五十六师团,也从仰光登陆了。这样,迎面的日军就不是两个师团,而是四个师团,十万人!这回杜聿明没把握了,何况,二〇〇师已经被日军围在同古,形势岌岌可危。而最糟糕的消息,还不是有神一样的敌军,而是猪一样的队友!之前本来计划好,国军在正面挡住日军主力,英军的五万多机械化部队从侧翼包抄,一战定乾坤。可现在英军一看,日军的数量那么多,我们才不去送死呢!所以干脆按兵不动了。

这怎么打啊?反击的主力不出力,而远征军方面,最主力的二〇〇师也被围困在同古,这可如何是好呢?杜聿明急得奔儿奔儿直蹦,赶紧请示司令官史迪威:"司令!现在情况紧急,日军增兵,英军联系不上,二〇〇师被围在同古,危在旦夕!我请求让二〇〇师撤回来,我们还得派部队接应,其他主力部队,在平满那地区就地布阵,迎击日军。这样,进可攻,退可守,如果情况不利,我们还有后退的空间!"

史迪威闻听此言,眼睛当时就瞪起来了:"Shut up!杜聿明!你少给我说后退!你这是未战先怯,小心我把你军法从事!现在的情况,远没有那么糟!日军虽然增兵,但我方仍然有兵力优势,只要英军出击,五万多精锐,一百多辆坦克,日本人绝不是对手!现在你赶紧让你的二〇〇师继续坚守,然后派部队打通联络线,你们就是死,也不能后退!等我联系上英军,战局就会有转机!"

杜聿明一听,气得直翻白眼,史迪威啊史迪威,你打过仗吗?你就凭地图来指挥,你实地去看过吗?而且你老说英军,现在他们除了跑得比兔子还快,跟日军硬碰过吗?听你的,我们就得全军覆没!

可他骂归骂,命令也得执行,蒋委员长特别嘱咐,一定得听命令,所以杜聿明万般无奈。不过打通联络线,接上跟二〇〇师的联系总是好的。所以杜聿明转身回了军部:"廖耀湘!"

"在!"

"老伙计,现在就得看你的新二十二师了,我命令你立刻出兵,打通平满那到同古的交通线,接应二〇〇师!"

"明白!请军长放心,属下定当竭尽全力!"

杜聿明一扑棱脑袋:"耀湘啊,事关重大,决不能是竭尽全力就行的。我命令你,务必尽快打通联系,否则军法从事!"

远征军的 CV35 坦克

"明白!请问军长,打通联系之后,我们该如何是好?"

"嗯,你们就协助二〇〇师,继续守卫同古!"

"啊?"

廖耀湘一听,冷汗就下来了,怎么回事?这可不是我怯战啊,我可听说了,同古被日军团团围住,就算我们打通了联络,也应该是接应二〇〇师尽快撤退。否则,以我们两个师的兵力,能不能扛住日军两个师团都不好说,更何况,日军前线已经增兵到了四个师团。军长平日用兵,即便不是胸有成竹,也是有板有眼,绝不蛮干,今天到底是怎么了?

这时候,杜聿明也觉得命令有点勉强,所以咳嗽一声:"咳!耀湘啊,现在的命令就是这样的,你们打通交通线之后,协助二〇〇师,继续守卫同古。但战场情况,瞬息万变,估计命令也可能要变,你也打着两手准备吧!不过,打通交通线,这是肯定的,一定不能给我有折扣!当然了,我也知道,日军肯定不好对付,所以,胡献群!"

"哎!"

胡献群可是第五军的老伙计了,当年装甲兵团的时期,就有他。胡献群此时,赶紧挺身出列:"军长!"

"老胡啊,你立即集中装甲团的所有力量,配属新二十二师一起进攻!"

"这"……

胡献群一听,面露难色,杜聿明心里跟明镜一样:"老胡啊,我明白,现在你的装甲团兵力不齐,尤其是主力T26还没到。但现在来不及了,你就把你手头有的全拿出来,先应一时之急吧!公路之上,没你的坦克摧城拔寨,恐怕新二十二师也难以靠近同古,现在全军的刀刃,可就是你了!"

"是!属下明白!"

杜聿明接下来一拍桌子:"好!再给我联系炮兵团第一营、战防炮营、工兵团,同古外围的骑兵团等,全都由廖耀湘师长统一指挥。另外,余韶的九十六师作为预备队,随时准备投入战斗,说什么都要给我打到同古去!"

"是!"

"明白!"

咱们说,杜聿明这次可真下本儿了,第五军的其余部队,几乎全都动员了。且说廖耀湘,他这队人马,算得上兵强马壮。廖耀湘很明白,想打下同古,就得先夺下平满那到同古之间的南阳车站。廖耀湘现在眼睛都红了,好么!之前杜聿明军长执掌二〇〇师的时候,我就是参谋长,这部队,是我们一手拉起来的,怎么能坐视他们在同古挨打啊?所以廖耀湘动用了一切资源,部队行军,就跟正常不一样。搜索前锋是CV33装甲车,这玩意,意大利货,皮薄火力弱,别的国家都看不上,但在中国可是个奢侈品,只能在关键时刻用个一两下。这时候,竟然连搜索都用它们,可见廖耀湘着急啊!好在廖耀湘当年在法国,学的就是机械化骑兵,他就擅长快速行军,今天也是拼了,所有的机械化力量,都给集中到一起了。

再看搜索分队过后，就是坦克部队，而随后，汽车拉着一少部分士兵，再拖着大炮，也开始了急行军，廖耀湘乘着汽车，亲自压阵。就这样，谁也不敢怠慢，这支先锋，就以极快的速度，赶到了南阳车站！

等部队到达了南阳车站附近，廖耀湘扎下指挥部，马上把几个兵种的指挥官叫来："各位！现在二〇〇师危急，咱们千万不能耽搁。现在我下令，开始进攻！"

几个指挥官全吓了一跳："师长，咱们这通机械化行军，是快了，但主要的步兵都在后面等火车呢，估计怎么也得一个多钟头才能到。现在咱们手头，也就是一个团的步兵，能行吗？"

"是啊！师长，要不然再等等，等步兵上来，再作计较。"

廖耀湘一听，眼眉一立："少废话！兵贵神速，现在前面报告，日军在南阳车站，防守兵力并不多，再等等，他们也增援了！咱们现在就得一鼓作气，攻城略地，不能给敌人喘息的时间！"

"可师长，咱们兵力就这么多，如果出了问题……"

"出了问题我负责！打！炮兵营何在？"

炮兵营的王营长出列行礼："师长！"

"王营长，你即刻组织炮击，给我照着一个基数的弹药打！打光为止，在此期间，炮不能停！"

"啊？"

王营长一听，吓了一跳："师长，我们此来，一共就带了两个基数的弹药，这一次就打掉一半，后边我们还打不打了？"

"你别想这个，先顾眼前再说！打！"

"是！"

"胡献群！"

"在！"

"你立即准备法国坦克和CV33各一连，待炮声一停，立刻出击，不许给小鬼子任何喘息时间！"

"是！"

"邓军林！"

六十五团团长邓军林马上出列："在！"

"坦克部队出击之后，你的步兵立刻跟上，贴紧坦克行动，不许掉队，既得掩护坦克，还得负责清扫旁边的日军步兵，不得有误！"

"明白！"

"另外，赶紧给我联系骑兵团，让他们向咱们靠拢，协同作战！"

"是！"

于是，炮兵营的炮击开始，这顿轰啊！

"咚咚！轰轰！咚咚咚！轰轰轰！"

当即，南阳车站的地面建筑，全都飞上了天。说句实话，国军在国内的时候，极少这么阔过！因为日军的火力本身就占优势，国军要是组织炮兵齐射，估计用不了十分钟，敌人的反制炮火就得打到了，所以一般都是把炮兵拆散，一两门为一组，才进行射击。今天十几门一块儿上，还得把一个基数的弹药打干净，大家伙儿看着就过瘾啊："好家伙！这回小鬼子挨揍了吧！"

"可不是！我就不信小鬼子是钢打铁铸的，这顿炮击下来，也得把他们炸碎了！"

等炮击过后，就是坦克部队，这回由战车第十连连长杨荫森指挥，七辆法国雷诺坦克，外加上七辆CV33，插空排列，就冲向敌阵！而在坦克之后，就是跟随的步兵，廖耀湘在远处拿着望远镜看："嗯嗯，不错，咱们难得能打出这么典型的协同战术，我倒要看看小鬼子有什么能耐！"

可没想到，话音刚落，就听前线枪响，"突突突！突突突！"，紧接着，就看坦克之后跟随的步兵，开始成片地往下倒。廖耀湘一看："嗯？怎么回事？敌人在哪儿呢？"

咱们说，廖耀湘不清楚，前线也不清楚怎么回事，明明坦克没事，后面的步兵挨揍，国军士兵哪儿见过这个啊？纷纷乱作一团！廖耀湘在后面看得心急火燎，不行啊！要这么下去，步兵一溃，前面坦克没人掩护，也得玩儿完啊！敌人在哪儿呢？廖耀湘拿着望远镜，仔细观察，再看看士兵倒下的方向，突然明白了，哎！敌人应该在树上！

想到这，廖耀湘赶紧发话："快！告诉前线，往树上射击！"

咱们说，廖耀湘反应快，前线有人反应也不慢，谁呢？六十五团团长邓军林。邓军林经验丰富啊，刚开始遇袭的时候，国军士兵乱作一团。邓军林始终吆喝着："快！躲到坦克后面！队形不能乱！"

可是，士兵即便是缩在坦克后面，仍然有不少中弹倒下。但有的士兵在拥挤中，被挤到了坦克的中间，反而没事。邓军林赶紧上前，仔细看看，哎！他发现了，坦克上面的弹痕，基本上都位于上部，敌人肯定就在我们头顶上！所以邓军林赶紧呼喊："快！机枪手！往树上扫！"

可想往树上扫射，谈何容易啊？缅甸丛林，树木极多，你知道敌人藏在哪棵树上？而且机枪的重量不说，目标也大，动作也慢，等你举起来了，敌人的机枪也响了，倒霉的自然是国军将士。大家就被困在这里，一筹莫展！

第六十八回　骑兵团驰援解围
　　　　　　　廖耀湘进退两难

　　廖耀湘奉命，救援同古城。可想要去同古，就得先打通铁路线上的南阳车站。廖耀湘火急火燎啊，特别把最精锐的部队，全机械化运输到了南阳车站的附近。进攻的战术，廖耀湘也豁出去了，就采取最阔的欧式战术，先是炮火覆盖，弹药要打一个基数，然后步兵坦克协同作战，打算一举占领南阳车站。

　　可没想到，这个战术反而被日军压制了！一顿炮轰没起了多大作用，树上又出现了日军的不少轻机枪，以上示下进行射击，这样既隐蔽，又增加了射程，一阵狂扫下来，几乎将坦克和步兵的联系切断！步兵也想用机枪对上扫射，可因为动作慢，也看不清敌人在哪儿，所以收效甚微，反而让日军打倒不少。

　　有人也许奇怪，坦克干什么使的？原来，这要是T26，还好办点，T26有一门火炮、两挺机枪，其中一挺机枪在坦克上面，可以对斜上方射击。可T26还没运到，国军的坦克之中，新到的法国雷诺坦克有炮无枪，CV33有枪无炮，枪还是固定角度的，根本打不到上方，所以根本帮不上忙！而这时候，日军在车站之中，方才涌出不少士兵，重机枪也搬出来了，速射炮也拖出来了，正在组装。廖耀湘一看，急得满头大汗：好家伙！小日本的真章儿在这呢！好阴的小鬼子！

　　咱们说，日军这边，这回布置的战术也很奇特。他们在占领南阳车站之后，仔细思索了一下，下面的敌人，是什么人滴干活？要是远征军，他们倒不怕，日军的火力，跟英军比不了，但比国军，优势还是不小。所以日军心中有数，在阵地上硬碰硬，然后利用火力优势，就能取胜。

　　可要碰上英军，就不能这么干了，英军的火力和机动能力都很强，如果照一般的方式，肯定要吃亏啊！所以日本人思索了一下，做了两手准备，在车站之中，深挖战壕，把大部分士兵都藏在战壕里，然后，重机枪、各种大炮，全都藏在后面，避免让英军的炮火干掉。然后派出轻机枪组的士兵，拿着歪把子，藏在树林之中。然后派出搜索队，

远征军的新装备雷诺ZB坦克，跟CV33相对，一个有炮无枪，一个有枪无炮

由当地人指导，刺探情况。如果来的是国军，就按预定的A计划，步兵进入阵地，先行抵抗。因为国军的火力太弱，这也够了，然后再利用重火力反击。要是英军呢？日军就是B计划，让林中的轻机枪组，爬上大树，躲过坦克，切断坦克和步兵的联系，然后步兵掩护正面的重机枪和速射炮，干掉坦克，最后，再用大炮决一胜负！

咱们说这次廖耀湘的行军呢，完全是欧美范儿，日军侦察兵一看，纳尼？怎么回事？支那人还会机械化行军滴干活？不可能！哦！我明白了，这是英军，里面的亚洲面孔不是支那人，是缅甸人滴干活！执行B计划！

而国军方面，廖耀湘虽然集中了最精锐的部队，但比起英军来，还差太多，日军这么一来，廖耀湘也猝不及防，眼看着日军的速射炮和重机枪就位，他急得不行，只能抄起电话："快！给我接炮兵营！王营长！你立刻给我继续开火，对着车站再打三次齐射！对！不要管坦克，立即开火！"

"轰轰轰轰！"

这通炮击，出乎日军意料之外，因为坦克离车站的边沿，已经不到五百米了，速射炮可谓一打一个准儿。而攻方这时候要是再开炮，弹片都能崩到坦克上，十分危险。日军料定了，身份尊贵的英军，绝对不会这么做！

可问题是，对面是国军，国军在抗战的战场上，已经拼搏了数年，为了取胜，再危险的事情也做过！所以一顿炮击下来，前线坦克的装甲，被弹片溅出了不少凹坑，坦克之间的步兵，有的也受了伤。但日军更惨，三门就位的速射炮和十几挺重机枪，全都被掀了个底儿掉！形势顿时缓解。廖耀湘一看，乐得直拍大腿："好！打得好！"

这回炮击打得是不错，敌人的轻机枪火力照旧，可问题还是没根本解决。廖耀湘高兴完，赶紧转头问："后援部队还得多久才能到？"

"报告师长，离咱们最近的六十六团，正在下车整备，如果让他们跑步前进，还得需要二十分钟。"

"好！就让他们跑步前进，赶紧来支援！"

"是！"

安排完了，廖耀湘心里还是打鼓，难道就让我们的将士这么挨打不成？而且挨打是轻的，战场之上，瞬息万变，就怕二十分钟之后，我们的援军到了，敌人的援军也到了！这该怎么办好呢？

　　廖耀湘正在这心急火燎的，救星到了！只见树林的旁边，开过来十几辆装甲车，这些装甲车抬起机枪，"哒哒哒！哒哒哒！"就是一阵狂扫！这可都是重机枪，火力极其猛烈，子弹过处，树叶纷纷被打落在地，很多树干脆就被扫成了光杆，上面的日军自然是被乱枪穿身。有的日军还想反击，仗着高度占优，对着装甲车"突突突"就是一梭子！

　　可咱们说，这些装甲车都是美国货，虽说是敞篷，但还有防护盾。日军上面的机枪都是歪把子，轻机枪，杀伤力较差，子弹打在防盾上"当当"直响，但还是穿不透。可装甲车上，那都是大号的重机枪，这火力，比机关炮弱点有限，日军一开枪，等于也暴露了位置，重机枪马上一阵还击，日军可没有防弹装置，自然是倒霉了！就这样，五分钟之后，日军树上的二十个火力点，全部被清扫干净。

　　面前的一切，廖耀湘刚开始吓了一跳，等再看看，哟！是自己人！有装甲车，火力还那么猛，肯定是骑兵团啊！这时候，一辆装甲车直接开到师部附近，一个人跳下装甲车，赶紧跑过来："师长！我来啦！"

　　廖耀湘一看，正是骑兵团团长林承熙，他也高兴："老林呐！这厢来！"

　　"哎！"

　　林承熙过来，廖耀湘拍着他的肩膀："老林呐！你可立了大功！不过现在军情紧急，还得劳你大驾，从坦克部队的侧翼掩护，一举拿下南阳车站！"

　　"明白！兄弟们跟我走！"

　　廖耀湘马上一拍桌子："命令坦克部队，继续前进！步兵跟上，谁敢怠慢，军法处置！"

　　"是！"

　　于是，坦克部队再度发动，"轰隆隆！轰隆隆！"就扑向了南阳车站！这时候，日军阵地之上，重兵器已全被炸毁，只剩了一部分步兵留守。碰上坦克，还能抵挡？所以纷纷溃逃，等新二十二师的其他部队跟上，车站已经被廖耀湘拿下！

　　这阵儿，五十五师团师团长竹内宽，也已经知道信儿了，这家伙气得七窍生烟："八嘎！一群废物滴干活！竟然连敌人都挡不住，全都去给我剖腹滴干活！"

　　旁边有参谋提示："师团长阁下，前线报告，这支部队极有可能是英军滴干活！"

　　"英军滴干活？不可能！之前英军已经被我们打得魂飞魄散，怎么可能还有战斗力滴干活！还有，这都不重要，你告诉前线的所有指挥官，必须出兵，给我夺回南阳车站，否则，一个也不许回来，全都给我就地剖腹滴干活！"

　　"哈伊！"

　　可同古城这边还好，廖耀湘这边就头疼太多了。附近都是无边的丛林，当地人太知道怎么走了，所以无论廖耀湘怎么布置，阵型都是处处漏风。日军就在新二十二师的薄弱点上，来回发动袭击，什么狙击手、敢死队等等全用上了。廖耀湘最后实在是没办法了，这时候，日军的援军也上来了，廖耀湘万般无奈，只能放弃车站，后撤。

这仗等于战败了啊，廖耀湘实在没脸了，只能给杜聿明发电报：我部虽然一度夺下南阳车站，但因为日军的偷袭，不得已败退。现在车站又被日本人占领，我自请处分！

杜聿明一看，也头疼，他知道，廖耀湘经验丰富，论本事，可以说不在自己之下，他都不行，自己过去，估计也没什么用，看来只能派援军了。所以杜聿明当即传下命令："告诉余韶，让他的九十六师乘火车，赶紧去增援前线，说什么也得把同古城的交通线打通！"

可哪儿那么容易啊？日军早已占有了制空权，九十六师坐火车，正往前线转进，结果没开出十公里，就碰上了日军的轰炸机，"吱！吱！轰轰！吱！轰！"这一顿轰炸，把铁轨炸断，列车也走不了了，九十六师师长余韶一看，没办法，赶紧打电话请示杜聿明："军长！日军已经把铁轨炸断，火车是走不了了，我即刻让士兵下车，跑步前进！"

杜聿明一听，得！也别费劲了，廖耀湘说得明白，日军在暗中袭击的厉害啊！九十六师多是步兵，这要被陷进丛林里，不定损失得多大呢！现在我们出国作战，根本没有后援，士兵根本没法补充。而且现在同古方面，也已经坚守了11天了，按照正常推算，几乎已经弹尽援绝。再守，也只能是白白损失了。反正现在同古守卫战，已经基本达到目的，日军的锐气已经受挫。不如撤吧！反正英军也不来，我们死守没有意义，干脆保存有生力量，在平满纳地区布阵。这样，我手头的四个精锐师，两个损失不大，两个以逸待劳，就算碰上日军的两个师团，也能挡一挡，至少能保住缅北交通线啊！

所以杜聿明想到这，赶紧下令："余韶，你也别动了，就在平满纳布阵吧！"

"啊？军长，那我们不去增援啦？"

"不去了！就地布防！执行命令！"

"是！"

然后，杜聿明马上一个电话，打给同古城里的戴安澜："老戴啊！你们那情况如何？"

"报告军长，我们损失两千多人，五九八团副团长黄景升殉国，但您放心，敌人的损失是我们的一倍以上，我们还可以坚持一阵！"

"老戴啊，你也别坚持了，你的二〇〇师打得很好，现在准备撤退吧！"

戴安澜吓了一跳："军长，史迪威将军之前不是说了吗？要死守同古！"

这回杜聿明也火大了："死守！守个屁！英军打死也不来，咱们白白损失！现在只能靠咱们自己了，你即刻安排撤退。我让廖耀湘接应你，务必减小损失，撤出来，咱们在平满纳一线集结，自己干！"

"明白！"

紧接着，杜聿明一个电话打给廖耀湘："喂喂，廖师长，我是杜聿明，我知道你那里困难多多，但现在是战斗的紧要关头。我马上让二〇〇师撤退，你立刻指挥部队再往前突击一阵，接应二〇〇师的行动，不得有误！"

"是！"

且说廖耀湘这边，军长的死命令，他也明白怎么回事，赶紧布置部队，再次进攻。可这谈何容易啊？日军的援军已经上来了，而且看第一波进攻就知道，日军早就有了针对性布置。可廖耀湘也没别的办法了，为了救出二〇〇师，他就只能硬着头皮下令了："王营长，你的炮兵呢？"

"报告师长，我的炮兵都已就位，只是弹药不多了，现在也就是半个基数。"

"没关系！马上开火！把所有的弹药都打光，然后马上撤退！"

"啊？师长为什么啊？"

廖耀湘鼻子都气歪了："他娘的！你要是不想被小鬼子的炮给端了，就给我听命令！"

"是！"

廖耀湘一转身，把战十连连长杨荫森叫来了："杨连长，现在前线的坦克装甲车都归你指挥。还按照之前的打法，炮声一停，便是号令，你要迅速上前，摧毁日军的其他目标！"

"明白！"

"好！剩下的步兵，协同坦克，给我上！"

第六十九回　远征军苦战突围　史迪威进言重庆

　　为了救援同古的二〇〇师，廖耀湘也豁出去了，不顾日军的四处袭击，再度组织了攻势，想要再次拿下南阳车站，接应二〇〇师撤退。廖耀湘这回还是按照欧美范儿的攻势，先是炮兵准备，然后步兵、坦克协同，一起进攻。

　　于是，炮兵马上开火，"轰轰轰轰！"这回，弹药不足，只能是有多少打多少了。等打完之后，炮兵营的王营长按照廖耀湘的部署，马上转移阵地。果不其然，没五分钟的工夫，敌人的炮弹就到了！

　　"咚咚咚咚！"

　　刚才炮兵的阵地，就被化作火海！亏得转移了，不然就损失大了！再看廖耀湘这边，七辆法国雷诺坦克、七辆CV33还按照之前的战术，先鱼贯而行，等到前面的开阔地，马上排成进攻阵形，中央是有炮的雷诺坦克，两翼是有机枪的CV33，后面还有一个营的步兵，一行浩浩荡荡，就向南阳车站扑去！

　　可没想到，坦克刚刚开起来，对面的日军也才进入阵地，一阵鼓捣过后，"砰砰砰！"就是几声炮响！炮响过后，两辆雷诺式当即被摧毁！这时候，日军的重机枪也响了，"哒哒哒！哒哒哒！"这顿扫射下来，雷诺式还好，三辆CV33被打穿，里面的人员也受了伤！

　　再说战士连连长杨荫森，他经验丰富啊，一看这情况，完！全完啊！这是敌人的速射炮，有这玩意挡着，别说我们的雷诺式了，就是T26也冲不过去，赶紧撤吧！

　　所以他赶紧呼喊："撤！快撤！"

　　正这个节骨眼上，一颗炮弹正好击中杨荫森坐车的炮塔！

　　"轰！"

　　这炮还真悬，没正面命中，不然杨荫森他们都悬了！不过这一炮，也是打中了坦克炮塔的边角，这一炸，弹片四溅！杨荫森"哎哟"一声，当即满脸是血！弹药手一看：

"哟！连长！你怎么样！"

杨荫森忍着剧痛啊！在眼前晃晃手，发现眼前一片漆黑。这时候就听弹药手说道："连长！你的眼睛！我带你走！"

杨荫森一咬牙："少废话！坦克更重要，只要能动，就坚守岗位！驾驶员，坦克还行吗？"

"连长放心！坦克还能行！"

"那就走！咱们说什么，也得把坦克开回去！"

还真不错，杨荫森的坦克真开回去了，可别人就没那么幸运了。这回出击，雷诺坦克被击毁三辆，另有一辆受伤，CV33则被击毁五辆，负责指挥CV33的战七连连长魏成禄也不幸阵亡。再说杨荫森，败归本队之后，被弹药手和驾驶员搀扶出来。驾驶员也说了："连长，咱们赶紧去治疗吧，不然您的眼睛，就怕保不住了！"

远征军二〇〇师的骁将郑庭笈

杨荫森一咬牙："不！先去见师长！师长对咱们这么大的期望，咱们却没把阵地拿下来，太辜负人家了！先去请罪！快！"

就这样，两个人把杨荫森扶到廖耀湘跟前，杨荫森也不顾伤痛了，直接给廖耀湘跪下了："师长！我有罪！我辜负了您的期望！"

咱们说廖耀湘呢，他已经知道结果了，这一打起来，他一直拿望远镜看着呢。说实话，这次他也是硬着头皮一试，战败也在他意料之中，这会儿一看，好么！战十连连长杨荫森不顾重伤，前来谢罪。廖耀湘也流眼泪了："别别别！杨连长啊，是我对不起你们！来人呐！"

"在！"

"赶紧带杨连长下去治伤！"

"是！"

有人把杨荫森带下去了，廖耀湘就开始盘算了，下面该怎么办呢？这时候，骑兵团团长林承熙过来了："师长！要不让我们骑兵团试试！我们用装甲车左右包抄！装甲车速度快，又都是重机枪，应该没问题！"

廖耀湘一听，头摇得跟拨浪鼓似的："不不不！林团长，你的装甲车，也就能防子弹，碰上速射炮，也没脾气，还是别做无谓的牺牲了！下去吧！"

把林承熙劝走了，可战局方面，廖耀湘还是没脾气，这该如何是好啊！哎，正这个时候，日军后面一阵大乱！

"冲啊！"

"杀呀！剁了小鬼子！"

"砰砰！哒哒哒！砰砰！"

廖耀湘一听，哟！这是汉语啊！肯定是自己人，于是他一拍桌子："各部马上进攻，接应战友！"

"是！"

有人问了，来的是什么人呢？自然是二〇〇师了！咱们说二〇〇师，自从接到命令之后，也准备撤退，现在，大家都知道，这仗打下来，日军的损失比自己大多了，所以个个兴高采烈，就好像打了一场胜仗！戴安澜也挺谨慎，在击退日军一次进攻之后，虚张声势，派出熟悉丛林地形的小分队，还对日军进行了追击。弄得日军不明白，以为二〇〇师要发动反击呢！可等了半天，没动静，派侦察兵再到城里探探，还挨了冷枪。等日军好不容易挨到天亮，再度发动进攻，结果，同古成了一座空城！

二〇〇师这个撤退搞得可不错，连伤员带物资都撤了，连炊事兵的菜刀都没留给敌人，人人走的时候，高兴！一点没显出疲惫来，有的士兵还哼着小曲儿！但咱们说，别人行，戴安澜没这么轻松，撤出同古之后，马上派出伤亡较小的五九八团，由团长郑庭笈带领，去跟接应的新二十二师接洽。

郑庭笈呢，带队一路突击！咱们说，日军这回，可真没想到二〇〇师还会撤退，所以被打了个冷不防，郑庭笈率部，一举夺回了克永冈机场。不过在这，可挡不住日军进攻，所以郑庭笈带队，快速突到了南阳车站，在背后袭击了日军。日军只认为，面前有军队，是要去增援同古城的，我们得挡住滴干活！可他们哪儿想到，远征军还带前后夹击的啊？所以也被打乱了，郑庭笈这才跟廖耀湘见着。郑庭笈跟廖耀湘，那是老相识了，见着就激动啊！廖耀湘赶紧问："庭笈啊！你们怎么样？戴师长呢？"

"廖师长您放心吧！我们好着呢！同古一战，小鬼子算是知道咱的厉害了！我们师长就在后面，您稍等一下就好！兄弟们，原地布防！"

"是！"

于是，新二十二师和五九八团就地布防，以防万一。没过二十分钟，戴安澜的师部也到了，廖耀湘一看，眼泪都出来了："老戴！你没事就好！"

"放心吧，老廖，小鬼子的子弹还没法奈我何的！"

"嗯！这个我信！这样，我马上给军长发个电报报平安，军长要知道你没事，不定得多高兴呢！"

于是，电报发出去了，没三分钟，杜聿明的电报也到了：戴安澜师长安好，我甚欣慰，现二〇〇师立刻后撤至平满纳地区修整，新二十二师断后，在斯瓦河一线阻击日军，务必拖住日军一周以上！以便我军集结，准备平满纳会战。

这命令一下，廖耀湘和戴安澜都是丈二和尚摸不着头脑，怎么回事？本来不是接应二〇〇师撤退吗？怎么还得继续阻击日军一周呢？这叫哪门子命令？

咱们书中代言，现在杜聿明比他们还头疼！怎么回事呢？刚开始下命令的时候，杜聿明的确是审时度势，二〇〇师若不撤，只能白白损失了！这个决定并没有问题，可却冲了总指挥史迪威的肺管子！等杜聿明下令，让二〇〇师从同古撤退，然后把情况就报告给了史迪威，史迪威当时就火了，带着副总指挥罗卓英，就来杜聿明这兴师问罪！

"杜聿明！你为什么让二〇〇师撤退？"

"总指挥，现在二〇〇师已经在同古守了十天以上，已经弹尽粮绝，再守下去，二〇〇师就得全折在同古。您也知道，二〇〇师是我们战斗力最强的一个师，想跟日军决战，千万不能损失！与其这样，不如把二〇〇师撤回来，在平满纳地区组织一场会战，到时候，咱们四个精锐师一起上，进可攻，退可守，这才是……"

杜聿明话还没说完，史迪威一拍桌子："杜聿明！你这分明是贪生怕死！你的部队算什么？损失一个师，要能换来整个战局的胜利，值！赶紧通知你的二〇〇师，让他们继续守同古！守不住，就派你其他的部队补上去！等英军收复了仰光，日军也就不行了！"

这时候，罗卓英也发话了："杜聿明！听见没有！赶紧叫二〇〇师停下，守住同古，等待英军的包抄！"

咱们说，罗卓英现在根本就是跟史迪威穿一条裤子，一点不帮着自己人，两个人一顿雷烟火炮下来，杜聿明也急了："总指挥！副总指挥！你们说话要负责任啊！你们让我派兵在同古截住日军，我们照办了，可你们嘴中的英军呢？等到现在还没来！我现在想办法在平满纳重新集结，这样可打可撤，英军来了，一样能策应，打不过，也能比较好地退守缅北地区。要是我们继续当傻子，二〇〇师被歼灭，英军还没来，这责任谁来付？我？还是你？"

杜聿明也是急得没办法了，全听史迪威的，就得玩儿完！所以硬着头皮抗令了。杜聿明心里有数，你史迪威老跟我提英军，英军怎么也不到，到底是谁破坏的整个战局？这官司，就是打到蒋委员长那儿，我也有理！现在反正大不了再挨史迪威一顿臭骂呗！反正骂我一顿，我也不掉块肉。别以为我们中国人贪生怕死，我要让你在平满纳，见识见识我们中国军人的威风！

可出乎杜聿明的预料，史迪威这回没发火，反而乐了："好吧！杜！你说的也是有道理的，英军的问题迟迟没解决，把二〇〇师继续放在同古，也的确不合适。现在你就组织你的平满纳会战吧！我等你的好消息！"

这回该杜聿明傻了，怎么史迪威这回这么好说话啊？咱们书中代言，史迪威有他的鬼主意，刚才杜聿明跟他一急，他也要急。可史迪威转念一想，不行！杜聿明的第五军，是中国远征军的主力，如果他跟我抗命，其他的部队肯定效仿，到时候就糟了！现在我虽然是缅甸地区美英中联军的总指挥，但说句实话，我手头除了联络参谋之外，没有一个美国兵，英国人我也指挥不动，如果中国人再反了水，我不成光杆司令了？到时候杜聿明再把情况反映给蒋光头，他们就得把我架空了！不行！我得想办法！

咱们说史迪威，他不是什么本事都没有，他对处理外交，以及突发事态，非常有经验，当年他也就是靠这个，才获得了美国陆军总参谋长马歇尔的赏识。这回，他脑子可比杜聿明这种战将快多了，所以他立刻变了一副笑脸，先把杜聿明稳住。然后，赶紧跑回自己的指挥部，乘飞机去了重庆，面见蒋介石。史迪威很明白中国的文化，想把国军给掌握住，就得取得蒋介石的手令！另外，这件事，杜聿明肯定要写报告，所以我一定要自己先说，让蒋光头先入为主，相信我！

等史迪威到了重庆，蒋介石自然是隆重接待啊！在蒋介石看来，史迪威可是为数不多的几个可信任的盟友之一。咱们说史迪威呢，见了蒋介石，先大吐苦水："蒋，现在缅甸的战局可不好办啊！英国人不听命令，他们握有精锐的炮兵和装甲部队，却不肯做出反击，实在是让人遗憾啊！我现在只能靠着你们中国人来作战了！"

蒋介石一听，哦！挺好，这是美国盟友对我们的肯定啊！所以蒋介石就问："史迪威先生，国军在您的手下，表现得好不好呢？"

"嗯？表现嘛，还算可以，勉强及格吧！在我的英明领导之下，你们中国军队也进入了角色，这不，在同古就打了一个不错的战役，挡住日军十多天。"

得，史迪威这一句话，把二〇〇师的功劳，全揽在了自己身上。不过这话说得蒋介石也挺美，哟！能得到美国盟友的肯定，这说明杜聿明他们打得不错啊！所以蒋介石心里一阵高兴，赶紧举起一杯酒："那太好了！史迪威将军，有您在前线指挥，我也就放心了！愿我们的盟军早日击退日寇，干杯！"

这时候史迪威一摆手："慢！蒋介石将军，但我也得说，在同古战役中，你们中国军队虽然表现不错，整个会战还是流产了，主要责任也不在你们，是英国人不听指挥。但你的中国军队，也出现了部分指挥官不听话的现象！这我可要提出抗议！"

第七十回　史迪威力压杜聿明　　廖耀湘阻击沙加耶

史迪威和杜聿明，为了同古的弃守，大动肝火。可杜聿明说得有理啊，我们守了那么长时间，你的英军去哪儿了？拿我们继续当傻小子啊？要是二〇〇师全军覆没，英军再不到，谁来负这个责任？

杜聿明这话一出，史迪威当时就警觉了，这家伙是要不听命令啊！现在我虽然是美英中联军的指挥官，但我实际上，只能指挥中国远征军，如果他们再不听命令，我不成了光杆司令了？史迪威的心眼儿，比杜聿明多得多，他干脆摆出一副笑脸，化解眼前危机，然后马上飞回重庆，面见蒋介石。

现在蒋介石，就指着史迪威这样的盟友呢，所以对他非常客气。史迪威在这，几句话就把同古战役的功劳揽到了自己身上。然后还跟蒋介石提出："蒋介石将军，同古会战的最终流产，虽然主要问题是英军的抗命，但你们中国军队，也有部分指挥官不听命令！我可要向你提出抗议！"

蒋介石一听，当时就慌了，盟国抗议，这还了得？万一人家一怒之下，不给援助了，我们抗战不就完蛋了吗？所以赶紧赔着笑脸："别别别！史迪威将军，不要生气，我马上就发电报，跟部队强调，一定要听您的指挥！"

"不不不！这还不够！现在我在筹划平满纳会战，我一定要在这里，干掉日军一两个师团，阻止他们的攻势。然后就在这里反守为攻，把日本人赶出缅甸。这场战役之中，你们中国军队，要当主角了！但你们的人，指挥能力有限，如果他们肆意妄为，能不能打赢平满纳会战，我可没有把握！"

这句话一出，蒋介石心里当时没底了："这这这……哎呀！史迪威将军，缅甸战局，以及滇缅公路的安全，可就全靠您了！这样，我立刻下令，前线的将军，自副总指挥罗卓英以下，无论职务大小，必须遵守您的命令，否则，就军法从事！您看怎么样？"

史迪威一听，这回行了，所以点点头："哎！这还差不多！另外，蒋介石将军，过两

347

天，你在缅甸方面的军队，可能要传回来报告。要是有什么有关于我的微词，你可要一碗水端平啊！"

"行行行！您放心！我一定秉公处理！"

您说这个史迪威多可恶！不但把远征军的功劳和计划，全说成是自己的，还请来了尚方宝剑，这谁有脾气啊？所以等史迪威回到前线，态度就完全不一样了。直接把杜聿明叫来，臭骂一顿："杜聿明！你破坏同古会战的计划，罪无可恕！现在念你的部队打了这么多天，没有功劳，也有苦劳，所以暂且饶了你！现在我奉你们蒋委员长的指令，组织平满纳会战，你必须全权听从命令！否则，我杀你个二罪归一！"

杜聿明一听这个，心头火起啊，不过火往上撞了三撞，也还得忍下。原来，就在几个小时之前，重庆的蒋委员长特别发电报，嘱咐杜聿明等人，务必要听史迪威的命令。杜聿明接到电报就明白了，史迪威肯定是去重庆给自己穿小鞋了。现在没办法，人家是盟军，连蒋委员长都得敬着，我更没脾气了！所以干脆忍了，"啪"一个军礼："请司令吩咐！我一定遵命！"

史迪威一看，高兴！杜聿明总算听话了，我倒要看看他是真心还是假意！所以史迪威嘴一歪歪，就给杜聿明下了一个不可能完成的任务："杜聿明！你马上让你前线的部队想办法，在斯瓦河一线阻击日本人，时间至少得一周，以便给主力部队集结，争取时间！"

杜聿明一听，脑袋"嗡"一声，这叫什么命令啊？我的部队撤出同古，城防工事算是没了，斯瓦河虽然能防守，但怎么拖住日本人一周呢？可杜聿明现在也没办法，军令如山。恰好这个时候，前线发了电报，新二十二师，已经成功接应二〇〇师突围了。杜聿明来不及高兴，只能咬着牙，把命令发给廖耀湘和戴安澜。

这就是以往的经过啊，廖耀湘和戴安澜不知道什么情况，但他们都知道，这个情况不好办啊！这时候廖耀湘突然灵机一动："老戴啊，在同古打了那么多天，你有没有找到向导？"

"有啊！还是个华侨，黄先生，他对附近地形挺熟的！"

"行嘞！让他跟着我吧！这仗就交给我吧！"

戴安澜一看："老廖啊，你没问题吗？要不我把损失比较小的五九八团给你留下？"

"不不不！老戴啊，你就把向

廖耀湘。远征军入缅作战中，因为受到盟军的拖累，国军表现往往被冲淡。但廖耀湘仍然发挥了应有的能力，赢得了盟军的肯定

导留给我就行，另外，剩下的战车队、炮兵营，你也都带走。你看见军长的电报了没？咱们后续在平满纳还有大动作！这点机械化部队，也就是咱们仅存的家底儿，现在我主打防御，这些都用不上，但后面肯定有用，你带走就好！"

"那你需要什么？"

"这样！你把骑兵团的美制装甲车连给我留下，另外，把剩下的CV33给我留下，我可以用做联络和侦查，然后战防炮给我留下三门，剩下的，你都带走！"

"老廖，这行吗？"

"没什么不行的！你就瞧好吧！快走！"

戴安澜万般无奈，只能率部撤退。这阵儿，廖耀湘把向导黄先生叫来："黄先生，我是国民革命军第五军新二十二师师长廖耀湘，听说之前同古之战，您帮了我们戴师长不少的忙啊！我在此，也向您表示感谢！"

"没说的！没说的！咱都是中华儿女，帮您就是帮我自己！"

"哎！那我就再次谢谢了！黄先生，我且问您，从同古到平满纳、曼德勒这一线的情况，您熟悉吗？当然，沿途的道路、铁路就不用说了，山林之中的小道儿，您熟不熟？"

黄先生嘿嘿一乐："廖师长，不瞒您说，这段道儿我还真熟悉，前几年为了避过英国人的卡子，进点紧俏货，我没少在林子里跑。您就说哪一段吧！"

"哎哟！那太好了！我们这一路，就得靠您指点了！等战斗结束了，我一定给您请功！另外，咱们兄弟之中，谁会日语？几句就行！会点缅甸语的更好！"

"我！我会几句缅甸语！"

"还有我！"

当时就有十几个报名的，廖耀湘一乐："很好！你们就如此这般，这般如此，一定要扰得日军不得安宁！"

"是！"

"明白！"

就这样，廖耀湘马上在这一线排开阵势，严阵以待！

再说日本人这边，五十五师团在师团长竹内宽的领导下，好不容易打进了同古城，结果除了死尸之外，一无所获！竹内宽就不明白啊，对面的支那人，到底是哪部分的？怎么如此厉害滴干活？

结果，从二〇〇师战士的遗体上，竹内宽得到了答案："哦！重庆的二〇〇师，怪不得滴干活！之前我们最精锐的第五师团，就因为他们，在支那昆仑关，吃了大亏！我得小心滴干活！"

竹内宽此时是小心加小心，在同古城内仔细搜索，即便听到二〇〇师突围的消息，他也不信："不可能！支那二〇〇师跟咱们激战了十几天，怎么说撤就撤滴干活？再说了，支那军队，缺乏训练，就算撤退，也不可能这么干净。其中肯定有诈滴干活！"

结果，竹内宽就这么仔仔细细地在同古城搜查了一天一夜，等后续的五十六师团赶来，仍然没找到二〇〇师的任何踪迹。最后竹内宽可火儿了："八嘎！支那人无理，戏弄

第七十回　史迪威力压杜聿明　廖耀湘阻击沙加耶

349

我大日本皇军滴干活！今天我要让你们付出代价！"

于是竹内宽亲自带着一个联队突前，想要跟远征军算总账！可没想到，部队刚行进到沙加耶这个小隘口，就停住了，怎么回事？搜索尖兵挨了地雷！竹内宽一听，气得奔儿奔儿直蹦啊："八嘎！几颗小小的地雷，能阻挡我们大日本皇军吗？派工兵扫雷滴干活！"

等工兵拿着探雷器过去，对面"哒哒哒！哒哒哒！"就是一阵机枪！工兵当即被扫到好几个，剩下的四散奔逃。竹内宽一看："八嘎！炮呢？用炮给我轰滴干活！"

几门九二式步兵炮一字排开，"咚咚咚咚！"对着远征军阵地就开始狂轰，等打完了，工兵把地雷扫完，一个步兵大队就开始往上探。没想到这时候，隘口后面涌出了不少的国军士兵，一个连左右，这帮人端着步枪，拿着大刀，就开始了冲锋："冲啊！"

"杀呀！"

"哗！"

"乒乒乒乒！"

就跟日军搅作一团！这时候最损的是刚上来这批抡着刀枪的国军将士，不过是幌子，后面又出现了一支小分队，这支小分队，人人一水儿二十响驳壳枪，见着日军就直接点杀！

"砰！"

"啊！"

"砰砰！"

"啊！啊！"

这回日军可吃大亏了！咱们书中代言，廖耀湘很明白，日军官兵擅长刺杀，而且三八大盖比国军的中正式步枪还长，两样加一起，就是国内最擅长白刃战的西北军，最多也就拼成1:1的结果。而中央军呢，刺杀方面还差点，如果硬拼，自己没好果子吃！反正现在是近战，我手枪也管用！咱们书中代言，这招还是廖耀湘和史迪威的参谋那里讨来的方子，廖耀湘留学法国，法语流利，英语也还行，曾经跟史迪威的参谋聊过，结果参谋就给他普及了一下，美军怎么进行白刃战。说白了，美军近战，冲锋枪最好使，如果没有冲锋枪，干脆就是用手枪！美国造柯尔特M1911，这枪，弹容七发，口径大，杀伤能力强，只要用好了，干脆相当于你连刺七刀！

廖耀湘知道这招之后，干脆加以改动，组织驳壳枪分队，在白刃战中建功杀敌！驳壳枪远距离，用处不大，但近距离杀伤力也不小，弹容20发，能当手枪单打，也能当冲锋枪扫射，二合一，这多好用！所以日军吃亏极大啊！瞬间就倒下了好几十人。而且55师团，多是新兵，碰上这情况，明显没有老兵油子有经验，不少人手足无措，抹头就往回跑。远征军这边也不多追，机枪掩护之前的突击队回归阵地。

接下来，日军没别的，仍然是步炮协同，再往上攻，可迎接他们的还是势不可当的国军突击队！再来，还一样！这下，日军几次进攻失败，锐气受挫，把师团长竹内宽急得奔儿奔儿直蹦啊："八嘎！支那兵看样子，也就是一个营，这我们都打不下来，还搞什么滴干活？赶紧组织小队，让缅甸人带路，在丛林中穿插，务必要全歼支那人！"

"哈伊！"

于是，日军分成小队，由当地人带路，往丛林中就走。可没想到，还没走出多远，就听树林中"砰！"一枪，带路的当地人当即毙命！这下，日军小分队可就乱了，有的人就想往出撤，那走得了吗？走了没多远，几颗手榴弹凌空爆炸，"咚咚咚咚！"外加上一阵枪响，进入的日军小分队，再没人出来。

咱们书中代言，廖耀湘早想到了日军的各种招数，所以采取了非常规布阵！战前，廖耀湘和向导黄先生反复核实，然后把大部队放在了丛林之中，这些部队，远比日军预料的多，能有一个团。而为了避免日军渗透和偷袭，也为了避免走漏风声，廖耀湘特别在丛林外围安排了狙击手，只要日军进来，先打带路的，打完你们就得乱！然后我们再慢慢收拾！而正面怎么迎战呢？戴安澜也聪明，陆上借着隘口的地利，挖战壕，布置成预设阵地，不过阵地上放的部队极少，两个班，就是侦查情况，日军炮击，不用管它，躲着就行。等日军步兵往上一走，侦察兵就发信号，一部分部队，就从阵地两侧的树林摸进战壕，然后冲出来跟日军大战。等打完呢，士兵再回到战壕之中，从两侧溜进丛林。日军这几门山炮，无论对国军预设阵地怎么轰，也基本起不到什么作用。

就这样，日军前锋在沙加耶隘口，足足花了一天一夜的时间，也没前进一步，竹内宽气得是七窍生烟。他明白，沙加耶，不过是通往平满纳、曼德勒地区的一个小隘口，像这样的隘口，沿途还有不少。如果我们再这么下去，什么时候才能到曼德勒？什么时候才能占领整个缅甸滴干活？这回竹内宽可下了狠心了："给后面发电报，让重炮联队兼程前进，既然丛林中不好走，我们就把丛林全部夷为平地滴干活！"

第七十一回　廖耀湘疲敝日军　杜聿明排兵布阵

廖耀湘在沙加耶进行阻击，这回他采取非常规的布置，通过向导对丛林的熟悉，廖耀湘把大部分兵力藏在丛林之中，预设阵地只是个幌子。日军进攻，随便你怎么轰，等你的步兵开始行动的时候，主力部队才从两侧的丛林运动到战壕之中，然后发起白刃战！而且廖耀湘也损，给部队布置好了，白刃战的时候，才不硬拼刺刀呢，拿着步枪和大刀的士兵，负责吸引日军的注意力，主力分队，人人一把二十响驳壳枪，靠这个杀敌！等打完，还回到阵地，潜回两侧的丛林，等待日军的下一波进攻。而丛林外围，还布置了狙击手，严防日军的包抄渗透。

还别说，这招挺好用，即便是师团长亲自督战，前线的一个日军联队在这耗了一天一夜，也没能前进一步。最后师团长竹内宽急了："八嘎！支那人狡猾狡猾滴！他们怎么这么熟悉丛林滴干活？马上叫重炮联队，全速前进！还有飞机，赶紧来轰炸！我一定要把这片丛林，夷为平地滴干活！"

"哈伊！"

就这样，一个小时过后，飞机来到，"吱！吱！轰轰！吱！轰！"这算扔了一堆炸弹。再过两个小时，日军的重炮联队到位，这回可不是步兵炮了，而是口径75毫米的山炮，还有口径105毫米的重榴弹炮，一共来了三十多门，这堆大炮一字排开，"咚咚！轰轰！咚咚咚！轰轰轰！"

这顿打啊，旁边茂密的丛林，当即就被打了个稀巴烂，竹内宽一看，高兴！赶紧让步兵搜索前进，这一搜索不要紧，把远征军的遗体数一数，也就是不到一百人，而日军方面，死伤超过二百，竹内宽暴跳如雷啊："八嘎！支那人狡猾狡猾滴！我一定要让你们知道厉害滴干活！"

于是，赶紧率领先头联队再次前进，结果又跑了十几里地，到了另一个隘口——莫拉，新二十二师的另一个团在此集结，战术还是类似，虚设阵地，主力布在两侧的丛林之中。这回，竹内宽可火大了，仍然是步炮协同，先派遣飞机滥炸，步兵炮狂轰，然后工兵扫雷，最后派出战车掩护步兵，向前突击。竹内宽的心思很明显，支那人不是玩阴的吗？没关系，我看你们硬，还是我们的战车硬滴干活！

结果这次，远征军的战术稍稍改良了点，隘口后面的两个边角，布置了两个特殊的掩体，里面是两门战防炮，一看对方战车上前，其中一门战防炮当即发难，"砰砰砰"就是一阵好打！日军的战车当时被摧毁一辆。随后，这门战防炮也不多留，马上挂上牵引车，就往后跑。随后，日军的炮击就到了，"咚咚咚！"，一阵炮击下来，掩体被摧毁，炮没事。

紧接着，日军再冲锋，这回，该第二门战防炮发难了，一顿好打，又摧毁一辆日军战车。这门炮也一样，打完就跑，随后日军的火力覆盖，再度打空。等日军第三次冲锋，特别注意了，到底还有没有战防炮滴干活？还别说，这回倒没战防炮了，涌过来的却是国军的敢死队！这帮人，右手抢着驳壳枪，左臂夹着炸药包，就冲到日军战车跟前，杀散日军步兵，把炸药包塞在了战车的要害位置！

"咚咚！"

战车又毁了两辆，总之，日军这边算是倒霉透了，顾前顾不了后，顾左顾不了右，最终，只能等重炮联队过来，把丛林狂轰一遍，解决问题。可这样，时间就耗大了！

咱们简短截说，日军这一路，连破沙加耶、莫拉、叶尼、沙瓦地、挨劳等众多隘口，看似是节节胜利，可实际上苦不堪言啊！在这期间，新二十二师的三个团，梯次阻击，消磨时间，日军是步步卡壳。而且廖耀湘之前派出的十几个人，也起到了奇效，这些人，都会两句日语，有的还会缅甸语，干脆就扮作缅甸人，混进了日军之中，有的冒充当地人，给日军乱带路。有的冒充缅甸人，给日军做苦力，趁机还给弹药库放了把火。最厉害的，当属廖耀湘的贴身卫兵马玉山，这家伙缅甸语说得不错，日语也会几句，结果以当地人的身份混入了五十五师团的师团部打杂，甚至见到了日军的师团长竹内宽！马玉山后悔啊！嘿哟！可惜我没带枪啊，不然我这一枪干掉他们师团长，不就解决问题了吗？最后这家伙心头一动，趁着日本军官在外面，把作战地图偷走了，等到第二天，远征军撤退后，日军在阵地上，找到了这份作战地图，上面还附着一句顺口溜：

小日本子别得意，分分秒秒弄死你！

远征军九十六师师长余韶。他的部队，装备在一线部队中属于较差的，但仍然打出了令人惊叹的战绩

第七十一回 廖耀湘疲敝日军 杜聿明排兵布阵

今天告诉竹内宽，明天剃你脑瓜皮！

结果日军士兵把纸条和作战地图拿给竹内宽，竹内宽吓得是一身冷汗啊！好么！师团部都出了内鬼，我得千万小心滴干活！

就这样，您说日军还能好好作战吗？最终，等五十五师团进入平满纳地区，已经是十天以后了，新二十二师不但从时间上圆满地完成了任务，而且从损失上看，数据也不错，这一通阻击战下来，新二十二师的伤亡达到1500人，而日军第五十五师团，则要超过2000人。

看着敌人的五十五师团好不容易爬到了平满纳，杜聿明欣喜若狂啊！好！太好了！伤其十指不如断其一指，今天我就先掰掉五十五师团，让日本鬼子知道知道我的厉害！于是杜聿明马上开始布阵，首先，杜聿明把第六军军长甘丽初叫来："甘军长，咱们现在要打平满纳会战了，正面你尽管放心，交给我们了。只不过现在东路空虚，所以只能拜托你手下的两个师，给我们把住东路。另外，六十六军的新三十九师也归你指挥，准备策应缅泰边境，以防不测！我们能不能打胜这次会战，可就看你的了！"

甘丽初别看跟杜聿明平级，但实际上，杜聿明也是这次远征军的前线第一指挥官，甘丽初呢，也受他节制。况且，甘丽初当年，也一同策应过昆仑关会战，对杜聿明很佩服，所以他一口答应："请杜军长放心，我保证完成任务！"

"那就好，我会另派部队策应你，以防万一的。"

"谢杜军长！"

甘丽初下去准备了，东线的准备工作，就这样了。接下来，西路交给英军，杜聿明挺有信心，史迪威将军跟英军已经反复确认过，英军也答应帮忙。这回，我也不管他们了，反正西路交给他们镇守，肯定没问题，就算不过来帮忙，也不会添乱。现在就得看我们中路的了！

所以杜聿明赶紧把手下的几个主力师长叫来，一同部署。不一会儿，四大主力师的师长全到齐了，杜聿明喝了口水，缓缓说道："按照之前的计划，各位都已经进入预定位置，这回咱们务必得给小日本点颜色看看！各位有没有信心？"

"有！"

"请军长放心！"

"好！余韶！"

九十六师师长余韶挺身出列："在！"

"余师长，我现在命令你从正面，抵御五十五师团的进攻，边打边撤，把日本人引进预定位置！在战斗期间，务必挫其锋芒，好好地消耗日本人！有没有问题！"

"军长放心吧！二〇〇师和新二十二师都没问题，我肯定也行！如有问题，我愿军法从事！"

"好！去准备吧！戴安澜！廖耀湘！"

"在！"

"在！"

"你们分别从左右包抄，把日军的五十五师团装进口袋里，务必不能放走一个！"

"请军长放心！我们肯定遵守命令！"

"嗯！你们出马，我也放心，但你们务必要注意，五十五师团后面，肯定还有日军部队，如果他们派出援军，你们要注意，一定留着预备队，准备阻击敌人援军！"

"是！"

"明白！"

两个人下去了，杜聿明一拍桌子："孙立人！"

"有！"

"你的部队现在在曼德勒集结，作为全军的预备队，等前线把日军消耗得差不多了，你们一定要一举将日军打垮！"

咱们书中代言，孙立人是早年间的清华毕业生，后来去美国弗吉尼亚军校高级指挥系学习，后来又是税警总团的骄傲，从1932年淞沪事变，就开始抵御日寇。1937年淞沪会战，还因为身先士卒，在战斗中身负重伤。这家伙，能耐不小，脾气也不小，心高气傲。此次他随同入缅作战，一次好战役也没捞着，全让杜聿明的第五军顶在前面，他多少有点不满意。现在好不容易被排在中路军，还是个押后阵的。所以孙立人多少有点小脾气："军长！我们新三十八师哪里不行了？为什么您的第五军各部，都跟日军打过一仗了，还可以继续交战。我们就得等最后出击？"

杜聿明一看，哟！孙立人还有点小脾气啊！也罢，这家伙心高气傲，不把话给他说清楚，看来他还不服啊！于是杜聿明咳嗽一声："孙师长，说句实话，对你的用兵，我非常放心，我也一直是把你的部队当成主力师来用的。当然，你可能认为，围歼敌五十五师团，我第五军三个师已经够了，但那只是理论上的。如果日军后面没有增援，应该可以，一旦有增援，你可就是压垮他们的最后一根稻草！而且，对于东线，我还有点不放心啊！你也得随时准备支援！"

孙立人一听，"杜军长这是什么意思？"

"你来看！"杜聿明一指旁边的地图，"东线地盘那么大，而且多跟泰国接壤，日军不定从哪个角度扑上来！甘丽初军长在这用兵，肯定有问题！倒不是他能力不够，你就看看，这么大的地盘，如果把部队集中，空档就大了，如果分散布置，则很容易让日军各个击破。现在你还要兼任东路的接应使，无论中路还是东路，哪里出问题，你就要接应哪一路！所以说，你的责任很重，务必要小心！"

孙立人一听，这才明白，哦！闹了半天，我的任务更多，也就敬了个军礼，下去准备了。

再说日军这边，五十五师团的竹内宽，现在是气急败坏，本来仰光一战，他信心十足，随后就打算迅速穿插，一路突击到缅北，结果碰上远征军之后，速度简直比乌龟还慢。这回总算到了平满纳地区，这里是一片开阔地，他算放心了！竹内宽一盘算，我现在的部队，虽然损失不小，但主力仍在滴干活！按照之前跟支那人交手的情况看，我们大日本帝国的精锐部队，一个大队能顶支那人一个师滴干活！当然，我这个师团，新兵比较多，但仗着火力优势，也能对付支那三个师滴干活！之前是因为丛林地形，我们不熟，这回到了平原，我一定要报仇滴干活！

所以他立即组织部队，以战车为先导，杀向平满纳！咱们前文说了，平满纳地区，正面防守的是余韶的九十六师，九十六师的士兵素质和武器装备，可能比二〇〇师和新二十二师稍差，但那也是在国内身经百战的部队，韧劲极强！而且杜聿明知道，现在的重装备难得，所以把很多重装备拆分给了辖下三个师，正面固守的九十六师，也分到了四辆坦克、六门战防炮、六门平射炮，这就比没有强得多啊！所以自一开战，九十六师就把当面的五十五师团彻底缠住，并且按照计划，慢慢后撤，慢慢将日军引入了预定的伏击圈。杜聿明欣喜若狂啊，好！照这么下去，日军的五十五师团就是瓮中之鳖！所以马上下令："快！命令戴安澜和廖耀湘马上出击，从左右两翼包抄，一定要全歼五十五师团！"

"是！"

"另外，让孙立人的新三十八师也做准备，随时准备给日军最后一闷棍！"

"明白！"

两个联络官下去联系了，杜聿明现在是志得意满，高兴！好像日军第五十五师团已经覆灭一样，可没想到，就在这个节骨眼上，杜聿明办公桌上的电话响了，杜聿明接起电话一听，当时是目瞪口呆："什么？仁安羌？"

第七十二回　孙立人增援仁安羌　刘放吾大战日军阵

杜聿明布好口袋，就等日军的五十五师团钻进来，结果日军还就真钻了！杜聿明欣喜若狂，马上部署部队，进行合围！这计划要是真成了，五十五师团不死也重残！可没想到，就这一个节骨眼上，一个电话打过来了。杜聿明一接，谁呢？美英中联军的总指挥，史迪威！史迪威这时候急得不行："杜！现在英军在仁安羌被日军困住了！你马上派部队，前去增援！"

杜聿明听了这个命令，是瞠目结舌啊！怎么回事？英国人竟然在仁安羌遇到了危险，还需要我们解救？之前的情报，英军有五万多人，还有一百多辆坦克，兵力能顶上日军两个师团，怎么还遇到危险了呢？这一琢磨事，愣住了，那边史迪威更不干了："杜！你现在立刻派部队，否则我就以贻误军机的罪名处置你！"

杜聿明没办法啊，现在自己这边，兵力也不富裕，所以赶紧求情："史迪威长官，现在平满纳会战已经开始，我们的兵力也不富裕……"

史迪威一听，不耐烦了："少废话！不富裕也得给我抽调兵力！等把英军的围解了，他们就是援军，比你的十万军队都厉害！快派军队，否则我就剥夺你的指挥权！"

杜聿明一听，万般无奈，英军自己都遇到麻烦了，需要我们去增援，怎么可能到时候还能援助我们呢？这不是痴人说梦吗？但没办法，史迪威一耷拉脸，多少人都兜不住，所以杜聿明只能调兵遣将。现在第五军三个师，都已经投入战斗，第六军已经部署在东路，第六十六军的新三十九师战斗力较差，现在也就剩了孙立人的新三十八师。杜聿明没辙，捏着鼻子给孙立人发了电报，让他即可带队去仁安羌，增援英军！孙立人对此，倒是没什么意见，反正我现在要的是打仗，要的是给以前的兄弟们正名，我们也是出色的中国军人！

有人也许奇怪了，英军那边又出什么乱子了？原来，英军自仰光撤退之后，最终把主力集中在仁安羌一带，这下等于把远征军摆在了日本人的前面。英军总指挥亚历山大

357

远征军新三十八师一一三团团长刘放吾，也是仁安羌大捷的功臣

将军本以为，能够休息一阵了，可没想到，日军的三十三师团避开国军守卫的主要交通线，也挺进了仁安羌一线。为什么呢？咱们说，屁股决定脑袋，也就是说，在很多情况下，需求决定思维。日本人发动侵略，凭的是什么？不仅仅是武士道，更是他们的武器装备。可以这么说，1941年到1942年，日军的武器装备，不仅在亚洲范围内首屈一指，有些甚至能跟英美列强一较高下！

可强大的武器装备，需要的是大量的能源，当年飞机坦克的主要能源，就是石油。可当年中国呢，因为科技手段还达不到，所以没什么能开采的油田。可东南亚不一样啊！在日军眼中，那就是能源宝库！其中缅甸的仁安羌油田，日本人觊觎已久，最重要的是，英国人早就开发了这里，机器设备都是现成的！所以日军占领仰光之后，直接派三十三师团扑向仁安羌，就是想夺取油田的控制权。

这下，英军可慌了神，赶紧毁掉仁安羌油田的机器设备，准备掉头跑路。结果日军一看油田着火，知道英军已无战意，就派出作间支队，大胆穿插，把仁安羌快速包围！亚历山大一看，得，这回真跑不了了，就只能拉下脸，求史迪威，要求让远征军帮着解围。作为回报，英军将在解围之后，从西路进行反击，策应远征军的平满纳会战。

史迪威一听，大喜过望，我总算让英国人欠我一个人情了！有这个人情在，你们就得听我的！所以史迪威也就不顾国军这边的战况，强行让杜聿明调兵去增援！

咱们再说孙立人这边，他一听说有仗打，高兴！而且再一听，时间紧迫，好，他马上命令辖下一一三、一一二两团，所有碍事的重装备，一律不带，轻装前进。孙立人呢，自己也马上带着师部，往仁安羌方向前进。结果，一天之内，刘放吾团长的一一三团先到了仁安羌附近，他一看，附近还真有日军，所以就趁敌人不备，直接硬攻！这下打了日军一个猝不及防啊！一口气，就把日军的包围圈撕了个口子，刘放吾团长率部冲进去，就见到了英军！

可没想到，刘放吾团长进入了日军的包围圈之内，乐了！怎么回事？只见里面的英军，把枪全堆在一起，然后，大家蹲作几排，举着俩手，这姿势谁都能看得出来，明显是投降啊！这叫什么事？刘放吾也明白，英军肯定是被吓破胆了，以为自己这边是进攻的日军。刘放吾也不敢乐，赶紧解释解释吧！可他还没学过英语，好在刘放吾是税警总团的老底子，老跟着孙立人他们这些海归混，单词至少会两个！他也有主意，让卫兵拿好了军旗，然后对着英国人，指指自己，指指军旗：“我！中国人！Chinese！我们是朋友！Friend！"

这几个单词蹦出来，英国人算缓过点来了，围着刘放吾和战士们又叫又跳，刘放吾是听不懂，但能看出来，这些英国人高兴啊！这时候，一个军官模样的英国人过来，吧啦吧啦说了一大堆英语，刘放吾一听就蒙了，这都什么意思啊？完全听不懂！

这时候，总算过来一个英国人，操着一口蹩脚的汉语说了："你是中国人？"

"对啊！我们奉命前来救援被困英军，就是你们吗？"

"NO！NO！NO！不是我们！我带你去见我们将军吧！"

说完，不由刘放吾分辨，拽住他就走。刘放吾无奈，只能命令部队就地休息，然后随着翻译来到了外围的指挥部。等刘放吾进入指挥部，只见面前这个英国军官，身高大概一米八，一张圆脸，鹰钩鼻子蓝眼珠，身穿一身军服，带着英制大盖钢盔，最引人注目的是这个人的军衔，中将！所以刘放吾非常尊敬，赶紧一个军礼。这个英国将军看完了，对着刘放吾又是一通英语，这回刘放吾更头疼了，本来这将军语速就快，而且翻译的汉语还挺蹩脚，旁边还有不少参谋进进出出捣乱，所以听了半天，刘放吾一共就听到两个信息，一个，就是眼前这个将军，叫斯利姆，现在是英军缅甸方面的实际军事主官。再有，就是刚刚所救下来的，并不是被困的英军。其他的，刘放吾全都不明白，脑子一片混乱，这仗该怎么打？

正在刘放吾着急的时候，就听见一个熟悉的声音："老刘啊！英语听不懂吧？当年叫你多学点，你也没学多少！算了，你也别愁了，剩下的，我来给你翻译！"

刘放吾一听，哟！这谁啊？声音那么熟悉！回头一看，来者非别，师长孙立人！咱们说孙立人可没问题，人家是美国弗吉尼亚军校的高才生，英语特别流利，交流无障碍，所以他跟斯利姆将军先攀谈起来了。这回，刘放吾才慢慢明白了，这里到底是什么情况。

原来，英军在缅甸，一共有两个师，一个装甲旅，编成一个军，实际带兵官，就是这个斯利姆将军。但他实际上，也是在仰光战败之后，刚刚走马上任。斯利姆将军之前的作战经历，并不算特别出彩，但这不代表他没能耐。他到了缅甸之后，趁着远征军挡住日军，英军重新集结的空档，重振了一下英军的士气，这也就是史迪威一直对英军能反击有信心的原因。

可斯利姆虽然负责带兵，但实际的决策却没他什么事，全都是顶头上司亚历山大将军制定的，这家伙毫无战心，只想着让远征军给他当挡箭牌，然后他好把部队撤回印度。结果呢，命令一下，撤退！谁还有心思打仗啊？斯利姆好不容易提升的这点士气又没了！偏巧这时候，日军大胆穿插，一下就把英缅第一师的主力，以及第七装甲旅的A中队团团围住！

斯利姆堪称爱兵如子啊，怎么能坐视部队被歼灭呢？他赶紧跟亚历山大将军汇报，然后亲率手头的英印第十七师，以及第七装甲旅的其余部队进行反击，想要把被围的部队救出来。可现在斯利姆手下的士兵士气极低，几个回合下来，不但没杀透重围，反而又被日军切割了一小部分！说实话，日军现在突前的支队，不过就是一千多人的数量，要不然，英军还得惨！

斯利姆将军正在这头疼呢！这时候，刘放吾团长不仅快速杀到，还把英军被切割的部分给救回来了。斯利姆将军当时高兴了！所以这才召见刘放吾。但可惜两个人语言不通，好在师长孙立人亲自解了围！

再说斯利姆将军，他很佩服能打的部队，所以看见国军，也没那么傲慢："刘！谢谢你救出了我们的军队，说实话，我得承认，你们的战斗力，现在比我手下任何一支军队都厉害！如今情况紧急，日军的主力应该也在向仁安羌靠拢，我们得马上行动了，一定要救出英缅第一师！现在我的部队状况不好，能不能请你们打头阵，杀进重围，拯救我们大英帝国的将士？"

孙立人翻译完了，也跟了一句："刘放吾！你觉得行不行？"

刘放吾"啪"一个军礼："报告师座！我们没问题！只不过我们轻装前行，没什么重装备，只要英军肯支援，我们必能完成任务！"

孙立人把话转述过去，斯利姆一听，大喜啊："好！我这就命令第七装甲旅的C中队去协助你们！还有，我这还有三门25磅炮，你们敞开了用！另外，你们需要从哪儿出击，我一律用汽车护送！"

提供全部帮助，这才叫盟友啊！刘放吾马上带队出发，现在事情得一步步来做。英军主力被围困在平墙河以南，所以这第一步，就先击破平墙河以北的日军部队！此时已是1942年4月18日。刘放吾也着急啊，所以在作战之前，赶紧登高，看了看附近的地形。这一看可好，刘放吾倒吸一口冷气！只见平墙河以北，一共就一条公路，旁边都是丛林，而且地形高低起伏，这路况，坦克占不着什么便宜，反而是反坦克的速射炮和敢死队好隐藏。而且在战前，孙立人特别跟刘放吾一起检查了英军支援的坦克，这款坦克叫M3斯图亚特式轻型坦克，典型的美国装备，火力比国内最好的T26稍弱，但防护能力强一些，可这还是扛不住日军的反坦克速射炮，硬来肯定不行！所以刘放吾当机立断："杨振汉！"

一营长杨振汉挺身出列："在！"

"你带着一营，从左侧丛林中搜索前进，务必小心敌人的伏兵！！"

"是！"

"鲁延甲！"

二营长鲁延甲也出列敬礼："有！"

"你带着二营，从右侧丛林中搜索前进，一样，小心敌人的伏兵！"

"是！"

"张琦！"

三营长张琦也出来了："在！"

"你跟我一起行动，带着坦克和大炮走中路，到时候哪边情况不好，你得拨出部队支援！"

"团长放心！"

"好！行动！"

于是，一一三团全体动员，沿着公路出发了！咱们说，这个部署，还真是打中了日本人的软肋，因为日本人当面，跟英国人交手了几阵，他们就发现，英国这帮老爷兵的确不行，打仗就知道沿着公路搜索，然后就是坦克掩护步兵和大炮前进，搜索队都懒得管丛林里头，所以他们就把好几个奇袭组布置在丛林之中，你们英国人不来则已，来就收拾你们滴干活！

可没想到，这回的对手换成了中国人。国军跟日寇交战多年，明白，他们什么事干不出来啊？所以先行搜索丛林，坦克一起前进，若是有问题，步兵进攻，坦克连机枪带火炮，一起掩护！结果，日军这些小组全都泡了汤，一一三团就进至平墙河北岸一线。再看一一三团这边，坦克兵排成进攻阵型，一一三团的步兵在后，就排开了阵势！这回该日本人紧张了，赶紧嗷嗷直叫："杀给给！"

"哒哒哒！哒哒哒！砰砰砰！"

连机枪带速射炮，就开火了！刘放吾并不凭借坦克硬来，而是指挥部队左冲右突，跟日本人展开了激战！总之，目标只有一个，逼出对方的速射炮。一逼出来，好办了，三门25磅炮，对着敌人的速射炮就开始火力覆盖！坦克呢，也不靠近，只在远距离用炮火支援，就这样，激战了半天，最后，将敌人的速射炮收拾得差不多了，12辆坦克一鼓作气，才奠定胜局！至午后，一一三团终于占领了平墙河北岸，跟日军隔河对峙！

可咱们说，行百里者半九十，想做成一件事，往往最后一步最难！今天就是，日军在平墙河南岸，阵地更加坚固，兵力也更多，只有打破他们，才能救出英军主力！

第七十三回　孙立人智破日寇
　　　　　　　仁安羌英军获救

　　刘放吾大战仁安羌！这回英军军长斯利姆也特别给面子，一共给了十二辆坦克，加上三门重炮，协同作战。刘放吾呢，也不负众望，毕竟他也是税警总团的底子，经验丰富，外加上有好武器协同，所以顺利打到了平墙河北岸，跟日军隔河对峙！

　　可下面就不好办了，日军在平墙河北岸，不过是先头部队，南岸地势较高，而且是日军的主力部队，有不少的重武器。这回刘放吾可头疼了，这该怎么打啊？平墙河上是有一座桥，可日军的几门速射炮全都对准了桥头，想硬闯，门儿都没有！而且再看河对岸，机枪已经布置了交叉火力，以上示下，威力极大！

　　这块骨头该怎么啃呢？刘放吾心里没数了。而正在这时，师长孙立人突然来到了前线，刘放吾一看，赶紧敬礼："师座！"

　　孙立人一摆手："哎！放吾啊，你打得不错啊！平墙河北岸都被你拿下了。不过你还得加把劲啊！赶紧击破平墙河南岸之敌，这才能救出英国盟友！"

　　"是啊！师座，我这不正在想办法呢吗？只不过平墙河南岸，实在难打。不信咱们一起来看！"

　　孙立人也拿起望远镜，往对岸观瞧，这一看，还真是倒抽一口冷气："果然不好对付！不过放吾啊，现在咱们是能打也得打，不能打还得打！你看看！"

　　孙立人一甩手，拿出一份文件，刘放吾一看，当时眼前一蒙！怎么回事？全是英文，刘放吾读看不懂！孙立人一看，也乐了："得得得，我忘了你不懂英语了，我给你翻译吧！"

　　孙立人一解释，刘放吾才明白，原来，刘放吾他们这边一动手，被围的英军也通过电报得到消息了！而且听听远方，的确好像有枪炮声，于是被围的英缅第一师师长斯科特少将马上也动手了，鼓起最后一丝勇气，打算和国军里应外合，打破日军的包围！

　　可没承想，英军现在的士气实在太低，战术也太粗糙，就是炮轰一阵，坦克突前，步兵在后,嗷嗷就往日军阵地上冲,事前也不做侦查,就跟无头苍蝇一样。这能打得出去?所以不但没成功,又被日军迎头一顿狠揍,最后的一丝勇气被彻底打灭,师长斯科特少将不得不发出了求援电报:

我的人马经过多天的战斗,已经疲惫不堪,现在我们已经因为缺乏饮水,而陷入绝境。我们最多还能再坚持一夜,若明天还得不到饮水,我的部队将无法战斗。请指挥部批准我们,放弃所有的重装备,徒步突围!如果突围不成,我们会焚毁装备,然后投降。

英军指挥官斯利姆将军一看,气得鼻子都歪了!他明白,斯科特少将那儿,肯定是麻烦不小,但哪儿有那么夸张?而且你们之所以还没被歼灭,就是因为你们这些重装备,尤其是坦克,现在日军的枪弹难以奈何他们。如果放弃了,这不是自寻死路吗?

说实话,斯利姆将军无论如何,他也是个英国人,需要保存自己的部队,所以一方面赶紧发电报:请再坚持一下,我们的援军马上就到!

然后,斯利姆将军就给孙立人下令,让他无论如何,得马上打破日军的包围圈,救出里面的战友。孙立人一听:"将军,我们一定尽力而为,战至最后一个人为止!不过前线的情况,千变万化,我可以前去督战,希望您能给我们自主发挥的权力!"

斯利姆将军还挺开通:"OK!OK!你们怎么打都可以。但你们务必要在今晚至明

第七十三回　孙立人智破日寇　仁安羌英军获救

> 仁安羌大捷后,英军让中国士兵搭乘坦克,骄傲的英国佬只有刚刚被救的时候,才能低下他们高傲的头颅。之后,他们就不承认远征军的功绩了

天早晨击破日本人！"

孙立人也知道事情紧急，所以特别来前线见刘放吾。刘放吾正头疼呢，就把日军阵地的情况大致汇报了，孙立人一看，也发愁，这仗该怎么打呢？

想着想着，孙立人灵机一动："对！放吾啊！你就如此这般，这般如此，你看行不行？"

刘放吾一听，刚开始还点点头，听到最后也慌了："师长！这行吗？英军的塑料袋和防水布，我这有的是，轻武器过河都没问题。可您这最后一招，可是兵家大忌啊！"

孙立人一摆手："也没别的办法了！时间紧迫啊！你就这么布置吧，出了问题，我全权负责！"

"是！"

再说日军这边，看着远征军在对岸严阵以待，刚开始特别紧张。不过他们也有底，我们的阵地，十分坚固滴干活！不怕你们。你们不就仗着有战车吗？我们在桥头也有战防炮，而且实在不行，还可以炸桥滴干活！

结果呢，远征军根本没急着进攻，而是开始挖防御工事，摆出一副跟日军对峙的样子。日军有点不明白，这什么意思？不打了滴干活？就这么一直等到晚上，对岸这边也没有大动作，日军就开始有点松懈了。正这个时候，日军的前沿河岸发生了爆炸，"嗵！当！咚咚！哒哒哒！轰轰！"

这下把日军打蒙了！哟！敌人进攻滴干活！于是全军发动，刚准备反击，再一看，好么！实际这点火力，就在一个点炸开的，位置大概在前沿阵地东侧，前线日军指挥官河间中佐经验丰富啊！他一听，哟西！这点火力声音庞杂，有远程大炮、机枪、手榴弹、掷弹筒，但数量很少，应该只是在大炮支援下的骚扰。所以河间中佐下令："全都给我严守阵地，不许急慢滴干活！若是让敌人攻进来，你们就切腹滴干活！"

就这样，战斗打了一会儿，就结束了，远征军消失了，应该是渡河回去了。不一会儿，战线西面又炸开了！这回攻势升级！几个士兵抄着英国造"司登"冲锋枪，潜入日军战壕，一顿扫射，又吓得日军不轻，可再想反击，敌军早跑了！气得日军只能拿机枪大炮往对岸打一阵，但要说出击，还不敢，没办法，河间中佐特别下令："咱们兵力紧张，谁也不许主动出击，必须保存实力滴干活！"

就这样，左一个骚扰，右一个骚扰，当然了，都没太大的战果，最多打死了十几个鬼子，但整个南岸防守的日军，都被扰得如同惊弓之鸟！

再说河间中佐，国军骚扰的情况，他都知道，这家伙心细，仔细一分析，英国人，向来心高气傲，打仗要求正规，才不会用这些卑鄙的骚扰战术。看来，我的对面，应该是支那人！这我可要小心啊！支那人，狡猾狡猾滴，不知他们能干出什么滴干活！不过这些骚扰，也暴露了他们的问题！他们哪一次骚扰，都没超过一个排，如此看来，对面的支那人最多也就是一个团，和我们旗鼓相当滴干活！我们只要小心谨慎，没有不行滴干活！

就这样，日军一直挨到了第二天凌晨四点半，这时候，天虽然还很暗，但天空中已经露出了一点鱼肚白，日军官兵高兴！哟西！等到天亮，支那人就没法借助黑夜骚扰我们了，再坚持一天，我们的主力就能到，到时候，就不光是包围圈里这点英军，就外头那些，也都是我们囊中之物滴干活！

而就在这个节骨眼上，日军防线左翼的某个点又炸开了！

"哒哒哒！咚！嗵！"

日军一看，还以为是骚扰呢，赶紧拿枪扫射，而且往下丢手雷。可没想到，这次日军打了打，感觉不对！机枪位一旦暴露，马上就会遭到数颗迫击炮弹的狂轰！而且这回，大桥方面，也有行动了，首先是三门大炮的齐射，目标就是速射炮的附近，紧接着机枪压制，接下来，12辆坦克排好队形，就往桥上闯！前头是全速前进的坦克，每辆坦克上面，还站着好几个中国士兵，当然了，只有12辆坦克，站不了多少人，所以有不少人就在后面跑，也显得是勇不可当！

咱们说，孙立人跟刘放吾计划好了，所部三个营，分头行动。这一夜，一营负责警戒，二营负责骚扰，三营就管休息，等折腾一夜了，三营休息得精神饱满，前线的日军也疲惫不堪了，而且最重要的，速射炮的大概位置清楚了。于是，刘放吾趁着天色尚黑，就让一营和二营的将士悄悄渡河，藏匿在河岸附近，手中的武器，都用英军给的防水布和塑料袋缠好了，省得进水出问题。接着，孙立人一声令下，刘放吾率部进攻，一营、二营从河岸攻击左右两翼，三营协同坦克，从正面进攻！——三团这回是拼命了，都没留预备队，上至团长刘放吾，下至做饭的伙夫，全都抄着武器上阵了！

"哗！"

钢铁洪流一般，就朝着日军的阵地攻去！

日军这边呢，一夜没休息好，所有的士兵都有点精神恍惚，这会突遭进攻，慌神了！结果一阵乱战，国军这边，坦克被击毁两辆，剩下的全部冲过桥头，毁掉战防炮，跟日军进行了近战！这下可惨了，日军也发动敢死队，前仆后继，就要把坦克炸毁，国军能干吗？于是，双方围绕着坦克，进行了殊死拼搏！

这一顿乱战下来，国军终于在坦克的掩护下，击溃了日军，再看——三团所部，损失真不小，全团一千一百多人，阵亡二百多，受伤三百多，死伤近半！三营长张琦也在战斗中不幸殉国！日军那边也差不多，死伤也是五百多人，双方损失1:1。不夸张地讲，这一仗对于国军来讲，绝对是不可多得的大胜！所以后世称这一场仗为"仁安羌大捷"！

击退了日军，孙立人也带着警卫排过了平墙河，一起拨派安排，损失相对小点的一营，继续对日军进行追击，二营、三营赶紧解救被困的英军！咱们说，这回被围的英军可算遇见亲人了！好多人是抱头痛哭！

"上帝啊！我们总算得救了！"

"是啊！这绝对是上帝的恩赐！"

有的高兴坏了，围住国军士兵就开始照相。等折腾一阵，英国人就纷纷上车，准备撤退！这下，把孙立人、刘放吾他们的鼻子差点没气歪了，怎么回事？原来，这批英军一共有七千多人，加上随军家属、传教士、新闻记者等，也有个五百多人，他们一共拥有一百多辆汽车，装备比一一三团还好！孙立人他们还特别看了看，这帮英军，每个人还都有一水壶以上的水，这叫哪门子缺少淡水啊？真是娇气的英国佬！

下面就是撤退了，英国人的表现，再次让孙立人他们大跌眼镜。要说刚开始，英国人还算有点绅士风度，女士优先！所以，随军家属中的女士，都上了车，然后，剩下的英国溃兵就开始玩儿了命地往车上涌！可咱们说，一百多辆车，人数总共七千多，明显狼多肉少啊！这怎么办呢？再看英国人，仗着自己人高马大，先挤上了车，剩下军队中，还有不少缅甸人，他们可就没那么幸运了，腿快的，挤上了车，腿慢的，只能徒步行进！可这帮人，因为失望至极，明显没斗志，干脆就是拖着步子走！

这下可把孙立人和刘放吾急坏了！这么撤退，得撤到哪天去啊？好在这时候，一营长杨振汉来了："师座！团座！我们缴获了一批卡车和马匹！"

"真的？"

孙立人和刘放吾赶紧来看，还真是，数量也有一百多辆，而且看样子，应该是英国人的卡车，一不留神，被日本人缴获了！这回可救了急了，所有的英军溃兵，都挤上汽车，实在挤不上的，就骑马，一起飞快地撤退了！

而这阵儿，日军的援兵也赶到了，好在新三十八师的另一个团——二团也到位了，一一二团团长叫作陈鸣人，外号"拦路虎"！他的团队，就以善守著称，所以打了一阵阻击，将日军击退，保护英军全部撤退。

等孙立人回来，见到了英军的军长斯利姆，斯利姆脸上乐开了花："孙！你们真了不起！竟然能从日军手中，解救出我们大英帝国这么多士兵！请接受我到世界末日的感激！"

而孙立人呢，他更关心缅甸整体的战局，他也听说了，按照约定，英军还得翻身过去，支援我们的平满纳会战。所以孙立人忍不住出言相问："斯利姆将军，我们的任务完成了，请问您什么时候出兵，抄日本人的后路？"

第七十四回 孙立人固守西路 远征军来回奔波

仁安羌大捷，七千英军被一千多国军救了出来，这一战，震惊世界。英军军长斯利姆将军赞不绝口啊："孙！你的部队太了不起了！我听说你们中国，就没见过坦克，那你们怎么还能打出那么出色的战术呢？"

孙立人一听，好么！你这话里话外，还敢贬低我们！我们可不是乡巴佬。所以孙立人鼓了气："斯利姆将军，您可说错了，我们中国真有坦克部队，而且他们现在就在缅甸，跟你们并肩作战！而且我当年在弗吉尼亚军事学院，学过高级指挥，步坦协同这些战术，我还是挺熟的！当然了，有一点不可否认，我们中国的坦克不多，但我在国内练兵的时候，还是跟别人借过汽车，演练战术，所以我们只要有好装备，肯定没问题！"

"哦！原来如此，孙，你救了我们大英帝国这么多士兵，请接受我到世界末日的感激！"

而孙立人呢，他更关心缅甸整体的战局，他也听说了，按照约定，英军还得翻身过去，支援我们的平满纳会战。所以孙立人忍不住出言相问："斯利姆将军，我们的任务完成了，请问您什么时候出兵，抄日本人的后路？"

斯利姆一听，一脑袋问号："什么？我们没接到这个命令啊！"

"斯利姆将军，请不要违背诺言，你的长官亚历山大将军亲口答应的，我们救出你的部下之后，你的部队去支援我们的作战！"

斯利姆一耸肩："抱歉！孙，我真的没接到这个命令。而且我的部队什么情况，你也看见了。若不是到了绝境，怎么会叫你们来救援？现在我们唯一的可能，就是撤退。"

孙立人也急了："你们答应的，说话就要算数！"

斯利姆一脸无辜："孙，抱歉！不是我答应你的，我也没接到命令，这情况我会向上级汇报。而且我问你，如果你碰到这个情况，你的部队毫无士气，你的上司却答应，让你支援别人，你会去吗？"

"负责任地告诉你,斯利姆将军!因为我是中国人,所以我一定会去!要不然,我也不会放下我们自己的战局到这里帮你!"

斯利姆一耸肩:"好吧!孙,算你厉害,可我不是中国人,我要为我士兵的性命负责,再见!"

就这样,斯利姆带队撤退,孙立人是气急败坏啊:"可恶的英国人!言而无信的英国人!来人呐!"

"有!"

"赶紧给杜军长发电报,告诉他,英军走了,咱们不会有任何的援军!现在西路由我们把守,当面敌人是日军三十三师团,我们保证,不放一个敌人过去!但请军长恕罪,我们不能过去支援战斗了!"

"是!"

孙立人稍微盘算盘算,大喝一声:"齐学启!"

副师长齐学启这会儿也到了:"师长!"

新三十八师副师长齐学启,孙立人的好哥们,美国诺维奇军事学院兼清华大学高才生,1932年淞沪抗战,他就指挥宪兵六团跟日军奋战,远征军入缅时,他也是骁将之一。但可惜在撤退之时,被日军俘虏,1945年被杀害。

"好哥们儿啊,现在看你的了,这电报发过去,杜长官不知道能不能理解咱们这儿的难处,所以拜托你这个副师长,去第五军军部,跟杜长官去汇报。而且务必求情,把咱们的一一四团调过来,三个团在手,我才能有把握挡住日军一阵。而且你过去之后,咱们务必保持联系,现在战局全都是咱们中国人在打,一定要联络畅通,不能出现英军的情况!"

咱们书中代言,新三十八师的副师长齐学启,也是个了不起的人物,这也是清华毕业生,孙立人的同学、好哥们,两个人的关系不分彼此!后来,两个人还一起去美国留学,孙立人去的是弗吉尼亚军事学院,学习高级指挥,齐学启去的是诺维奇军校,学习炮兵。后来组建税警总团,齐学启也是重点栽培的对象之一,参与了淞沪抗战。后来,税警总团遭到蒋介石的嫉恨,接受改编和裁军,齐学启不幸被裁,去浙江大学教了一阵书。1938年,孙立人把税警总团余部改编成新三十八师,特别把好哥们齐学启叫来,当副师长,兼政治部主任。所以,说孙立人和齐学启心意相通,有点夸张,但两个人绝对互相信任,这也是事实,所以军中的人都知道,齐学启就能代表孙立人。

齐学启一看现在的情况,也知道事情紧急,所以二话不说,赶奔了第五军的军部。

咱们再说第五军这边,杜聿明现在是一脑门子官司啊!已经顾不得新三十八师这边了。怎么回事呢?原来,事情已经按照他预料的最差情况发展了!本来,中路打得算不错,第五军的三大主力,九十六师、新二十二师、二○○师,已经将当面的日军五十五师团彻底围住，战局已经趋于明朗。可这时候，日军留守仰光的十八师团得到消息，于是开始增援平满纳地区。十八师团属于日军中战斗力很强的部队，比五十五师团高出一个档次。这下，第五军还得抽出一部分军队，阻击敌人援军，形势越发的吃紧。同时，东路日军也开始动手了，东路负责防守的是甘丽初的第六军，甘丽初军长面对这么大一片地方，有点手足无措，只能是平均分配，各师以团、营为单位，驻守各个要点。可这下，兵力过于分散，日军派遣五十六师团，采取机械化行军的方式，将第六军的留守部队各个击破，东路危急！

杜聿明这回可头疼了！要是原本新三十八师在，事情还好办，新三十八师的战斗力强悍，而且是集中集结，要是扑到东路，也能扛上一阵，这仗还能打。可现在，新三十八师走了，总预备队没了！这怎么办？杜聿明不能眼看着东路失守，要是这里一完蛋，日军就可以直扑腊戍。咱们书中代言，腊戍不仅是远征军的后方，更是远征军回国的必经之路，也是物资集结地，这里要失守，远征军攻，没有物资供应；守，让人家四处包围；退，也回不了国了。

杜聿明一看，急得是满头大汗，这可如何是好？他是苦苦思索，拿着笔在地图上标注了无数个点，最后，杜聿明的笔落在了一个点上——棠吉！反正现在无论怎么样，先得堵住日军五十六师团的攻势，否则，我们远征军就得全军覆没！不过，只要抽出任何一支部队，平满纳会战就打不成了。与其继续坚持，不如把部队全都拉到棠吉，把所有的日军，无论是东路还是中路，全都堵在这里，这样，后续部队一来，我们还能固守缅北！

杜聿明下定了决心，所以第一时间调兵，派靠得比较近的二〇〇师，先奔赴东路，把日军五十六师团堵住，然后新二十二师和九十六师，想办法撤出战斗！这回，廖耀湘的新二十二师和余韶的九十六师表现特别出色，互相掩护撤退，并且以为数不多的装甲车和坦克为支撑，摆出了一个类似滚筒的阵形，滚着往回撤退。日军一时间还真下不了嘴。

战场情况不多说，部署完毕之后，杜聿明赶紧再向史迪威汇报，没想到史迪威一瞪眼："杜聿明！你现在放弃所有的部署，赶紧带队去西路，协助英军！"

这一句话，说得杜聿明丈二和尚摸不着头脑，我这不是已经派了孙立人前去救援了吗？他的副师长刚刚回来，跟我汇报，仁安羌大捷，击退日军部队，救出英军七千多人。然后孙立人也跟我保证了，英军虽然走了，他们也会死守西路，不会放过来任何一个日军。这是怎么回事？

想到这，杜聿明一捂电话听筒，跟旁边的卫兵一使眼色："去！把齐学启给我找来！"

"是！"

接着，杜聿明接着在电话里跟史迪威说："总指挥，西路英军，我们刚刚派去了援军，据说已经取得了仁安羌大捷！西路危局已解，不用担心。就此，我申请把部队在棠吉一线集结，挡住日军的几路大军，固守缅北！"

史迪威一听，根本不干，又开始甩脸子了："杜聿明！你不要跟我理论！我这里刚刚跟英军总指挥亚历山大将军通过电话！什么仁安羌大捷，根本不存在，是人家英国人自

第七十四回　孙立人固守西路　远征军来回奔波

救成功，跳出了日军的包围圈。你的孙立人，什么忙也没帮上！而且，现在乔克巴当还有一支日军的主力部队，人数至少三千，你赶紧把所有的主力带上，去帮助英军解围！"

这对话一说，把杜聿明气得够呛，好么！我们的仁安羌大捷，明明是真的，齐学启带来的战报上，还特别有英军军长斯利姆将军的签字，这能是假的吗？好么！到了人家的嘴中，还什么都不是了！

这阵儿，齐学启跑步来到杜聿明的办公室："军长！"

杜聿明一看，再把话筒一捂："齐副师长，我问你，乔克巴当可否有日军的部队？"

齐学启一扑棱脑袋："请军长放心，乔克巴当在仁安羌的北面，我们师就在仁安羌一线布防，暂时不会放一个日本人过去的！而且就算有情况，我们也会及时通报的。"

这话一说，杜聿明心里有底了，转头再跟电话里说："史迪威将军，您尽管放心吧！我们这里有确切情报显示，乔克巴当根本没有日军！就算有，我们的新三十八师也可挡上一阵。我现在申请，把第五军主力集中在棠吉，固守缅北！"

就听史迪威在电话那头一阵冷笑："杜！你之前可跟我说过，日军不可小觑，你至少得有两倍的兵力，才有把握打胜仗，今天怎么那么自信？"

"史迪威将军，这不是自不自信的问题，现在我们得到情报，英军已经退走了，他们指望不上，所以咱们必须看好门户。乔克巴当丢了，大不了曼德勒咱们也不要了，至少还能保住缅北。可日军现在的五十六师团，进展太快，棠吉如果一丢，腊戍也就悬了！如果腊戍一丢，我们的补给线和退路都将被切断！而且我有预感，英国人一而再，再而三地拿我们当猴耍，这次也一样，就算乔克巴当有日军，我们打退了，他们也不会过来帮忙！"

这回史迪威也急了："杜！你太无礼了！我以我的名誉起誓，英国人，比你们中国人高级，比你们有信誉！这次他们肯定会帮忙！而且东路方面，你不用担心，我可以调集你们后备的兵力，过去堵住日军。现在，你必须带队，去西面救援英军！"

这会儿，电话那头，似乎是罗卓英抢过了电话："杜聿明！现在我不许你狡辩！史迪威将军是总指挥，你必须听从命令！否则，我们有权把你军法处置！"

杜聿明一听，是罗卓英说话，他心里放心了。说实话，他就怕史迪威，没办法，我们蒋委员长对史迪威都得毕恭毕敬，我更没辙！可罗卓英不一样啊，虽然说是我的上司，但同归蒋委员长指挥，这官司，我有的是理！而且杜聿明对罗卓英的表现特别不满，你明明是中国人，为什么不听我们这些一线将领的，反而事事处处维护史迪威，那家伙是你干爹吗？

所以杜聿明也压不住火了："罗卓英！我告诉你，如果按我的计划行事，出了问题，我就把脑袋输给你！可你要是让我强行执行史迪威的命令，出了问题，你负全责！"

杜聿明脾气一直不错，这么发火实属少见，罗卓英一听，也有点含糊了，可这史迪威是疯了心了："杜聿明！我的计策，我全权负责，你现在，马上全军去乔克巴当，否则，我立即军法处置你！"

咱们说杜聿明这个人，排兵布阵有些办法，但最大的问题，就是受不了上司的强压。

如果压急了，他是丝毫不敢违抗的，所以这时候，只能把所有的部队全都集中，二〇〇师也从棠吉方向撤回，全军乖乖往乔克巴当方向行进。

结果呢，这回杜聿明是对的，西边的乔克巴当有日军，根本就是英军指挥官亚历山大将军的谎言，他其实就是怕新三十八师太单薄，万一挡不住日军，自己的部队还得玩完，所以就又跟史迪威撒了谎。结果等史迪威等人知道，这真是个谎言，赶紧命令杜聿明带部队往回走。这通折腾下，第五军将士虽然勉强夺回了失守的棠吉，维护住了补给线和退路，但因为来回奔波，体力消耗过大，物资和人员损失不小，已经陷入了绝境。

此时，就是不懂军事的人也知道，英军不可靠，远征军现在过于疲惫，没法继续奔波了，所以固守缅北，这是唯一的出路。而且这里还经常有飞虎队的飞机，时不常地来打一次游击，制空权也能有一定程度的保障，补给线还能运转，远征军凭借这些优势，以逸待劳，尚可一战！

第七十五回　英军再诳史迪威　日军截断滇缅路

英军来回撒谎，史迪威还就真信，结果英军的假情报骗得远征军来回奔波，疲劳至极。最后，等英军的谎言被戳穿，远征军还得往回返，好不容易在棠吉击退了来犯的日军，维护住了补给线，远征军已是疲惫不堪。为今之计，只能是利用补给线畅通，以及飞虎队提供的部分空中优势，以逸待劳，固守缅北。

可咱们说呢，史迪威此时，明显是死没喂够，他就认为着，英军欠我那么多人情，总得听我指挥吧！所以他再三打电话询问，甚至直接面见英军缅甸的最高指挥官，亚历山大将军，就问他："你什么时候帮助我们反击日军？"

这亚历山大将军，反正已经撒了不知道多少回谎了，也不在乎多这一回，所以就拍着胸脯，信誓旦旦地保证："我们立刻出兵，第一步，收复曼德勒。你等着吧，三天之内，我大英帝国的雄师，就将抵达曼德勒城下！"

史迪威高兴啊！马上再命令杜聿明，率领手下二〇〇师、九十六师、新二十二师，一起收复曼德勒！

现在的杜聿明，一提英国人，他脑仁都疼！得，人家一句话，真假都不知道，我们就得跑好几百里地，这叫什么事啊？杜聿明本有心不去，可没辙啊，史迪威拿着蒋委员长压人，杜聿明还真掀不起来。最后杜聿明万般无奈，只能让二线的六十六军上来，协同第六军的剩余部队，一起防守腊戌一线，他亲率第五军，赶往曼德勒，准备跟英军会合！

不过走之前，杜聿明也有所预感，所以特别把装甲团团长胡献群叫来了："老胡啊！我有重要的任务要交给你！"

胡献群一听："军长，我是您的老部下了，咱还有什么不能说的？您尽管吩咐吧！"

"好！我把装甲团、汽车兵团、骑兵团、战防炮营，还有炮兵团的一部分交给你，你就别跟着我们一起走了，就带着他们从腊戌回国吧！"

嗯？胡献群一听，不明白了："军长，您这什么意思？此去曼德勒，敌人肯定少不了，这仨团，加上炮兵团、战防炮营，可是咱们为数不多的重装备，没了这些跟日军拼，不是自己把自己困死了吗？"

杜聿明一听，苦笑一声："哼哼，老胡啊！你说得没错，正因为这几个团是咱们仅有的重装备，也是咱们第五军的精华，所以我才让你撤！说实话，此去曼德勒，胜负难料，我已经有了不祥的预感。如果你跟着我们，日军把腊戌一封，咱们的战车、汽车、大炮等装备，要是不想便宜敌人，就只能毁掉！与其这样，不如撤回国内，保留一点种子吧！让骑兵团给我们稍微留几辆装甲车就行，剩下的你们全带走！"

胡献群一听，也明白军长的苦心："可是，军长，我们要是走了，您们怎么办？"

"哈哈，我你就不用担心了！怎么说，我们也是步兵，有两条腿，翻山越岭都没问题。爬，我们也能爬回中国！我已经算计好了，实在不行，我们就一路北撤到密支那，走野人山回国。"

"啊？军长，这可使不得啊！我听说那野人山，特别危险，山高林密，容易迷路不说，里面还危机重重，有瘴气、沼泽、毒虫，听说还有野人呐！"

"哎！老胡啊，这你就不必担心了！不到万不得已，我们也不会去野人山。密支那附近，应该有马帮的小路，能直达腾冲，到时候我们只要找到向导，就不难回国。而且，

▎被中国远征军汽车拥堵的滇缅公路

373

野人山，对于个把人来讲，那当然是禁区，能吞了不留踪影。可咱呢，就算去，第五军加上新三十八师，几万人排成纵队，人人相距十米，就是好几百公里。估计等最后面的人进入野人山，前卫部队都出去了，你怕什么！放心吧！"

"可是……"

"老胡啊，别可是了，咱们哥们儿这么些年了，还没看你这么婆婆妈妈过呢！就这样，你把咱们的机械化部队保护好了，否则，我找你算账！"

"是！"

就这样，两人分别，杜聿明带着主力走了，留下胡献群整备部队。咱们说，胡献群可不敢怠慢啊，赶紧准备撤退！说白了，虽然前面有部队顶着日军，但六十六军什么战斗力，他心里有数。虽说六十六军也算是英勇善战，但新兵较多，而且装备也比较差，碰上日军主力，顶不了多长时间的。而且更糟的是，日军已经开始对腊戌附近进行空袭了！所以，一切一切都得小心行事。

现在别的还好说，骑兵团的装甲车、汽车兵团的汽车，都可以在滇缅公路直接开回去，炮兵的重装备，直接拆卸装车也好说。就是装甲团难办了！尤其是主力装备T26，咱们前文说过，滇缅公路的路况很糟，承载能力有限，T26虽然战斗力不错，但重量太重，根本走不了，所以只能拆解了，分成零件运到腊戌再组装。所以耽误了时间，根本来不及参战，战斗打到现在，25辆T26，才组装了十辆。结果，还得拆！

这回胡献群头疼了，坦克不是积木，随便拆卸，零件肯定会减寿命，可也没别的办法了，拆吧！于是胡献群就开始了工作。没想到，刚开拆，有人大喊："别拆！先别拆！"

胡献群一听，这都火烧眉毛了，还不让拆，谁啊？回头一看，当时脑袋一懵，赶紧跳下坦克，"啪！"一个军礼："长官好！"

有人问了，来人是谁呢？远征军的参谋团长林蔚！咱们书中代言，蒋介石为了远征军，可以说是集合了当年国内最精锐的力量，装备最好的第五军就不用说了，中方的副总指挥罗卓英，也在国内享有盛名，而除此之外，蒋介石还特别设置了参谋团，团长就是军令部次长，林蔚将军。

要说林蔚将军，在国内也算是比较有能耐的将领了，专门负责缅甸指挥部和蒋介石的联系，以及出谋划策。可实际上，因为蒋介石和史迪威都不太会打仗，而且特别固执，这个军事精英组成的参谋团，也就成了受气的小媳妇！就拿之前来说吧，参谋团也看出来了，英军不可靠，史迪威不信；曼德勒会战打不得，史迪威还不信！您说有什么招？

当然，参谋团还是有作用的，尤其在保障远征军后勤方面，他们居功至伟。而且，此次杜聿明走了，罗卓英又掉腰子，所以参谋团就开始部署保卫腊戌的事宜。这方面，团长林蔚可累坏了，赶紧部署各部队，堵截日军。可说实话，效果不佳，最后林蔚逼得没辙了，他一打听，哎！第五军的装甲团没走，我用用吧！就这样，他就来找胡献群。

现在，人家官大，自己官小，胡献群只能小心伺候："长官您好！"

林蔚看了看胡献群："哦，你叫什么？你是第五军装甲团的吗？"

"报告长官，我是第五军装甲团团长胡献群！"

"哦！太好了，装甲团的事，你说了就能算吧？"

"是的！我说了就能算！"

"太好了！现在日军势头太猛，我要征用您们团！"

胡献群一听，当时慌了："报告长官，我们团现在没法出动！"

"哦？为什么？"

"您看啊，之前的坦克，都是轻型和中型坦克，在战斗中表现一般，而且伤痕累累。唯一的重装备T26，到现在还没组装完毕。我们军长说，现在还得拆了继续打包，往国内运。请恕属下无能为力！"

现在战况，让史迪威指挥得越来越糟，林蔚也知道，所以对胡献群的话不置可否。于是让胡献群带着，去看了看装甲团的情况，这一看，胡献群还真没说假话，CV33和雷诺式，无一不是伤痕累累，另外还有大批的坦克零件，准备运输。林蔚看来看去，就看到了组装好的T26跟前，T26漂亮啊，而且个头大，也显得威武，最重要的是没参过战，光亮如新。林蔚一看："胡团长，这坦克能挡得住日军吧？"

"报告长官，这坦克是苏联造的T26，性能还不错！"

"行！你别的我就不用了，我就征用你这十辆，让他们听我命令，去挡住日军的攻势！"

"啊？长官，这可不行啊！T26虽然厉害，但就凭他们，挡住日军，也是难上加难！坦克的应用，各型号都有他们的作用，得搭配使用才行！"

"行了，那我不管了，你反正得听我命令，留下一半的部队帮忙，现在大家都在忙活，你们怎么能独自撤退呢？你要是不听命令，休怪我翻脸无情！"

胡献群一看，实在没脾气了，官大一级压死人啊！只能捏着鼻子，拨了五辆T26，还有四门战防炮，这算编了一个队。同时，胡献群把一营的副营长肖振声少校叫来了："振声啊，现在没辙了。长官强迫咱们参战，咱们是不得不打啊！现在这五辆T26交给你了，你要小心行事！"

"团长您放心吧！"

于是，肖振声带队走了，协助六十六军的部队，防守腊戍，胡献群呢，则带队继续后撤。咱们多说一句，装甲团这回的撤退，太狼狈了。史迪威的布局，虽然招招都是作死，但他的公关能力，还是毋庸置疑的。无论前线的远征军受了什么苦，这里都是一片忙碌，但相对祥和的景象，腊戍的所有后勤人员，都认为远征军的将士在史迪威的指挥下，痛击日军，胜利指日可待！直到日军的飞机已经炸到了，大家才明白了，这都是放屁！所以撤退极为仓促。装甲兵这边，几乎每辆拖车都是超载行进，为了稍微减轻点重量，胡献群甚至下令，从自己做起，把每个人的随身行李都给扔了，这才勉强沿着滇缅公路，撤回国境之内的畹町。现在的装甲团，可以说，除了装备之外，一无所有，就跟叫花子相似！不过相比于远征军的其他部队，他们还算幸运者。

再说回腊戍之战，这仗说白了，已经没有任何希望了，最有经验的部队去了外线，六十六军多是新兵，军长张轸也不能完全指挥部队，所以只能处处不放，三个团，分别守卫三个城市。可这样，正好给了日军各个击破的机会，所以日军几乎不费吹灰之力，就打到了腊戌留守的新二十九师所部，虽然奋力作战，但仅仅一个上午，即告崩溃。五辆T26虽然厉害，但也扭转不了战局，只能撤出腊戌，守卫在滇缅公路上。

这阵儿，日本人一点没有缓下来的意思，仍然长驱直入。不过咱们也得说，在东南亚地区，日军的大胆穿插，很多时候，恰恰击中了英美军队的弱点，日军经常在他们意想不到的时间和意想不到的地点出现。这时候，英美军队纵使武器精良，却因为准备不足，而不可避免地战败。这回日军也一样，胃口颇大，从腊戌切断滇缅公路还不算什么，他们立刻兵分两路，除了在腊戌留守一小部分之外，一路继续迂回作战，打算把中国远征军团团包围，另一路就要沿着滇缅公路，一口气攻进中国！这也就是说，歼灭远征军，只是他们的小目标，他们甚至要凭借这个机会，一竿子捅进云南，再攻中国的大后方！所以日军攻陷腊戌之后，先头部队五十六师团一四六联队，仗着自己的汽车多，就全军快速前进，一口气扑向滇缅公路！

这时候，肖振声少校，早就在公路上严阵以待了，五辆T26排成防守阵形，连枪带炮一起开火，冲在最前面的日军卡车当时被打毁好几辆，日军前进受阻。按说这情况，日军只需稍待一两个钟头，等大部队来了就行。不过日军也已经疯了心了，自以为从这里既能切断远征军退路，又能杀进中国，杀个鸡犬不宁，所以疯狂进攻。不过日军也不傻，正面受阻，没关系，滇缅公路旁边就是山地和丛林，他们就从侧翼迂回到丛林之中，手头唯一一门速射炮也拆卸下来，运到丛林之中，再组装好。然后日军突击队，嗷嗷直叫，从近距离就向国军的坦克部队发起了进攻！

咱们说，坦克部队，要是没有搜索队和侦察兵的帮忙，根本就是瞎子。速射炮在丛林之中，离他们只有五百米，这距离，几乎是百发百中，可坦克部队因为视野问题，根本没看见。所以一顿炮击过后，五辆T26全军覆没，肖振声少校等人，无一生还，装甲团最宝贵的T26，就这么白白损失了。

接下来，日军的追击部队一点不放松，马上上车，以最快的速度从滇缅公路杀向了中国西南境内！如果放任他们如此行进，那么云南一带就危险了，进而重庆和四川也就都是岌岌可危！

第七十六回　装甲团阻敌失败
副营长布防畹町

　　日军攻占腊戌，切断了滇缅公路，也就是截断了远征军的主要退路和补给线。可这绝对不是日军的最终目标。日军的五十六师团，在此兵分两路，一路继续迂回作战，打算包围远征军，另一路沿着滇缅公路继续进攻，打算一竿子捅进云南，逼迫国民政府投降！

　　走滇缅公路的这一路日军，先锋是五十六师团 146 联队。他们汽车多，速度非常之快，没费多少力气，就击溃了国军殿后的五辆 T26。紧接着，继续行军，扫荡了滇缅公路附近的小股部队阻击，一路打到了云南境内的畹町附近。经过上次的 T26 阻击，日军这回也长记性了，特别让三辆装甲车开道，后面跟着的，就是一辆卡车，车上运载着唯一一门速射炮，就是为了以防万一！

　　这帮日军以为这样干，万无一失滴干活！再加上一路上，除了那一阵 T26 的阻击之外，再没碰上像样的国军，所以特别轻松，有的人还哼上了小曲儿。没想到眼睛都看见畹町镇的房子了，突然听见有人喊："支那坦克！小心滴干活！"

　　"轰轰！轰！哒哒哒！哒哒哒！"

　　话音没落，枪炮就迎面袭来！日军是猝不及防啊！前面的三辆装甲车，对付步兵有余，对付坦克可不行，瞬间就被坦克火炮打穿，"轰！轰！轰！"全部爆炸！这还不说，对面坦克一顿大炮下来，唯一运载反坦克速射炮的卡车也被打炸！

　　这回日军可慌了："阿布那一！快撤！快撤滴干活！"

　　于是日军纷纷下车，就地隐蔽。这阵儿有的人也看清楚了，畹町城内，两辆国军 T26 迎面出阵，刚才开炮的就是他们。等看明白了，日本军官就急了："怕什么？你看看，支那人虽然有坦克，但只有两辆，我们怕什么滴干活？"

　　"可支那坦克的确厉害，刚刚把我们装甲车都打了滴干活！装甲车可比咱们厉害啊！"

　　"八嘎！你不要如此胆小！这款支那坦克，我知道，苏联制造滴干活，火炮挺厉害，

远征军的T26轻型坦克。本来是远征军的希望,但可惜滇缅路禁受不起它的重量,只能拆散了运,结果折腾一气,到了缅甸,远征军就该撤退了,最终一部分T26还没装好就运回国内,一部分T26组装好了负责断后,全部损失

但机枪火力不够滴干活!你们要害怕,可以从树林之中迂回前进。靠近坦克,用炸药包解决战斗滴干活!"

日军之中,官大一级压死人,军官这通训话下来,有的士兵就开始跃跃欲试了。可没想到,这时候又有人喊:"别着急别着急!支那人还没出来完滴干活!"

这伙日军再仔细一看,好么!哪儿只有两辆坦克啊?分明是支大部队!只见两辆T26当道扎营,拦住去路之后,又有一辆T26开出来,它的位置偏一点,直接监视河边的通路。接下来,又有两辆T26开出来,监视左侧通往畹町的小道。五辆T26之后,还有五辆CV33,他们纷纷在侧后布阵,警戒林中的小路。这支坦克分队之后,又有不少步兵涌出畹町,少量在正面布防,大部分去了丛林之中,部好了阵势,准备防御!日军这回可有点傻眼了:支那人看来早有防备啊,在这里布置了重兵,我们这回,难办滴干活!

有人问了,畹町这支国军重兵是怎么来的呢?这不用多说,您肯定也想到了,肯定是第五军的装甲团啊!这一点不夸张,当时的中国,几乎所有的坦克部队,都源自第五军装甲团,包括西北胡宗南,他的部队,论源流,也是这一支。

咱们前文也说了,装甲团团长胡献群,在腊戌留下了五辆T26协助友军,要阻挡日军的进攻步伐。结果,时间不大,战线崩溃,T26撤至滇缅公路之上,阻击日军前进。

可没了眼睛的坦克，就是盲人，日军把唯一一门速射炮，运到丛林之中，一口气击溃了这一群T26，指挥官肖振声少校等人，无一生还！

但正因为他们拖延时间，胡献群等人带队，就撤到了国境线之内的畹町。可撤到畹町之后，胡献群又头疼了。怎么回事呢？国军现在，几乎处在崩溃状态，所有的人几乎都在逃命的状态。现在前面就是怒江了，怒江之上，有一座惠通桥，沟通怒江两岸。怒江天险，肯定能阻挡日军，可前提是，我们还能控制这座惠通桥啊！如果在我们过桥的时候，日军也到了，那怎么办？我们若是炸桥，就得有多少将士死于非命？又有多少的物资损失？如果不炸，让日军突破过来，我们就无险可守，更加危险啊！与其这样，不如在畹町先跟日军磕一仗，保护大部分人通过怒江！

所以想到这，胡献群就把想法跟装甲团的人说了。这时候，二营副营长余绪辉少校第一个支持："团长！您说得太对了！在这里打一阵也好，要不然日军追得太紧，咱们都逃不了！"

"好！我可跟各位说清楚了啊，现在其他部队都崩溃了，咱提出，那咱们就开打了啊！"

"没问题！团长，说实话，咱们装甲团在缅甸，就没打出什么太漂亮的仗，今天该着咱们翻身啊！"

"是啊！团长，我也支持你！"

这凑来凑去，就不少人了。胡献群一看，高兴："好！各位啊，既然这样，今天我亲自带队！"

想到这，胡献群赶紧招呼："停车！停车！"

哎，拉装备的货车停了，这时候胡献群开始点计装备。现在，法国的雷诺式，这玩意有炮没枪，日军追兵，可大部分是步兵，所以基本没用。剩下的呢，CV33还有几辆，胡献群就留下了五辆，再有就是主力T26了，胡献群一看，拆成零件的15辆就甭指望了，来不及组装，倒是还剩下五辆组装好的，因为个头太大，装不上车，所以一直跟着履带行军。说实话，当年的坦克履带行军，磨损挺厉害，所以不到战时，一般不用。今天没辙了，只能这么跟着，胡献群一看，这么下去，回到驻地，零件也磨损得差不多了，不如留在这打一仗，若是打胜了呢，还能有时间拆了运，若是不胜，用这些保障其余的装备，以及大部分部队撤离，也值了！

所以胡献群，把这五辆T26也扣下了，组成了十辆坦克装甲车的大编队，胡献群一看，高兴！行！就靠这些，只要步兵给力，我们至少能顶日军一个大队，甚至一个联队啊！我倒要看看这帮日本鬼子，到底知不知道疼！

所以胡献群想到这，赶紧找步兵指挥官，打算协同作战。这时候，溃兵就别想了，也没士气，所以胡献群揪着人就问："畹町的最高长官是谁？在哪儿驻扎？"

问一个不知道，再问一个也不知道，最后总算有个明白人："你去罗汉寺里看看吧！城里最大的房子，就是罗汉寺。"

胡献群一听，赶紧去吧！别说，还真让他找着了，畹町现在的最高指挥官，就是九十三师补充团团长唐波。胡献群赶紧过来，唐波一看，都傻了！为什么啊？虽然同是团长，唐波不过是个中校，而胡献群，少将！足足高了两级！所以唐波见了胡献群，那是毕恭毕敬："长官！在下是九十三师补充团团长唐波，您有什么吩咐！"

"我是第五军装甲团团长胡献群。现在我军的情况你也看见了，兵败如山倒啊。我得到情报，现在日军应该已经沿滇缅公路，对我军进行追击了，应该马上就到畹町，现在我要求你和我并肩作战，一起阻击日军！"

唐波一听，直嘬牙花子啊："长官，我真是不想驳您面子，可说句实话，我们真是爱莫能助啊！"

胡献群脾气暴啊，一听就急了，一把薅住唐波的领子："唐波！你这话什么意思？我们在前头卖命，你就这态度，你身为军人，这算什么！"

胡献群是真使劲，一下唐波喘不过气了，当时是手脚乱刨啊："长官！松松手！听我说！听我，说！"

胡献群一看，也别掐死了，听他说吧！于是把手放下："你说！"

唐波咳嗽两声，没说别的，当时呼喊一声："警卫排！"

这一叫可好，门打开了，三十多个士兵闯进办公室，胡献群一看，当时也把手枪抽出来了："唐波，你这什么意思？找死是吧？他们敢动，我先毙了你！"

"哎哎，长官，您别误会，您先看看我这士兵，能打仗吗？来啊，向左转，都朝着窗户，举枪！"

"哗啦！"

所有人一举枪，胡献群看出来了，也不怪唐波推辞，这一看，好么！这帮士兵明显没受过正规训练，这枪勉强端在胸口，动作明显不对啊！唐波这时候才说："胡长官，您看见没，不是我推辞！我们这个补充团，之前是受过训练的，可您也知道，远征军前线损失挺大，原来的补充团早补充到前线了，我这刚找了一批新兵，到畹町也就十天不到，刚把左右转练好，发枪才三天，瞄准都不会。您要他们帮您打仗，损失大不说，我就怕误了您的大事啊！"

胡献群一看，这回没辙了，可如果不在这打，肯定更不行，日军长驱直入，更危险。最后，胡献群只能是商量着来："唐团长，现在局势紧张，这仗不能不打，您看这样行不行？我们是装甲部队，火力没问题，只不过没有步兵的帮忙，我们就是瞎子。这一仗，您这一个团的人，就负责给我们当眼睛。哪儿有敌人，你们只要能把枪给我放响了，指明方向就行，剩下的交给我们就行！"

唐波团长一听，也是勉为其难："好吧！那胡团长，我只能说尽力，打成什么奶奶样，我可不能保证。"

"行！你们尽力就行！"

这仗就算开始筹备了，不过胡献群总是心神不宁，他没底啊！这时候，二营的副营长余绪辉少校站出来了："团长！我说两句吧！"

"小余啊，你想说什么？"

"团长，现在虽说要打一仗，但咱们留下的只有少量部队，您身为团长，得跟着大部队行动啊！所以留守的这一仗，您不如交给我！"

胡献群一愣："小余啊，这仗事关重大，我得亲自压阵！"

"哎，团长，杀鸡焉用牛刀啊，这点小事，用不着您亲自动手。而且我跟您说，我要留下，比您的优势还大！"

胡献群一听乐了："嗯？小余啊，我可没听过你说大话呢！今天怎么就说上了！你说说，我听听，你凭什么说，比我强？"

余绪辉少校挠挠头："团长，不瞒您说，在军校的时候，我有个结拜兄弟，就是云南畹町一带的人，他跟我讲了不少畹町的风物，所以我对这里还算熟悉。而且我也按照当年兄弟留下的地址，去他们家请他了，估计一会儿就到。这样，咱们拥有地利，也算个保障了！而且，团长，咱们团可以没有我，但不能没有您啊！请您赶紧带着主力撤退，给咱们装甲兵留下最后的骨血。我求您了！"

这时候，旁边也有官兵站出来了："对！副营长说得对！团长，您撤吧！这里交给我们！"

"没错！您放心撤退，我们守不住畹町，就提头来见！"

胡献群一听，万般无奈："好吧！兄弟们要多加小心啊！尽量保全咱们的装备，如果无法保全，务必拿走炮栓，破坏发动机，说什么也不能让敌人拿咱们的装备来对付咱自己！"

"团长放心，我们明白！"

就这样，余绪辉少校留下，指挥战斗。有人问了，他那个兄弟的事，是真是假？到底有没有这么个人？说实话，不太清楚，但余绪辉的确对畹町的地形了如指掌，所以布置得有章有法。第二天下午，日军到了，他迅速做出应对，第一波两辆T26快速出击，给日军当头一棒！然后其余的T26和CV33纷纷出动，几乎封锁了日军所有的路径，步兵也随之出发，部署在树林之中，当作装甲兵的眼睛。

这个部署，看起来还真是有章有法，日军看了，也不禁是啧啧称奇！

第七十七回　日军大战余绪辉　林蔚引爆惠通桥

　　日军直攻畹町，结果遭到了国军装甲兵的迎头痛击，这一队人马，有五辆主力坦克T26，还有五辆CV33作为火力掩护，另外，还有步兵一个补充团部署在树林之中。此次的指挥官，装甲团的副营长余绪辉少校，对此地的地形还挺熟，排兵布阵颇有章法，坦克装甲车的机枪，纷纷把丛林之中的小路封锁了。而战斗经验很差的补充团步兵，则隐身在丛林之中，负责给装甲兵当眼睛。

　　日军一看，正面的坦克又有枪又有炮，正面冲锋，那是找死滴干活！但是呢，要停下等后面的大部队和速射炮过来，他们又嫌慢，所以纷纷钻入树林，采取渗透的方法，进行作战。不管怎么说，这样损失能小点吧！

　　结果呢，日军只要一冒头，树林之中的国军士兵就乱枪齐放。随后，坦克装甲车上的机枪就对着日军的大概位置，"哒哒哒哒"狂扫一通！

　　刚开始，这招还真把日军吓唬住了，好么！这么厉害的火力，我们该怎么办滴干活？

　　但是呢，几次渗透下来，日军联队长松下本发现了点问题，国军的火力虽然猛，但给日军造成的实质伤害并没有想象的大！难道，这些士兵是新兵滴干活？

　　于是，松下本赶紧又叫来一个中队的士兵："你们滴，分成小组，去向丛林里的支那阵地渗透，看看他们，到底会不会打枪滴干活！"

　　"哈伊！"

　　中队长把日军分成小组，进入了潜伏的状态，一会儿的工夫，枪声大作，等把部队拉住来，一百二十人的中队，实际是有十几人的死伤。松下本一看，哟西！总算找到支那人的弱点了！于是他继续这么办，就派小部队，一而再，再而三的骚扰丛林中的国军阵地！

　　咱们前文也说过，这个团，是九十三师的补充团，人员素质非常低，也就是勉强能把枪放响了，准不准都另说！亏得有装甲兵的机枪掩护，不然阵地早就失守了！而且咱们还得说，新兵的一大特点，就是缺乏经验地乱开火！老兵比较节约子弹，尽量以最少的弹药消耗，杀伤更多的敌人，新兵可不行，看见敌军了，就一次性把子弹搂干净了。当年中国，弹药缺得挺厉害，这么干搂打吗？所以没一个小时，子弹就打干净了。

子弹一没，这回新兵更没胆了，一看见日军过来，有的吓得两腿发抖，干脆掉头，跑了！这一跑就完啊！恐惧就跟传染病一样，把别的新兵都传染了，到最后，大家都争先恐后地逃了，只把坦克和装甲车撇在了路上。

怒江上的惠通桥。国军最终靠引爆了这座大桥，才得以喘息，跟日军隔怒江对峙，否则，若日军攻进云南腹地，重庆危矣

这情况，把负责指挥的余绪辉少校气得直哼哼啊，步兵一跑，自己根本是瞎子，现在只能是推进畹町城，再做计较了！所以余绪辉赶紧用无线电招呼："兄弟们！快撤！撤进畹町城再说！"

可现在，日军也不给余绪辉机会了，在丛林之中站稳后，他们的敢死队嗷嗷叫着，往上就闯！这回该余绪辉倒霉了，虽然他的坦克上设有机枪，但日军人数太多啊，而且呈扇子面一样地往上闯，距离也就是几十米，机枪根本来不及反应。有的日军手脚快，甚至爬上坦克，要掀了顶盖扔手雷！

旁边的坦克机枪手一看，这还得了？真让你掀了盖扔手雷，我们里面的战友全得完蛋！所以这家伙也顾不得别的了，操起机枪，对着己方坦克的顶上就是一梭子！

"哒哒哒！当当当！"

"呃！哎哟！"

总算把这几个凶猛的日本兵打掉了。可这拨过去，下拨又到了，日军敢死队是源源不断啊！一个个跟疯狗一样，拿着炸药包和手雷往上就闯！装甲兵这边，只能勉强招架，狼狈不堪啊！

就这样，勉强耗到晚上，日军也疲惫不堪，暂且收兵。而装甲团这边，情况更惨！五辆T26之中，已经有两辆被炸毁，剩下三辆也是伤痕累累。五辆CV33虽然没事，但

第七十七回　日军大战余绪辉　林蔚引爆惠通桥

问题是，在这个火力体系中，T26是支柱，CV33是辅助，要是四梁八柱没了，也是白搭！所以余绪辉赶紧命人用其余的T26，把两辆报废的拖回来，CV33负责周边的警戒，余绪辉自己呢，跑到原来补充团的指挥部——罗汉寺，支上电台，再用留下的电话，联系后方指挥部。下面明显打不过了，能不能坚持明天一天都是问题。我们是继续作战呢？还是撤退呢？到底怎么办？得让上面拿个主意。

结果，联系来联系去，团长胡献群那儿一直没联系上，电话倒先响了。余绪辉抓起电话："喂喂，我是畹町前线，您是哪位？"

就听电话那头，一个特别不耐烦的声音："怎么回事？怎么前线还有自己人啊？你们是哪部分的？还在畹町干什么？"

"报告长官，我们是第五军装甲团的，我是副营长余绪辉，负责这儿的指挥。我奉我们团长的命令，在这里阻击敌军。请问长官是？"

"我是参谋团团长林蔚！这个胡献群啊，怎么还敢把部队留在畹町？回去我再收拾他！你们现在听我命令，马上撤退！"

余绪辉一听："怎么？长官，不阻击了？"

"不用阻击了，咱们的工兵已经到了惠通河大桥，随时准备炸桥了，到时候，怒江天险，就足以把日军阻住了。你赶紧带队回来！"

余绪辉一听，好吧！这也算好消息，我们的阻击不管怎么说，也算是拖延了敌军，现在最坏的情况已经不会发生了。所以余绪辉赶紧报告："是的长官，我们服从命令，马上准备撤退。不过日军追得比较紧，我们的装备损失也比较大，两辆T26损毁，三辆T26重伤，请您再给我们半天时间，我们一定能赶过去！"

"什么？从畹町到芒市，也就是八十公里，你们还用得了半天？你们也不是步兵！我告诉你们，我本来打算立即炸桥的，现在给你们个面子，赶紧过来，给你们两个半小时，过时不候！"

"那长官，我们有些装备过不去啊！"

"少废话！过不去就炸了！你们晚到一分钟，我们也不等！"

"啪！"

林蔚说完，直接把线给掐了。余绪辉现在万般无奈啊！两个半小时，CV33还凑合，T26现在不是损毁，就是重伤，肯定到不了啊！算了吧，我们毁了，也不能留给日本人！

于是，余绪辉下令，让驾驶员把五辆T26堆到公路上，堆在一起，然后大家含着眼泪，拆下炮栓，毁掉发动机，然后把汽油浇上，最后对着心爱的主力坦克T26，点着了火！

"呼！"

瞬时间烈焰腾空啊！剩余的装甲兵们顾不得伤心，全都坐到CV33装甲车上面，全速往怒江方向撤退！

咱们说这一手，把日军也吓了一跳，本来，他们准备发动夜袭的，可CV33用机枪封锁了畹町城的所有通路，所以他们有点顾忌。正在商议着呢，就看畹町城这块儿，火焰冲天！联队长松下本赶紧呼喊："快！派尖兵过去看看，怎么回事滴干活！"

"哈伊！"

时间不大，尖兵回报："报告联队长阁下，支那人焚毁战车，撤退滴干活！"

"纳尼？支那人撤退滴干活？嗖噶，那就赶紧扫除障碍，继续追击滴干活！"

于是，日军赶紧扫除障碍，您别看这五辆坦克，体格子挺大，但日军也有卡车，把火浇灭之后，拉到一边，这一通工作，也就用了一个小时。接下来，有人在继续检查，评估坦克的情况，剩下的人，乘上汽车，继续追击。咱们书中代言，这五辆坦克，经过日军评估，还有三辆的装甲尚能使用，所以后来，缺少资源的日军把这三辆T26重新利用，不是发动机不行，炮也毁了吗？没关系，反正装甲足够挡子弹，所以日军就把这三辆T26残骸，拉到松山一线，布置成永久火力点，结果，等到后来，国军二次入缅，准备打通滇缅公路的时候，就被这三个火力点害惨了！

咱们再说余绪辉这边，他们奉命毁掉T26之后，都坐上CV33一通狂奔，到了惠通河大桥附近，这一看，所有人都傻眼了！怎么回事？之只见惠通河之上，大桥早就被炸断，只剩了滚滚的怒江之水，以及部分残骸。余绪辉当时脑袋一懵：难道我们晚了？不应该啊！现在离预定时间，至少还有十五分钟，总部怎么就不管我们了？再往桥头仔细看看，好么！死尸遍地，似乎就在不久之前，这里出现了一场激战！

咱们书中代言，这惠通桥，国军的确是提前炸了，倒也不是要刻意坑死余绪辉等人，实在是事出有因！原来，就在远征军参谋团团长林蔚跟余绪辉通完电话之后，所有人还都在紧锣密鼓地准备，负责警卫的部队在两侧桥头巡逻，工兵也还在继续工作。因为要爆破一座大桥，可不是那么简单的。工兵得反复核实炸药的用量，在能毁掉大桥的基础上，尽量少用。没办法，现在国内太缺乏军用物资了，能少用就少用吧！

这时候，除了装甲团殿后部队之外，最后一拨溃兵和难民也到了，就准备过桥，而这时候，警卫部队发现了一个奇怪的现象！怎么回事呢？原来，很多溃兵和难民，都跟之前差不多，有的鞋跑掉了，有的枪也扔了，只恨爹娘少生两条腿，玩了命地跑，那是狼狈不堪啊！

可这队伍中，却有些奇怪的人，只见这些人，人人的衣着还都比较利索，而且沉默寡言，别人呼喊哭骂，这些人几乎一句话不说，一个劲儿沉默着往前小跑，队形似乎跑起来也不变。最重要的是，这些人身上的衣服，虽然好似平民，却一人一顶瓜皮小帽，那叫一个整齐！

怒江西边桥头的警卫部队一看，这叫什么装束啊？带队的连长就有点起疑，赶紧过来："站住！"

这队人集体站住，为首的一个，点头哈腰就过来了："长官您好！"

"你们这都是什么人？"

"哎呀，我们都是中国人，啊，华侨，这不缅甸那边打起来了吗？我们是历经苦难，才逃回国的，希望祖国收留我们！"

"哦！华侨？你！出来！"

连长过来："说！你是哪儿的人？住在哪儿？做什么生意？"

"我滴，那个，住在曼德勒，我是教书的！"

"哦？教书的！"

连长过来，一抓对方的手，翻过来一看，好么！这哪儿像养尊处优的读书人？这满手的茧子，而且手掌宽厚，好像当兵的！这回连长可急了，当时把枪掏出来了："胡说八道！你根本不是读书人，你到底是干什么的？"

这位一看，憋红了脸，说出这么句话来："卡索！杀给给！"

话音刚落，从腰里掏出把手枪，"啪啪"两枪，负责警卫的连长当即殉国！只见这支奇怪的队伍，纷纷从腰里掏出手枪，就要开火！这下露馅了，日本人！这还有什么说的？国军在桥头已经架好了机枪，那就开火吧！

桥头两挺机枪立刻组成交叉火力，"哒哒哒！哒哒哒！"当即把这帮便衣小鬼子扫倒不少。可这时候，从旁边的小路上也涌出了不少日军，这帮人架起重机枪，也对着国军桥头的机枪阵地开火了！

"哒哒哒！哒哒哒！"

双方就是一阵的对打！而这时候，桥那边的总负责人，就是远征军参谋团团长林蔚一看，当时就慌了："哟！小鬼子这就追上来了！炸桥！炸桥！"

旁边的副官动作倒也快，立即按了电钮，"轰！轰！"两声巨响过后，惠通桥的两根支撑柱当即被炸得七扭八歪！可也不知道是炸药放得少了点，还是爆破位置差了点，沟通怒江两岸的惠通桥颤了几颤，支撑柱碎了，可桥没塌！这回林蔚一看，可给气坏了："妈的！怎么回事？怎么没炸毁啊？赶紧再给我想办法！炸！"

可想再炸，谈何容易啊？怒江天险，哪儿那么容易动手？这阵儿，日军也已灭掉了对岸的国军机枪阵地，然后掉转枪头，向着对岸扫射。上去的几个敢死队员，当即阵亡，遗体掉进怒江，尸骨无存！

第七十八回 胡献群率部脱险境
杜聿明硬闯野人山

余绪辉销毁了走不了的T26，带队急行军，想要抢在国军爆破之前，走惠通桥越过怒江，否则，就凭这天险，没准就回不了国了！可没想到，等到了桥头，大家都傻了眼，惠通桥早就被炸断！

怎么回事呢？原来，日军的一四六联队，虽然名为先锋，但还有比他们快的。此时，日军各部都想抢攻，先行攻入中国后方。其中有一支部队，在当地人的带领下，走小路，提前到达了惠通桥。他们本想化装成平民，混过桥头，发起袭击。结果国军警惕性很高，发现了破绽，双方就在怒江桥头展开了恶战！

这阵儿，桥那一边的指挥官，远征军参谋团团长林蔚，早就吓得不行了，一看日军来了，赶紧下令炸桥！结果忙中出错，桥的支撑柱虽然炸断了，桥没塌！林蔚只能再派敢死队，人工炸桥！

可此时，日军已经取得了桥对岸的优势，机枪就往桥上扫！结果敢死队员无一生还！日军这边，赶紧继续做准备，费尽力气运来的步兵炮也给架好了，准备火力支援，其中一支日军部队跃跃欲试，就准备往对岸摸。

如果让日军渡过怒江，后果不堪设想！可现在，想炸都难了，怎么办啊？林蔚灵机一动，对了，不行我们叫援军吧！

有人问了，国军现在在这一线，自顾不暇，哪儿来的援军呢？这告诉您，这支援军可不得了，那就是陈纳德的飞虎队！咱们说，陈纳德自1937年全面抗战开始前，就担任了中国空军的教官，平常中国空军参战，他虽然不参加，但也驾机在天上看，所以给中国空军出了不少的高招。后来，中国空军的外援断绝，面对日军最新锐的零式战机，几乎没有还手之力。陈纳德热心肠啊，就回到美国，几乎凭借个人之力，给中国组织了一支空军志愿队，也就是飞虎队！而就在中国空军的黑夜之中，飞虎队在中国的大后方，却支撑起了一片相对安宁的天空。国军在这一线，虽不能说予取予求，但至少，脑袋顶上多了层保障！

今天，林蔚也是给逼得没辙了，只能一个电话打给昆明的陈纳德："喂喂，陈纳德将军，我们这一线危急啊！请您立刻派飞机，轰炸怒江上的惠通河大桥！"

"好的先生们，请稍等片刻！"

飞机来也得需要时间啊！所以此时，怒江东面的国军，使尽浑身解数，拼死击退日军的进攻！

不过陈纳德那边来得也快，半个小时不到，两架P40战机飞到，对着惠通河大桥就是两颗炸弹，"吱！吱！轰轰！哗啦！"，这回惠通河大桥终于垮了！两架P40战机还挺热心，炸完桥之后，没走，又向对岸侦察了一番，结果一看，好么！一条小路之上，日军和装备密密麻麻地堆着，两架飞机就俯冲下来，"哒哒哒！哒哒哒！"，那是狂扫一通！打得日军是人仰马翻！

这回算是救急了，但也把余绪辉他们害惨了！怒江天险，岂是开着装甲车能过得去的？没办法，剩下的各位，只能拆下CV33上面所有的机枪，并且把装甲车毁掉，所有人拿好武器，想办法突围归队！咱们说，余绪辉他们算吃了苦了，在沿途之中，遭到了不少日军的围追堵截，损失过半，但好在他们还是想办法过了怒江，成功归队！

但咱们也得说，截断怒江，虽然救了一时之急，但也方便了日军对怒江以西的攻略，所以短时间内，怒江以西的国土基本全部失陷，中日双方在怒江一线也开始了对峙。而日军方面，虽然过不来怒江以东，但仍然想方设法给国军造成混乱。飞机轰炸就别说了，日军还把重炮架在高山上，想方设法地轰击滇缅公路，国军这边损失很大，但好在大部分装备已经撤离。等第五军的重装备到达安全地带一点计，好么！装备损失四成，人员损失近一半，把胡献群心疼得直哆嗦："唉！等军长回来，我们怎么交代啊！"

不过咱们书中代言，胡献群这个想法，明显是想多了，因为其他的部队，更惨！

可怕的野人山，不知吞没了多少远征军将士，就连杜聿明都差点殒命其中

相对好点的，还有第六军和第六十六军，这些部队大多集中在东路一线，跟日军死拼。但他们的战斗力差点，机械化程度也差，所以谁也挡不住日军，最后都被打散了。但好在此处山高林密，日军此时兵力紧张，只能对交通线动手，速度奇快，甚至把第六军都甩在了身后。但在山林之中，日军鞭长莫及。而国军第六军军长甘丽初呢，仗打成这样，他也有预感，没辙啊，他心里有数，但自己说了不算。所以他就设置了很多收容所，来回搜索和收容散兵。结果这些收容所可救了命了，收容了大批的溃兵回国，就这么算算，损失最大的暂编五十五师，损失了三分之二。最后总结，第六军，损失一半左右；第六十六军，稍微好点，也差不太多。

最惨的，莫过于杜聿明所部。咱们前文说过，杜聿明在安排胡献群带着重装备撤退之后，亲自带队，赶赴曼德勒，要联合并不存在的英军一起，打一场曼德勒会战。现在杜聿明所指挥的，一共四个师，新二十二师、九十六师、二○○师，以及孙立人的新三十八师，这是远征军中最能打的部队，堪称精华，所以他们一路狂奔。可还没来到曼德勒呢，坏消息传来，腊戌失守，滇缅公路断了，日军的大部队正在调兵遣将，准备把远征军的主力包了饺子！

到了现在，史迪威终于明白了，自己被涮了！他害怕担责任，也没敢跟蒋介石说，就跟自己的直接上司，美国陆军参谋长马歇尔将军打了个招呼，然后带着包括罗卓英在内的几百个参谋和警卫，先行开溜！

士兵还没怎么样呢，总指挥先跑了，这叫什么事？这在中国，就叫擅离职守！可没辙，史迪威不是中国人，而且在马歇尔面前说一不二，人家掐着中国的军火线呢！蒋介石自然没法拿史迪威怎么样。而罗卓英后来也在史迪威的庇护下，逃脱了军法的追责。两个人抛弃了远征军，一路跑到了印度，等到了之后，史迪威还向世界炫耀，他是多么多么英勇，跨过了吃人的丛林。

史迪威跑了，联系不上，杜聿明是一脑门子官司啊！现在摆在他面前的，只有三条路，一是带队一路向西，去印度；二是进攻缅北重镇密支那，打通马帮的路线；三是走野人山回国。

可现在的问题是，说是三条路，实际也没什么可选的。因为，印度当时是英国的殖民地，想去印度，得有英国人点头。而之前呢，杜聿明曾经让远征军的联络官王楚英跟印度的英军方面联络过，试探性地问了："如果我们有什么情况，去印度行不行？"

结果英国方面这么回答的："想来我们印度啊，可以，但你们必须放下武器，以难民的身份进来，我们可以接待！"

杜聿明当时就把茶杯给摔了："姥姥！老子来缅甸是为什么啊？就是为了支援你们英国人！我们浴血奋战，你们却一而再，再而三的坑我们！这还不说，现在腆着脸，说让我们当难民！去你的吧！老子把部队拼光了，也不去印度！"

杜聿明这人，要的就是尊严，所以打死也不去印度。而走密支那的马帮线呢？也不太好办，杜聿明此时得报，密支那已经被日军攻陷了。而密支那呢，恰巧是马帮线的起点，终点在云南腾冲。想要走这条线，只能先强行攻下密支那！

可说实话，如今要打攻坚战，杜聿明还真没信心。一方面，攻坚的主力，装甲团不在，另一方面，现在杜聿明能联系上的，除了直属第五军军部的少量部队之外，就只有在附近行动的新二十二师了，凭这不到两万人，去攻密支那，也的确太少。而且现在的局势，大家也能看得出来，日军是处心积虑，要把远征军包围歼灭。要是攻打密支那，稍微出了点问题，时间一长，就真得被日军包了饺子。所以杜聿明把这条路线也给否了。而咱们也多说一句，杜聿明没选这条路线，也没错，因为除了密支那之外，马帮线的终点，国内的腾冲，也被日军攻陷了，日军掐住一头一尾，纵使打下密支那，如果打不下腾冲，也得被彻底困死！

马帮线走不了，杜聿明现在可走的，也就只有野人山了！杜聿明现在火性子上来了："老子现在四个师，小五万人，能怕这点野人吗？走！反正日军进不来，我们就有活的希望！"

于是杜聿明一声令下，全军往野人山方向开拔！但杜聿明也做了相关部署，二〇〇师负责殿后，拖住日军，想办法从原来滇缅公路的路线回国，其余三个师，都走野人山！而杜聿明也知道，走进野人山之后，情况不好说，所以也给了各个师长便宜行事之权，大家想办法撤吧！

这也是没办法中的办法，结果这可走乱了！最终，这四个师，虽然分别脱险，但损失太大了！无数的战士死在了撤退途中，连杜聿明自己，也因为生病，险些死在野人山中，别人更惨了！二〇〇师师长戴安澜，九十六师副师长胡义宾等人，都在战斗中牺牲。而最惨的，就是杜聿明所在的第五军军部，还有廖耀湘的新二十二师，他们为了避开日军，走了最难走的胡康河谷腹地，结果大批的官兵病饿而死，最后，他们还发现，回国的路也被堵死，不得已再度翻山越岭，去了印度的小镇——雷多，这才突出重围，这支部队损失有六成多。后来有人统计，远征军总共十万人，战斗中阵亡一万多，回国的还有不到四万，也就是说，五万人都牺牲在了撤退的途中。

而相对好一点的，就是孙立人的新三十八师。当时孙立人主要负责给英军殿后，也最靠近印度方面，日军为了包围远征军，也要封锁他们去印度的退路。新三十八师正好处于最关键的咽喉路段，等把日军击退之后，师长孙立人一看，得，进野人山的路基本也被日军封锁了。最后孙立人一琢磨：得了，我还是务实一点吧！进野人山，没准就全军覆没了！与其这样，不如就去印度吧！至少我们能活下来。

就这样，新三十八师一转身奔了印度，当然，在途中也遭遇了众多日军的围追堵截，最后，孙立人带着主力部队到达印度，负责殿后的好兄弟，副师长齐学启，则被日军打伤俘虏，最后也在1945年被杀害。但相对来讲，新三十八师已经算保存了完整建制，几乎是这四个师中，损失最小的了。

而新三十八师进入印度之后，英国人发现了，马上来拉便宜手，把孙立人所部给包围了，为首的军官还过来喊："你们现在的身份是难民，快点放下武器！否则我们可不客气！"

孙立人一听，英国人什么奶奶样，你当我不知道啊？别看你们英国人武器不错，可就是惜命。老子是中国人，武器虽然不行，但就不怕死，敢动我们？姥姥！

所以孙立人当即下令："全都把枪举起来，谁敢动咱们，崩了他！"

这时候有军官犹豫："师长，咱们在国内的时候就说好了，英国人是盟友，咱们这么干，合适吗？"

孙立人听了就一瞪眼："少废话！有这么不讲理的盟友吗？我告诉你们啊，这情况，一会儿我会去和他们交涉，你们啊，都给我准备好了，谁敢造次，第一次打他的手，第二次直接要他命！没我的命令，谁也不许放下枪！"

"是！"

孙立人的兵多野啊！有师长撑腰，这回胆子更大了，当时"哗啦哗啦"，枪栓全拉开了。这下，英国人有点慌了，咱们说，印度这帮英国人，大部分没去过中国，在他们的眼中，中国人就是东亚病夫，我们吹口气，他们就得趴下！可没想到，这帮中国军人骨头还真硬，所以当时就愣在当场！

第七十九回　孙立人进入印度　史迪威纵横捭阖

　　新三十八师撤向印度，结果却遭遇了英军的包围。带队的英军上尉指明了，让新三十八师的所有成员放下武器，然后以难民的身份接待。

　　咱们说孙立人，他脾气挺大，能咽得下这口气吗？马上命令部队，全都举枪对峙，敢造次就弄死他们！这下英国人也慌了，他们认为中国人都是东亚病夫，一吓就趴下。没想到这些中国军人，骨头还真硬，所以愣在当场。

　　这时候孙立人整整衣服，向前走了走，用纯熟的英语说道："我要见你们斯利姆军长！"

　　英国人带队的英国上尉一听，哟！这家伙英语说得不错啊，还知道我们斯利姆军长！不过他还是傲慢依旧："哦？斯利姆军长？就你这个中国人，也配见我们斯利姆军长吗？"

　　"闭嘴！我是中将，你不过一个小小的上尉，还敢这么跟我说话！我告诉你，我帮过斯利姆军长大忙，救过七千英军，最高军衔，少将！比你高多少？他们见我，也得毕恭毕敬，都把我当英国中将看待。斯利姆军长见我，也客客气气，我们好像同级一样。你要是不赶紧报告斯利姆将军，我就告你一状，让你吃不了兜着走！"

　　孙立人别看是大学生，脾气是真大！英语也好，一串英语连珠炮，竟然打得英国人自己都还不了嘴。说句实话，这也就是他，杜聿明都不敢这么干！最后这个英军上尉有点害怕了，这中国人说得是真是假？于是赶紧派人去报告斯利姆将军。没半个小时，斯利姆将军就坐着车到了，别的不说，还特别带了一支军乐队。斯利姆将军下车之后，一看孙立人，乐着过来握手："哈哈！孙，我一猜就是你！印度欢迎你！"

　　孙立人一听："斯利姆将军，我想问问，我们该怎么进入印度呢？是以军人的身份，还是按照你们这个上尉的说法，以难民的身份进入印度呢？"

　　"哎！孙！你们是军人，绝对的军人，我这次来，也带来了上面的意思，你们以军人的身份,堂堂正正,奏着军乐进入印度!这不,我连军乐队都带来了!"

"哎!这还差不多!兄弟们,收枪!"

这样,双方才言归于好,咱们说,也正是由于孙立人的硬气,中国军人的整体待遇才得到了保障,随后到达印度雷多的新二十二师和第五军军部,也受到了差不多的待遇。杜聿明、廖耀湘等人是受宠若惊啊!

后面的情况,就好多了。新二十二师的剩余部队,以及新三十八师,都留在印度进行整训,军长杜聿明则乘飞机回国述职。杜聿明本来以为自己这回损失惨重,回去不被军法处置就算幸运。结果蒋介石认为,杜聿明即便在绝境之时,也一心想要回国,这份忠心,值得重用。所以也没追究他,仍然任命他为第五军军长,整训机械化部队。于是,国内这边,又开始收集剩余的器材,重建第五军。不过说实话,现在困难很多啊,此时,国内的相关物资,已经消耗得差不多了,而且经过几年使用,国内的兵器大部分都已经老旧,搁在欧美各国,可能早都该报废回收了,可中国不行啊,这东西用不用?不用就没有!虽说此时,驼峰航线已经开通了,但在日军航空兵的威胁下,飞机损失很大,运输量也比较有限。装甲部队虽说是蒋介石的心头肉,他们也不能独霸资源。所以,凑来凑去,凑出了一个四十八师,下辖一个坦克团,还有两个摩托化步兵团,这也算是自1938年的二〇〇师以来,全国第二个装甲师了。不过因为缺炮缺弹药,所以他们的战斗力和美军部队还比不了。而要凑这个装甲师,少不了人才,机械化学校那边也是倾尽了全力,教育长徐庭瑶下令,直接就用CV33加强训练。所有的人练得很苦,但可惜因为物资匮乏,收效并没有那么大,但无论如何,这也保留了不少人才,后来还成立了装甲兵教导总队,这为后来的对日反攻提供了有力的支持。

放下国内这边的情况,咱们暂且不提,且说印度方面,新三十八师和新二十二师进入印度之后,那真是有人欢喜有人愁啊!谁愁呢?自然是蒋介石和英军方面。蒋介石不用多说,因为新二十二师和新三十八师是他手头特别能打的两支部队,心里面都挂了号的,而这两支部队,后来升级成军,分别是新六军和新一军,那是国民党五大主力之中的两支。现在少了这两支部队,当时,只是暂时性的,蒋介石也心疼啊!

除了蒋介石之外,英军也头疼!本来,英国因为战争的原因,对殖民地的控制有些削弱,印度虽然稳定,但也有人开始闹起了独立。本来英国人已经够头疼的了,好么!

英国的印度总督韦维尔,他对中国远征军抱有敌对态度

第七十九回 孙立人进入印度 史迪威纵横捭阖

这又进来一支不听自己话的部队，万一他们跟闹独立的印度人勾搭到一起，我们可就够呛了！

所以，印度的总督，英国人韦维尔大为警惕，他和驻印度的英军司令艾尔文，两个人商量了半天，还是决定，要缴了新三十八师和新二十二师的械。可没想到这个决定一出来，原来英缅军的司令亚历山大将军，还有军长斯利姆，两个人坚决反对！咱们说亚历山大将军，虽然他以会跑和坑人著称，但孰是孰非，他还能看得清。他特别给韦维尔总督打电话，一个劲地强调："你千万不要缴了中国军队的械，就是因为有他们，我们才没全军覆没！我们大英帝国，得知道感恩！"

斯利姆军长呢，更直接，他明打明地就跟英印军司令艾尔文说了："艾尔文将军，我劝你不要对这些中国军队动歪心思。他们别看装备不好，军容也不怎么样，战斗力特别强！我敢打包票，就你的部队，现在没有一支是中国人的对手。你应该庆幸，他们是我们的盟友，而不是敌人！"

有这两位保驾护航，新三十八师和新二十二师才免于被缴械，但英国人对他们不放心啊，干脆给发配到印度东北的小城雷多，远离印度的腹地，省得出事。

有哭的，自然有乐的，谁乐呢？自然是美军将领史迪威！史迪威此人，脸特别酸，而且固化思维很严重，在缅甸作战之前，他一直认为，中国，是个不可救药的国度，他们只有腐败无能的政府、胆小愚蠢的军官、贪生怕死的士兵，以及愚昧无知的人民！

可缅甸一战，史迪威对国军的表现啧啧称奇，对中国人的印象也有所改观。他看得很明白，中国军队，士兵非常优秀，只不过没有好装备。而且他们的高层指挥官比较差劲，罗卓英，就是个趋炎附势的小人，杜聿明，虽然有些能耐，但他只知道听蒋光头的，对我的命令置若罔闻，也不可救药！什么时候，中国士兵能为我所用，就好办了！我甚至可以打造一支比美军还强的部队，到时候我就能让缅甸的小日本好看！等战胜之后，回了美国，衣锦还乡，我还怕什么？

在远征军的十万大军之中，史迪威最欣赏的，莫过于二〇〇师、新二十二师和新三十八师，之前他是真没机会，现在可好，新二十二师、新三十八师都到了印度，史迪威就底下加上火了。首先，史迪威跟蒋介石通话，意思很明显。新二十二师、新三十八师归我指挥，我给他们全副的美械装备，而且你还可以运来一些士兵，我帮你整训！到时候，我再给你运30个师的美械装备，你们抗日不就有把握了吗？

蒋介石听完了，有点犹豫，他明白史迪威的弯弯绕，他肯定是想控制新二十二和新三十八师，但现在，我们自己也消耗得不行了，如果能用他们换30个师的美械装备，那也值了！而且这两支部队，反正都是我们中国人，我就不信你史迪威有能耐，把这些部队都变成你的兵！所以蒋介石同意了，把新三十八师、新二十二师编成中国远征军第一路军，由史迪威全权负责。

谈妥了中国方面，史迪威高兴啊！赶紧再去找英国方面谈，史迪威牛啊，他现在掌握着中缅印战场的绝大部分军火。当时的英国，别看还号称"日不落帝国"，殖民地遍全球，可实质上，已经被削弱太多了。原因无他，英国在殖民地掠夺有余，建设不足，实际的核心工业，全在英伦三岛。可现在，德国在不列颠之战中，玩了命的轰炸英国本土，英国皇家空军虽然力挫德军，保卫了英伦三岛不失，但基础设施损坏严重，军火制造量直线下滑，根本没法满足那么多军队，所以这方面，他们也得仰仗美国。

因为有这么多因素，所以提出要求能不能满足，史迪威心中有底，他直接找的是印度总督韦维尔："韦维尔总督，现在我需要一块地方，训练中国军队！你必须给我们提供！"

韦维尔一看，有心拒绝，但不好明说，干脆他就摆出了种族论："史迪威将军，中国军队，那都是中国人，劣等民族，天生就是做奴隶的命，他们有什么值得训练的？"

"哎！韦维尔总督，你说这话就不对了，咱们的价值观是天赋人权，哪儿有天生是奴隶的人呢？而且，在缅甸的作战中，我发现中国人是非常厉害的，只要他们有好武器，日军绝不是他们的对手！现在咱们都是反法西斯的同盟军，这种种族论的话最好收起来，对日本人说去！"

韦维尔一时语塞："呃，好吧！史迪威将军，你说得对，我们是同盟国家。但中国人真能打败日本人吗？也许仁安羌的战斗，就是他们的灵光一闪罢了。"

史迪威一听，好个韦维尔，还跟我说这话，看我怎么对付你！史迪威眼珠转转，计上心来："韦维尔总督，我问问你，你现在想不想收复缅甸、新加坡，甚至香港？"

这话一下戳到韦维尔的痛处了，说实话，现在英国在亚洲的殖民地，也就剩了印度，其余的，缅甸、马来半岛、新加坡、香港都丢了。当然，当时英国人的底线，就是大英帝国的奶牛——印度不能丢，剩下的，就看情况吧。可底线归底线，殖民地这东西对于西方列强，当然还是多多益善的。所以韦维尔的脸抽动了几下："当然，我十分希望收复缅甸、马来半岛、新加坡等我们大英帝国的地盘。"

史迪威一乐："哎！这就对了，可韦维尔总督，你知不知道日军在这些地方，驻有多少兵力？不下20万啊！请问你们大英帝国，能不能在印度组织20万以上的兵力，收复殖民地？"

"这个……"

韦维尔又被噎住了，他心里有数，现在英军的溃兵，大概有十万人，印度的驻军也有十多万人，但其中，受过良好训练的白人士兵并不多，很多都是印度、缅甸籍的士兵，这样算来，想对付日军20万人，1:1的比例都不一定够。而且印度不能空虚啊，还得留兵驻守，这么一算，兵力捉襟见肘啊！

史迪威这时候早看出来了，他就是故意噎韦维尔总督的，这时候看韦维尔总督不说话，他说了："韦维尔总督，我知道，英国现在也很困难，尤其缺乏人手，可是中国不缺啊！只要咱们装备够用，组织30个精锐美械师，也不在话下，这四十多万人，你还怕对付不了日本人？"

这话一出，韦维尔是又惊又喜啊，哦！原来中国那么厉害啊！可他也担心，这么多中国人要是进了缅甸和马来半岛，那我们大英帝国的殖民地，是不是还能保住呢？

史迪威当然也明白韦维尔的担心："韦维尔总督，你不用太担心，我只是举例，到时

第七十九回 孙立人进入印度 史迪威纵横捭阖

候咱们可以调整中国军队的数量，而且和中国签订相关的协议，以保证大英帝国的利益，你看行不行？"

韦维尔一听，这还像话，于是拍板，把比哈尔邦的兰姆伽营地划给史迪威，作为训练中国兵的地点。这一切齐备，史迪威马上调配物资，开始行动。

再说在雷多驻守的新三十八师和新二十二师，他们从师长孙立人、廖耀湘以下，无时无刻不想着回国，说望眼欲穿也差不多。可没想到，等了一些日子之后，补给品消耗殆尽，他们却等来了一个奇怪的命令，所有人，把衣服脱掉，武器扔掉！

孙立人和廖耀湘是丈二和尚摸不着头脑，这到底是怎么回事？

第八十回 史迪威提供装备 驻印军改善伙食

新三十八师和新二十二师，先后进入印度，按照英国总督韦维尔爵士的要求，他们在印度东北的小镇雷多驻扎。说实话，这地方离野人山不远，他们也是望眼欲穿，无时无刻想要回国。孙立人和廖耀湘，曾经不止一次地发电报，问我们什么时候回国啊？

结果他们都接到了最新指示，且在印度驻扎，我们正在安排后续事宜。

俩人有点蒙啊，这什么意思？什么后续事宜啊？但他们也不好再猜，只能等。这些日子，新三十八师和新二十二师的情况也不是太好，补给有限啊！从国内运来的吃喝早就消耗干净了，好在还有些压缩饼干。

有人也许奇怪，新二十二师当时都是国内运补给，哪儿来的压缩饼干这么高级的玩意儿呢？原来，新二十二师在走野人山然后转进印度的时候，跟盟军取得了联系，也得到了盟军空投的一些补给品，这主要就是管饱的压缩饼干，这玩意可救了命了！新二十二师的每个人，当时都饿透了，摸不准压缩饼干到底吃多少能饱，结果没了命地吃，当时给撑死不少。但无论如何，大家也就凭着这些压缩饼干，渡过难关，到达印度。当时，廖耀湘就有预感，每个人，除了武器不能丢，剩下的，能扔就扔了，全带上压缩饼干，这玩意能救命啊！所以现在，新三十八师和新二十二师的官兵们，吃的就是这些压缩饼干。

可压缩饼干这东西，虽然高级，作为军粮主食还行，扛饿，但是味同嚼蜡，有副食搭配着还行，不然难以下咽啊！可新三十八师和新二十二师，现在身在异国他乡，补给断绝，哪儿还能有副食呢？孙立人和廖耀湘是想尽了办法，甚至把自己的手表和钢笔什么的私人物品都给卖了，跟当地人换点菜和盐之类的，可这也是僧多肉少，吃到最后，大家是跳着脚地骂："老子还要在这待到什么时候？我要回国！"

"我也是！老子要啃这鬼东西啃到什么时候，老子回去就是吃糠咽菜，也比这强！"

"哗！"

大家是乱作一团,就快哗变了。孙立人和廖耀湘俩人,也是没脾气,俩人把士兵的火气勉强压下去了,自己还聊呢:"我说孙大秀才,现在士兵都快哗变了,你还有什么主意没有?"

孙立人叹了口气:"哎!我能有什么办法?我说廖大眼镜,你身上还有什么值钱的东西没有?"

廖耀湘一听,直接把眼镜摘下来了:"得,我身上现在就剩这个眼镜了,要是不行,明天找人卖了吧!我当几天瞎子也无所谓!孙大秀才,你呢?"

"嘿嘿,我比你还惨,你多少还有个眼镜,我再想办法,只能明天把铺盖卖了。也不知道能卖多少钱!"

"是啊!现在别说菜和盐了,压缩饼干都快见底了,别看大家伙儿现在对这玩意怒气冲天,再过两天,连这都没了!"

正聊着呢,就听军营外头有汽车的响动,俩人一听,什么情况?赶紧跑出来观看,这一看可好,远处开过来十几辆美军大卡车,就在驻军营地不远处停住,然后车上下来了好几个美国人,为首的一位,孙立人和廖耀湘怎么看怎么眼熟,谁呢?这不是美国人史迪威吗?两个人赶紧过来敬礼:"史迪威将军!"

"史迪威将军!"

史迪威倒挺轻松:"嗨!先生们,在这儿的日子不好过吧?不过没关系,你们的苦日子就要过到头了!现在我命令你们,把你们的衣服全都脱了,枪也放下,准备吃饭!"

命令一下,孙立人和廖耀湘都傻了,这叫什么鬼命令?衣服脱了,枪也放下,才能吃饭,不脱衣服,不放下枪,就不给吃?孙立人脾气最直:"史迪威将军,我不明白,我们为什么要解除武装,还要脱下衣服?"

"嗯?蒋光头没交代吗?那好吧,先生们,我向你们正式宣布,现在你们被编为新一军,暂时归我指挥,我要给你们换装美国式的装备,先生们,现在我要你们从头到脚,都像个绅士一样!"

孙立人一撇嘴:"很对

美国的斯帕姆午餐肉,也是美军重要的副食之一,说句实话,美军因为老吃此物,所以骂声不断。而对于远征军将士来说,这绝对是恩赐了

不起，史迪威将军，我们是中国人，中国人自古讲究的是，富贵不能淫，贫贱不能移，威武不能屈，我身为中国人，我们的装备虽然差，但我们引以为傲！我们誓死不解除武装！"

廖耀湘在旁边也一敬礼："史迪威将军！我也这么认为！我们身为中国军人，我们无时无刻，不以自己的身份为傲！"

咱们说史迪威，您别看打仗不灵，猜人心思有一套，他明白，孙立人廖耀湘怕什么啊？其实就是怕解除了武装，变成任人宰割的羔羊。所以他赶紧点破："放心放心！先生们，我不是要把你们缴械，现在根据我和蒋光头的协议，要给你们换装备，然后大家转移到兰姆伽训练营，进行全面的训练，我要把你们改编成一支美式装备的精锐！你们的服装，太破了，也不利于统一管理，现在我给你们换成好的。你们爱国，我很敬佩，那你们就继续爱国吧！有关于武器呢，你们的五花八门，而且过于老旧，也不合格。我也要按美军的标准给你们配齐。不过呢，你们要是不放心，可以到了兰姆伽再换。现在我宣布，大家洗澡！换衣服！开饭！"

一说开饭，大家都来了精神，美国人给我们吃什么啊？再一看，好么！大批的罐头和青菜，从车上往下就卸，有的士兵当时是口水四溅啊，好久没看到这么好吃的东西了！有的就想过去抢！可美国人不给面子啊，想抢，没门儿！当时把枪"哗啦"一声，就拉开枪栓了！

史迪威一乐："伙计们，不用着急，先洗澡换衣服，吃的每人有份！管饱！"

这阵儿，美国炊事兵开始开罐头切菜，有人开始从车上往下搬衣服，有一部分工兵开始架起了水管。孙立人和廖耀湘一看，人家这都准备上了，那估计是真的，于是下令："大家快点脱衣服！洗澡！"

这下可好，孙立人和廖耀湘带头，两个师几千条汉子，当时脱了个精光，几十个美国兵过来，按照人头份儿，发东西。有的士兵这回可闹笑话了，比如二等兵王老三，美国人给他发条毛巾，明白，这是洗澡用的，然后美国人又递给他一块东西，方方正正半透明，还滑滑的，上面有英文字母，放到鼻子底下一闻，还挺香。他心说：哦！美国人心肠真好，知道我们饿了，一人发块儿点心，先垫一口。

于是他一口咬下去，嚼了嚼，这玩意怎么不好吃啊？正好这阵儿，水管子开始喷水，这一喷水可好，王老三当时是口吐白沫啊！这时候孙立人看见了，他明白啊："哥几个！赶紧给他抠出来！那是肥皂！洗身上的，不是吃的！"

"哗！"

大家伙儿全乐了，赶紧动手帮忙。到了现在，王老三出了丑，还不服呢："哎，师长，我没别的意思，这不是要吃饭了吗？咱反正也得洗澡，我是从里到外一块儿洗洗，没别的意思！"

就这样，大家一拨一拨地洗，等洗完了，美国人把毛巾收回，跟远征军自己的衣服一起，集中点火销毁。然后，又由美国兵开始发衣服。这回大家伙儿一看，好么！这军服真棒啊！上衣、短裤、长裤、军帽、胶鞋、皮带，乃至于内衣内裤、袜子，这全是配套的！虽说穿上，可能还不合身，但比国内的军服要有型多了，也舒服多了。有的人就说了："哎！人家英国人和美国人，真会做衣服啊！穿起来真舒服！"

"是啊！我看咱们国内，可能也就是礼服比人家的好点，可就咱们这身份，谁又能穿上礼服呢？"

"就是就是！咱可得好好保护啊，到时候穿回国，人人都得羡慕！大家把招子放亮点啊，看看有机会，多拿几套，回家给老婆孩子穿！"

大家是说什么的都有。这阵儿开饭，美国人给每人发了一个大饭盒，然后大家排好队，开始领饭。这阵儿，美国人已经把饭做好了，两溜大桶，一溜是主食，煮麦片和压缩饼干，另一溜是副食，午餐肉炖青菜，等士兵到了跟前，美国人一样给打一大勺，装了满满一饭盒，然后每人又领到了一个玻璃瓶，里面是红褐色的水。有的人一看："兄弟，我饭量大，这不够啊！"

美国人有翻译，一听这个："先去吃！吃完回来，我们还给你盛，我们将军有令，今天你们管够！但要遵守规则！"

"好吧！"

就这样，大家伙儿开始吃饭，说实话，跟国内就没吃过这么香的东西！在抗日战争开始前，中国的经济还算凑合，每个士兵等到了发了军饷，有的嘴馋，就能去饭馆花钱点个荤菜，吃点炖肉，解解馋。可现在是战时，部队东南西北的狂奔，军饷经常拖欠几个月，而且一打起来，经济垮了，想吃肉都没处找！能在后方休整的时候，一个月喝两回见不着肉渣的肉汤，这都算优待！哪儿看得见肉罐头啊？

今天可好，管饱！所以大家吃得格外的香，恨不得连美军的野战饭盒也吞下去！不过就是玻璃瓶里的水，好多人评价不高："我说这什么玩意儿啊！真难喝！美国人怎么喝下去的？"

"是啊！这玩意好像有点甜，但怎么辣舌头？奇怪！"

部队里有的军官明白："哎哎！你们几个傻帽，不愿喝就给我！我告诉你们，我从飞虎队那儿听得，这玩意儿叫可乐！辣舌头的感觉就一会儿，这味道你们适应适应，好喝着呢！"

"哎！还真是！"

咱们说，这顿饭吃得欢乐多多，不过对于孙立人和廖耀湘等中高级军官，又是另一番景象了。一开始，这帮军官也洗完了澡，换上军官制服，几个人看着这么好吃的饭，也是食指大动！拿着饭盒要去领。结果有翻译过来："先生们！那是士兵的食物，你们的食物在这里！"

说这话，就把这十几个营级以上的军官领进一个帐篷，这些人进去一看，不由惊呼："哇！这是吃饭还是赴宴啊？"

"是啊！这也太精致了！"

只见帐篷之中，摆好了长餐桌，每个座位上，都有精致的餐具和刀叉，全套的西餐装备，再看桌上，真够丰盛的！面包、牛奶、火腿、烤鸡肉、煎鸡蛋、午餐肉罐头、生菜沙拉，还有切好的水果。有的军官看得眼花，这是真的吗？使劲一拧自己大腿，疼！

看来是真的！我们算有福了！"

就这样，大家分别落座，就开始摆弄起刀叉来了，没辙，好多人不会用，但当着美国人的面，也怕丢人！有人明白："孙师长！廖师长！听说您二位曾经在西洋留过学，肯定会用这玩意儿吧！教教我们吧！"

"是啊，二位师长，咱不能给国人丢人啊！"

孙立人和廖耀湘一看，还真是，要是以后都接受美国人和英国人的补给，西餐是少不了的，那就教吧！孙立人在美国留过学，廖耀湘在法国留过学，用刀叉都挺熟。于是孙立人就开教："大家看好了啊，餐具的一般拿法是右手刀左手叉！所有的东西，得切一块儿，吃一块儿，千万别全塞嘴里！吃东西，得像西方绅士一样，不失风度。"

廖耀湘也在旁边帮着："哎！刀负责切，叉子负责把东西扎起来放嘴里。对对对！动作文雅点、优雅点，别跟牲口吃食一样！"

这教来教去，有的人悟性好，使使就顺手了，有的人差点，得不着要领，怎么吃怎么别扭，急得抓耳挠腮。有人干脆觉得刀叉反着用挺顺手，干脆就这样了："得得得，二位师长，我都快饿瘪了，今天先当我是左撇子吧，吃饱再说！"

说完，也就不管不顾，开始狂吃。

等大家吃得差不多了，史迪威也进了帐篷，孙立人、廖耀湘一看，赶紧用餐巾擦擦嘴，站起来敬礼："将军！"

史迪威这时候，倒是没什么架子，赶紧摆摆手："先生们！别管我，继续吃！我就是来看看。我问你们各位，这些吃的好不好吃？"

大家一听，那是异口同声："好吃！特别好吃！"

"嗯，那我给你们提供这样的后勤，你们有没有信心打败日本人！"

"有！"

"太有了！我们吃这饭，一个人能撂翻二十个小鬼子！"

史迪威微微一笑："好！那既然这样，先生们，以后我就给你们提供这样的饭食。当然，作战的时候可能稍微差点，但也不会差太多。怎么样？跟不跟我去兰姆伽训练？"

"这……"

大家一听这句话，还有点犹豫。倒是孙立人和廖耀湘是直肠子，他们俩一看，就这顿饭，足以证明美国人是真对我们好，要不然就不管我们，让我们自生自灭，又有谁能知道呢？顶多我们委员长抗议两句，也就没消息了。所以孙立人站起来："史迪威将军！我信您的话，但我们还需要跟国内联系一下！"

廖耀湘也说："是啊，史迪威将军，我们中国军队，还是有中国军队的规矩，请您体谅！既然我们委员长也同意，稍微确认一下，也花不了多长时间。"

"好的，先生们，你们立刻联系吧！我等你们的消息！"

第八十回 史迪威提供装备 驻印军改善伙食

401

第八十一回　驻印军奔赴兰姆伽　孙立人怒对史迪威

史迪威提供装备，现在的新三十八师和新二十二师可不一样了，从头到脚都换了新！当然，这些装备，有的是美式，有的是英式，在英美军队看来，他们的装备怪里怪气，挺可笑。但不管怎么说，这也是国军将士们见过的最好装备了！

换完了服装之后，就是吃饭。这回大家可改善伙食了，士兵是午餐肉炖青菜，加上压缩饼干煮麦片，还有可乐。而军官呢，更是精致的西餐，大家伙儿谁也没见过这阵势啊！所以无论官兵，都吃了个饱！

等吃得差不多了，史迪威又提出，要把新三十八师和新二十二师带到兰姆伽去训练，孙立人和廖耀湘明白，史迪威这么干，足以看出他是对我们真好！但我们也得有上面的命令吧？所以提出，要先联系重庆方面，再做决定。

史迪威呢，因为都打好了招呼，所以显得挺开明："好的先生们！你们立刻联系吧，我等你们的消息！"

于是孙立人和廖耀湘联系国内，史迪威都联系好了，蒋介石那边有什么说的？所以他就以军委会的名义下令，让孙立人和廖耀湘听从史迪威的安排，去兰姆迦训练。

这阵儿，重型卡车也到了，新三十八师和新二十二师的几千将士，就抄起武器，坐上卡车，奔赴兰姆迦。咱们说，兰姆迦位于印度的比哈尔邦，是个不大的城镇。之前呢，这里关押着两万从北非战场俘虏的意大利战俘，所以基础设施还比较全，用于训练也没问题。英军就把这里安排给了新三十八师和新二十二师这支中国驻印军。

大家一进训练营，当时都呆住了！哇！整洁的军营，钢筋水泥的楼房，除了大操场之外，还带着篮球场，单杠双杠吊环等等运动器械，也是一应俱全！再进房间里看看，上下层的铺板，每个人都是海绵的床垫，崭新的棉被，床上还放着两套衣服。大家伙儿摸摸，跟自己身上的差不多，大家就议论开了："我的天呐！这简直是天堂啊！"

"是啊是啊，我这辈子都没睡过这么软的床，在这睡上一宿，真是死了也值啊！"

"可不是！你看这些衣服，咱们身上穿的不算，还有呐！这是给咱的吗？哎！我说翻译官，这衣服是给我们的吗？"

这时候，翻译官过来了，看了看床上的衣服，点点头："对！这就是给你们的，加上你们自己身上的衣服，训练服一人两套，作战服一人一套。如果你们在训练的时候，穿坏了，我们还发！"

这话一出，大伙儿惊呆了，好多人都感叹："我的天哪！美国人真了不起，看来上帝绝对是个美国人！"

"没错没错！要不美国人这么富裕呢！"

大家伙儿乐得脸都开花了，可实际咱们还得说一句，英美方面，提供给驻印军的补给和住宿条件，对他们自己来讲，实际上是非常低级的。兰姆伽训练营，说白了就是之前的意大利战俘营。对于英国人和美国人来讲，这地方要啥没啥，游泳池、电影院什么的，根本看不见！这简直是地狱！可对于远征军来说，这已经是绝对的天堂了！

最被远征军引以为傲的，就是当年的食品补给，可这都是给英国殖民地军队的配置。有人曾经统计过，当时给驻印军的食品，一顿能有一个肉罐头，两包麦片和饼干，一包茶叶或者一瓶可乐，还有一包香烟和维生素片。这对于中国军人，已经是天堂般的待遇了，可要是正规的英军和美军士兵，等级还得高得多，英军每个士兵，除了驻印军那些基础配置之外，每天还得有奶酪、黄油、果酱、糖，还有酒等。至于美军，更厉害了，常规的配餐，连肉带菜，据说一共有11种搭配，就这，绝大多数人还骂食物难吃呢！除非作战的时候，补给线被敌人彻底截断，要不然美国大兵吃上远征军这些食品，准去军事法庭控告后勤部门贪污！这些话听起来好像挺夸张，但实际上，这的确就是当年国力的差距。

吃的穿的尚且如此，再看看史迪威运来的武器，驻印军的战士们，惊得更是目瞪口呆！咱们说，史迪威的确能拉来军火，没辙啊，他的后台是美国陆军参谋长——马歇尔将军。马歇尔将军，大家都知道"二战"后，他制定的马歇尔计划，战后欧洲，一片废

第八十一回 驻印军奔赴兰姆伽 孙立人怒对史迪威

穿戴整齐的驻印军士兵（左）和远征军士兵（右），驻印军可谓是当年中国装备最好的部队，可说句实话，他们的装备也是英美玩剩下的

403

墟，马歇尔将军就靠着从美国输出贷款，帮助西欧进行重建，最终，西欧重现辉煌，美国也赚得盆满钵满。当然，马歇尔将军这么财大气粗，并不是"二战"之后才有的，"二战"之中，他就这么横！史迪威是他的亲信，所以马歇尔给史迪威的规矩就是，除了尖端和紧缺的武器，剩下的量产型，你想要多少，就拉多少！这史迪威能少拉？

所以等装备到位，每个中国军人都愣住了，没见过这么阔气的装备啊！当年在国内，一个四千多人的加强团，能有二十挺轻重机枪，那就属于能征善战的劲旅了！但具体到部队单位上呢，除了团部要编一个机枪连之外，机枪只能保证每个连有一挺。可驻印军得到的美械装备呢，那真是按照美国标准来的，轻机枪分到每个班一挺，重机枪，每个连能有十几挺，迫击炮，每个连也能有二十多门。而往上到了团级单位，甚至有单独的榴弹炮、战防炮等重型武器！而具体到单兵武器，美制恩菲尔德步枪、汤普森冲锋枪、柯尔特手枪等，这都是在欧洲、北非、太平洋战场上，久经战场考验的精良武器，驻印军士兵再瞅瞅自己手中的武器，中正式步枪，这在国内已经是非常金贵了，人手匀不到一把，这回跟人家的武器一比，也就比烧火棍强点。

这次也不用人家下令了，从师长孙立人、廖耀湘以下，大家都把自己的武器扔了，赶紧抄起美制武器，来回比画："哇！美国的武器就是好！"

"是啊，你看！每个班都能有挺机枪，这还不说，班里还能有几把冲锋枪，这回要是碰上近战，咱们也不用刺刀了，这冲锋枪，就让小鬼子好看！"

"可不是！你再看手枪，更多！估计咱们每个人都能匀一把，国内，可只有军官能配撸子，这回，咱们可就是军官待遇了！"

大家是说什么的都有，可等到大家每个人都拿到了武器，大家更傻眼了，怎么回事呢？大家就这么拿，武器还能有一半多！大家当时幸福感爆棚啊："我的天呐！怎么还有这么多武器？"

"是啊，我这可是头次看到枪比人多的情况，难道让咱们一人背着好几样武器上战场？"

说话这会儿，史迪威进来了，一看大家都傻了，他乐了："先生们，不要慌张，为什么武器会这么多呢？我给大家解释一下。这些是美军两个步兵师的装备，你们虽然也是两个师，但你们的编制不满。多余出的武器，将要给你们即将到来的战友，我说过，要把你们装备成美国式的部队，我说到做到！"

大家一听，哗！当时就乱了，纷纷欢呼："美国人万岁！"

"美国人太了不起了！"

"哗！"

在大家欢呼的时候，史迪威阴着脸到了孙立人和廖耀湘身边："两位先生，怎么样？对我带来的装备满意吗？"

"哎哟！太满意了！史迪威将军，您真是了不起！"

"哎！你们别着急，这只是一部分，但也够你们训练的了。现在，你们的坦克、重炮、高射炮什么，也从美国启运了，再等等，也会到的！"

"史迪威将军，太感谢您了！我代表中国人，谢谢您！您真是我们的大救星啊！"

"哎！孙将军，廖将军，我这里还有个要求，不知道你们能不能答应？"

"将军但讲无妨！"

"先生们，你们看啊，你们用的我们美国武器，自然也得用美军的编制来作战。可我观察过，你们中国的士兵虽然优秀，但基础素质太差，很多战法，比如白刃战，还有步炮协同等，跟我们美军的作战方法大不一样啊！所以下一步，我要给你们培训美国式的战斗方法，以及美国兵怎么用武器，可要从头来，时间太长，也太费劲，我首先得培训你们的军官，然后再由军官传授给士兵，太费劲。不如，先委屈你们的团长和营长，暂时当副团长、副营长，我保证啊，该有的待遇我不会变的！然后，我精选一批美国军官，给你们当团长、营长，这样，你们的培训会很快！你们看怎么样？"

这话说得挺动听，但实际用意很明显，就是让美国人担任军事主官，如果这要成了，新三十八师和新二十二师，岂不就是美国人说了算了？孙立人、廖耀湘再牛，只要他们不执行史迪威的命令，当时就得被架空，这俩师也就成了史迪威的私人部队了！咱们说，孙立人、廖耀湘，这俩都是人精，眼睫毛都是空的，能看不出来史迪威的小伎俩吗？只不过在人屋檐下，不能不低头啊！直接否决，肯定不行，得稍微斗斗心眼。

最后，孙立人有招了："史迪威将军，您对我们这么上心，我们非常感激！只不过，您可能对我们中国人有点误解。我们中国人虽然基础素质差，但是对于新鲜事物的接受能力很高！我现在看到的，美国人的作战方式的确厉害，而且非常管用，所以我相信，我们中国人的学习速度不会太慢。至于您说的，让美国军官来指挥我们，我看有些不妥！您想啊，美国人说的是英语，我们中国人基础素质差，除了少数人之外，绝大多数人连 ABC 都认不全，您让他们来跟士兵沟通不了，也是糟践材料了。与其这样，不如我们精选一些军官，由您来培训，然后再普及到士兵中，这样更实际！"

孙立人这话狠啊，干脆就把史迪威给端回去了。史迪威脸酸啊！而且仗着财大气粗，特别横，谁都不敢跟他顶，孙立人敢！史迪威现在也是火冒三丈："孙立人！你这是强词夺理！明明是你们中国人不行，我好心好意给你们提供吃穿用的，还要提高你们的素质，你竟然敢对我不敬！你太可恶了！"

孙立人冷笑一声："哼哼！也不知道现在是谁恼羞成怒，您对我们好，我们承认，但一码归一码，我也是为您着想，您竟然不领情，这叫不叫不知好歹呢？"

"你才不知好歹！"

俩人就干起来了。旁边廖耀湘一看，不能这么干啊！史迪威虽然用心险恶，但说句实话，之前我们自己的武器不好用不说，现在人家也给拿走了。现在我们要是跟史迪威闹翻了，他把武器一回收，我们就真成赤手空拳了，到时候更得任人宰割！为了士兵的性命，我们也得想办法。

廖耀湘在法国留学，法国人的思维，没有英美那么直，多少有点像中国人，有点弯弯绕。廖耀湘呢，虽然本人不善斗心眼，但比法国人还强点，他想了想："哎哎！孙师长！您听我说几句啊，史迪威将军这也是为咱考虑的，心是好的。当然了，办事的方法

第八十一回 驻印军奔赴兰姆伽 孙立人怒对史迪威

405

可能不太妥当，这也难怪，史迪威将军虽然中文说得很好，但还是有些文化差异的。您看啊，您也是为了我们着想，想让我们跟真正受过美国教育的军官亲密接触。但说实话，两者语言不通，万一作战的时候，双方交流出了问题，这不是贻误战机吗？史迪威将军，我出个馊主意，您看行不行？您挑好的美国军官，我们留着，还按照您的计划，分配到各营各团，但不当营长团长，而当联络官。平常训练的时候，以联络官的命令为主，作战的时候，联络官也参与制定行动计划，然后由团长营长发布命令！这样，既避免了战斗时的命令不清，也能让我们快速接触美式的训练，我们的军官也在训练中学习。您看怎么样？"

这说辞，说白了就是和稀泥呢，可当时也没办法。孙立人听了，还有点不满，廖耀湘一把把他拽过来："大秀才，我知道你是气高骨硬，但人在屋檐下，不得不低头，咱们还得仰仗着人家的装备。为了兄弟们，你就答应吧！反正美国联络员在战斗的时候，也没有决策权，威胁不了咱们的行动！放心吧！"

孙立人一听，廖耀湘说得也在理，先忍忍吧！于是他翻着眼睛看史迪威，史迪威呢，对这个方法，也能接受。为什么呢？史迪威也聪明，你们不让当军事主官，也没关系，只要让我的人进去就行。反正军火和食品，这都属于消耗品，老得用，到时候，听我话的，我敞开供应，谁不听话，我就给他小鞋穿！我不怕这帮中国人不听话！

第八十二回　兰姆伽国军操练
　　　　　　蒋介石谈妥援助

　　史迪威拉来军火，这回驻印军可富裕了，各种美式武器，随便挑。史迪威这回拉的，是整整两个美军步兵师的军火，新三十八师和新二十二师人手一份，还没拿完！大家都挑花眼了！

　　可是呢，军火也不是白来的，史迪威借着这个机会，就想把手伸进新三十八师和新二十二师里面，他打算给这俩师委派美国的团长、营长。这么一干，这俩就真跟殖民地军队差不多了，完全受人家控制。

　　对此，孙立人当然不干，就和史迪威吵成了一锅粥，可廖耀湘一看不行，毕竟咱们还得依靠人家的武器装备，现在闹翻，绝非上策！所以提出了一个和稀泥的方案，就是留下史迪威的眼线，但不担任团长、营长，而是当联络官，负责军队的训练。别看就这么个称呼，实际代表的就是作战的时候，到底谁来下最终的命令。

　　对于这个方案，两方都能接受，尤其是史迪威，他对中国文化还是有些了解的，他明白：中国话讲，吃人家的嘴短，拿人家的手软，你们用着我的补给，肯定就得听我的！到时候我再看看谁听话，谁不听话，我就在给补给的时候，下点手段！我看看谁厉害！

　　就这样，双方基本达成了共识。按照后面的安排，新三十八师、新二十二师就编为了国民革命军新编第一军，由美国教官带队，开始训练！

　　结果，这一训练，美国教官惊得是目瞪口呆啊！怎么回事呢？在很多方面，中国人的习惯，在美国人看来，那就是神经病！比如射击的时候，因为有孙立人、廖耀湘等优秀将领带着，大家训练得不错，枪法很准。但却特别吝惜子弹，美国教官给他三梭子，他至多打一梭子，美国人就不明白啊，新兵没个三四百发子弹的训练量，枪就找不着准儿，你们怎么不打啊？

　　与此完全相反的是汤普森冲锋枪，对这款冲锋枪，中国兵是爱不释手啊，都抢。而且一说射击训练,搂着扳机就不撒手,"突突突突",一直突突到完。美国教官都看傻了,哪儿有这么打的?我们要打,一般都是短点射,一搂机子三五发,实在敌人太多了,或急需火力压制,那就是个长点射,七八发,然后就该蹲下或转移了。一梭子搂干净了,最后子弹都打飞了,那有用吗?

这还不说,美国人最晕的一点,就是中国兵还有白刃战训练,大家端着木枪,嗷嗷叫着往上冲,美国教官看了,那是一脑袋问号。尤其是总教官阿姆斯上校,看完了中国兵的操练,他气得是火冒三丈,这家伙还会点中文,所以蹦过来就嚷嚷:"住手!住手!住手!我请问,先生们,你们是在干什么?"

咱们说,这时候训练的,正是新三十八师一一二团,团长叫陈鸣人,外号拦路虎。他一看,也出来了:"报告教官!我们正在训练!一营在进行射击训练,二营和三营在进行白刃战训练!"

"白刃战?刺刀?你们为什么要练白刃战?"

"日本人白刃战厉害啊!所以我们要练,既然有了美国装备,我们就要在任何一点上,都胜过日本人!兄弟们!继续操练起来!"

"是!冲啊!"

"杀啊!"

"哗!"

两个营的战士又搅在了一起!再看阿姆斯上校,脸气成猪肝色,回身抄起喇叭喊上了:"住手!停!Shit!赶紧住手!你们这帮蠢猪!不要练了!"

这话直接骂人呢,陈鸣人当时就急了:"阿姆斯上校,你为什么骂人!"

"我就是要骂!你们这帮不会打仗的废物!近战不是这么打的!刺刀一点用没有!"

陈鸣人一听,不明白了:"阿姆斯上校,你这什么意思啊?近战不打白刃战,怎么打啊?要不你来教教我们,让我们看看美国人怎么打仗!"

"OK!我就来教教你们怎么近战!你们谁的刺刀用得最好?挑出三个来!"

大家一听,怎么着?美国佬儿那么厉害,还能一挑三?那就试试吧!于是,大伙儿一对眼神儿,立刻站出三位来,这都是团里的拼刺尖子,大李,

兰姆伽训练营,原来是关意大利战俘的战俘营,后来成了中国驻印军的摇篮,条件和英美大兵没法比,但和国内相比,已经算天堂了

二十五六岁，身高一米八几，体壮如牛；老刘，三十多岁，一身腱子肉，眼神如刀；还有小黄，二十岁出头，身材中等，长得也挺结实，体力尤其的好，负重跑完一万米，连口粗气都不喘。

这三位端着木枪出来了，大家伙儿一看，就开始嘀咕："这美国佬儿吹牛吧？他那体格子是挺壮实，一对一，我们也许不占优势，一对三？我看没戏！"

"就是！以前可能咱们还真不行，天天吃不饱，端着枪都打晃，现在吃得饱睡得足，我看美国人一对一都够呛！大李一个人就收拾死他！咱们看笑话吧！"

这时候，陈鸣人拿过一把木枪："阿姆斯上校，你的枪！"

"哈哈！我不用这破玩意，你们上吧！"

大家一听，哟呵！空手夺白刃啊！有意思！大李、老刘、小黄仨人一使眼色，"杀！"各抄木枪，就对着阿姆斯上校杀来了！没想到阿姆斯上校，根本没伸手夺枪，而是后退一步，从腰间拽出手枪，"砰砰砰"三枪，当时，大李、老刘、小黄三个人的脚前面，都多了一个洞，仨人吓出一身冷汗，大李就说了："美国人！你犯规！你怎么用手枪啊？"

阿姆斯上校一乐："我犯规？我犯什么规了？我是教你们怎么近战，又没说要跟你们拼刺刀！我问你们，是你们的动作快，还是我的手指头快？"

"这……，你的手指头快！"

"哎，这就对了，我再问问你们，你们的手枪呢？"

仨人一听挠头了："手枪？啊，没带！"

"是啊，手枪不是给军官用的吗？"

阿姆斯上校一听，鼻子都气歪了："谁说手枪只能军官带了，从现在开始，你们都给我练手枪！练好了，近战就用它。我们的手枪，柯尔特 M1911，点四五口径，杀伤力特别大，弹容七发，用好了，相当于你们连刺七刀。我问问你们，你们有谁能在战斗中连刺七刀的？"

"这……，几乎没有。"

"没有就去练吧！这些天，我要把你们身上的坏毛病，通通洗掉！"

这时候，大李还不服呢："教官，我有个问题！"

"什么问题？"

"既然不让我们练刺刀，为什么给我们的步枪上还装着刺刀呢？"

"我告诉你们，这就是省得让小日本给你们来个措手不及，你们有刺刀，第一波拼刺就不太吃亏，然后，尽量用冲锋枪、手枪解决战斗！如果旁边有轻机枪和坦克支援，就千万不要进行近战！这都是纪律！听见没有！"

"是！"

这回，有了例子，大家都明白了，改练手枪。阿姆斯上校又开始纠正驻印军的步枪、冲锋枪的操作方法。这种情况，在兰姆伽训练营，见得太多了，没辙啊，士兵们刚从要啥缺啥的中国战场上出来，好多习惯还没改掉。不过时间一长，大家就都习惯了，慢慢采取美式的训练,毕竟人家的战术,很多还是很实用的。

而在接触之中,中美双方的人员,对对方的感觉都出现了改观。对于中国人来讲,美国教官脾气暴躁,动不动骂人、给两脚都很常见,但该认真的时候,的确负责,一说起什么武器的用法,真给你掰开了揉碎了细讲。而且美国人,真以士兵的生命为先。在中国,训练的时候,练的就是毅力!只要你不是病得起不来,就得坚持训练!可美国人不行,病了,马上找大夫看,好了才允许训练,中间还有特殊照顾的病号饭。这把中国兵感动得不行。

而对于美国教官呢,刚开始,他们受西方的宣传影响,就认为中国人士愚昧无知、东亚病夫。可这一操练呢,美国人也发现了,中国人的很多毛病,其实都是自己之前的装备不行所致,但正因为装备不行,中国兵是真下功夫啊!而且中国兵的很多特色,也令美国人啧啧称奇。比如中国人用机枪,只要熟悉了枪的结构、弹药属性等信息,马上就进入状态,射击的准确度非常高,换弹夹和枪管的时机,掌握得比美国人都好!而且迫击炮,简直用得都神了!美国军官也是连连喝彩!

而这时候,沿着驼峰航线,从国内飞来的补充兵员也到了,大量的新兵补充进了新一军,大家一起努力训练。就这样,新一军的两个师,没多长时间,就练成了一支铁军!

但史迪威还不满意!为什么啊?他知道,中国军队和日军的差别,其实不在单兵武器,而是在重武器,大炮、坦克之类的,不把这些训练好了,就算能赢,也会损失很大!所以史迪威又向蒋介石提出,要补充国内最优秀的炮兵和坦克兵!

蒋介石一听,不干了,好么!史迪威还真敢开牙啊!抗战打到现在,我们的重装备都已经消耗得差不多了,每一个人都是财富,尤其是身经百战的技术兵种,那更得像大熊猫一样保护起来。你要把他们要走,我还拿什么跟日本人打呢?

所以蒋介石坚决拒绝,不过话说得挺婉转:"史迪威将军,我倒是很想帮你,给你把精锐调过去,但现在我们的部队分散在天南海北,不好给你集中啊!要不然,你再想点别的办法?"

史迪威一听,好么!蒋介石跟我这耍心眼呢!我知道,中国现在很困难,但别当我傻子,就中国这些高技术兵种,肯定都是蒋介石直接掌握的,你能找不着?不过史迪威转念一想,哎,这样也好,现在国内这些士兵,对蒋介石肯定忠心耿耿,到我这,我还不好控制。不如派一批新人。所以史迪威清清嗓子:"蒋将军,你说的我明白,可我们这里急需配属炮兵和装甲兵,不行你把相关的学员给我调过来,我给你们培训都可以!"

这话一出,蒋介石也很满意,但他还得说:"史迪威将军,这个我可以同意,但我们国内抗战,已经到了非常艰苦的时候。我听我的将士们说了,你们美国非常厉害啊,能不能给我们也提供一些美械装备,我们这里打日本人,也是给你们减轻压力啊!"

"可以,我也正有此意!等我汇报给总统,只要总统批准,我可以给你们提供一百个师的武器!"

就这样,史迪威把蒋介石的想法汇报给了美国总统罗斯福,罗斯福刚开始有点犹豫,只批了六十个师的装备。后来再想想，中国战场，毕竟牵制了日本陆军的主力。而中途岛海战之后，我们现在也开始在太平洋上反击了，中国人越强，小日本也就越弱，这不是对我们也有利吗？所以罗斯福大笔一挥，批了九十个师的装备给中国。蒋介石乐得俩手都拍不到一块儿了，马上选派人手，奔赴缅甸战场。炮兵方面，就从军校里抽调精锐，最好是会英语的。而装甲兵方面，自然是从徐庭瑶的机械化学校里面抽人了。就这样，利用驼峰航线的优势，人家往里运紧缺物资，咱们就往出运人。就这样，一批批的健儿，也就奔赴了兰姆伽训练营。

等这些人到了兰姆伽训练营，美军又傻眼了！怎么回事呢？原来，这帮学员，知识极其匮乏啊！问问新来的装甲兵："见过汽车没有？"

"见过！"

"能开得了吗？"

"对不起，我们只学过一点书本知识，没动过手。"

"那对于坦克，你知道多少？"

"报告长官！坦克我见过，就是没摸过！"

美军考官一看，当时满头是汗，再问问炮兵："你们之前开过炮没有？"

"报告长官，没有，我们军校里，就有一门坏了的炮，能让我们看看。"

这回该美国考官惊呼了："我的上帝啊！他们这还是精选来的呢？鬼知道他们是怎么精选的！还不如我们美国的中学生呢！"

咱们说，这没辙啊，这就是当年中国的情况，学员缺乏器材实践，自然动手能力差，不过好在国内对书本知识特别重视，所以一旦讲起理论原理，中国士兵还一套一套的。而美军这边，特别重视实际操练，炮兵，你不开个几百炮，就别想参战，而装甲兵这边，你不操练个上百个钟头、开个几百炮，也绝对别想离开军营！反正美国人有的是装备和器材，练呗！中国士兵难得有这好机会，以前都是学了半天，因为没器材，实践不了，今天敞开了用！那能不出成绩？所以仅仅一两个月，驻印军的炮兵和装甲兵，就练得初有成效，美国人都惊呆了！

此时，时间就已经转到了1943年的后半期，意大利已经投降了，盟军这边，也开始了一系列高级会晤，大家决议，要尽快结束战争，而缅甸战场，也就成了各方焦点！

第八十三回　史迪威欲筑中印路　驻印军再闯野人山

蒋介石和史迪威商妥，从军校中，再往印度调集一些技术兵种，尤其是炮兵和装甲兵，而史迪威呢，也向罗斯福总统提议，给中国援助一百个师的美式装备。最终，罗斯福总统批了九十个师，双方的分歧并不是很大，尚算愉快。

就这样，蒋介石就从各处抽调精锐，奔赴印度，接受美国人的训练。国军这边，虽然素质不高，但仅仅是缺乏实践操作，书本理论还不错，所以经过美军调教，短时间就达到了不错的效果。

此时，已经到了1943年的后期，意大利投降，盟军这边，立刻开展了许多高级别会议，整合现阶段的力量。现在，西边如何打败德国，东边如何打败日本，就成了世界各国都需要思考的大问题。西边德国问题，跟中国关系不大，咱们暂且不提，单说东边，对于美国来讲，要对付日本，首先就要加强中国的实力。可说实话，自从滇缅公路被切断之后，中国对外的陆地运输线就断了，只能凭借空中的驼峰航线给中国输血，可驼峰航线，只凭飞机走，运量不大不说，还经常遭遇日军袭击，此外，天气问题、疲劳问题等，也都是困扰飞行员的大敌，所以无数的中美飞行员葬身于此。说实话，这么运物资，有点得不偿失，所以靠谱一点，还得靠一条公路运输。

而之前的滇缅公路呢，是中国修建的，因为缺乏机械工具，那全是拿人工堆出来的简易公路，载重量都有限。咱们前文说过，1942年，中国远征军入缅作战的时候，连九吨半的T26都过不来，只能重新拆卸。可美国装备，比T26这种等级的，强太多了，但同时，无论是坦克，还是大炮，重量也绝对是超重的。所以滇缅公路行不通！现在史迪威财大气粗啊，他一看，既然原先的滇缅公路借不上劲，我们就新开一条路！

美国人厉害啊，机器也多，说干就能干。史迪威的计划，把路直接从印度的雷多，经过缅甸的密支那，一路修到昆明。不过在此之前，就先得进入缅甸，清扫沿途的日军！所以史迪威等人特别拟定了一个反攻缅甸的作战计划，代号"安纳吉姆"。而率先发起进攻的，自然是归心似箭的新一军！于是，史迪威一声令下，新三十八师和新二十二师就如同猛虎下山一样，直扑缅甸！他们的第一站，就是胡康河谷！

胡康河谷，其实也在野人山边缘，这对于驻印军来讲，并不陌生，尤其是新二十二师，干脆就从这里走出来的。这时候孙立人一琢磨：虽说现在有着美国的补给，胡康河谷不算什么地狱了，可就怕新二十二师的将士们有心理障碍，所以他是主动请战，派遣一一二团，向着胡康河谷的第一站——新平洋，搜索前进。

再说一一二团，团长陈鸣人，他是师的先锋，他就带整个团，向着新平洋搜索前进。陈鸣人也特别嘱咐了："兄弟们，新平洋是胡康河谷的入口，进了这里，就进了缅甸了，日军肯定有准备，咱们务必小心！"

"团长您放心吧！"

"好！搜索连！搜索前进！"

"是！"

咱们说，搜索连，那是一一二团的尖刀连，装备特别好，极其擅长丛林中的遭遇战，他们稳稳地开始搜索前进。走着走着，有人就喊："连长！有敌人！"

搜索连连长老王，他也富有战斗经验，一看这情况，不敢怠慢，赶紧下令："快！抢占有利地形！"

"哗啦啦！"

一个连的步兵，当时抢占了附近的高地。这时候，日军也看见他们了，也赶紧抢占有利地形，双方先是一阵机枪对打！

等打了打，日军那边就发现，哎！不是美国人和英国人，似乎是亚洲人滴干活！哟西！无论是缅甸人，还是支那人，都特别不禁揍。今天看样子，他们人数也不多，我们干脆把他们全歼滴干活！

咱们说，在胡康河谷的这股日军，足有一个大队，不到一千人，在中国作战的时候，日军曾经用一个大队，拖住国军一个师！要说干掉一个200人左右的加强连，在日军看来，那是张飞吃豆芽——小菜一碟！所以日军当即开炮，几门九二式步兵炮开火了！

"咚！咚！轰轰！咚！轰！"

"杀给给！"

"哗！突突突！突突突！"

日军机枪掩护，剩下的士兵就开始了冲锋！搜索连这边呢，挨了一阵炮之后，就没了动静，可等日军冲到五十米左右的距离，无数的中国士兵冒起头来，"哒哒哒！哒哒

一一二团团长陈鸣人，外号拦路虎，驻印军之中的骁将，反攻缅北，他率部为先锋

第八十三回　史迪威欲筑中印路　驻印军再闯野人山

哒！哒哒哒！"

这回不只是勃朗宁轻机枪了，连汤普森冲锋枪都有，这下好，一百米范围内，无死角杀伤，冲上来的日本兵当时就被成片地撂倒！这回日本兵傻眼了："八嘎！支那人怎么也用冲锋枪滴干活！犯规！犯规！我们要白刃战滴干活！"

能使冲锋枪，谁还用白刃战啊？所以无论日军怎么呼喊，国军枪声不停，二十分钟不到的工夫，日军已在山头边上，遗尸一百余具，却连驻印军的毛都没摸上。最后，日军只能改变战术，开始包围。有人也许奇怪，日军怎么不拿大炮狂轰了？咱们书中代言，此时的日本，和抗战初期的情况已经完全不一样了。之前，日军只对中国下手，所以常备的陆军就那些人，日军的后备兵员比较充足，武器生产线运转也正常，除了重要资源需要进口之外，没别的毛病。所以国军拼死抵抗，打没一批日本兵，人家补上了，再打没一批，再补上，所以抗战初期，日军的第五师团，曾经在南口、平型关、忻口、徐州、昆仑关等地，被国军反复修理重创，但第五师团始终保有相当的战斗力，就是这个道理。

可现在不行了，为了跟英美开战，日军把所有的预备役部队，全编成正规军，在抽调平民进行训练，兵力和武器数量都是原来的三倍左右，压力倍增！这回，有经验的部队打没了，预备役也没了，只能补充新兵，部队战斗力下降了。武器生产数量也不够了，资源外国都不卖了，所以炮弹也变得非常宝贵，能少用就少用吧！

所以这回日军改变战术，谁也不冒头，开始了包围和迂回。这回连长老王一看，哦！日军要包围我们啊？挺好！他们要是包围我们，我们就正好来个中心开花！所以老王赶紧联络通讯员："去！用电台跟团长联络，就说这里有大批的日军！"

"是！"

现在驻印军的装备挺好，搜索连的电台就不止一台，所以马上联络团长陈鸣人。陈鸣人一听，行！有日本人，我正想报远征军的仇呢！所以他也抄起一把冲锋枪："兄弟们！干掉日本人，给咱们远征军的兄弟报仇雪恨！"

"对！报仇雪恨啊！"

"哗！"

全团的战士们是争先恐后，开始迅速前进，这回可好，日军虽然在外线留了神，但中国驻印军的火力实在太冲！迫击炮弹如同雨点一样往下落！而且中国军队也损，美国人比较直接，火力覆盖之后就是冲锋，冲锋不利，接着火力覆盖，再来。这手段，日军很清楚。可国军不一样，先是火力覆盖，"轰轰！轰轰轰！"炸完之后，就是个停顿，日军以为对方要冲锋了，纷纷进入阵地，这时候，国军再来遍火力覆盖！日军这回可惨了！当场给炸死不少，然后国军机枪掩护，步兵冲锋，这回可好，近距离内没人用刺刀，要么是冲锋枪，要么是手枪，日军是猝不及防啊，又被打死一百多个！

最后，大队长龟田大尉一看，完蛋了！这仗没法打了，赶紧撤吧！回去报告，支那军队进攻，再不跑，就跑不了滴干活！

就这样，日军撤退，国军在新平洋，首战告捷。这回大家可乐坏了，趁着吃饭的工夫，纷纷议论："嘿！美国人的战术就是管用！小鬼子没人近得了咱们的身啊！"

"可不是，我这一梭子子弹，一共撂倒六个小鬼子，真过瘾啊！"

就这样，一一二团休息一夜，等第二天补给到位，陈鸣人团长带队，再度出征！

咱们再说日军这边，一一二团击溃的当面之敌，是日军的十八师团。十八师团，也是日军的老牌部队了，曾参加过南京大屠杀，以及昆仑关一线的战斗，战斗力非常强悍。之前在缅甸作战的时候，十八师团也是四个师团中，最具有战斗经验的，也算是总预备队。现在，十八师团的师团长，叫田中新一，他担任北缅甸的防守任务，说白了，就是不能让印度地区的盟军和中国内地通上气！如今田中新一一听，胡康河谷地区出现了中国军队，他也没当回事："哟！支那人从印度进攻滴干活？哦，可能是当初在缅甸击溃的支那军余部，听说有两个师。那有什么可怕的？支那人，劣等民族，战斗力太差！即便让英美支援武器，两个师才击退我一个大队滴干活！"

可咱们说，战败的龟田大尉知道真相啊："师团长阁下，支那人这回进攻的，不是两个师，可能只有两个团，甚至一个团！"

"纳尼？龟田大尉，你没有看错？"

"师团长阁下，这的确是事实，我亲眼所见滴干活！"

这田中新一听完了，还没当回事："龟田君！我看你是让敌人吓破了胆了吧？两个团的支那部队，能顶住咱们一个大队进攻，已经是很厉害滴干活！怎么可能有这么大的战斗力？你这个懦夫，现在我把你撤职，让你看看日本军人，怎么打仗滴干活！"

咱们说此时，田中新一的阵势，已经布好了，日军的十八师团，代号是"菊"字号，号称丛林战之王，而师团长田中新一，这家伙可以用两个词概括——强硬、暴躁！这家伙本来是日军大本营作战部部长，结果因为瓜岛战役的补给问题，跟军务总长武藤章，还有首相东条英机大吵一架，把人得罪遍了。最后，军部裁决，把田中新一关了禁闭，然后发配到缅甸方面，担任十八师团的师团长。

这是1943年3月的事，田中新一到任之后，就拿出最强硬的态度。当时缅甸方面的日军很明白，印度的英军实力肯定不弱，而且我们打过去，补给线也容易出问题。所以就算强硬派牟田口廉也，他也得慎重备战。可田中新一呢，比谁都硬，只在重镇密支那留下一一四联队防守，然后亲率主力，进入野人山和胡康河谷，打算从这个死角，切入印度，主动进攻。

结果没承想，史迪威也这么琢磨的，想修筑中印公路，就得先把胡康河谷扫荡干净，所以一一二团就跟日军的先头部队打了一场遭遇战！而此时呢，田中新一知道计划败露，他也不打算重来了，干脆主动进攻吧！

于是他一声令下，日军的主力部队当即出动，这回日军真是兵强马壮啊！足能一万多人，还带有不少步兵炮、山炮等重武器，准备特别充分。一一二团的先头连一个不留神，就在于邦一带撞进了日军的步兵集群中，被人家用大炮奇袭，全军覆没。紧接着，日军展开队形，把一一二团给包围了！陈鸣人一看，我的天呐！这肯定是日军主力！所以赶紧命令部队，收缩阵形，进行防守。然后陈鸣人赶紧用电台联系师长孙立人："报告师长！我是陈鸣人！我们在于邦地区遭到日军主力袭击，现在已被包围，紧急请求支援！"

孙立人接报之后，那是又惊又喜，为什么啊？美军的情报显示，驻守缅北的是日军的十八师团，如果他们是主力出动，那就太好了！还省得我们一处一处打了，干脆来个一勺烩！所以孙立人赶紧去请示史迪威。可没想到，到了指挥部一问，史迪威不在！史迪威去参加国际会议去了，由参谋长波特纳代理指挥。孙立人一看，那就问他吧，所以赶到波特纳办公室："波特纳参谋长，我部一一二团在胡康河谷一线，遭遇了敌军的主力！我请求率部支援！"

波特纳参谋长呢，此时正好在地图跟前，听了孙立人的话，赶紧在地图上比画。结果一看，他是连连摇头："孙！不可能！野人山不可能有日军的主力！那是小股部队！"

"波特纳参谋长！陈鸣人团长特别报告了，他们在于邦被日军包围，这肯定是主力啊！"

"不可能！孙！日军的主力在防守密支那，怎么可能到胡康河谷去打你的一个团？这样的话，武器和补给运输会很困难，你看看，公路线在这呢！按照计划，你们才要走这条路，去攻击密支那。"

孙立人一听，好么！这也是个地图学派，根本没跟日军交战过，他指挥战斗，非得误事不可！所以孙立人冷哼一声："波特纳参谋长，你是太不了解日本人了，日本人一定会按照公路线走吗？当年英国人就是像你一样，迷信公路才能走重装备，所以才一败涂地！"

谁知道这个波特纳参谋长，也颇为不屑："孙，你说我不了解日本人，可我了解你们中国人，你们中国人满口谎话，我看很有可能是你的部队指挥失误，走不动了，这才谎报军情。你不必管他们，现在按照你们自己的路线，准备进攻密支那！"

碰上这参谋长，孙立人是一肚子气啊！这不是草菅人命嘛，我非要跟他理论理论！

第八十四回　孙立人大闹指挥部　陈鸣人拖死日本人

一一二团在团长陈鸣人的带领下，再度进入野人山的胡康河谷，他们的目标是搜索前进，从这里打通通往密支那的通道，这条道也是他们想要修筑中印公路的路线。陈鸣人团长率部前进，先漂亮地打赢了一场前哨战，然后就被日军十八师团的重兵重重包围。

等孙立人知道信儿了，特别高兴啊，他只盼一一二团能够坚持，他带主力部队一上，直接就把日军主力一勺烩了。可等孙立人去请战，还遇上问题了。史迪威开国际会议去了，只有参谋长波特纳留守。波特纳呢，一根筋，他就认为，野人山里没有公路，所以日军不可能出动主力，去攻击一一二团。两个人是各持己见，吵得不可开交。

可说到底，孙立人的办法不多，因为现在驻印军名义上的军长，是国内派来的郑洞国将军。可史迪威一看这情况，就认为，是蒋介石想架空他，干脆给郑洞国小鞋穿，弄得郑洞国将军一点脾气都没有，几次想回国，可蒋介石还让他坚持。最后郑洞国只能勉强协调协调关系，做甩手掌柜的。不过咱们还得说一句，郑洞国这个甩手掌柜，比罗卓英强多了，罗卓英什么事都不管，只管在史迪威的命令上签字，以及强调史迪威的命令。郑洞国呢，还能协调一下国军士兵和美国人的关系。但这也就注定了，驻印军的大拿是史迪威。如今史迪威不在，参谋长波特纳就代管一切。这家伙玩儿横的，孙立人还真没辙！只能勉强给一一二团发了电报，告诉他们：尽力坚持，我们正在组织援军，尽快去救你们！

发了电报，孙立人接着去找波特纳参谋长，要求援军。波特纳自然不肯，又是一阵对骂。就这样，俩人一耗就是五天！孙立人天天去烦波特纳，一天得烦个十几遍，波特纳是不胜其扰啊！最后说了："孙！你到底想怎么样？"

"我请求率部去于邦，增援一一二团！"

"我说过！明明就是你的部队完不成任务！为什么要大动干戈的增援？你们还有你们的任务，你立刻带队，从公路走，进攻密支那！"

"不行！我的部下不会撒谎！我一定要去救援！"

正吵着呢，就听外头有人说话："先生们！你们在吵什么？"

俩人一听，这人说话的声音耳熟啊！谁呢？这一看可好，史迪威！史迪威说着话，风尘仆仆地进了办公室，把公文包和皮夹克放下："先生们，我还没进来就听你们在吵，什么增援？"

孙立人赶紧一个敬礼："报告史迪威将军，我的一一二团奉命进入野人山的胡康河谷，搜索前进，也负责给中印公路的筑路队开路，可在途中的于邦地区，遭到了日军主力的包围。我请求增援，可波特纳参谋长不同意！"

史迪威一皱眉："波特纳参谋长，你为什么不同意支援？"

"将军请看！密支那在这里，胡康河谷在这里，这里没有公路啊，所以日军不可能动用主力包围新三十八师一一二团。所以，一一二团分明是因为完不成任务，谎报军情！"

"不可能！你胡说八道！"

"Shut up！你才胡说八道！"

两个人当着史迪威的面吵起来了，史迪威一看："先生们，我到底该听谁的？孙立人先生，除了一一二团的电报，你有没有别的证据？"

孙立人一听，还真的没有，这该怎么办？他明白史迪威的脾气，如果没有证据，这家伙肯定偏向美国人。怎么办呢？哎！孙立人灵机一动："史迪威将军，一一二团到底怎么回事，我暂时没法证明。但咱们可以去看看啊，按照美国人的规矩，一一二团不管怎么样，也已经走了五天，咱们是不是应该去空投下补给？要不然，就算他们谎报军情，也回不来，更没法接受处罚。如果是敌军重兵，咱们不正好看见了吗？"

史迪威一听，这倒的确可以，于是说道："好吧！那准备运输机，孙！波特纳！你们俩跟我一起去，咱们到底看看，日军那边怎么回事。"

"是！"

就这样，孙立人赶紧通过电报，让陈鸣人团长做好准备，在阵地上铺开需要救援的旗子，然后随着史迪威和波特纳登上运输机，飞向胡康河谷的于邦前线。咱们说，美国人的飞行技术相当不错，也就是一个半钟头，飞机就找到了需要救援的标志。飞机兜了两圈，只见地上毫无反应，波特纳乐了："你看！将军，这里并没有日军，这明明就是一一二团谎报军情，也不知他们在这干什么呢！"

孙立人一听："哼哼，波特纳参谋长，你

驻印军的军长孙立人，他的常胜将军之名，正是在缅北反攻中显现的

明显是没仔细研究日军的战术啊，干脆你投两包补给看看！就知道底下什么情况了。"

"投就投！"

于是，飞机打开舱门，两个美国大兵奉命扔下了两大包粮食，还有两大包弹药，这四大包拴在降落伞上，缓缓地开始下落。只见这时，风云突变！下面几十挺机枪，包括十几门高射炮，围着救援标志就开火了！一时间，下面各处都是枪口的闪光，美国飞行员一看不妙，赶紧把飞机拉高，这才得以幸免。但这下，史迪威和波特纳都大吃一惊啊！陈鸣人他们，明显是没必要朝着飞机开火的，这肯定是日本人啊！而且这火力级别显示，下面的日军绝不是一支小部队！史迪威这下明白了，等回到雷多指挥部，直接把波特纳参谋长臭骂一顿，然后传下命令："快！派飞机去，给一一二团多投点粮食和弹药，让他们务必坚持住！孙立人！"

"有！"

"你马上带你的新三十八师，前去支援，务必要重创这支日军部队！"

"明白！但我有个要求！"

"你有什么要求？"

"史迪威将军，刚才您也看见了，日军的火力很厉害，所以我也申请，让我们的炮兵也一起参战，另外，在空投补给弹药的时候，也给陈鸣人他们，送几门反坦克炮过去！"

史迪威一听就晕了："孙！你这是什么意思？胡康河谷没有公路，刚才咱们看见了，日军有防空炮的存在，这玩意倒是能拆卸了运进丛林。可坦克只能走公路，它是进不去胡康河谷和野人山的，你要反坦克炮做什么？"

孙立人一乐："将军，这很好解释啊，反坦克炮射速高、穿透力强，打坦克都可以，对付步兵和近距离的大炮，肯定更管用！我这也是给陈鸣人点信心！"

"哦！原来如此！可现在我们的炮兵都在训练，你把炮给前面空投过去，他们有人会用吗？"

"这就不劳将军费心了，陈鸣人是中央陆军军官学校毕业的，学过操炮的科目，如果这老小子不会用，那就证明他当年的课已经就饭吃了，就冲这一条，回来我就收拾他！"

史迪威一听，这才放心："好吧！孙，那我就照你的意思办，你给陈鸣人发电报，务必让他们顶住！你即刻带炮兵增援！我会在空中支援上多帮你的！"

"是！"

于是，孙立人赶紧集结部队，调集炮兵，准备出发！

咱们再说一一二团这边，陈鸣人他们的状况，其实并没有想象的糟，这一切，还得归功于陈鸣人团长和战士们未雨绸缪的精神。原来，陈鸣人团长，跟十八师团的主力一碰，他就知道情况不妙，敌人太多了！而且能一次性吞掉我一个连，绝非善类！所以他就赶紧收缩阵型！但还是晚了一步，而且日军实在太多了！他们一个步炮协同的突击，就把一一二团切成了两半，但好在一一二团的电台，已经下放到了排一级，所以双方的联系，还是畅通的。

从一被围上，陈鸣人就很明白，我们得固守待援啊！他就怕补给接不上，所以一方面求救，另一方面也命令部队："所有人！从现在开始，节省食品和弹药，一顿饭掰成两顿吃，弹药方面，除非敌人集群冲锋，或者进至五十米左右的距离，不许大规模射击！特别是冲锋枪和机枪，务必节省子弹！除非必要，否则严禁长点射，尽量用单发，或者短点射解决战斗！"

就这样，士兵们尽量减少消耗，水源不足怎么办，就从丛林之中的芭蕉树叶上取水，跟敌人耗上了！可问题是，一一二团出征的时候，炮兵还没训练好，所以他们没带炮兵，只有一小部分迫击炮，所以跟日军对战的时候，吃了大亏啊！好在丛林之中，美军的轻武器挺占优势，而且因为补给困难，日军也不敢用炮随随便便火力覆盖，这样战局就僵持了下来。可等到第五天，陈鸣人真的有点急了，现在，减员三分之一不说，就剩下的人手中，平均每把步枪，还有十五颗子弹，机枪两个弹夹，冲锋枪一个半弹夹，日军再来两次冲锋，我们的防线非破不可！就算日军不冲锋，我们的食物也就够明天的份儿了，我们再节省，还能撑两天，到时候日军再过来，我们可就连投降的力气都没了！我们的援军去哪儿了？孙师长，您不会真放弃我们了吧！

正这个当口，哎，有补给落下来了！虽说让日军把降落伞达成了筛子，摔到地上有报废的，但仔细点点，坚守的两处，至少又有了一天的弹药和一天的粮食！最重要的是，大家都明白，后方没放弃我们！

这下大家伙儿的精神头儿马上就起来了，当天晚上，更多的粮食、弹药都空投来了，最重要的，美军竟然还空投了两门反坦克炮！这回陈鸣人高兴了，马上让大家伙儿组装起来，准备对付日本人。

这下，该着日本人倒霉了！之前，日本人也有所预料，这支中国部队，补给应该是有限的，我们都把他们包围了，光消耗，也能把他们饿死滴干活！日军五十五联队的联队长藤井小五郎大佐信心满满，特别发电报报告田中新一："报告师团长阁下，我方已将支那部队重重包围，现在就是顾忌支那人的美式装备比较厉害，没有急于进攻滴干活。您可以暂且休息，看我们联队剿灭支那部队滴干活！"

田中新一看了报告，也挺满意，于是他把师团指挥部挪到了孟关，当然了，田中新一也不是休息，因为孟关在胡康河谷的边沿，日军恰好在密支那到孟关之间建了一条简易公路，汽车可以从密支那，把补给的装备和物资运到孟关，然后在用人和牲口往胡康河谷里运。也就是说，田中新一自认为，这仗很快能结束，我只要把物资集中好，等着继续作战就行。

就这样，日军的五十五联队、五十六联队跟一一二团缠斗了五天，日军使用消耗战术，消磨一一二团的食物和弹药。哎，眼看着一一二团就要完蛋，美军的补给到了！这下一一二团就又活了！可国军好了，日军就倒霉了，日军大部队每天消耗就得有多少粮食和弹药，虽说十八师团丛林作战经验丰富，密林之中的生存能力很强，但日军的补给终究有限，而且日军的吃食，也比美械的国军复杂太多。国军这边，饼干加肉罐头，打开就吃。日军呢，也有一部分直接吃的饼干，但还有不少米，得自己煮熟。而丛林之中，生火是个大问题，而且国军这边也不闲着，阵地边缘有狙击手，只要看见火光，"啪啪就是两枪，轻则搅得日军不得安宁。重则把锅打漏，下次就别吃了！而且美军也派出飞机，玩了命地骚扰密支那到孟关之间的公路，只要有汽车和飞机，当场就打！有时候，中国境内的飞虎队，也来凑个热闹，日军是不堪其扰啊！所以到最后，日军也盼着美军向国军空投补给，为什么啊？因为美军空投，准确率也不是百分之百，总有一部分能便宜日军，这对于日军来讲，也算改善伙食了！不过倒霉的是，日军可以凭这个补充点吃的，可弹药补充不了，子弹口径不一样啊！所以弹药是越来越短缺。

　　这消耗战能打吗？而且陈鸣人也坏，反正现在补给不愁了，干脆让美军空投的时候，加点零碎，什么留声机、香槟酒、刮胡刀等，他们在阵地上，还开上宴会了！有的时候，美军还空投点色情照片过来，国军的士兵就跟扔手榴弹一样，扔出去，撒得满地都是，日本兵看了，气得是奔儿奔儿直蹦啊！支那人太猖狂，也太无礼了！我们要给他们点教训滴干活！

　　所以日军马上发起进攻，嗷嗷叫着往上冲！可现在，日军的炮弹也没了，只能靠人往上堆，陈鸣人这边可不客气，反正弹药充足，远了就是反坦克炮，近点就是机枪，再近了有冲锋枪，多层次立体射击，日军冲几次，就倒霉几次，无一例外！

　　就这样，陈鸣人跟日军主力，一耗就是二十多天，日军也彻底没劲了，而这时候，孙立人率主力，赶到战场！

第八十五回　正面对峙孙立人无奈何
　　　　　围魏救赵刘放吾扑孟关

　　陈鸣人得到补给，这回心里有底了，同时也跟孙立人联系好了，孙立人给他的指示，就是拖住敌人，所以陈鸣人就想方设法，开始跟日军挑衅。现在吃喝还有弹药，都不愁了，陈鸣人就让美军给空投点留声机、香槟酒、刮胡刀等，他们在阵地上，还开上宴会了！气得日军嗷嗷直叫，可又无可奈何，毕竟陈鸣人他们的弹药充足，冲几次倒霉几次，自己这边补给越来越少，几乎已经耗到了极限，就靠着少量运过来的补给，以及美军仍错地方的粮食死撑！因为联队长藤井小五郎大佐已经跟师团长田中新一吹了牛，如果干不掉这支中国部队，他脸上无光啊！

　　可咱们说，有时候脸上无光真是小事，命有没有才是真的！就在藤井小五郎他们进退维谷之际，孙立人率领主力部队，赶到战场！

　　这还有什么说的？新三十八师在美国人的训练下，已经掌握了丛林战的技能，再加上美式的补给和重火力，这跟第一次入缅作战，可是天壤之别！要不一一二团，也不会打这么好。所以孙立人赶紧用重炮狂轰，然后步兵冲锋，想要撞破敌人的防线！

　　可没想到，这战术不灵了！孙立人连撞了两次都没成功，而且等退下来一点计损失，孙立人倒吸一口冷气啊！怎么回事？原来，这两次冲锋，士兵损失其实不算大，总共阵亡了不到一百人，但其中包括四个连级干部、三个营级干部，还有一个副团长。而且根据前线战士描述，都是一枪击中头部，当场阵亡。这明显是有狙击手啊！仗可不能这么打！

　　所以孙立人赶紧扎下营帐，想办法。但说句实话，美制军用地图，用处不大，因为密林之中，很容易迷路，即便有地图，也闹不清楚。最后给孙立人逼得没办法了，叫来几个人："你们！去附近的镇子上找找，看看有没有熟悉胡康河谷的向导？有的话，务必把人家给我请回来！咱们不惜重金！"

　　然后，孙立人还是命令部队加强警戒，严防日军的狙击手，然后步炮协同，继续正面强攻，但具体作战可要小心多了，只用小部队进行渗透。可又打了一天，情况仍然不容乐观，孙立人不禁惊呼："可恶啊！这支日军还真擅长丛林作战啊！我必须想办法，不然这仗可就没法打了！"

孙立人很明白，现在想要取得战果，只有一条路——迂回，避开敌人的重兵，抄他们的后路。现在丛林中打仗，补给尤其重要，一一二团短时间没事，只要抄了日军的补给线，饿也饿死了！可是史迪威特别反对迂回战术，现在也没有向导，怎么办呢？

这时候，副师长贾幼慧蹦着就进来了："师长！师长！向导找到了！"

"啊？真的？"

"真的！找着了不止一个，总共三个人，咱们的人到村子里一说，人家主动要求帮忙！所以我们就给请过来了，我自作主张，请他们吃饭呢！"

刘放吾将军，驻印军的骁将

孙立人当时就是一愣啊！怎么回事？一年多以前进缅甸的时候，我们想找个向导，比登天还难，最后只有第五军找到了向导，还是个华侨。这回怎么那么容易？难不成是奸细？孙立人考虑考虑："好吧！等吃完了，把带头的给我叫进来！我要问话！"

"是！"

时间不大，进来一个人，只见这个人，身高不高，黑瘦黑瘦的。孙立人打量打量他："你知道我们是什么人吗？"

"我知道！你们是中国人！"

"哦！知道我们是中国人就好，你的汉语说得也不错啊。说吧，你到底是什么人？"

"哦，小人就是缅甸人，我叫哥丹威，做烟草生意的，之前跟你们中国的马帮做生意，所以学了汉语。"

"哦！这样啊，那我问问你，一年多之前，我们来帮你们赶走日军，你们不但不理我们，还给日军帮忙。怎么今天又开始主动给我们带路？你是何居心！是不是日本鬼子的走狗！"

孙立人说着，一拍桌子，旁边的卫兵当时把枪栓拉开了，三挺冲锋枪的枪口就瞄准了面前的缅甸人，只等师长一声令下，就要把他打成筛子！

这个缅甸人哥丹威一看，马上认怂："长官不要啊！不要啊！我说！我说！"

第八十五回　正面对峙孙立人无奈何　围魏救赵刘放吾扑孟关

423

哥丹威赶紧把情况从头到尾一说，孙立人听完，当时就乐了，看来我们这回的战役，是十拿九稳了！

有人问了，哥丹威说了什么了？原来，当时日本在缅甸人的心目中，形象已经出现了大逆转！之前，缅甸人是把日本人当解放者看待的，那是热情得不能再热情了，能帮什么，绝对没有二话！为什么呢？还不是为了缅甸能够摆脱英国人，独立建国！

可是呢，英国人倒是被赶走了，可日本人毫无要撤的迹象，反而发出了言论：缅甸人，不行滴干活！都是一帮野蛮人，没资格独立建国滴干活！

然后，就开始奋力镇压缅甸的独立派分子，这下，缅甸人终于明白了，日本人这是骗我们啊！

而且，此时的日本人，也暴露本来面目，开始对缅甸进行无休止的掠夺！之前的英国人呢，殖民者，也是臭名昭著，但英国人只是有计划的掠夺，柚木、经济作物、石油等，干活的缅甸人如果不服，当时用鞭子抽！

日本人呢，这些传统的物资掠夺就不说了，其余的也什么都不放过，包括缅甸人最珍视的佛像！咱们说缅甸，那也是南传佛教影响下的国家，佛像很多，英国人呢，不管，你爱信，就信你的，我不反对，给我缴税就行。日本人不行，他们一看，那是两眼冒光啊！怎么回事？缅甸有不少佛像是纯金的，法器也是纯金的，日本人就一个字，抢！抢完之后，铸成金砖，运回日本。缅甸人敢反抗，当时就枪毙，尸体给挂在树上示众！

您说这样的国家，能受欢迎吗？所以不到一年的时间，日本人就从受欢迎变得四面楚歌，好多缅甸人都说了："日本人老说，英国人作恶多端，中国人是帮凶，我看他们比日本人强得多啊！"

"可不是！看来咱们缅甸要想独立，先得帮着英国人，击败日本人才行！"

所以此次中国驻印军反攻，人家缅甸人踊跃帮忙。就连之前日军的铁杆德钦昂山，也不跟日军合作了。您说这情况，日本人还能好得了？再说哥丹威这边，他把事情讲述一遍，然后跟孙立人"啪啪"直拍胸脯："将军您请放心！我当年跟你们中国马帮，交情深厚，而且我就住在胡康河谷附近，他们走这，都是我带路！说句不夸张的话，您随便给我指条道出来，我就能告诉您，这条路能不能走通！"

孙立人一听："嗯！有意思！那哥丹威先生，您看看这里，能不能走通？"

孙立人说着，直接指向地图上的一条小道，这条小道，看似夹在两山之间，是个山谷，看样子，应该通向日本大军的身后。哥丹威一看，倒吸一口冷气啊："将军！您，您是怎么知道这有路的？"

"啊，这是英军的地图上画的，我只是这么感觉！"

"这路……，走不通。"

孙立人一听，他犹豫，这里肯定有事啊！所以一瞪眼："哥丹威先生，我可跟你交个底，我们这次来，就是为了把日本人赶出缅甸。现在我们的对手，很擅长丛林作战，如果没有一些捷径小道，让我们迂回过去，我们可就很难打败日本人！到时候，你们缅甸人，可还得在日本人的铁蹄之下！你想好了！"

哥丹威叹了一口气："好吧，将军，不瞒您说，这条路的确能通！"

"哟！真的！"

"但我希望将军能够向英国人回复，此路不通！"

"嗯？这是为什么？"

"将军，您既然知道了，我就不瞒您了，这条小路，号称当年马帮的救命道！这条路可以说是通往孟关方向，走出胡康河谷最近的路，但是沿途很崎岖，马都走不了，只有人勉强能走。所以只有马帮在胡康河谷里陷入困境的时候，才有懂的人，能从这跑出来求救。为了避免土匪利用这条路，我们都不外传的。也不知道谁，可能跟英国人说了，英国人才这么画的。我估计英国人没走过，所以画得很简单，可实际上非常难走。将军，您既然请我们吃了饭，又跟我们交心，我就破例带您走一次，您反正是要打仗，打赢了什么都好说。您就帮我个忙，我代表中国和缅甸的马帮，谢谢您了！"

哥丹威说得，是声泪俱下，还给孙立人跪下了。孙立人一看，得！人家为我，都肯破例，我要是完了事卸磨杀驴，我还是人嘛？所以孙立人赶紧把人家扶起来："哥丹威先生！赶紧起来吧！我孙立人发誓，一定不把你们这条小路曝光，如果我嘴不对心，就死于乱枪之下！"

"我谢谢将军了！我也发个誓，如果我骗您，我也死在乱刀之下！"

等发完了誓，两个人开始在地图上谋划，哥丹威就说了："将军！我事先声明啊，您要想穿越这条小路，可得做好准备，士兵一律轻装，多带干粮，而且山林之中，蛇虫不少，你们每人都得预备一把开山刀。对了，将军，您要带多少部队？"

孙立人想了想："为了胜利，我得带一个团！"

"好吧，那我预计，得三天时间，现在事不宜迟，您赶紧准备吧！"

就这样，孙立人兵分两路，副师长贾幼慧和团长李鸿，带着一一四团，还有所有的重炮，在正面继续猛攻，吸引敌人的注意力。然后孙立人亲自带了最精锐的一一三团，这也是仁安羌一战成名的部队，他们带足了补给，由哥丹威这任向导带领，悄悄地钻入密林，消失了。

咱就这么说吧，孙立人选的这条路非常偏僻，沿途只有日军的斥候，所以走得虽然艰险，但有认识路的向导带着，也算波澜不惊。于是，三天后，孙立人带队，真的穿越了小道儿，到达了密林的另一侧。这时候，刘放吾团长也急了："师长，咱们现在已经耗了三天了，咱们赶紧北上吧！解救一一二团为先！"

孙立人想了想："嗯！稍微等等。哎，哥丹威先生，我看这还有一条小路，通向哪儿的？"

"哦，这条路直扑孟关。"

"孟关？把地图拿来！"

手下人不敢怠慢，赶紧把军用地图拿来，孙立人指指点点："嗯，我们现在，应该在这，孟关在这，于邦在这，好！刘放吾！"

"在！"

"你马上带人，直扑孟关！"

"啊？咱们不去于邦救人啦？"

孙立人一指地图："刘团长，你看看，按照美军的空中侦察，日军在这附近，修了简易公路，就通到孟关，而孟关，又是胡康河谷的出口。所以我感觉，这应该就是日军的物资集结地，但敌人很有可能在这布置了重兵。咱们兵力不多，你带一个营过去，目标就是把敌人打疼，敌人一疼，肯定就得让前方部队回援，到时候咱们以逸待劳，日本人肯定吃亏！这招也叫围魏救赵，不然咱们硬碰硬，胜败难料！"

刘放吾一听："明白！我立刻带人出发！"

孙立人点点头，突然他又想起一件事："等等！你到时候看情况，就算有机会拿下孟关，也不要拿！孟关一定要由我来亲自拿下！"

刘放吾一听，丈二和尚摸不着头脑，但他也明白，我们师长肯定有所考量，那我就照办吧！于是，刘放吾领兵而去。

有人也许奇怪，孙立人对孟关这个地方，怎么会有些不一样的感觉呢？这还得说一年多以前，远征军入缅的时期。当时，要说能独当一面，跟日寇一较高下的远征军，无非就是四个主力师，分别就是孙立人的新三十八师、廖耀湘的新二十二师、戴安澜的二〇〇师、余韶的九十六师，其余三个师，都属于杜聿明的第五军，人家是一个系统的，也都属于黄埔系。孙立人跟他们呢，稍微远点，他是留学美国出身，心高气傲，跟杜聿明他们，多少性格上有点合不来，但大家同为英雄，也都有本事，所以互相之间也是惺惺相惜。当时远征军撤退时，跑的最远的四个主力师，特别危险，尤其是担任掩护的二〇〇师，最终结果，为了掩护大家撤退，二〇〇师和日军展开了多次的激战，师长戴安澜身负重伤，最终不幸牺牲。而他的牺牲地点，就是孟关。所以孙立人咬了牙了："孟关别人不许碰，只能由我来亲自拿下，我一定要用多少日寇的脑袋，在孟关，祭奠我的好朋友！"

第八十六回 孙立人大胜敌军 廖耀湘强袭孟关

孙立人使用迂回战术，从胡康河谷的小道，绕过了日军正面的主力部队。下面，孙立人使用围魏救赵之计，让团长刘放吾带一部分人攻击孟关，逼迫前线日军的主力部队回援，他准备在中途截击。

咱们说，这一手，正砸到了日军的腰眼上！日军当时也是听闻胡康河谷里面有一条小道，结果派人搜索了半天，没有找到，最后田中新一一看，我们十八师团号称丛林作战之王，我们都没有找到，劣等的支那人，更没戏滴干活！

所以他就在附近派遣了斥候部队，没驻兵。结果战端一开，斥候部队也被抽调走了不少，这一处根本就空了，所以孙立人等于一头扎进了真空地带。随后，刘放吾团长就开始率队攻击孟关了。

这下，十八师团的师团长田中新一可慌了，他原本设置的战术之中，无论是攻，还是守，孟关都是一个非常要命的点，多少战略物资都在这囤积着，现在兵力还不足，这要被国军攻破了还了得？所以田中新一马上命令前线的五十六联队，迅速后撤，然后自己带着师团的直属部队，赶赴孟关，进行守城。此时的刘放吾，看看目的已经达到，赶紧带队撤了。

而孙立人那边呢，本来想伏击回撤的日军，结果人家的速度太快，孙立人就没赶上，只能带队后面抄向于邦，解救一一二团。这回日军前线的五十五联队可惨了，被孙立人的三个团重重包围！经过联系，副师长贾幼慧指挥一一四团，用重炮掩护，从正面进攻，孙立人带着一一三团，从后面进攻，陈鸣人的一一二团，则从中心开花，四面出击！这可是一场乱战啊！驻印军因为武器的缘故，便宜占大了！密林之中，等到两方看见，距离也就不到200米了，日军手中的三八大盖，是单发步枪，国军手中，却有不少汤普森冲锋枪，威力大不说，还连发，一扫一大片！日军这回可吃亏了！乱战一通，结果，日军的五十五联队，一共三千多人，损失两千以上，而新三十八师呢，加上一一二团的伤亡在内，才三百多人。当然，这个伤亡数字背后，也体现了驻印军的美式后勤还有日军后勤的差距。

当时，日军只有大队级别以上，才有零星几个医护兵，医疗用品也少得可怜，可谓是僧多粥少，所以日军大部分都靠死撑，只要头部和躯干没中枪，都不好意思叫医护兵。可问题是，如果头部躯干部位中枪，一般都比较重，单靠医护兵，未必有用！而国军方面呢，每个人都配发了美军急救包，里面，纱布、消炎的磺胺粉、吗啡什么的，都有。受了伤，马上能自救。而除了被包围的一一二团之外，别的人受了伤，紧急处理之后，马上抬下战场，由战地医生和护士治疗。您说这情况，死伤必然就少啊！所以还是那句话，打仗，比拼的就是各方位的后勤。

再说战场这边，大战告捷，半个胡康河谷，已经基本让国军占领，孙立人赶紧用电报告诉史迪威，史迪威特别高兴啊！赶紧让新二十二师带着坦克部队和其余的炮兵部队也一并出击，从公路方向，攻下要点达罗，也浩浩荡荡地杀向孟关。

咱们说，面对这个情况，十八师团的师团长田中新一也没惊慌，说句实话，在他摆开进攻态势的时候，他就设想了几种可能性。如果英美方面还是缓不过劲来，好！那我的十八师团就从孟关出发，一路沿公路打，一路从胡康河谷中突击，两路夹攻，打进印度滴干活。

如果英美方面缓得不错，主动进攻，那我就派部队在胡康河谷中拖住他们，然后在孟关集中兵力，进行防御作战滴干活！

▎驻印军的炮兵，相对于日军，绝对是碾压级别的，这也就是新一军在缅北战无不胜的火力保障

这两种情况，或攻或守，都行。所以前线失败后，田中新一马上调整战术，命令五十五联队在胡康河谷之中，一定要拖住孙立人。然后田中新一马上往孟关方向增兵，连自己都亲自坐镇孟关，准备防御作战！

这一战由谁先打响的呢？廖耀湘的新二十二师。他们沿着公路突击，虽然绕了些远，但速度较快，而且这回有大量的火炮和坦克做掩护，所以廖耀湘意气风发，马上命令部队："兄弟们！你们是新二十二师，也是第五军的老底子。咱们之前可就是机械化部队，步坦协同、步炮协同，咱们天天练。现在，我要你们把平常练习的本事使出来，拿下孟关！"

"对！拿下孟关！"

"为戴安澜师长报仇啊！"

大家是群情激奋，下面就是火力准备，新二十二师的几十门大炮对着日军孟关的前沿阵地，按照美军的火力准备标准，就是一阵猛轰！

"咚！咚咚！轰！轰轰！咚！轰！"

这顿打啊！孟关这一片前沿阵地，顿时是寸草不生，连土地都给削下去好几寸。新二十二师的将士们全看傻眼了，真是美国大老板啊，一次进攻就打这么多弹药！不得了啊！

等炮击结束，坦克发动，"轰隆隆！轰隆隆！哒哒哒！"二十多辆M3斯图亚特式坦克，排成战斗队形，向着孟关阵地冲去！

咱们说这一冲可不得了，坦克里面的中国兵是手忙脚乱啊！怎么回事呢？原来，他们这是头次实战，之前呢，中国当然也有坦克部队，也就是胡献群的手下，但史迪威嫌他们跟蒋介石的关系太近，没办法，胡献群是杜聿明的嫡系，杜聿明又是蒋介石很得意的学生，史迪威就担心他们不听指挥，所以专门挑听话、会英语的军校学员，来印度受训。所以不夸张地讲，今天参战的中美第一暂编战车群第一营，自营长赵振宇，到下面的士兵，基本都没以装甲兵的身份参加过战争。而此次来之前，还有一个小插曲，不夸张地讲，到现在为止，第一营的官兵，竟然不知道来这是要打仗的！

原来，中方的装甲兵到印度受训，才仅仅两个多月，按照正常情况，他们离上战场还远着呢！不过前线紧张，史迪威也只能勉为其难，把训练最好的第一营调上去了。这支部队，美方的负责人是布朗上校，中方的负责人是营长赵振宇少校，具体到每辆坦克上，一般负责指挥的是美国人，驾驶员、弹药手，都是中国人，他们搭配着来。可临出征的训话，出问题了，怎么回事呢？人家都是美方军官训话，可中国人这边呢，翻译得了急病，没来了，大家只能推举营里英语最好的一个人，客串翻译。

结果，美军那边训话，慷慨激昂，语速太快，咱们这个翻译，英语也是个二把刀，他听来听去，就听明白了，去缅甸！但是去干什么，不知道！结果他把话一说："兄弟们听好了，美国大老板说了，咱们要去缅甸！"

"啊？去缅甸干什么啊？"

"哎，这个，好像是去训练！"

"哦！明白了，美国人肯定是带咱们去缅甸，适应适应将来的战场！"

这下可好，弄拧了。就这样，战车第一营进入了缅甸，稍微适应适应了环境，然后奔赴了前线。这回，坦克兵看着前线的炮火，也有点蒙："嗬！美国人还真敢下本啊！"

"可不是，和炮兵步兵的协同，咱们也做过。之前看美国人得轰个十几炮，给咱们找感觉。当时我就感觉奢侈，现在看，美国人就是有钱啊！演习的排场真大！"

这时候，炮击停止，装甲兵按照指令，钻进坦克，往前就冲！结果，没冲两步，"砰砰砰！砰砰砰！轰！"当头的一辆坦克当即损毁！

这下，大伙儿全乱套了！

"啊？怎么回事？怎么还毁了？"

"是啊！怎么回事？咱们不是演习吗？"

"哗！"

再看美军指挥官，他们知道这趟来干什么，赶紧跟车里说："先生们！冷静！听我的指令，给我装炮弹！"

"咚！咚！咚！"

就这样，冒着敌人的炮火，坦克部队也开始还击，驻印装甲兵的第一场作战，就这么磕磕绊绊地开始了！

可这一战从一开始就不好打！装甲兵这边，虽说用的M3A3斯图亚特坦克，但这坦克，除了火力稍差点，其余的指标，都远超当年第五军的主力T26，驻印军的装甲兵对此是赞不绝口啊："咱们这回有福了！"

"是啊！国内的T26，我只是摸过一次，就以为是无上的荣光了。我当时还想呢，我今生还能碰上更好的坦克吗？现在看，美国大老板随便拿出一样来，都比T26强！这回小鬼子死定了！"

可聊归聊，这一上战场，还是不行啊！M3坦克面对日军的速射炮，也只是比T26稍好点，能抗住日军的第一波射击。打多了，照样是死！而且日军这回，准备相当充分，修筑了无数的碉堡工事，钢筋水泥，外面还铺着植物，你乍一看，就跟小山包似的，根本看不出里面藏着日本兵。所以美国人的炮火虽然猛烈，但对日军的伤害不大。而且田中新一，为了对付英美军的坦克，特别配备了一个大队的速射炮，那火力之猛烈，简直是把速射炮当了机枪！

"砰砰砰！轰！砰砰砰！轰！"

连续打炸了好几辆坦克，美军指挥官和中国官兵也多有死伤，这阵儿，日军的敢死队也上来了："杀给给！"

"哗！"

无数的日军敢死队，抱着炸药包就往上闯，美军指挥官布朗和中方营长赵振宇，俩人一看这情况，都不约而同地下令："后退！"

"快点撤！"

就这样，驻印军坦克营只能撇下四辆坦克残骸，用机枪掩护，勉强撤退，后面跟随的步兵一看，也往后就跑，大家都明白，要是连坦克都挡不住，我们都是白搭！

进攻失败，怎么办？按照美军的部署，那就继续炮击、冲锋，可也奇怪了，这么猛攻了三天三夜，廖耀湘等人却是寸土未进！没办法，田中新一在这集中了十八师团所有的精兵重炮，你冲锋，人家不止有速射炮，还有重炮掩护，而且经过几天的作战，廖耀湘也看出来了，日军的重炮，数量是自己的好几倍，要照这么打下去，我们危险啊！

正在这时候，有人报告："报告廖师长！孙师长到！"

廖耀湘一听，喜出望外啊！哟！孙立人到了！孙立人英勇善战，碰上这情况，他说不定有办法。想到这，廖耀湘就出来接了，等一看见孙立人，廖耀湘当时傻眼了："你……你，你是大秀才？"

孙立人一听："啊！可不是我吗？"

"哎呀呀！你怎么变成这样了？"

有人问了，怎么回事呢？原来，此时的孙立人，可以说是面目全非！咱们书说得挺快，但从上一次孙立人和廖耀湘分开，时间已经过了三个月。那个时候，孙立人率部，准备进入胡康河谷，进行试探性的作战，结果打了几场漂亮仗。而廖耀湘呢，则留在驻地兰姆伽，和炮兵、装甲兵一起，进行协同作战训练。史迪威很清楚，廖耀湘是法国圣希尔军校毕业的高才生，修习机械化骑兵，手下的新二十二师，又是第五军的底子，很适应机械化作战。所以就把他们扣下了，放更擅长独立作战的孙立人，去胡康河谷。

咱们说孙立人呢，从照片就看得出来，很好认，个儿高，一米八五以上，当年也是中国篮球国家队的队员，面皮白净，光嘴巴没胡子，剑眉虎目，通关鼻梁方海口，挺帅气。尤其往那一站，从背后看，完全就是美国军人的感觉。当时出发的时候，孙立人的确是这样。可是呢，孙立人在出征的时候，向大家表示："咱们的主要目标——孟关，我一定要拿下来！不为别的，就因为是咱们戴安澜师长的牺牲之地，我要用日本人的脑袋祭奠他！从现在开始，我蓄须明志，不破孟关，我誓不剃须！"

好么！不破孟关，就不刮胡子！可胡康河谷作战，时间可长了，没办法，到现在，丛林作战都是个难点，不可能像平原一样，速战速决，这一拖就是三个月，胡康河谷里面的情况也差点，所以孙立人就成了一个络腮胡子，脏兮兮的莽汉！不是一起行动的士兵，根本看不出他是孙立人！

不过咱们也得说，孙立人这一蓄胡子，还真让自己躲过了致命危机！

第八十七回　孙立人再走丛林　廖耀湘迂回侧翼

廖耀湘和孙立人在孟关前线会师，结果廖耀湘吓了一跳啊！怎么回事呢？原来，孙立人在出兵之时，曾经发誓：为了给戴安澜师长复仇，不打破孟关，我就不刮胡子！

结果，几个月的作战下来，孙立人大变样了，原来挺帅，个也高，不怒自威。现在可好，络腮胡子，还脏兮兮的，整个一个莽汉的形象。不过咱们也得说，这个形象，还真让孙立人受益了！

怎么回事呢？原来，孙立人在于邦一线，击破日军十八师团五十五联队，五十五联队呢，损失惨重，但还能有一千多人，联队长藤井小五郎也没死。而师团长田中新一呢，对这个失败，他也不奇怪，他就启用第二计划，让藤井小五郎带着剩下的人马，在密林之中，拖住孙立人的新三十八师！方法嘛，只有一个，狙击手战术！

咱们说，日军老兵的枪法，当年还是很准的，而三八大盖呢，穿透力强，也特别适合狙击作战。而十八师团呢，号称"丛林作战之王"，那不是浪得虚名的，他们得到命令之后，马上分成小组，分头行进，人呢，有不少蹿到树上隐蔽，然后用鸟叫作为联络暗号，狙杀新三十八师的将士。这招可狠啊！因为是丛林中作战，一旦陷入敌人的狙击圈，几枪打下来，你就得转着圈找，日军狙击手在哪儿呢？可转来转去，自己就迷糊了，方向都找不着。

日军也狠，先杀向导，再杀军官，你趴到地下都躲不了，人家在树上，一打一个准！而且师团长田中新一，在第一战结束后，就打听了，知道自己当面的对手是国军新三十八军，师长叫孙立人。他呢，就给前线散发孙立人的照片，下了必杀令！

"你们滴！必须把孙立人干掉，如果谁能干掉他，我有重赏滴干活！"

为了这个，田中新一还特别为五十五联队，空投了不少孙立人的照片，务求让每一个人都有机会把孙立人一枪打死！咱们说，这一手，的确对新三十八师造成了不小的危害，三个向导，两个被杀，军官也出现了不小的损失。可孙立人呢，根本没事！其中的奥妙就在于，他留胡子之后，跟照片上的正常形象大相径庭，日本人的枪口几次看见孙立人，都没开枪。

而咱们说孙立人呢，虽然本人没事，但对于日本人的狙击战术，他也气得奔儿奔儿直蹦。怎么办呢？最后，通过几个被乱枪打死的日军狙击手，孙立人发现了一个秘密。他们竟然是把自己绑在树上的，孙立人琢磨了半天，这是为什么呢？你要不捆上，随便转移阵地，效率不是更高吗？

到最后，孙立人也琢磨不出所以然，但对抗措施是有了，那就是先派人搜索，一旦看见哪儿有日本狙击手，马上撤出来，然后一顿大炮，把那片树林夷为平地，反正日本人自己把自己捆上了，也跑不了，所以肯定就死了，然后部队再前进，如法炮制。咱们书中代言，这也是日本人虽然枪法不错，但没人配称狙击手的原因，都死了，你怎么计算战果？就这样，孙立人到了孟关一带，算是有惊无险。但时间比廖耀湘他们慢了三天。

再说孙立人和廖耀湘见着，满脸的络腮胡子，把廖耀湘吓了一跳，但仔细听听，说话的的确是孙立人，于是两个人赶紧进了指挥部，商讨战情。等廖耀湘把当前的情况详细说了说，孙立人也犯了难，不奇怪啊，日本人在孟关布有重兵，火炮数量也是己方的好几倍。即便新三十八师加入，也压不过人家，正面进攻肯定不行。孙立人再看看地图，沿着地图上的公路线看看："对了，廖大眼镜，我且问你，敌人的炮火猛烈不猛烈？"

"猛烈！特别猛烈！敌人看来是早有准备，速射炮一大堆，我们第一回进攻，就损失了四辆坦克，亏得美军那边给力，赶紧用拖车给拖回来了。不然损失就更大了！"

中国驻印军第一营通信参数表

单位	呼号	单位	呼号	单位	呼号
指挥组	胜利饭店	搜索排	眼镜	补给排	杂货铺
指挥官	老板	高射机枪排	蚊香	辎重排	大少爷
副指挥使	经理	工兵排	佚子	保管排	二少爷
G1	老大	通信排	保姆	抢救排	三少爷
G2	老二	战一排	珠宝店	卫生队	礼拜堂
G3	老三	战二排	烧饼铺	队长	牧师
G4	老四	战三排	豆腐店	医馆	教士
通信员	管家	第一排长	大少爷	担架兵	教徒
营部	合作社	第二排长	二少爷	后勤军官	伙计
直属连	先施公司	第三排长	三少爷	搜索军官	学徒
除各单位之专有名词外，均可混用之，无线电话与书面专令混用					

中国驻印军第一营通信参数表，里面好多名词都很搞笑，要是听不懂，会完全不知所云，其实这也是为了保密起见

"哦！这样啊，那敌人的纵深炮火怎么样？"

"嗯，纵深炮火？你别说，我们撤退的时候，敌人的纵深炮火不太猛，我估计是敌人可能打算持久作战，所以比较节省。小日本嘛，你也知道，缺乏资源，能省则省。"

孙立人听完了，又在地图上比画了半天："嗯！好！这样行，大眼镜，你就当咱们没见过面，我没来过。"

廖耀湘一听，啥？这说的什么话啊？什么叫当你没来过？你要怯战逃跑不成？廖耀湘有点起急冒火了。不过他一想，要说别人怯战逃跑，我还可能信，孙立人不可能啊！他要想跑，早就跑了，干吗非得到孟关了，才拔腿开溜呢？所以廖耀湘看看："大秀才，你这又是闹什么别扭呢？吃错药了是不是？"

孙立人一乐："哎，大眼镜，你看看地图，敌人在孟关周边布置了重兵，工事修的极好，重型武器也多，你说了，美式重炮都不能奈何他们。所以咱们这一打，日本人以逸待劳，自然心里有数。与其这样，不如我来个大纵深迂回战术！你看南边，又是大片的丛林，公路直通缅北重镇——密支那，敌人的补给物资，就是从这来的。我干脆率部，在丛林中穿过，从沙杜渣切断日军的补给线。你呢，跟坦克炮兵结合更好，就在正面，以柔性进攻的方式，跟日本人耗！等我把他们的补给线切了，日本人自己就乱了，为了取得胜利，他们很有可能主动进攻。到时候攻守态势一变，就不用我再说了吧？"

廖耀湘一听，眼前一亮："哎！不愧是大秀才，你这主意不错！可咱们现在，还在胡康河谷之中，你要走密林，走得通吗？"

"你放心！我有向导！"

廖耀湘一听，有点泄气："向导！当年我们第五军，就悬点让向导坑了！缅甸人，我看就是傻子，只会听日本人忽悠！谁对他们真好，不重要。只要日本人一忽悠，智商就全成负数了！"

孙立人一摆手："哎！你不要这么说，缅甸人也是人，人人平等，人人也都有他们的思维，仅靠忽悠是成不了大事的！我跟你说，现在缅甸人也已经看清楚日本人的嘴脸了，现在就有不少人愿意帮咱。要不是人家向导帮忙，我怎么能走到这呢？你就放心吧！哥丹威先生！请进来！"

这时候，向导哥丹威赶紧钻进帐篷，看见廖耀湘，也赶紧鞠躬："长官好！"

廖耀湘一看："这是？"

"这是我们的向导，能打下于邦，全靠他了！哥丹威先生，你给我们讲讲，南边这片丛林，能不能走通？我们要去沙杜渣。"

"报告长官！可以！就是中途危险比较多，而且没法带你们的大炮，只能轻装前进。大概是这么这么走！"

哥丹威在地图上比画了一阵，最后说了："二位长官，您们刚才的话，我也听见了一些。我就这么跟您说吧！我们缅甸人，跟日本人势不两立！他们不仅抢我们的资源，杀我们的人，连我们最崇敬的佛像都不放过，这还叫人吗？就是畜生！我在这保证，如果这条路走不通，您第一个枪毙我！"

廖耀湘一看，点点头："好吧！那就这样吧，现在也没别的办法。不过迂回战术这件事，还得麻烦您这个大秀才再跑一趟了！"

"没说的！咱哥们都是为了胜利！"

"哎对了，大秀才，咱们之前得到的命令，是猛攻孟关。可你这个战术迂回，明显不在史迪威将军的计划之内啊，要不要我发个电报请示一下？"

孙立人一摆手："别！大眼镜你可别给我找事啊！史迪威那老头子，脸太酸！你要请示，他就得急眼！可咱要是打不下来，他更急眼！所以，两害相权，取其轻吧！一切的一切，等打赢了再说。如果咱们的战术要出了问题，我负全责！"

就这样，孙立人领兵出发，新三十八师带了四天的粮食，还有所有能带上的轻兵器，一头扎进了丛林。廖耀湘等人，则率领着余下的部队，和日军在正面继续展开了激战！这一打又是四天，结果，廖耀湘等人仍然是收效有限，奈何不了日军。廖耀湘急得也开始冒汗了，孙立人他们干什么去了？怎么四天了，还一点动静都没有？难道他们有什么不测？不应该啊！按说孙立人，他也是一个师呢，这些人数，无论是成是败，日本人那边肯定有响动，怎么就跟泥牛入海一般，没了音信？难道他们是在丛林中迷了路，全军覆没了？也应该不会，孙立人精明强干，损失过半有可能，全死了，这也是天方夜谭啊！

但总之，无论廖耀湘怎么想，他脑中就只有一个想法，孙立人这边靠不住了，得靠自己！可现在怎么办呢？正面进攻肯定不行，所以，也只能用孙立人的老办法——迂回！

说实话，廖耀湘在见到孙立人之后，他就也想到了这个战术，既然孙立人行，我为什么不行呢？所以廖耀湘在正面进攻的同时，也派出斥候，往北部侧翼的密林之中发展，先看看情况如何吧！结果这一看，好么！日军那边也是密不透风！因为是在密林之中，所以速射炮少些，但碉堡工事一点不少，密度更高，而且树上树下都有狙击手，后面还有炮兵阵地，一个不对，人家万炮齐发，自己在丛林里这点人，肯定损失过半！

这怎么办？廖耀湘急得不行，刚开始，还试着正面攻几次，后来发现，这根本就是白白送死，最后廖耀湘急了，拿着铅笔的尾巴，在地图上磨。铅笔后面，明显比尖端粗得多啊，这一磨可好，"噌"，就在我军阵地到日军的侧翼划了一道粗线。哎！也就随着这道粗线，廖耀湘灵机一动："对！迂回归迂回，我这么试试！"

怎么试呢？原来，随着孙立人和廖耀湘往前打，后面的筑路队也在工作，用重型推土机把地面铲平，然后工兵部队修路。廖耀湘就亲自去后面找筑路队，借了两辆装甲推土机，然后派部队在附近的村落里招向导。把这两样一凑齐，廖耀湘就开始行动了，直接派部队进入北边的丛林，配合推土机一起，找那相对好走的地方，开条简易道路出来！

当然，这事不是那么容易的，所以廖耀湘在正面，仍然用强攻作为掩护，但是，攻势是一次比一次弱，给人的感觉，就是自己的攻势越来越差，一鼓作气不行，已经是再而衰，三而竭了。

就这样，工程又进行了三天，装甲推土机的简易公路，离出丛林，也就剩了一夜的距离，廖耀湘马上调整部署，装甲第一营，留下第一连，继续在正面，第二连和第三连，则秘密转移到简易公路上。然后手下的炮兵，也拨出一些，带着两个基数的弹药，协同一个团的步兵，也转移到简易公路上，作为预备。反正孙立人走的时候，没带炮兵，交代给廖耀湘了，廖耀湘就把他们用上了。

就这样，一支有力的预备队准备好了，等到天色黑下来，廖耀湘的正面部队，又开始了夜袭，日军的正面部队也不甘示弱，于是双方又打得火星四溅！

"哒哒哒！咚！咚！轰轰！砰砰！哒哒哒！"

而在这个时候，推土机也开始了工作，后面的装甲兵坐在坦克里，拿着无线电互相聊天。先是营长赵振宇："一会儿打牌，一定小心蚂蟥，干掉之后就赶紧吃包子，但务必得小心牛包子！"

"老板放心！我是烧饼铺，一会儿我们负责水旱两路，珠宝店的三位少爷摆开阵势，在此地照顾，西庄随后，负责抓赌，万无一失！"

"是啊！老板，我是珠宝店，我们的花生和花生米准备得足足的，后面还有咱的包子，这回非把蚂蟥踩瘪不可！哎！眼镜呢？用小孩联系一下，报告情况！"

"我是眼镜，我是眼镜！请胜利饭店放心！一切正常！"

有人问了，这聊什么呢？乱七八糟的。咱们书中代言，这就是当时驻印军战车营的通信代号。因为作战之中，情况瞬息万变，所以在坦克之中，指挥官就需要用电台指挥协调。可日本人不傻啊，人家也有窃听电台，万一听见了，不是对你的部署了如指掌了吗？所以战车营这边，就有一系列的代号，可以互相聊下一步怎么部署，这套术语，听不懂的人，完全不知所云，还以为是附近那个警察局的电台串线了，人家准备抓赌呢！

就这样，战车营几乎是悄无声息地到了丛林的边缘，没想到是大吃一惊！

第八十八回 廖耀湘铁拳击左 孙立人奇兵出右

廖耀湘派出迂回部队，这支迂回部队很精锐，装甲推土机开路，前锋是驻印军战车第一营，一水儿的美国造M3斯图亚特式坦克，随后还有步兵、大炮，这在之前，想都不敢想。

而战车营这边，经过几天的战斗，虽然没取得什么效果，但大家的心态已经放平和了，所以在走的时候，大家还在车上，用无线电聊开天了！

他们这聊天，可热闹，又是大老板，又是蚂蟥、花生米、珠宝店、烧饼铺等，一般人听了，完全不知所云。咱们说，这也是跟美国人学的，用战术代号，避免日军窃听。而且这些名词，配得都很有意思，好多都跟牲畜、赌博的用语一致，所以大家聊着就想笑，心态就更轻松了，只等着一会儿作战。

就这样，在正面进攻的掩护下，这一支迂回部队就悄悄地接近了丛林的边缘，只听一声枪响，"啪！铛！"一颗子弹击中了坦克的装甲，这点，大家早就有心理准备，所以才让坦克突前，三八大盖的穿透能力虽然强，但打坦克，还是天方夜谭，所以这三十多辆坦克，赶紧调整突击队形，准备作战。

而这时候，风云突变，"砰砰砰！砰砰砰！轰！"一辆装甲推土机被当场打爆！这回，迂回部队的所有人都傻眼了，之前不是侦查好了吗？没有速射炮，这怎么回事？现在大家顾不得伤心，赶紧组织部队，准备反击，再看坦克之内，大家乱作一团，里面的无线电又开始喊："牛包子！推土的病了！所有人小心！别在此地待着了，赶紧走水旱两路，打牌去！"

这话说得明白，有反坦克炮，装甲推土机坏了，大家赶紧分左右两路攻击！结果，坦克太多，路比较窄，混乱之中，又有两辆坦克一个不留神掉进了后面的河里，这时候营长赵振宇一听："俩老牛掉水里了，谁都别管，赶紧打牌！花生伺候，先吃了牛包子，再掐蚂蟥！"

"明白！"

"是！"

这下，所有的坦克，瞄准了对方速射炮的大概位置，一顿猛轰，"咚咚咚！咚咚！"

这下可好，二十多门大炮一起开火，一个齐射就给日军的速射炮打哑了，然后坦克刚要前进，就听树林里满是喊声："天皇陛下，班栽！"

"杀给给！"

"哗！"

这回好，无数的日本兵从四面冲向了坦克营！而偏偏这时候，坦克里，所有的美国指挥官，都傻了！怎么回事呢？他们从海军陆战队那边听说过，从瓜岛战役开始，日本兵就爱使用万岁冲锋。一旦听见"天皇陛下，班栽！"那就意味着无数的日本兵，如潮水一般涌过来，情况之惨烈，震惊了当时所有的美国人。今天也一样，美国人一听，日本人准备万岁冲锋，都傻了，可中国人不傻啊！营长赵振宇赶紧下令："所有人，赶紧用花生米掐蚂蟥！快点！我马上联系西庄，上来支援！"

"是！"

"哒哒哒！哒哒哒！"

坦克上的机枪就开火了！咱们说，这回坦克的数量可不少，相互掩护，还挺有效果，随后，新二十二师的步兵团赶到，日军连续发动了三次万岁冲锋，都被击退。但相对的，战车营除了两辆坦克掉水里之外，又损毁了两辆坦克，大家也顾不上是速射炮干的，还是敢死队炸的，总之，四面开火，连枪带炮，掩护自己。

就这样，愣打了一夜，日军总算退了。大家是惊魂方定啊，于是步兵部队开始追击，装甲兵这边，赶紧点计损失，大家这个骂啊："嘿！后面不是说，这块儿只有蚂蟥的侦察兵吗？怎么那么多！"

"是啊是啊！我刚才看了，牛包子不止一个，这谁给的情报啊？回去看我不把他脑袋拧下来！"

正聊着呢，这时候有传令兵过来："报告！"

营长赵振宇赶紧跳出来："怎么了？"

"报告长官，我们在前线还发现了日军的堡垒群，还有炮兵群，防御很薄弱，我们团长希望您能一鼓作气，干掉日军！"

"明白了，回去吧！"

中国驻印军战车第一营装甲兵，从装备到精气神，都和国内不一样了

赵振宇也明白，现在别骂了，估计日军让我们打退了，他们自己还懵呢，现在不扩大战果，还等什么时候啊？所以他赶紧钻进坦克："大家听好了！前头还有蚂蟥的平房和包子，现在别吵了，赶紧准备打牌！打完这圈再吵！"

"是！"

于是坦克部队再度出发，到了碉堡群前，赵振宇看得清楚："珠宝店和烧饼铺的少爷们听着，一个少爷收拾一个平房，开出一条路来，然后先吃包子，再收拾房子！"

"明白！"

赵振宇的命令很明显啊，一连二连，以排为单位，瞄准一个碉堡来次齐射，先开路，"咚咚咚咚！"几炮下去，六个地堡当时被彻底炸毁，紧接着，坦克集群就冲进了日军的炮兵阵地！日军炮兵这边，显然是刚知道消息，正收拾大炮要跑呢，结果国军坦克赶到，"轰轰轰！哒哒哒！轰轰！哒哒哒！"这一顿枪炮下来，日军的这一堆大炮全都交代了，紧接着，坦克们就开始分别收拾旁边的碉堡了，好在这里已经没有反坦克的武器了，日军充其量就只有九二式重机枪，所以收拾下来，只是时间的问题。

日军侧翼的炮兵阵地，被国军的战车营攻占，这消息很快就传到了日军十八师团师团长田中新一的耳朵里，这家伙脑袋嗡一声！怎么回事呢？其实咱们说，连战车营，带步兵团、炮兵部队，这整整一支驻印军的迂回部队都不知道，他们这一夜，到底干了什么！

原来，田中新一在设计战术的时候，有他的打算，他布的，可以说是一个螃蟹阵。正面的炮火很猛，周边还有碉堡掩护，这就是螃蟹的硬壳。然后，田中新一在阵型的左右两翼，各布置了一个完整的大队，当作预备队。这俩大队有特权，中路无论怎么危急，他们都可以不管，因为他们有更重要的作用。

等国军在螃蟹壳的正面久攻不利，士气肯定下降，一旦下降，这只日本螃蟹就该伸出它的两个钳子了，而这个钳子，就是之前的两支预备队，他们利用对丛林熟悉的优势，先从孟关，隐秘地撤到后面的瓦鲁班，然后分成左右两翼，向国军的后侧迂回包抄，切断国军的补给线，然后给国军以毁灭性的打击！

当然，田中新一在设计这个计划的时候，也想到了：我能迂回，支那人也可以滴干活！但这不要紧，我的十八团，号称丛林作战之王，经验非常丰富，支那人，不过仗着冲锋枪和美式补给而已，我一定得叫他们好看！

就这样，田中新一心中挺满意，他一看，国军的攻势减弱，就亲自带着两支预备队，后撤到了瓦鲁班，然后在反击之前，他就给两个大队长训了话："我们十八师团，号称丛林作战之王，现在我要你们主动出击，击败支那军滴干活！你们不要侮辱我们师团的名号，所以一旦战败，自行切腹滴干活！"

"哈伊！"

就这样，日军的螃蟹，展开了两只大钳子，开始伸向国军的背后。可没想到，就在日军部署的时候，廖耀湘率先打出了一记左勾拳，而且这记左勾拳，还是一记凶狠至极的铁拳！用坦克部队开路！而日军的大钳子再硬，那也是肉的，所以两下一碰，那是头

第八十八回　廖耀湘铁拳击左　孙立人奇兵出右

439

破血流啊！轻重机枪根本不管用，唯一一门速射炮也很快被毁。可日军这边，他们一看战况不利，武士道精神还犯上来了，大队长冈田宫中佐一咬牙："八嘎！谁也不许后退！赶紧给我组织敢死队，炸掉支那战车滴干活！"

"哈伊！"

您说那能行吗？国军使的美制坦克，本身质量就好，机枪也多，而且这阵儿，掩护的步兵也上来了，所以敢死队连冲了几次，死伤惨重。最后大队长冈田宫亲自带队冲锋，可大队长也是肉人呐，结果就被乱枪穿身而死。最后为了抢回大队长的尸体，副大队长井上咸又带队冲锋，好不容易把大队长的尸体抢回来，整个满编的大队，已经伤亡了五分之四，这仗还怎么打？最后井上咸只能下令："撤退！撤退滴干活！"

结果他们就溜之呼了。不过咱们也得说，日军的敢死队的确够猛，也给国军的坦克部队造成了不少麻烦，加上速射炮的战绩在内，国军一共损失了一辆装甲推土机、两辆坦克，还有两辆坦克在混乱之中掉进了河里。好在日军这回败得太快，一夜的工夫，一个大队就给打废了，在整个亚洲战场，日军可是极少碰上这种情况，尤其是栽在中国人手里。而打胜之后，国军突击队也没闲着，打蛇随棍上，一口气突进了日军阵地的侧翼，干掉了侧翼的一块炮兵阵地！这回可好，把日本螃蟹的右钳子给掰下来了不说，还把右边的壳捅了个窟窿，这还了得？所以等消息传到田中新一耳朵里，田中新一当时眼前一黑！这仗还打得了吗？他自己都没信心了！

不过田中新一最后还是咬了牙了，为什么呢？很简单，一旦战败，十八师团肯定元气大伤啊！估计以后都没有翻盘的余地了。与其这样，不如拼死一战，来个惨胜滴干活！

田中新一还抱有希望，虽说他的右钳子已经被掰断了，他还觉得：我还有左钳子滴干活！只要他们捅进支那军队之中，不一定谁输谁赢滴干活！所以他就下令："哈压库！从前面抽调一个速射炮中队，师团直属部队全部准备战斗！"

"哈伊！"

刚下完令，只见一个传令兵急急忙忙地跑进来："报告师团长阁下，大事不好滴干活！"

说完，就把一份文件递上来了，田中新一拿眼睛快速一扫，马上就跟个泄了气的皮球一样，瘫在椅子上了！原来，这封文件是另一支预备队发的，他们也遭到了国军的奇袭，损失惨重，被迫撤退！

有人也许奇怪，田中新一的另一只钳子，让谁给掰了呢？自然是消失已久的孙立人！

咱们说，这个时候的孙立人，颇有些灰头土脸。怎么回事呢？原来，他过高地估计了日军的战线长度，想从密林之中穿过，打破沙杜渣，截断日军的补给线。结果他用了三天时间，穿越密林，到了沙杜渣，却遭到了日军的顽强抵抗！

这一仗把孙立人都打愣了，日军十八师团，不是主力集中在孟关一线吗？怎么这里也有重兵呢？结果几次交战之后，孙立人因为轻装前进，没有重武器，所以攻取沙杜渣的计划受挫。但同时,孙立人也知道了,在这儿的,根本不是日军的十八师团,而是其他部队!

　　孙立人一看,这情况出人意料啊!赶紧跟总部联系一下再说吧!结果,在穿越丛林的时候,跟总部联系的大功率电台还坏了!孙立人等于跟总部失去了联系!这回孙立人一看,别打了!这块儿的日军太硬,而且也不是十八师团,就算打下来,也没法支援主战场。最后孙立人当机立断,只派少量兵力,虚张声势,继续围困沙杜渣,而他自己带领主力,沿着公路向北,扑向孟关主战场!

　　咱们说,因为失联,所以无论日军还是国军,都没闹清楚孙立人的动向。孙立人就这么神不知鬼不觉地,摸到了孟关后面的瓦鲁班附近,正好在这,遭遇了田中新一的左钳子。这孙立人能客气嘛?马上率队,进行强攻!敌军是猝不及防啊!支那人明明在正面,怎么我侧翼的侧翼,还能蹦出来支那人滴干活?所以也是一阵大乱!

　　到现在,孙立人也没得选了,因为缺乏重武器,只能是乱战。可在这乱战之中,美式武器的优势就体现出来了,汤普森冲锋枪,近距离几乎无人可挡,勃朗宁轻重机枪,性能也比歪把子和九二式强上好几倍,所以一阵扫射过去,真如同割麦苗一样,日军纷纷倒下,一时间,日本螃蟹的左钳子,也是岌岌可危!

第八十八回　廖耀湘铁拳击左　孙立人奇兵出右

铁流河山——民国时期的中国陆军装甲兵

第八十九回　瓦鲁班坦克大战
　　　　　坦克营缴获官印

孙立人发动奇袭！其实这奇袭完全是被逼出来的，他本来的目标是更往后的沙杜渣，结果偏偏撞上了其他部队的日军，人家兵强马壮，孙立人因为轻装前进，缺乏重武器，愣是没撞动！结果，只能主力北移，增援孟关战场，结果就在瓦鲁班附近，跟日军用来反击的另一路奇兵，发生了恶战！

这仗打得双方都是猝不及防，但孙立人明显有点准备，他就是来找日军晦气的，而日军方面，明显没想到，我侧翼的侧翼，怎么还有支那军队滴干活？

再加上孙立人他们用的美式武器，非常犀利，尤其是丛林和公路交界的这种地形，根本就是近战！美国造汤普森冲锋枪，还有勃朗宁轻重机枪，完全是碾压日军的节奏，所以打起来，日军完全是被压着打。而且一旦双方受伤，情况更不一样，日军缺少医务兵和药品，一旦受伤，只能硬撑，因为疼痛，日军士兵也瞄不准了，战斗力锐减。而孙立人的国军，人人都配有美军急救包，止血药、绷带、吗啡样样有，所以轻伤能自己治疗，也不影响射击。

这下日军可吃了大亏！结果一夜的战斗打到凌晨，日军不敌，只能溜走。这下好，日军最后的左钳子，也被孙立人给掰折了。但可惜的是，孙立人缺乏重武器，所以没能再把日军的阵线捅个窟窿出来。

但就这，也把田中新一吓得魂不附体啊！到现在，

被驻印军缴获的日军第十八师团关防大印

他的所有招数都使完了，结果，剧情不按照自己设想的方向发展，现在他是处处被动。田中新一，已经没了抵抗的能力，干脆下了最后一道命令，全军撤退！

等下完了命令，田中新一什么东西都不顾了，拔腿就跑。还别说，他的腿还挺快，刚走了没半个小时，驻印军的坦克部队就攻入孟关。但说句实话，并没有找到十八师团的指挥机构。赵振宇看了就纳闷啊，先让人搜索一阵，一无所获，然后他就赶紧用电台跟后面的廖耀湘联络。廖耀湘一听报告，稍微顿了顿："怎么？真没找到日军的指挥部？"

"报告师长，的确没有！"

"那就这样吧，你们分出一部分部队，往回打，跟我内外夹攻，打破孟关的外围阵地。主力就沿着公路继续打吧！下面应该还有个镇子，叫瓦鲁班，日军的指挥机构极有可能在那边，追吧！"

"是！"

于是，赵振宇分出了两个排，配合新二十二师主力，里应外合。然后他带着主力，进攻瓦鲁班！

咱们说，这一手，又出乎日军师团长田中新一的预料，差点把他的心脏病吓出来！咱们说，瓦鲁班这里，囤积着十八师团最后的精锐，也就是师团直属部队，数量不多，炮也不多，但有战斗核心是一支装甲部队，一共有五辆九七式战车，这种战车，等于是抗战早期见到的八九式中战车的升级版，火力凶猛，装甲也还行，至少轻重机枪打不穿。之前，孙立人的一部，就在这进攻受阻，没打进去。

就凭着这些坦克，田中新一预料，我暂时可以跟这里歇一天，指挥部队撤退滴干活！所以田中新一才轻松点，让手下拿来压缩饼干，没办法，身为师团长，田中新一也很辛苦，从昨天夜里到现在临近中午，坏消息一个接着一个，他都没时间吃东西。现在总算稍稍得闲了，他边吃边琢磨：我怎么指挥部队撤退滴干活呢？

主意还没琢磨出来，侦察兵来报："报告师团长阁下！支那战车离瓦鲁班不足十公里滴干活！"

"嗝儿！"

这一下，田中新一差点没给噎死，他是连晃脑袋带跺脚，旁边还有人给递水，他总算把嘴里这口饼干咽下去了。田中新一现在可慌了，赶紧呼喊："撤退！撤退！哈压库！战车部队，赶紧掩护滴干活！"

田中新一这回什么也顾不得带了，只能跟着卫队一起，拿着砍刀、锯子，勉强伐开一条小路，逃之夭夭！

这田中新一腿真快，跑了没二十分钟，驻印军第一营的主力部队，当即杀到！结果一看，嚯！日本坦克！真新鲜！说句实话，大家驾驶坦克打了那么长时间，也没碰上日本坦克，现在大家都跟看猴一样，有点愣了。

再看日军战车这边，一点不客气，率先发起进攻，"哒哒哒！轰隆隆！轰隆隆！咚咚咚！"

日军坦克先开炮了，这会儿大家才反应过来，好么！开战了！于是赶紧操纵坦克，接架想还，双方就开始了一场罕见的坦克大战！

刚开始，双方离着一公里多的距离，就开始了炮战，顿时是硝烟四起啊！

"咚咚！轰轰！咚！轰！"

结果打了一会儿，中日双方都愣了。怎么回事呢？打了半天，谁都没事！不夸张地讲，一公里之外能分出胜负的，多是欧洲战场，那边的坦克火力都变态的强，而东方战场的这些坦克，明显火力差得太多，远距离没什么用，所以只能接近点打！

再接近，哎！分出强弱来了，怎么回事呢？其实按照吨位来讲，国军的M3和日本的九七式，双方差不多，而看火炮口径，日军的九七式还略胜一筹。可九七式的装甲差一些，明显是薄皮大馅啊！而且使用的也是短管炮，射速快，但穿甲能力和准度不够，所以九七式开两炮，"咚咚"，一颗打空，一颗砸在了M3的装甲上，M3被炸得挺惨，但里面的人员没事。说实话，他们想打穿M3的正面装甲，距离得到三百米之内。而M3呢，是长身管火炮，射速稍微差点，但准度高，穿甲能力强！六百米之内，就能妥妥地打穿日军的九七式。而且国军坦克也多啊！二十对五，所以等日军开完了炮，几辆M3瞄准一辆九七式，"咚咚咚咚！轰轰！轰轰！"

小日本的九七式瞬间挨了四炮，炮塔被炸了个稀巴烂！里面的成员无一幸存！这也是科技实力的差距啊！所以一阵交战下来，国军的M3挨炮也不少，但疼归疼、伤归伤，没有受损的。而日本人可不行了，九七式坦克，两辆损毁，三辆重伤，堪堪不敌。

而这时候，天上也嗡嗡直响！原来，美军的P51野马战机也到了，咱们说，美军的确是阔气，作战的时候，特别注重火力覆盖和空中支援，这次也不例外，新一军作战，史迪威特别派了一部分战机助战，而P51野马，也是"二战"时期最出色的战机，日军的什么零式战、一式隼、二式钟馗、三式飞燕、四式疾风，全都不是个！而且野马战机不仅近战无敌、航程长，还能挂弹轰炸，堪称全能！这回，大部分战机在孟关的正面阵地助战，有几架深入敌后，进行侦查，正好见识到了这场坦克大战！飞行员都新鲜：哟！日本坦克和我们坦克对打，真少见哎！我也掺和一把吧！

于是"呜"一个俯冲下来，"吱！吱！"就是两颗炸弹，"轰！轰！"这两颗炸弹没炸中，但把日本驾驶员炸慌了，为了躲炸弹，驾驶员一个不慎，直接把坦克开翻了，来了个仰面朝天。飞机驾驶员一看，哈哈大笑，又对着坦克"哒哒哒！哒哒哒！"补了几梭子，摇摇翅膀，飞走了。底下无论是中国坦克兵，还是美国坦克兵，都在那儿骂："天上的鸟竟然跟咱们抢活儿干！"

"就是！他们这帮家伙，回去我要抗议！"

他们在这骂，但是心里还是乐开花了。再说最后两辆日本战车，他们一看，实在打不过了，那跑吧！于是掉头就跑，这会儿大家发现了，又是一阵炮火！也不知怎么回事，这回竟然都没能命中，两辆日本战车有如神助，就这样在大家的眼前逃之夭夭了！不过，这俩战车的运气，也就到此为止了，毕竟浑身是伤，所以没跑多久，战车就坏了，里面的车长驾驶员一看不好，撒腿就跑了，这两辆重残的坦克，最后让赶上的国军给缴获了，也算没跑了。

咱们再说坦克营这边，这场酣畅淋漓的坦克大战，那是大获全胜，大家都兴奋得不行！毕竟这是头次硬碰硬。然后大家再次突击，一刀就捅进了十八师团的指挥部，可里面已经没人抵抗了。再说营长赵振宇，他为了谨慎起见，赶紧下令："快！珠宝店大少爷负责警戒，其余的人，下来搜！看看蚂螂都跑哪儿去了！"

"是！"

于是除了一连一排的人，还在坦克上警戒，剩下的人跳下坦克，分别抄着手枪、冲锋枪，开始搜索！这一搜可好，里面还真没人，不过锅里的饭还热着呢，可见是刚走一会儿。赵振宇一看："敌人没走远！快搜！掘地三尺，也得把小鬼子的大官儿搜出来！"

"是！"

大伙儿再一阵搜，这时候有人报告："报告营长，我发现一条小路！"

"哦？去看看！"

赵振宇赶紧带人去看，这一看不要紧，气得是直拍大腿啊，原来，这条小路是田中新一的卫队用开山刀砍出来的，又窄又小，比狗洞大不了多少，人得猫着腰才能进去。要是进去追，不知道里面什么情况，非吃亏不可！赵振宇也明白，只能用电台，回复了廖耀湘："报告师长，我们已经攻破了敌十八师团的指挥部，不过敌人似乎在丛林中开出一条路，跑了！我们要不要派人去追？"

廖耀湘一听，得，还是差了一步，看来敌人命不当绝啊！而且十八师团号称丛林作战之王，战车营不练这个，要是去丛林里追，没准就吃亏了。所以他赶紧说："算了！赵营长，先这样吧！你们原地搜索，小心安全就行。追击的任务，我另派人执行！"

"是！"

就这样，赵振宇通完电话，从坦克跳出来，刚要下令，只见通信组的小刘抱着一个东西跑了出来，后面还有别人追："你给我放下！"

"就不放下！我先缴获的，就是我的！"

"那你也得放下！那是战利品！"

"就不放，有本事你抓我啊！"

赵振宇一看，闹什么呢？赶紧过去："站住！我让你们搜索，你们怎么打上了？为什么？"

"报告营长，小刘发现了一枚大印，要私自藏起来，让我们看见了！"

赵振宇虎着脸："小刘，到底怎么回事？什么印？拿出来！"

"我……"

小刘一点脾气也没有，勉强从怀里掏出来，但没撒手，勉强在赵振宇面前一晃："营长，就这么个破玩意，铜疙瘩，您就给我吧！"

您别看就这么一晃，赵振宇顿时觉得这枚大印来历肯定不凡！为什么呢？印底下刻的是小篆，赵振宇勉强辨认出"十八师团"四个字，这肯定是关防印鉴啊！所以赵振宇把脸一虎："小刘！这私凭文书官凭印，这肯定是十八师团的关防印鉴，那是重要的战利品！快交出来！"

小刘一听，赶紧把印章揣怀里了："不！营长，您也知道，咱们出来抗战，家里得多担心啊！如今咱们打进十八师团的指挥部，我得让家里人看看，咱们打了多大一仗才行！"

"那也不能偷战利品！快交出来，否则小心我用军法处置你！"

"营长！这么多战利品，咱们也不缺这一件啊！"

这时候，连长韩德明出来了："哎哎！小刘啊，你这样的确不对。你的心情我理解，都想让家里看看咱们的战果。但我告诉你，这颗印很可能就是最大的战利品！你必须上交，不过你的心情我理解。营长，您看这么干行不行？咱们兄弟们缴获这枚大印也不容易，这附近应该有纸，咱们兄弟就盖它几百几千份，让每个人都有份，但这枚印还是给您，由您上缴，您看怎么样？"

旁边的兄弟们一听，哟！还有我们的份儿啊！一个个也扯着脖子喊："营长！就这样吧！"

"对啊，营长，您就答应吧！"

咱们说营长赵振宇，其实他也眼馋，因为这颗大印还得往上面缴，落不到他手里。如果就这么上缴了，他也心有不甘。这回，韩德明连长出这么个招，赵振宇也满意，所以赶紧吩咐："快快快！找纸找印油去！快去！"

"是！"

有人也许奇怪，这一枚大印，有什么了不起的？咱们说，日本人，向来重视部队的象征，像军旗、大印什么的，都极为珍视，一般来讲，只要还有一个人，军旗、大印什么的，都得带走。带不走，得就地焚毁，不能留给别人，否则就是耻辱！就因为这个，所以在战场上缴获的日本军旗、大印什么的，都是极为珍贵的战利品。就这枚十八师团的大印，可以说是从日军手中缴获的唯一一枚！

第九十回　明信片扬威国内　坚布山大军受挫

坦克营在瓦鲁班，跟日军来了场坦克大战，大获全胜，而且攻入日军十八师团的师团部，缴获了十八师团的关防大印。为了这枚大印，坦克营内部还起了点小争执，说实话，谁都知道这枚大印的宝贵，战士小刘就有点私心，想给昧起来。可别人不干啊，这大印太宝贵了！

咱们说，日军对大印、军旗这种部队的象征，特别珍视，就算部队被歼灭，只要哪怕还有一个人活着，这些象征物就必须带走。如果不行，就得就地毁坏。所以在对日战场上，缴获日军军旗，都是一件很困难的事，何况是师团级的关防大印？这也就是田中新一惊慌失措，实在忘了，要不然，谁也得不着！

所以大家是垂涎三尺啊！连营长赵振宇都感觉，直接上缴了，有点遗憾，最后连长老韩出主意，干脆找点纸，盖他个几百上千份，留作纪念也好啊！于是众人马上动手，日军师团部，有不少白纸，大家搜罗搜罗，就开始盖印。

这一盖印不要紧，赵振宇看完了大吃一惊啊！原来，日军的印章上，一个日文的假名都没有，全是小篆，一共九个大字：第十八师团司令部印。古朴苍劲，可见小日本对中国传统文化的热爱！而且赵振宇盖着印，心里还挺乱，要说呢，他曾经是北大的毕业生，对这些传统文化挺了解，可别的士兵就不一定行了！有的拿着还问呢："营长，这日文写的什么字啊？什么十八什么啊？"

赵振宇心中愧疚，这哪儿是日文，妥妥的古汉语啊！于是他是气急败坏："大家记住喽！这九个大字是：第十八师团司令部印，小篆，是咱们中国的字！之后谁要敢说这是日文，我当场把他开除！明白没有！"

"是！"

"明白！"

赵振宇说完，心头的冷汗还没下去，看来我们中国以后，还得复兴传统文化，否则，

447

早晚得让日本翻过来嘲笑我们自己!

就这样,大家忙活一阵,等后援部队上来,赵振宇就上缴了日本第十八师团的关防大印。这一天是1944年3月3日,为了纪念孟关、瓦鲁班战役的大捷,国军后来就定每年的3月3日为装甲兵节。而不久之后,驻印军坦克第一营官兵的亲朋好友们,都收到了盖有十八师团关防大印的明信片,大家是高兴啊!好么!我们国内打成这样,国外还有这么场大胜啊!纷纷是如获至宝,消息也在国内传开了!

随后,新三十八师和新二十二师会师,继续往南,扫荡胡康河谷的残敌,而下一步,他们的目标是孟拱河谷。咱们说,现在打下胡康河谷,任务只算完成了一半,而下面的孟拱河谷,才是真章儿!这孟拱河谷,第一道防线是坚布山要塞,再往后是卡盟、孟拱、密支那三个要点,只要打下密支那,中印公路就能开通三分之二,而且后面的八莫、南坎、腊戌一线,几乎无险可守,无论是从密支那进攻,还是从中国境内进攻,难度都不大,也就是说,孟拱河谷,成了现在中日双方的一个必争之点!

而现在呢,无论是史迪威,还是孙立人、廖耀湘,他们都明白,要说打,别说日军就凭着眼前残破的十八师团,就是再来俩师团,自己凭着美式的补给和装备,一个一个消灭,也只是时间问题。

可现在的问题是,驻印军最大的问题,还就是时间。因为缅甸的气候属于热带季风气候,全年高温,但分旱季和雨季,旱季,几乎见不着什么雨,而雨季,也就是每年的5月到10月,雨量极大。而孟拱河谷之中,从卡盟到孟拱,有一条孟拱河,在旱季的时候,不算什么大河,可雨季一到,情况大不一样!5月还好点,因为雨季刚开始,从6月开始,孟拱河的水位大涨,军队在这寸步难行!所以十八师团这边,别看受了重创,整个师团已经重残,田中新一还是有信心,只要6月以前,支那人打不下孟拱,我就算胜利!我们又能拖延小半年的时间,这小半年,没准就有什么转机!

所以田中新一赶紧想办法分兵部署,然后向总部求援,没办法,现在他手头说是一个师团,可实际上只有一一四联队保存较好,剩下的野战炮大队、速射炮大队、特种兵大队,都已经损失过半。而更惨的是五十五联队、五十六联队,现在这俩联队之中,原本一个中队满编,应该是180人左右,现在加上伤员,一个中队也就剩了四五十人,实力也就剩了三分之一,这仗怎么打?

咱们再说日军总部,他们现在特别头疼,战局打成这样,战败的倾向越来越明显了,欧洲战场那边,意大利已经投降,盟友希特勒已经彻底失去了战略主动权,变成了处处挨打。而自己这边呢,太平洋战场,经过中途岛海战和瓜岛战役,美军已经扭转了不利的局势,而且准备在马里亚

驻印军第一战车营营长赵振宇

纳群岛发起进攻，美军飞机的炸弹，眼看就要大批量地扔进日本本土。而在中国战场，日本人也已经耗到了油尽灯枯，中日双方虽然还处在相持状态，但驼峰航线运进来的美式军火，在悄然改变着平衡。现在在日军看来，唯一可以奋力一搏的，就只有东南亚方面了，而缅甸，就是重中之重。

为什么呢？很简单，中印公路！现在因为驼峰航线的运力有限，所以中国方面，日军还认为战局可控。如果中印公路一接上，大批的军火源源不断地进入中国，日军肯定就不是对手了。所以日军打算奋力一搏，他们要在缅甸打开局面，掐断建设中的中印公路，重创英国人，这样，中国没有了外部援助，日军的情况就能缓和得多。然后日军就可以抽调主力，在太平洋上和美国人决一死战了！

就靠着这个想法，即便缅北战场情况不妙，日军仍然大肆增兵，首先，给十八师团补充新兵，然后以十八师团为核心，成立三十三军，由本多政财中将指挥，专门负责缅北战事，阻截驻印军的脚步。然后日军再派缅甸方面的十五军，由军长牟田口廉也指挥，直扑英帕尔平原，打算干掉在印度的英军主力！

这是个超大规模的战略行动，日军和盟军双方赶紧见招拆招！咱们且说缅北方向，得到援军之后，田中新一心情稍微稳定了点，于是部署部队，准备迎战。不过这回和胡康河谷不一样了，田中新一给所有部队下令："所有人，从指挥官往下，谁也不许撤退！必须抵抗到最后，直至最后一个人战死滴干活！"

这回可厉害了！新一军扫荡残敌的难度陡增！也难怪，退无可退的日军拼死顽抗，不定给你在哪儿打两下冷枪，你还真得留神！孙立人和廖耀湘，都是能征善战之辈，他们明白，日军的目的就是拖到雨季，越是这样，我们越不能如敌人所愿！必须快点进攻，趁着日军刚败，士气不佳，先拿下孟拱河谷的门户——坚布山，这块儿易守难攻，想打只有趁现在日军乱的时候，不然就惨了！

所以两人冒着敌人的冷枪，指挥部队快速扫荡残敌，挺进坚布山！结果沿途之上，他们可遭了罪了！咱们说日军，为了取得战役效果，什么招都用上了，他们把原始森林的大树伐倒，当作路障，然后附近布置了地雷和狙击手，总之，就是想方设法地阻止新一军前进。对付这招，也没别的，只能花时间。就这样，从3月9日，彻底清扫了孟关、瓦鲁班的残敌之后，用了足足五天，才挺进到坚布山。

等到了坚布山这边，孙立人和廖耀湘都傻眼了，只见坚布山上，日军已经修筑了无数的永久、半永久工事，那玩意钢筋水泥的，特别坚固。可到了现在，大家没有任何后退的理由，只能硬着头皮上了！于是孙立人一声令下，数十门大炮开始了怒吼：

"咚！咚咚！轰！轰轰！"

紧接着廖耀湘一声令下："坦克部队！出击！"

命令一下，就听坦克部队的电台里，赵振宇下令："烧饼铺的大少爷，赶紧往前！蚂蟥在前头，小心牛包子！"

"是！"

"明白！"

第九十回 明信片扬威国内 坚布山大军受挫

"嘎嘎嘎！轰隆隆！轰隆隆！"

一个排的坦克率先出动！当然，想直接攻到坚布山底下，还是挺有难度的，前头还有伐倒的大树当障碍，于是坦克开到大树附近，开始用火炮往坚布山上打！

"咚！咚咚咚！"

这是二层掩护，紧接着，后面的工兵上来，清除地雷和路障，然后在第二连第一排的近距离火炮掩护下，第二排梯次往上行进，一点点排除路障。当然，一路上冷枪和日军的机枪扫射就别提了，大家小心翼翼，一点点地接近了坚布山的山口。当然了，敌人的机枪火力越来越炽烈，打得装甲板当当作响。不过大家都不紧张，就小日本这破机枪，能打破我们的M3坦克？天方夜谭啊！如此看来，日军还真是只剩残部了，连点像样的速射炮都没了。

正琢磨着呢，坚布山山口的最高点，突然推出了两门速射炮，最前面的坦克兵一下看见了："小心！牛包子！"

"砰砰砰！砰砰砰！"

说时迟，那时快，刚喊完，人家的炮弹就到了！咱们说，小日本的反坦克炮还挺厉害的，M3坦克别的不怕，就怕这个，所以最前头的两辆坦克，当即被打毁！

不过这情况，大家也算有预料，于是排长马上开始指挥："快！集中火力，干掉这俩牛包子！"

"是！"

这时候，大家都停住了，赶紧用大炮瞄准战防炮，打算来个硬碰硬。没想到此时，就听附近树林里，出现了一阵恐怖的怒吼："天皇陛下！班栽！"

大伙一听，当时紧张了，这是日军的万岁冲锋啊！所以大家赶紧互相提醒："小心蚂蟥的炸药包！"

"是！小心蚂蟥的炸药包！"

这时候，日本的敢死队出来了！大家一看，全愣住了！怎么回事？之前日本兵组织万岁冲锋，都是不少人拿着三八大盖，拼命往前冲，队中有那么几个拿炸药包的，装甲兵都有经验了，先点杀拿炸药包的，然后组交叉火力就行，其余的步兵不用害怕。可今天不一样，好几十个小日本，全都光着膀子，头上戴着日本膏药条，身上拴着好几块儿东西，往上就扑！坦克兵就算傻，也不能挨打啊！赶紧组织机枪扫射，结果这一打中可好！

"轰！轰！"

几声巨响过后，被打死的小日本爆炸了，那真是死的连渣都没有！但同时，坦克也被冲击波震得一忽悠，大家当时就愣了，这什么炸药啊？威力这么大！

这一愣可好，几个日本兵就冲到近前，先冲着后面几辆坦克扔出了几颗手雷，这手雷还真厉害，"啪！啪！"就吸到了坦克上，"轰轰！轰！"当时，两辆坦克就被炸伤，驾驶舱内弹片飞溅，里面的驾驶员和车长都受了伤。

日本人扔完手雷之后，也不拿炸药了，而是自己抱着炸药，贴到了国军的坦克上！

"轰！"

当时，一辆坦克就被彻底炸毁，大家一看，都吓坏了！原来，就算坦克被日军的炸药包炸毁，一般来讲，坦克的形还在，拖回去修修，一般也能用，里面的人员也不会全都阵亡，受伤的比较多。现在一看，好么！坦克整个被炸成了一堆废铁！日本人自是被炸碎了，但坦克里的成员肯定也无一幸存！

其他的日本人一看，颇受鼓舞啊："杀给给！一人换一辆战车滴干活！"

"炸死他们滴干活！"

"哗！"

这回好，有一辆坦克不小心被日本人趴上了，"轰！"一声，也炸成了废铁！最后大家伙儿一看，赶紧撤吧！再不撤，真就叫人收拾了！

这时候，后面的赵振宇营长和美国指挥官布朗也看出不对了，赶紧呼喊："快撤！快撤！"

于是，国军的这次进攻是大败而归！

第九十一回　孙立人再行迂回计　廖耀湘缴获苦味酸

驻印军猛攻坚布山，对于敌人的战防炮，坦克营有所准备，虽然被打毁两辆，但也在预料之内，可大家刚准备反击，日军那边却发起了万岁冲锋，之间不少光膀子的小日本冲了出来，扔手雷，手雷吸在了坦克上，直接就把坦克炸伤。

这还不说，日军这回也不掏炸药了，直接把自己扑在坦克上，"轰！"坦克当即就被炸成了废铁，威力比炸药包大太多了！这回，恐慌就开始传染了，后面的赵振宇营长和美国指挥官布朗上校，也看出不对了，纷纷招呼："撤退！快撤！"

于是，大家机枪掩护，纷纷开始撤退！等回来一点计，损失其实没那么可怕，坦克营一共损失了四辆、重伤两辆。但日本人这一手，没人想得到啊！所以大家都吓坏了。

这会儿，赵振宇和布朗上校，来到了受损的第三连，连长老李赶紧敬礼："营长！"

"免了，老李啊，刚才到底怎么回事？"

"哎哟！营长，我也不知道啊！小日本这是什么怪武器啊！威力太大了！"

"是啊，我这也纳闷呢！要说之前他们的万岁冲锋，咱们也经历过不止一次了，你们记得有哪一次，日本人也用过这招吗？"

"没有啊！营长，您每次指挥都身临一线，您都没发现，我们怎么遇到过呢？"

"也对啊！那你们有人听说过这东西没有？"

老李一龇牙花子："没有，要不然，营长，您问问美国人吧！咱们玩坦克，说白了，也没几个月，那是乡巴佬进城，还不清楚什么情况。人家美国大老板，见多识广，他们应该知道！"

"对！"

赵振宇想到这，转身找到了布朗上校，只见布朗上校，正在受伤的坦克这比画呢，赵振宇过来："布朗上校！"

"哦！赵！你怎么了？"

"我想问问您，小日本今天使的东西，您知道是什么吗？我们可从来没见过！"

"哎！赵，我们正在说这个！你来看看！"

赵振宇也仔细看了看受伤的坦克上，只见上面还粘着几块废铁片，他不明白啊，往下一拿，哎！没拿下来！赵振宇一看："这……磁铁？"

"对！赵！你反应很快！这应该就是日本人的磁性手雷，能够吸到咱们的坦克上爆炸，咱们务必要小心啊！"

史迪威（中）和孙立人（左）、廖耀湘（右）一起研究地图

"哦！原来如此，那日本人炸咱们的坦克，用的也是磁性手雷了？"

"那肯定不是！"

"哦？那是什么？"

布朗上校一擦汗："对不起！赵，我也没见过，我只是听说过。我觉得日本人，可能用的是苦味酸炸药！"

赵振宇一脑袋问号："布朗上校，什么叫苦味酸炸药啊？"

"苦味酸炸药，威力特别大，是咱们用的那种炸药威力的好几倍！日本人的炸药包，其实对咱们威胁不大，而你看这回，日本人根本不用雷管引爆，直接扑到坦克上就炸了！我听说过的东西中，也就只有苦味酸炸药有这效果了！"

"哟！这么厉害的东西，咱们怎么不用啊？你们美国的军事工业，不是世界第一吗？"

"不不不，赵，那东西虽然厉害，但太危险！碰上金属就炸！也就因为太危险，太反人类，所以我们美国一般不用这东西。我之前也就在上课的时候，听过那么一两次而已。"

"那怎么克制他们呢？"

"这个……，我也没有试过，现在看，只要用机枪阻止他们贴到坦克上，应该就可以！"

这正聊着呢，传令兵火急火燎地到了："哎哟！赵营长，可把您找着了，您在这啊！两位师长找您！"

"好！"

赵振宇赶紧来见孙立人、廖耀湘，咱们说孙立人和廖耀湘，他们多少都懂些机械化

第九十一回 孙立人再行迂回计 廖耀湘缴获苦味酸

作战，在美国人的调教之下，打得都不错，一路之上，也算是有惊无险，这突遭袭击，他们俩也不明白，所以赶紧把赵振宇叫来，想问个究竟。看赵振宇来了，孙立人就问："赵营长！刚才前面是怎么回事？怎么进攻突然就受挫了？"

廖耀湘也面沉似水："是啊，赵营长，这一路之上，也没见着日本人来这么一手，日本人到底干了什么？你清楚吗？"

刚问完布朗上校，赵振宇心里有数："报告二位师长！我刚刚问过布朗上校，总算弄清楚了，日本人用的是磁性手雷和苦味酸炸药！"

孙立人和廖耀湘一听，对视了一眼："磁性手雷？"

"苦味酸炸药？"

这二位都有留学经历，经验丰富，一听就明白了。但知道这是什么东西还不行，俩人更关心有没有对策。所以俩人赶紧就问："可有对策？"

"是啊！怎么对付日本人这招？"

"报告二位师长，现在暂时没有什么好主意，只能用机枪退敌，不让日军接近。"

孙立人和廖耀湘一听，有点失望："好！你下去吧！有什么主意，赶紧报告！"

"是！"

赵振宇走了，孙立人和廖耀湘可犯了难，没办法啊，现在最大的敌人，就是时间，我们要抢在雨季之前，拿下孟拱城，否则，情况就不妙了！现在已经是3月底，有效时间还有一个月，而一旦进入5月，情况难料啊！必须加快速度！最后孙立人没辙了："大眼镜啊，你有什么办法没有？"

廖耀湘苦笑了一声："大秀才，我实话跟你说，现在靠大炮坦克死打硬拼，肯定不行。我倒是有个主意，但这招我用起来还差点，大秀才，估计你更合适！"

"行了！我明白了！迂回！"

"对喽！大秀才啊，这手还是您的部队有经验，您迂回到坚布山后面，切断他们的补给线，这是上策。我在正面跟敌人打消耗，把他们的苦味酸炸药耗光，这也就差不多了。不过就是得劳您一趟了！"

孙立人笑笑："好吧！大眼镜，咱们还这么分工，累活是我的，硬活是你的。不过我得跟你借点东西！"

"没问题！只要为了战争胜利，我这颗脑袋都能借给你！"

"得得得，我可不要你这颗脑袋，留好了回家陪媳妇去就行。我要你的巴祖卡火箭筒！"

咱们书中代言，在扫荡日军的沿途，新一批的后勤补给也到了，其中最好的，就有一批美军最厉害的巴祖卡火箭筒，这玩意，打坦克一门儿灵！可就是数量不多，新一军两个师，才分到了十个，以及少量的弹药。孙立人明白，这趟迂回跟上次一样，大炮什么的就别想带，但万一碰上日军的碉堡什么的，还得攻坚。这要是像上次打沙杜渣一样，什么都不带，可就糟了！既然巴祖卡能单兵携带着打坦克，那用这玩意攻坚，肯定也行！所以孙立人就提出了这个请求。

廖耀湘一听，有点嘎巴嘴，为什么呢？巴祖卡火箭筒本来就宝贵，数量那么少，全集中在一起用，要是有个万一，不好办啊！所以他没说话。孙立人一看："得啦得啦，大眼镜，我就知道你不舍得！你肯定在想，万一我这次穿插失败，全军覆没了，你的巴祖卡也就没了，没法交代对不对？"

廖耀湘一听，也乐了："行！大秀才，你别激我，没用啊！不就是巴祖卡吗？我给你！"

"哎！这就对喽！你看啊，之前来的消息，咱们的五十师也到了印度整训，据说也要编进咱新一军的序列，他们一过来，也肯定带着巴祖卡，到时候你不就有了吗？全给我，没你的亏吃！"

"得得得，我这又是坦克又是大炮，缺这么几个小玩意不成？你全带走，我不稀罕！"

俩人毕竟都是实干派，所以稍微斗了斗嘴之后，就开始分头行动，孙立人整备部队，再一次走迂回路线，廖耀湘呢，则组织部队，继续正面强攻。这一打，又是好几天，这几天，廖耀湘仍然派遣赵振宇的坦克营为先锋，反复冲击坚布山山口，日军仍然是不动如山，远距离用速射炮，近距离就是敢死队带着苦味酸炸药冲锋，再加上机枪碉堡的密集射击、狙击手补漏，所以国军无论是步兵，还是装甲兵，都没能前进一步！不仅如此，廖耀湘这边又赔上了四辆坦克损毁、三辆重伤的代价。

为了打破坚布山山口，廖耀湘也是想尽了办法，大规模炮击也用上了，可人家把主要的兵力和设备，全设置在坚布山背后，正面只是无数的碉堡群，轰两下也不影响大局。而空袭呢，廖耀湘也叫过多少次，可奇怪的是，最近美国飞机来的次数越来越少，之前胡康河谷的战斗，虽然艰险，但美国飞机几乎是有求必应，虽说来得少点，但无论是补给，还是轰炸，都不含糊。现在可好，补给方面，叫两次来一次，轰炸方面，叫三次才来一次，所以战果甚少。但好在，在战斗之中，廖耀湘等人得到了几块儿苦味酸炸药！

有人问了，怎么得着的呢？很简单，苦味酸炸药不稳定，碰上金属就爆炸，可不让他碰上，就没事！当时正好是日军敢死队冲锋，装甲兵这边自然得小心应对，用机枪扫射，后面也用火力掩护。结果巧了，最近的第一个日本兵，直接被机枪子弹一枪爆头，栽倒在地，而剩下的，因为子弹击中了炸药，全炸没了。这时候随行的步兵之中，有人眼尖："哎！小日本的炸药没炸！"

"哟！真的！咱们师座就愁日军这炸药呢！掩护我！我给拿回来！"

"是！"

于是，几个士兵舍生忘死，去抢炸药。日军能干吗？赶紧机枪扫射，那是我们的王牌，打炸了也不给你们滴干活！

哎，也就巧了，为了抢炸药，国军先后三人壮烈牺牲，可子弹仍然没击中炸药，所以这六块苦味酸炸药，就成功落在了国军的手中。

等廖耀湘知道信儿了，高兴！马上扣下两块，分别给美军方面和国军的技术人员做研究，然后把坦克营营长赵振宇叫来了："赵营长！"

"有！"

"这四块苦味酸炸药，我可就交给你了。你立刻去设计方案做实验，看看怎么能减少坦克的损失！我限你，在这四块炸药用完之前，必须给我拿出好主意来！"

"明白！"

赵振宇也没辙了，拿着炸药回到营里，把布朗上校他们都叫来了："各位！照这么下去，咱们谁都损失不起，日本炸药可都在这呢，咱们得群策群力啊，看看怎么能减小咱们坦克的损失。"

大伙一听，赶紧各自出主意，有的就说了："营长啊，我看这样成不成？咱们让步兵也上坦克，在外面站着，人人抱着冲锋枪，小日本来了，就配合机枪一起，打他龟孙子！"

"哎！不行不行，人站在坦克上，没遮没挡，你当小日本的狙击手是白痴吗？我看与其拿人肉掩护坦克，不如给坦克自己做个掩护，穿个盔甲，挡住小日本的炸弹！"

"你这招也不行，日本人的炸弹，专门就炸钢铁，再穿上个钢铁盔甲，不一样挨炸吗？而且，小日本的炸药多厉害，咱们都看见了，就是穿上盔甲，得多厚啊，到时候咱们别穿上都动不了窝了。"

大家是七嘴八舌，说的方法大多不着四六，但说者无心，听者有意，营长赵振宇一听，哎！对了！盔甲！这也许是个好主意，当然，再焊上钢铁，用处也不大。我在北大的时候，多少学过点中国古代王朝的铠甲，咱们那也是复合甲，除了铁之外，还有皮的、布的、甚至是纸的，我想想办法，给坦克穿上这么一层铠甲，让敌人的苦味酸炸药碰不上坦克上的铁，不就得了嘛？

赵振宇想完，就决定做实验，可用什么材料呢？这深山老林里，木头显然是个不错的选择，这玩意软中带硬，硬中带软，而且就地取材，方便！赵振宇说干就干，马上让人把日军伐倒的路障拖来，想要试试，结果一试就犯了难，怎么回事呢？原来，加工的难度太大！因为坦克的装甲角度，你得把木头锯成一块一块的，还得贴合，弄完之后，还得组装，而机枪孔、通风口、观察口、炮管什么的，还都不好办。所以赵振宇稍微比划比划，就知道不行，得！这计划算流产了。

不过赵振宇这通忙活，引起了美国指挥官布朗上校的注意，他过来一问，赵振宇把想法就说了，最后布朗上校一听，乐了："赵！你怎么不跟我商议一下呢？你的主意不错，思路调整一下，就完全可以！"

第九十二回　赵振宇破解炸药　新坦克支援前线

廖耀湘所部，在战斗中俘获了苦味酸炸药，廖耀湘赶紧把其中四块交给坦克营营长赵振宇，让他们想办法做实验，克制这种炸药。赵振宇本想用木头来给坦克做铠甲，结果刚一试就发现，太难了！就算给五辆坦克做，也得一个多月，黄花菜都凉了！

不过，赵振宇这通忙活，引起了美国上校布朗的注意，他过来看了看国军来回比画，说了："赵！你这个主意不错嘛！不过思路还差了点，你看看这样行不行？"

哟！美国人有招，赵振宇赶紧过来："布朗上校，您有什么想法？"

"孙！你看！我们美国物资中，铁丝网非常多，钢管也不少，这都是建营地的必需品，咱们可以试着，用铁丝网在坦克的周围围一道墙，用钢管支在坦克周围，日本人冲上来，先碰这道墙，自己就炸了。你感觉怎么样？"

哎！布朗上校说完，赵振宇眼前一亮："哎！这主意不错！但布朗上校，咱们为什么要支铁丝网？要支竹席不是更好吗？没有金属，炸药就炸不了！"

"竹子？我感觉不太好，坦克手的视野会受影响。而且据我所知，苦味酸这种炸药，除了破坏力之外，最可怕的就是他的爆炸温度，连铁都能烧着！而你知道，空气就是最好的隔热物质，在这里炸，应该也能保护坦克！而且既然怎么都要炸，不如在你预定的距离上，先让他炸！"

赵振宇听完，还是有些疑虑，但他也觉得，布朗上校说的有门儿！那百闻不如一见，百见不如一试，咱们试试呗！还别说，负责维护坦克的修理营也在附近，所以布朗上校把他们找来，赶紧试着做个模样看看，然后准备实验。

咱们说，修理营，那是一水儿的美国人，修理经验丰富，所以时间不大，就做好了。再一看，好么！坦克的炮塔上支出了好几根钢管，周围围上了一圈铁丝网，离远了看，根本不知道是什么东西，近看也别扭。算了，难看不难看，管用是关键，先试试吧！

"轰！"

苦味酸炸药这一炸，哎！还真行！铁丝网被炸了个大口子，坦克的钢板也有受损的地方，但没烧穿！这就有门儿啊！于是，布朗上校和赵振宇，俩人接着想办法改良，把铁丝网的位置调整一下，然后在铁丝网上，抹上一层泥。

"轰！"

这回效果更好，虽说坦克也会有损伤，但情况好多了。最终，经过改良，M3坦克不仅戴上了铁丝网，最薄弱的坦克后部，也放上了沙袋，作为补充，这样，基本上万无一失了，顶日军一回敢死队冲锋，绰绰有余。

等设置好了，赵振宇赶紧去找师长廖耀湘，结果自己刚进了门，还没等说话，师部的门又开了，从外面进来了一个外国人。赵振宇一看，怎么那么眼熟啊？嘿！这不是我们总指挥史迪威吗？

再看史迪威，满脸堆笑，一看赵振宇："你！我知道你！你是坦克营的赵营长！正好你也在！廖！我有个天大的好消息！"

廖耀湘一听，也是喜出望外，我们史迪威总指挥亲自来，这消息肯定特别好！所以廖耀湘也乐了："史迪威将军！难道是我们的援军，五十师到了？我跟您说，五十师师长潘裕坤，那跟我可是老熟人了，这家伙，几年不见，我可得看看他的部队长能耐了没有！"

这话说得史迪威一脸懵："廖，谁跟你说五十师要来支援的？"

"啊！之前不是您告诉我们的吗？我们国民革命军第五十师，已经到达了兰姆伽训练营，正在接受训练，现在您说好消息，不就是他们来增援了吗？"

史迪威一听，脑袋摇得跟拨浪鼓一样："不对不对！你们的第五十师，的确到了兰姆

利用铁丝网防御日军磁性手雷的战车第一营的M3A3轻型坦克

伽训练营，不过他们暂时还有别的任务，还来不了！"

廖耀湘一听，纳闷儿了，怎么回事？第五十师还有别的任务？难道还有比我们打小日本鬼子更重要的任务吗？结果等史迪威一解释，廖耀湘也有点傻眼。怎么回事呢？咱们书中代言，小日本此时也变换了阵法。之前咱们说过，太平洋上，小日本是一日弱似一日；中国战场上，暂时还处于相持阶段，日本人虽然在战术上还有点优势，但从驼峰航线运进来的武器和物资，已经在悄然改变其中的平衡；而缅甸战场，则被日军视为最后一搏的最佳地域，所以日军在这里发起了一个大行动！北线，日军以十八师团为核心，成立三十三军，处于守势，拖住中国驻印军和美国人的反击。然后在南线，日军的十五军，在军长牟田口廉也的指挥下，扑向印度的英帕尔平原，打算在这，一举干掉英军的主力！

日本人这一手很阴，他们明白，印度，既是英军的底线，又是驼峰航线和中印公路的起点。如果我们把这拿下，英美在远东就没了立足之地，我们在东南亚的西线，就彻底安全滴干活。而且还截断了驼峰航线，中国人也不会是我们的对手，到时候我们就能和美军决一死战滴干活！

所以为此，日军绝对是动用了重兵，十五军下辖三个师团，加上一大堆的附属部队，总计达十万人，师团长牟田口廉也呢，也是个极为好战的家伙，当年中国的七七事变，他就是主要责任人！这家伙带队，那还好得了？十万日军扑向印度，当时盟军就乱了！好在印度方面的英军，早就不是当年缅甸时期的丧家之犬了，和远征军关系不错，而且算得上英勇善战的斯利姆将军，也当上了十四集团军的军长，他指挥军队，就在印度的英帕尔平原和日军展开了恶战！

印度本土危急，英美自然得联合到一起，共渡眼前的难关，所以这一阵，对于驻印军的支援就差点了。而为了应付日军在英帕尔地区的攻势，刚刚到达兰姆伽训练营的国军第五十师，也给编入了二线序列，以防万一。这也就是他们不能来支援的原因。

史迪威把情况大概说了说，廖耀湘算是明白了现在的情况，可他还是不明白，形势都紧张成这样了，哪儿还来的好消息呢？再看史迪威，把脑袋一晃："廖！我怎么没看到孙？孙去哪儿了？"

廖耀湘一听，得！就怕他问这个，可人家问，自己不能不答，只能硬着头皮说："史迪威将军，孙立人师长在率部执行迂回任务！"

史迪威脸色一变："迂回任务？为什么我没有接到你们的报告？"

"史迪威将军，这也是没办法，坚布山山口，实在是易守难攻。我们正面的进攻，遭到了敌人的强烈反击，可您也知道，咱们的时间有限，必须在雨季之前，打下孟拱，否则情况不堪设想。所以孙立人师长就率部迂回，切断对方的……"

"Shut up！住口！廖，你们根本就是私自下的命令！你不要以为我不清楚你们怎么想的，什么迂回战术？你们根本就是缺乏军人的勇气，不敢跟日本人面对面的作战，才用你们东方那些奇奇怪怪的借口，掩盖事实！"

这话一说，廖耀湘也不干了："史迪威将军，您说话可要讲理！我想问问您，按照您们西方的学说,战争,就是在考验一个国家的后勤,对不对?"

"那是当然!"

"那我们要是把敌人的补给线切断,让敌人不战自乱,这算不算战术?我可提醒您,当年日本在缅甸,对英国人,可没少用这个战术!"

"这……"

史迪威一下犹豫了,怎么回事呢?说白了,当年在缅甸战场,日本人也没少使用这个战术,所以才把英军打得那么狼狈。他不想承认,但事实摆在面前,也没办法:"好吧!廖!你这战术理论上可行,但你们这次,是不是真能打胜,我不知道!你们为什么在决定作战计划的时候,不报告我?"

廖耀湘一听,直翻白眼:报告你?报告了,你还能让我们执行?不过他嘴上不能这么说:"史迪威将军,没办法,因为情况瞬息万变,我们为了保密起见,所以没有通知您,您也知道,日本人的情报技术很高,要是让他们知道了,咱们可就惨了!"

史迪威被说得没脾气,可他的性子酸啊!瞪着眼睛:"廖!我告诉你!现在我们时间紧迫,我限你两天时间,如果你们的迂回战术,不能取得效果,打不下坚布山山口,我就要用军法处置你和孙!你看着办吧!"

廖耀湘有点犹豫,正在这时候,传令兵进来:"廖师长!电报!"

廖耀湘拿过电报一看,当时眉开眼笑,怎么回事呢?只见电报上写得清楚:

我部已经成功切断了日军的交通线,日军正在全力反扑,预计前线日军的兵力已经出现了分散,请尽快发起攻击!

落款:孙立人

有这信号,还等什么?别看廖耀湘和孙立人有时候斗嘴,真要说起战事来,谁也不含糊,廖耀湘马上问:"赵营长!你们的坦克营准备得怎么样了?能不能对付日军的苦味酸炸药?"

"请师座放心!我们刚刚找到了方法,基本能抵挡苦味酸炸药!"

"好极了!准备出击!"

"等等!"

此言一出,吓得廖耀湘和赵振宇一哆嗦,再一看,好么!史迪威,俩人相对一眼,怎么回事?我们总指挥犯病了?要不我们布置作战,他吼什么?吓我们一跳。

这时候,史迪威咳嗽两声:"廖!既然你们要打,你们就去打吧!不过在此之前,我还是得告诉你们我的好消息!"

廖耀湘一听,嘿!还想着好消息呢。到底什么好消息,能让我们总指挥磨叽这么半天,我可得听听。只见史迪威,把廖耀湘和赵振宇领到了一连串重型卡车之前,辎重队把帆布掀开,廖耀湘和赵振宇当时眼前一亮,只见卡车之上,一水儿的大号坦克,足有12辆!这坦克多大呢?国军之前用M3坦克,已经觉得比之前用的主力T26强得多了,可再一看这坦克，好么！M3跟它一比，简直成玩具了！整个坦克显得特别敦实，赵振宇开坦克这么长时间了，一看这体型，就感觉到安全。而且再看看主炮，好么！口径76毫米！这赶上山炮的口径了！

史迪威看着这些坦克："先生们，这是美制M4谢尔曼坦克，我们美国人的坦克之中，数它最有安全感。而且这坦克在各个战场都紧缺，我特别给你们要来12辆，你们马上就用它们进攻日军，要是打不下来，休怪我翻脸无情！"

这好装备来了，还有什么说的！廖耀湘当时就拍了胸脯了："明白！我们要是打不下坚布山，听候您处置！"

就这样，12辆谢尔曼坦克也编入了作战序列，坦克部队再次突前，发起了冲锋！

再说日军这边，他们几乎已经到了穷途末路了，想坚守，只能靠着为数不多的速射炮，以及苦味酸炸药了。日本的苦味酸炸药，非常著名，当年甲午海战，日本之所以能胜利，这种苦味酸炸药填装的炮弹功不可没。但说实话，这东西的不稳定，谁都知道，所以不到万一，谁也不用。现在是没辙了，留守的日军就只能靠这个来反坦克了。刚开始挺管用，还真炸毁了国军好几辆坦克，日军这边高兴："哟西！支那人也就到此为止滴干活！"

"没错！苦味酸炸药，就是八幡菩萨送给咱们日本的神器，下面我看对付美国战车，也没问题滴干活！"

可接下来，日军的情况就慢慢不妙了，因为田中新一的目的，是拖住驻印军的进攻步伐，所以在坚布山一带，并没有布置过多的兵力和物资，几个要点，基本都是平均布兵。没辙啊，真要是集中到一块儿，一旦失败，后面根本就找不回来，孟拱河谷就得丢了。可这么平均步兵，物资就不够用，尤其是苦味酸炸药，您别看管用，可数量不足啊！冲锋的时候，每个步兵带六块，一旦炸了，还不能回收，所以数量越来越少。前线日军一看不好，赶紧给师团长田中新一发电报，要求再送一批物资来。可没想到，这个节骨眼上，孙立人的迂回部队，还把补给线给掐了，物资送不上去，而廖耀湘他们这些正面进攻部队，又补充了谢尔曼主战坦克，随时准备战斗，坚布山的日军可谓是陷入绝境！

第九十三回　谢尔曼力克坚布山　新一军兵指潘玉河

坚布山的日军，已经陷入了绝境。没辙啊，这回师团长田中新一，为了拖住驻印军的步伐，甘冒兵家大忌，在几个要点上平均布兵。这样至少能保证一部溃退，其余的还能战。可这么干也有副作用，物资不够！所以前线的苦味酸炸药越用越少。前线负责指挥的是管尾少佐，他知道情况不好，所以赶紧给师团长田中新一发电报，要求物资支援。田中新一自然同意，可没想到，运输车队行进到半途，一支中国军队冲出来，"哒哒哒！哒哒哒！咻！咚！铛！"连机枪带火箭，直接给运输车队打趴下了！而来者非别，正是负责迂回任务的孙立人所部。咱们说孙立人打迂回，有一个特色，基本都是抓的日军最薄弱的点。其原因呢，就是孙立人现在依仗美式的物资补给，采取的高难度、大范围迂回。比如说，日军测算，单兵背的粮食，最多能顶五天，好，孙立人就选一条走七天的路！反正中国人牙口好，粮食不够，就地还能采集，把五天的粮食，用成八天，就有富裕了。而日军方面呢，虽然计算精密，但难以测算很多不确定因素，孙立人每次恰恰都是利用这些不确定的因素，打中日军的软肋了！

这次也一样，日军因为孙立人的迂回，前线没了物资，情况骤然吃紧。这时候，廖耀湘又开始指挥部队，进行强攻，只见高大的谢尔曼坦克，以及带着铁丝网的M3，梯次排布，"哒哒哒！轰隆隆！轰隆隆！"就冲向坚布山阵地！

此时的日军也没别的选择，只能利用剩余的物资，负隅顽抗，背水一战。本来日军还有点把握，因为之前击退国军那么多次，他们也有经验了，认为，这次无非就是费点劲而已。可没想到，一打起来，情况突变！只见国军的前锋坦克之中，出现了一些特大号的坦克，这坦克可厉害，日军依仗的反坦克利器——速射炮，打在这坦克身上，"砰砰砰！"基本就是几个白点，根本打不穿！而且这坦克还有绝活，移动射击，边走边打！

"轰隆隆！轰！轰隆隆！轰！哒哒哒！哒哒哒！"

这下可好，日本人的速射炮不但没收拾了坦克，反而让坦克的火炮给反杀了！这也把其他的日本人看慌了："这什么战车啊！太厉害滴干活！跑着还能打得准！"

其实不光是日本人慌，这技术，就连"二战"坦克首屈一指的德国都没有！咱们说"二战"的坦克战，好多都是跑一跑，停下，射击！不然的话，坦克的动作太大，根本打不准，真要是边跑边打，只能是近距离对战了！

可美式谢尔曼坦克，别看装甲和火力，跟德国的虎式、豹式没法比，但对付日本人的绝大部分兵器，包括速射炮，都绰绰有余。而且美国人，还在谢尔曼坦克的火炮上，加装了火炮垂直稳定器，加了这东西，火炮的移动射击，就有些准头了。所以后来的坦克，广泛采取了这个技术，基本上都能边跑边打。但在当时，这玩意属于高科技，日本人看着都蒙：这玩意，怎么还能边跑边打滴干活？

说实话，这些谢尔曼坦克一行进起来，别说日本人，美国人自己都乱！没办法，缅甸方面的美军装甲兵，也是头次操作这么好的坦克，打起来自己都不适应！但好在他们是学过理论知识的，所以适应适应，就基本没问题了。而且谢尔曼坦克的75毫米炮，火力相当不错，用上穿甲弹，小日本的工事，一颗一个！所以时间不大，坚布山上的日军工事，就给打没一半多！最后日本人一看，别的招都不好使："快！用敢死队滴干活！"

美国的谢尔曼坦克。也许跟德国的虎王坦克比，它不算什么，但在缅北战场，谢尔曼坦克简直就是怪物般的存在

第九十三回　谢尔曼力克坚布山　新一军兵指潘玉河

463

"哈伊！天皇陛下，班栽！"

"哗！"

五六十个日本敢死队员，又扑向了国军的坦克营，这回，营长赵振宇早有准备，赶紧用无线电招呼："带炸弹的蚂蟥来了！大熊向后掩护，改装的老牛向前，协同作战！"

"是！"

"明白！"

"轰隆隆！轰隆隆！"

坦克营当时变阵，巨大的谢尔曼坦克向后移动，改装的M3坦克突前，这玩意一上来，真把日本人吓了一跳，这什么玩意滴干活！结果一个犹豫，十几个敢死队员就被机枪打中炸药，爆炸了。剩下的一看，再往坦克上扑！情况也不灵。坦克上的机枪，直接组成交叉火力，把突进的敢死队员纷纷打到爆炸，最后，零星几个接近坦克的敢死队员，往坦克上一扑，"轰轰轰轰！"坦克上的铁丝网被炸得七扭八歪，但坦克本身却毫发无损，这招也失灵了。

这还有什么招？最后负责指挥的管尾少佐也没脾气了，阵地眼看守不住了，可师团长田中新一的命令，又是死守阵地，直至最后一人，这怎么办呢？管尾少佐一努劲："效忠天皇！万岁冲锋！班栽！"

"天皇陛下！班栽！"

他就带头发起万岁冲锋，剩下的日本兵，有苦味酸炸药和磁性手雷的，就摸一两个，没有的，干脆就端着三八大盖上阵。可这完全是白费，在坦克营的机枪扫射之下，日军最后一波的万岁冲锋，就以全军覆没告终，国军将士登上坚布山，开始打扫战场，这一仗就以胜利结束。

紧接着，坦克营没停，而是继续向前，廖耀湘呢，则带领着先头部队，跟随前进，接应孙立人所部。此时在孙立人，已经抵挡了日军一波又一波的反扑，弹药消耗过半，但更重要的是，吃喝已经快接不上了。这时候，廖耀湘带领坦克部队赶到，总算救了急了，孙立人一看，乐坏了。但他嘴上不饶人："哎哟！我说大眼镜啊，你怎么才到啊？老子已经好几天没好好吃饭了，还不给我改善改善伙食！"

廖耀湘一看："得得得，大秀才辛苦了，我这特别准备了点牛肉罐头，又从后面要了点新鲜蔬菜，给你们改善改善伙食！"

"哎！这才像话！"

俩人在这斗嘴，这时候，史迪威的吉普车也到了。孙立人、廖耀湘一看，赶紧敬礼："总指挥！"

史迪威摆摆手，再看看孙立人的战绩，真不善啊！几十辆卡车都被他打成了废铁，旁边横七竖八地躺着几百个日军的尸体，可见经历了好几场恶战啊！史迪威点点头，过来问孙立人："孙！你的迂回战术，到底怎么打的？能不能给我讲讲？"

孙立人一看，有点晕，好么！怎么脸酸心狠的史迪威，还虚心向自己求教了呢？他转头一看廖耀湘："大眼镜，这怎么回事？"

"嗨！没辙啊，总指挥今天才到阵地上，看见你不在，大发雷霆，我只能解释呗。跟你预料的类似，总指挥刚开始，不信咱们的迂回战术！估计这会儿醒过味来了。不过总指挥这次也算帮大忙了，给了咱们12辆重型坦克，打小日本一门儿灵！要不是这批装备到手，我也没把握这么快来。"

孙立人一听，赶紧过来："总指挥，您真想知道，怎么打迂回战术？"

"对！我要立刻知道！"

"好吧！"

于是趁着部队打扫战场，孙立人就开始给史迪威上课，开始详详细细地讲迂回战术。迂回战术，说白了，就是不跟敌人正面硬碰硬，而是运用各种手段，去寻找敌人的破绽，加以攻击，打得敌人首尾不能相顾。三十六计中的围魏救赵、声东击西等，都是很好的应用。

史迪威呢，对于这些中国文化，还有点了解，所以这一点，大概知道一些精髓了，随后，史迪威回到指挥部，把他所有的思路汇总在一起，加上新学的迂回战术，就布下了一个大局！

怎么布置呢？史迪威即刻跟蒋介石联系，让蒋介石再次组织部队，组成第二期远征军，利用驼峰航线运进中国的部分军火，从中国强渡怒江，再次攻进缅甸，从东段打通滇缅公路。然后呢，让后面新到印度的国军新三十师八十八团，还有新五十师一五〇团，加上美军的梅丽尔特种团，奇袭密支那；而孙立人、廖耀湘这边呢，仍然按照老路线，从卡盟到孟拱，一个一个据点的啃！这样，三路一起行动，准能打日本人一个冷不防！而且日本人兵力分散，我们也好打，而更重要的一点就是——这样可以省时间！

同时，史迪威也建议英军方面，派出一个旅执行空降作战，日本人不是主力进攻英帕尔平原吗？你派一个旅到日本人的后面，掐他们的补给线，肯定事半功倍！

就这样，盟军开始了全方位的行动。咱们再说孙立人、廖耀湘这边，他们还是老任务，一个劲地往前啃。而下一站，则是日军死死据守的英开塘阵地。这里是往卡盟和孟拱必经之路，有一条潘玉河横穿其间，而在英开塘地区，水流比较平缓，无论步兵还是坦克，都能够渡河进攻。

到了现在，大家都很清楚，现在已经到了4月底，雨季之前结束战斗，已经不可能，只能走一步说一步，看看5月老天爷是不是能给咱面子，少下点雨。但现在，大家知道，这种渡河作战，必须有掩护，否则，就凭人肉往上填，有多少都不够。所以，廖耀湘亲自来到坦克营，找到布朗上校和赵振宇营长："二位！我知道你们现在损失不小，而且十分疲惫。但你们必须留在这里，帮我们打这最后一仗，渡过潘玉河。否则，我们就不好办了！"

赵振宇一听，赶紧一个敬礼："是！师长，我们保证完成任务！后面，我们也要随军作战，一直到把日寇赶出缅甸为止！"

赵振宇这话说得漂亮，但美国人布朗可就直接了："赵！你说的不对！坦白地说，廖将军，现在缅甸的雨季马上就到，我会尽一切的力量，帮你渡过潘玉河。不过后面的事，

第九十三回 谢尔曼力克坚布山 新一军兵指潘玉河

我不敢保证了，到时候我们只能回印度休整。"

廖耀湘和赵振宇一听，俩人都不太舒服，美国人还真是直接啊，不过这些日子的相处，大家也明白，布朗上校虽然说话不留情面，但做事还是有谱的。所以廖耀湘点点头："好吧！布朗上校，那咱们一起携手，把这次先打过去，然后再说。如果天气还好，就再随同我们打几仗，如果大雨倾盆，我就送你们回印度修整。你放心，我说话算话！"

"好的！廖将军，我信你！不过我有个要求！"

"但讲无妨！"

"我要暂时离开一阵，我的指挥职务，就由我的副官，理查德·多兰中尉代理。"

嗯？这话一出，大家都愣了，这都什么时候，你还要离开一阵，要干什么啊？所有人都一脑子问号。布朗上校也知道，自己说这个，大家肯定不明白，就解释："先生们，你们看潘玉河对岸，又是个地形复杂的所在，日本人在对岸如何布置？我们并不知道。坚布山的亏，我已经吃够了！所以我要立刻返回后方机场做侦察。而且我听说，随着谢尔曼坦克的到来，后方机场还配备了炮兵校射飞机，我这回要用这种优秀的武器，对付日军！先生们，再见！我会和你们保持联络的。"

布朗上校说走就走，这下大家愣住了，有的人直啐吐沫："呸！这个布朗上校还是惜命啊！平常人五人六的，现在一说要打仗，跑了！"

有的人也不同意："哎哎！别这么说，这一路打下来，布朗上校的表现，咱们有目共睹！就拿上次坚布山来说，人家布朗上校乘的是第三辆坦克，也算是奋勇直前。要说怕死，那时候不怕，现在怕，没道理啊！"

"谁知道啊！是不是他家里来信，心里长毛了？"

大家是议论纷纷，说什么的都有。廖耀湘现在也有点摸不着脉了，他就问赵振宇："赵营长，布朗上校的话，到底可不可信？"

"呃，我想是可信的，因为之前训练的时候，我也听他说过，美军有炮兵校射飞机这么一说，就是进攻的时候，为坦克和火炮的攻击点做修正的。不过什么时候来的，我也不知道。"

这时候，旁边有人压不住了，谁呢？刚刚上任的第一连连长李纪元。李纪元是嗷嗷直叫，恨不得马上把日本人打趴下："师长！咱们时间紧迫，赶紧行动吧！我愿意当先锋，突破潘玉河！"

第九十四回　坦克营冒进受损　美上校空中指挥

新一军兵指潘玉河，这回孙立人的新三十八师暂时休整，还由廖耀湘带着新二十二师打主力，于是廖耀湘等人带着坦克部队，就逼近了英开塘地区的潘玉河。日军在这，早已经设下了重重阻拦，而且眼看着雨季就要到了，大家都心急啊！如果雨季一来，坦克部队就不能参战，我们渡河进攻，就惨透了！所以我们必须尽快解决战斗！

哎，就在这节骨眼上，坦克营美军方面的负责人布朗上校提出，要回后面的机场，先用侦察机进行侦查，然后由他乘坐炮兵校射飞机，在空中指挥国军的炮击，然后随同进攻。

这招按说没问题，可时间紧迫，好多人等不及，布朗上校走之后，坦克营第一连连长李纪元就主动请战："师长！咱们时间紧迫，赶紧行动吧！我愿意当先锋，突破潘玉河！"

"哟！你能行？"

"请师长放心！坚布山那么难，咱们都过来了，这条小小的潘玉河，怕什么！第一连！准备！"

第一连的国军将士们纷纷上了坦克，可还一部分人，却没动，谁呢？第一连的美国人，咱们前文也说过，国军来的坦克营，人员是中美混合的，美国方面的负责人是布朗上校，中方负责人是赵振宇营长。双方作战的时候虽是携手并肩，但最终的决议，得是布朗上校和赵振宇共同拿主意，而最终拍板的，往往是布朗上校。之前俩人合作愉快，所以没问题，今天，李纪元连长自己发令，美国人就奇怪："刚才布朗上校不是下令，等他的消息吗？怎么中国人说要打啊？"

"是啊！中国人想要干什么？"

他们就没动。李纪元一看："你们怎么不动啊？"

"对不起，我们得听布朗上校的命令。"

李纪元当时火就上来了:"少废话!我是你们连长,你们得听我的!"

美国人的嘴也不饶人:"对不起,布朗上校是最高指挥官,你更得听布朗上校的。"

李纪元当时眼睛都瞪起来了:"姥姥!我也看出来了,你们这些美国人,就没想跟我们好好合作!怎么着,少了你们这臭鸡蛋,我们还做不了槽子糕不成?今天我让你们看看,不用你们,我们中国人也能行!集合!重新分配坦克!"

这没辙啊,毕竟坦克得坐满乘员,才能行进,最后凑来凑去,李纪元凑了九辆满员的坦克,一水儿的M3,至于更强悍的M4谢尔曼坦克,现在大家都不熟悉,所以没用。而且在李纪元看来,日本人现在已经是溃不成军,就凭这九辆M3轻型坦克,绰绰有余。

所以李纪元跳进坦克,开始发号施令:"各单位注意!各单位注意!我是珠宝店掌柜,马上准备坐飞机!马上编队,春夏秋冬突前,我的正居中,甲乙丙丁掩护两翼,涉水作战!"

"是!"

"明白!"

于是,九辆坦克排成战斗队形,强渡潘玉河,廖耀湘也组织了一个团,协同进攻!

可没想到,坦克一登岸,就出了问题!只见日军这边,士兵当时一乱,还没作反应呢,"轰!",国军这边的一辆坦克,当时就被炸废了!李纪元一看,嗯?怎么回事?敌人在哪儿呢?我怎么没看见呢?

"轰!"

又毁一辆,这时候电台里就乱了:"春和冬病了,情况不明!掌柜的,您那什么情况?"

"我这也情况不明!"

这时候,日军的速射炮也推上来了,对着国军的坦克群"砰砰砰"就是一顿打!

咱们前文说过,M3坦克,属于轻型坦克,挡不住日军的速射炮,所以一顿打下来,国军又有两辆坦克被打毁,其中一辆,正是连长李纪元的坐车,李纪元当场阵亡!

这回大家更没脉了,九辆坦克,连人家阵地的边还没摸着呢,就毁了四辆,指挥官阵亡。所有人也都明白了,这次进攻肯定不成!对岸的廖耀湘看着也着急,赶紧命令炮兵:"快!炮火覆盖!掩护坦克部队撤退!对!马上!打一个基数的弹药!"

"轰!轰轰!轰!"

这一顿炮击下来,国军坦克附近的土地几乎被掀了个遍,日军推出来的两门速射炮,也被

驻印军第一战车营美方指挥官——罗斯维尔·H.布朗,他曾驾驶炮兵校射飞机,指挥坦克作战

当场炸毁，弹片崩得坦克"哨哨"直响，但大家都轻松点了，行！我们的炮火支援来了，撤退吧！

于是，坦克部队赶紧撤退，算是脱离了危险。这回强攻，算是一点好也没得着，还损失了四辆坦克，无论是廖耀湘还是赵振宇，心疼得直哆嗦。而这时候呢，布朗上校也来电话了，严厉批评了赵振宇的擅自行动。赵振宇气得直翻白眼，这帮美国人，也不知道是谁告的密！但总之，这件事的确是自己错误在先，所以赵振宇无言以对，只能听骂了。

而廖耀湘呢，人家没敢骂他，他也觉得不好意思，所以之后，就不敢动用坦克营了，自己指挥新二十二师，从三面逼近潘玉河，包围英开塘地区，而且试着进行了多次的小规模渗透，一方面摸摸情况，另一方面疲惫日军，你总不能因为等美国人的消息，就彻底休息吧？至少得让敌人也不得安宁！所以廖耀湘反复骚扰日本人，现在只等布朗上校的消息，他就准备配合坦克部队，一举拿下此地。

这一转眼，几天过去，5月初了，预定的雨季已经到了，而缅甸也下起了第一场雨，廖耀湘更着急了，这要下起来没完，不就糟了！结果，雨下到了5月3日，终于停了，整个一上午，廖耀湘都在焦急地等电话：可恶的美国人，到底让我们等到什么时候？潘玉河要是过不去，我们就得全被淹在孟拱河谷里！

哎！正着急呢，临近中午，赵振宇蹦着就找到了廖耀湘："师长！好消息！美国人来信了！"

"真的？"

"真的！布朗上校说已经侦查完了，叫咱们马上准备，一小时后开始进攻！不过，布朗上校的要求，就是连您在内，都要听他指挥！"

廖耀湘一听，得！就这么着吧！看来美国人成竹在胸，要不也不能这么说。所以点点头："好吧！那咱们一起准备，我的无线电开着，随时协同作战！"

"是！"

再看前线，坦克营这边早就开始准备了，赶紧组织坦克手就位，这回12辆谢尔曼坦克打头阵，大家发誓要把日本人彻底打趴下！可一凑，还出了点问题！怎么回事呢？因为之前，每辆坦克上的人员都是固定的，可之前，第一连连长李纪元，因为美国人不配合，组织中国坦克手进行强攻，损失不小，其中一个谢尔曼坦克上的中国机枪手小王，也在战斗中阵亡，这样，一辆谢尔曼坦克上就有了空缺。美国人就不干了："我们缺人，打不了？"

这节骨眼上说出这话来，赵振宇当时就冒汗了，美国人说话有谱，但很任性，你满足了他的要求，他不让你失望，如果你不满足要求，耍赖也是常见的。赵振宇一看："那我再给你们补个机枪手来行不行？"

美方指挥官理查德中尉一听，脑袋摇晃得跟拨浪鼓似的："不行不行！你们的英语太差，王刚刚适应了跟我们的交流，结果就在你们的愚蠢指挥下丧命。我要提出抗议！"

"是是是，这是我们的不对，那您说怎么办呢？"

理查德顿时说了一句英语："我问问你们，你们谁听得懂我的英语，还会操作机枪？"

"我！"

人群中还真有人回答，理查德中尉一看，当时有点蒙，怎么回事呢？只见喊话的这位，是个美国人，不过打扮太特殊了，他背着一支步枪，脖子上挂着一部相机，肩膀上还扛着一部打字机，这哪儿是士兵啊？这分明是个战地记者！而且这人，理查德中尉还挺熟，这是美国著名的战地记者戴维·理查德森。他这一站出来，赵振宇当时就咧嘴了："理查德中尉，戴维先生是记者啊！他会操纵机枪吗？"

理查德中尉自己也晕："戴维先生，你会用机枪吗？你在哪儿用过？"

记者戴维一笑："理查德先生，很负责任地告诉你，我接受过武器的培训，也曾经上过 B24 轰炸机，当时我们遭到日本的零式战机围攻，我身边的机枪手受伤，我就替代他的位置，用重机枪对付了四架日本零式战机，其中一架还让我打着火了，你说我行不行？"

"OK！OK！完全可以！"

就这样，记者戴维也上了坦克，旁边的赵振宇呢，感觉不妥，也没说什么，毕竟美国人都说行，那就行呗！

这边准备完了，再看天上，几架轰炸机先对着英开塘的日军阵地是一顿乱炸，"吱吱！轰轰轰！"，炸完之后，几架战斗机在天上盘旋，只见一架小飞机，与众不同，速度挺慢，缓缓地飞向日军阵地上空。这时候，底下的电台也响了："先生们！先生们！我是布朗上校，现在我宣布，进攻开始，第一波谢尔曼坦克带上破障器，出动！渡河之后，向着五点钟方向齐射，距离 1 公里半，那里藏着日军的炮兵阵地。"

"明白！"

"轰隆隆！轰隆隆！哒哒哒！"

第一波坦克成楔形队列，快速出动，日军那边，自然是用重机枪接架相还，当然，重机枪不管什么用，日军就是想凭这些，吸引坦克过来，然后国军步兵登岸。他们好用隐藏的九二式步兵炮近距离快速射击，击溃国军的掩护步兵，再慢慢收拾坦克。结果，谢尔曼坦克跟长了眼睛一样，上岸之后的第一件事，就直接向着日军的炮兵阵地开炮！

"轰轰！轰轰轰！"

这回倒好，隐藏的五门九二式步兵炮根本没用上，直接被尽数摧毁！日军还奇怪呢："敌人战车，怎么长眼睛滴干活"。

"对，他们怎么知道我们那里藏有大炮滴干活呢？"

正琢磨着呢，只见对岸，新二十二师的大炮响了，"轰轰轰轰！"，隐藏在日军阵地角落中的四门速射炮，也被炮火摧毁。日本人这下被彻底打乱了！

咱们说，这些长眼睛的火炮，自然都是布朗上校在空中指挥的，布朗上校现在在炮兵校射飞机上，从上往下看，那是一览无余，别说日军的重武器在哪儿，就是士兵的移动，都看得很清楚。所以他接着发号指令："廖师长！我看见你左翼的部队快过河了，那里有一个土坡，后面就是日本人的战壕，小心点，让你的人准备手榴弹，过去就扔，然后再进战壕，用冲锋枪清扫战场！"

"明白！"

刚布置完这块儿，布朗的无线电响了："上校！我是3号，我的坦克动不了了！似乎履带出问题了。"

布朗一愣，嗯？再往下一看，还真是，3号坦克完全不动了，而围着坦克的四周，冒着浓浓的黑烟，布朗一看就明白了："小心点！你是中了日军的磁性地雷，那玩意对付不了咱们的谢尔曼，但得小心啊！谁在他旁边呢？过去掩护！注意！你们的七点钟方向，有一门日军的速射炮！"

有天上这眼睛，什么都看得见，这你有招吗？于是，3号坦克旁边，有两辆坦克赶紧做出反应，一辆前去掩护，另一辆就把炮口转向了七点钟方向。

这下日军可惨了！速射炮刚推出来，还没开火呢，坦克炮先响了！

"咚！"

这炮打得真准，炮弹几乎就钻进了速射炮的炮口！可速射炮的口径，比谢尔曼的坦克炮小多了，那能撑得下吗？

"轰！"

日本速射炮的炮管直接炸成了透膛的喇叭花！旁边操作的三个日本兵也被炸出多老远去，不动了。而损坏的谢尔曼这一边，一个日军敢死队员从树上跳下，直接跳到坦克顶上，掏出两颗磁性手雷就要炸，可边上掩护的坦克早就做了准备，一梭子子弹过去，"哒哒哒！"日本敢死队员当时身中几弹，栽倒在坦克下，"轰！"手榴弹直接又把自己炸了个稀烂！

这两手打得真漂亮，天上的布朗上校看了，也是连连喝彩："很好！很好！先生们！这两下谁打的？"

下面的指挥官理查德中尉也乐了："报告上校，刚才的机枪，是我的机枪手詹姆斯打的！至于那一炮，是7号坦克，他的炮手应该是中国的叶中士！"

"嗯嗯！打得很好！先生们，现在你们还得再加把劲，清剿残敌！"

第九十五回　驻印军克复孟拱　日本人陷入绝境

　　美国指挥官布朗上校乘坐飞机在天上指挥，这下可好，日军的布置一览无余，所以国军这边无论怎么打，都能占得先机！日本人这边，无论怎么打，国军这边都能第一时间做出反应。最重要的是，现在谢尔曼坦克一上，日本人是猝不及防啊！缅甸方面，就没准备对付这大家伙的武器！只能是勉强应付。

　　国军这边就舒服多了，有了天眼，等于什么都看得见，结果日军敢死队刚跳上坦克，就被后面的机枪扫下去了。这边刚推出一门速射炮，国军一个姓叶的炮手，就直接把炮弹打进了速射炮的炮膛。那谁受得了？当时速射炮就炸成了透膛的喇叭花，旁边操作的三个日本兵，直接就给炸飞了！

　　这一连串的反应，不仅打得日本人蒙灯转向，天上负责指挥的布朗上校也连连喝彩："好！打得很好！先生们，你们还得加把劲啊！前面还有一道日军的战壕，现在你们用机枪，掩护后面的步兵！"

　　"是！"

　　"哒哒哒！哒哒哒！"

　　十几辆坦克就对着日军前头的战壕扫开了！这一扫，大家的动作还不一样，别人都很有经验，一般采取短点射，哪儿的日军一冒头，一个长点射打过去！无论美国机枪手和中国机枪手，大家都这么训练的，所以打起来，几乎如出一辙。不过有一个人不一样，谁呢？之前咱们说过的记者——戴维！这家伙打起来，搂着扳机不撒手了，"哒哒哒！哒哒哒！哒哒哒！"子弹像泼水一样，直直地往前打，直到子弹打完，才急急忙忙地换弹夹，换完之后，还是瞄着一处狂打不撒手。

　　这下，旁边的队友急了，当时给他一巴掌："干什么干什么！你怎么打的？有你这么浪费子弹的吗？你到底会不会打？"

　　戴维心说：说真的，我的确参加过军事训练，步枪手枪还凑合，机枪是真不灵啊！

之前跟你们说的，在B24上，大战日本零式战机，根本就是瞎说的！B24我上过，机枪我也摸过，但就是没打过。可我当时要不这么说，你们能带我来前线吗？不来前线，我哪儿有好的新闻素材啊？

可这话，他也不敢说。可没想到，自己刚一停，飞机上面的布朗上校喊了："刚才谁啊？打得真不错！怎么不打了？打啊！"

这话把所有人都说愣了，戴维又战战兢兢地摸上机枪，一顿狂扫。

有人问了，怎么回事？怎么在布朗上校这个高手看起来，这顿机枪，外行比内行打得还好呢？咱们书中代言，就是因为戴维他们这辆坦克的位置太好了！正好卡住日军战壕的一个丁字口，这也是日军战壕的一条交通要道。日军刚开始想从这里推出一门速射炮，准备对坦克开始反击，结果，戴维的一顿机枪扫过来，正好打中速射炮！

要说呢，日军的速射炮上面有护盾，钢的，这玩意能保护后面的士兵，挡一般的子弹，没问题。可戴维操纵的，恰巧是重机枪，威力更大，一串子弹打透了护盾不说，因为护盾是钢的，子弹打中之后，弹得满处乱飞。而要是别人呢，打个长点射也就罢了，然后转头去打别处，也就无所谓了。可戴维是个外行，子弹专打这一处，无数的子弹打到速射炮的防盾上，到处乱飞！

这可好，后面的日本兵因为没法预测子弹的方向，所以纷纷中弹，一连躺倒十几个，剩下的日军一看不好，赶紧趴在地下，就这也不能保证安全，这条交通壕也就被基本封死了。

咱们说，这个场景，因为视角问题，别人都看不到，上面的布朗上校看得清楚，就以为是戴维判断准确，是有意为之，所以底下打着，他还给喝彩："好！打得好！谁打的？我回去给他发个大勋章！"

您说这不瞎猫碰上死耗子了吗？

就这样，12辆谢尔曼坦克，基本把局面稳住，后面的M3斯图亚特式轻型坦克，以及无数的步兵奋勇争先，也渡过潘玉河发起了全面攻击。一时间，日军预备的重武器，大多被长了眼睛的

驻印军的谢尔曼坦克集群

第九十五回　驻印军克复孟拱　日本人陷入绝境

473

国军炮火和中美坦克营摧毁,战壕之中的步兵,以及蜂拥而上的敢死队,也多被机枪和冲锋枪压制,紧接着,"嗖嗖嗖!轰轰轰!"无数的手雷也扔进了日军的战壕,战况完全是一面倒啊!不过日军此时,因为师团长的命令,要战至最后一人,所以负隅顽抗,还是给驻印军造成了一些麻烦,但这改变不了最终的战局,英开塘地区最终被盟军攻占。日军大队长芋生少佐也被当场打死。

英开塘破了,坦克营的任务也就基本完成了。之后,缅甸阴雨不断,道路也变得泥泞不堪,廖耀湘呢,也按照美军的建议,把坦克营送回了印度,一方面休整,另一方面还要给新来的装甲兵当教官,好好地给他们讲一讲经验教训,毕竟现在,坦克第一营的所有战士,都有了宝贵的实战经验,而且身经百战之后,他们对于坦克的性能,以及各种情况,都比较熟悉了,所以第一营的将士们,就在印度开始了新的工作。而美军此时,也有意把坦克的修理、维护等工作,教给中国来的士兵们,所以,之后中国到印度的装甲兵,又学会了这些本事,就这样,一支新型的中国装甲兵,也具有了雏形。而且因为训练更为全面,坦克驾驶、射击等项目,也都是在坦克上进行实际操作,条件比国内徐庭瑶主持的装甲兵学校,强太多了!所以这些新装甲兵,本事也比国内这些老兵厉害得多,正所谓长江后浪推前浪,一代更比一代强,至少当年的装甲兵,的确如此!

咱们再说装甲兵第一营这边,他们一天到晚在印度,吃着不错的伙食,除了教课之外,他们也特别关注缅甸战场的情况,毕竟因为雨季,我们打到一半就退出了,其余的部队进展如何?我们最敬重的孙立人、廖耀湘两位将军,又打到哪儿了?他们特别关心。好在印度地区,英军、美军的信息都很发达,所以他们得到的信息还挺及时。

要说装甲兵走了之后,孙立人、廖耀湘两个师,在缅甸的雨季之中,表现仍然很出色,而且现在,日军最寄希望的缅甸战场整体局势的天平,也越来越偏向盟军一侧。

本来,日军的计划是,缅甸方面,两个军,一守一攻,守的方面,三十三军负责在缅北拖住中国驻印军的步伐,延缓修筑中印公路的时间,这一个方向的主力,自然就是田中新一的十八师团,其他的部队,基本都是打配合的。而攻的方面呢,十五军司令牟田口廉也,带着辖下的三个师团,直扑印度的英帕尔平原,打算在这里全歼英军的主力,迫使英军彻底退出亚洲!

可咱们说,计划不错,现实很残酷。进攻的方面,牟田口廉也太高估自己了,三个师团加上附属部队,一共十万日军,这要是远征,一天的消耗得有多少啊!牟田口廉也为了解决这个问题,直接让士兵赶着大批的活牛活羊,一起行动,作为口粮的补充。可这方法虽然管用,但比不上更为现代化的英国,英国的铁路、公路,畅通无阻,大批的补给物资,都集中到了英帕尔一带。而负责英帕尔地区战事的,是远征军的老熟人,现在担任十四集团军司令的斯利姆将军。斯利姆,后来还担任过英国的帝国国防大学院长、英军的总参谋长,打仗不含糊!所以他直接将战斗拖成了消耗战!

这一消耗还得了?日军就怕这个,一阵的消耗下来,粮食日渐不足,很多日军也因为受伤和水土不服倒下,可日军还缺医少药,这还得了!就这样,日军的攻势渐渐弱了,英军则准备转守为攻。而斯利姆将军也挺鬼,他接受了史迪威的建议,派了一个师,在孟拱以南的卡萨地区，执行空降作战，准备掐断这支日军的补给线！

这下更不得了了！牟田口廉也赶紧找日本缅甸方面军总部，让总部想办法解围。而咱们说日本缅甸方面军的总司令呢，叫河边正三，这家伙是牟田口廉也的老上司了，也是当年挑起卢沟桥事变的罪魁祸首，关系相当不错。河边正三呢，自然不想爱将吃亏，所以命令负责缅北防守的三十三军，派出一部分部队，去对付空降的英军，给牟田口廉也解围。

可这么一干呢！田中新一不干了，他的十八师团已经被中国驻印军打得满地找牙了，现在也就是勉强支撑。而日本的三十三军，军长叫本多政材，他这说是一个军，可实际实力也就是两个师团多点，一个是五十六师团，守在中国这边，一个就是十八师团，守卫缅北，其他的，就是一些零散部队了。现在上面命令，没办法，他就把协同十八师团的一部分零散部队调走，去南线解围。

而无独有偶，此时的中国方面，国军也组织了16万大军，强渡怒江，对着日军另一侧的战线，也发起了强攻！本多政材一看，那边也是自己的防区，千万不能丢，现在只能是挖肉补疮了，又把零散部队调走一部分，协同那边的五十六师团，进行防御。

这一调动，乱套了！十八师团的缅北防线，在孟拱河以南的西通地区，出现了一个三十公里长的缺口！中间只剩了一些辎重部队和仓库。也就是说，十八师团的战斗部队，一时间断成了两截。

因为这个，十八师团的师团长田中新一，把牟田口廉也、本多政材、河边正三等高官，全都骂遍了！"我本来兵力就不够，还从我这里调兵，这不是给我找事滴干活！"

但他也没办法，现在日本的整体战线太长，兵力不够，那是事实，不过即便这样，田中新一心里还有底，为什么呢？现在已经进入雨季了，我只要在孟拱撑上一个月，任务就完成了！所以他赶紧调动部队，打算把西通这个缺口封上，按照田中新一的设想，封上这个缺口，也就用不到一天的时间，神不知鬼不觉。可没想到，孙立人一记漂亮的左勾拳，恰在此时，击中了日军最薄弱的西通！

这下可乱了，西通一丢，卡盟的补给线也就断了，那儿守卫的日军就得饿着肚子打仗！尤其惨的是，十八师团的师团长田中新一，现在也在卡盟，他也得饿着肚子，那能行吗？所以田中新一赶紧组织部队反扑，要拿下西通。而咱们说，西通地区，孙立人打出的这一拳，是谁呢？——二团团长陈鸣人，外号"拦路虎"，这回可看出本色了！本来，陈鸣人就缴获了不少日军的物资，而这时候，天公作美，美军空投的重武器和弹药补给也到了。陈鸣人就凭着这些，死守西通！日军一连打了九天，也没打动。最后，只能任凭孙立人和廖耀湘的驻印军，拿下卡盟。而师团长田中新一，就在驻印军到来之前，窜入丛林逃走，这才没被活捉！这个时候是1944年6月16日。

拿下卡盟之后，孙立人又一个迂回，兵锋直指此次攻击的重点——孟拱。而此时的孟拱，日军的部队却只是一帮残兵败将！没办法，太多的意外打乱了田中新一的部署，尤其是西通一战，消耗特别大，卡盟一线的败军，又因为撤退路线被截断，跑进了深山老林。如今的十八师团，什么都没了，空有一个"丛林作战之王"的名号。你再是王有

第九十五回　驻印军克复孟拱　日本人陷入绝境

什么用？没了吃的喝的和武器，照样得死！有人也说，十八师团此时的命运，其实就是当初把远征军赶进野人山的报应！

　　孟拱方面，因为日军兵力不足，新三十八师仅用了李鸿的一一四团和刘放吾的一一三团，就轻松拿下。随后，驻印军兵进密支那，协同之前奇袭密支那的中美混合突击队一起，对日军发起进攻。最终在7月下旬，收复密支那，8月初肃清残敌，日军指挥官水上源藏少将，拔枪自尽。至此，中印公路的里程，已经打通了三分之二。胜利是指日可待！

第九十六回　破八莫抗日迎胜利　搞内战老蒋败台湾

新一军苦战缅甸，尤其现在是雨季，行军极其困难。不过孙立人、廖耀湘等还是表现出色，先后拿下卡盟、孟拱，然后协同中美混合突击队，一起拿下缅北重镇密支那。这样，预计中的中印公路，已经打通了三分之二，只剩下腊戌、南坎、八莫这一块儿了。

随后，疲惫不堪的驻印军，得到了一定的休整和补充，遵照重庆方面的命令，把新一军掰开，孙立人的新三十八师不动，再补入新三十师、新五十师，合并称为新一军，军长自然就是孙立人；而廖耀湘的新二十二师，就掰出来，和十四师一起组建成新六军，军长廖耀湘。这也就是后来解放战争中，国民党五大主力的两支！

短暂的休整过后，刚刚组建完成的新一军和新六军分别出发，攻向日军缅北最后的阵地——腊戌、八莫、南坎一带。这块儿地形虽然比较平坦，但也没新鲜的，沿途又是日军修筑的大量工事、碉堡。按照美军的套路，用步兵去填，既不人道，也不值得，所以就稍等了等。1944年10月，大量的重兵器运到，担当开路先锋的，自然还是赵振宇的驻印军装甲车第一营！

再说赵振宇，这些日子的整训可把他憋坏了！所以一说出发，他第一个跳上坦克，跑到了队列前面。他还琢磨呢：等我到了前线，看看孙立人、廖耀湘两位师长，啊不，是军长！然后再看看史迪威总指挥。说句实话，没他们，我还想坐坦克杀回国内？门儿都没有！所以等我见到他们，我得好好感谢感谢！

可等到了前线呢，赵振宇突然得到一个震惊的消息：史迪威回美国了，而且，应该永远也不会回来了！赵振宇是百思不得其解啊！怎么回事？史迪威将军虽然脸酸，但对我们这些官兵还不错啊，他怎么走了呢？

咱们书中代言，此时的蒋介石和史迪威，矛盾已经激化到了不可调和的地步！之前呢，史迪威作为盟军中缅印地区的参谋长，那是美军方面说话能算数的人，蒋介石还挺敬重他。可时间一长，俩人的矛盾就出来了。史迪威不仅脸酸，还固执！他要认为什么，

477

中印公路和滇缅公路打通的合影。从此中国的对外交通线算是彻底开放，就算没有此后的原子弹，大批的美制武器进入中国，早晚也会把日军压死

一百架飞机也拽不回来！

要说呢，被史迪威训练出的驻印军，也就是孙立人、廖耀湘俩师，蒋介石还是很肯定的，他们在缅北的表现相当出色，蒋介石也由此考察了他们的全部情况，蒋介石就发现战争不仅是武器的问题，更包括高素质的人员、永远打不垮的补给线等，所以在收复缅甸密支那之后，蒋介石也提出了一句著名的口号：一寸山河一寸血，十万青年十万军。

也就是说，他要征召有知识的青年从军，整体地提高军队的素质。这个口号刚开始执行得也不错，一批批有素质的青年，奔赴印度，接受了美军的培训，这也就是后来扩编新一军、新六军，以及其他装甲兵、炮兵的人员储备。

但说真的，除了新一军和新六军的训练之外，蒋介石对史迪威的其他方面，都是极为不满！为什么呢？很简单，蒋介石认为，打通中印公路的这一段战事，恰恰说明了史迪威的军事能力太低，简直就是个白痴！

为什么呢？咱们说史迪威在第二期缅北战事的中途，运用中国的兵法，给日军布置了一个大的战略，打算打日军一个首尾不能相顾。他的战略是四路行动：第一路，孙立人、廖耀湘，他们继续在孟拱河谷啃；第二路，组织中美混合突击队，直接奇袭密支那，断掉日军的后路；第三路，中国方面，利用运到国内的美国物资，组织第二期远征军，渡过怒江，从东面打透日军；第四路，让英军派一部分部队，执行空降作战，这一方面帮自己分散日军的注意力，另一方面也是帮英军自己，掐断进攻英帕尔那支日军的后路和补给线。

这四路出击，设想得不错，也在一定程度上加剧了日军的混乱。但实际效果呢，其实并不好！英军的空降师，刚开始成功地切断了交通线，但被赶来增援的日军打得稀里哗啦，不得不靠驻印军的援助，才脱离险境。

至于中美混合突击队呢，刚开始进展顺利，拿下了密支那郊外的机场，获得了大量的补给，但攻势随即就被日军遏制住，双方大打消耗战，最后还是驻印军主力到位，才最终结束战斗，此战一共打了三个月，损失是日军的三倍。

驻印军方面，更是冒着倾盆大雨，一口一口地啃了三个月，才最终啃下了卡盟、孟拱、密支那三个要点，苦不堪言。

而中国的第二期远征军呢，更惨，他们拿着少量的美式装备，强渡怒江，向日军发起进攻，期间翻越高黎贡山，苦战松山，恶斗腾冲，决胜龙陵，付出了极大的代价，伤亡达到了六万多人，可仍然还没打出国境。

这些惨痛的战绩，在蒋介石看来，史迪威负绝对责任！尤其是中国方面，你既然知道，战争不仅是武器，也是人员和补给，为什么也只给我们运武器，补给并不补充？而且，因为把大多数的美军援华物资，全都用在了缅甸方面，此时穷途末路的日军，为了挽救最后的局面，就是秋后的蚂蚱，也得蹦上三蹦，干脆在中国发起了"大陆交通线"战役，打算把中国的交通线，从北到南，彻底打通，好把物资快速运往东南亚。咱们的历史上，把这次战役叫豫湘桂战役。

结果这一下，大出蒋介石的意料啊！本来蒋介石认为，我只要跟日本人耗着，等中印公路一接通，物资运进来，我们就基本胜利了。所以蒋介石对日本人的估计不足，日本人这一蹦，还挺厉害，千里战线之上，国军准备极度不足，除了飞虎队，还有方先觉所部在衡阳表现不错之外，剩下的几乎是一溃千里！蒋介石对史迪威更不满了：你史迪威统辖盟军，怎么这一个情况没给我算计到？你要负责任！

史迪威呢，更不满意：我训练的驻印军什么样，你们中国的正常军队什么样？这根本就是你蒋介石的问题！而且我运进中国的物资，都是要平均分配的，你蒋介石怎么分的？除了你自己的嫡系之外，其他的桂系、东北军、西北军、晋军、八路军等，都没份儿，你这也是中饱私囊，我没法跟你谈！

所以蒋介石和史迪威的矛盾开始升级，最后官司都打到了美国总统罗斯福那儿，罗斯福权衡利弊，最终把史迪威调走，算是把这篇揭过去了。

没了史迪威呢，驻印军这边并没受太大的影响，而是继续进攻，而且，现在最难的时候已经过去，守卫八莫、腊戍一线的，是日军的五十六师团，属于二线部队，但他们还配属一支装甲部队。可负责八莫城防的原好三大佐，懂防守，却不懂装甲兵作战，情急之下，干脆把坦克的半截埋在土里，当固定火力点了。

而咱们说赵振宇呢，他通过美军的情报得知，缅北的日军也有一支装甲力量，赵振宇就琢磨着，要亲手解决他们。结果到了八莫一看，人家都当固定火力点了。孙立人一

第九十六回　破八莫抗日迎胜利　搞内战老蒋败台湾

479

看："得了，赵营长，你也甭费劲了，日本人现在就是撅着屁股挨揍，我们有巴祖卡，还怕他们吗？这样，你先派坦克，清扫路障，而且用炮火掩护我们攻城就行。至于跟敌人坦克决战，只能等你们清扫完了，我尽量给你们留点战果！"

赵振宇一看，也只能答应，没辙，敌人的路障太多了！只能一点点来。

就这样，在坦克和大炮的火力掩护下，新一军开始了攻击。而八莫，是清朝征缅时期的重镇，铜壁关，本身易守难攻，可在新一军的火力蚕食之下，日军只能被动挨打。而作为固定火力点的日本战车呢？自然没讨着好，步兵一冲，他们用机枪火炮阻击。可一打，就把自己的位置暴露了，然后就会遭到新一军的巴祖卡火箭筒，以及城外坦克的穿甲弹定点清除，纷纷被击毁。到了1944年12月15日，驻印军攻克八莫，坦克营甚至冲进八莫城中，碾压日军的残兵，以及搜寻日军剩下的坦克。可没想到，最后一对数，日军坦克数量不足！大家就开始揪心了，看来跑了一部分，跑哪儿去了呢？现在还没处找去，只能暂且作罢。于是，新一军和新六军继续作战，至1945年1月底，驻印军和第二次远征军在芒友会师，中印公路也正式开通！

这就是战争将要结束的信号啊！但实际情况，还很严峻，日军的残部仍然在骚扰中印公路，国内方面，日军拼死一搏，向湘西进攻！于是，驻印军兵分两路，新一军带着装甲兵，主要在中印公路附近收拾残敌，新六军主力，则调往国内，跟日军正面作战！结果，自然是两线告捷，中印公路方面，日军残余的14辆坦克终于出动了，跟远征军装甲部队，打了最后一场坦克大战！可这些丧家之犬，从装备到补给，都不行了，中美联合的装甲营，一口气打了一个13:1的战绩，几乎将日军战车全歼！而国内方面，雪峰山会战，集中了国军五大主力的三支，七十四军、十八军、新六军，以及其他的劲旅，大家一起在雪峰山，给了日军一个大惊喜，日军从此再无力量反抗！

此后，大批得到盟军物资的国军，开始了向日寇的局部反攻，直至8月15日，日寇最终投降，抗日战争胜利结束！

鉴于抗战末期，驻印军装甲兵的优异表现，蒋介石等人就以他们为核心，加上抗战中前期努力奋战的老装甲兵，以及新毕业的学员们，编成了三个装甲团，至于装备呢，第一团最好，是美制坦克！第二团，则是抗战之中遗留下来的T26、CV33、雷诺式，以及残余的维克斯六吨半等；第三团，则是日军投降后，接收的装备，什么九七式、八九式、九五式等，国军装甲兵的阵容看似已经到了最强悍的时期。而蒋介石呢，也深知这支部队的重要性，所以由老将徐庭瑶统辖的同时，也让二公子蒋纬国操持权柄，为的就是真正能够掌控这支能征善战的铁拳。

而在国共内战中，因为装甲兵的力量强悍，蒋介石自然把它们推上了反共的前线，充当急先锋！

可蒋介石并没有注意到，这支看似绝对领先共军的装甲部队，其实隐忧不断。抗战胜利后，按照美国的租借法案，美国收回了绝大多数好装备，其中，最为主力的谢尔曼式坦克，一辆没剩，全都运回美国。也就是说，此时国军装甲兵最先进的坦克，不过是M3轻型坦克，至于抗战中遗留的坦克，多是年久失修，勉强能用，而实际战力上，也非常差，最主力的T26，放在欧洲，不过是个小角色。至于日本坦克，薄皮大馅，一打就完蛋！

而在人员上，国军装甲兵也在不停地流失，不少人为了避免内战，开了小差，所以无论装备还是人员，国军装甲兵已经和抗战末期万夫难挡的状态有了较大差距。

而共产党方面，经过抗战期间的实战，以及很早就开始的人员储备，实力大涨，早已不是当年蒋介石口中的"共匪"，因为日军扫荡之时，也动用过战车，所以共产党方面，对付坦克的好手不是一个两个。而且，国军的绝大部分部队，仍然是老样子，贪污腐化，无恶不作，后勤方面，也没有具体的改善，即便给了他们优秀的美制武器，战斗力也不会提高多少。

所以国共内战一开，解放军以摧枯拉朽之势，连连击败国民党方面的主动进攻，国军手中的好武器，纷纷也转到了解放军手中。就在这种态势下，无论是作为先进力量的兵种——装甲部队，还是国军最新锐，体系也最完善步兵，新一军、新六军，都无法拯救蒋介石日渐堕落的政权，最终都覆灭在了解放战争之中。可即便如此，重建之后，退守台湾的装甲兵，仍然是蒋介石最重视的力量。

而共产党方面，充分利用人才，也吸收了不少对国民党失望的老兵，用日寇留下的剩余物资，也组建了新中国的第一支装甲力量——东北坦克大队。而这支装甲部队逐渐成长，如今也成了世界上数一数二的强大力量，这也算是民国装甲兵的另一支传承吧！

一部《铁流河山》，到此结束！

后　记
以史为鉴知差距

　　此部《铁流河山》写完，我的民国海陆空三部曲，至此算是告一段落了。对于这一系列的作品，我不敢说勾勒出了民国军队发展的全貌，但应该能让大家窥其一斑了。

　　至于民国海陆空三部曲本身，不得不说，这一部陆军是最难写的。不夸张地讲，中国自古就是陆军大国，至于民国军队发展，以及抗战的相关资料，简直是浩如烟海，与海军、空军的资料相比，简直不是一个等级。如何在控制篇幅的基础上，勾勒出民国陆军发展的大致面貌呢？好在萨苏老师给我提供了一个很好的思路——为什么不从军队现代化的问题入手呢？

　　对啊！不要说民国陆军，就是现在，中国军队也不停地在现代化的道路上前进，当然，当年的现代化是指军队机械化，现在的现代化是指军队信息化，虽然不太一样，但都体现了中国人对于强军卫国的努力。所以此部书的核心，就是民国装甲兵的发展。

　　有人也许奇怪，民国的陆军一直是落后的，尤其是抗战初期，几乎被日军来回吊打，悲壮、血性、差距等名词贯穿其间。他们的现代化有什么可说的呢？

　　这里我要说一句，关于民国的陆军，可说的地方非常之多。尤其现在的军队发展，不少地方就是吸取了民国时期的教训，从而一步步走向成功的。以装甲兵为例，中日的装甲兵，最开始的发展实际上是差不多的，而最开始引进的坦克类型也一样——法国雷诺FT17。

　　只不过，再往后，中日装甲兵的差距就逐步拉开了，若问其原因，自然是中国人才不足，资金缺乏，所以几乎毫无装备研发能力。其实日本何尝不是如此呢？他们的坦克（战车）也是经过多次试验、购买、山寨等过程，逐步形成了自己的体系，以及一系列的配套人员和设施。当然，"二战"时期，日本的战车是出了名的薄皮大馅，一打就爆，但碾压当年的国军，还是毫无问题的。

　　相对于日本的自我研发，中国当年则显得急功近利许多，就一个字——买！而这个方法也在一定程度上有效，如果看看抗战初期中日双方的主战坦克，国军的维克斯六吨半、日军的八九式中战车，双方在战斗能力上，差距也似乎不是很大。

但一打起来，国军这边就原形毕露了，因为完全靠国际市场，所以一旦国际形势不利，国军的装备马上就被卡了脖子，越打越少。而且因为缺乏配套的相关人员，国军的坦克和装甲车，也是状况百出。虽说国民政府这边，已经加了注意，设立学校培训相关人员，但毕竟是为了战争服务，修理、机械等技术人员紧缺。而且因为国军装甲兵的宝贵性，所以国军会战的时候，都是节省使用，和步兵的配合训练也少，所以一打起来，纵使装甲兵再努力，战果也往往没那么理想。

而相对的，日本人因为有了一个完整的体系，加上工业国的实力，所以他们的装甲兵源源不断地扩充，即便让国军重创过多次，他们仍然可以快速恢复。再加上完整的训练体系，所以日军装甲兵的发挥，比国军要顺畅得多。

没办法，这就是当年的差距，也就因为这个差距，当年的国军，不得不以无数的生命和鲜血弥补。而且看看当时的历史，我们也会发现一些可笑的片段。因为中国当年根本无法自产坦克，我们不得不伸过头去，在装备上让意大利狠宰一刀；在国军这边，视为绝对主力的T26、M3等坦克，在西方列强看来，不过是些小角色。坦克大战，根本轮不到他们的份儿。至于缅甸战场，驻印军所用的巨无霸——谢尔曼坦克，也不过是"二战"著名的坦克之一，这其实也正代表了当年中国和世界的差距。

如今，抗战的历史已经远去，相关的教训，早已被新中国的人们所吸取，正因为知道了差距所在，中国也就在这方面避免了很多的弯路。如今的中国陆军，已经彻底蜕变成了一支惹不起的军队。

也许有人会质疑，这些问题我们都知道，有必要非得再提出来吗？我觉得非常有必要，一方面，这个教训只有用鲜血得来，记忆才会深刻；另一方面，因为历史久远，我们看这段历史之时，已经有些陌生。当我们的先辈用鲜血得出的教训，到我们这里，仅仅成了文字的条例，我们又有什么把握，在几十年后，这些教训不会被人们遗忘呢？

肖璞韬
2017年10月初于北京